乱世规绳

五代十国制度研究

杜文玉 著

陕西师范大学出版总社 西安

图书代号：SK24N0689

图书在版编目（CIP）数据

乱世规绳：五代十国制度研究 / 杜文玉著. —西安：陕西师范大学出版总社有限公司，2024.6
ISBN 978-7-5695-4041-3

Ⅰ.①乱… Ⅱ.①杜… Ⅲ.①政治制度－研究－中国－五代十国时期 Ⅳ.①D691.2

中国国家版本馆CIP数据核字（2024）第011181号

乱世规绳——五代十国制度研究
LUANSHIGUISHENG ——WUDAISHIGUO ZHIDU YANJIU

杜文玉　著

出 版 人 / 刘东风
出版统筹 / 侯海英　曹联养
责任编辑 / 王　森　远　阳
责任校对 / 赵荣芳
封面设计 / 东合社·安宁
版式设计 / 锦　册
出版发行 / 陕西师范大学出版总社
（西安市长安南路199号　邮编710062）
网　　址 / http://www.snupg.com
印　　刷 / 陕西龙山海天艺术印务有限公司
开　　本 / 710 mm×1000 mm　1/16
印　　张 / 33
字　　数 / 530千
版　　次 / 2024年6月第1版
印　　次 / 2024年6月第1次印刷
书　　号 / ISBN 978-7-5695-4041-3
定　　价 / 108.00元

读者购书、书店添货或发现印装质量问题，请与本公司营销部联系、调换。
电话：（029）85307864　85303629　　传真：（029）85303879

序　言

在中国古代史的研究领域里，五代十国史的研究是一个薄弱环节，多数仅在研究隋唐史的最后捎带一下，对其制度的研究尤为单薄。这缘于：（1）《旧五代史》中可凭借的记述太少。《旧五代史》原书已佚，今所用乾隆时辑本诸志多缺失、简略，《新五代史》于"司天""职方"两考外更不考制度。制度可稽考者虽有《五代会要》，然亦只是诏令、奏议及若干纪事，并无讲述，且止限于五代而不及十国。记十国的如马令、陆游两《南唐书》又不及制度。（2）五代十国制度不仅上承李唐，且下涉宋初。而近时研究历史多限于断代而少通贯，致研究五代十国制度需涉及赵宋时常畏难而缩手。因此研究五代十国制度之论文、专著实甚寥寥，看杜文玉君《五代十国制度研究》书后开列"参考及引用书目"可知。而杜文玉君能在此条件下精心写成《五代十国制度研究》这部专著，实可说是后来居上，在五代十国史以至中国古代史上做了极有价值的增补和填充空白的工作，有着令人欣喜的收获。

这部专著不是一般的平铺直叙的概说，而是就其钻研所得做专题性的考述，如其对这一历史时期的贡举制度、选官制度、考课制度、职官制度、殿阁制度、起居制度、史馆制度、封爵与叙封制度、俸禄制度、兵制、助礼钱与诸司礼钱等，无一不是如此。其中绝大部分专题都是前人研究所没有涉及的方面，即使个别专题的某些内容有人涉及，但此书在研究的广度与深度方面都有所突破，获得了新的研究结论。如在五代十国的修史成就方面，尽管有人已经涉及过这个方面的研究，但由于占有史料不够，颇有遗漏，这些不足在此书中都得到了完善和补充。统观此书的内容，有一个明显的特点，即作者在研究五代十国各种制度时，能够将其在唐制的基础上的发展变化考述清楚，并对其特点、利弊以及对后世主要是对宋代制度的影响一一交代明白，以凸显其在我国中古制度史中的地位，这种研究思路是值得提倡的。如在研究殿阁制度时，先从梁武帝时的文德殿、北齐的文林馆、北周的麟趾殿论起，再到唐代的弘文馆、集贤院、史馆，然后再着重考述五代十国时期殿阁制度的内容与变化，最后再论述这一制度对宋制乃至对明清内阁学士制度的影响。做这样精密考述的，还有贡举制度、选官制度、起居制度和兵制研究等。兵制研究按五代及十国分别考述，尤为详尽。此外，作者还掌握了多种科学的研究方法，运用较多的是比较研究法与考据法，尤其是考据法运用得尤为纯熟。这些方法完全是针对研究内容而采用的，方法得当，有的放矢，获得突出的研究成果自然在情理之中。

杜文玉君之所以能取得如此丰硕的成果，我认为是因为他既能如陈垣先生当年所说"竭泽而渔"地广搜史料，在常见常用的唐五代文献外，还充分利用出土的碑志，以及大量宋人的有关著作；又能做通贯式的排比整理，找出其演变过程、来龙去脉。这对目前出现的某些搭空架子说套话、华而不实的浮躁之风，也将起到扭转和清扫作用。为此，我丞盼这部著作能得到学校的大力支持，早日出版问世。

我还希望杜文玉君继续努力，在五代十国制度领域再撰写出更多的专题，若干年后出版这部著作的二集或续集。

黄永年

2004年5月21日

目　录

第一章
贡举制度 ／ 001

一、常举与制举科目 ／ 002
二、知举官员的变化 ／ 010
三、解试与省试 ／ 016
四、复试与放榜 ／ 026
五、诸国贡举 ／ 031
六、结语 ／ 035

第二章
选官制度 ／ 045

一、五品以上官员的选授 ／ 046
二、待选、减选与殿选 ／ 049
三、六品以下官员的铨选 ／ 060
四、科目选 ／ 067
五、辟署、试摄官与奏荐官 ／ 068
六、萌补与流外铨 ／ 072
七、五代的官阙问题 ／ 080
八、诸国选官制度 ／ 083
九、结语 ／ 085

I

第三章
考课制度 ／091

一、考限与考簿 ／092
二、考课标准与等级 ／097
三、考牒与出给时间 ／102
四、结语 ／105

第四章
职官制度 ／109

一、枢密院与枢密使 ／110
　（一）枢密院机构及其性质 ／110
　（二）枢密使的权力与地位 ／114
　（三）枢密使之权与皇权的关系 ／119
　（四）其他诸国之枢密使 ／122
二、中央财政诸使 ／125
　（一）建昌宫与国计使 ／126
　（二）租庸使与内勾使 ／127
　（三）三司与三司使 ／130
　（四）延资库与延资库使 ／133
　（五）十国的财政职官 ／135
三、御史台的职能及其变化 ／137
　（一）机构及人员的变化 ／137
　（二）职能的发展与变化 ／142
　（三）御史台的作用及局限性 ／148
四、诸使、诸职杂考 ／152
　（一）中门使、内门使与小门使 ／152
　（二）牢城与牢城诸使 ／158
　（三）军巡院与军巡使 ／165
　（四）东、西上閤门使 ／173
　（五）马步院与子城司 ／177

五、官告院与绫纸钱 / 180

（一）官告院的设置及职能 / 180

（二）告身与告身印 / 183

（三）绫纸钱的收取及其变化 / 186

六、封爵与叙封制度 / 192

（一）封爵制度的变化 / 192

（二）食邑与食实封 / 199

（三）叙封制度的变化 / 204

七、结语 / 215

第五章 殿阁制度 / 219

一、五代殿阁的构成与变化 / 221

（一）弘文馆、史馆与集贤院 / 221

（二）金銮殿学士的设置 / 225

（三）端明殿学士的创置 / 226

二、殿阁职官的设置及职能 / 228

（一）三馆职官及其职能 / 228

（二）金銮殿学士的职能 / 234

（三）端明殿学士的职能 / 235

三、三馆的地理位置 / 241

四、南方诸国之殿阁制度 / 248

（一）南唐之殿阁制度 / 248

（二）前后蜀之殿阁制度 / 251

（三）其他诸国之情况 / 252

五、结语 / 253

第六章
起居制度 / 257

一、"起居"一词的含义及制度的缘起 / 258
二、内殿起居制度及其变化 / 260
三、外官起居与巡幸起居 / 267
四、外命妇及其他种类的起居 / 271
五、内殿起居礼仪及其他 / 274
六、结语 / 277

第七章
史馆制度 / 281

一、馆藏图书典籍的搜集与整理 / 282
二、史官与史馆内部制度 / 290
三、宰相监修国史制度 / 295
四、诸国修史制度 / 303
五、五代十国的修史成就 / 304
六、结语 / 310

第八章
俸禄制度 / 313

一、朝官的俸禄及其演变 / 314
二、地方官的俸禄及其变化 / 319
三、除陌、折估与俸户 / 327
四、罚俸制度 / 331
五、结语 / 335

第九章
军事制度 / 339

一、后梁禁军制度 / 340
（一）六军 / 340
（二）侍卫亲军之源起 / 346

（三）侍卫亲军的构成 / 349

二、后唐禁军制度 / 355

　　（一）后唐禁军之来源 / 355

　　（二）六军系统 / 357

　　（三）侍卫亲军的构成 / 359

　　（四）唐明宗对侍卫亲军的整顿 / 368

三、晋、汉禁军制度 / 370

　　（一）后晋禁军兵制 / 371

　　（二）后汉禁军兵制 / 375

四、后周禁军制度 / 378

　　（一）侍卫亲军的构成 / 378

　　（二）殿前司的确立 / 380

五、五代地方兵制与禁军军官职级 / 385

　　（一）地方兵制 / 385

　　（二）禁军军官的职级 / 391

　　（三）禁军编制 / 406

六、吴、唐兵制 / 409

　　（一）六军 / 409

　　（二）侍卫诸军 / 415

　　（三）州郡军与乡兵 / 422

　　（四）禁军编制与军官职级 / 424

七、前、后蜀兵制 / 427

　　（一）前蜀禁军兵制 / 428

　　（二）后蜀禁军兵制 / 436

　　（三）禁军军官的职级 / 444

八、其他诸国兵制 / 446

　　（一）吴越兵制 / 446

　　（二）马楚兵制 / 452

（三）南汉兵制／456
（四）闽国兵制／458
（五）北汉、荆南兵制／460

九、结语／463

**第十章
立法成就与司法制度的变化**／465

一、立法成就及其特点／466
（一）法书的整理与编纂／466
（二）五代立法的特点／470

二、司法制度的变化及特点／472
（一）司法制度的变化情况／472
（二）司法制度的特点／477

三、有关刑名的几个问题／479
（一）关于五代刑法残酷说的看法／480
（二）五代新出现的刑名分析／483

四、结语／488

**第十一章
助礼钱与诸司礼钱**／489

一、助礼钱及其渊源／490
二、诸司礼钱之名目／492
三、诸司礼钱之用途／499
四、结语／502

参考文献／507

后记／517

第一章

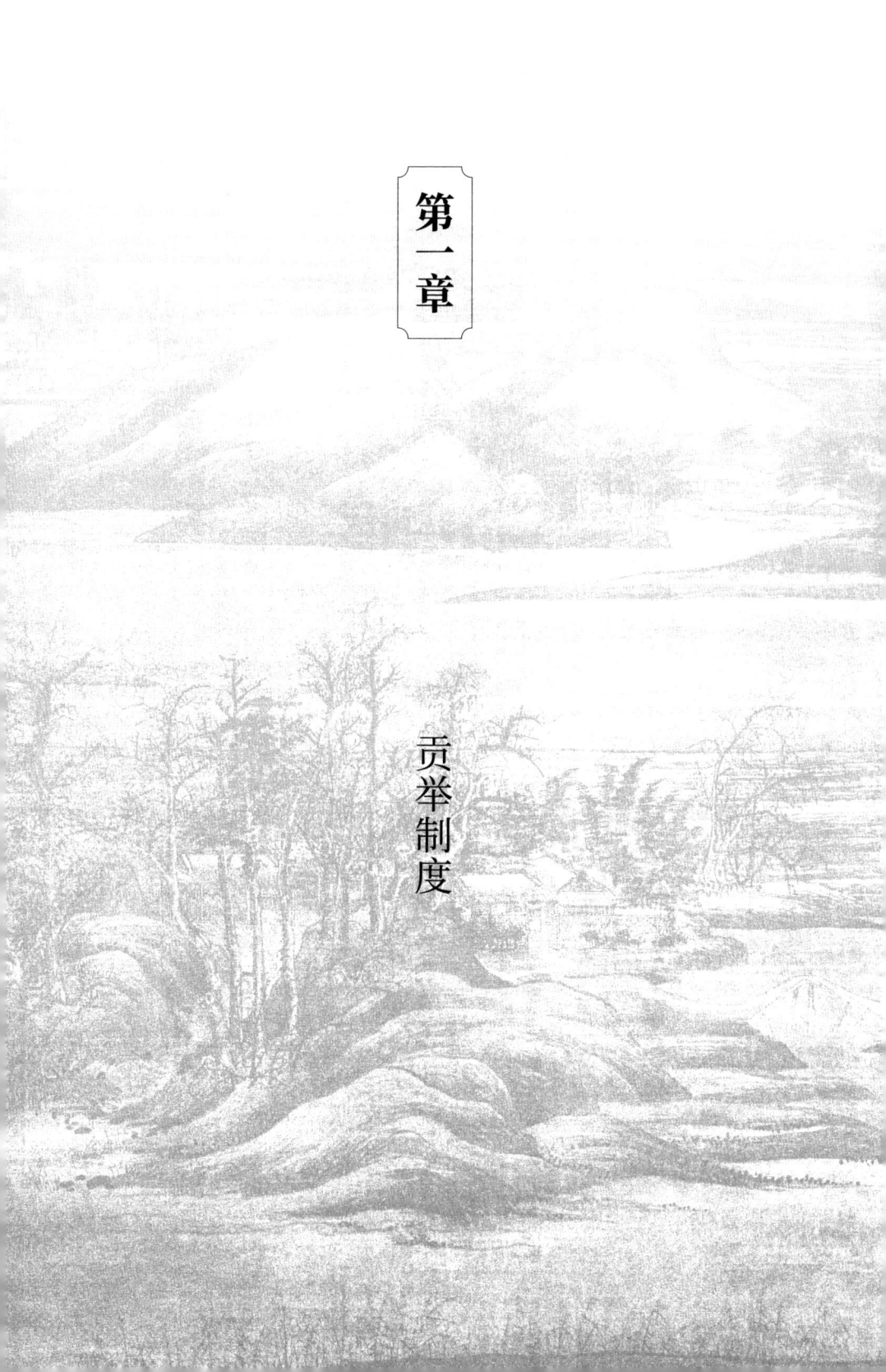

贡举制度

五代十国时期选士的制度，被称之为贡举制度，也有称科举的，如司马光记载南唐选士之事时，就有"当时唐之文雅于诸国为盛，然未尝设科举"的说法。①但在正式的官方文件中却称贡举，元朝以后科举才多被用为正式名称，②所以本书仍沿用贡举的称呼。

一、常举与制举科目

五代十国时期的贡举制度大体仍沿袭唐制，其科目亦是如此，只是前后增减变化颇多。《新唐书·选举志上》记有唐代的科目：

> 其科之目，有秀才、有明经，有俊士，有进士，有明法，有明字，有明算，有一史，有三史，有开元礼，有道举，有童子。而明经之别，有五经，有三经，有二经，有学究一经，有三礼，有三传，有史科。此岁举之常选也。其天子自诏者曰制举，所以待非常之才焉。

清代学者顾炎武论唐代科目时说："见于史者凡五十余科"。③这是指包括制举科目在内的数字，其实常举的科目并没有这么多。上引《新唐书》中所列的唐代常举科目中，五经、三经、二经、学究一经、三礼、三传等，是应包括在明经之类中的，而一史、三史本来就是史科之一，将其列入明经类似不妥当，这样唐代常举的科目实际为12科。至于唐肃

---

① 〔宋〕司马光编著：《资治通鉴》卷二九〇，周太祖广顺二年二月，中华书局，1956年，第9475页。
② 〔日〕曾我部静雄：《中国的选举、贡举与科举》，《史林》53卷1970年4号。
③ 〔清〕顾炎武撰，黄汝成集释：《日知录集释》卷一六《科目》，上海古籍出版社，2006年，第928页。

宗时设立的医术科，代宗时的孝廉科，武则天时的武举，由于只是一时之科目，故未计算在内。在这12科中，秀才科废于唐高宗时，俊士科的废止时间，史无记载，大体也在高宗时期。所以五代的常举科目中，也无此二科。唐代官学中置有书学，其诸帝也多有喜好书法者，故在常举中置有明字（书）一科，五代十国时期未见再有设置。五代未有三经、二经等科，只有五经、九经的科目。除此之外，唐代的其他诸科均为五代时期所沿袭。唐代常举中还有一个名为百篇的科目，《新唐书·艺文志四》载："郁浑《百篇集》一卷。浑常（尝）应百篇举，寿州刺史李绅命百题试之。"此科不为他书所载，也未见研究唐代贡举制度者论及。郁浑，两《唐书》无传，其名也仅见此。李绅在唐敬宗时任寿州刺史，[①]故百篇科的设置，至迟不晚于此时。百篇科直到唐末仍继续设置，据《蜀梼杌校笺》卷二《前蜀后主》载：杜光庭"与郑云叟应百篇举，不中，入天台（山）为道士。僖宗召见，赐紫衣，出入禁中"，可为一证。其在五代也是常举科目之一。百篇科后梁时未见出现，在五代可能置于后唐同光时期，因为在唐明宗长兴元年（930）曾废止了此科，由此可以推知其当置于庄宗同光时。后来不知何时又予以恢复，至后晋天福五年（940）又再度被废，从此以后未见再置。[②]但是北宋却有设置，如太平兴国五年（980）四月，太宗"亲试应百篇举赵昌国，赐及第。"[③]金朝亦有此科，不过不常置。

由于五代是所谓乱世，改朝换代频繁，故其常举科目也兴废不一，各朝并不完全一致。总的来看，这一时期的进士科，除了几个全面停止贡举的年份外，[④]基本属于常设不废的科目，其他诸科则或置或废，情况

---

① 〔宋〕欧阳修、宋祁：《新唐书》卷一八一《李绅传》，中华书局，1975年，第5349页。
② 以上见〔宋〕王钦若等编纂：《册府元龟》卷六四二《贡举部·条制四》，中华书局，1960年，第7699页。
③ 〔元〕脱脱等：《宋史》卷四《太宗纪一》，中华书局，1977年，第64页。
④ 据〔元〕马端临：《文献通考》卷三〇《选举考三·五代登科记总目》条载：后梁乾化四年、贞明七年、龙德三年、后晋天福四年、五年停贡。中华书局，2011年，第871—873页。

比较复杂。五代开科取士据《文献通考》卷三〇《选举考三》的记载，始于梁太祖开平二年（908）。然《旧五代史·卢损传》却载：其于"梁开平初，举进士"。朱温于开平元年（907）四月代唐建梁，唐五代贡举取士均在春季举行，时间已过，且朱温登基伊始，百废待兴，不可能在当年再举行贡举考试。故上引薛史《卢损传》所记其开平初举进士，只能是指开平二年的这次考试。下面对进士科以外的其他科目的兴废情况，简要考述如下：

明经科 后梁开平二年的考试科目中是否有明经，史无记载。上引《文献通考》记有这年及第的人数，即进士18人，诸科5人。但不知所谓"诸科"都包括哪些科目。开平三年（909）敕："条流礼部贡院，每年放明经及第不得过二十人。"①规定了每年放明经及第的人数，却无复置明经科的意思，可见其开科取士之初就有明经科的设置。后唐时期明经科始终常设不废，至后晋高祖天福五年，明经科在五代首次被废。这年四月，礼部侍郎张允上奏说："每岁明经一科，少至五百以上，多及一千有余，举人如是繁多，试官岂能精当。况此等多不究义，唯攻帖书，文理既不甚通，名第岂可妄与。且常年登科者不少，相次赴选者甚多，州县之间，必无遗阙，辇毂之下，须有稽留，怨嗟自此而兴，谤讟因兹而起。但今广场大启，诸科并存，明经者悉包于《九经》、《五经》之中，无出于《三礼》、《三传》之内，若无厘革，恐未便宜，其明经一科，伏请停废。"可见其被废止的原因有二：一是由于举明经科者"多不究义，唯攻帖书"，比较容易考取，所以应举者和及第者甚多，使得官多阙少，造成了政治上的不稳定；二是明经的考试内容不出九经、五经、三礼、三传等科目，科目重复设置。由于是在这年四月废止的明经科，只能在下年才能正式执行。至晋出帝开运元年（944）八月，又重新恢复了明经科。②由于明经科存在着以上弊端，所以到周世宗

---

① 《册府元龟》卷六四一《贡举部·条制三》，第7688页。
② 以上见〔宋〕薛居正等：《旧五代史》卷一四八《选举志》，中华书局，1976年，第1979—1980页。

显德二年（955）五月，经礼部侍郎窦仪奏请，又一次废去。[1]此后终五代之世再未设置过明经科。

学究一经科 早在唐代就已有设置，属于明经科其中之一种。《新唐书·选举志》载："……有学究一经，有三礼，有三传，有史科。此岁举之常选也。"[2]每科仅录取一人，[3]因此竞争还是很激烈的。此科不知置于何时，但直到唐末仍然未废，另据南唐人徐铉所撰的《大唐故中散大夫检校司徒使持节泰州诸军事兼泰州刺史御史大夫洛阳县开国子贾宣公（潭）墓志铭》载："景福二年，以学究一经，射策高第"[4]可为一证。这一科目亦为五代所沿袭，唐明宗长兴三年（932）四月，御史台奏："礼部贡院散从官呼延昭，送到应学究科人李咸雍，称于省门前高声称屈"[5]云云。后周太祖广顺三年（953）二月，"契丹降人伪授儒州晋山簿李著、郑县簿王裔、泰州司法刘裴等，著赐比明经出身，裔、裴比学究出身"。[6]周世宗赐襄邑县令刘居方"男士衡赐学究出身，奖廉吏也。"[7]所谓"学究"即学究一经的省称。关于此科的考试办法，史籍中亦有记载，唐明宗长兴元年二月敕："其学究，不在念书，可特示墨义三十道。"[8]这一科目也被北宋所沿袭，司马光在《卫尉少卿司马府君墓表》中说："府君少治《诗》，以学究举。"[9]这里所谓的"诗"指《毛诗》，五经之一，"以学究举"，即以学究一经科及第。说明此科一直

---

[1] 《旧五代史》卷一一五《周世宗纪二》，第1531页。

[2] 《新唐书》卷四四《选举志上》，第1159页。

[3] 〔唐〕权德舆：《答柳福州书》曰："虽今吏部学究一经之科，每岁一人，犹虑其不能至也。"，收入〔清〕董诰：《全唐文》卷四八九，中华书局，1983年，第4994页。

[4] 〔南唐〕徐铉撰，李振中校注：《徐铉集校注》卷一五，中华书局，2016年，第468页。

[5] 《册府元龟》卷一五四《帝王部·明罚三》，第1869页。

[6] 《册府元龟》卷一六七《帝王部·招怀五》，第2015页。

[7] 《旧五代史》卷一一六《周世宗纪三》，第1551页。

[8] 《册府元龟》卷六四二《贡举部·条制四》，第7694页。

[9] 〔宋〕司马光撰，李之亮笺注：《司马温公集编年笺注（六）》卷七九，巴蜀书社，2009年，第9页。

延续到北宋中期。关于这一结论还有资料可以证明，欧阳修所撰的《连处士墓表》亦云："处士少举《毛诗》。"①

童子科 始置于唐太宗贞观时期。②童子科在唐代就置时废，五代虽沿袭了此科，仍然废置不一。童子科的设置是为了选拔那些所谓"神童"，考试的方式主要还是背诵经书，一旦及第，待其成年便可参选任官。此科弊病甚多，所谓"童子每当就试，止在念书背经，则虽似精详，对卷则不能读诵，及名成贡院，身返故乡，但刻日以取官，更无心而习业，滥蠲徭役，虚占官名"，③故在五代时期招致了许多批评。梁太祖统治时期取士颇严，除进士科外，其余诸科每年实际及第者一般为2至3人，最少为1人，最多的也不过10人，且仅限于开平五年（911）一年。④这数字包括明经等科的及第者在内，所以后梁很可能没有童子科的设置。后唐统治时期恢复了童子科，长兴四年（933）以前，每年放及第者10人，这年由于应举者人数较多，所以特意放20人及第。唐闵帝应顺元年（934）改为15人，以后便以此数为定制。⑤晋天福五年废去了此科，开运元年再度恢复。至周显德二年，又一次废去了童子科，⑥从此再未见恢复。

开元礼 始置于唐德宗贞元二年（786）。后梁统治时期不置此科，后唐时恢复了此科。关于后唐复置此科的时间，史无明载，估计其建国之始就已设置。唐明宗天成三年（928）曾颁敕规范开元礼等科的考试办法。长兴二年（931）六月复置明法科时，又规定其考试办法"同开元

---

① 〔宋〕欧阳修撰，李之亮笺注：《欧阳修集编年笺注（二）》卷二四，巴蜀书社，2007年，第312页。
② 〔宋〕王谠撰，周勋初校证：《唐语林校证》卷三《凤慧》："贾嘉隐年七岁，以神童召见。"中华书局，2008年，第318页。又，高明士：《隋唐贡举制度》一书认为："据此可知贞观年间已有神童科，……贞观以后属于常举科目。"文津出版社，1999年，第86页。
③ 《册府元龟》卷六四二《贡举部·条制四》，第7699页。
④ 《文献通考》卷三〇《选举考三·五代登科记总目》，第871页。
⑤ 以上见《册府元龟》卷六四二《贡举部·条制四》，第7694—7704页。
⑥ 《册府元龟》卷六四二《贡举部·条制四》，第7703页；〔宋〕王溥：《五代会要》卷二三《童子》，上海古籍出版社，1978年，第371页。

礼"。①可见开元礼科是一直设置的。后晋、后汉两朝是否仍置此科，史籍虽未有明确记载，也未见有废去的记载，但后周肯定是有设置的。广顺三年，户部侍郎、权知贡举赵上交奏："开元礼、三史，元（对）义三百道，欲各添义五十道。"②可为一证，即使周世宗时整顿贡举制度也未见废去此科。

史科 始置于唐穆宗长庆二年（822），分为一史、三史两科。当时规定："《史记》为一史，《汉书》为一史，《后汉书》并刘昭所注《志》为一史，《三国志》为一史，《晋书》为一史，李延寿《南史》为一史，《北史》为一史。习《南史》者，兼通《宋》、《齐》志；习《北史》者，通《后魏》、《隋书》志。……国朝自高祖以下及睿宗《实录》，并《贞观政要》，共为一史。"③应举者根据所学报考相应科目。五代至迟在后梁末帝时就置有史科，④其规定的史籍范围是否有所扩大，史无记载。唐庄宗同光初年（923），三礼、三传、三史、一史、学究一经等五科共放及第13人，后改为每科只放1至2人。同光四年（926），五科举人许维岳等上书反映史科名额太少，于是又改依同光初年例施行。⑤此后诸朝虽对其他科目多有废止，但却从未触动史科，只是在后周广顺三年对其考试办法有所改变而已。

明法、明算 这两科的始置时间，史无记载，有人说始置于唐太宗贞观时期。⑥后梁时未见设置。后唐天成三年，权判大理寺萧希甫进言说："臣闻禁暴乱者，莫先于刑律；勤礼义者，无切于《诗》《书》。刑律明则人不敢为非，礼义行则时自然无事。……伏乞特颁诏旨，下付国庠，令再设此科，许其岁贡。"但并未引起重视。直到长兴二年，刑部员外郎和凝再次提出："况当明代，宜举此科"，这才得以设置。当

---

① 《旧五代史》卷四二《唐明宗纪八》，第580页。
② 《册府元龟》卷六四二《贡举部·条制四》，第7700页。引文中的"对"字，为笔者据上下文所添。
③ 〔唐〕杜佑：《通典》卷一七《选举典五》，中华书局，1988年，第423页。
④ 《宋史》卷四三一《尹拙传》："梁贞明五年举《三史》"，第12817页。
⑤ 《五代会要》卷二三《科目杂录》，第371—372页。
⑥ 高明士：《隋唐贡举制度》，文津出版社，1999年，第83页。

时规定赴举之时，"委贡院别奏请，会刑法试官，依格例考试"。①明法自设置以来，颇为各朝所重视，一直常置不废。后晋天福六年（941）规定："明法一科，今后宜令五选集，合格注官日，仍优与处分。"选数如此之少，可见对明法出身者还是非常优待的。明算科在五代始置于后唐时期，明宗长兴元年一度废去，末帝清泰二年（935）复置，后晋天福五年再度被废。②此后未见再置。

其他诸科　道举科，始置于唐玄宗开元二十九年（741），考试的内容为《老子》《庄子》《文子》《列子》等。后梁未见设置此科，后唐庄宗时始置，至明宗长兴元年时废止。末帝清泰二年九月，"重置明算道举"。后晋天福五年再一次废止了道举。③九经、五经、三礼、三传等科，后梁是否设置，无从考证，从相关史料看，后唐肯定是设置了的。这些科目自后唐以来，终五代之世，对其考试办法曾有过数次改变，但却未见废止。

宾贡　从存世典籍的记载看，宾贡科的设置最早应在唐穆宗长庆元年（821）。这个科目是为了外国学子在中国获取功名而专设的，可以说是进士科的一个特殊变种，故当时称这类人为"宾贡进士"。五代自后梁以来就设有此科，安鼎福的《东史纲目》卷五载："长庆初，金云卿始登宾贡科。……自云卿后至唐末，登科者五十八人，五代梁唐之际亦至三十二人。"④这些还仅是新罗的登第者。五代时期宾贡科应举者和及第者的姓名，大多已不可考。后唐长兴元年，中书门下奏："详覆到礼部院今年及第进士李飞、樊吉、夏侯珙、吴泇、王德柔、李毂等

---

① 《册府元龟》卷六四二《贡举部·条制四》，第7696页。引文中"会刑法试官"的"刑"字，《五代会要》卷二三《明法》记为"诸"字，第371页。
② 《旧五代史》卷四七《唐末帝纪中》，第652页；《册府元龟》卷六四二《贡举部·条制四》，第7699页。
③ 《旧五代史》卷四七《唐末帝纪中》，第652页；《册府元龟》卷六四二《贡举部·条制四》，第7699页。
④ 转引自严耕望：《新罗留唐学生与僧徒》，见《唐史研究丛稿》，新亚研究所，1969年，第432页；高明士：《隋唐贡举制度》引《增补文献备考》卷一八五《选举考·宾贡科》载："登五代梁、唐科者，又三十一人"，第158页。

第一章　贡举制度

六人，望放及第。其卢价等七人及宾贡郑朴，望许令将来就试。……从之。"①这个郑朴很可能就是一个新罗人。据金毓黻《渤海国志长编》卷一九载："《通志·氏族略》欣氏下云：'五代贞明登科有欣彪，渤海人'。又沙氏下云：'五代贞明登科沙承赞，渤海人（原书注：又云沙姓出于新罗）'。"这里所谓"渤海人"，即渤海国人，而非指渤海郡。又据《五代会要》卷二三《缘举杂录》条载："长兴元年六月，中书门下奏：'此后宾贡，每年只请放一人'。"可知宾贡科在五代前期十分兴盛，大约此后应举者渐少，所以才有了以上关于及第人数的限定。

　　下面谈谈五代制举科目。制举的科目由皇帝下诏确定，考试之时，皇帝亲临观之或亲试，"所以待非常之才焉"。由于制举的开设并无一定之规，而是由皇帝根据具体情况而定，所以承平之时举办得较多一些，五代是乱世，自然很少开设制举。《册府元龟》卷六四一《贡举部·条制三》记有梁太祖下诏搜访贤才一事，但却未设置制举。史籍明确记载五代开设制举是在后周统治时期，显德四年（957）八月，兵部尚书张昭上疏请求置制举，以收罗英才，世宗遂命其具体筹措②。同年十月正式下诏曰："爰从近代，久废此科，怀才抱器者郁而不伸，隐耀韬光者晦而不出。……应天下诸色人中，有贤良方正能直言极谏，经学优深可为师法，详闲吏理达于教化者，不限前资、见任职官，黄衣草泽，并许应诏。其逐处州府依每年贡举人式例，差官考试，解送尚书吏部，仍量试策论三道，共三千字已上。当日内取文理具优，人物爽秀，方得解送。取来年十月集上都，其登朝官亦许上表自举。"③这是五代时期唯一的一次制举，共设置了3个科目，实际举办时间是在显德五年（958）。尽管如此，却对宋代举办制举产生了一定的影响，顾炎武说："宋初，承周显德之制，设三科，不限前资、见任职官、黄衣草泽，并许应诏。

---

① 《旧五代史》卷四一《唐明宗纪七》，第566页。
② 《旧五代史》卷一一七《周世宗纪四》，第1561页。
③ 《五代会要》卷二二《制举》，第356—357页。

景德增为六科。熙宁以后，屡罢屡复。宋人谓之大科。"①顾炎武所说的宋初制举3科，指就是这次设置的3个科目。

二、知举官员的变化

唐代主持贡举的机构通常是礼部与吏部，礼部主持常举考试，吏部主持制举考试。五代十国时期沿袭了这一制度，并无任何变化，但是每年主持贡举的官员却不一定是本司职官，往往由皇帝临时指定官员，加上"知贡举"的名号，即可主持贡举考试。由于这一时期制举考试仅有后周显德时的一次，所以主要谈谈主持常举的官员变化情况。

《旧五代史·选举志》在记载后梁开平元年四月兵部尚书权知贡举姚洎的奏章后，注曰："案《文献通考》：唐时知贡举皆用礼部侍郎，梁开平中，始命兵部侍郎杨涉权知贡举。此事《薛史》不载。"②又据《五代会要》卷二三《缘举杂录》载："乾化三年十二月，以尚书左仆射杨涉知礼部贡举，非常例也。"原书注云："前代自武德、贞观之后，但委考功员外郎主之。至开元二十五年，员外郎李昂为贡士李涯所诋毁，由是中书奏请以礼部侍郎专焉。间或以他官领，多用中书舍人，及诸司四品清资官。惟会昌中命太常卿王起主贡举时，亦检校仆射。"这些说法并不完全准确，据《旧唐书·陆贽传》载：唐德宗贞元七年（791），"罢学士，正拜兵部侍郎、知贡举"。可见以兵部侍郎知贡举，并非自后梁杨涉始。其实唐代以兵部尚书、侍郎知贡举者，还可以列举许多史例，为了节省笔墨，就不一一列举了。以尚书仆射知贡举早在唐代就已有之，也并非上引《五代会要》所云"惟会昌中命太常卿王起主贡举时，亦检校仆射"。据《旧唐书·王播传附王起传》载：唐武宗会昌四年（844），"正拜左仆射，复知贡举"。另查《唐会要》卷

---

① 《日知录集释》卷一六《制科》，第931页。
② 又据《册府元龟》卷六四一《贡举部·条制三》载，姚洎奏在开平四年十二月，第7688页；《五代会要》卷二三《缘举杂录》记为开平元年四月十一日，第365页。疑《册府元龟》有误。

七六《进士》载：会昌"四年二月，权知贡举、左仆射、太常卿王起，放及第二十五人"云云。可见王起并非检校仆射，既如此，则后梁以尚书左仆射杨涉知贡举，就不是什么"非常例也"，而是有"故事"可循。又上引《旧五代史·选举志》所引《文献通考》之文有误，这条史料见原书卷三〇《选举考三·举士》，原文是"乾化元年，以尚书左仆射杨涉知贡举，非常例也"。杨涉当时并未任兵部侍郎，而是任尚书左仆射，时间为乾化元年（911）（实际主持的是次年的贡举考试），而不是开平中。

其实在唐代中后期，知贡举者正如上引《唐会要》所述，"由是中书奏请以礼部侍郎专焉，间或以他官领，多用中书舍人，及诸司四品清资官。"而在五代主持贡举者仍以礼部官员为主，但他官权知贡举者却和唐代不同，并非"多用中书舍人"，完全由皇帝根据具体情况而定。根据表1的统计，五代53年间，开贡举的有47年，其中有3年的知贡举官员由于史籍缺载，无法考知，可以考知的知贡举及当时所任官职的共44人次。这其中礼部尚书主持贡举2年，侍郎14年，主客郎中1年，这样礼部官员一共占了17年，占38.6%；中书舍人主持贡举共8年，占18.2%；礼部以外的六部其他官员主持了10年，占22.7%；翰林学士（承旨）主持了4年，占9.1%；其他官员主持了5年，占11.4%。可以明显地看出，礼部官员主持贡举者所占比例较高，其中仅礼部侍郎一职就占了31.8%，远远超过其他诸司职官知贡举者，说明这一点与唐代相比，并无大的变化。五代时期中书舍人知贡举者的比例并不比其他诸司高，证明五代的情况与唐代是不同的。此外，主客郎中等均是四品以下的官员，说明五代时期已经打破了唐代诸司官员知贡举者须是四品以上清资官的惯例。

表1 五代知贡举官员姓名及本官一览表

年代	姓名	本官	资料出处
开平二年	姚洎	兵部尚书	《五代会要》卷二三《缘举杂录》
开平三年	封舜卿	礼部侍郎	《旧五代史》卷六八《封舜卿传》
开平四年	卢文亮	礼部侍郎	《全唐文补遗》7辑《卢文亮权厝记》
开平五年	姚洎	兵部尚书	《册府元龟》卷六四一《贡举部·条制三》
乾化二年	杨涉	尚书左仆射	《五代会要》卷二三《缘举杂录》

续表

年代	姓名	本官	资料出处
乾化三年	郑珏	翰林学士	《册府元龟》卷六五一《贡举部·谬滥》
乾化五年	郑珏	翰林学士	《册府元龟》卷六五一《贡举部·谬滥》
贞明二年	郑珏	礼部侍郎	《登科记考补正》卷二五
贞明三年	薛廷珪	礼部尚书	《登科记考》卷二五
贞明四年	萧顷?	吏部侍郎	《旧五代史》卷五八《萧顷传》
贞明五年	不详	不详	不详
贞明六年	不详	不详	不详
龙德二年	不详	不详	不详
同光二年	赵顾	户部侍郎	《旧五代史》卷三一《唐庄宗纪五》
同光三年	裴皞	礼部侍郎	《旧五代史》卷三一《唐庄宗纪五》
同光四年	裴皞	礼部侍郎	《登科记考》卷二五
天成二年	裴皞	礼部侍郎	《登科记考》卷二五
天成三年	赵凤	兵部侍郎	《册府元龟》卷六四一《贡举部·条制三》，参见《旧五代史》卷六七《赵凤传》
天成四年	卢詹	中书舍人	《册府元龟》卷六五一《贡举部·谬滥》
长兴元年	张文宝	右散骑常侍	《旧五代史》卷四一《唐明宗纪七》，参见《新五代史》卷五五《李怿传》
长兴二年	李愚	太常卿	《登科记考》卷二五
长兴三年	卢华	考功员外郎	《登科记考补正》卷二五
长兴四年	和凝	主客郎中	《册府元龟》卷六四二《贡举部·条制四》
长兴五年	卢导	中书舍人	《旧五代史》卷九二《卢导传》
清泰二年	马裔孙	翰林学士	《旧五代史》卷一二七《马裔孙传》
清泰三年	王延	中书舍人	《旧五代史》卷一三一《王延传》
天福二年	王延	中书舍人	《旧五代史》卷七六《晋高祖纪二》
天福三年	崔棁	翰林学士承旨	《旧五代史》卷一四八《选举志》
天福六年	张允	礼部侍郎	《旧五代史》卷一〇八《张允传》
天福七年	张允	礼部侍郎	《旧五代史》卷一〇八《张允传》
天福八年	吴承范	中书舍人	《旧五代史》卷九二《吴承范传》
天福九年	张允	礼部侍郎	《旧五代史》卷一〇八《张允传》
开运二年	窦贞固	礼部尚书	《旧五代史》卷八三《晋少帝纪三》
开运三年	王松	工部尚书	《旧五代史》卷八四《晋少帝纪四》
天福十二年	张昭	尚书左丞	《册府元龟》卷六五一《贡举部·清正》
乾祐元年	王仁裕	翰林学士承旨、户部尚书	《十国春秋》卷四四《王仁裕传》
乾祐二年	司徒诩	礼部侍郎	《登科记考》卷二六

续表

年代	姓名	本官	资料出处
乾祐三年	司徒诩	礼部侍郎	《登科记考》卷二六
广顺元年	申文炳	中书舍人	《旧五代史》卷一三一《申文炳传》
广顺二年	赵上交	礼部侍郎	《旧五代史》卷一一二《周太祖纪三》
广顺三年	赵上交	户部侍郎	《五代会要》卷二三《童子》
显德元年	徐台符	刑部侍郎	《旧五代史》卷一四八《选举志》
显德二年	刘温叟	礼部侍郎	《五代会要》卷二二《进士》
显德三年	窦仪	礼部侍郎	《五代会要》卷二二《进士》
显德四年	申文炳	中书舍人	《宋史》卷四四〇《李度传》
显德五年	刘涛	右谏议大夫	《五代会要》卷二二《进士》
显德六年	窦俨	中书舍人	《登科记考》卷二六

清人徐松的《登科记考》及孟二冬的《登科记考补正》卷二五至卷二六考证了五代时期历年各科及第者的姓名、人数及知贡举官员的姓名和官衔，其中存在不少讹误，现将表1中历年知贡举官员的姓名、任职与该书不同之处，说明如下：

后梁开平二年的知贡举，徐书记为中书舍人封舜卿，而孟书改为卢文亮。据《五代会要》卷二三《缘举杂录》载：开平元年"四月十一日，兵部尚书姚洎知贡举"。薛史《选举志》所记与此相同。惟《册府元龟》卷六四一记为开平四年（910）十二月，显然有误。由于后梁并未在这年开贡举，故姚洎负责的只能是开平二年的贡举。徐松依据的是薛史《封舜卿传》，原文是"仕梁，为礼部侍郎，知贡举。开平三年，奉使幽州"云云。大概徐松以为封舜卿既然开平三年已经出使，自然应是主持开平二年的贡举了。问题是薛史并未记载其在这年哪月奉命出使，如是在春季以后出使，则其完全可以主持当年的贡举。如果封舜卿主持的是开平二年的贡举，那么早在开平元年四月就任知贡举的姚洎，又是主持哪一年的贡举呢？故，如果薛史本传记载不误的话，封舜卿主持的只能是开平三年的贡举（徐松之书未载这年的知贡举者）。孟书说卢文亮于是年任知贡举，根据的是其《墓志》所载的任"春官主文"

之后，再入"禁苑"为官凡15年而推算的。[①]卢文亮死于后唐同光二年（924），向前推15年，正好是开平二年。如是这样，则传世典籍记载情况又做何解释？其实古人计算年代多为虚年，所谓"一入禁苑，十有五年"，实际上是指15个年头，因此卢文亮主持贡举的时间当在开平四年。至于徐松认为封舜卿知贡举时的官职为中书舍人的理由是：其在开平元年十月尚是中书舍人，当时张策是礼部侍郎，而张策在次年四月才转任刑部侍郎，故封舜卿不可能再任礼部侍郎。这个理由也同样不能成立。因为封舜卿是在开平三年知贡举，前一年张策已经不再任礼部侍郎了，故封舜卿完全有可能以礼部侍郎的身份知贡举。

乾化三年（913）的知贡举，徐松记为礼部侍郎郑珏，五年（915）知贡举者其书缺载。据《册府元龟》卷六五一载："乾化中，翰林学士郑珏连知贡举。"已知乾化二年（912）的知贡举者为杨涉，四年（914）停贡，故三年、五年的知贡举者只能仍是郑珏，否则就谈不上在乾化中"连知贡举"了。至于徐松记郑珏知贡举时的官职为礼部侍郎，是因为他未见到《册府元龟》的这条史料，所以将其在贞明年间才得以充任的官职误置于此时了。孟书改乾化三年的知贡举者为萧顷，则是根据《浯田程氏宗谱》中的一句话：程大雅，"乾元三年侍郎萧颛下擢进士第"。然后认为"乾元"为"乾化"之误，"萧颛"为"萧顷"之误，于是便把这年知贡举改为萧顷了。这种没有依据的推论是很靠不住的。

徐松据薛史《王权传》："清泰中，权知贡举"的记载，认定其在清泰二年知贡举，时任礼部尚书。而同书《马裔孙传》却说其任翰林学士时知过贡举，又云"唐末帝即位，用为翰林学士……"。同书《唐末帝纪中》记其于清泰二年五月已任礼部侍郎。故其以翰林学士的身份知贡举只能在清泰二年春。对于薛史这种矛盾的记载，到底哪一种更准确？由于缺少旁证，只好留之待考了。关于清泰三年（936）的知贡举

---

① 〔清〕徐松撰，孟二冬补正：《登科记考补正》，北京燕山出版社，2003年，第1057页。

者，薛史《王延传》云："清泰末，以本官权知贡举。"而徐松之书却记此年知贡举者为礼部侍郎马胤（裔）孙，其所据史料即笔者上引薛史《马裔孙传》及《唐末帝纪下》中"（清泰三年三月）丙午，以翰林学士、礼部侍郎马裔孙为中书侍郎、同平章事"等语。由于其本传明确记其任翰林学士时知贡举，徐松根据上引《唐末帝纪下》的记载，以为将其知贡举的时间定在清泰三年亦不为误，却忽略了马裔孙早在清泰元年（934）已任翰林学士的史实，故其结论并不可靠。应以薛史《王延传》的记载为是。

关于天福八年（943）的知贡举，徐松仍记为张允，是没有史料依据的。据薛史《吴承范传》载："少帝嗣位，迁礼部侍郎，知贡举。"晋出帝于天福七年（942）六月即皇帝位，这年的贡举早已结束，吴承范实际上是主持了次年的贡举。另据同书《晋少帝纪一》：天福八年五月，"以中书舍人吴承范为礼部侍郎"。故吴承范知贡举时其本官应为中书舍人。天福九年（944）的知贡举者，徐松记为符蒙，也没有什么依据，而据薛史《张允传》载，"迁礼部侍郎，凡三典贡部"。如果这一记载不误的话，则这年贡举应是张允主持的，这样加上以前两次，方够3次之数。

开运二年（945）的知贡举为窦贞固，这一点无可怀疑，但徐松记其本官为工部尚书却大误矣。据薛史《晋少帝纪三》的记载，窦贞固于开运元年闰十二月乙酉，确以工部尚书权知贡举，但在同月己丑就改任礼部尚书，故其在次年春知贡举时，本官应为礼部尚书。

徐松记后周广顺元年（951）的知贡举者为司徒诩，依据是薛史本传，其中记道"汉初，除礼部侍郎，凡三主贡举"。汉高祖天福十二年（947）由张昭知贡举，乾祐元年（948）则是王仁裕，徐松对这些也无疑义，这样后汉统治还剩两年，司徒诩如何能三知贡举呢？故上引司徒诩本传记载有误。薛史《申文炳传》记其广顺时，迁为中书舍人，知贡举。而广顺二年、三年知贡举者均为赵上交，以广顺为年号者只有3年，故申文炳知贡举之事只能在广顺元年。

又据薛史《萧顷传》载："顷入梁，历给谏、御史中丞、礼部侍郎、知贡举，咸有能名。"《登科记考补正》卷二五据此及上面提到的《浯田程氏宗谱》的相关记载，考证萧顷知贡举的时间在乾化三年，关于这年知贡举者的人选上面已经论述过了，就不再重复了。但从上引薛史本传来看，萧顷确在后梁任过知贡举，也是不可否认之事实。另据薛史《梁末帝纪中》载：贞明四年（918）四月，"以金紫光禄大夫、行尚书吏部侍郎、上柱国、兰陵县开国男、食邑三百户萧顷为中书门下平章事"。因为贞明四年以前历年知贡举者已经确定了，故萧顷只能是在主持完这年的贡举后，才于四月升任宰相的。

关于十国的知贡举者，与中原王朝一样，多是差遣性质，还未见到由礼部侍郎知贡举的记载，而多是由吏部侍郎、翰林学士、中书舍人、给事中等清要官主持。[①]这就说明十国知举官员的变化幅度还要大于中原王朝，但总的发展趋势与中原王朝还是一致的。

三、解试与省试

五代的常举与唐朝一样，仍每年举行一次，贡举人于当年十月汇集于京师，其中举人（生徒）由国子监选送，地方的府、州、县学学生，则与乡贡一同随朝集使至京师。地方乡贡先要持牒投送州县。所谓牒，即指家状，内容包括籍贯、三代名讳等。地方州府为其举行的考试，称之解试，合格者才能给解，报送尚书省参加省试。由于唐末以来，中央集权不断被削弱，地方官员往往肆意行事，对国家制度的规定置若罔闻，每"当秋荐之时，不亲试者号为'拔解'"。所以在后梁建立的当年，即开平元年，就颁敕禁止这种行为。[②]由于后梁统治期间，梁晋之间的战争始终不息，无暇下大力气进行整顿，而这种混乱的状况并非一纸命令所能改变，因此到后唐统治时期这种现象仍然存在。后唐政府在

---

① 任爽主编：《十国典制考》，中华书局，2004年，第207页。
② 《旧五代史》卷一四八《选举志》，第1977页。

下令禁绝的同时，规定诸道每年须选词艺及通经官员主持考试，精加筛选，"及格者即与给解"。"仍具所试诗赋经帖通粗数，一一申省"。[①]要求地方报送此类材料，是为了防止地方官员敷衍了事，欺瞒朝廷。到了周世宗统治时期，采取了更严厉的措施。显德二年规定："若合解不解、不合解而解者，监试官为首罪，勒停见任，举送长官，奏闻取裁。"[②]还有一些人冒充国子监学生，企图躲过地方解试，直接入京参加省试，致使国子监每年的附监生徒大大增加。唐末帝时规定：附监生徒也要取本处文解，"如不及第者，次年便许监司解送。若初投名，未尝令本处取解者，初举落第后，监司勿更收补。其淮南、江南、黔蜀远人，即不拘此例。"[③]淮南等处之所以不受此规定的约束，是因为这些地区并非后唐辖境，为了笼络人心而采取这种政策。由于这个规定比较温和，并不能完全杜绝弊端，于是后周便采取了更为严格的规定。显德元年（954）敕："今后须是监中受业，方得准令式收补解送。"[④]古代交通不便，加之每年都要举行一次贡举考试，所以有不少落第者便寄住在京师，以便下年再考。这种情况唐代就已有之，有多年居住而不归者，长安城南洪固乡贵胄里甚至以这类人的聚居而闻名于世。唐明宗天成时规定不得效贵胄里之例，寄居于京师者也要回原籍州府取解，不得再以寄居地冒为乡贯。如户籍内无名，而地方官府给解者，必行重责。[⑤]然而在社会动荡不稳的情况下，贡举人每年长途跋涉，的确不便。于是又在后唐长兴三年规定："今后落第举人，所司已纳家状者，次年便付所司就试，并免再取文解。"[⑥]至唐末帝清泰二年，又再度废除了这个规定，仍要求每年取解，限"十月十五日到省毕，违限不收"。[⑦]五代时期对取

---

① 《全唐文》卷一〇九，后唐明宗《贡举人先委本道观察使考试及不得假冒乡贯敕》，第1114页。
② 《旧五代史》卷一四八《选举志》，第1982页。
③ 《全唐文》卷一一三，后唐末帝《附监举人分别解送诏》，第1159页。
④ 《册府元龟》卷六四二《贡举部·条制四》，第7701页。
⑤ 《五代会要》卷二三《缘举杂录》，第366页。
⑥ 《册府元龟》卷六四二《贡举部·条制四》，第7696页。
⑦ 《五代会要》卷二三《缘举杂录》，第369页。

解的规定虽然很严，但实际效果并不十分理想，地方官吏徇私舞弊，致使滥竽充数者充斥于省试考场。

唐朝规定童子由各地官府表荐，五代却一度改为解送。后唐同光二年时，共有郭忠恕等9人应试，"皆是表荐童子"，其家状内却均有"乡贡"字样，虽然不伦不类，但基本还是沿袭了唐制。次年五月，礼部贡院奏："其童子则委本州府依诸色举人例，考试结解送省，任称乡贡童子，长吏不得表荐。若无本处解送，本司不在考试之限。"至其年八月正式下敕规定："条例诸道州府不得表荐童子。"①长兴元年八月改为"其童子准往例，委诸道表荐，不得解送"。清泰二年，再次规定："童子依旧表荐"。②说明在这年之前曾又一度改为解送。唐朝规定童子必须"习一经兼《论语》、《孝经》"。五代时一度出现混乱，许多人只习短小篇章或各种杂文，凑够卷数，以便获取功名。所以唐明宗时特意规定："仍所念书并须是部帙正经，不得以诸杂零碎文书，虚成卷数"。唐庄宗规定：童子"及第后，先具白关牒，报吏部南曹，续便团奏"。却未明确何时可以参加铨选。至唐明宗时，才明确为及第后须待十一选，才可参选，"第一任未得授亲人官"。③据《赵凤墓志铭》载："初，童子及第，再修《三传》业。仲尼之经，丘明之传，莫不研精覃思，索引钩深。诣贡闱，数上不捷。……称心学班超之掷笔也。"④从"诣贡闱，数上不捷"一语来看，五代时童子及第后，还可以再参加其他科目的贡举考试，以图早日入仕，只是由于赵凤数次考试均落第，这才弃文从武，实际上并没有做到这一点。

五代与唐朝一样，地方官府在解送乡贡举人之前，也要在当地学校举行乡饮酒礼，以示敬贤之意。乡饮酒仪注要由太常寺拟定，并报皇帝

---

① 《册府元龟》卷六四一《贡举部·条制三》，第7690页。
② 《册府元龟》卷六四二《贡举部·条制四》，第7695页；《旧五代史》卷四七《唐末帝纪中》，第652页。
③ 《册府元龟》卷六四一《贡举部·条制三》，第7690页；同书卷六四二《贡举部·条制四》，第7695页。
④ 《赵凤墓志铭》，河南省文物研究所、河南省洛阳地区文管处编：《千唐志斋藏志》，文物出版社，1984年，第1234页。

审批。诸道乡贡汇集京师，检查文解及相关文件，完成报到手续后，要全体朝见皇帝。后梁时皇帝于汴梁崇元门朝见，后唐同光时于洛阳应天门朝见，明宗时改为在正殿朝见，"列在（诸道）贡物之前"。后又改在阁门外朝见，周世宗显德六年（959），改在皇宫万春殿朝见，"上以优待儒者，故允其入见"。①朝见时间与唐朝一样，均在正月一日（元日）。接着还要到国子监孔庙拜谒孔子，然后请学官开讲，贡举人可以当场提出疑问。朝中清资五品以上官员及诸道朝集使，都要汇集于国子监观礼，仪式十分隆重。

五代时规定省试用纸由应试者自备。如后唐天成四年（929）敕云："应诸色举人，至入试之时前，照日内据所纳到试纸，本司印署讫，送中书门下，取中书省印印过，却付所司给散，逐人就试贡院。"另据记载："诸色举人入试前五日纳试纸，用中书印印讫，付贡院司。"清泰二年，贡院因为考试场数极多，"'旋印纸锁宿内，中书往来不便，请只用当司印'。从之"。②即改为加盖贡院之印。试纸加盖有司印，是为了防止作弊，偷换试卷。

常举考试在礼部贡院，制举考试皇帝要亲临，通常在尚书省举行。五代时期沿袭唐制，实行锁院制度，即知贡举的官员在正式开考之前，先入贡院，然后将其与外界隔离开来，以防止请托、作弊。③考试时间通常在正月或二月。每场考试时间，唐朝以一日为限，所谓"卯时付问头，酉时收策试"。即卯时（上午5至7时）发试卷，酉时（下午5至7时）收回试卷。如果至晚仍未交卷，许点烛，以三条烛为限。④五代初期仍沿袭唐制，至后唐长兴二年，诸科对策均改为昼试。后晋开运元年，

---

① 以上见《旧五代史》卷四《梁太祖纪四》，第59页；《五代会要》卷二三《缘举杂录》，第369页；《册府元龟》卷六四二《贡举部·条制四》，第7696、7704页。
② 《五代会要》卷二三《缘举杂录》，第368—370页。
③ 金滢坤：《试论唐五代科举考试的锁院制度》，《西北师大学报》（社会科学版）2005年第1期，第52—56页。
④ 〔唐〕张鷟：《龙筋凤髓判》卷二《国子监》，见文渊阁《四库全书》，台湾商务印书馆，1983年，第889册，第879页；《文献通考》卷二九《选举考二》，第834页。

又再度允许夜试，仍以三条烛为限。后周显德二年，重又改为昼试。①对于考场纪律，五代也有较详的规定。对怀藏书册入贡院者，一旦发现，立即驱逐出场，并殿两举；如果"遥□受人回换试处及钞义题帖书时，诸般相救，准例扶出"，请殿将来三举；②"如有倩人述作文字应举者，许人言告，送本处色役，永不进仕"。保人知而不举者，殿四举，即4年不许参加科举考试，不知情者，殿两举；代作文字者如是见任官则停任，如是选人殿3选，如是贡举人殿5举，其他有牵连者，"量事科罪"。③

五代时期常举诸科的考试课目，由于政权更迭频繁，所以变化颇多。比如进士科，唐朝的课目包括诗、赋、策、论、经等，五代初年不试帖经。后唐天成三年："因敕进士帖经，通三即可。"④后周以前进士试诗、赋、策、帖经、对义等课目。广顺三年正月知贡举赵上交奏云："'进士元试诗赋各一首，帖经二十帖，对义五通。今欲罢帖经、对义，别试杂文二首、试策一道。'从之。"说明这个时期所谓杂文并不包括诗赋，这和唐代有很大的不同。据王谠《唐语林》卷八《补遗》载："旧例：试杂文者，一诗一赋，或兼试颂、论。"徐松《登科记考》卷二对杂文有更详细的考释，他说杂文"谓箴、铭、论、表之类。开元间，始以赋居其一，或以诗居其一，亦有全用诗赋者，非定制也。杂文之专用诗赋，当在天宝之季。"可见唐天宝以后所谓杂文，乃是诗赋等的别称。五代时期已经将诗赋作为正课目，所以杂文并不包括诗赋。又据《五代会要》卷二二《进士》载：显德二年五月，礼部侍郎知贡举窦仪奏曰："其进士请今后省卷限纳五卷已上，于中须有诗、赋、论各有一卷，余外杂文歌篇，并许同纳，只不得有神道碑、志文之类。"可见这里所说的杂文，是指诗、赋、论之外的其他文章。其实进

---

① 《旧五代史》卷四二《唐明宗纪八》，第576页；同书卷八三《晋少帝纪三》，第1098页；《五代会要》卷二二《进士》，第361页。
② 《五代会要》卷二三《科目杂录》，第374页。
③ 《旧五代史》卷一四八《选举志》，第1982页；《五代会要》卷二二《进士》，第362页。
④ 《册府元龟》卷六四一《贡举部·条制三》，第7691页。

士科试杂文在五代并非始于后周，至迟在唐庄宗时期已经有了，只是不知何时又废去了。广顺三年八月，权知贡举徐台符奏：进士"'请别试杂文外，其帖经、墨义，仍依元格。'从之"。①也就是说，只有广顺三年这一年的进士科没有试帖经墨义，五代其他时期仍试这些课目。后唐天成三年规定："自此进士试杂文后，据所习本经，一一考试，须帖得通三已上者，即放及第者。"此后这一规定无大的变化，只是执行得宽严程度不一而已。如天成五年（930）规定：所试文策及格后，如"帖经或不及通三，与放及第。"即其他课目及格后，帖经不及格也可以先放及第，但来年还要再试其帖经义目，所司根据考试情况上奏取旨。②后唐以后各朝未见再修改过这一规定。

关于九经、五经等科的考试课目，《新唐书·选举志上》云："凡《礼记》、《春秋左氏传》为大经，《诗》、《周礼》、《仪礼》为中经，《易》、《尚书》、《春秋公羊传》、《穀梁传》为小经。通二经者，大经、小经各一，若中经二。通三经者，大经、中经、小经各一。通五经者，大经皆通，余经各一。《孝经》、《论语》皆兼通之。"五代九经科的考试课目就是指《礼记》《诗》《周礼》《仪礼》《尚书》《易》及《春秋》三传。五代五经科的考试课目，未见有改变的记载，可能仍沿袭唐制。但上引《新唐书》之文在论到唐代五经考试课目时，语焉不详，按其所说，实则只有四经，《唐六典》等书对此记载也都模糊不清，所以有人推测唐代五经课目应是大经二，中经、小经各一，再加上《孝经》《论语》为一经，共成五经之数。③不过另据记载：唐文宗大和七年（833），国子监奏请置五经博士，其中有"'伏请五经博士，秩比国子博士，今《左氏春秋》、《礼记》、《周易》、《尚书》、《毛诗》为五经，《论语》、《尔雅》、《孝经》等，编简既少，不可特立学官，更请依旧附入中经。'敕旨依奏。"④从上引《新唐书》之文

---

① 以上见《旧五代史》卷一四八《选举志》，第1982页。
② 《五代会要》卷二二《进士》，第359页。
③ 陈飞：《唐代试策考述》，中华书局，2002年，第59页。
④ 《册府元龟》卷六〇四《学校部·奏议三》，第7255页。

看，《论语》《孝经》为诸科均应习修的基础，却无《尔雅》一书。从"依旧附入中经"等字句看，说明早在大和七年前，这三部书就已经被列入中经。这就证明唐代明经类的考试课目后来是有变化的。从这里所说的五经看，《左传》《礼记》在上引《新唐书》被列入大经，《诗》为中经，《周易》《尚书》为小经，也符合五经科大经全通，中、小经各通一部的基本规定。所以唐代的五经科的考试课目应该是指上述这五部经典，至少在唐后期应是如此。通常所说的五代之制沿袭唐制，也是指沿袭了唐后期的制度，故五代五经科的考试课目也应是这五经。

  关于明经科的考试课目问题，不仅五代文献记载不详，就连唐代明经考哪些课目，现有的论著也多语焉不详。《唐六典》卷三〇《京兆河南太原府》："凡贡举人有博识高才，强学待问，无失俊选者，为秀才；通二经已上者，为明经；明闲时务，精熟一经者，为进士。"那么，这里所说的明经通二经以上，是否就是指明经科的考试课目呢？这一点当无疑问，因为同书卷二《尚书吏部》还载："诸明经试两经，进士一经。"另外，据《唐语林》卷八《补遗》载："唐朝初，明经取通两经，先帖文，乃案章疏试墨策十道。"亦可为一证。这里所说的通两经，即"一大一小，若两中经"。① 正因为明经科的考试难度不要说与进士科比，就是与九经、五经等科相比，也要容易一些，所以五代时期举明经者人数较多，且未见文献中有五代时期改变明经考试课目的记载，可见其仍延袭了唐朝的旧制。

  关于五代时期以上诸科的考试办法。后唐天成三年乡贡九经刘英甫向中书省陈状，请求对经义90道，以替旧格帖经。以往九经考试诸经书各帖经10帖，这种考试只要熟悉经书文字即可，至于其义如何，却不得而知。所以刘英甫的请求无疑加大了考试的难度。这个动议遭到了礼部贡院的反对，但却得到皇帝的支持。不过此事只在当年执行了，至这年七月便又改为："应九经、五经、明经帖书文格后，引试对义时，宜

---

① 〔唐〕李林甫撰，陈仲夫点校：《唐六典》卷二《尚书吏部》，中华书局，1992年，第45页。

令主司于大义泛出经问义五道，于帘下书试，只令隔帘解说。但不失注疏义理，通二通三，然后便令念疏。如是熟卷，并须全通，仍无失错。如得入帘，亦须于时务中选策题，精加考校。"①即在帖经的基础上，再试对义5道，这项考试后还要再试时务策。五代在此之前，明经类的考试难度要低于唐代，至此除了试题的多少稍有不同外，课目则基本相同了。清泰二年规定："明经念疏每问三道。""后许请熟卷，都问十道，通六即放入策"。②后周广顺三年又规定："贡院诸科今欲不试泛义、口义，共十五道，改试墨义共十一道。"以后明经类试题的数量还有所变化，至于何时改变的，现存史籍未载，从后周广顺三年的赵上交的奏章推断，可能是在晋、汉时期。这年正月权知贡举赵上交奏曰："九经举人元帖经一百二十帖，墨义三十道。臣今欲罢帖经，于诸经对墨义一百五十道。五经元帖八十帖，墨义二十道，今欲罢帖经，令对墨义一百道。明经元帖书五十帖，今欲罢帖书，令对义五十道。"③但是至这年八月，又改为"九经请都对墨义六十道，其帖经对策，依元格。五经亦请对墨义六十道，帖经对策依元格"。④说明赵上交的奏请仅在广顺三年施行了一次。

关于三礼、三传、学究等科的考试课目。所谓三礼即指《周礼》《礼记》《仪礼》，三传即指《春秋》三传。至于学究一经的课目，是指前面谈到的九经，可以任选其中一经，只要做到精通，便可中第，因此它是五代诸科中考试难度较低的一科。以上诸科的考试课目，都是其本业课目，此外还要再加试策论。后唐天成三年规定：在其本业课目考试完毕后，仍要考时务策，"不必拘于对属，须有文章，但能词理周通，文字典切，即放及第。如不及此格，虽本业粗通，亦须黜落"。

---

① 《五代会要》卷二三《科目杂录》，第372—373页。
② 《册府元龟》卷六四二《贡举部·条制四》，第7698页。
③ 以上均见《册府元龟》卷六四二《贡举部·条制四》，第7700页。"贡院诸科今欲不试泛义，其口义五十道，改试墨义十道"。原文记为十五道、十一道，据《旧五代史》卷一四八《选举志》改，第1981页。
④ 《五代会要》卷二三《科目杂录》，第375页。

天成五年二月诏："学究不念书，试墨义三十道。"清泰二年改为："学究依旧念书并注十道。"后来又规定加试墨义十道，"及格即放入策"。①后周广顺三年对以上诸科的考试进行了一次大的变动，规定"学究元念书二十道，对义二十道，今欲罢念书，对义五十道。三礼元对墨义九十道，三传元对义一百一十道，欲三礼于《周礼》、《仪礼》各添义二十道。三传于《公羊》、《穀梁》传各添义二十道"。从这次关于学究考试的规定看，在清泰二年至广顺二年，还有过变化，由于史料缺乏，尚无法考定这种改变始于何时。关于诸科考试的场数，史籍仅记载了后周时期有关三礼、三传的规定。显德二年五月，经礼部侍郎知贡举窦仪奏请，确定三礼"第一场《礼记》，第二场《周礼》，第三场《仪礼》；三传，第一场《左氏》，第二场《公羊》，第三场《穀梁》。并终而复始。学究请今后《周易》、《尚书》并为一科，每经对墨义三十道，仍问经考试。《毛诗》依旧为一科，对墨义六十道"。②以往规定学究一经一科，这次将《周易》《尚书》两经并为一科，是一个值得重视的变化。

其他诸科的考试。后唐对明法科十分重视，规定其考试办法与开元礼同，由礼部贡院"会诸法试官，依格例考试"。后周广顺三年以前，明法科的考试是帖律令各15帖，对义20道。这年正月罢去帖律令，改"试墨义六十道"，这一改变无疑是加大了考试的难度。至其年八月，刑部侍郎、权知贡举徐台符奏："'却准元格帖律令各十五帖，对墨义二十道'。从之。"③即又恢复了以前的规定。五代时期明习法律之士本来就少，如果再加大考试难度，将不利于更多地吸纳此类人才，所以试墨义仅仅一年，便又重新恢复了旧制。本业课目通过后，再试策论。

童子科的考试最为简单，所谓"又无口议帖经，亦不合有明经之

---

① 《五代会要》卷二三《科目杂录》，第372页；《册府元龟》卷六四二《贡举部·条制四》，第7698页。
② 以上均见《册府元龟》卷六四二《贡举部·条制四》，第7703页。
③ 《五代会要》卷二三《明法》："明法元帖律令各十五帖"，第371页。《册府元龟》卷六四二《贡举部·条制四》记为十帖，疑有误，今不取。第7700页。

字，进则止于暗诵，便号神童"。①也就是说，只要会背书即可及第。后周以前，童子科考试规定念书24道，广顺三年改为念书50道，"念及三十道者放及第"。②至于其课目，前面已经提到，即习一经并兼习《论语》《孝经》。所谓"暗诵"多少道，即背诵经文若干段，通常不用试帖经、口义，更不试策论，因为试帖经则要能写字，试口义则要能理解经文，只有背诵才最适合儿童的善于记忆而思维较弱的特点。

关于开元礼、三史等科的考试课目，前者固不待言，就是以《开元礼》一书为其本业课目。至于三史的课目，前面已经提到过唐代的相关规定，到了五代时期有什么变化，史籍中未见记载，不敢妄论。后周前规定这两科各对义300道，广顺三年各增加了50道。③当然本业课目考试通过以后，还要再试策论。

五代明算科的考试课目及考试办法，史无记载。唐朝规定："其明算则《九章》三帖，《海岛》、《孙子》、《五曹》、《张丘建》、《夏侯阳》、《周髀》、《五经（算）》等七部各一帖。其《缀术》六帖，《缉古》四帖。"④五代可能仍沿袭此制。明算科是否仍要试策论，五代文献中没有明确记载，由于明算基本属于自然科学，选拔的是专门人才，可能不再加试此种课目。

唐朝在省试中曾实行逐场淘汰制度。五代最初只在进士、明经、五经、九经等科实行此制，后唐时开始在三传、三礼等科也推行过这一制度，所谓"逐场皆须去留，不得候终场方定"。并规定"仍具所通否粗，一一旋于榜内告示"。⑤以后又将此制推行到其他科目的考试中。这一制度主要是解决那些混迹于科场，以图侥幸博取功名的问题，同时也可减轻政府组织考试的负担和压力。

---

① 《册府元龟》卷六四一《贡举部·条制三》，第7689页。
② 《五代会要》卷二三《童子》，第370页。《册府元龟》卷六四二《贡举部·条制四》记为元念书一十四道，与诸书记载不合，今不取。第7700页。
③ 《册府元龟》卷六四二《贡举部·条制四》，第7700页。
④ 《唐六典》卷二《尚书吏部》，第45页。其中"五经算"的"算"字，据同书卷二一《国子监》条补，第563页。
⑤ 《全唐文》卷一一〇，后唐明宗《三传三礼科准明经例逐场去留敕》，第1121页。

四、复试与放榜

五代时期有关复试（查）的规定，大体在以下几种情况下施行：第一种是在诸科考试并阅卷完毕后，要将拟录取者所有课目的试卷上报，通常由中书门下或皇帝指定专人详覆，复查的内容大体是：是否有犯韵、错别字、格式错误，是否在阅卷时存在误判等，"或有犯韵及诸杂违格，不得放及第"。如在后唐长兴元年的进士科中，卢价等7人及宾贡1人经复查后落第，仅放李飞等6人及第。知贡举张文宝因为试士不精，罚俸一季。后周显德二年，经复查拟录取的16人中，仅放4人进士及第，12人被黜落。知贡举刘温叟因此被罢去职事。①落第比例如此之高，可见把关还是非常严格的。为了使落第之人信服，皇帝往往还命翰林院另撰诗赋，作为标准格样，一一晓示。如后唐长兴元年进士科考试复查后，"仍请诏翰林学士院作一诗一赋，下礼部，为举人格样"。学士窦梦征、张砺各撰诗赋一首，经宰相审查后，认为还不算好，于是又委翰林学士承旨李怿重撰。②第二种情况是对及第者进行复试。如后周显德五年，知贡举刘涛"于东京放榜后，引新及第进士刘坦已下一十五人赴行在，帝命翰林学士李昉覆试"。结果8人及第，其余全都被黜落。刘涛因此被降官。③不过这种复试并不经常举行，经常性的还是复查。据《五代会要》卷二二《进士》的记载：刘涛在率新及第进士赴行在朝见皇帝的同时，并以所试诗赋进呈，"上以其词多纰缪，命翰林学士李昉复试"。既然事出有因，可见其不是经常性的制度。有鉴于此，世宗遂在次年下诏再次强调："礼部贡院起今后应合及第举人，委知举官依逐科等第定人数姓名，并所试文字闻奏，候敕下后放榜。"④第三种情况是经人投诉后所举行的复试。早在后唐同光三年（925）时，就已有了复试的做法，当时新及第进士符蒙正颇干浮议，庄宗遂命翰林学士卢质复

---

① 《册府元龟》卷六四二《贡举部·条制四》，第7702页；《旧五代史》卷一一五《周世宗纪二》，第1527—1528页。
② 《旧五代史》卷九二《李怿传》，第1224页。
③ 《旧五代史》卷一一八《周世宗纪五》，第1571页。
④ 《册府元龟》卷六四二《贡举部·条制四》，第7704页。

试，学士使杨彦璐监试。①不过这只是偶尔为之，事后也仅命礼部今后将举人所试杂文对策，送中书门下详覆而已，并无制定相关的复试制度。至长兴四年时才规定："今年举人有抱屈落第者，许将状披诉于贡院官，当与重试。如贡院不理，即诣御史台论诉。……或知贡举之官及考试之官已下，敢有受货赂，升擢亲朋，屈抑艺能，阴从请托，及不依格去留者，一事有违，请行朝典。"②例如后周显德四年，知制诰扈蒙主持贡举，所放三传及第者段宏等4人引起了舆论的不满，世宗遂命枢密副使王朴复试，"唯留宏一人而已"。扈蒙由是被夺俸1月。③广顺三年，新进士李观的及第，引起"物议喧然"，经中书门下复查其试卷后，认为"诗赋失韵"，于是落第，知贡举赵上交由此移官。④这次由于仅涉及一人，所以没有另行复试，而是通过复查试卷来解决。

五代的这种制度无疑给主持贡举的官员形成了较大的压力。为了避免落第人无端生事，胡乱诬告，同时还制定了针对此类人的法规。后唐长兴四年礼部贡院奏："'艺业未精，准格落下，耻见同人，妄扇屈声，拟为将来基址，及他人帖对过场数多者，便生诬玷，或罗织殴骂者，并当收禁，牒送御史台，请赐勘鞫。如知贡举官及考试官事涉私徇，屈塞艺士，请行朝典。若虚妄者，请严行科断，牒送本道重处色役，仍永不得入举场。同保人亦请连坐，各殿三举。'奉敕：'宜依'。"⑤后晋天福三年（938）三月，权知贡举崔棁奏曰："'今臣欲请令举人落第之后，或不甘心，任自投状披陈，却请所试与疏义对证，兼令其日一甲同共较量，若独委试官，恐未息词理，倘是实负抑屈，则所司固难遁宪章，如其妄有陈论，则举人乞痛加惩断。'……从之。"⑥三月正是贡举放榜之时，崔棁之所以在这时提出任落第举人投状披陈，

---

① 《旧五代史》卷三二《唐庄宗纪六》，第448页；《五代会要》卷二二《进士》，第358—359页。
② 《五代会要》卷二三《科目杂录》，第373—374页。
③ 《册府元龟》卷六五一《贡举部·谬滥》，第7803—7804页。
④ 《旧五代史》卷一一二《周太祖纪三》，第1491页。
⑤ 《五代会要》卷二三《科目杂录》，第374页。
⑥ 《册府元龟》卷六四二《贡举部·条制四》，第7699页。

并请求复查时，落第者与一甲及第者共同较量，除了表示试官取士的无私外，也是迫于当时举人投诉成风的压力。这种情况的出现，在一定程度上折射出当时士风之颓坏。

五代的放榜时间在每年二三月间，所以又叫春榜。五代前期规定：放榜后及第人看毕，"便缀行五凤楼前，列行舞蹈谢恩讫，赴国学谢先师"。然后才能与知贡举官会集见面，等候敕命，"兼过堂及过枢密院"，即要拜见宰相和枢密使，称之为"过堂"之礼。唐代只拜见宰相，五代增加了枢密使，这是枢密使权势与地位提高的表现。后唐长兴四年改为及第人在朝堂谢恩，取消了赴枢密院拜见的常例，并强调"自此永为定制"。[①]实际上在五代时期枢密使的权势极大，"而宰相反拥虚名矣"，[②]加之改朝换代频繁，这条规定能否真正成为定制，令人怀疑。过堂之后还要赴中书省拜会中书舍人，即所谓"中书舍人靸鞋接见举人"之礼。后晋天福五年曾一度废去这些礼仪性活动。在这一时期贡举人中，"科目之中，凶豪甚众。每驳榜出后，则时有喧张，不自省循，但言屈塞，互相朋扇，各出言词，或云主司不公，或云试官受赂"。因此"主司每放榜，则围之以棘，闭省门，绝人出入以为常。"[③]从而构成了五代贡举制度的一大"特色"。

五代在放榜之后，及第人还要参加吏部举行的考试，谓之"关试"。由吏部南曹试判两则，以考查其治民理事的能力，通常在尚书省都堂举行。通过后要向考官谢恩，谓之"一日之师"，并录名于吏部。在关试之前，礼部要把及第举子的姓名、籍贯、年龄、三代名讳、及第年月、科名、等第、名次等有关材料写成关牒，也叫春关状，并移交吏部，然后才能参加关试。明宗天成四年，"中书舍人知贡举卢詹，进纳

---

① 《五代会要》卷二三《缘举杂录》，第369页。
② 〔清〕王鸣盛：《十七史商榷》卷九五《郭崇韬安重诲皆枢密兼节度》，中华书局，2010年，第1393页。
③ 以上见《旧五代史》卷一四八《选举志》，第1979、1978页；〔宋〕欧阳修：《新五代史》卷五六《和凝传》，中华书局，1974年，第639页。

春关状内，漏失五经四人姓名，罚一月俸"。① 关试始于唐代，通常是在闻喜宴之后进行。关试并非是铨选任官，而是贡举及第后对吏部一种礼仪性的拜会。五代的关试亦是如此性质，所谓"南曹试判，激劝为官"。但它也是礼部向吏部的一种移交程序，即及第者参加关试之后，就算离开了礼部，成为吏部的选人了。后唐时规定：试判之日，由御史台差人监察，知贡举官亲自送及第人赴试。由于是礼仪性质的考试，所以允许不懂"治道"，或不善撰判词者，可以直书其情况，唯不许传抄作弊，违者取消其功名。对于关试时正身不到，又无请假者，"即牒贡院申奏停落"，即要给予落第的罚处。② 所以当时人对这种考试也不敢掉以轻心。后唐之所以有这样的规定，是因为早在唐代就不大重视关试，及第者时有不赴试的情况出现，③ 甚至出现过礼部侍郎亲自率领新及第进士外出漫游的事。五代时这种情况并未改变，所以后唐才不得不严格这方面的规定。

春关十分重要，它是及第举子的出身证明，也是其以后参加吏部主持的铨选的重要文件之一，如果及第举子不慎丢失了春关，可以向礼部贡院申请补发。五代是乱世，所以丢失春关的现象时有发生，因此当时也针对这种现象制定了一些有关补发的规定。如后唐天成三年规定："请同年一人充保，次年及第二人充保，即重给春关。"④ 即以同年及第者1人作保，第二年及第者2人为保人，证明其身份真实后，才能给予补发。至长兴二年又规定："其失坠春关阙冬集者，宜令所司取本人状，当及第之时，何人知举，同年及第人数几何，如实，即更勘本贯，得同举否。"⑤ 也就是说申请补发者本人要在申请书中，即本人状中，写明其及第何时，何人为知贡举官，同年及第的人数多少，如果一切属实，再

---

① 《册府元龟》卷六五一《贡举部·谬滥》，第7803页。
② 以上见《五代会要》卷二三《缘举杂录》，第366页；参见《日知录集释》卷一六《判》，第954—955页。
③ 〔唐〕阙名：《玉泉子》，见《唐五代笔记小说大观》，上海古籍出版社，2000年，第1425页。
④ 《册府元龟》卷六四一《贡举部·条制三》，第7692页。
⑤ 《册府元龟》卷六三三《铨选部·条制五》，第7589页。

审查其籍贯，是否有同举者，可以为其作证明。可见对于补发春关的审查是越来越严了。

五代时的春关是用绫纸制成，有檦轴，其样式现今已无法考知，从这些文字记载来看，一定是比较考究的。唐代规定领取春关时要交纳绫纸朱胶钱，五代在清泰二年改为官给，至显德五年时，又改为"每年及第举人，自于官诰院纳官钱一千，买绫纸五张，并檦轴，于当曹写印缝缝给，于官诰院却每人牒送朱胶钱三百到曹"。①官诰院隶属于吏部，掌管告身、春关等的制作事务，所以须将绫纸、朱胶等钱交纳到这里。春关及告身的填写在吏部南曹，并由吏部颁发，只是及第举子需要补发春关时，才向礼部贡院申请补发，②因为其是主持贡举考试的机构，便于对申请者进行审查。所以在正常情况下，春关的颁发在关试之后，由吏部南曹发给。五代时曾一度改为由皇帝向及第举子集体颁赐春关，天成四年七月敕："今年应新及第人，给春关并于敷政门外宣赐。"原书注曰："虑所司邀颉故也。"③可见这次变动，是为了防止吏部在颁发春关时对及第人借机刁难，乱收费用。

关试前后便是一系列的宴集活动。据《唐摭言》卷三《宴名》载：唐代有"大相识、次相识、小相识、闻喜、樱桃、月灯、打球、牡丹、看佛牙、关宴"等宴，又有杏园宴、慈恩寺塔题名等活动。这些活动有些是官方组织的，有的属于私人聚会，久而久之，遂相沿成习。五代是所谓乱世，自然没有唐代那种盛世景象，但有些重要的宴集还是保留的，如闻喜宴、选胜宴、关宴等。五代时期的闻喜宴最初由及第人自筹费用，后唐天成二年改为由皇帝每年赐钱400贯。不知何时又不再给钱，于是在后周显德六年，改为由宣徽院以公费承办此事，"帝以优待贤隽，故有是命"。④选胜宴可能由礼部承办，用以款待及第人。过堂之礼

---

① 《册府元龟》卷六四二《贡举部·条制四》，第7698页；《五代会要》卷二二《吏曹裁制》，第352页。
② 王勋成：《唐代铨选与文学》，中华书局，2001年，第30—31页。
③ 《五代会要》卷二三《缘举杂录》，第367页。
④ 《册府元龟》卷六四二《贡举部·条制四》，第7704页。

后，相关部门还要设宴款待及第举子。这两种宴集曾在后晋天福五年一度废去。①关宴在唐代又称曲江宴或离宴，五代时也称春关宴，是在颁发了春关之后举办的。唐代通常在长安曲江池举办关宴，但五代各朝都城在洛阳或汴梁，自然不可能再称曲江宴。因为此宴和唐代一样都是当年贡举的最后一次活动，结束后及第举子便各奔东西了，所以才叫离宴。需要说明的是，关宴自后唐以来均由官府出钱承办关宴，和唐代那种由及第人自凑份子的情况是不同的。五代的这些宴集活动多次引起一些朝臣的非议，也曾上疏请求不再公费举办，②而且在天福五年也确实一度废去了其中的大部分活动。这是五代时期北方经济衰退，国用不足的真实反映。

五、诸国贡举

十国中也有一些政权设置过贡举。一般来说，凡不奉中原正朔的政权，均程度不同地开过贡举。有关这方面的史料比较零散，且残缺不全，故只能对其基本情况做一简略的考述。

南唐是十国中的大国，经济发达，文化繁荣，故其贡举制度在诸国中也最为完善。关于南唐何时开贡举，史籍记载颇不一致。陆游《南唐书·江文蔚传》载："南唐建国以来，宪度草创，言事遇合，即随才进用，不复设礼部贡举，至是始命文蔚以翰林学士知举，略用唐故事，放进士庐陵王克贞等三人及第。"这条史料没有记其初设贡举的时间。另据同书《元宗纪》载：保大十年（952）二月，"以翰林学士江文蔚知礼部贡举"。《资治通鉴》卷二九〇周太祖广顺二年（952）二月条也说："当时唐之文雅于诸国为盛，然未尝设科举，多因上书言事拜官，至是，始命翰林学士江文蔚知贡举。"然马令《南唐书·诸佑传》却载："昇元中，（陈）起第进士，授黄梅令。"昇元是南唐开国皇帝

---

① 《旧五代史》卷一四八《选举志》，第1979页。
② 参见《册府元龟》卷六四二《贡举部·条制四》，第7698页。

李昪的年号。同书《李徵古传》亦载："昪元末,第进士。"《十国春秋·汪焕传》："汪焕,歙州人。开国时第进士。"看来南唐在昪元时期确实设过贡举,可能是没有制度化,并长期停贡,故被一些史家所忽略。保大十年南唐重设贡举后,不久便又废去,具体原因,却是因其内部矛盾所致。据载这年贡举结束后,"元宗问文蔚:'卿知举取士,孰与北朝？'文蔚曰:'北朝公荐、私谒相半,臣一以至公取才。'元宗嘉叹。中书舍人张纬,后唐应顺中及第,大衔其言,执政又皆不由科第进,相与排沮,贡举遂复罢矣。"①至保大十一年（953）三月,"复设贡举"。这次实际上恢复的是保大十二年（954）的贡举,"命吏部侍郎朱巩知礼部贡举"。②《十国春秋·南唐元宗纪》载:保大十一年,"是岁,复行贡举",这是不对的。因为按照唐制贡举均在春季举行,此时时间已过。南唐在这年三月才宣布恢复贡举,各地贡举人要赴州府投牒,地方官府还要组织解试,然后才能汇集于京师,诸科课目考试完毕,再到放榜,这个过程在正常情况下,从前一年秋季开始到次年春季才能结束,大约需要七八个月时间。所以是不可能在当年举行贡举考试的。另据《资治通鉴》卷二九一周太祖广顺三年十二月条载:"唐祠部郎中、知制诰徐铉言贡举初设,不宜遽罢,乃复行之。"这条记载虽与上引史料所记恢复贡举的月份不同,但也可证明南唐再次开贡举只能在保大十二年。《十国春秋》的撰者吴任臣将史籍中宣布重设贡举的时间,误以为是开科考试的时间。

关于南唐贡举的科目,史籍中没有系统的记载,从散见的零星史料来看,最初只有进士和明经两科。进士科的史料,前面已经提到,关于明经科的记载有："朱弼字君佐,建州人。举明经第一,授国子助教,

---

① 〔宋〕陆游撰,李建国校点：《南唐书》卷一〇《江文蔚传》,见傅璇琮、徐海荣、徐吉军主编：《五代史书汇编》九,杭州出版社,2004年,第5547页。
② 〔宋〕陆游：《南唐书》卷二《元宗纪》,第5479页。

知庐山国学。"①杜镐"南唐时，举明经，为集贤校理"。②除此之外，还有三传、明法、童子等科，如刘式，"袁州人也。李煜时，举三传中第"；查陶，"初事李煜，以明法登科"；张惟彬，"幼以通诵二经中童子科"。③这些科目均出现在后主李煜时期，很可能元宗时期没有设置，因为那时每年及第人极少，故不可能有太多的科目设置。

此外，南唐也有复试制度。如冯延鲁之子冯僎，"韩熙载知贡举，放及第，覆试被黜"。乾德二年（964）三月，韩熙载知贡举，放进士9人，后主命中书舍人徐铉复试其中舒雅等5人，舒雅等皆不赴试，后主乃自命诗赋题，"以中书官莅其事，五人皆见黜"。以上是经复试黜退及第人的事例，还有经复试而增加及第人的例子。如开宝五年（972）二月，张泊主持贡举考试，放及第进士3人，"清耀殿学士张泊言泊多遗才，国主命泊考遗不中第者，于是又放王伦等五人"。④南唐对贡举十分重视，直到宋军围困金陵，国家灭亡前夕，后主仍"命户部员外郎伍乔于围城中放进士孙确等三十八人及第"。⑤另据记载：南唐"自保大十年开贡举，讫于是岁（指开宝八年），凡十七榜，放进士及第者九十三人，九经一人。"⑥这个数据并不准确，没有将明经、三传、明法、童子等科的及第人数统计进去。

另据记载，"萧俨，庐陵人也。甫十岁，诣广陵，以童子擢第。及

---

① 〔宋〕陆游：《南唐书》卷一五《朱弼传》，第5584页。
② 〔宋〕王偁：《东都事略》卷四六《杜镐传》，见文渊阁《四库全书》，台湾商务印书馆，1983年，第382册，第280页。
③ 《宋史》卷二六七《陈恕传附刘式传》，第9206页；《宋史》卷二九六《查道传附查陶传》，第9880页；〔清〕吴任臣：《十国春秋》卷三一《张惟彬传》，中华书局，1983年，第450页。
④ 以上见〔宋〕陆游：《南唐书》卷一一《冯延鲁传》，第5553页；〔宋〕陆游：《南唐书》卷三《后主本纪》，第5488、5490页。
⑤ 〔宋〕陆游：《南唐书》卷三《后主纪》，第5493页。另据〔宋〕李焘：《续资治通鉴长编》卷一六，宋太祖开宝八年二月戊辰，这次放进士及第者30人，中华书局，1992年，第336页。
⑥ 《续资治通鉴长编》卷一六，宋太祖开宝八年二月戊辰，第336页。

长，志量稳正，……烈祖受禅，迁大理司直，拜刑部郎中"①。从这条记载看，萧俨应是在吴国时童子及第的。如果这条史料可靠，则吴国也曾设置过贡举。

前蜀虽称帝，然未置常举，但却举办过制举一次。乾德三年（921）九月，其主王衍"诏置贤良方正、博通经史、明达吏理、识洞兵机、沈滞丘园五科，令黄衣选人、白衣举人，投策就试，吏部考较"。至次年二月，于"文明殿试制科"。②后蜀在孟知祥统治时期未见开贡举，直到后主孟昶广政十二年（949）始置"礼部贡举"。③然正式开科取士却是在次年，《十国春秋·欧阳迥传》载："广政十二年，除翰林学士。明年，知贡举"可证其是。后蜀所置科目，现所能知道的为进士、明经两科。如"王著为伪蜀明经"，入宋后任翰林侍书与侍读。④有关其进士科的史料，有"句中正，字坦然，成都华阳人。……复举进士及第"⑤。这类史料还有不少，就不一一列举了。后蜀贡举自设置之时，直至广政二十八年（965）亡国，长期以来颇为兴盛。蜀人杨九龄曾撰有《蜀梼堂编事》20卷，"中纪广政举试事，载诗赋策题及知贡举登科人姓氏"。⑥

十国中开过贡举的另一政权便是南汉。据载南汉置贡举是在汉高祖刘䶮（岩）乾亨四年（920），"汉杨洞潜请立学校，开贡举，设铨选；汉主岩从之"。⑦关于其科目，史书中也有记载：乾亨"四年春，置选部，贡举，放进士、明经十余人，如唐故事，岁以为常"⑧。再如简文会，南海人，"高祖初，开进士科，擢第一人及第，累官尚书右丞"。

---

① 〔宋〕马令撰，李建国校点：《南唐书》卷二二《萧俨传》，见傅璇琮、徐海荣、徐吉军主编：《五代史书汇编》九，杭州出版社，2004年，第5399页。
② 〔宋〕张唐英撰，王文才、王炎校笺：《蜀梼杌校笺》卷二《前蜀后主》，巴蜀书社，1999年，第173、175页。
③ 《新五代史》卷六四《后蜀世家》，第805页。
④ 〔宋〕文莹撰，郑世刚、杨立扬点校：《玉壶清话》卷五，中华书局，1984年，第45页；《宋史》卷二九六《王著传》所载亦同，第9872页。
⑤ 《十国春秋》卷五六《句中正传》，第814页。
⑥ 《十国春秋》卷五六《杨九龄传》，第817页。
⑦ 《资治通鉴》卷二七一，后梁均王贞明六年三月，第8854页。
⑧ 《新五代史》卷六五《南汉世家》，第812页。

梁嵩，浔州平南人，"白龙元年，举进士第一，仕至翰林学士"。①现能考知的南汉历届进士及第者只有8人，包括上述的两名状元。此外，南汉士人赴中原参加科举并及第者亦不在少数，现能考知的共有黄损、何泽、樊华、孟宾于、邓恂美、骆仲舒等人。②

此外，割据于泉州、南州（漳州的改名）的清源军节度使留从效也开过贡举，"每岁取进士、明经，谓之秋堂"。③留从效本为闽国的泉州军将，南唐灭闽时以身投靠。南唐被前来援救福州的吴越军击败后，他率本部军队返回泉州，杀刺史而自立，南唐无力制约，遂割泉、南二州设清源军，任其为节度使，名义上归属于南唐，实际"皆羁縻而已"。④正因为其处于这样一个特殊的政治地位，虽未称帝，但也公然开了贡举。

有关诸国贡举的史料比较贫乏，其制度详情尚无法厘清，从有关南唐、南汉等国的贡举史料中看，均提到如唐"故事"等字样，可知其基本上沿袭了唐朝的制度，而对当时中原王朝的贡举制度似未采用或借鉴。这种情况的出现，完全是因这些政权均与中原王朝相对峙，不承认其为正朔，出于政治上的考虑，故不愿采用其制度。政治上的分裂，导致了诸国在贡举上各行其是，从而构成了这一历史时期贡举制度的又一特点。

六、结语

关于这一历史时期贡举的特点，著名史学家马端临曾有过精辟的评论，他说：

---

① 《十国春秋》卷六四《简文会传》，第905页；《十国春秋》卷六三《梁嵩传》，第897页。
② 蓝武：《五代十国时期岭南科举考试研究》，《社会科学家》2004年第5期，第153—154页。
③ 《十国春秋》卷九三《留从效传》，第1350页。
④ 〔宋〕马令：《南唐书》卷二《嗣主书》，第5271页。

五代五十二年，其间惟梁与晋各停贡举者二年，则降敕以举子学业未精之故，至于朝代更易，干戈攘抢之岁，贡举固未尝废也。然每岁所取进士，其多者仅及唐盛时之半，土宇分割，人士流离，固无怪其然。但三礼、三传、学究、明经诸科，唐虽有之，然每科所取甚少，而五代自晋、汉以来，明经诸科中选者，动以百人计。盖帖书、墨义，承平之时，士鄙其学而不习，国家亦贱其科而不取，故惟以攻诗赋中进士举者为贵。丧乱以来，文学废坠，为士者往往从事乎帖诵之末习，而举笔能文者固罕见之，国家亦姑以是为士子进取之涂，故其所取反数倍于盛唐之时也。①

马端临从社会状况和士人素质的角度，指出了五代与唐代在进士科和其他诸科及第人数上的变化，结论十分精辟。但是这个结论却不适用于南方诸国的情况。南汉的情况由于史料缺乏，尚不好论定，南唐与后蜀却是进士科明显盛于明经科。仅从马令、陆游《南唐书》和《十国春秋》的传记来看，凡在两国及第且在书中有传者，大多为进士出身，其他诸科出身者极少。从前面所提过的《蜀桂堂编事》一书所记的诗赋、策题等内容来看，诗赋是进士科专有的课目，对策虽非进士科独考，但也是主要针对此科的。前面已经提到，"当时唐之文雅于诸国为盛"。可见南唐士人的素质与中原地区是不同的。而进士科却恰恰适合于文学之士，死诵经书者是无法考取的，故南唐一国凡文学才俊之士，莫不以中进士为荣。仅南唐人严续一家，"诸子及孙举进士，中其科者十余人"。欧阳观一家，"凡擢进士第者六七人"。②南唐录取进士的人数，最少的一年为保大十年，共3人，最多的为开宝八年，达到了38人之多；中原王朝最少的是同光三年和长兴二年，各录取了4人，最多的为天

---

① 《文献通考》卷三〇《选举考三》，第874页。
② 〔宋〕陆游：《南唐书》卷一三《严续传》，第5568页；〔宋〕龙衮撰，张钊光校点：《江南野史·集外逸文》，见傅璇琮、徐海荣、徐吉军主编：《五代史书汇编》九，杭州出版社，2004年，第5238页。

福十二年，共25人。①南唐人数最少的一年是其初设贡举的一年，制度草创，情有可原，中原王朝尚且如此，何况南唐还是小国。以上情况说明，南方诸国进士科的情况与中原是不同的。众所周知，五代十国时期有两个文化中心，即南唐与西蜀，所以在贡举上出现这种现象，并不奇怪，完全是其文化发展的必然结果。

五代时期明经科比较容易考取，这导致了及第者人数的增多，使得明经及第者在铨选时的选数增加，从而难于得到官职。为了改变这种境况，有些明经及第者便再次投入科举考试中，企图通过这种办法比较顺利地进入仕途。如蔡某，在明经及第后，又以"三礼登科"。②前面提到的赵凤在童子科及第后，又去投考三传科，也是出于这个目的。唐朝的士人在常举及第后，参加制举考试者有之，但再去参加其他常举科目者却比较少见，五代时这种现象的增加，也算是这一历史时期科举制度的一个奇特现象。

马端临所指出的五代贡举存在的问题，其现象在各朝的贡举考试中可以说比比皆是。如后唐天成三年敕："应将来三传、三礼、三史、开元礼、学究等考试，本业毕后，引试对策时，……但能词理周通，文字典切，即放及第。……如粗于笔砚留意者，则任以四六对，仍须理有指归，言关体要。如不曾于笔砚致功，即许直书其事，申明利害，不得错使文字。"③对应举者在文字上提出这样低的标准，尺度可谓相当地宽了，说明了当时士人的文化素质的确不高。至于举进士者在诗赋考试中的错韵、失韵更是比比皆是，甚至连错别字也不能避免。这种现象前面已略有提及，就不再一一罗列史料了。此外，这个时期的士人不仅文化素质有所下降，而且治事的实际能力也比较差。反映在关试上，就是作弊现象屡屡出现。如唐明宗时的一次关试中，发现了及第者刘莹等5人，

---

① 南唐及第人数的出处，前面已经注明，五代各朝的录取人数，见《文献通考》卷三〇《选举考三·五代登科记总目》，第871—874页。
② 吴钢主编：《全唐文补遗》第六辑《故银青光禄大夫太子左庶子致仕上柱图济阳蔡府君墓志》，三秦出版社，1999年，第216页。
③ 《五代会要》卷二三《科目杂录》，第372—373页。

"所试判语皆同",经认定是互传草稿所致。①尤其可笑的是,牒送的吏部关试考卷,一度出现了"判题虽有,判语全无"的现象,只在试卷中写了"未详"二字。致使皇帝不得不下敕规定:"如是进士并经学及第人,曾亲笔砚,其判语即须缉构文章,辨明治道。如是无文章,许直书其事,不得只书未详。"②这也是只有五代才出现的怪现象。清代学者顾炎武说:

> 试判起于唐高宗时。初吏部选才,将亲其人,覆其吏事,始取州县案牍疑议,试其断割,而观其能否。后日月浸久,选人猥多,案牍浅近,不足为难。乃采经籍古义,假设甲乙,令其判断。既而来者益众,而通经正籍又不足以为问,乃征僻书曲学隐伏之义问之,惟惧人之能知也。③

可见试判之制流弊甚大。顾炎武所说的"乃征僻书曲学隐伏之义问之",应是唐后期才产生的现象,五代时期在试判中似乎并未这样做,因为上引唐明宗的敕文中,有要求举子的判语须"辨明治道"之语,与"僻书曲学隐伏之义"无关,说明五代在试判时仍取"州县案牍疑议",而"试其断割"。这与顾炎武所说的情况不相符合,五代时期在贡举方面并未一味沿袭唐后期的做法,也就不存在"惟惧人之能知也"的这种故意刁难的情况存在。因此出现这些问题完全是举子素质低下所致。后周显德时期三传、三礼等科的考试改为每经墨义数十道,对于此马端临批评说:"贡举而以墨义之'通'、'否'为升黜,浅陋殊甚,有同儿戏。"④不通为之否。应试举子如此,考官中也不乏平庸之辈。如唐庄宗时,复试进士,令翰林学士承旨卢质命题,"质以'后从谏则圣'为赋题,以'尧、舜、禹、汤倾心求过'为韵,旧例赋韵四平四

---

① 《日知录集释》卷一六《判》,第954页。
② 《五代会要》卷二三《缘举杂录》,第366页。
③ 《日知录集释》卷一六《判》,第955页。
④ 《文献通考》卷三〇《选举考三》,第870页。

侧，质所出韵乃五平三侧，由是大为识者所诮。"[1]后梁封舜卿知贡举时，"舜卿才思拙涩"，仅命题5道，便觉得"不胜困弊"，不得已只好托其门生翰林学士郑致雍代为秉笔。[2]

五代贡举之弊端并不仅限于此，比如在解送童子时，唐朝规定年龄为10岁以下，后又改为十一二岁以下，"经旨全通，兼自能书写者"。[3]五代虽沿袭了唐朝的规定，然各地官府"皆越常规，或年齿渐高，或精神非俊，或道字颇多讹舛，或念书不合格文"[4]。甚至有不经考试，直接赐及第的现象。如后唐天成四年正月，幽州节度使赵德钧奏："臣孙赞，年五岁，默念《论语》、《孝经》，举童子，于汴州取解就试。"诏曰："都尉之子，太尉之孙，能念儒书，备彰家训，不劳就试，特与成名。宜赐别敕及第，附今年春榜。"[5]历代都有钦赐及第的现象，或因其父祖功高，或因本人有殊行，像这样出于笼络强藩，随意而为的行为，只能败坏风气，自毁章程。后梁统治时期甚至公然为公卿子弟夺取功名大开方便之门，梁太祖开平时，知贡举姚洎上奏说："今在朝公卿亲属、将相子孙，有文行可取者，请许所在州府荐送，以广疏材之路。"[6]此举貌似公允，实则不然，公卿子弟凭借权势，较之平民子弟在科第方面本来就具有优势，如果再加以鼓励，则必然排挤平民子弟，导致公卿将相子孙充斥于科场之中。皇帝对此无知无觉，竟然同意了这个荒唐的动议。

不仅皇帝如此，五代权臣干预贡举的事也频频发生。如后唐清泰末，中书舍人王延知贡举，吏部尚书卢文纪与故相崔协有隙，恰逢崔协之子崔顗应进士举，卢文纪挟私报复，遂暗示王延不要录取崔顗。后晋天福三年，翰林学士承旨崔棁知贡举，"时有进士孔英者，素有丑行，

---

[1] 《旧五代史》卷九三《卢质传》，第1228页。
[2] 〔五代〕孙光宪：《北梦琐言》卷一九，中华书局，2002年，第347页。
[3] 〔宋〕王溥：《唐会要》卷七六《童子》，上海古籍出版社，2006年，第1656页；《唐会要》卷七七《科目杂录》，第1658页。
[4] 《全唐文》卷一〇九，后唐明宗《严定童子科场敕》，第1115页。
[5] 《旧五代史》卷四〇《唐明宗纪六》，第547页。
[6] 《旧五代史》卷一四八《选举志》，第1977—1978页。

为当时所恶。棁受命往见维翰，维翰语素简，谓棁曰：'孔英来矣。'棁不谕其意，以谓维翰以孔英为言，乃考英及第，物议大以为非"。孔英的及第虽非宰相桑维翰本意，然亦反映了权臣对贡举频有干预的事实。再如周太祖时，户部侍郎赵上交知贡举，宰相王峻对其言及一童子，"榜出之日，童子不第，峻衔之"。在赵上交引新及第人至中书过堂时，王峻厉声曰："今岁选士不公，当须覆试。""翼日，峻奏上交知举不公，请致之于法"。① 此外，知贡举的官员利用职权营私舞弊的事也时有发生。如后梁乾化中，"翰林学士郑珏连知贡举，邺中人聂屿与乡人赵都，俱随乡荐。都纳贿于珏，人报翌日登第，屿闻不捷，诉来人以吓之，珏惧，亦俾成名"。后晋重臣刘昫早年避难于河朔，"匿于北山兰若，有贾少瑜者为僧，辍衾袍以温燠之。及昫官达，致少瑜进士及第，拜监察御史"。② 南方诸国的知贡举官员中也不乏此类人，如后蜀翰林学士范禹偁曾三掌贡举，"贿厚者登高科，面评其直，无有愧色。冯赞尧为布衣交，家贫无资，终不放登第"。③ 当然在这一历史时期也有一些正直的官员，如后晋张昭知贡举时，"而诸侯受赂请托甚峻，昭未尝摇动，但务公平"④。不过这类人实在是凤毛麟角，虽偶有出现，却无改当时的不良风气。

唐代在贡举中有行卷的风气，五代时此风仍然较盛，虽未见朝廷明令禁止，但却有"今后主司不得受内外官寮书题荐托举人"⑤的规定。这是为了防止公卿大臣以个人好恶干扰贡举取士，然这个规定并未认真执行。（如后梁时，连州人黄损应进士举，"遍投三书公卿间，识者谓此王佐才也。已而登龙德二年进士第"。李度，后周显德中举进士，此人善写诗，有"醉轻浮世事，老重故乡人"之句，"人多诵之"。枢密

---

① 以上见《新五代史》卷五七《王延传》，第663—664页；《旧五代史》卷九三《崔棁传》，第1232页；《旧五代史》卷一三〇《王峻传》，第1714页。
② 以上见《册府元龟》卷六五一《贡举部·谬滥》，第7803页；《旧五代史》卷八九《刘昫传》，第1173页。
③ 《蜀梼杌校笺》卷四《后蜀后主》，第391—392页。
④ 《册府元龟》卷六五一《贡举部·清正》，第7800页。
⑤ 《五代会要》卷二三《缘举杂录》，第367页。

使王朴十分欣赏,"止以此一联荐于申文炳知举,遂擢为第三,人嘲曰:'主司只诵一联诗'。"①后晋宰相桑维翰,后唐同光中进士及第。当时其父在河南府为客将,为了其子能够及第,曾请齐王张全义帮忙,"献文字数轴",于是"王力言于当时儒臣,且推荐之,由是擢上第"。②当时还有一种不良风气,因为主考官员与及第者为座主与门生的关系,所以主考官员对自己中意的应举者,往往以自己当年及第时的名次相授。如和凝举进士时名列第十三,便在他知举时,遂选范质为第十三,"场屋间谓之'传衣钵',若禅宗之相付授也"。③这种私授衣钵的行为,是很难保证公正取士的。

由于五代时期的贡举存在如此之多的问题,引起了后人的猛烈抨击,如宋人赵令畤在《侯鲭录》卷四中说:"唐末五代,权臣执政,公然交赂,科第差除,各有等差。故当时语云:'及第不必读书,作官何须事业'!"这种批评可谓一语中的。

五代时期还有一种现象需要指出,即应举者人数严重膨胀。后梁开平二年,全部贡举人仅为157人,至后汉乾祐二年(949),已经"多至二千、三千"人,其中有不少人甚至是五举、六举者。④后晋高祖统治时期,仅明经一科少者五百,多者千余人。这些数据甚至超过了唐代的水平。应举人数增长如此之快,而及第人数却不便增长过多,因为五代只占据了北方半壁河山,官阙有限,所以贡举人过多对朝廷压力很大,搞得不好还会影响社会的稳定。五代自后唐清泰二年起,已经取消了落第人免于取解的规定,仍不能制止应举人数的增长,其原因就在于地方政府"滥有举送"。⑤而地方政府这种行为得不到控制,却另有原因。唐朝规定上州每年举送3人,中州2人,下州1人,而五代却未见有这种限制,

---

① 分见《十国春秋》卷六二《黄损传》,第893页;《玉壶清话》卷七,第66页。
② 〔宋〕张齐贤撰,俞钢校点:《洛阳搢绅旧闻记》卷二,见傅璇琮、徐海荣、徐吉军主编:《五代史书汇编》四,杭州出版社,2004年,第2401页。
③ 《旧五代史》卷一二七《和凝传》引《旧五代史考异》,第1672页。《新五代史》本传记其名次为第五,未知孰是,第640页。
④ 《旧五代史》卷四《梁太祖纪四》,第59页;同书卷一四八《选举志》,第1981页。
⑤ 《册府元龟》卷六四二《贡举部·条制四》,第7700页。

这才是造成贡举人数居高不下的根本原因。五代针对这种情况所采取的措施，除了强调严格解试外，主要有两条：其一，不定期地停止贡举考试。五代50多年间共停贡举5次，其理由就是："以员阙少而选人多，常调有淹滞故也。"①还有中书门下数次提出停止贡举，皇帝出于种种顾虑，没有同意而作罢。其二，对落第者采取限制应举的措施，以达到减少贡举人数的目的。这项措施主要在五代后期施行，如后周显德二年规定：进士科"其不及人以文艺优劣，定为五等。取文字乖舛、词理纰缪最甚者为第五等，殿五举；其次者为第四等，殿三举；以次者稍优，为第三等，第二等，第一等，并许次年赴举。其所殿举数，并于所试卷子上朱书，封送中书门下"。②其他诸科举人，"请第一场十否者，殿五举；第二场、三场十否者，殿三举；其三场内有九否者，并殿一举"。③殿一举，即停止一年的考试资格。

五代的贡举制度尽管弊病甚多，但也有一些可取之处，并对宋代制度产生了一定的影响。顾炎武《日知录集释》卷一七《殿举》载："宋初，约周显德之制，定贡举条法及殿罚之式。进士文理纰缪，殿五举。诸科初场十否，殿五举。第二、第三场十否，殿三举。第一场至第三场九否，并殿一举。殿举之数，朱书于试卷，送中书门下。"这一制度完全是照搬后周制度，并无丝毫变动。再如前述的宋初沿袭五代制度，制举设三科，直到宋太宗景德中，才增为六科。后梁开平三年敕："礼部所放进士薛均，是左司侍郎薛廷珪男，方持省辖，固合避嫌。其薛均宜令所司落下。"④说明当时在贡举上确有回避的规定，虽然后来各朝并未严格执行这一规定，但却对宋代产生了较大的影响。北宋一代，凡大臣子弟贡举及第者，礼部具奏后再由他司主持复试。自宋太宗以来，虽然取士名额逐年增加，"而上下斤斤犹守此格。有人主示公而不取

---

① 《旧五代史》卷七七《晋高祖纪三》，第1016页。
② 《五代会要》卷二三《进士》，第361页。"不及人"，应为"不第人"，疑原文有误。
③ 《册府元龟》卷六四二《贡举部·条制四》，第7703页。
④ 《五代会要》卷二二《进士》，第358页。

者。""执政子弟多以嫌不敢举进士。有过省而不敢就殿试者"。[1]所谓过省，指已经通过了省试。当然，也有一些五代的弊端仍为宋代所沿袭，如"国初，诸科取人亦多于进士，盖亦承五季之弊云"。[2]但随着宋代文化的发展，进士科名额也不断扩大，这种情况后来也就逐渐改变了，至王安石变法时索性罢去诸科。《宋史·选举志一》云："神宗始罢诸科，而分经义、诗赋以取士，其后遵行，未之有改。"遂使进士一科独盛，虽仍称科目，实则有科无目矣。

表2　五代历年及第人数表[3]

年代	进士科（人）	诸科（人）	年代	进士科（人）	诸科（人）
开平二年	18	5	清泰二年	14	1
开平三年	19	4	清泰三年	13	无
开平四年	15	1	天福二年	19	无
开平五年	20	10	天福三年	20	无
乾化二年	11	1	天福六年	11	45
乾化三年	15	无	天福七年	7	无
乾化五年	13	2	天福八年	7	无
贞明二年	12	1	天福九年	13	56
贞明三年	15	2	开运二年	15	88
贞明四年	12	2	开运三年	20	92
贞明五年	13	1	天福十二年	25	155
贞明六年	12	3	乾祐元年	23	179
龙德二年	14	无	乾祐二年	19	80
同光二年	14	2	乾祐三年	17	84
同光三年	4	无	广顺元年	13	87

---

[1]《日知录集释》卷一七《大臣子弟》，第980页；〔宋〕叶梦得撰，宇文绍奕考异：《石林燕语》卷八，中华书局，1984年，第112页。

[2]《文献通考》卷三〇《选举考三》，第874页。

[3] 此表据《文献通考》卷三〇《选举考三》（第871—874页）所载"五代登科记总目"条制成，其中未列入的年份是停止贡举时期，及第数字是指经复试淘汰后的最终及第人数。凡表中数字与原书不同者，均为笔者所改，具体考证见于正文，不再一一复述。

续表

年代	进士科（人）	诸科（人）	年代	进士科（人）	诸科（人）
同光四年	8	2	广顺二年	13	66
天成二年	23	9	广顺三年	8	83
天成三年	15	4	显德元年	20	121
天成四年	13	2	显德二年	4	116
长兴元年	6	1	显德三年	6	29
长兴二年	4	无	显德四年	10	35
长兴三年	8	81	显德五年	8	72
长兴四年	24	1	显德六年	10	50
长兴五年	17	1			

第二章

选官制度

五代选官制度承袭唐制，但由于所处的历史时代不同，加之改朝换代频繁，所以又有很大的变化，形成了许多具有鲜明时代特点的东西。五代选官制度上承唐制，下启宋制，具有承上启下的重要作用，本该引起学术界的重视，但因为关于这一时期选官制度的史料相对较少，所以直到目前对这一制度的研究仍然极少。

一、五品以上官员的选授

唐朝旧制："三品以上官册授，五品以上制授，六品以下敕授，皆委尚书省奏拟，文属吏部，武属兵部。"①实际上唐朝五品以上官员的任命，是由宰相商定，奏请皇帝同意后由中书门下任命的，故当时人陆贽说："国朝五品以上，制敕命之，盖宰相商议奏可者也。六品以下则旨授，盖吏部铨材署职，诏旨画闻而不可否者也。"胡三省注云："六品以下告身，皆画'闻'字"。②实际上六品以下官员由吏部注授后，还要经过门下省的审定，即所谓"过官"制度，才能颁下告身，皇帝一般不加可否。由于五品以上的高官是由皇帝和宰相商议确定的，因此唐代的铨选制度主要是针对六品以下官员的选授而制定的。这里所说的六品以下官员，实际上是指六品以下的地方官员，并不包括在京诸司六品已下官员，《宋史·选举志四》："吏部铨惟注拟州县官、幕职，两京诸司六品以下官皆无选。"这个规定除了幕职官外，基本沿袭了唐五代的制度。唐五代时期在京诸司某些六品以下官员的任命，有的甚至皇帝亲自过问，如御史、拾遗、补阙、员外郎等。凡不经吏部铨选的官员，其选任由中书门下负责。由于五代是所谓乱世，"传国若传舍"，加之权

---

① 《资治通鉴》卷二一〇，唐睿宗景云元年十二月，第6660页。
② 《资治通鉴》卷二三四，唐德宗贞元八年五月及胡注，第7531页。

臣、强藩干政，使得官员的任免颇受干扰，所以不得不制定对五品以上官员升迁任免的办法，以规范这种混乱状态。

后梁统治时期的选官情况，未见史书记载，详情不得而知。唐明宗时期社会相对比较稳定，故着手整顿了任官制度。五代时期刺史无疑是由朝廷任免的，但是由于强藩林立，节帅出于对下属支郡控制的需要，往往干预刺史的任免，有时甚至将现任刺史借故赶走。朝中权臣出于培植个人势力的需要，也随意移替刺史，任命私人，致使刺史移替频繁，往往不得久任，严重影响了地方的治理。唐明宗在朝臣裴皞的建议下，下诏规定："所谓刺史三考，方可替移，……自此到任后，政绩有闻，即当就加渥泽，如或为理乖谬，不计月限，便议替除。"①这样就明确了刺史的任期，有利于地方官员的稳定。其实早在唐庄宗同光二年时，就已经规定了刺史、县令皆须任满三考，"其本道不得差摄官替正授者"。②但因为没有认真执行，加之很快又陷入战乱，所以明宗即位后才再次予以强调。至唐末帝时，遂对五品以上官员的选任制定了比较详细的规定，清泰二年八月，经中书省奏请后颁布执行：

> 太卿监、五品升朝官、西班将军，皆在任许满二十五月，如冲替已经二十月，即别任用。少卿监，旧制三任四任，方入太卿监，今后只三任，……特恩不在此限；五品升朝官，旧例三任四任，方入少卿监，今后只三任，须逐任月限满，无殿责，若特恩不拘此例；西班将军，罢任后一年许求官，旧例三任四任，方入大将军，今只以三任为限，……或曾任金吾将军、刺史，与上位比拟，非此类或少年，并居下位。……特恩不拘此例；三任大将军，方入上将军，并须每任满月限，无殿责者，若曾领藩镇任御史，特敕不拘此例；……若简（检）较（校）官是台省、三院之御（史），即与中下县令；简（检）

---

① 《全唐文》卷一〇八，后唐明宗《久任刺史敕》，第1108页。
② 《五代会要》卷一九《刺史》，第312页。

较（校）是大夫、中丞、秘书少监、郎中、员外（郎），即与请（清）资。初任升朝官，如简（检）较（校）官是尚书、常侍、秘书监、左右庶子，升朝便与少卿监。①

这一规定虽在一定程度上规范了五品以上官员的任命，但仍带有对藩镇妥协的烙印，如规定曾领藩镇的大将军，升任上将军时，便不受这种规定的约束。此外，在五代时期凡任检校官者，多为藩镇节帅的下属官员或宾佐，从以上规定看，其升任朝官时也可受到种种优待。之所以出现这种状况，除了因为这个时期藩镇势力尚比较强大外，还因为唐末帝本人出身于藩镇，并由此而夺得帝位，因此不得不对藩镇势力有所妥协。随着五代削藩力度的逐渐增大，尤其到后周统治时期，中央集权得到加强，这种状况便比较彻底地改变了。

五代规定五品以上官员铨选时，不进行书判的考试。这一条规定也是沿袭唐朝旧制，所谓"四品、五品官不复试判者，以其历任既久，经试固多，且官班已崇，人所知识，不可复为伪滥耳"。②这就是其不再试判的原因。那么五品以上官员根据什么迁转呢？唐朝有所谓"具员簿"，列有官员的历任、考绩、乡贯、官讳等情况。五代是否有"具员簿"，未见记载，从上引清泰二年敕文看，五品以上官员的历任情况显然是有记录的。另据《五代会要》卷一五《考功》记载："诸司内外文武官九品已上，每年当司长官考其属官，应考者皆具录一年功过行能，议其优劣，定九等考第。"那么对诸司长官的考课又如何确定呢？该书也有记载，即"京官，三品已上，及同中书门下三品，并平章事奏裁，亲王及五大都督府亦同；四品已下及余外官，并使人量定闻奏，单数仍备状进，中考并单名录奏"③。说明对这些高级官员也要进行考课，并有所谓考簿。根据这些情况判断，五代似有"具员簿"或类似的东西。

---

① 《册府元龟》卷六三三《铨选部·条制五》，第7596页。"检校"，原文为"简较"，当为"检校"之误；"清资"，原文为"请资"，"请"当为"清"字之误。
② 〔唐〕杜佑：《通典》卷一七《选举典五》，中华书局，1988年，第425页。
③ 《五代会要》卷一五《考功》，第345页。

从清泰二年的规定看，五品以上官员迁转，除特敕外，主要还是循资而迁。不由吏部铨选的六品以下官员，其迁转也是如此，主要是依据考绩、资历等。

二、待选、减选与殿选

在唐代，官员任满后，必须达到一定的考数，才能参加下一任的铨选，铨司根据官员的考绩优劣与否，作为是否升迁或任命新职的一个条件。五代承袭了唐朝的这一制度，详细内容见下一章。除此之外，官员任满后，仍不能马上授予新职，还有一个待选的规定，这也是唐朝的旧制。正常情况下，一年一选，由于官多阙少，官员罢任后视其官品高下及职位闲剧以定选数，也就是要等若干年后，方能参加冬集注官，少者待选1年，最多12年。所有这些方面在五代时期变化都不大，但在一些具体问题上却有不小的变化，需要加以考订。

有关五代六品以下官员待选的规定，史籍缺少系统全面的记载，仅有一些零星的记载，《宋史·选举志四》"铨法上"记有宋初有关官员待选的规定，从中也可以窥知一些五代的情况，现录之如下：

> 其铨选之制：两府司录，次赤令，留守、两府、节度、观察判官，少尹，一选；两府判、司，两畿令，掌书记，支使，防御、团练判官，二选；诸府司、录，次畿令，四赤簿、尉，军事判官，留守、两府、节度、观察、防御、团练军事推官，军、监判官，进士、制举，三选；诸府司理、判、司，望县令，九经，四选；辅州、大都督府司理、判、司，紧上州录事参军，紧上县令，次赤两畿簿、尉，《五纪》、《三礼》、《三传》、《三史》、《通礼》、明法五选；雄望州司理、判、司，中州录事参军，中县令，次畿簿、尉，六选；紧上州司理、判、司，下州、中下州录事参军，中下县、下县令，紧

望县簿、尉，学究，七选；中州中下州司理、判、司，上县簿、尉，八选；下州司理、判、司，中县簿、尉，九选；中下县下县簿、尉，十选。太庙斋郎、室长通理九年；郊社斋郎、掌坐通理十一年。①

上引之书在论到宋代职官制度及铨选之制的渊源时说："太祖设官分职，多袭五代之制，稍损益之"。所以上引宋初官员待选的规定，在很大程度上也可以反映五代的情况。对此也可以做一些验证，《五代会要》卷二二《吏曹裁制》载："后唐长兴二年七月，吏部南曹奏：'前守郓州卢县令李玭，曾两任秘书丞，一任国子《毛诗》博士，虽前任有升朝官，今任合准格五选集'。"吏部南曹的意见是李玭虽然曾经担任过升朝官，但其最近一任却是县令，因此应该按有关县令的待选规定对待。尽管皇帝否定了这个意见，但从中也可以看出五代有关县令待选时间的规定。郓州卢县，为紧县。②上引《宋史》：紧、上县令，五选。两相对照，可以看出宋初的这个规定正是沿袭五代之制。不过按照唐制，官员待选最长为12选，而上引《宋史》最长也不过11选，说明有关待选的规定在五代时期曾经发生过变化。这个变化当发生在五代后期，至于何时改变的，由于史料缺乏，尚无法考知。

对于新及第的举子，五代与唐代一样，并不能马上任以官职，而是必须经过冬集铨选后，方能得到官职。一般来说，在及第举子通过了关试，领取春关时，吏部南曹根据其贡举科目及等级，在其春关上注明应待选的年限。关于这方面的程序，《五代会要》卷二二《吏曹裁制》载，周显德五年吏部南曹规定："每年及第举人，于省内试判二道后，具判申堂，及具成状申铨团奏，请定冬集。"这里所说的省内试判二道，即关试。是说在关试之后，必须向中书门下申报，即所谓"申堂"，然后再写成"状"，向吏部铨司申报，即"申铨"。"团奏"是

---

① 《宋史》卷一五八《选举志四》，第3702—3703页。
② 〔唐〕李吉甫撰，贺次君点校：《元和郡县图志》卷一〇《河南道六》，中华书局，1983年，第260页。

指按科目向皇帝申报奏请，以确定参加冬集的年限。

关于各科及第人的待选时间的长短，因科目而异，唐朝规定进士及第后，须待3选，如唐玄宗开元三年（715）诏曰：

> 其明经、进士擢第者，每年委州长官访察，行业修谨，书判可观者，三选听集。并诸色选人者，若有乡闾无景行，及书判全弱，选数纵深，亦不在送限。①

这个规定直到唐后期也未有改变，如唐文宗大和九年（835），中书门下奏："起来年进士及第后，三年任选，委吏部依资尽补州府参军、紧县簿尉。"②所谓"三年任选"，即待选三年。对于进士及第者的待选之数，五代未见有新的规定，可能仍沿袭了唐制。这一点也可以从宋制中推知。《宋史·选举志四》记有宋初的各科待选年限，其中规定"进士、制举，三选"。众所周知，北宋初年的制度多沿袭五代之制，故五代进士及第者的待选时间也应为3年。

其他诸科的待选规定，史籍中也有详略不等的记载，现分别简述如下：有关唐代明经科及第者的待选时间，上引开元三年的诏书中已经提及，即"三选听集"。唐后期对明经科的待选期限似有所延长，具体时间尚无明确的记载。有关五代时期的规定也缺少直接的记载，但也不是无法考知。后唐应顺元年（934）闰正月，中书门下奏云：

> 凡为进取，皆有因依，或少年便受好官，或暮齿不离卑任。况孤贫举士，或年四十，始得经学及第，八年合选，方受一官。③

这里所说的"经学及第"，即指明经之类的及第者。所谓"八年合选"，是说8年后才能参加铨选。可知五代至少是后唐时期的明经科及第

---

① 《册府元龟》卷六三五《铨选部·考课一》，第7622页。
② 《册府元龟》卷六四一《贡举部·条制三》，第7684页。
③ 《旧五代史》卷一四八《选举志》，第1984页。

者待选的期限为8年。①

童子科的待选年限更长，后唐长兴元年八月敕："其童子准往例，委诸道表荐，不得解送，兼所司每年所放不得过拾人。……兼及第后十一选集，第一任未得授亲人官。"②童子及第待选时间长，主要是由于其年幼，五代规定童子应举的年龄各个时期颇不一致，大者11至12岁以下，小者10岁以下。待选11年后，也不过21至23岁，刚过弱冠之年，至于那些年仅数岁的及第者，其任官时的年龄则不到弱冠之年，所以规定其待选时间较其他科长一些是有道理的。

关于明法科和开元礼科的待选时间，后唐长兴二年，刑部员外郎和凝奏曰："'臣窃见明法一科，久无人应。今应令请减其选限，必当渐举人……。'敕旨：'宜升明法一科，同开元礼选数'。"③但是这条史料却没有说明开元礼科的待选年限是多少。另据后晋天福六年（941）敕："明法一科，今后宜令五选集合格，注官日优与处分。"④后晋关于明法及第人待选的这个规定，当是沿袭后唐长兴二年的规定，故明法科与开元礼科的待选时间均为5年。由于明法一科在五代时期的恢复是在长兴二年，在唐代其待选之数可能要多于5选，其待选数此后再无变化。

学究一科及第者的待选问题，后周以前的规定未见史书记载。显德二年礼部侍郎知贡举窦仪上奏说："学究，请今后《周易》、《尚书》并为一科。每经对墨义三十道，仍问经考试。《毛诗》依旧为一科，对墨义六十道。及第后请并咸为上选集。"⑤徐松《登科记考》卷二六在"上选"二字下，注曰："《宋史》作七选。"徐松的这个意见是对

---

① 也有人据此条史料认为明经及第者的待选时间为7年，理由是选人只能在守选期满后的第2年春，才能得以授官，扣去这1年，即为7年。笔者认为上引史料为中书门下给皇帝的奏章，所述的又是国家制度的正式规定，应该准确无误，怎么可以草率地把本来是待选7年的规定写成8年呢？而且在唐五代时期的其他奏章与诏敕中，均无这种写法。故这种分析稍显草率，不足取。见《唐代铨选与文学》，第60页。
② 《册府元龟》卷六四二《贡举部·条制四》，第7695页。
③ 《册府元龟》卷六四二《贡举部·条制四》，7696页。"同开元礼"，原误作"开同元礼"；《五代会要》卷二三《明法》所载略同，第371页。
④ 《五代会要》卷二三《明法》，第371页。
⑤ 《册府元龟》卷六四二《贡举部·条制四》，第7703页。

的，因为"七"字与"上"字，字形相近，容易产生讹误，且做"上选"，文义不明。根据这条史料可以断定，在此之前学究一经的待选数肯定要多于7选，至于到底多多少，则无法考知。

对于其他诸科及第者的待选规定，史书缺载，只能根据宋制推论了。《宋史·选举志四》记有宋初贡举各科的待选年限，其中规定进士、制举，三选；九经，四选；五经、三礼、三传、三史、通礼、明法等，五选；学究，七选。与五代相比，宋代没有明经科，却增加了通礼科。其进士、明法、学究等科待选的规定，完全因袭五代之制，通礼的待选规定却与开元礼同，说明宋初有关各科待选的规定基本沿袭五代之制，从中也可以窥知五代各科待选年限的大体情况。

通过以上论述，可以清楚地看出，五代时期以进士及第者的待选年限最短，这是进士科在社会上备受重视的一个重要原因。正是由于其待选时间短，加之仕途前景优于其他诸科，所以自唐中期以来直至五代，一直备受士人青睐。

五代时期虽然有贡举及第后待选的规定，但是由于当时社会动荡，士子人心浮动，加之官场黑暗腐败，致使一些人没有待选或者提前获得官职，受这种不正常情况的影响，很多及第者便纷纷投机钻营，想尽一切办法提前谋取官职。这些情况在官方文件中也有所反映，如唐明宗天成五年（930）敕曰："近年文士，轻视格条，就试时疏于帖经，登第后耻于赴选。宜绝躁求之路，别开奖劝之门。"[①]所谓"耻于赴选"，就是不愿归乡待选，而乐于在京师钻营谋官。其实在唐五代士人贡举及第以后，朝廷之所以规定其必须待选一定的时间，不仅仅是因为解决官多阙少的矛盾，也是希望及第者利用这段时间使学业更加精深，熟悉吏事，增加才干。如上引唐玄宗开元三年的诏书中就有"其明经、进士擢第者，每年委州长官访察，行业修谨，书判可观者，三选听集"等语，可见地方长官有察访、敦促当地及第举子努力学习的责任，其优秀者才能在待选期满后参加铨选。而五代士人这种浮躁的心态，显然是无法达到

---

① 《旧五代史》卷一四八《选举志》，第1978页。

这个目的的。不仅成年人如此，就连童子科的及第者也按捺不住，跃跃欲试了。所谓童子"及名成贡部，身返故乡，但克日以取官，更无心而习业"①。有鉴于此，五代时期也制定了一些措施，力图纠正这种不正之风。如后唐天成五年就针对进士及第者待选时间满后，制定了必须再进行一次考试的规定，这年二月敕曰：

> 其进士科已及第者，计选数年满日，许令就中书陈状，于都堂前各试本业诗赋判文。其中才艺灼然可取者，便与除官，如或事业不甚精者，自许准添选。②

五代铨选时仍沿袭唐制，进行身、言、书、判的考试，其中并不包括诗、赋等内容。后唐做这样的规定，目的是很明显的，就是要考核进士及第者在待选期间，其学业是否有所长进，希望通过这种办法来扭转浮躁求进的风气。如果通不过这种考试，则给予"添选"的处罚，即再增加其选数。

不过在五代时期也存在贡举及第后，不再待选，合法地直接任以官职的情况。据《册府元龟》卷九七《帝王部·奖善》载：

> 后周显德六年，"以新及第进士高冕为右补阙，仍赐衣一袭，乌金带一，银器一百两，衣着二百匹，银鞍勒马一匹。是时，帝锐意于平燕，及冕登第，因其谢恩入对，命宰臣以《平燕论》试之。既而冕著论，盛言燕可击，甚惬帝旨，故有是超拜，复厚加赐赉焉"。

这当然是一种特例，周世宗愿意打破常规，直接给其授以官职，并不仅仅是因为高冕的见解符合自己的心意，更重要的是他大概觉得高冕是一

---

① 《旧五代史》卷一四八《选举志》，第1979—1980页。
② 《旧五代史》卷一四八《选举志》，第1978页。

第二章 选官制度

个有见识、有才干的人才,所以破格授以官职,以便使其能早一点为国效力。

五代时期出于种种原因,可以减少或增加官员的选数,即减选或殿选。如后晋天福七年诏:

> 应诸色进策人等,皆抱才能,方来贽献,宜加明试,俾尽臧谋。今后应进策,中书奏覆,敕下,委门下省试策三道,仍定上中下三等。如元进策内有施行者,其所试策或上或中者,委门下省给与减选或出身优牒。合格选目:其试策上者,委铨司超一资注拟;其试策中者,委铨司依资注拟。如所试策或上或中,元进策内不曾施行,所试策下,元进策内曾有施行者,其本官并仰量与恩赐发遣。若或所试策下,所进策内并不施行,便仰晓示发遣,不得再有投进。①

后晋之所以提出两种奖励办法,是因为进策人包括两种人,即官员与无出身人,对于官员给予减选的奖励,对于无出身人则给予出身优牒,即赐予一个较好的出身。这是减选的例子。至于殿选的例子则更多了,如汉隐帝乾祐二年规定:"凡州县幕府,曾受契丹伪命者,追毁文书,只取唐、晋朝出身文书参选,本选外仍殿五选,降三资注拟。"②即延长了这类官员参选的年数,并降低了官资。

减选通常主要出于以下原因:首先,是诸司行事官,因为参加国家郊祀、吉凶典礼等重大活动,按照惯例可以优资注官或减选,后唐同光二年规定,如果这类官员一切档案文书齐备,"只欠一选者,便与依资注官;欠两选者,与注同类官;欠三选四选者,与减一选;欠五选至七选者,与减两选;欠八选至十一选者,与减三选"。③此类规定五代各朝皆有颁布,就不再多说了。其次,奖励勤能,如晋出帝天福八年敕曰:

---

① 《五代会要》卷一三《门下省》,第219—220页。
② 《五代会要》卷一七《伪官》,第282页。
③ 《册府元龟》卷六三二《铨选部·条制四》,第7578页。

诸道州府令佐在任招携户口。比初到任交领数目外，如出得百户已上，量添得租税者，县令加一阶减一选，主簿减一选。出二百户已上者及添得租税者，县令加两阶减两选，主簿减两选。出三百户以上及添得租税者，县令加两阶减两选，别与转官，主簿加两阶减两选。出四百户至五百户已上及添得租税者，县令与加朝散大夫阶，超转官资，罢任后许非时参选仍录名送中书如已授朝散大夫及已出选门者，即别议奖酬；主簿加三阶。其出剩不及一百户者，据户口及添租税数，县令加一阶，参选日超一资注官，主簿加一阶。

再如周太祖广顺元年九月敕：

……今后应罢县令、主簿招添到户口，其一千户已下县，每增添满二百户者，减一选；三千户已下县，每三百户减一选；五千户已下县，每四百户减一选；万户已下县，每五百户减一选。并所有增添户及租税，并须分明于历子、解由内录都数，若是减及三选已上，更有增添及户数者，县令与改服色，已赐绯者与转官，其主簿与加阶转官。①

再次，鼓励进策言事，如唐明宗长兴二年敕规定："应进策人等，若是选人，所进内一事可行，与减两选；两事减四选；三事已上依资与官。如无选可减，及所欠选数则少，可行事件则多，据等第更优与恩奖。"②此外响应朝廷的某项号召，并有所贡献者，也可以减选。如自唐末动乱以来，国家图书典籍散失严重，后唐建立后下诏各地进献图书，为了鼓励人们踊跃进纳，遂于同光二年四月颁敕规定了奖励条例，具体内容如下：

---

① 以上见《册府元龟》卷六三四《铨选部·条制六》，第7600、7607页。
② 《五代会要》卷二一《选事下》，第342页。又，《册府元龟》卷六三三《铨选部·条制五》记此事的时间为长兴三年，第7591—7592页。

第二章 选官制度

进书官纳到四百卷已下，皆成部帙，不是重叠，及纸墨书写精细，已在选门未合格人，每一百卷与减一选；无选减者，注官日优与处分。无官者，纳书及三百卷，特授试衔。①

还有一种情况，即由于官阙较多，为了尽快补充州县缺任官员，而采取减选措施。如唐长兴四年二月，"中书门下奏：'诸道州府县官，甚有阙员，前资官皆资考限，所宜振滞，以示推恩。若欠一选者，无选可减，亲公事成资考者，宜优与恩命。未有资考者，准格施行。两选、三选者减一选，四选、五选者减两选，六选、七选者减三选，八选、九选者减四选，十选、十一选者减五选，十二选者减六选'"。不过在五代时期，官阙宽松的情况必定很少，所以这道敕令仅实行了1年，"逾年后，竟以选人烦多，喧诉相接，乃追罢此敕"。②

与此相反，五代选人多而官阙少，致使一部分已判成的选人，因无阙而无法授官，往往也采取减选的办法，以缓和矛盾。如后晋天福八年五月敕："吏部已判成选人等，访闻人数绝多，阙员甚少，颇为淹注，例是饥贫。宜推振滞之恩，用广进身之路。……候秩满无遗阙者，五选、六选减一选，七选、八选减两选，九选、十选减三选。"③

五代时期有关殿选的规定，是对官员的一种惩罚措施，大体可分为以下几种情况：一种是针对地方官员的不作为行为，如后周广顺元年敕：

起今后秋夏征赋，省限满后，十分系欠三分者，县令、主簿罚一百直，勒停。录事参军、本曹官罚七十直，殿两选。孔目官罚七十直，降职次。本孔目官、句押官典决停，本判官罚七十直。若系欠三分以上，奏取进止。系欠三分以下者，等第科断殿罚。其州县征科节级所由，委本州重行决责。其本判

---

① 《五代会要》卷一八《史馆杂录》，第302页。
② 《五代会要》卷二一《选事下》，第342页。
③ 《册府元龟》卷六三四《铨选部·条制六》，第7600页。

官、录事参军、本曹官、孔目、句押官典，即取一州上比较，县令、主簿即取本县都征上比较分数。①

另一种是针对官员的失职行为，如后唐天成元年（926）十月吏部考功司奏云：每年考课时，诸道州府不按期报送考簿者，"如违一月日已上不申到，……录事参军量殿一选"。同年还针对每年考课完毕后，被考课官员本应按时请给考牒，而不按时请给者，规定"自今后当年奏下敕考，许至来年内请给。如更违格限，请一年与殿一选。如至三年外不请给者，所司不在出给之限"。显德五年闰七月，吏部考功司奏云：诸司诸道官员应每年按期向本司投状申报，以便考课工作顺利进行，"如不与申牒，其杂事令史量情科决，仍殿一选"。②还有一种是针对选人冬集时所交纳的文书不全而给予的处罚，后唐长兴二年五月规定："此后选人如有解由，及批得历子无考牒者，殿一选；有批得历子，无解由、考牒，殿两选；如只有解由、考牒，不批得历子，殿三选。如无前项三件文书，并同有过停官。"按照当时规定，地方官员上任后，当地观察使或刺史应在告身和历子上批明上任月日，并且具衔押署，然而许多地方往往只有录事参军的批署，而无其长吏的押署。所以在这一年还同时规定："选处长吏，自此后并须依格文押署，违者本人殿两选。其今日已前违程式者，宜特与磨勘收竖。"③在考课中考绩优劣与否，也要根据情况给予减选或殿选。如后唐天成元年规定："诸色选人使上考减选，其下考并合殿选。"④如获中等考级，则不减不殿。

还有一种情况，即选人在待选期间，如父母亡故，即使选数已满，也必须守制3年，不能参加铨选，违者惩处。如天成二年规定："据《长定格》，选人中有隐忧者，殿五选。伏以人伦之贵，孝道为先，既有负

---

① 《五代会要》卷二〇《县令下》，第321—322页。
② 以上见《五代会要》卷一五《考功》，第247、249、252页。
③ 《五代会要》卷二一《选事下》，第340、341页。
④ 《五代会要》卷一五《考功》，第250页。

第二章 选官制度

于尊亲，定不公于州县，有伤风教，须峻条章。"①

五代时期虽然有了减选和殿选的规定，由于官多阙少的情况通常比较严重，所以对于减选的执行还是十分谨慎的，绝不敢随心所欲地减选。但也不能随意给官员殿选的处罚，于是为了解决选人多而官阙少的矛盾，除了坚持待选的旧制外，还增加了一项新规定，以推迟某些官员考满后再授新官的时间。后唐长兴二年十一月敕："阙员有限，人数尝多，须以高低定其等级。起今后两使判官罢任后，宜一年外与比拟；书记、支使、防御团练判官，二年外与比拟；两使惟（推）巡、防御团练推官、军事判官等，三年后与比拟。仍每遇除授，量与改转官资，或（阶勋）职次。"有政绩或才干突出者，"不拘年月之限"。②这是指那些考满的官员。从"仍每遇除授，量与改转官资，或阶勋职次"等语看，所谓若干年后"比拟"，也只是改变其官资或阶勋、职次，并非实际职务。所谓官资是指官员要升迁到更高官职，必须要具有的任官资历。每做一任官，就获得一个相应的官资等级，通常要在该任上经两考以上才算是"成资"，铨选时循资授官。晋高祖天福二年（937）敕："前任诸道行军副使等，今后替罢一年后，方得赴阙。其先替在京者，宜令中书门下据见有阙员除授，仍敕诸道知。"③后周广顺三年（953）敕："应前后出选门州县官内，有十六考叙朝散大夫阶、次赤令，并历任中曾升朝，及两使判官、五府少尹，罢任后一周年除官。曾任两藩营田判官、书记、支使、防御团练判官，罢任后二周年与除官。"④以上这些官员大多是幕职官，其中不少已出选门，即不参加吏部主持的铨选，如行军副使，天福二年已经规定由中书门下除授，其余幕职官多是通过奏荐而得官，所以都可以算是出了选门。次赤令、五府少尹等均在六品以上，升朝官也多不由吏部铨选，也都是已出选门之官。正因为如此，

---

① 《册府元龟》卷六三二《铨选部·条制四》，第7582页。
② 《册府元龟》卷六三三《铨选部·条制五》，第7591页。括号内字，据《五代会要》卷二五《幕府》条补，第397页。
③ 《五代会要》卷二五《幕府》，第397页。
④ 《册府元龟》卷六三四《铨选部·条制六》，第7608页。

推后这些官员的选授时间，就不能再称待若干选，而上述的若干年后"比拟"或罢任后若干时间除官，实质等于待选，到了宋代便全被纳入待选范围。在待选之外的这项规定，是五代时期解决官多阙少矛盾的一种办法，唐代还未见到诸如此类的措施。

三、六品以下官员的铨选

宋人洪迈说：唐朝的"吏部、兵部分掌铨选，文属吏部，武属兵部。……两部分列三铨。曰尚书铨，尚书主之。曰东铨、曰西铨，侍郎二人主之"。[①]洪迈的说法并不十分严密，在唐代吏部侍郎2人主持的铨选称中铨和东铨，之所以这样称呼，清代著名史学家王鸣盛解释说，是因为兵部有西铨，为了便于区别，"故吏部侍郎但分东、中，不言西，恐与兵部混也"。[②]至乾元中，吏部才有了东铨、西铨的叫法。[③]吏部、兵部负责的铨选，主要针对六品以下官员，通常是尚书主持六、七品选，侍郎二人分别主持八、九品选。所谓三铨实际上是将选人分为3组进行铨选。唐睿宗以来选人不再分品，通而试之，五代亦是如此。主持铨选之事者，也不一定都是吏部官员，往往也委派他官兼领其事。如《新五代史·张宪传》记其在唐庄宗时以刑部尚书判吏部铨事。同书《史圭传》记其以尚书右丞判吏部铨事。由于吏部与兵部的铨选程序大体相同，且有关吏部的史料相对较为丰富，故以下论述主要针对文官铨选而言。

五代承袭唐制，在唐庄宗以前，仍分三铨负责铨选之事。唐明宗天成四年十月，"并吏部三铨为一铨"[④]。据载这次改制是宰相冯道的主张，改制的原因，据这月颁布的诏书说："本朝一统之时，……其余诸道及京百司诸色选人，每年动及数千，分为（在）三选（铨），尚为

---

① 〔宋〕洪迈：《容斋续笔》卷一一《兵部名存》，中华书局，2005年，第352页。
② 《十七史商榷》卷九五《吏部三铨》，第1415页。
③ 《唐会要》卷七五《杂处置》，第1617页。
④ 《旧五代史》卷四〇《唐明宗纪六》，第554页。

(书)繁重。近代选人,每年不过数百,何必以一司公事,作三处官方"云云。①文中所提到的"本朝",即指唐朝。根据《五代会要》卷二二《杂处置》的记载,这次罢去的是侍郎掌管的东、西铨,尚书铨仍然保留。然而为时不久,至唐末帝清泰元年,经当时的宰相姚顗奏请,又再度恢复了三铨之制。姚顗要求恢复旧制的理由是,吏部尚书掌管铨选,但"正官又阙,多是他曹权差,才力或有短少,遂致发遣凝滞,团集迟留,移省既失常规,选人隔年披诉"。加之又不符合《唐六典》关于铨选的规定,所以应该恢复旧制。②其实姚顗提出的理由根本站不住脚。三铨分置后,"选人多不便之,往往邀遮宰相,喧诉不逊,顗等无如之何"。③尽管如此,分三铨选官还是坚持下来了,直到周太祖广顺元年十月,才得到纠正。据当年颁布的诏书说:"选部公事,比置三铨,所有员阙选人,分在三处,每至注拟之际,资叙难得相当。况今年选人不多,宜令三铨公事,并为一处,委本司长官通判,同商量可否施行。"④这次改变以后,一直到五代末年,再未发生过变化。

唐代铨选一般每年十月开始,至次年三月底结束,谓之选限。五代通常也是每年十月开始,次年春末结束,周世宗显德五年正月改为每年十月一日开始,至十二月上旬结束,所注授的新官须马上赴任所,限定在次年二月末必须到任,如果违程,"本处不得放上"。如果有故违程,必须写明理由,提出证据,才可以参加明年的铨选。"其特敕除授,及随幕判官赴任,不拘日限"。⑤每年十月所有合格选人均赴京参加铨选,谓之冬集。唐朝在每年冬集前的五月,要向各州府下达有关选人资格范围的文件,称之"选格"。一般每年颁布一次,后来到唐文宗

---

① 《旧五代史》卷一四八《选举志》,第1983页;《册府元龟》卷六三二《铨选部·条制四》,第7585页。
② 《册府元龟》卷六三三《铨选部·条制五》,第7594页。
③ 《新五代史》卷五五《姚顗传》,第631页。
④ 《旧五代史》卷一四八《选举志》,第1986页。
⑤ 《五代会要》卷二一《选限》,原文为"十一月一日已前到京……",第346—347页。《册府元龟》卷六三四《铨选部·条制六》(第7609页)记为十月一日,应以此为是。

开成二年（837）颁布了一个所谓"长定格"，这个选格仅用了1年，便于次年停止实行了，①以后也未见认真执行。但是五代执行了这个文件，这是其与唐制的又一不同之处。不过五代并非原封不动予以执行，而是做了一些修订。后唐同光二年八月，经中书门下奏请，由尚书左丞崔沂，吏部侍郎崔贻孙，给事中郑韬光、李光序，吏部员外郎卢损等，"同详定旧《长定格》、《循资格》、《十道图》"。②这里所谓旧《长定格》，即指唐文宗开成二年所制定的这个选格，因为唐朝在此之前每年修订并颁布一次选格，故无所谓"长定格"。此后五代各朝对这次详定的长定格还做过一些修改，并一直沿用。由于五代各朝行用《长定格》，所以不必再像唐朝那样每年都要修订并颁布一次选格。

由于唐代每年颁布"选格"，地方州府所上报的选人文书档案，即解状，不合格式的情况较少，而五代执行的是"长定格"，不用每年颁布，加之不少州府官员素质较差，不熟悉这类程式，所以导致不少上报的解状不合格式。于是后唐时期"仍令吏部南曹，各写一本解由、历子、考牒解状式样，遍下诸处"。要求地方官府按照标准式样上报选人档案。③后晋时期，除了将《长定格》取解条例"各下诸州"外，还要求各州将解状式样书写出来，榜示于州院门，使发解官吏有样本可以仿效，也使选人对这类东西有所了解。④所谓解由，是官员罢任时发给的一种文书，上写罢任年月等内容。所谓历子，是官员赴任时，由吏部签发并加盖印章的文书，上面注明到任年月等内容，特意规定"不批得替罢任月日"。⑤至于考牒，即历次考课的记录。唐明宗时规定凡选人文书出

---

① 《册府元龟》卷六三一《铨选部·条制三》："（开成）三年三月吏部奏：'去年所修长定选格，或乖往制，颇不便人，不可久施，请却用旧格。'从之。"，第7573页。
② 《册府元龟》卷六三二《铨选部·条制四》，第7578页。
③ 《五代会要》卷二一《选事下》，第341页。
④ 《五代会要》卷二一《选事下》，第345页。
⑤ 《五代会要》卷二二《吏部裁制》，第352页；《五代会要》卷二一《选事下》，第342页。

现问题，"罪在发解官吏，举人落第，次年免取文解"。①按照这个规定，虽然处罚了发解官吏，但必定影响了铨选，使其不能得到官职，终究还是吃了很大的亏。

关于解状的内容，五代有详细的规定，主要包括本人出身、历任告赤、三代家状、乡贯、骨肉、在朝亲情、年齿形貌、考核资序、优劣课最、罢职年月等，于冬集前报送吏部南曹。南曹收到这些文书，查验无误后，必须发给公凭，实际不过是一种收据，其作用在于如果选人丢失了本人相关文书，可以凭这种公凭要求有关部门重新为自己建立档案。为了防止选人滥伪假冒，唐明宗时规定："自今后并令各录三代家状、乡里骨肉、在朝亲情，先于南曹印署纳，吏部、中书、门下三库各一本，……兼本任官处及乡里，亦具一本，纳逐州县。"②这样做是为了铨选时便于检勘选人文书档案，同时也是为了验明正身，防止有人冒名顶替。五代继承唐制，以吏部员外郎二人专门负责此类事务，称之为判南曹，南曹又称选院，南曹检勘的选人文书除了以上所述之外，还包括"甲历"，即选人的档案。这种甲历一式三份，分别由吏部、中书、门下保管，称之为"三库甲历"。前面提到的家状、乡贯等，也是甲历的内容之一。选人每年冬集时，必须有京官5人为保人，后唐同光时期规定，如保人中有1人不到，"五保即须并废"，文书一纸有误，则"数任皆不勘详"。③据《五代会要》卷二一《选事下》的记载，长兴元年，改为以3人为保，上报文书内必须注明保官名衔。南曹检勘选人档案，主要核实选人的出身、考绩、年貌、历任告赤以及是否符合选格等，如果选人档案文书有伪误之处，即予以驳放，不仅不能参加当年铨选，还要视情节轻重给予处罚。在核实这些材料的过程中，还有一道程序，即所谓三引，也就是点名3次，以便当面核对年貌。通常是每3天点1次名，前后共9天，3次点名都不到者，便予以驳落。后周显德五年改为："（铨司）今后锁铨日，便牒示选人，至次日引验正身及告赤文书，限三日内

---

① 《旧五代史》卷四三《唐明宗纪九》，第587页。
② 《全唐文》卷一〇九，后唐明宗《令选人先纳三代亲族状敕》，第1111页。
③ 《旧五代史》卷一四八《选举志》，第1982页。

三引毕。如不到者便落下。每年南曹判成，选人中多有托故不赴铨引，铨司准格例伺候，须及三引，计九日不至者，方始落下。今后有此色人，逐引不到，便据姓名落下。"①三引毕后，铨司须将选人家状、保状、历任告赤等文书，在3日内审查点检完毕，如果没有发现问题，就可呈报中书门下请求铨试了。

在这里需要对所谓"过格"问题做一简要论述，唐五代时期由于战争、灾害或者其他原因，致使一些符合某年选格条件的选人，未能及时参选，这种现象就称之为"过格"。各朝对过格选人能否再参加铨选都有一个年限的规定，后唐天成二年（927）三月铨司奏："新条标在七年，旧格容于十载。臣等参详，其选人过格年限，伏请且依旧格，不问破忧停集本数，过格十年外，不在赴选之限。"②由于不少过格选人并非主观有意造成，而是客观上战火连年致使无法赴选，所以唐明宗又在这年十月专门针对"过格年深"者下诏规定说："宜令三铨磨勘行止，实曾兵戈阻隔，即与今年冬集判成选人例，量材注官。如或诈称，不在此限。"③这实际是对他们采取了一种优容政策。到了后晋天福五年，对过格选人采取了更宽容的政策，这年十月诏曰："过格选人等，早列官途，合依选限，或值戈鋋之隔越，或缘贫病以淹延，既碍旧条，永为废物，适当开创，宜悯湮沈。可赴吏部南曹，准格召保，是正身者，与降资注官。"④也就是说，从此年之后，不再执行过格10年不能赴选的规定，过格选人也可入京参选，只是要取保并降资注官而已。

五代铨试的内容与唐代相同，即所谓身、言、书、判，其中重要的是书、判两种考试。关于书，看其书法是否遒美，这方面没有具体的标准，实际上由主持考试的官员灵活掌握。最重要的应该是判，五代各朝通常都规定试判二至三道。这种考试要求颇严，如长兴元年，刘莹、李诜、李守文等八人，"所试判语皆同"，经过审问方知是相互之间传

---

① 《五代会要》卷二一《选限》，第347—348页。
② 《五代会要》卷二〇《选事上》，第334页。
③ 《册府元龟》卷六三二《铨选部·条制四》，第7581页。
④ 《册府元龟》卷六三三《铨选部·条制五》，第7599页。

送草稿，弄虚作假，结果取消了他们的铨选资格，还被追究了"侮渎公场"之罪。①五代对试判内容的要求比较宽泛，后唐时规定"业文者任征引古今，不业文者但据公理判断可否"。考试成绩分为四等，"文优者宜超一资注拟，其次者宜依资，更次者以同类官注拟，……其或于理道全疏者，以人户少处州县同类官中比拟"。②对于五代这种试判标准，元人马端临曾提出过严厉的批评，认为"其为文具可知也"，"则所谓试者，不过上下相与为欺耳，可无试也"。③

试判结束后，便可确定出留放人的名单，并向选人公布，称为"长名"或"长榜"。留者依资注官，放者听任下年冬集。注官的依据除了书判成绩外，最主要还是选人的资级，其次是出身。早在唐代已经制定了所谓"循资格"，五代承袭唐制，仍采用这种办法，只不过具体内容稍有变化而已。实际上即使在五代，各朝所采取的循资内容也不尽相同。如唐明宗天成二年规定：经学出身人，"一任三考，许入下县令、下州录事参军，亦入中下州录事参军；两任四考，许入中下县令、中州录事参军；两任六考，许入上县令及紧州录事参军"。至唐闵帝应顺元年改为："其经学出身，一任两考，……起今后更许入中下县令、中州下州录事参军；一任三考者，于人户多处州县注拟，如于近敕条内，资叙无相当者，即准格循资考入官；其两任四考者，准二任五考例入官，余准格条处分。"④从中可以清楚地看出，这种注官办法包含了出身和资历两种因素。此外，年龄也成为能否注授好官的因素之一，后唐长兴二年，前温县令杜同文献时务策，主张选人年70以上者，不授职事官，只授优资散官，得到了采纳。⑤汉隐帝时有人提出选人年未及30者，不授县令，理由是"且少年宰邑，鲜有廉勤，不执公方，惟贪娱乐"。朝廷接

---

① 《五代会要》卷二二《杂处置》，第354页。
② 《旧五代史》卷一四八《选举志》，第1984页。
③ 《文献通考》卷三八《选举考十一》，第1100页。
④ 《旧五代史》卷一四八《选举志》，第1984页。
⑤ 《册府元龟》卷六三三《铨选部·条制五》，第7591页。

受了这个意见，规定选人"年少未历资考者，不得注授令录"。①连录事参军也不许年轻人充任了。不过五代时期并非一味地循资看出身，选人的政绩如何，有时也作为注官的条件。如梁太祖乾化二年规定：吏部注授官职时，"验为政之否臧，必有可观，方可任用"②。此后历朝也都颁布过此类诏敕，但是大都没有得到认真落实，循资注官仍是选司最乐意执行的办法。五代也有超资授官的规定，通常都是针对皇帝的宠臣、贵戚，或政绩突出、能雪冤滥者，其最大的特点就是随意性很强，不像唐代那样制定出了一套较详尽的办法。

五代时期与唐代一样，也有三唱三注的制度，即吏部注拟官职时要征询选人的意愿，如不同意，可以要求重新注拟，经3次注官集众唱名后，选人仍不同意所注拟的官职，就只能参加下年铨选了，但届时可以免试书判。如选人在三铨唱注时无故不到，则不能要求重新注拟。后周以前，"每一注内，有不伏官者，限三日内具状通退"③。周显德五年改为"铨司自今后第一、第二注榜出后，各限次日内具通官文状，便具姓名落下，第三注毕日开铨，不在开通官之限，三注共五日者"。④即对三唱三注的时间有了一个更严格的限定。这道程序结束后，选司须将所拟授的官职以类相从，编成甲历，谓之"团甲"，呈报尚书都省覆审。都省覆审结束后，再报门下省审查，谓之"过官"。周广顺三年，"吏部选人过门下，（王）峻当其事，颇疑选部不公，其拟官选人落下者三十余人"。⑤可见其过官制度也绝非走过场。这一套程序的每一环节都有时间的限定，显德五年以前的规定是：吏部南曹注官完毕后，马上送尚书都省覆审，尚书都省必须在次年二月二十五日前送门下省，门下省必须在三月十五日过官毕，在三月三十日"进黄"。这年闰七月改为：

---

① 《全唐文》卷八五五，高守琼《请慎选县令奏》，第8970页；《旧五代史》卷一四八《选举志》，第1985页。
② 《册府元龟》卷六三二《铨选部·条制四》，第7577页。
③ 《册府元龟》卷六三四《铨选部·条制六》，第7610页。
④ 《五代会要》卷二一《选限》，第348页。
⑤ 《旧五代史》卷一三〇《王峻传》，第1715页。

"铨司三拟毕后，省甲案便于格式司逐注旋覆阙入官，过院条写省历，至十一月十四日已前牒送门下省毕。铨司门下省但押定，牒到取两日祗候，取判过堂。次日乞降可否堂帖。其黄甲限四日内修写，勾勘印署，至十二月六日牒送门下省，至十二月九日进黄毕。"①所谓"进黄"，就是将选人授官情况（即档案）誊录在黄麻纸上，叫作黄甲，并分送门下省、中书省、吏部入甲库存档。由中书舍人或翰林学士起草告身，即任官状，由吏部正式授予。新官还要向皇帝谢恩后，才能赴任。

四、科目选

唐代有所谓科目选，最初为制举科目，后来遂成为选拔官员的一项制度。科目选由吏部主持考试，选人"选未满而试文三篇，谓之'宏辞'；试判三条，谓之'拔萃'。中者即授官"。②这一制度的目的在于突破选数的限制，把那些才干突出者或具有文学才能者选拔上来。五代在后梁时期就已设置了宏词科，开平三年登此科者2人。后唐天成二年，成德军解送前进士王蟾一人应宏词科，礼部贡院牒称："伏自近年以来，无人请应，今详格例，合差应考官二人，又缘只有王蟾一人请应，铨司未敢奏请差官者"云云。中书门下令其与礼部贡院五科举人一同考试，但礼部认为此事不合于旧格，遂又改由吏部准往例差官考试。可见五代时期科目选之所以很少举行，是因为无人报名参加此类铨选，以至于有司对其竟然生疏了。长兴元年，前虢州卢氏县主簿应书判拔萃科，虽然仍是1人，但这次没有由吏部另行差官主持考试，而是附于礼部贡院参加考试。由于应试人数太少，所以在放其中第的同时，索性于当年宣

---

① 《册府元龟》卷六三四《铨选部·条制六》，第7610页。"其黄甲限四月内修写"，另据《五代会要》卷二一《选限》（第349页），"四月"应为"四日"之误。又原文"至十二月十九日进黄毕"，上引《会要》记为十二月九日。按：这年正月规定十二月上旬完成本年铨选，次年二月底前新官赴任。故不可能在十二月十九日才进黄，应以《会要》所记为准。
② 《新唐书》卷四五《选举志下》，第1172页。

布废去了这一制度。①后来不知何时又予以恢复，后晋天福五年遂再度废去了宏词科、拔萃科，此后再不见有设置。

五、辟署、试摄官与奏荐官

唐朝后期藩镇势力兴起，幕职官均由府主自行辟置，入幕遂成为当时人进入仕途的途径之一。五代时期的情况发生较大的变化，朝廷对节帅的这种权力进行了一定的限制，并成为其削藩政策的一个重要部分。

五代各朝对藩镇辟署权的规定颇不统一，后梁时期不许辟署，所有幕职皆由朝廷除授。后唐同光二年规定："今后诸道除节度副使、两使判官除授外，其余职员并诸州军事判官等，并任本道、本州各当辟举。其军事判官，仍不在奏官之限。"②至唐末帝清泰二年又规定："今后朝廷只除两使判官，其书记已下任藩府自辟。……诸州防御、团练、刺史、判官、推官，并请本州自辟请，中书不得除授。"③明显比同光二年的规定宽松。由于幕职官均未有品阶的规定，所以诸道在辟置比较重要的僚佐时，往往为其奏请朝官衔，甚至包括宪官在内，通常都是加检校官衔，因此辟署制往往与奏荐制紧密联系在一起。五代时期在限制诸道的辟署权时，除了把一些重要官职的任命权收归朝廷外，还往往限制奏荐官员的人数。后唐同光二年规定："请今后节度使管三州已上，每年许奏管内官三人，如管三州已下，只奏两人，……防御使止许奏一人，刺史无奏荐之例。"④天成三年改为："今后节度使每年许荐二人，带使相者许荐三人，团练、防御使各一人，节度、观察判官并听旨授，书记已下即许随府。"⑤从后一句话来看，朝廷限制的只是较高级的幕职，一般幕职官还是允许府主自辟。所谓"旨授"，即节度使、

---

① 以上见《五代会要》卷二二《宏词拔萃》，第357—358页。
② 《五代会要》卷二五《幕府》，第395页。
③ 《册府元龟》卷六三三《铨选部·条制五》，第7596页。
④ 《旧五代史》卷三一《唐庄宗纪五》，第431页。
⑤ 《旧五代史》卷三九《唐明宗纪五》，第538页。

观察使之判官,还是由朝廷授官。天成四年敕:"诸道州府不得奏荐将校职员,乞行恩命。如显有功效,即列奏以闻。"①从这个规定看,唐明宗限制的只是随意滥荐,如显有功效者,还是可以上奏进荐的,并没有把奏荐官员的门关死。所以到长兴三年时,对诸道荐人的限制又有所放宽,节度使带使相者,奏荐数增加到5人,不带使相者3人,直属京防御、团练使,增至2人。末帝清泰二年,因为官阙严重不足,又降为带使相者许奏荐3人,不带者2人,直属京防御、团练使各1人。②晋高祖天福四年(939)规定:"或未曾任官职及无出身,称摄试衔者,不在奏举之限。"后汉高祖乾祐元年规定:"其诸道行军副使、两使判官,并不得奏荐,委中书门下选除。带使相节度使,许奏节度掌书记、观察支使、节度推官;不带使相节度使,只许奏节度掌书记、节度推官;其防御、团练判官,刺史判官等听奏,仍须精选才能。……所奏荐州县官,自有铨行,不可侵越。以敕内旧人数许奏,使相三人,不带使相二人,防御、团练、刺史一人为定。"③此次允许奏荐州县官,又给刺史以奏荐权,比之以前诸朝,应是一种倒退行为。另外,还规定行军副使、节度、观察两使判官,由中书门下选授,天成三年规定两使判官"旨授",现改为中书门下选授,即不再参加吏部铨选,这也是对藩镇的一种让步。由于"近年州郡奏荐多无出身、前(资)官,或因权势书题,或是裹私请托",所以后周在广顺元年规定:"今后州府不得奏荐无前(资)官及无出身人。如有奇才异行,越众超群,亦许具名以闻,便可随表赴阙,当令有司考试。"④到了显德二年规定:"两京诸道州府留守判官、两使判官、少尹、防御团练军事判官,今后并不得奏荐。"⑤比后汉时期奏荐的范围又有所收紧。这种趋势的发展,为宋代把幕职官

---

① 《五代会要》卷二四《诸使杂录》,第390页。
② 《册府元龟》卷六三三《铨选部·条制五》,第7596页。其中长兴三年条,《五代会要》卷二四《诸使杂录》记为长兴二年七月,第391页。
③ 《册府元龟》卷六三四《铨选部·条制六》,第7603页。
④ 《册府元龟》卷六三四《铨选部·条制六》,第7606页。括号内字,为笔者所补。
⑤ 《旧五代史》卷一四九《职官志》,第2003页。

全部纳入铨选范围奠定了基础。

　　五代时期试摄官一度十分盛行，主要是节帅利用职权在其所管辖区内大量设置，所谓"时藩镇帅臣不识国体，妄罢邑宰，欲署其假官"①。五代时期的试摄官大体分为三类：一类是州县官员。一类是应由朝廷除授的幕职官，这些官员任满后本应向吏部上报员阙，而地方帅臣却加以隐瞒，派亲信摄理，或以试官的名义代任其职。还有一类为朝廷寺监中的摄官，这是朝中权臣弄权的结果。一般来说，承平时期试摄官相对较少，战乱或改朝换代之际则大量涌现，所谓"自乱离已来，天下州府，例是摄官，皆给试衔"②。试摄官的多少是中央集权加强或削弱的一个标志，此外试摄官"既不拘于考绩，唯掊敛于资财，致使户民转为蠹耗"③。故五代各朝无一例外地均反对试摄官，采取种种措施限制或减少其署置，有的王朝甚至明令禁止乱置试摄官，如后唐天成四年，"禁天下虚称试摄衔"④。对于已经署置的试摄官，各朝采取措施逐渐减少或转化为正授官。如天成三年敕："北京及河北诸道摄官内，有庄宗御署及朕署，便与据正官资叙；其伪朝授官，勘验不虚，亦同告身例处分。"后晋天福二年规定："其边郡县官，仰节度、刺史，或有见任因事停罢，即许差曾入仕者，权令抚绥。仍又须候正官到官，不可以摄替。摄官或经半载，或过一年，如能志远脂膏，道著清白，招添得户口，征督得赋租，……即仰奏闻，特乞大朝，便行真命。"⑤晋开运三年（946）敕："省司差摄官员，今日已前任摄满五年者，宜追验本司差摄文牒、及亲公事文书、并乡贯三代点检者，与授初官。起今后，所司如更有阙，须差摄官者，可具所摄乡贯三代奏闻。"从这条敕文看，虽允许试摄官，但必须奏闻后摄替，权力仍控制在朝廷手中。尽管如此，与

---

① 《册府元龟》卷六三二《铨选部·条制四》，第7585页。
② 《册府元龟》卷六三二《铨选部·条制四》，第7584页。
③ 《册府元龟》卷六三四《铨选部·条制六》，第7603页。
④ 以上见《全唐文》卷一〇九，后唐明宗《禁称试衔敕》，第1117页；《旧五代史》卷四〇《唐明宗纪六》，第547页。
⑤ 《文献通考》卷三八《选举考十一》，第1099页；《册府元龟》卷六三三《铨选部·条制五》，第7598页。

前朝相比不能不说是一种倒退,出现这种情况,与这一时期后晋与契丹战事紧张,朝廷对藩镇有所倚重有关,故不得不做出一些让步。五代时期对试摄官控制较严的当属周世宗统治时期,显德元年正月敕:"其诸寺监摄官,如满七周年已上,应奉公事无遗阙,文书灼然者,并与同明经出身。如不满七周年者,任逐便稳。今后寺监不得以白身署摄。"其年十一月敕:"起今后,诸处州县官,考限已满,替人未到间,宜令且守本官,执行公事,仍令依旧请俸,不得擅离任所,州府亦不得差署摄官替下。"显德六年又规定:"诸处自前应有摄官,曾经五度者,与一时出身,仍先令所司磨勘。须得亲任公事,文书解由分明,每摄须及半年已上,方得充为任数。仍令所司引验人材,及考试书判,的然堪录用者,方得施行。"①这项规定虽比显德元年的规定要宽松一些,但仍比以前各朝的规定严格,且要经过书判的考试,而以前各朝均无这项规定。

唐代有所谓冬荐制度,通常限定在中书、门下、御史台五品以上,尚书省四品以上,诸司三品以上官,每年每官举荐不得过2人,余官不得过1人。此外还有举人自代、地方大员荐、泛荐、诏荐等方式,唐后期举荐一度蓬勃发展,并日益向六品以下官渗透,通过举荐入仕者与科举、门荫世胄几成鼎足之势,对铨选制度形成了极大的冲击。五代时期地方势力较强,故举荐官员多通过藩镇节帅进行,因此朝臣多"于外州侯伯,求其表状,奏荐交亲"②。由于举荐的人多为无出身者,"或因权势书题,或是里(衷)私请托","遂使躁求徼(侥)幸之徒,争游捷径;辛苦孤寒之士,尽泣穷途"③,所以五代各朝对举荐对象多加以种种限制,通常不允许举荐无出身之人,如确有奇才异行,"超群越众",也可以举荐,但要赴京经有司考试,皇帝亲自批准,才能授官。周世宗统治时期,曾于显德元年,"初令翰林学士、两省官举令、录。除官之日,署举者姓名,若贪秽败官,连坐"。次年又下诏曰:"在朝文资

---

① 以上见《五代会要》卷一七《试摄官》,第280—281页。
② 《全唐文》卷一一六,后晋高祖《禁朝臣荐托敕》,第1181页。
③ 《册府元龟》卷六三四《铨选部·条制六》,第7606页;《旧五代史》卷一四九《职官志》,第2003页。

官,曾历藩郡宾职州县官者,宜令各举堪为令录者一人",仍署举荐者的姓名,如果被举荐者在任期间,贪浊不公,"或职务废阙,或处断乖违",则连坐举主。①这两次举荐仅限于朝官,不涉及外官,是周世宗力纠以前各朝弊政的一种行为。由于周世宗执法颇严,举荐者担心连坐,所以通过这种途径入仕的人并不多。总的来看,举荐在五代时期不再是入仕的主要途径,也没有形成一套完整的制度,被举荐者多要进行书判考试才能授官,有日益向铨选制靠拢的趋势,由于得不到鼓励,得官的人数也较为有限,唐后期那种荐举不拘格限、积极进取的精神不复存在了,为宋朝把荐举纳入铨选制开了先河。

六、荫补与流外铨

门荫入仕在五代时期仍是入仕的一个重要途径,主要是指皇亲国戚、亲王以下子孙、公主、郡主及五品以上中高级官员子孙。由于五代时期改朝换代频繁,加之战争连年不断,所以就产生了一大批功臣,他们是朝廷的政治和军事支柱,其子孙自然也就成了优待对象,扩大门荫入仕遂成为一个必然的趋势。其入仕的具体途径与唐代大同小异,主要有以下几种形式:

其一,是通过充任卫官而入仕。五代在后梁时期存在有关门荫入仕的相关规定,只是由于史料佚失严重,无法考知而已。如"(张)仁愿,梁贞明初,以勋臣之子起家为卫尉寺主簿,改著作佐郎、左赞善大夫,赐绯鱼袋"②。可证后梁确有门荫制度。后唐建立不久,遂于同光二年制定了这方面的相关规定,这年五月尚书兵部奏曰:

> 重制置收补千牛、进马事如后:
> 一、进马准旧例八员:殿中省进马四员,太仆寺进马四

---

① 《文献通考》卷三八《选举考十一》,第1100页;《册府元龟》卷六三四《铨选部·条制六》,第7609页。
② 《旧五代史》卷九三《张仁愿传》,第1234页。

员。千牛一十二：左仗六员，右仗六员。准格，取十三已上收补，十五已上出仗，各守三十五月限。

一、准《六典》，千牛备身及太子千牛，皆取三品已上诸司官、四品清官子孙，仪容端正，武艺可称者补充。今请使二品、三品、四品清官荫补。左右仆射、太子少师少傅少保、御史大夫、六行尚书、左右常侍、门下侍郎、中书侍郎、太子宾客、太常卿、宗正卿、左右丞、诸行侍郎、秘书监、国子祭酒、节度、统军上将军、金吾大将军已上，并许补子为太子千牛。请使东宫三品、四品清官荫补詹事。庶子请使北省二品、南省一品正官荫补。侍中、中书令、太师、太傅、太保、太尉、司徒、司空、太子太师、太子太傅、太子太保已上，并许补孙。

一、见任兵部尚书、侍郎，并不得收补子孙。凡请使荫一官，只许补一员，不得重叠更使旧荫。应请使皇荫，一品不得过二十年，二品、三品、四品不得过十年，如过年限，所司不在收补。若是身有残疾，不在收补之限。

一、准旧例，每入阁皆须赴仗祗候，如三度不到，便除落名姓。

一、应所请补千牛、进马，先具荫序品第，于都省投状，候都省发状到，当司即引过本行尚书侍郎、郎中、员外郎点检年貌，及勘会荫序，引问习试合格，方得收补，呈引过堂。候过堂了，始可申奏。余请准格施行。

从之。①

文中所说进马，"各守三十五月限"，指其任职期限，即必须在任职期满后，方能参加铨选从而入仕。所谓"六行尚书"，即指六部尚书。唐制："六尚书：兵部、吏部为前行，刑部、户部为中行，工部、礼部为

---

① 《五代会要》卷一五《兵部》，第252—253页。

后行。"①一般来说，六部官员升迁顺序即由工而礼，而刑，而户，而兵，而吏。②即由后行逐步向前行升迁，故可统称为六行尚书。文中所谓"诸行侍郎"，也是从这个角度称呼他们。五代职官制多沿袭唐制，所以才有这样的称呼。由于荫补的进马、千牛等，均为武职，所以才由兵部负责此事。其规定现任兵部尚书、侍郎不许荫补子孙，是指不许荫补进马、千牛之类，之所以这样规定，主要是因为避嫌。因此文中所云的"本行尚书、侍郎、员外郎"等官，均指兵部官员。从上面规定看，后唐对曾在前朝任官而请求荫补的人有着时间的限定，按照官品高低分别定为20年、10年内，如不是在此期间任过官，"所司不在收补"。所谓"皇荫"，即指这类情况。对于这个问题宋人有明确的记载："五代大臣有累事数朝者，其前朝所得荫泽，及改事新朝，谓之'皇荫'。"③这次规定的收补程序是：申请者先到尚书都省投状，状上要写明其父祖官职品阶及荫序，所谓荫序，是指要写明荫补者的排行和是否是嫡子、庶子、孙子等情况。都省初步审查后，发状到兵部，然后再由兵部尚书、侍郎、员外郎等官共同点验其年龄、相貌，再次勘验荫序，"引问习试合格"，主要是看其容貌是否端正，身体是否有残疾，武艺是否可称等，合格后方得收补。这些程序结束后，还要率其赴中书门下接受审查，即所谓"过堂"，这个过程当然是礼节性的，并不十分重要。过堂完毕后，才能团甲申奏皇帝，全部程序至此才算结束。过堂后的当日，本司还要置酒食会客，直到晋天福五年三月，才废去了酒食会客的仪式。④

同光二年制定的荫补规定只涉及武职性质的进马、千牛等，而文职类没有涉及，这并不等于没有这方面的规定，只是史书记载阙如，尚无法考知。从唐明宗天成三年十一月礼部员外郎和凝制定的一套有关收补斋郎的办法看，这方面的规定应该是早已有之，其详细内容如下：

---

① 《新唐书》卷四六《百官志一》，第1185页。
② 张国刚：《唐代官制》，三秦出版社，1987年，第62页。
③ 《旧五代史》卷一四九《职官志》引《石林燕语》，第2006页。
④ 《五代会要》卷一五《兵部》，第254页。

第二章 选官制度

一、应请补斋郎等，旧例，当司只凭都省发到状，便给补牒。旋团甲申奏：'伏缘当司已前久无正官，多是诸司权判，或有投状多时并不团奏，或有才投文状即先团奏，遂致积聚人数不少。自同光二年二月后至今年十月已前，共计二百一十人未曾团奏。'今臣点检，除有碍格条、一官并补两人三人，并使祖荫者落下外，犹有一百七十余人。人数既多，虚谬不少。若取年深者团奏，终成积滞。今欲限一月内，并须正身将已前所受补牒，到当司磨勘后，委是正身及是嫡子，年颜人材不谬者，团甲引过中书门下引验后，一齐申奏。

一、合使荫官，请自今后若遇改官，须是转品，即许更补一人。明言是长子、次子，仍须不得过三人。其所补斋郎，五品已上荫太庙斋郎，六品荫郊社斋郎，仍须是嫡子。以侄继院者，即初补时状内，言某无子，今以侄某继院为子使荫。

一、应补斋郎等，只凭都省发状，便给补牒。请自今后，须得正身赍状到当司比试呈验。除三省官外，并引验告敕，及取保任官状，委是亲子，即给补牒。每年旋于八月上旬，具状解送赴南曹。仍团奏时，别具子细三代乡贯、使官荫状，赍赴中书门下引验，候无差谬，即得团甲申奏。仍每年只限团甲奏，一年一甲三十人，以为常式。

一、按《六典》，所补斋郎，并试两小经，取粗通文义者充。奏补之后，非久为官，若不达经书，则难通吏理。请自今后，斋郎所投文字状，并须亲书，仍须念得十卷书者，即得补奏。

一、使父皇任官荫者，并须将前任告敕呈验，仍取在朝三员清资官充保，及移牒所曾任官台、省、寺、监，勘有此官及年月日同否，委无虚谬，即得补奏。仍准千牛、进马例，不得过十年。其所使祖皇任官荫者，年月深远，难知子细，今后请不许补奏。

从之。①

据上文来看，后唐在同光二年二月制定进马、千牛荫补规定的同时，也制定了有关收补斋郎的规定，只是由于礼部司久无正官，才导致积压了大量请求荫补的人。和凝这次提出的荫补办法，与同光二年的办法相比，改变之处颇多，如除了都省发状外，申请者即使正身还要携状到相关部门比试呈验，除了三省官外，其他官员之子要带有其父告敕、任官状及保人情况，验明确为亲子。每年八月上旬，具状解送吏部南曹。在团奏时，要将其三代乡贯、任官使荫等情况另外写成文书，经中书门下验证后，没有差错，才能团甲申奏。每年在一个团甲内只能收补30人，即有了收补人数的限制。此外，还要求所投文字状，必须是正身亲自书写，"仍须念得十卷书者"。当然这完全是针对请补斋郎者的规定，进马、千牛是不需要考验文字的。唐朝规定补斋郎者须通两小经，五代的这个规定明显低于唐代的标准。其父在前朝任官者请求荫补时，除了要将其父任官告敕呈交查验外，还要取在朝清资官3员做保人，并发文到其父曾任职的部门核实情况，确实无虚谬，才能奏补。五代取消了祖父曾在前朝任官可以荫补的规定。同光二年的规定对每官荫补人数的限定没有说清楚，从这次规定看，每官只能荫1人，如果品阶有所变化，可以再荫补1人，但不能超过3人，即最多为2人。以侄荫补者，必须是本人无子，并已过继为嗣子。至长兴二年五月，又规定"其诸色荫补子孙，如非虚假，不计庶嫡，并宜叙录；如实无子孙，别立人继嗣，已补得身名者，只许叙荫一人"②。也就是说不管血缘关系是否亲疏，只要本人无子且有了收养关系，就可以收补。荫补条件又有所放宽。还有一点需要说明，即荫补斋郎之事虽归礼部管辖，但由于其不是文官选授机关，所以必须"具状解送赴南曹"，即通过吏部才能办理此事。这与进马、千牛的收补是不一样的，因为兵部本身就是武官选授机关，所以无须再通过

---

① 《五代会要》卷一六《礼部》，第262—264页。
② 《旧五代史》卷四二《唐明宗纪八》，第579页。

其他部门。五代关于荫补的规定，至此算是比较完善了。

长兴二年十月敕："应千牛、进马、斋郎，遇有员缺，据资荫合得者，先受官者先与收补，后受官者据月日次第施行。如或徇私，公然越次，本人及官吏当行责罚，仍令御史台常加察访。"①制定这个规定，很可能与请求荫补的人数日益增多有关系。然而实际上这种不依年限的收补并不能改变这种状况，于是在后周广顺元年规定："应乾祐元年已来及自今后，如有斋郎奏补后，年限满，合定冬集及推补室长时，有违格敕不依年限者，违一年，殿两选；二年，殿三选；违二年已上者，不在施行之限。"这个处罚已经是比较重了。同时还对后汉末年因兵火丢失补牒的荫补者，允许按照选人失坠文书的补发办法，予以补发公凭，但是必须在年限满后参加铨选时，在其本官选限之外再殿两选。②显德六年十二月，尚书兵部上言："本司荫补千牛、进马，在汉乾祐中散失敕文，自来只准《晋编敕》及堂帖施行。伏缘前后不同，请别降敕命。"可见由于在后汉乾祐中敕文散失，自此以后在荫补方面实际上是按照《晋编敕》和政事堂的堂帖执行，并未依后唐制定办法行事。《晋编敕》指后晋时期的敕条汇编，其内容虽不可考，但肯定与后唐敕条的规定有一定的差异。于是后周又重新下诏制定了有关荫补的规定，内容如下：

> 今后应荫补子孙，宜令逐品许补一人，直候转品，方得更补，不得于本品内重叠收补。如是所补人有身故、除名、落藩、废疾及应举及第内，只许于本品内再补一人。太子进马、太子千牛，不用收补。詹事依祭酒例施行。兵部尚书、侍郎，旧例不许收补，宜许收补。致仕官历任中曾任在朝文班三品、武班二品及丞郎给舍已上，金吾大将军、节度、防御、团练、留后

---

① 《五代会要》卷一六《礼部》，第264页。
② 《册府元龟》卷六三四《铨选部·条制六》，第7606—7607页。乾祐元年，原文为乾祐六年；合定冬集，原文为令定冬集，据《五代会要》卷一五《礼部》改，第264页。

者，方得补荫。皇荫人，其祖、父曾授著皇朝官秩，方得收补。应合收补人，须是本官亲子孙年貌合格，别无渝滥，方许施行。余从旧例处分。①

后周又基本恢复了后唐的规定，所不同的是：其一，取消了兵部尚书、侍郎不许荫补子孙的规定。其二，皇荫人，其祖父必须在本朝任过官职，才能收补。其三，进马、千牛，不用收补。将致仕官可以荫补子孙限定在一定的范围内。

五代时期的门荫制度很不稳定，执行中随意性较强，如周光辅，后唐蕃汉马步总管、幽州节度使周德威之长子。"光辅年甫十岁，补幽州中军兵马使，有成人之志，德威以牙军委之，麾下咸取决焉"。②这种补官就没有按国家制度办理。五代时期战争频繁，武人权势很大，故其子孙补官者升迁非常迅速，如王守恩，其父王建立，任潞州节度使，封韩王。"守恩以门荫，幼为内职，迁怀、卫二州刺史，后历诸卫将军"。③后来其曾充任数镇节度使，加同平章事。在后汉杨邠任宰相时，竟公然废去门荫之制，"凡门荫出身，诸司补吏者，一切罢之"④。唐朝规定太庙斋郎任满后，可补为室长，郊庙斋郎可补掌座，担任室长10年、掌座12年，便可参加吏部主持的铨选了，称为黄衣选人。五代也是如此，如广顺元年，"吏部南曹先为去年冬集选人年满，室长季浦、张宗义为奏补不依年限驳放后，便值兵火，失坠补牒，优牒申中书门下取裁"⑤。便是室长任职期满参加吏部铨选的事例。至于任千牛、进马者，则可以通过参加兵部主持的铨选入仕。

在唐代可以荫补亲、勋、翊三卫卫官、千牛备身、备身左右、太子千牛、进马、斋郎、挽郎等职，而五代仅限于太子千牛、进马、斋郎等

---

① 以上均见《旧五代史》卷一四九《职官志》，第2005—2006页。
② 《旧五代史》卷九一《周光辅传》，第1207页。
③ 《旧五代史》卷一二五《王守恩传》，第1640页。
④ 《新五代史》卷三〇《杨邠传》，第333页。
⑤ 《五代会要》卷一六《礼部》，第264页。

第二章　选官制度

职，范围明显地缩小了。后来太子千牛、太子进马又退了出来，只剩下太仆寺、殿中省进马与斋郎用于门荫授官，说明门荫出身的途径越来越狭窄。

唐制，流外铨由吏部郎中一人掌之，故又称小铨、小选。参加流外铨的为六品以下、九品以上官之子及州、县佐史等。关于其铨选办法，《唐六典》卷二《尚书吏部》说："其校试铨注，与流内铨略同。"五代典章制度沿袭唐朝，流外官的铨选办法也应略同于唐制。但是到后唐天成三年，"吏部奏：'流外官今后只考年劳，乞不试判'。从之"①。关于这一时期流外铨的相关记载极少，仅见到极有限的数条，据《五代会要》卷一七《杂录》载，后周显德三年（956）十月敕：

> 应诸司寺监，今后收补职役人等，并须人材俊敏，身言可采，书札分明，履行清谨。勒本司关送吏部，引验人材，校考笔札。其中选者，具引验可否，连所试书迹，并本州府不系色役回文，及正身引送中书后，吏部具夹名闻奏。候敕下，勒本司收补，余依前后格敕处分。每年只得一度奏补。其诸司寺监旧额人数，仍令所司量公事繁省，于未奏补人数内酌详增损，别为定额。②

《册府元龟》卷六三四《铨选部·条制六》也有与之相同的记载，并用小字注曰："先是，百司奏补官吏，于事言笔札之间，多不选择，以至有不能举其条目者。敕出之后，物议以为允当。"据此来看，五代在显德三年以前，诸司所用吏职仍需进行铨选，只是存在考试不严、用人不当的问题而已。从显德三年的敕文规定来看，选用吏职要经吏部考试，中书引验，向皇帝奏请等程序，这一切与唐代的流外铨程序并无大的差异。对于地方政府所用吏职则不必通过吏部铨选的办法选用，而是由当

---

① 《五代会要》卷一四《吏部》，第235页。
② 《五代会要》卷一七《杂录》，第278页。

地长吏自行辟用，如后唐同光二年八月，中书门下上言："'请今后诸道除节度副使、两使判官外，其余职员并诸州军事判官，各任本处奏辟。'从之。"①这一做法与唐制也没有多大的区别。

关于流外入流，五代也沿袭了唐朝制度，只是没有很好地执行，在操作中随意性很强。如后唐同光三年八月敕：

> 诸寺监人吏授官，从来只计劳考，年满起选，方许离司。近日以来，颇躐条制，到司曾无考课，公事尚未谙详，便求荐论，深为侥幸。遂使故事都废，盖由旧人不存，岂唯劳逸不均，兼致司局旷败。自今年除劳考满三铨官，即许赴任，非时不得奏荐。如有主掌任重，劳绩可称，许赴司奏闻，当与减选。②

可见在五代时期吏员只要积累了一定数的考数后，就可以通过参加吏部铨选而成为流内官。只是五代时期在这方面随意性较强，致使不少人未经劳考，便升为流官。《五代会要》卷一七《杂录》载，长兴二年八月敕："应诸司职掌人吏，前后选授州县官，考满日委本处申奏，各追还司职，依旧执行公事。"后汉宰相杨邠也曾全部免除了"诸司补吏"者的官职，他本人也是小吏出身。③可见在流外入流方面，五代时期存在着很大的弊端，故唐明宗和杨邠不得不采取一些断然措施，予以纠正。

七、五代的官阙问题

五代铨选制度存在的最大问题，便是选人多而官阙严重不足，由于这一问题长期无法解决，不仅影响了每年铨选的顺利进行，而且在一定程度上影响了社会的稳定。官阙不足问题早在唐朝后期就已经存在，只是到了五代时期更加严重。从整个五代各朝的情况看，后梁时期的情

---

① 《旧五代史》卷三二《唐庄宗纪六》，第439页。
② 《五代会要》卷一七《杂录》，第277—278页。
③ 《新五代史》卷三〇《杨邠传》，第333页。

况史籍缺载，后唐同光时期似乎不存在此类问题，如同光三年，"阙近二千，授官不及六十"。次年诸色选人及行事官1250余员，"得官者才及数十"。①官阙如此宽裕，实为罕见。这实际是一种不正常的现象，造成这种现象的原因，是枢密使郭崇韬大力整顿，销毁了大量存在问题的选人文书，矫枉过正，使得大批官员与朝廷离心离德，引起了极大的社会震荡。到了唐明宗时期已存在官阙不足的问题了，至末帝清泰时期，官阙严重不足，甚至由于官阙不足，减选制度竟无法执行。清泰元年，合格选人无阙可授者达494人，次年达83人。此后各朝均程度不同地存在官阙不足的问题，如晋天福八年，"三铨待阙停滞已及于数百"，而各地每月送到吏部、兵部的官阙不过5员7员。②这种情况的长期存在，影响了每年铨选的正常进行。

造成五代官阙不足的原因很多，主要有以下几种：其一，五代各朝均非统一王朝，仅占据了北方疆土，州县数量相对较少，官阙自然大幅减少。其二，朝中权贵宰臣以权谋私，强占州县好阙，"不令铨曹注授"。③又允许节帅自辟一定数量的僚属，以及存在大量的试摄官，也占去了不少的官阙，凤翔节度使岐王李茂贞甚至弄权"墨授"下属官员。其三，减选无度，致使合格选人增多，从而导致可用官阙相对不足。其四，由于社会动荡，战争频繁以及其他种种原因，导致新任官员不能按时到任，而官员任期却是从到任之日算起，官员不能到任，自然不能准时卸任，也就无法按期腾出官阙。其五，选人在铨选时拒绝所注拟的官职，致使一些官阙不能及时使用，也是导致官阙紧张的原因之一。如后唐天成二年，西蜀之地官阙极多，但选人却不愿前往赴任。之所以出现这种情况，是因为西川节度使孟知祥日益跋扈，独占西蜀之心为天下人所知。在这种情况下，选人自然不敢前往赴任。再如晋出帝天福八年，"河东管内及鄜延泾邠秦陇凤等州管内，阙员不少，选人以家私不便，

---

① 《旧五代史》卷一四八《选举志》，第1982页。
② 《册府元龟》卷六三三《铨选部·条制五》，第7593页；同书卷六三四《铨选部·条制六》，第7600页。
③ 《五代会要》卷二〇《选事上》，第335页。

多不伏官"①。这种情况的存在，也严重干扰了铨选的正常进行。

为了解决这一问题，五代各朝采取了不少措施，如严令地方政府及时上报官阙，"其请托及受嘱人等，当行黜责"②。希望通过这种措施，吓阻权臣和地方政府不再强占或隐瞒官阙。采取措施敦促新注授的官员按期到任，周太祖广顺元年诏曰："近闻所得官人，或他事阻留，或染疾淹驻，始赴任者既过月限，后之官者遂失期程，以至相沿，渐成非次。……今后应诸道州府录事参军、判司、县令、主簿等，宜令本州府，以到任月日，旋具申奏及报吏部，此后中书及铨司，以到任月日用阙，永为定制。"③至周世宗时，限定了到任的具体时间，"限二月终已前到任。若违程，本处不得放上。且旧官在任，如是无故违限，依格殿选"。④所谓"不得放上"，即不许其接任职务。后一句话是指旧官如无故而不按期交任，则给予殿选的处分。为了解决官阙问题，唐末帝甚至采取了借用官阙的办法，如清泰二年铨选时官阙不足，令各州增置户掾1员，诸州共增150员，仍不足，于是判吏部尚书铨崔居俭奏请，"取四月后合用员阙发遣"。诏曰："宜令从四月一日后至六月终员阙施行。"⑤这种办法只能解一时之急，并不能从根本上解决问题。减少选人也是解决官阙不足的一种办法。由于种种原因，不少选人往往长期不能赴选，在唐代对此并无严格的限制，五代时规定超过10年将永远取消参选资格，称之为"过格"，后来又改为7年。后唐天成二年再次规定："不问破忧停集本数，过格十年外，不在赴选之限。"即不管出于何种原因，只要过了期限，就取消选人资格。这种规定实际上是很不合理的，因为五代社会长期动荡，选人"多因远地兵戈，兼以私门事故，遂致过格，固非愿为"。⑥统治者明知如此，仍不予宽限，其急于解决官阙的心态于

---

① 《册府元龟》卷六三四《铨选部·条制六》，第7600页。
② 《册府元龟》卷六三二《铨选部·条制四》，第7582页。
③ 《旧五代史》卷一四八《选举志》，第1985—1986页。
④ 《五代会要》卷二一《选限》，第346页。
⑤ 《册府元龟》卷六三三《铨选部·条制五》，第7595页。
⑥ 以上均见《五代会要》卷二〇《选事上》，第334页。

此可见一斑。限制节帅辟署权和奏荐范围，也是当时采取的措施之一，这个问题前面已经做过论述，就不再说了。尽管采取了种种措施，然终五代之世，这个问题始终没有得到彻底解决。

八、诸国选官制度

十国不论是尊奉中原正朔，还是自立称帝，均各有一套选拔官员的办法。对于没有称帝的政权来说，由于没有三省六部等机构的设置，自然也不会有铨选制度的存在，于是有的政权便变相地设置了选官机构，以满足对各类人才的需求。如吴越国，由于其一直奉中原王朝为正朔，不敢公然设置吏部铨司，但并非没有类似机构，据《吴越备史》卷三《文穆王》载："文穆王袭位，置择能院以选士，俾（沈）崧主之。"这样既可满足对人才的需要，又可避免中原王朝的猜疑，可谓一举两得。其余奉中原王朝为正朔的政权，或采取荐举的办法，或变相设置机构，以解决其对人才的需求，由于史料缺乏的缘故，详情尚无法搞清。

十国中建立了铨选制度的均为称帝自立的政权，如南唐便是其中的一个。江淮地区在吴国统治时期，并未建立铨选制度，当时只采取了广招儒俊，举荐用人的办法，来满足对人才的需求。如徐知诰（后改名李昇）辅吴时，在广陵置延宾亭，以招徕四方之士；又在关徼之地派人司守，"物色北来衣冠，凡形状奇伟者，必使引见，语有可采，随即升用"，委之以官。[①]南唐建立后，在昇元时期由于未设铨选，所以当时只设有试院，委平章事张延翰掌管，"士有仗策献文，稍可采录者"，"量材补用，皆得其职"。[②]陆游《南唐书·张延翰传》亦载："时未设贡举，士有献书论事者，第其优劣选用，烈祖悉以委延翰，号为精效称职。"这个试院即南唐当时设立的选用人才的机构。南唐建立铨选制度，从现有史料来看，应该在南唐元宗李璟统治时期。据陆游《南唐

---

① 〔宋〕史温：《钓矶立谈》，见傅璇琮、徐海荣、徐吉军主编：《五代史书汇编》九，杭州出版社，2004年，第5005页。
② 《玉壶清话》卷九，第91页。

书·游简言传》载："元宗嗣位，迁翰林学士、礼部侍郎。……元宗颇重其为人，命判中书省，兼吏、兵部选事。"该书还记有选人邵唐试判不中，十分恼怒，遂上书攻击游简言父亲等事。说明南唐铨选时也要对选人进行书判考试。同书《徐锴传》载：后主时，"改官名，拜右内史舍人，赐金紫，宿直光政殿，兼兵、吏部选事"。可见南唐的这一制度一直坚持下来了。从上引两条史料可知，南唐吏部文官与兵部武官的铨选由一人掌之，这种情况比较罕见，大约与国小选人不多有关。

割据于川蜀一带的前后蜀也有铨选之制存在。前蜀王建在建国之初，就已建立铨选之制，其在即位诏书中说："但曾经赴任委，不败官，不犯刑章，又无赃污，告敕圆备，考课分明，便仰依资注官，铨司不得稽滞。如有失坠告赤，无以自明，但有失坠时公凭及于本任官处取得文解者，并准例参选。"①前蜀典章制度之完备，于此可见一斑。但是，前蜀铨选中的弊端颇多，据《蜀梼杌校笺》卷二载：乾德三年十月，"以韩昭为吏部侍郎判三铨。昭受赂徇私，选人诣鼓院诉之。又嘲曰：嘉、眉、邛、蜀，侍郎骨肉；导江、青城，侍郎亲情；果、阆二州，侍郎自留；巴、蓬、集、壁，侍郎不惜。（王）衍召而问之。昭曰：此皆太后太妃国舅之情，非臣之情。衍默然"②。前蜀享国短暂，用人不当，政治黑暗，恐怕也是一个重要的原因。

后蜀的铨选制度建立较晚，在孟知祥统治时期，并未健全这一制度，直到后主孟昶统治时期才设置了铨司。史载：广政"十二年，置吏部三铨、礼部贡举"。③后蜀主持吏部铨选之事者，并非全为吏部官员，往往也以他官兼判。如幸寅逊在后蜀后主时期，"迁翰林学士，加工部侍郎，判吏部三铨事，领简州刺史。国亡，随后主降宋"④。说明这一制度一直坚持下来了，直至国亡。

---

① 〔宋〕向延庆：《锦里耆旧传》卷五，见傅璇琮、徐海荣、徐吉军主编：《五代史书汇编》九，杭州出版社，2004年，第6030页。
② 《蜀梼杌校笺》卷二《前蜀后主》，第173—174页。
③ 《新五代史》卷六四《后蜀世家》，第805页。
④ 《十国春秋》卷五四后蜀《幸寅逊传》，第794页。

在十国中南汉也有铨选之制，据《十国春秋·杨洞潜传》载：汉高祖时，颇得宠信，"洞潜遂乘间陈吉凶礼法，请立学校，开贡举，设铨选，国家制度，粗有次叙"。北汉刘氏自立为皇帝，按理应建立铨选制度，但由于史籍记载阙如，所以还不敢论定。

九、结语

五代选官制度一个很明显的特点，就是各朝均沿袭前朝的制度，并不因改朝换代而废弃。后梁的情况如何，史无记载，后唐则是基本沿用唐朝制度。同光二年八月，中书门下奏曰："吏部三铨（门）下省南曹废置、甲库格式、流外（部）铨等司公事，并系《长定格》、《循资格》、《十道图》等格式。前件格文，本朝创立，检制奸滥，伦叙官资，颇谓精详，久同遵守。"①奏文中所谓"本朝"，即指唐朝。长兴四年中书门下奏："千牛、进马、童子、斋郎、挽郎，宜准《元和格》处分。"②指的就是唐宪宗元和年间制定的格条。晋、汉、周等朝也是如此，不仅仍沿袭唐制，后一王朝往往还沿用前一王朝颁布的格敕。除此之外，前朝所授官员及颁发的文书、告身，改朝换代后，仍被承认并具有与本朝文书相同的效用。如后唐长兴元年五月敕："若是本朝及伪朝所授（官）者，只于将来新告身内，一一收竖。"敕文中所谓"本朝"，即指唐朝；所谓"伪朝"，指后梁王朝。甚至对前蜀所授官也同样予以承认，"其兴元已西，曾受伪蜀爵命，……仍各于本罢任处州府投状，具三代名讳、出身、历任，一一分析申奏"。③但五代诸朝对契丹所授官员却不予承认，如后汉乾祐二年规定："曾受契丹伪命者，追毁文书，只取唐、晋朝出身文书参选。"④所谓唐、晋，指后唐、后晋。由

---

① 《五代会要》卷二〇《选事上》，第333—334页；括号内字据《册府元龟》卷六三二《铨选部·条制四》补，第7578页。
② 《五代会要》卷二一《选事下》，第342页。
③ 《五代会要》卷二一《选事下》，第338—339页。
④ 《五代会要》卷一七《伪官》，第282页。

于有这些规定的存在，尽管五代各朝均立国短暂，但其选官之制，并非无法可依。

五代时期的非时选，主要是用于选拔特殊人才和有功绩的官员。在唐庄宗统治时期，一度禁止非时选和荐人，明宗统治时期允许进行非时选。长兴四年规定：经学出身人如在任期间昭雪冤狱，"候本官满日，便准近敕非时参选。若活得一人，超一资注官，二人已上，加章服；已有章服，加检校官。如在任除冤雪狱外，限内征科了绝，减得一选已上，或招添户口一分已上，并许酬奖。如加至五品已上，许奏听敕旨"。① 后晋也明确规定允许四时听选，"吏部三铨拟官旋奏，不在团甲之限"。② 其他时期未见有允许非时选的记载。唐朝后期非时选经常举行，十分兴盛，而五代时期则相反，不经常举行，这些都是与唐制不同的特点。

唐代的门荫出身者数量要大大地多于五代时期。五代的统治者大都非高门出身，一大批出身于社会下层的人登上皇帝宝座或跻身于将相大臣之列，门第的因素在官员选拔中大大地降低了。在五代前期尤其是后唐时期，门荫出身者大都为原唐朝官僚之后裔，因此在这一时期的诏敕中提到门荫补官时，往往强调对身份真伪的甄别。如后唐长兴四年规定："其诸色荫补子孙，如非虚假，不计庶嫡，并宜铨录，如实无子孙，别立人继嗣，已补得身名者，只许序荫一人。其不合叙使文书，限百日内焚毁须绝，此后更敢持合焚毁文书参选求仕，其所犯之人并传者，并当极法。"③ 贵族官僚子弟通过充任千牛、进马、斋郎等而获得参选资格者，"宜准《元和格》处分"。④ 唐代把任斋郎年久并补为室长、掌座、掌次而参加吏部铨选者，称为"黄衣选人"。⑤ 同光二年规定：诸色黄衣可以依资参选，"如全无文书，称失坠，官告，敕简敕甲，又无

---

① 《五代会要》卷二一《选事下》，第343页。
② 《五代会要》卷二二《杂处置》，第355页。
③ 《册府元龟》卷六三三《铨选部·条制五》，第7592页。
④ 《五代会要》卷二一《选事下》，第342页。
⑤ 〔宋〕高承：《事物纪原》卷五《斋郎》，中华书局，1989年，第259页。

证据，只有格式公验，并诸司诸州府公凭及试授官文牒，兼文书过格、年月深远者，并宜落下。所冀官无滥受，恩不虚行"。[1]总的来看，五代时期门荫入仕呈衰落之势，发生这样的变化，与统治阶级结构的改变有直接的关系，并使宋代官吏队伍以科举出身者为主成为可能，从而构成了其选官制度的又一新特点。

辟署制的变化，是五代时期选官制度的最大变化之一。中国在隋朝以前盛行辟署制，自隋文帝废除辟署制，将用人之权收归中央以来，至唐后期又再次发生了很大的变化，藩镇辟置幕职官普遍盛行，并发展成为士人入仕的又一主要途径。有人根据两《唐书》统计，唐后期有传的进士出身的344名官员中，有148人是通过辟署而入仕的，占总数的43%。[2]可见辟署制在当时的选官制度中所占地位之重要。至于那些白衣之士通过辟署而入仕的更是不计其数，故宋人刘贡甫说："唐有天下，诸侯自辟幕府之士，唯其才能，不问所从来，而朝廷常收其俊伟，以补王官之缺，是以号称得人。"[3]而五代时期出于削藩和加强中央集权的需要，虽未明令废除辟署制，但却加以种种限制，并禁止辟置奏荐无出身之人，从而使这一制度的发展势头得到了遏制。宋初继续了这一政策，最终使辟署制寿终正寝。

通观整个五代时期，在选官方面遇到的最大问题，便是选人滥伪，文书告身真伪混杂，致使各朝均花了很大的气力进行整顿和鉴别。造成这种现象的原因是多方面的：

首先，是买卖文书告身。所谓"自唐末丧乱，搢绅之家或以告赤鬻于族姻，遂乱昭穆，至有舅、叔拜甥、侄者，选人伪滥者众"[4]。如鸿胪卿柳英将斋郎文书卖给刘居则，河南府长水县主簿赵知远以其兄冒充其父，充作郊祀行事官，范县主簿不纳官告文书，冒名于四方馆行事等，[5]

---

[1] 《册府元龟》卷六三二《铨选部·条制四》，第7578页。
[2] 刘海峰：《唐代的教育与选举制度》，《文献》1990年第1期，第105页。
[3] 《文献通考》卷三九《选举考十二》，第1134页。
[4] 《资治通鉴》卷二七三，唐庄宗同光二年三月，第8917页。
[5] 《册府元龟》卷六三三《铨选部·条制五》，第7587、7592页。

皆属此类情况。

其次，是战火焚毁。用后唐左拾遗李慎仪等人的话来说，即"且自天下乱离将五十载，无人不遇兵革，无处不遭焚烧，性命脱免者尚或甚稀，文书保全者固应极少"①。

再次，铨司档案残缺不全。所谓"唐、梁之际，仕宦遭乱奔亡，而吏部铨文书不完，因缘以为奸利"②。由于吏部保存的选人档案残缺不全，这就给不法之徒造伪以可乘之机。其实不仅唐梁之际，整个五代时期改朝换代频繁，每到这时都会多多少少造成政府文书档案的损失。如周广顺元年，吏部奏："去年冬，南曹判成选人三百八十一人，经十一月二十二日兵火，散失磨勘了历任文字……"云云。③所谓"兵火"，实即周太祖郭威夺取后汉政权的军事行动。面对这些混乱的情况，各朝均采取了一些措施进行整顿，其中力度最大的是后唐同光二年枢密使郭崇韬主持的一次行动，"注官者才数十人，涂毁告身者十之九。选人或号哭道路，或馁死逆旅"。④由于郭崇韬裁汰甚严，引起了很多人的不满。郭崇韬死后，唐庄宗便又下令重新甄别，"委铨司点检，务在酌中，以为定制"。⑤

各朝采取的其他措施大体有如下一些：一是给选人重新换发公凭。如后唐长兴四年规定：本朝及前朝历任官员，将出身及历任告身送纳铨司，经鉴别后再统一换发公凭。这是针对没有失落文书告身的选人所采取的措施，以免再出现文书五花八门，铨司难以认可的情况。二是针对失落公凭、文书、告身者的措施。后唐天成三年规定："应焚毁告身勘同及坠失文书等，请重给告身，仍先检敕甲。如无敕甲，即取同敕甲告身，勘验同即与出给。若是本朝授官，及同光元年后授官，勘验同即与告身。如是伪朝授官，勘验不虚，亦与出给公凭，便同告身例处分

---

① 《册府元龟》卷六三二《铨选部·条制四》，第7580页。
② 《新五代史》卷二八《豆卢革传》，第302页。
③ 《五代会要》卷二一《选事下》，第345页。
④ 《资治通鉴》卷二七三，后唐庄宗同光二年三月，第8918页。
⑤ 《旧五代史》卷一一八《选举志》，第1982—1983页。

者。"长兴二年又规定:"其失坠告身者,先取本人状:当授官之日,何人判铨,与何人同官,上任与何人交代?仍勘历任处州县。如实,即别取命官人三人保明施行。"①周广顺元年规定,要求选人出示解由、历子、考牒,"请今后若无解由、历子、考牒者,候牒本道州县勘寻,有何殿最,候回文与陈状官员事理同,即依牒申铨取保,再给凭由"。②三是要求铨司严格鉴别,并严惩作弊者。"仰三铨各据逐人出身,入仕文书,一一比验年貌,灼然不谬,方与注官"。铨司官员如收贿注拟者,严惩不贷,选人再敢以伪造的文书参选者,"并当极法"。如后唐选吏尹玫曾因此而被处死,尚书左丞、判吏部铨崔沂等坐罪被贬官。并鼓励告发作弊者,"特议超奖"。③甄别假冒文书,整顿滥伪选人的工作,贯穿于五代始终,成为这个时期选官制度的一个鲜明特点。

五代的选官制度存在不少弊端,铨选时,"或缘亲旧处约,或为势要力干,姑徇私情,靡求才实"④。这种营私舞弊的官员,在当时大有人在。比如后唐崔贻孙任吏部侍郎时,"性好干人,喜得小惠,天官任重,昏耄罔知,瞽目将瞑,犹以所欲托于选人"⑤。这种人主持铨选,难免不产生弊端。宰臣强占州县好阙,"不令铨曹注授",使不少选人得不到注拟,"或暮齿不离卑任"。唐闵帝应顺元年中书门下的奏章中也承认,当时有不少孤贫之士,"或年四十,始得经学及第,八年合选,方受一官,在任多不成三考,第二选渐向蹉跎,有一生终不至令录者"。⑥加之"近知铨选人多,州县阙少,或经年而空掩桂玉,未授一官",⑦使普通选人更难以得到一官半职。而有门路的选人,尽管不合选

---

① 以上见《五代会要》卷二一《选事下》,第337页;《五代会要》卷二二《杂处置》,第354页。
② 《全唐文》卷九七三,阙名《请勘寻选人失坠告牒事理奏》,第10094页。
③ 《五代会要》卷二〇《选事上》,第335页;《册府元龟》卷六三三《铨选部·条制五》,第7592页;《旧五代史》卷三二《唐庄宗纪六》,第441页。
④ 《册府元龟》卷六三二《铨选部·条制四》,第7577页。
⑤ 《册府元龟》卷六三八《铨选部·不称》,第7653页。
⑥ 《旧五代史》卷一四八《选举志》,第1984页。
⑦ 《册府元龟》卷六三四《铨选部·条制六》,第7605页。

格，却仍能参加铨选，如后晋时前栾城县令，年过七旬，甚至不能行跪拜之礼，却因为"有重臣达意"，欲谋取好官，[①]成为一时的笑谈之资。

五代时期摄试官一度泛滥，地方长吏之所以热衷于此，除了出于安置亲信，与朝廷争权因素外，也是因为"多因贿赂而行"[②]。官员如此，皇帝有时也不免搞出一些弊端来，如唐末帝自节帅而夺得帝位，劝进者中包括诸道选人494人，"既自劝进，宜示奖酬"，最好酬奖自然是授与官职，这样就造成了清泰元年铨选时官阙的严重不足。[③]在五代凡是通过暴力手段夺得帝位者，即位时莫不大量任用亲信或劝进者，甚至对参加登基活动的官员，也要进行酬奖，所有这些都不同程度地干扰了选官工作的正常进行。正因为如此，所以五代时期的地方官素质比之唐代大大地下降了，后人对此也多有评价。如宋人魏泰说："五代任官，不权轻重，凡曹、掾、簿、尉，有龌龊无能，以至昏耄不任驱策者，始注为县令。故天下之邑，率皆不治，甚者诛求刻剥，猥迹万状，至今优谀之言，多以长官为笑。及范文正公仲淹乞令天下选人，用三员保任，方得为县令，当时推行其言，自是县令得人，民政稍稍举矣。"[④]

---

① 《册府元龟》卷六三七《铨选部·平直》，第7646页。
② 《册府元龟》卷六三二《铨选部·条制四》，第7580页。
③ 《册府元龟》卷六三三《铨选部·条制五》，第7593—7594页。
④ 〔宋〕魏泰撰，李裕民点校：《东轩笔录》卷三，中华书局，1983年，第32页。

第三章

考课制度

五代考课制度沿袭唐制，但因五代时期政治动荡，藩镇林立，改朝换代频繁，故考课制度的执行与唐代相比，又打了许多折扣，产生了一些不同于其他时代的特点。

一、考限与考簿

唐代官员的考课通常每年进行1次，称为小考，3至4年举行1次大考。小考考核1年政绩之优劣，大考则对其本人任期内的政绩做出综合性的鉴定，作为是否奖惩升降的依据。每年对官员考课1次，称为一考，对不同等级的官员每个任期都规定有相应的考数，称之为考限。五代承袭了唐朝的这一制度，但对官员考限的规定变化颇大。有关后梁的这类史料未见一条，可能没有什么特殊的规定，目前见到的最早史料是在唐庄宗同光二年三月，中书门下奏请州县官三考满，"即具阙申送吏部格式，候敕除铨注"。①大约是由于没有长期对官员进行考课之故，所以很多部门和地方并没有认真执行这项规定，于是便又在次年八月，再次颁敕强调要加强考课。唐明宗天成三年改为："诏州县官以三十月为考限，刺史以二十五月为限，以到任日为始。"②以上这些规定没有涉及藩镇使府官员，于是又在天成四年规定："其少尹、上佐官以二十五月为限，府县官准《长定格》以三十月为限，其行军（司马）、（节度）副使、两使判官已下宾僚，及防御、团练副使、判官、推官、军事判官，并宜以三十个月为限。如是随府，不在此限。"③最后一句话，是指由节

---

① 《册府元龟》卷六三二《铨选部·条制四》，第7577页。
② 《册府元龟》卷六三二《铨选部·条制四》，第7583页；《旧五代史》卷三九《唐明宗纪五》，第538页。
③ 《五代会要》卷二五《幕府》，第397页。括号内字，据《册府元龟》卷六三三《铨选部·条制五》补，第7588页。

第三章 考课制度

帅自行辟置的官吏，可以不受这个规定约束。后晋、后汉、后周太祖时期都以30个月为考限，直到周世宗显德五年才改为："起今年正月一日后，授官并以三周年为限，闰月不在其内者。当司所书校内外六品已下赴选官员考第，今后以一周年校成一考，如欠日不计，限满三周年，校成三考。如考满后未有替人，在任更一周年，与成第四考，欠日不在计限。"①关于这个问题，马端临也指出："按：周以前皆以三十月为三考，至是，始令三周年云。"②

五代时期关于考限的这些规定，实际上是针对当时官多阙少的矛盾，而对官员任期时间的一种限定。因为官员任期不是以年计而是以月计，而对官员的考课只能以年进行，尤其是地方官员的考课，要以其实际业绩为标准，如户口、垦田、赋税是否增长，社会治安是否稳定，刑狱能否及时审断等，这些方面都是无法按月考核的，所以五代时期仍每年进行一次考课。但由于考限多为30个月，又针对这个问题制定了相关考课规定。唐明宗时规定："今后州县官等，并许终三十个月成三考。自上官后至年终，但满一百八十日，便与头考。次二年即须两考满足。如头考满足，第二考全足，即许计日成末考，方与三十个月事理合同。"这是针对州县官员的规定，对于其他官员及头年上任时间不足180日，或超过这个时限的官员，也有规定："应申校内外六品已下赴选官员考课，准格，自上任后但满一百八十日便与成头考。年终非书考时，须至来年准格书校时并申两考。如六月已前直至正月到任者，自上任日至校考时头考日足，即考后功过并入来年。如至书校时，头考欠日未成资考，亦至来年准格书校时，并申两考。如六月已后至年终上者，并至准格日收计一考，有剩日不在重使之限。"③这个规定自制定以来，为以后历朝所执行，直到周显德五年才有所改变。至于考限为25个月的官员如何成三考，史书未载，很可能是参照后一种规定进行考课。五代的上述规定并非其新创，其实早在唐玄宗开元四年（716）就已有先例，

---

① 《五代会要》卷一五《考功》，第251页。
② 《文献通考》卷三九《选举考十二》，第1151页。
③ 《五代会要》卷一五《考功》，第247页。

这年四月诏曰:"选人既得比,铨注过谢了,皆不及考,遂使每一年选人,即虚破一年阙。在于公私,俱不利便。自今已后,官人初上年,宜听通计,年终已来满二百日,许其成考。仍进(准)迁考例,至来年考时并校,永为常式。"①即官吏初上任的第一年,只要任满200天,就可成考,也就是可以算第一考。之所以这样规定,是因为选人铨注得官,至任所上任后,至当年考课时往往不能满一周年,造成了大批官员第一年无考的结局,不利于考课制度的正常执行,这样规定就可以避免再出现这种情况。而五代却是因为官多阙少,不得已才采取这种办法。尽管如此,这种办法必定十分烦琐,虽然在一定程度上缓和了官多阙少的矛盾,却不利于对官吏的严格考课。周世宗时期大力推行改革,冗官现象得到一定程度的扭转,于是才得以恢复一年一考的旧制。以上方面构成了五代考课制度的一个显著特点。

唐代的考课程序是由下向上呈报的,五代也是如此,如唐明宗天成时规定:"诸司内外文武官九品已上,每年当司长官考其属官",如无长官,则次官考之。"县令已下及关镇庶官、岳渎令并州考。津非隶监者亦州考"。通常是官员本人在规定的时间内向所在部门投状,写明本人的业绩,申请对其进行考课。然后由长官根据每个下属官吏的功过行能写出考评意见,即考状。对于县令及管理岳渎的官吏,均由州一级主管考课的官员写出考状;对于不直隶于中央都水监的津渡官吏,也由所在州进行考课。县、岳、渎、津等所属官吏的考课,通常由本司长官负责,汇总于所在州府,州府由录事参军汇总所属官员上报的全部考状,由刺史当众宣读,进行公开评议,再由录事参军根据评议意见,写出每个官员的正式考状,并做出考绩评语和考等,然后把这些考状装订成簿上报朝廷。这个过程叫作州校考,在京诸司也要由其长官主持并完成对下属官吏的考评,称之为司校考。对于完成这个程序的时间也有具体规定,后唐时的规定是:"京官,九月三十日已前校定。外官,去京一千五百里内,八月三十日已前校定;三千里内,七月三十日已前校

---

① 《册府元龟》卷六三五《铨选部·考课一》,第7622页。

定；五千里内，五月三十日已前校定；七千里内，三月三十日已前校定；万里内，正月三十日已前校定，本州定讫。京官，十月一日送簿。外官，朝集使送簿限十月二十五日已前到京。考后功过，并入来年。"如果违限20日不到，"其本判官并录事参军"，各罚100直；违限1月不到，"本判官伏请罚二百直，录事参军量殿一选，本直句官请委本道重加惩断"。对于在京诸司违限者，"其本司人吏牒报御史台，请行追勘"。以上这些规定，实际上仍是抄录唐朝考课令的规定，因为后唐疆域比之唐朝已经大大地缩小，根本达不到5000里以外。后唐统治者自以为是唐朝的继续，所以考功司官员不加删节，照抄唐朝考课令的规定，而不管其是否合乎本朝的实际。以上所述的规定，只是唐明宗时制定的每年小考的时间限定，至于由尚书吏部考功司负责的所谓省校考，则另外制定有相应的规定："准式，校京官考限来年正月内、外官考限二月内者，所司至三月内申奏了毕。"①

周太祖时规定，诸道必须于每年十月二十五日前纳到考簿。这个规定实际上仍是沿袭后唐的规定，只是删去了后唐沿用唐朝那些不切实际的条文，由于疆域有限，遂将各地送纳考簿的时间统一为每年的十月二十五日前，不再区分里程远近。广顺三年规定：如果诸道送纳考簿违限，本处判官及录事参军各罚50直，录事参军殿一选，如违限1月以上，"仍令尚书考功催促"，"所有科罚，准前处分"。所谓准前处分，即依照天成时的规定处分。②"又敕：州县官或特敕除授，或非时有故，停任员阙，除官到任者，缘赴任不拘期限，申发考帐之时，但满一周年，便与依例书较（校）一考申省。如书较（校）时少欠月日，即与次年附帐申较（校），不得漏落考第姓名。如或有违，罪本道书考官吏"。③

五代时期每年考课时，要求诸司、各地报送官员的考簿一定要按照规定的格式上报，如后唐时规定："诸官人治迹功过，应附考者，皆须实录。……其状不得过两纸。州县长官，须言户口田地者，不得过三

---

① 《五代会要》卷一五《考功》，第245、246、247、246页。
② 《册府元龟》卷六三六《铨选部·考课二》，第7637页。
③ 《册府元龟》卷六三六《铨选部·考课二》，第7637页。

纸。"①所谓两纸、三纸，是指对每个官员的考状纸数的限制。后汉时还规定："自今后及已前应有令佐招添点简出户口，据数须本处户合征税赋物数目，于解由、历子内一一开坐批书，方得准天福八年三月十日敕条施行，如不合前后敕例，不在施行之限。"②后汉的这个规定是针对官员铨选时，各地上报的历子、解由内容不实的现状，力图通过这个规定消除考课中的弊端。至于上面引文中所提到的天福八年敕文，史书无载，故无法了解其具体内容。

　　有关五代时期考课制度的相关史料，多是针对地方官的，对于五品以上的京官和节度使等大员是否也进行考课？从史籍记载看，可以肯定地说，考课同样也要进行。如天成元年（926），"吏部侍郎卢文纪上言：'请内外文武臣僚，每岁有司明定考校，将相乞回御笔，以行黜陟，疏下中书门下商量，宰臣奏请施行'。从之。"③唐末帝清泰二年，"尚书考功上言：'今年五月中，翰林学士程逊所上封事内，请自宰相、百执事、外镇节度使、刺史，应系公事官，逐年书考校其优劣。……'从之。"④当时全国内外官员共千余人，"并逐年书考"。⑤那么，由谁来执行对这些官员的考课呢？唐明宗时规定："准《考课令》，……京官，三品已上，及同中书门下三品，并平章事奏裁，亲王及五大都督府亦同；四品已下及余外官，并使人量定闻奏，单数仍备状进，中考并单名录奏。"⑥五代时并无五大都督府的设置，所以引文中所谓《考课令》，只能是指唐代的《考课令》。五代时期除了后梁统治时期一度不执行唐代的相关法律、法规外，其余各朝均沿用唐代的制度和法规。在上引清泰二年的敕条中，除了规定继续沿用唐代的《考课令》外，《唐六典》《唐会要》以及唐代的其他相关典籍中有关考课的条

---

① 《五代会要》卷一五《考功》，第246页。
② 《册府元龟》卷六三六《铨选部·考课二》，第7637页。
③ 《旧五代史》卷三七《唐明宗纪三》，第511页。
④ 《册府元龟》卷六三六《铨选部·考课二》，第7635页。
⑤ 《五代会要》卷一五《考功》，第250页。
⑥ 《五代会要》卷一五《考功》，第245页。

文，都允许继续行用。

二、考课标准与等级

唐制，考功郎中负责京官考，考功员外郎负责外官考。后来往往又派京官中德高望重者二人分判内外官考，称校考使；又以给事中、中书舍人各一人监内外官考，称之为监考使。唐明宗以前是否有此设置，史无记载。唐明宗时沿袭唐制，规定"自今后省校之时，伏请中书门下选差清望官两员，监校内外官员考课，便同点校申奏"，并明确规定"以为永制"。[①]说明后唐亦有监考使的设置。从史籍记载看，后唐以后各朝也多有以他官权判考课之事，相当于唐代的校考使，监考使也未见不再设置的记载，可见五代各朝在这个方面因袭唐制，并未有大的变化。在唐代，宰相、三品以上京官及藩帅的考课，由皇帝亲自或另派人审校，称之为内校。[②]五代时期对这一类高官的考课，从前引卢文纪的奏章看，将相要由皇帝亲自根据考课结果以定其奖赏黜陟，这些都和唐制没有多大的区别。

唐代考课等级共分9等，每个等级都有相应标准，即有所谓"四善""二十七最"。[③]五代时期仍沿袭唐制，唐明宗天成时规定：

> 一最已上有四善为上上。一最已上有三善，或无最而有四善为上中。一最已上有二善，或无最而有三善为上下。一最已上有一善，或无最而有二善为中上。一最已上，或无最而有一善为中中。职事粗理，善最不闻为中下。爱憎任情，处断乖理为下上。背公向私，职事废阙为下中。居官谄诈，及贪浊有状之类为下下。若于善最之外，别有可嘉，及罪虽成殿而情状可矜，或虽不成殿而情状可责者，省校之日，皆听考官临时详定。

[①] 《五代会要》卷一五《考功》，第249页。
[②] 《唐会要》卷八一《考上》，第1784页。
[③] 详见《唐六典》卷二《考功郎中》，第42—43页。

所有这些规定都是沿袭唐制，没有丝毫改动。但后唐并不一味地抄袭唐制，根据当时的具体情况，也制定了一些相应的规定，如"应申校内外官寮考课，如有过犯，便降书下考。如在任之日，于常课之外，别有异绩可称，比之上下考"。这是由于当时吏治败坏，故制定此规定，以示奖惩。由于自唐末以来，中央集权遭到严重削弱，藩镇及府州多不遵守朝廷制度，在京诸司也不严格按格令办事，所以此次又特别规定："如诸道州府及在京诸司故违格例，不具录在任事绩功过，依限比较，申牒到省，其本判官并录事参军，及在京诸司，并请准前殿罚。"①

后唐以来诸朝在考课标准方面，大体仍沿袭了这些规定，只是在某些具体内容上，各朝或多或少地增添了一些考核条件，主要是针对州县亲民之官而制定的。在后唐天成时规定："其前任有犯私罪，断在今任者，同见任法。即改任，应计前任日为考者，功过并附。"②长兴四年又规定：

> 诸使府两税征科，详断刑狱，校官吏考课，合是观察判官专判。其一州诸县征官纠辖提举，合是录事参军本职。今后观察判官、录事参军，校量所属州县官吏，据每年征科程限，刑狱断遣，户口（增）减，据州县申报，子细磨勘诣实，然后于本官牒内据事件收竖。如官吏考课，一一事实，其判官、录事参军候考满日并与酬奖，别加职任，如考课不实，亦行殿罚，如有水旱灾伤处，许奏听敕旨。从之。③

后汉时又规定：

> 诸州府长吏劝课农桑，随户人力，胜栽莳桑枣，小户岁十本至二十本，中户三十至四十，大户五十至一百，如能广栽不

---

① 以上见《五代会要》卷一五《考功》，第246、249页。
② 《五代会要》卷一五《考功》，第246页。
③ 《册府元龟》卷六三六《铨选部·考课二》，第7635页。括号内字为笔者所补。

第三章 考课制度

限，本数种讫，本县令佐亲省之，计数，得替时交与受代者，仍于历子内批书，省司以为考课。①

对于地方官员考课的此类规定，历朝皆大同小异，就不再多说了。

对流外官的考课标准与职事官不同，唐明宗时考功司奏请说："应诸司诸流外职掌人等，准令本司量其行能功过，立四等考第而勉进之。今伏请准新定格内条件内，逐年依限投状，各具在职功过，书校考第，检勘录奏。"②对流外官的这个四等标准，也是沿袭唐制，具体条件是："清谨勤公为上，执事无私为中，不勤其职为下，贪浊有状为下下。"③此后各朝未见对这个标准进行过修订，可能一直执行下来了。

历代对官员进行考课的目的，当然是澄清吏治，奖勤罚贪，这是不言而喻的。五代为达到这个目的，除了通过以上标准定出考课等级外，各朝也都对此颁布了一些赏罚措施，所谓"诸色选人使上考减选，其下考并合殿选"④。此外，还针对地方官员制定了奖罚办法。如后唐清泰二年四月，宰臣张延朗奏：

"州县官征科赏罚，例县令、录事参军正官，一年依限征科了绝加阶，二年依限与试衔，三年总及限与服色。如摄令一年内了绝，仍摄二年，三年内总及限，与真命。主簿一年、二年，如县令条，三年总了，别任使。本判官一年加阶，二年改试衔，三年转官。本曹官省限内了绝，与试衔转官。诸节级三年内总了绝，与赏钱三十千。其赏罚依天成四年五月五日敕。"从之。⑤

---

① 《册府元龟》卷六三六《铨选部·考课二》，第7636页。
② 《五代会要》卷一五《考功》，第249—250页。
③ 《新唐书》卷四六《百官志一》，第1192页。
④ 《五代会要》卷一五《考功》，第250页。
⑤ 《册府元龟》卷六三六《铨选部·考课二》，第7635页。

晋出帝开运元年诏曰：

>……应天下诸州各以系省钱谷，秋夏征科为帐籍，一季一奏，一年赋税及限，更委在任一年，次年又不稽逋，听三周年为满，三年皆得办事，即与别议陟迁。如或才到任所，课绩不前，亦当即时罢替，其间灾沴之地，须明具敷陈审其虚真，别有处分。……①

五代时期采用较多的奖励办法还是减选，如晋出帝天福八年规定：诸道州府令佐根据其所管辖区域的户口的增添情况，分别给予减选或加阶的奖励。②其他王朝也多采取这种办法，来鼓励地方官员招抚流亡，增加户口，只是具体办法稍有差异而已。③这是因为这一时期北方户口比之唐代大幅度地下降，致使劳动力锐减，不仅严重地影响了农业生产的恢复，而且直接导致了政府赋税收入大为减少。这种办法和唐代相比也有很大的不同，据《通典》卷一五《选举典三》载：

>诸州县官人，抚育有方，户口增益者，各准见户为十分论，每加一分，刺史、县令各进考一等。其州户口不满五千，县户不满五百者，各准五千、五百户法为分。若抚养乖方，户口减损者，各准增户法，亦每减一分降一等。其劝课农田能使丰殖者，亦准见地为十分论，每加二分，各进考一等。其有不加劝课以致减损者，每损一分，降考一等。

唐代对地方官员制定的这种奖罚措施，远不如五代所采取的办法来得更直接，也明显不如五代的办法奖励力度大。有关五代采用升降考等进行奖惩的史料，至今尚未见到一条。出现这种状况，除了史料散佚的原因

---

① 《册府元龟》卷六三六《铨选部·考课二》，第7636页。
② 《册府元龟》卷六三四《铨选部·条制六》，第7600页。
③ 《册府元龟》卷六三四《铨选部·条制六》周太祖广顺元年九月敕，第7607页。

外，恐怕也与其很少采用这种办法有关。可见由于所处的时代不同，在考课方面历朝所采取的办法也不相同。此外，从后晋、后汉所采取的上述办法看，只有奖励却没有惩罚的规定，也是一个值得注意的现象。之所以如此，是因为五代时期考课制度执行得很不严格（详情后述），所以很难对官员进行惩罚。唐代规定凡得中上以上考者，每进一等加禄一季，中中考可以保持本禄，中下以下考，每退一等，便要夺禄一季了。另外五品以下官，在任期间，数考皆中中者便可以进一阶，其中有一考为中上可以再进一阶，有一考上下，则再进两阶。五代既然没有很认真地进行考课，自然就无法采用这个办法，不如索性规定增添户口、赋税多少，便给其减选、加阶或迁转官职，来得更为直接。即使由于考核不严，户口赋税的增长达不到规定标准，能多少增加一些也总是好事。

　　唐代根据考课结果，早在贞观时就制定了一个所谓进阶法，即官员考满后，据其所获考等的高下，来确定其是否进阶。同时对升迁官职也规定了相应的考数，比如对于六品以下官员，要升为五品，必须累加够十六考，累加到三十考，才有资格进入三品。[①]五代时期未见诸如此类的记载，但这并不能说五代没有这方面的规定。如后唐长兴二年，诸道奏："荐州县官前衔内，有赐紫金鱼袋者。奉长兴元年九月十七日敕：'州县官若循常例，十六考方得叙绯。倘或已佩金章，固难却为令录，必若藉其才器，则可别任职资，须协通规，免逾定制。'宜令今后诸道州府，不得以著紫官员奏荐为州县官者。"[②]所谓"州县官若循常例，十六考方得叙绯"一句，指的就是唐朝的旧规，因为按照唐制，五品以上官服色为绯，三品以上方得佩金紫。由于赐金紫的州县官，品阶已高，再荐为州县官颇有些不伦不类，所以这才规定这类人不得再被任命为州县官。从这里也可以看出，五代时期赐绯、赐金紫之滥。再如这年七月，还制定了一条规定："兼州县官其间书得十六考者，准格叙加朝散阶，仍自此准出选门例处分；如不书得十六考，虽过朝散阶，不在此

[①]《唐会要》卷八一《阶》，第1769页。
[②]《五代会要》卷一九《县令上》，第317页。

例。"①朝散大夫，从五品。州县官如果达到了十六考，准格当升至朝散阶，铨选时可以按照这个品阶授官；如果达不到十六考，即使已经过了朝散阶，铨选时也不能照此办理。后晋天福二年正月敕："其唐朝宗属中旧在朝及诸道为官者，各据资历，考限满日，从品秩序迁；已有出身，任令参选。"②这里所说的"唐朝"，指后唐王朝。周显德元年正月敕："今后升朝官，四任以上著绿，十五周年者与赐绯。凡州县官历任内曾经五度参选者，虽未及十六考，与授朝散大夫阶，年七十已上合授优散官者并赐绯。非时特恩，不拘此例。"③通过这些零散的记载，可以明确地看出，五代各朝对官员的升迁确实有一整套的规定，只是由于史料散佚，详细完整的记载无法见到罢了。

三、考牒与出给时间

五代时期，每年考课结束以后，要将所确定的考课等级，由尚书省以考牒的形式下发给所在部门或地方官府，作为官员参加铨选或升迁的依据。通常是京官发给本人，地方官由朝集使带回，再转发给本人。唐明宗时规定：

> 其有已前罢任官员，不计年限考第，未经省校者，如有州府及本司考词考牒全备者，欲据在任年月日检勘，省司给与牒知。如在任之时，州府及本司向来元不曾书校给牒，只于解由历子内，批出考数者，欲与检勘，解由历子内，不坚过犯，称在任日并无公事遗阙，证验分明，亦据在官年月日，给与牒知。如检勘无凭者，不在给牒之限。④

---

① 《五代会要》卷二二《吏曹裁制》，第351页。
② 《五代会要》卷五《二王三恪》，第85页。
③ 《五代会要》卷六《内外官章服》，第105页。
④ 《五代会要》卷一五《考功》，第248页。

第三章 考课制度

这是针对天成以前，未严格考课之制时而做出的规定，因为那时不少州府并未给官员发放考牒，要求官员在参加铨选时出具考牒自然无法做到，所以先从补发考牒入手进行整顿。从这时起，选人参加铨选，便须出具省司下发的考牒。即"其今年各准格赴集选人，便合请给省校考牒，直至南曹受纳告敕已前，并许经所司投状检勘出给"[①]。后唐时还规定，考牒必须当年内请求出给，"如隔年者，不在行使之限。如或实有事故，次年内请给。自今后当年奏下敕考，许至来年内请给。如更违格限，请一年与殿一选。如至三年外不请给者，所司不在出给之限"。[②]所谓有"事故"，即有特殊原因可以次年请给，但实际上如果官员违限而没有请给考牒，要找一个理由是比较容易的，所以后唐索性规定允许次年请给，如再违限便要受处罚了。这就是其一面强调"如隔年者，不在行使之限"，另一面又允许于次年请给的原因，这样做势必造成当年请给考牒的规定形同具文。后唐对官员姑息，立法不严的情况，由此可见一斑。需要指出的是，五代时期所规定的考牒必须当年请求出给，是指省司校考完毕的当年，而不是被考课者投状的当年。后周时对请给考牒的期限再一次予以强调，广顺二年敕曰："其省校考牒，如是奏下后满三年不请给考牒者，宜令考功准先降敕文，不在出给之限。"[③]可见所谓省校考牒，实际上仍是由吏部考功司负责审校并颁发的。之所以"奏下后满三年"不再出给，是因为这时已到了大考的时间，如再补发小考考牒，当然是不合时宜的。在这时官员任期已满，需要参加铨选，如果不能及时拿到考牒，则不能参加铨选，也就不可能得到新一任官职了。

周显德五年对这一规定做了进一步修订，具体内容如下：

> 逐年起六月一日后，正身于所司投状，请申校劳考。省司据状，却牒本司勘会补奏年月日。敕甲头姓名，见主掌案分公事，牒报省司，将元状检勘同，即与准例申校。仍自此后，

---

① 《五代会要》卷一五《考功》，第248页。
② 《五代会要》卷一五《考功》，第248—249页。
③ 《五代会要》卷一五《考功》，第250页。

须逐年九月已前校奏了毕，不在更与隔年并书之限。其考牒本无（绫）纸书写敕例，今后每年奏下，逐人给省牒一纸，使大张纸书及，并年都给限，据省校勘，敕下考牒，方许计考。如书校之日，有公事在外差出，即本司杂事，须具在职功过及出外事由，牒报考功，不得有妨逐年考校。如不与申牒，其杂事令史量情科决，仍殿一选。如无故自不经省投状请奏校，不在论诉之限者，当司缘敕促期限，虑恐校考迟违，今后应合校考人，请起自五月一日投状，限十日毕，至七月三十日已前校奏，余依元格施行。①

从大的方面来看，此次变动主要表现在如下几个方面：一是以前省司校考后，没有做到考牒每人一纸，自此以后规定每人每年一纸，得到考牒者，"方许计考"。二是书校之日，如果有人因公外出，由其所在部门杂事令史负责将其"在职功过及出外事由，牒报考功"，不能妨碍当年的考校工作。如果不能及时申报，影响了当年的校考，杂事令史量情处罚，本人"仍殿一选"。今后无故不向省司投状者，不再在论诉之限。三是将被考课人每年投状申考的时间由六月一日，提前到五月一日，限10日内投状完毕。将诸道、诸司每年校定并申报考簿的时间，改为七月三十日。总之，五代时期的考课制度至周世宗统治时期，更加严格、完善，对被考课者的投状申报和诸道、诸司报送考簿，都有较严格的时间限制，这样就可以在一定程度上保证考课工作比较顺利地进行。

唐朝规定考牒要用绫纸书写，与告身一样，凡得中上考以上的官员要交纳绫纸朱胶钱。通常要交钱1000文，主司除了用这笔钱来买笔墨、绫纸、朱胶等物外，还用来放贷以生息。唐德宗贞元元年（785），一度免去了这项费用，至唐宣宗大中六年（852）又予以恢复，规定"其得殊考者出一千文，上考者出五百文"。②所谓殊考，指上中考以上；上

---

① 《五代会要》卷一五《考功》，第251—252页。括号内字，据《册府元龟》卷六三六《铨选部·考课二》补，第7638页。
② 《唐会要》卷八一《考上》，第1780页；《唐会要》卷八二《考下》，第1789页。

考，指上下考、中上考。五代是否对考牒收费，史书缺载，但其对新官领取告身时是要收绫纸钱的。周显德五年规定："其考牒本无绫纸书写敕例，今后每年奏下，逐人给省牒一纸，使大张纸书，不在（再）使绫纸。"①既然不再用绫纸书写，自然也就不交绫纸朱胶钱了。这就说明在显德五年以前，考牒也是用绫纸书写的，既然用了绫纸，告身使用绫纸要交费，考牒似不应例外。

四、结语

五代时期虽然制定了考课制度，但未能很好地执行，后梁时期的情况如何，史书未见记载，其他各朝大都没有认真执行。李存勖任晋王时，宠臣卢汝弼专权，"由是除补之命，皆出汝弼之手。既而畿内官吏，考课议拟，奔走盈门，颇以贿赂闻，士论少之"。②李存勖即皇帝位后，也没有很认真地整顿考课制度。唐明宗即位后，曾一度参照唐制，制定了较完善的考课制度，由于自唐末以来的不良积习根深蒂固，尽管明宗本人曾敦促严格考课，仍不能根除这种积习。如天成元年，礼部侍郎裴皞上言："诸州刺史经三考方请替移。"诏曰："有政声者就加恩泽，无课最者即便替移。"③又如天成四年，御史台奏："主簿朱颖是前中丞奏请，合随厅罢任。"诏曰："主簿既为正秩，况入选门，显自朝恩，合终考限，宜令仍旧守官。"④从这些情况看，凡是唐明宗经手的事大都能按制度的规定处理，但是从其统治时期的总体情况来看，便不是一回事了。据《旧五代史·明宗纪三》载：天成元年，"吏部侍郎卢文纪上言：'请内外文武臣僚，每岁有司明定考校，将相乞回御笔，以行黜陟，疏下中书门下商量，宰臣奏请施行。'从之。"然另据《新五代史·卢文纪传》载："又请悉复中外官校考法，将相天子自书之，诏虽施

---

① 《册府元龟》卷六三六《铨选部·考课二》，第7638页。
② 《旧五代史》卷六〇《卢汝弼传》，第809页。
③ 《旧五代史》卷三七《唐明宗纪三》，第513页。
④ 《旧五代史》卷四〇《唐明宗纪六》，第553页。

行，而官卒不考。"可见虽然明宗赞同此事，却并没有认真实行。

因为明宗时期没有能认真落实考课制度，所以到唐末帝清泰二年又有人提出了这个问题。这年九月，尚书考功上言：

> "今年五月中，翰林学士程逊所上封事内，请自宰相、百执事、外镇节度使、刺史，应系公事官，逐年书考，校其优劣。以前件考课，究寻台阁，深远岁年，若议兴行，宜凭往制，具由中书门下宰臣判。设官分职，各有所司，本司自合将条格故实详参，更简寻远敕条奏，定为悠久，缘本司公事，遂简寻《唐书》、《六典》、《会要》、《考课令》，书考第。"从之。①

这次吏部考功司重新检定唐代有关考课格令，确定了内外官员考第，可见明宗时所制定的考课办法并没有认真落实。那么这次的情况又如何呢？据载："自天宝末，权置使务已后，庶事因循，尚书诸司，渐致有名无实，废坠已久，未知凭何督责。程逊所上，亦未详本源，其时所司虽有举明，大都诸官亦无考较之事。"②可见仍未认真执行。

此后各朝情况与后唐大同小异，如晋天福二年敕："外官内官陈力实关于共理，或出或处，藉才难执于常规，近睹朝臣偶除外任，三年替罢之后，再来拟官之时，不计新职之勤劳，唯循旧官之资历，比藉干济，翻成滞淹"云云。③说明循资迁转仍然是当时的主要做法，而不计课绩之优劣。再如汉隐帝乾祐三年（950）敕："……迩来论课绩者甚多，较虚实则未当，外州批上历子，南曹磨勘解由，空收招到编民，莫见新添税额，盖有拆居耕种，各立户名，或是避税逃移，并未归业。所以虚添农户，无益官租，考课涉名，未尽其善。"④可见后汉时期对

---

① 《册府元龟》卷六三六《铨选部·考课二》，第7635页。
② 《旧五代史》卷一四九《职官志》，第1999页。
③ 《册府元龟》卷六三六《铨选部·考课二》，第7635页。
④ 《册府元龟》卷六三六《铨选部·考课二》，第7636—7637页。

第三章 考课制度

地方官的考课也是有名无实。通观整个五代唯周世宗统治时期，由于进行了较全面的改革，加之世宗作风雷厉风行，对吏治要求颇严，故考课制度一度步入正轨，然这时已进入五代末期，其统治不久就被北宋所取代了。

五代时期考课制度虽然在执行中存在这样那样的问题，但并非纯为具文，完全没有执行，只是落实不够认真罢了。从新旧《五代史》列传所记载的情况看，因为考优而得以升迁者还是大有人在的。如孙彦韬，汴州浚仪人，少以勇力应募从军。曾在后梁、后唐两朝历任将校及州刺史，"天成初，迁绵州刺史、检校尚书左仆射，至郡逾年，以考课见称，就加检校司空。长兴、清泰中，历密、沂、濮三州刺史，累官至检校太保，赐竭忠建策兴复功臣。"[①]可见即使在考课不十分严格的后唐时期，每年对地方官的考课仍在进行之中。

此外，南方各国亦有考课制度，据载："江南有国日，有县令钟离君，与邻县令许君结姻。钟离女将出适，买一婢以从嫁。"后发现此婢举止异常，经询问，"婢曰：'我父乃两考前县令也，身死家破，我遂流落民间，而更卖为婢。'"[②]又据记载：周彬，世为庐陵禾川人。南唐时曾在本县任县令，"将解，邑中耆艾缁黄辈数百人，诣郡上疏举留，遂连任七考"。[③]这里所谓2考、7考，是指其担任过2年、7年县令。另据记载：康仁杰南唐时，"授鄂州文学，补溧阳簿。考满，出吉州，括量屯田。"[④]舒雅，南唐时"守舒州。……考满，以本官掌灵仙观。"[⑤]所谓"考满"，即考限已满。所有这些史料均可证明南唐是有考课制度的。前蜀武成元年（908）颁布的大赦中有这样的记载："但曾经赴任委，不败官，不犯刑章，又无赃污，告敕圆备，考课分明，便仰依资注

---

① 《旧五代史》卷九四《孙彦韬传》，第1254页。
② 《东轩笔录》卷一二，第138页。
③ 《江南野史》卷七《周彬》，第5204页。
④ 〔宋〕马令：《南唐书》卷一四《康仁杰传》，第5356页。
⑤ 〔宋〕马令：《南唐书》卷二二《舒雅传》，第5401页。

官，铨司不得稽滞。"①《十国春秋·贾郁传》载："已而改福清，满考，召为御史中丞。"②这些史料说明前蜀、闽等国也都有考课制度。只是由于十国的相关史料实在太少，其考课制度的具体情况尚无法搞清楚。

---

① 《锦里耆旧传》卷二，第6030页。
② 《十国春秋》卷九六闽《贾郁传》，第1389页。

第四章

职官制度

五代十国时期的职官制度虽沿袭唐制，但变化较大，除了新增一些机构与职官外，一些旧有的职官性质和职能也发生了较大的变化，因此对这些职官进行研究便显得十分必要。这种研究不仅有助于探讨唐五代时期职官制度的变化，对整个中国古代官制的研究也有一定的助益。由于五代十国的职官制度基本沿袭唐制，所以本章只涉及其新置或有所变化的机构与职官，并不包括整个职官制度。

一、枢密院与枢密使

自从唐代设置枢密使一职以来，到五代时期其权力空前膨胀。清代学者王鸣盛说："三省长官皆宰相，而唐偏以同平章事充之，后又移其权于翰林学士，五代又移其权于枢密使"，"若五代则又必以兼枢密者方为有相权"。[①]有关这种权力转移的研究，对了解中国中古时期中枢机构的变化有着比较重要的意义。

（一）枢密院机构及其性质

枢密使一职源于唐代宗永泰中所置的掌枢密之职，当时就以宦官充任，不置厅署，"其职掌惟承受表奏于内中进呈，若人主有所处分，则宣付中书门下施行而已"。[②]《册府元龟》卷六六五《内臣部·总序》载："宪宗元和中，始置枢密使。"注云："刘光琦、梁守谦皆为之"，其实是错误的。《资治通鉴》卷二三七唐宪宗元和元年八月条载，刘光琦任"知枢密"。《梁守谦墓志铭》说他元和四年"总枢密之任"。[③]可见他们两人并非同时任枢密之职，也未称使。根据《资治通鉴》等有关史书记载，枢密使之名的出现应在长庆三年（823）至宝历二

---

① 《十七史商榷》卷九五《郭崇韬安重诲皆枢密兼节度》，第1394、1393页。
② 《文献通考》卷五八《职官考十二》，第1713页。
③ 周绍良、赵超：《唐代墓志汇编》大和012，上海古籍出版社，1992年，第2103页。

年（826），并同时设置了两人。僖宗、昭宗时期，枢密使宦官"杨复恭、西门季元欲夺宰相权，乃于堂状后帖黄，指挥公事，此其始也"。①梁开平元年，鉴于唐代宦官专权之弊，改枢密院为崇政院，用士人为使。后唐同光元年复改为枢密院。晋天福四年，一度废去枢密院，至开运元年，又再度恢复，此后常置不废。

五代枢密院机构的完善有一个循序渐进的过程。开平元年的崇政院，只置崇政院使1员、判官1员，后又增置副使1员。次年，才置崇政院直学士2员，"选有政术、文学者为之"，不久改为直崇政院。②后唐恢复枢密院之称后，置枢密使2员、直院1员，后唐明宗时期，安重诲任枢密使，四方书奏，多令其读之，由于"不晓文义"，于是孔循献议，始置端明殿学士，以备顾问，以翰林学士冯道、赵凤为之，"盖枢密院职事官也"。并且规定"今后如有转改，仍只于翰林学士内选任"。③另据《文献通考》卷五八《职官考一二》载：五代枢密院还置有参知枢密院事、枢密院都承旨、副承旨等职，其中后两种职官以诸卫将军充任。又置枢密主事若干员。银台司亦为枢密院所属机构，掌封驳，"下寺监皆行札子，寺监具申状，虽三司亦言'上银台'"④。另外，枢密使还可以随时抽调他司官员以本官到院任事，主要是抽调一些文臣到枢密院任直学士，这种做法始于后梁，当时便设置了崇政院直学士。史载："故事，直学士职虽清，而承领文书，参掌庶务，与判官无异。"⑤从唐明宗时起，枢密直学士的职能开始增多了，备皇帝顾问，可可值宿于宫中，每月向史馆录送诏书奏对，参与国事谋议等。⑥可见枢密直学士的权力与地位是逐渐得到提高的，同时也是枢密院权力进一步加强的表现。关于

---

① 《文献通考》卷五八《职官考十二》，第1713页。
② 《五代会要》卷二四《枢密使》，第377页。
③ 《文献通考》卷五八《职官考十二》，第1714页；《旧五代史》卷一四九《职官志》，第1997页。
④ 〔宋〕沈括：《梦溪笔谈》卷一《故事一》，中华书局，2015年，第5—6页。
⑤ 《新五代史》卷五六《史圭传》，第649页。
⑥ 樊文礼：《五代的枢密直学士》，《烟台师范学院学报》（哲学社会科学版）2003年第4期，第42—43页。

五代何时置枢密厅署，史书缺载，难以考知确切时间，从后唐枢密院职官设置的完善程度看，那时应有厅署。后周立国不久，枢密使"（王）峻于枢密院起厅事，极其华侈"。太祖郭威问道："枢密院屋不少，卿亦何必有作？"①据此看来，枢密院早在后周之前已有厅署，而且规模不小。通过上面的简单叙述，可以看出枢密院虽设于唐代，其机构的发展和完善却在五代时期，而机构的完善则是其成为国家最高权力机关的基本条件，否则是难以应付和处理烦冗的军国大事的。

关于枢密院何时成为最高决策机关，有人认为后梁"崇政使有公署和属官，名为出纳王命，实际上成为决策机关"②。这种看法是欠妥的，唐朝置枢密使，"使之掌机密文书，如汉之中书谒者令是也"③。到僖、昭二朝时，其"挠权乱政"，为害甚大。后梁惩唐弊不用宦官，改用士人为使，当然不会允许故态重演。欧阳修说："予读梁宣底，见敬翔、李振为崇政院使，凡承上之旨，宣之宰相而奉行之。宰相有非其见时而事当上决者，与其被旨而有所复请者，则具记事而入，因崇政使闻，得旨则复宣而出之。梁之崇政使，乃唐枢密之职，盖出纳之任也。"④马端临也认为，后梁之崇政使"其备顾问、参谋议于中则有之，未始专行事于外也。"⑤此类记载还很多，《梦溪笔谈》《资治通鉴》都有与此相同的记载。后梁任崇政使者唯敬翔、李振两人，从有关他们的史料看，还未见到其总揽大政、发号施令的记载，不过"专行密命"而已。⑥可见此时的崇政院还未成为最高决策机关。从现有的史料看，枢密使权力的膨胀是在后唐时期。据载："至后唐而复枢密院，郭崇韬、安重诲相继领其事，皆腹心大臣，则是宰相之外复有宰相，三省之外复有一省矣。"⑦

---

① 《新五代史》卷五〇《王峻传》，第565页。
② 陶懋炳：《五代史略》，人民出版社，1985年，第108页。
③ 《文献通考》卷五八《职官考十二》，第1715页。
④ 《新五代史》卷二四《安重诲传》，第257页。
⑤ 《文献通考》卷五八《职官考十二》，第1713页。
⑥ 《梦溪笔谈》卷一《故事一》，第4页。
⑦ 《文献通考》卷五八《职官考十二》，第1715页。

宋人沈括也说："至后唐庄宗，复枢密使，使郭崇韬、安重诲为之，始分领政事，不关由中书直行下者，谓之'宣'，如中书之敕。小事则发头子，拟堂帖也。"① 郭崇韬任枢密使是在庄宗同光元年，位极人臣，权倾中外，"自宰相豆卢革、韦悦等皆倾附之"。② 胡三省也认为："然自后唐同光以来，枢密使任事，丞相取充位而已。"③ 据此可以断定枢密院成为最高决策机关，应在后唐同光年间。上述各书之所以将郭、安二人并列叙述，是因为安重诲任枢密使时，增设端明殿学士为枢密院职事官，使其职能更加完善。安重诲在天成元年任枢密使。可以下这样的结论：同光元年到天成元年这4年间是枢密院成为中央决策机关，机构和职能逐渐发展完善的时期，大致是对的。

唐代枢密院为内朝机构，故其长官由宦官担任。五代时期仍然保留了这种性质，如梁乾化二年，朱友珪弑梁太祖而自立为帝，这年九月"友珪以兵部尚书、知崇政院事敬翔，太祖腹心，恐其不利于己，欲解其内职，恐失人望。庚午，以翔为中书侍郎、同平章事。壬申，以户部尚书李振充崇政院使。"胡三省注曰："内职，谓知崇政院事。"④ 可见崇政院仍保留着内朝性质。后唐时枢密院虽已成为中央最高决策机关，属外朝机构，然仍具有一些内朝机构的因素。除了处理军国大事外，还负责处理宫中许多事务，连宫中的日常用度也归其管理。如安重诲任枢密使时，"宫中须索稍逾常度，重诲辄执奏，由是非分之求殆绝"。安重诲死后，范延光、赵延寿为枢密使，为了巩固个人权位，不再干涉宫中用度，"至是，（孟）汉琼直以中宫之命取府库物，不复关由枢密院及三司，亦无文书，所取不可胜纪。"⑤ 即是一例。其实早在郭崇韬任枢密使时，就曾上奏后唐庄宗，"又请分枢密院事归内诸司以轻其权"⑥。

---

① 《梦溪笔谈》卷一《故事一》，第4页。
② 《新五代史》卷二四《郭崇韬传》，第251页。
③ 《资治通鉴》卷二八九，后汉隐帝乾祐三年十二月胡注，第9449页。
④ 《资治通鉴》卷二六八，后梁太祖乾化二年九月，第8761—8762页。
⑤ 《资治通鉴》卷二七七，后唐明宗长兴二年五月，第9059页。
⑥ 《资治通鉴》卷二七三，后唐庄宗同光二年二月，第8915页。

内诸司即内廷诸机构，可见枢密院的确总揽了不少内廷事务。归权于内诸司，表明其毕竟不是内朝机构。后晋高祖废枢密院后，"以印付中书，院事皆委宰相分判"。①亦可证明枢密院主要为外朝性质机构。后唐恢复枢密院之后，一度曾用宦官张居翰任枢密使，与郭崇韬并列。后晋时期，宰相桑维翰、李崧兼枢密使，"宣徽使刘处让及宦官皆不悦"。②这些人为桑维翰和李崧任宰相并兼枢密使而不悦，是因为枢密院毕竟还保留内朝机构的一些性质，宦官有可能任枢密使而没有当上。不过此时的枢密院性质毕竟不同于唐代，自张居翰以后，马绍宏也曾短暂地充任过此职，此后再无宦官充任过枢密使。关于枢密使性质的资料还有很多，如唐朝旧制，使臣出使四方，皆由户部发给证件，称之为"馆券"，后唐时，"安重诲请从内出"。胡三省解释说，"请从内出，则枢密院得专其事"。③郭崇韬任枢密使，"权兼内外"，④所谓"内外"即指内外朝。这是枢密院兼具内外机构双重性质的很好说明。这种双重性质，入宋以后仍相沿未变。

（二）枢密使的权力与地位

这里所说的枢密使之权力，不是指五代中某一王朝或某一个枢密使的权力，而且指整个五代时期这个执政集团的权力。

唐初相权分别体现在三省之中，三省制度的核心问题是决策、审议与执行，三权分立，互相制约。三省长官形成执政核心集团，共同管理国家大政，行使国家的中枢机能。中唐以后，这种体制遭到破坏，形成了宰相与神策中尉、枢密使共同决策的二元体制，尽管如此，宰相作为中枢机构中的一方仍然拥有较大的权力。五代一变唐制，由枢密使个人负责，权力高度集中。就其地位而言，不仅高高凌驾于宰相之上，而且超过唐代之相权，所谓"枢密使皆天子腹心之臣，日与议军国大事"，

---

① 《资治通鉴》卷二八二，后晋高祖天福四年四月，第9201页。
② 《资治通鉴》卷二八一，后晋高祖天福三年十月，第9192页。
③ 《资治通鉴》卷二七五，后唐明宗天成二年五月及胡注，第9006页。
④ 《资治通鉴》卷二七二，后唐庄宗同光元年十月，第8902页。

"凡中书除官，诸司奏事"，"秉政赏罚"，[1]皆由其掌之，"宰相受成命，行制敕，讲典故、治文事而已"。[2]五代枢密使位尊权重，凡其决策，无人敢于封驳，致使审议之制形同虚设。为了更深一步地分析问题，分如下几个方面论述：

1.枢密使与人事权

唐代宰相虽有任官权，但时常受到皇帝的限制，而且重要大臣的任免，皇帝往往直接过问。五代枢密使则独揽人事大权，剥夺了宰相的人事权。如郭崇韬任枢密使时，"颇亦荐引人物，（宰相）豆卢革受成而已，无所裁正"。[3]后晋枢密使冯玉"尝有疾在家，帝谓诸宰相曰：'自刺史以上，俟冯玉出乃得除'。"[4]再如后汉杨邠任枢密使时，"凡中书除官，诸司奏事，帝皆委邠斟酌。自是三相拱手，政事尽决于邠。事有未更邠所可否者，莫敢施行，遂成凝滞。三相每进拟用人，苟不出邠意，虽簿、尉亦不之与"。[5]冯道曾说过："吾三入相，每不及前，以擢任亲故知之。初入能用至丞郎，再入能用至遗补，三入不过州县，是宰相之权日轻也"。[6]冯道事四朝十君，他的话很能反映各朝相权日益削弱的情况。事还不止于此，连宰相的任免也往往操于枢密使之手。如崔协人号"没字碑"，由于安重诲赏识，被任为宰相。而宰相任圜为安重诲所恶，竟遭杀害。[7]五代枢密使出于某种需要，往往随意创设机构。郭崇韬早年与马绍宏同为中门使，马地位高于郭。后唐建立后，二人当为枢密使，郭不欲马在己上，乃以张居翰为枢密使，为了安抚马，"崇韬因置内勾使，以绍宏领之。凡天下钱谷出入于租庸者，皆经内勾"。[8]致使

---

[1] 分见《文献通考》卷五〇《职官考四》，第1423页；《资治通鉴》卷二八八，后汉高祖乾祐元年四月，第9392页。
[2] 《资治通鉴》卷二八二，后晋高祖天福四年四月，第9201页。
[3] 《资治通鉴》卷二七二，后唐庄宗同光元年十月，第8902页。
[4] 《资治通鉴》卷二八五，后晋齐王开运二年八月，第9296页。
[5] 《资治通鉴》卷二八八，后汉高祖乾祐元年四月，第9392页。
[6] 〔宋〕陶宗仪编：《说郛》，大象出版社，2019年，第102页。
[7] 《新五代史》卷二八《任圜传》，第307页。
[8] 《新五代史》卷二四《郭崇韬传》，第247页。

机构重叠，文簿繁多，不久又罢去。皇帝用人往往也受制于枢密使，后汉"太后弟武德使李业求为宣徽使，隐帝与太后重违之。私访于（杨）邠"，邠以为不可。①后唐明宗欲择一重镇，安置华温琪，屡言于安重诲，其均以无阙而拒绝之。②对于藩镇调动和任免，枢密使拥有直接权力，并无须颁布制敕。后唐清泰元年，枢密使朱弘昭、冯赟调成德节度使范延光为天雄节度使，徙潞王李从珂为河东节度使，河东节度使石敬瑭为成德节度使。"皆不降制书，但各遣使臣持宣（枢密院文书）监送赴镇"③。后汉枢密使郭威率师讨李守贞等叛镇，班师时路经洛阳，洛阳留守、同平章事、静难节度使"（王）守恩以使相自处，肩舆出迎"。郭威怒其无礼，当日以头子命保义节度使、同平章事白文珂代守恩为留守。"若文珂、守恩皆位兼将相，汉大臣也，而周太祖（郭威）以一枢密使头子易置之，如更戍卒"。所谓头子，即枢密使所颁发的文书。对此情况，欧阳修评论说："盖其习为常事，故特发于喜怒颐指之间，而文珂不敢违，守恩不得拒。太祖既处之不疑，而汉廷君臣亦置而不问，其上下安然而不怪者，岂非朝廷法制纲纪坏乱相乘，其来也远，既极而至于此欤！"④可见枢密使之权重由来已久，易相置将已为常事。此外，枢密使还控制了铨选之事，郭崇韬因告身滥伪，大加涂毁，致使选人号哭于都门之外。⑤后周枢密使王峻因亲故不第，诬说选士不公，"当须覆试"，并欲将知贡举赵上交贬为商州司马。⑥

2.枢密使与军权

五代枢密使军权之重，为历代宰相所难比拟，当时人称枢密使或曰"执政"，或曰"将"。凡有关军事的一切事务都有权过问，无论中央

---

① 《旧五代史》卷一〇七《杨邠传》，第1409页。
② 《资治通鉴》卷二七六，后唐明宗天成三年二月，第9014页。
③ 《资治通鉴》卷二七九，后唐潞王清泰元年二月，第9104页。
④ 以上均见《新五代史》卷四六《王建立传》，第513—514页。
⑤ 《旧五代史》卷六七《韦说传》，第885页。
⑥ 《旧五代史》卷一三〇《王峻传》，第1714页；《宋史》卷二六二《赵上交传》，第9067页。

禁军还是方镇之兵都有权调动。许多枢密使还兼任一镇或数镇节度使，直接控制这些地方的军队。如郭崇韬曾兼领成德军节度使，镇、冀、深、赵等州观察处置使等，后周王峻曾兼平卢节度使。"缮甲兵，实帑廪"，被视作枢密使的主要职责之一。杨邠常言的"为国家者，但得帑藏丰盈，甲兵强盛，至于文章礼乐，并是虚事，何足介意也"①就是这种思想的反映。在古代社会，国家养马主要为了军事之需。在五代，马政亦为枢密使控制，后唐明宗曾向枢密使范延光询问过全国现管马匹之数，可见此事亦归其掌管。凡遇战事均由枢密使遣兵遣将。宋太祖陈桥兵变，参知枢密院事范质闻知，曰："仓卒遣将，吾侪之罪也！"②可见即使身居殿前都点检高位的大将，也要受枢密使的调遣。枢密使还常亲自统兵作战或外出督战，后唐石敬瑭率师讨伐两川孟知祥、董璋，不胜，明宗忧之。枢密使安重诲曰："臣职忝机密，军威不振，臣之罪也，臣请自往督战。"可见军事工作是枢密使重要职责之一。安重诲出行后，"日驰数百里。西方藩镇闻之，无不惶骇"，昼夜向前线运送钱粮，不敢弛慢，致使人畜毙踣者不可胜计。③可见其威权之重。乾祐三年，郭威以枢密使的身份出任邺都留守，河北"兵甲钱谷，但见郭威文书，立皆禀应"。④在此之前，后汉朝廷曾为郭威是否兼任枢密使发生过争论，史弘肇认为"苟不兼密务，则难以便宜从事"⑤，力主兼任。据此可见枢密使拥有直接调发兵粮之权。后周广顺元年，枢密使王峻率师迎击北汉与契丹军，也有便宜从事之权，诸军并受节度，"军行资用，仰给于官，随行将吏，得自选择"⑥亦可为佐证。唐代宰相虽有发兵权，但须经过诸相商议，以制敕调之，没有以个人名义调发军队的权力。

---

① 《旧五代史》卷一〇七《杨邠传》，第1409、1408页。
② 《东都事略》卷一八《范质传》，见文渊阁《四库全书》，第382册，第210页。
③ 《资治通鉴》卷二七七，后唐明宗长兴元年十二月，第9054页。
④ 《资治通鉴》卷二八九，后汉隐帝乾祐三年四月，第9422页。
⑤ 《旧五代史》卷一一〇《周太祖纪一》，第1452页。
⑥ 《旧五代史》卷一三〇《王峻传》，第1712页。

3.枢密使与财权

五代枢密使不但有权过问财政,而且还直接掌握钱谷,凡领取库物必须关由枢密院及三司。[1]枢密使直接过问财政事务的例子也很多,如后唐"(安)重诲恐天下议己,因取三司积欠二百余万,请放之,冀以悦人而塞责"[2]。后汉枢密使杨邠、郭威等,"尽心王室,知无不为,罢不急之务,惜无用之费,收聚财赋,……国有余积"。[3]五代乱世,国用常觉不足,使得枢密使深感焦虑,有人对后唐庄宗说:"郭崇韬常不伸眉,为孔谦论用度不足。"[4]孔谦时为租庸使。郭崇韬还常因宫内开支或营建太奢,与庄宗争论不息,多次请庄宗出内库钱物以济时用,致使庄宗和刘皇后对其不满,郭崇韬后遭杀身之祸,这也是其中原因之一。此外,枢密使还过问主管财政的官员的任免,如郭崇韬就曾用马绍宏为内勾使,王正言为租庸使,就是一例。

4.枢密使对司法及台谏的控制

五代规定法律的制定与颁布必须通过中书门下进行,如果法律条文有不便于行用的,要申报大理寺、尚书省,"省寺明有指归,州府然后决遣"。[5]并且还规定如果州县量刑不当,当事人可以越级诉讼,直至台省。[6]尚书省、御史台拥有司法审判权。而三省及御史台却被枢密使所控制。五代的枢密使一般都兼任宰相,称之曰"枢相"。郭崇韬、安重诲、桑维翰、杨邠、王峻等,莫不如此,并且在中书门下知印。所以五代司法权也控制在枢密使手中。在五代史籍中,有关枢密使直接干预刑事审判的记载很多,有时皇帝钦定的案子,由于其干预,往往也得到改判。如后唐马牧军使田令方,因牧马"瘠而多毙,坐劾当死"。醴泉县令刘知章因出猎,未向回鹘使者供驿马,明宗欲定死罪,均因安重诲出

---

[1] 《资治通鉴》卷二七七,后唐明宗长兴二年五月,第9059页。
[2] 《新五代史》卷二四《安重诲传》,第252页。
[3] 《旧五代史》卷一〇七《王章传》,第1410页。
[4] 《资治通鉴》卷二七三,后唐庄宗同光三年六月,第8934页。
[5] 《旧五代史》卷一四七《刑法志》,第1969页。
[6] 《五代会要》卷一七《御史台》,第284、286页。

面干预而得到减刑。[1]

历代君主都把台谏作为对付大臣的主要工具，谏官必须由皇帝任命，对皇帝负责。唐朝规定谏官可以随宰相入阁旁听，以便随时谏正。但在实际政治生活中，谏官的任免往往被权臣所控制，五代的情况也是如此。由于谏官畏于枢密使的权势，对其非法行为根本不敢弹劾。安重诲曾在御史台门任意处死"误冲其前导"的殿直马延，而御史、谏官不敢弹劾。[2]他指使谏议大夫萧希甫诬奏宰相豆卢革、韦说，将其置于死地，[3]更是权臣控制台谏的典型事例。原为天子耳目的谏官，此时却成了枢密使的鹰犬，真是一幕有趣的政治滑稽剧。

从上述诸方面可见，五代枢密使权重，并非某一时期暂时的权臣专权，而是贯穿于整个五代时期，不是某个方面的权力太重，而是囊括了政权的各个方面，这样势必削弱皇权，和皇权发生冲突。

（三）枢密使之权与皇权的关系

这一时期有关枢密使之权和皇权斗争的记载，比比皆是，唐、晋、汉、周诸朝莫不如是。甚至大打出手，刀兵相见。后梁崇政使权位不重，故无大的冲突。其余四朝担任此职的共23人，除去入宋和不知所终的4人，剩下19人，因和皇权发生冲突，被杀被贬死的达9人之多，几占百分之五十，可见斗争之激烈。最激烈的是在后汉隐帝时期，一日之内诛杀枢密使杨邠等3位重要大臣，并族其家，还打算杀掉镇守邺都的另一枢密使郭威。事后隐帝宣布他们的罪状：欺朕年幼，"专权擅命"。[4]此语并非夸大之词。据《新五代史·杨邠传》载："李太后弟业求为宣徽使，帝与太后私以问邠，邠止以为不可。帝欲立所爱耿夫人为后，邠又以为不可；夫人死，将以后礼葬之，邠又以为不可。"完全漠视皇权。杨邠曾与三司使王章论事于帝前，"帝曰：'事行之后，勿使有言

---

[1] 《新五代史》卷二四《安重诲传》，第252—253页。
[2] 《新五代史》卷二四《安重诲传》，第252页。
[3] 《旧五代史》卷七一《萧希甫传》，第940页。
[4] 《旧五代史》卷一〇三《汉隐帝纪下》，第1369页。

也！'邠遽曰：'陛下但禁声，有臣在，'闻者为之战慄。"①由此可推见其平日专横之状。五代枢密使公然凌辱皇帝者还大有人在，如后唐安重诲指使河中镇将杨彦温逐走明宗养子——节度使李从珂，又杀杨彦温灭口。后又指使宰相冯道等反诬李从珂有失守之罪，欲置其于死地。冯道等不顾明宗盛怒，数次劾奏，而不敢得罪安重诲，其仰人鼻息、俯首听命之态可见一斑矣。②后周王峻任枢密使兼宰相，又求兼领平卢节度使，"又请借左藏库绫万匹，太祖皆勉从之"。③周太祖养子柴荣为王峻所忌，竟不能留在京城任职，直到王峻死后，才由外镇调回京城。④王峻为所欲为，稍不如意，就对周太祖出言不逊。他曾要求用颜衎、陈同代李谷、范质为相，"太祖曰：'进退宰相，岂可仓卒？当徐思之。'峻论请不已，语渐不逊。日亭午，太祖未食，峻争不已，是时寒食假，太祖曰：'俟假开，当为卿行。'峻乃退。"⑤事后，太祖对冯道泣曰："峻凌朕颇甚，无礼太过，拟欲尽去左右臣僚，翦朕羽翼。朕儿在外，专意阻隔，暂令到阙，即怀怨望。岂有既总枢机，又兼宰相，坚求重镇，寻亦授之，任其襟怀，尚未厌足，如此无君，谁能甘忍！"⑥可见直到后周时，斗争仍很激烈。正因为枢密使之权和皇权矛盾太大，所以晋高祖石敬瑭废去枢密院后，终其世不再设置。对于此点，《近事会元》卷一说得很明白："初，高祖之事后唐也，睹安重诲秉政，赏罚由己，常恶之。"即位后，乘枢密使刘处让丁忧之机，"锐意废罢，一委中书"。⑦直到晋出帝时，宰相冯道因事繁剧，实际是怕权重招祸，再三奏请，才复置之。据载，当时"勋旧皆欲复置枢密使，冯道等三奏，请以枢密旧职让之"⑧。出帝不肯任用所谓勋旧，而委之出身寒微的桑维

---

① 《新五代史》卷三〇《杨邠传》，第334、333—334页。
② 《新五代史》卷二四《安重诲传》，第253—254页。
③ 《新五代史》卷五〇《王峻传》，第565页。
④ 《新五代史》卷一二《周世宗纪》，第117页。
⑤ 《新五代史》卷五〇《王峻传》，第565页。
⑥ 《旧五代史》卷一三〇《王峻传》，第1715页。
⑦ 《近事会元》卷一《乞复置枢密院》，第16页。
⑧ 《资治通鉴》卷二八三，后晋高祖天福七年七月，第9238页。

翰，也是为了避免出现尾大不掉，难于驾驭的局面。后梁以来直到后周时期，皇权和枢密使之权斗争如此激烈，枢密使"权侔人主"[①]，只能说明枢密使的设置削弱了皇权而不是加强了皇权。

有人还根据一些枢密使往往死于非命的现象，下结论说枢密使斗不过皇帝的近习佞嬖，言下之意，枢密使之权尚不能和皇权相抗衡。[②]其实这仅是一种表面观象，问题的实质是五代各朝尽管有一些枢密使被杀被贬，但枢密使之权并没有因此受到削弱，反而有日渐加重的趋势。因此还不能说在和皇权的斗争中，皇权占了上风，更何况枢密使废立皇帝，甚至夺取帝位的也大有人在。如后唐枢密使朱弘昭、冯赟，乘明宗患病之机，"杀秦王而立愍帝"。[③]秦王李从荣为天下兵马大元帅、尚书令、兼侍中，是皇位继承人。其被杀后，明宗也无可奈何，竟因此病情加重而死去。至于镇守邺都的后汉枢密使郭威，握强兵，控朝廷，权势无人可比，起兵于邺都时，四方响应，灭亡后汉，不过举手之劳，更是典型的事例。其权势已将皇权置于掌握之中，如何能认为皇权占了上风呢？朝中如此，朝外的藩镇有过之而无不及。皇权在这内外两种势力的夹击下，极度衰弱，五代时"君弱臣强"[④]，"置君犹易吏，变国若传舍"[⑤]的现象，不正是皇权极度衰落的真实写照吗？

有人为了说明枢密使的设置是皇权强化的表现，提出了这样的问题："为什么后梁太祖'徒知宦官之不可用而不知枢密院之不必存？'为什么宋太祖'明知郭威以枢密使夺取皇位，而于建国之后罢藩镇而不废枢密？'这都足以表明，枢密使的设置，有利于强化皇权。"[⑥]前一问是马端临批评梁太祖的话，马端临正是因为看到五代枢密使专权跋扈，无视皇权，才发出这种批评的，认为枢密院是"三省之外复有一省"，

[①] 《资治通鉴》卷二七三，后唐庄宗同光二年二月，第8915页。
[②] 《五代史略》，第109页。
[③] 《新五代史》卷二七《朱弘昭传附冯赟传》，第290页。
[④] 《续资治通鉴长编》卷二，宋太祖建隆二年七月，第49页。
[⑤] 《新五代史》出版说明，第5页。
[⑥] 《五代史略》，第109—110页。

是一种"赘疣",[①]丝毫没有赞成设置枢密院的意思。至于后梁太祖置崇政院有加强皇权方面的意思,但是历史的发展往往与人的主观愿望不一致。皇帝想加强皇权,结果反倒削弱了皇权。我们不应根据历史人物的主观愿望去研究历史,而应注重客观事实的变化。关于第二问,欧阳修说,枢密使"后世因之,遂分为二,文事任宰相,武事任枢密"[②]。就是说在宋代枢密使之权已被分割了,即使在军事方面也只有调兵之权,而无握兵之要,调兵权还受到皇帝的制约,宋代枢密使之权已远非往昔可比,在这种情况下,宋太祖才允许它保留下来。笼统地不加分析的认为,凡枢密使之设均加强了皇权,是不符合历史事实的。

总括起来,五代时期,皇帝权力日渐削弱,在许多方面受到枢密使的限制,主要表现如下方面:

(1)皇帝任免官员的权力受到限制。

(2)皇帝的财权受到约束,皇帝动用财赋或增减租税必须征得枢密使的同意。

(3)皇帝的军权被削弱,皇帝调兵必须通过枢密使来进行,而枢密使调兵不一定征求皇帝的意见。

(4)皇帝的司法权受到限制,皇帝的终审裁决往往遭到枢密使的抵制。

(5)皇帝的御旨和群臣奏章都须经枢密院转达或颁布施行,如不符合枢密使的意图,往往被稽留,使上下之情壅塞。

(6)皇帝发号施令所体现的往往是枢密使的意志,皇权在一定意义上成了枢密使的工具。

(7)枢密使可以影响皇帝废立,甚至对册皇后、立太子都有很大的决定权。

(四)其他诸国之枢密使

在十国中凡称帝建元的政权也多置有枢密院与枢密使,如吴、南

---

① 《文献通考》卷五八《职官十二》,第1715页。
② 《新五代史》卷二四《安重诲传》,第257页。

唐、前后蜀、闽、北汉等国，均是如此。南汉虽然称帝，但却未见有枢密使的设置。

吴国在杨行密统治时期尚未置枢密使，919年，在权臣徐温的主持下，吴主杨隆演即吴国王位，改元武义，设置百官，其中也包括枢密使，为了避杨行密讳，改称内枢使。[①]这一时期吴国先后由徐温、徐知诰（李昪）专权，故枢密使尚不能掌握大政。南唐建立后，恢复了枢密院的称呼，专典机要、兵籍、民赋，隶属于中书省。如杜业，"昪元时，以兵部尚书兼枢密使。业有心计，优权变，兵籍、民赋，指之掌中，烈祖甚宠任之"[②]。南唐元宗时，枢密院脱离中书省成为独立的机构，尤其是保大军兴以来，其权力急剧膨胀，逐渐成为南唐的中枢决策机构。陆游《南唐书》卷一三《严续传》载："是时以军兴，百司政事往往归枢密院。续言多不见用，求罢，拜镇海军节度使。"时严续为宰相，这一时期先后任枢密使、副使的人有：陈觉、查文徽、魏岑、李徵古等，他们都是元宗的亲近之臣，权势极大。除了控制军权外，还掌有财权、司法权以及中枢决策权，所谓"在外者握兵，居中者当国"，"帑藏取与，系（魏）岑一言"。[③]南唐后主统治时期，情况仍无大的变化，"时机务多归枢密院，宰相备位而已"。[④]但是这一时期任枢密使者多懦弱畏怯，不贪恋权柄，故没有多少作为。宋太祖开宝五年（972），后主下令贬损仪制，改枢密院为光政院，由陈乔任内史侍郎、兼光政院使，仍然继续辅政。[⑤]后又在内廷设澄心堂，"密画中旨，多出其间，中书、密院皆同散地"[⑥]。这是南唐中枢决策权的又一次转移。不过澄心堂只是南唐设置的一个临时机构，并非国家正式机构，随着南唐的灭亡，澄心堂很快就消失了。

[①]《资治通鉴》卷二七〇，后梁均王贞明五年四月，第8844页。
[②]《十国春秋》卷二一《杜业传》，第308页。
[③]《资治通鉴》卷二八六，后汉高祖天福十二年四月，第9355页。
[④]《续资治通鉴长编》卷六，宋太祖乾德三年五月，第154页。
[⑤]《江南野史》卷三《后主》，第5172页；《十国春秋》卷二七《陈乔传》，第389页。
[⑥]〔宋〕郑文宝撰，张剑光、孙励校点：《江表志》卷下，见傅璇琮、徐海荣、徐吉军主编：《五代史书汇编》九，杭州出版社，2004年，第5093页。

前后蜀均设置过枢密院，置有内枢密使或知枢密院以掌其事，如唐道袭、潘炕、潘峭、庾凝绩、宋光嗣、王处回、王昭远等人，均任过此职。前后蜀的枢密院沿袭唐制，仍掌典机密，如潘炕与潘峭兄弟先后任内枢密使，"同掌机衡，号大枢小枢"①。与唐制不同的是其枢密使权力更重，如前蜀庾凝绩任枢密使时，"命中外财赋、中书除授及诸司刑狱之事，悉委凝绩主之"②。此外，枢密使还掌握军权，如前蜀高祖永平二年（912），"皇太子元膺作乱，枢密使唐道袭等率兵败之，至翌日擒获，戮之于摩诃池畔"③。前蜀枢密使宋光嗣还兼判六军诸卫事，④直接掌握禁军兵权。至于枢密使亲自统率大军作战的记载也不罕见，如后蜀王昭远就曾率大军抵御过宋军。有关枢密使专权的记载也不绝于史籍，所谓"枢密使宋光嗣等专断国事，恣行威虐，务狥主之欲，以盗国权。宰相王锴、庾传素各保持宠禄，无敢规正"⑤。"枢密使、保宁节度使兼侍中王处回，亦专权贪纵，卖官鬻狱，四方馈献，皆先输处回，次及内府，家赀巨万"⑥。为了避免权臣专权，"后主以枢密使权重难制，乃以昭远为通奏使，知枢密院事，机务一以委之，府库金帛恣其所取不问"。⑦孟昶之所以重用王昭远，是因为此人乃其近臣，史载："昭远，成都人，依东郭院僧为小沙弥。（孟）知祥饭僧，见其惠黠，留给侍昶左右。"⑧由于王昭远是孟昶在潜邸时的亲吏，深得其信任，孟昶自以为任用他便于驾驭，但从王昭远后来的所作所为来看，其专权误国之状比之别的枢密使有过之而无不及。有人认为前后蜀时期"确立了枢密使在法律上仅次于宰相的政治地位，成为国家正式职官；枢密使的权力与宰相不相上下，并在法律上和社会上得到承认；枢密使的职掌由不确定逐

---

① 《蜀梼杌校笺》卷一《前蜀先主》，第129页。
② 《十国春秋》卷四一《庾凝绩传》，第611页。
③ 《锦里耆旧传》卷六，第6037页。
④ 《十国春秋》卷三七《前蜀后主本纪》，第532页。
⑤ 《十国春秋》卷三七《前蜀后主本纪》，第539页。
⑥ 《资治通鉴》卷二八八，后汉高祖乾祐元年七月，第9394页。
⑦ 《十国春秋》卷五七《王昭远传》，第828页。
⑧ 《蜀梼杌校笺》卷四《后蜀后主》，第432页。

渐趋向于专掌军政"①。这种看法基本是正确的，但最后一句话还是值得商榷，唐朝的枢密使专掌"机密"，即使前后蜀时期也是如此，只是在此基础上权力有所扩大而已，而这种扩大也是延续了唐末以来枢密使权势的发展趋势，如何能说其职掌原来不确定呢？

闽建国之初并未设置枢密使，直到闽惠宗龙启元年（933）正式称帝时，才"以亲吏吴勗为枢密使"②。其枢密使除了掌典机密外，依然掌典军权，吴勗后来被佞臣薛文杰陷害致死，"勗常主军政，得士卒心，士卒闻勗死，皆怒"。③便是其掌握军权的明证。北汉建国之始就设置了枢密使，见之于记载的任此职的人也不少，如王延嗣、段常、郭无为等。北汉的枢密使仍掌机要，其参与大政者则有之，专擅国政者却未见于记载。

总的来说，上述诸国的枢密院与枢密使之制，与当时的中原诸朝制度颇为相似，比之唐朝，权力有所扩大。此外，诸国枢密使通常均由士人或武臣充任，这一点也与中原王朝完全一致，只是前蜀一度用宦官为使，史载："初，蜀主虽因唐制置枢密使，专用士人，及唐文扆得罪，蜀主以诸将多许州故人，恐其不为幼主用，故以光嗣代之。自是宦者始用事。"④除宋光嗣之外，诸国再未见有宦官充任过此职。还有一点需要指出，即诸国之枢密使虽然权重，但与当时的中原王朝相比，还不能说其权力与地位凌驾于宰相之上。个别例外虽然也存在，但总的来说仍在皇权的严格控制之下。

二、中央财政诸使

五代时期的中央财政机构主要指建昌宫、国计使、租庸院、内勾使、三司、延资库等。此外，十国也各自置有相应的机构，有的沿袭唐

---

① 贾大泉、周原孙：《前后蜀的枢密使》，《社会科学研究》1990年第1期，第111页。
② 《资治通鉴》卷二七八，后唐明宗长兴四年正月，第9081页。
③ 《十国春秋》卷九八《薛文杰传》，第1402页。
④ 《资治通鉴》卷二七〇，后梁均王贞明四年五月，第8826页。

制或中原王朝之制，有的则按方镇规格设置。五代时期的财政机构虽然对唐制有所沿袭，然变化颇大，二者并不完全一致，且有一个逐步完善的过程，直到后唐明宗时期才基本将财权统一到三司手中，并为以后晋、汉、周以及北宋所沿袭，对后世影响颇为深远。

（一）建昌宫与国计使

后梁的建昌宫是在原宣武等四镇财政系统的基础上建立的，史载："太祖领四镇，以友文为度支盐铁制置使。太祖用兵四方，友文征赋聚敛以供军实。太祖即位，以故所领宣武、宣义、天平、护国四镇征赋，置建昌宫总之，以友文为使，封博王。"①其实后梁先建的是建昌院，后改为建昌宫。《旧五代史·职官志》载："梁开平元年四月，始置建昌院，以博王友文判院事，以太祖在藩时，四镇所管兵车赋税、诸色课利，按旧簿籍而主之。其年五月，中书门下奏请以判建昌院事为建昌宫使，仍以东京太祖潜龙旧宅为宫也。"因为这年四月朱温尚未即皇帝位，所以只能称建昌院，次月后梁已经建立，于是便改院为宫。建昌宫是后梁最高财政机关，"掌凡国之金谷"。②可见后梁的国家财政机关是在原藩镇财政系统的基础上建立起来的，并非沿袭唐制。

从前后主持建昌宫工作的人员看，正式被任命为宫使者仅朱友文一人，其后掌管其事者均未授以宫使之职，如开平二年三月，以侍中韩建判建昌宫事，至十月，以尚书兵部侍郎李皎为建昌宫副使；三年九月，以门下侍郎、平章事薛贻矩判建昌宫事；至四年十二月，以李振为建昌宫副使；梁太祖乾化二年五月，以门下侍郎、平章事于兢判建昌宫事。③甚至连宰相也未授予宫使之职，之所以出现这种状况并非其不能充任此职，而是因为后梁的建昌宫使一直由朱友文担任，直到这个机构废去为止。乾化二年朱友珪弑梁太祖而自立为帝，七月杀朱友文，并"废建昌宫使，以河南尹张宗奭为国计使，凡天下金谷旧隶建昌宫者悉主之"。

---

① 《新五代史》卷一三《博王朱友文传》，第136页。
② 《资治通鉴》卷二六六，后梁太祖开平元年四月，第8675页。
③ 以上均见《五代会要》卷二四《建昌宫使》，第378页。

胡三省说："梁祖受禅，以博王友文领建昌宫使，专领金谷。友珪既杀友文，故废之而置国计使。"[1]

国计使取代建昌宫使掌国之金谷，是五代财政机构的又一变化。然另据《五代会要》卷二四《建昌宫使》记载：建昌宫使废后，"改置租庸（使）"。《新五代史·张延朗传》却载："梁兴，始置租庸使。"那么，租庸使与国计使的关系如何呢？史籍缺载。上引《五代会要》只说后梁租庸使"总天下征赋"，即掌管全国的赋税征收，而国计使则掌天下金谷，即总理全国之财政，因此后梁之租庸使只是一个最高税务官而已。后唐建立之后，仍然置有国计使，如唐庄宗同光四年，"以吏部尚书李琪为国计使，自后废其名额不置"[2]。不过此时的国计使已经失去了总管全国财政的权力，因为早在同光二年正月时，敕："盐铁、度支、户部三司，凡关钱物委租庸使管辖。"[3]既然如此，为什么后唐仍保留了国计使之名呢？这只能说明后唐职官制度一度比较混乱，后来发现国计使已经有名无实了，遂将其罢废不置。

（二）租庸使与内勾使

五代租庸院长官仍称使，下有副使、判官、孔目官等职官。其实租庸使早在唐玄宗开元十一年（723）就已经设置，[4]后唐谏议大夫窦专指出："自唐天宝中，安史作乱，民户流亡，征赋不时，经费多阙。惟江淮、岭表，郡县完全，总三司货财，发一使征赋，在处勘覆，目曰租庸。才收京城，寻废职务。广明中，黄巢充斥，僖宗省方，依前以江淮征赋又置租庸使催征，及至车辂还京，旋亦停废。"窦专所说唐朝始置租庸使的时间虽然不准确，但其指出唐之租庸使只是负责一时一地的赋税征调，属于一种临时差遣性质的税务官员，这种说法无疑是正确的。后梁设置的租庸使则负责全国赋税的征收，所以窦专才批评"伪梁不知

---

[1] 《资治通鉴》卷二六八，后梁太祖乾化二年七月及胡注，第8760—8761页。
[2] 《旧五代史》卷一四九《职官志》，第1995页。又，《册府元龟》卷四八三《邦计部·总序》记李琪为李琦，误。第5773页。
[3] 《五代会要》卷二四《建昌宫使》，第378页。
[4] 《文献通考》卷六一《职官考十五》，第1844页。

故事"。①然而《新五代史·张延朗传》却说:"梁兴,始置租庸使,领天下钱谷,废盐铁、户部、度支之官。庄宗灭梁,因而不改。"欧阳修的这段话错误颇多,不是后梁建立之始设置了租庸使,而是在废除建昌宫使之后才设置的,这一点前引《五代会要》已有明确记载。至于唐庄宗所置之租庸使,其职能是否沿袭后梁之制,下面还要详论,暂且不谈,仅就欧阳修所说的后梁租庸使"领天下钱谷,废盐铁、户部、度支之官"一句,便大错特错了。欧阳修的意思很明显,就是说后梁之租庸使取代了盐铁、户部、度支等司之职能,统管全国财政,如果此说属实,则取代建昌宫使的国计使的职能又是什么?更何况后梁从来就没有废去过这三个部门,这个问题后面还要详论。宋人宇文绍奕也持这种看法,他说"梁始复置租庸使,则三司之职皆总之矣"②。

后唐早在灭梁之前就置有租庸使,当时以张宪充任此职,灭梁之初的第二个月,即同光元年十一月,改以宰相豆卢革判租庸使,兼诸道盐铁转运等使。③直到次年正月,才"敕盐铁、度支、户部三司并隶租庸使"。胡三省注云:"租庸使之权愈重矣"。④可见后唐租庸使的权力之重是有一个过程的,与后梁之制并不一致,从而也证明后梁的租庸使是不掌管盐铁、度支、户部三司之事的,如果掌管,且如欧阳修所说的后唐又因袭了梁制,那么后唐又何必在同光二年将三司隶属于租庸使呢?后唐将国家财政交由租庸使掌管,是五代财政体制的又一次重大变化。在同光二年八月以前,担任租庸使的是张宪、王正言,从这年八月起,孔谦从租庸副使被提升为正使,从而把持了国家的财政大权,《新五代史·孔谦传》载:

  庄宗初即位,推恩天下,除百姓田租,放诸场务课利欠负者,谦悉违诏督理。故事:观察使所治属州事,皆不得专

---

① 以上见《五代会要》卷二四《建昌宫使》,第378—379页。
② 《石林燕语》卷六,第82页。
③ 分见《旧五代史》卷三〇《唐庄宗纪四》,第411、420页。
④ 《资治通鉴》卷二七三,后唐庄宗同光二年正月及胡注,第8913页。

第四章 职官制度

达，上所赋调，亦下观察使行之。而谦直以租庸帖调发诸州，不关观察，观察使交章论理，以谓："制敕不下支郡，刺史不专奏事，唐制也。租庸直帖，沿伪梁之弊，不可为法。今唐运中兴，愿还旧制。"诏从其请，而谦不奉诏，卒行直帖。又请减百官俸钱，省罢节度观察判官、推官等员数。以至鄣塞天下山谷径路，禁止行人，以收商旅征算；遣大程官放猪羊柴炭，占庇人户；更制括田竿尺；尽率州使公廨钱。由是天下皆怨苦之。[1]

引文中说后唐租庸使直接以租庸帖调发诸州钱物，不复关由观察使，是沿袭了后梁之制，这一点是可信的。正因为如此，遂直接侵削了节度使、观察使的权益，加上他裁减诸道判官、推官等僚佐员额，将诸州公廨钱收归中央，进一步加剧了诸道节帅与后唐朝廷的离心力。应该说孔谦的这些做法具有加强中央集权，削弱方镇势力的作用，只是由于操之过急，加上后唐建立不久，政局还不稳定，所以不免导致失败。孔谦的另一失误便是减了朝中百官俸钱，从而导致了朝廷内外对庄宗统治的普遍不满。因此，当唐明宗即皇帝位后，为了收买人心，稳定政局，遂将孔谦处死，并于天成元年四月，正式废去了租庸院与租庸使，"依旧为盐铁、户部、度支三司，委宰臣一人专判"。[2]所谓"依旧为盐铁、户部、度支三司"，并非重新设置这三个部门，而是指恢复其原有的地位，不再隶属于某个机构，由宰相一人统管其事，这样就又回到了唐朝后期的状态。这是五代中央财政系统的又一次大的变化。

内勾使是五代新创的一种使职，关于其创置的起因，《新五代史·郭崇韬传》云："初，崇韬与宦者马绍宏俱为中门使，而绍宏位在上。及庄宗即位，二人当为枢密使，而崇韬不欲绍宏在己上，乃以张居翰为枢密使，绍宏为宣徽使。绍宏失职怨望，崇韬因置内勾使，以绍宏

---

[1] 《新五代史》卷二六《孔谦传》，第281页。
[2] 《旧五代史》卷一四九《职官志》，第1996页。

领之。凡天下钱谷出入于租庸者，皆经内勾。"《旧五代史》本传也说："应三司财赋，皆令勾覆。"可见内勾使只是一个负责中央财务审计的使职，其所在机构称为内勾司，诸道皆置有分支机构，仍称内勾司。①上引《新五代史》没有明确记载内勾使的始置时间，另据《旧五代史·职官志》载："后唐同光元年十一月，以左监门卫将军、判内侍省李绍宏兼内勾，凡天下钱谷簿书，悉委裁遣。自是州县供帐烦费，议者非之。又内勾之名，人以为不祥之言。"所以内勾使的罢废自然是不可避免的。另据记载：同光四年"二月己丑，以宣徽南院使、知内侍省兼内勾、特进、右领军卫上将军李绍宏为骠骑大将军、守左武卫上将军、知内侍省，充枢密使。"②文中所说李绍宏，即指马绍宏，其李姓乃庄宗所赐。因为此时枢密使郭崇韬已被诛杀，庄宗遂升任其为枢密使，内勾使虽未明令废去，但其职事已停废不行。内勾使的正式罢废是在两个月后，这年四月，唐明宗即位后，"因废租庸使及内勾司，依旧为盐铁、户部、度支三司"③。

（三）三司与三司使

前引《新五代史·张延朗传》说："梁兴，始置租庸使，领天下钱谷，废盐铁、户部、度支之官。"实际上三司在后梁始终存在，从来就没有过罢废不置的情况发生。如宰臣韩建曾在梁太祖开平元年兼任过诸道盐铁转运使，宰臣薛贻矩、张策等兼判过户部；梁末帝时，敬翔先后兼判过度支、户部，赵光逢判过度支，郑珏先后任过判户部、判度支，以上这些人均为宰相。这就说明后梁仍然沿袭唐后期的制度，以宰相分判三司之事。梁末帝龙德元年（921）二月，"盐铁转运使敬翔奏：'请于雍州、河阳、徐州三处重置场院税茶。'从之"。④可见后梁的三司不仅没有罢废不置，而且仍然独立地行使着职权。

---

① 《旧五代史》卷三五《唐明宗纪一》载：中书门下上言："请停废诸道监军使、内勾司、租庸院大程官，出放猪羊柴炭户。"可知诸道亦置有内勾司。第492页。
② 《旧五代史》卷三四《唐庄宗纪八》，第469页。
③ 《资治通鉴》卷二七五，后唐明宗天成元年四月，第8980页。
④ 《旧五代史》卷一〇《梁末帝纪下》，第146页。

第四章 职官制度

唐朝的户部、度支、盐铁等三个财政部门，自从唐后期确立以来，实际上各成体系，各有职事，通常由宰臣各判一司，不置使额。唐朝末期开始出现向三司一体化发展的趋势，有关三司合一的最早记载，是在唐僖宗光启二年（886），这年四月"以郑昌图同平章事、判度支、盐铁、户部，各置副使，三司之事一以委焉"①。虽然尚没有出现三司使的使名，但判三司的职事名已经出现了。此后，在唐昭宗统治时期宰臣卢光启、崔胤等兼判过三司。三司使使名的最早出现，是在唐哀帝天祐三年（906）三月，当时唐廷授朱温为盐铁、度支、户部三司都制置使，"全忠辞不受"，但旧史仍然认为"三司之名始于此"。②这种看法显然是不恰当的。由于此次三司合一未能实施，所以三司在后梁时期仍然分立，由宰臣分判，直到后唐明宗时期才将三司体制真正统合起来了。

唐明宗即位之初，废去了租庸院与内勾司，依旧将盐铁、度支、户部三司分立，委宰臣一人兼判，号为"判三司"，并且废去了租庸使用"直帖"向诸州发号施令的制度，"一依朱梁制度，仍委节度、刺史通申三司，不得差使量检"。③这样就使后唐的财政体制完全恢复到唐后期的状态。直到长兴元年八月，张延朗才奏请设置三司使，然"中书用唐故事，拜延朗特进、工部尚书，充诸道盐铁转运等使，兼判户部度支事。诏以延朗充三司使，班在宣徽使下"。"三司使之名自此始"。④可见在是否设置三司使的问题上，宰相们与唐明宗的意见并不一致，只是由于明宗的坚持才使得此职得以设置。《五代会要》卷二四《建昌宫使》也说："宰臣以非故事，拟授延朗充诸道盐铁转运使，令兼判户部度支，上不从，故特降是命。"不过后唐的三司使地位不是很高，班在宣徽使之下，而后梁租庸使"其班在崇政使之下，宣徽使之上"⑤。这显

---

① 《资治通鉴》卷二五六，唐僖宗光启二年四月，第8334页。
② 以上见《资治通鉴》卷二六五，唐昭宣帝天祐三年三月，第8658页。
③ 《旧五代史》卷三五《唐明宗纪一》，第492页。
④ 《新五代史》卷二六《张延朗传》，第282页；《资治通鉴》卷二七七，后唐明宗长兴元年八月，第9043页。
⑤ 《资治通鉴》卷二六九，后梁均王贞明元年三月胡注，第8786页。

然是明宗考虑到宰相们在这个问题上的态度，不得不有所妥协的结果。北宋沿袭五代之制，其班位仍在宣徽使之下，但权任却重于宣徽使，"号曰计省，位亚执政，目为计相。其恩数廪禄，与参、枢同"①。后一句是说三司使的待遇与参知政事（副宰相）、枢密使相同，可见地位之高。

三司使正式设置之后，一度还出现过反复。史载："（张）延朗有心计，善理繁剧。晋高祖在太原，朝廷猜忌，不欲令有积聚，系官财货留使之外，延朗悉遣取之，晋高祖深衔其事。"后晋建立后，便将张延朗处死。"其后以选求计使，难得其人，甚追悔焉"。②由于没有适当人选充任三司使，于是"晋高祖分户部、度支、盐铁为三使"。一年以后，由于"三司益烦弊"，"乃复合为一，拜（刘）审交三司使"。③此外，后周的三司大部分时间里不设专职长官，而多由宰相直接领导。"这并不意味着三司作为中央独立的财政机关已不存在，而只是表明三司在中央政府中的地位愈益重要"。④

三司除了正、副使外，还置有户部判官、度支判官、盐铁判官、三司都勾官、三司通引官等属员。其实三司的属员并不仅限于此，据《五代会要》卷二四《建昌宫使》条载："（长兴）四年正月，三司使奏：'当省有诸道盐铁转运使额，职员极多。见有左右都押衙及客司通引，今欲从正押衙设省职，为转迁之序，正押衙、同押衙、衙前兵马使、讨击副使、衙前虞候、衙前子弟者。'敕：'衙前兵马使已下名目，皆是军职，不合系于省司，其正押衙、同押衙、衙前虞候、衙前子弟宜依。'"文中所说"当省"，即指三司。可见在此之前，其属员中还包括衙前兵马使、讨击副使等军职，此次将其排除在三司属员之外，但却正式将正押衙、同押衙、衙前虞候、衙前子弟等纳入属员之列。不

---

① 《宋史》卷一六二《职官志二》，第3807页。
② 《旧五代史》卷六九《张延朗传》，第921页。
③ 《新五代史》卷四八《刘审交传》，第545页。
④ 董恩林：《五代中央财政体制考述》，《湖北大学学报》（哲学社会科学版）1986年第2期，第59页。

过从后汉、后周的情况看，三司仍有军职的设置，这就是所谓"三司军将"。据《资治通鉴》卷二九〇周太祖广顺元年正月载："初，杨邠以功臣、国戚为方镇者多不闲吏事，乃以三司军将补都押牙、孔目官、内知客。"《旧五代史·周太祖纪三》亦载："汉末遣三司军将路昌祚于湖南市茶。"三司军将只是对三司军职属员的统称，并非正式职衔的称呼，可能就包括上面所提到的衙前兵马使、讨击副使等军职在内。这类职官的设置很可能与三司拥有一定军事力量有关，大概是出于保护场院、仓库及押运钱物等事务的需要。至于何时又将这些军职纳入三司属员的行列，史籍缺载，由于未见到后晋时的相关记载，故很可能是在后汉统治时期。

五代时期三司使的职权主要包括如下方面：（1）征收与减免赋税，管理盐曲事务。（2）负责供给军队粮饷军需等事务。（3）参与马政事务的管理。（4）参与营田事务的管理。（5）管理府库及官员俸禄等事务。（6）掌供祭祀所用一干钱物等。（7）参与其他军国事务，如涉足吏部事务，主要指地方负责经济的官员的升降；参与军国大事的决策；参与司法事务，主要指对经济犯罪的议决等。[①]需要指出的是，五代设置三司使虽然有将财权高度集中，消除中央财政管理上政出多门的现象，以适应这一历史时期战争频繁、军费开支浩大的现状，保证国家机器得以正常运转的积极作用，但却并没有将全国财权统一起来，诸道节帅仍然拥有较大的财权，后唐庄宗时孔谦削弱诸道财权的努力最后也以失败而告终，地方上的上供、送使、留州的财政分配体制依然如故，这种状况一直到北宋建立后才得以彻底改变。

（四）延资库与延资库使

延资库是由备边库改名而来的，备边库始置于唐武宗会昌五年（845），由宰相李德裕倡议设置，"令户部岁入钱帛十二万缗匹，度支盐铁岁入钱帛十二万缗匹，明年减其三之一，凡诸道所进助军财货皆入

[①] 详见李军：《五代三司使考述》，《人文杂志》2003年第5期，第129—131页。

焉"。①但是《新唐书·食货志二》却记载说："户部岁送钱帛二十万，度支盐铁送者三十万，诸道进奉助军钱皆输焉。"②此外，《唐会要》卷五九《延资库使》的记载与《新唐书》同，在这段文字后还加了一句，即"次年以军用足，三分减其一。诸道进奉助军钱物则收纳焉"。可知在财政三司各出钱物的同时，还将诸道进奉的助军钱也纳入备边库中。到了次年再减去三分之一，则仅纳16万缗匹，实在是微不足道，故应以《新唐书》与《唐会要》的记载为准。至唐宣宗大中三年（849），改备边库为延资库。唐代延资库的设置最初是为了备边，后来才发展成为储备全国军费开支的专库。其延资库的收入最初来自户部、度支、盐铁三个部门的划拨，后来因为这三个部门经常大量拖欠延资库的钱物，遂改为按一定比例从诸道场监院应交三司的财赋中划出一部分，直接运送京师纳入延资库，于是延资库便成为三司之外分掌国家财赋的又一机构了。③

备边库设置以后，"初以度支郎中判之"④。宣宗大中三年十月，改备边库为延资库。次年八月，以宰相白敏中为判延资库，⑤从此此职遂成为宰相的专门兼职，他官不得染指，而且通常以首相兼领此职。

五代时，只有后梁置有延资库，这和其与晋之间的战争频繁密切相关，由于军费开支浩大，不得不置专门机构掌管军需钱物。至于其是否也与唐代一样分掌国家财赋，独立收支，史籍缺载，很可能仍沿袭了唐朝延资库的习惯做法。后梁也是以宰相兼领延资库使，如"以开府仪同三司、太子太保致仕赵光逢为司空兼门下侍郎、平章事、弘文馆大学士、延资库使"⑥。再如"以右仆射兼门下侍郎、同平章事、监修国史、判度支、开国公敬翔为弘文馆大学士、延资库使、诸道盐铁转运等

---

① 《资治通鉴》卷二四八，唐武宗会昌五年九月，第8020页。
② 《新唐书》卷五二《食货志二》，第1361—1362页。
③ 参见李锦绣：《唐代财政史稿》下卷（第一分册），北京大学出版社，2001年，第218页。
④ 《新唐书》卷五二《食货志二》，第1361页。
⑤ 《资治通鉴》卷二四九，唐宣宗大中四年八月条，第8043页。
⑥ 《旧五代史》卷八《梁末帝纪上》，第126页。

使,余如故"①。敬翔以前虽已拜相,但不是首相,所以兼监修国史的馆职,待其升为首相后,才有了弘文馆大学士的馆职,并兼任延资库使。此外,开平三年的薛贻矩,乾化二年的于兢等,都以宰相之尊兼领过此职。后梁灭亡之后,各朝结束了持续的战争状态,因此也就没有必要再设置延资库了。

北宋没有设置延资库,南宋却在绍兴年间设置了类似性质的激赏库,显然是为了应对宋金战争的钱物需求。宋孝宗于乾道六年(1170)又设置备边库,主要设置在地方上。宋孝宗与高宗不同,"经略恢复,留意边陲",其设备边库的目的就在于此。其钱物来源,除了朝廷专门拨给的备边库钱外,"或以度牒,或以会子,专责帅臣变转,尽行封桩,以为他日戎事之备"。②应该说南宋备边库的设置目的与唐代完全相同,唐代亦有在边地设置延资分库的情况,这一点两朝并无不同,所不同的是,南宋设在中央的与地方的库名有所区别。尽管如此,仍可将这一制度视为对唐制的延续,宋人汪应辰在《文定集》卷五《论左藏南库事》一文中,也将激赏库比附为唐朝的备边库。③

(五)十国的财政职官

十国的财政系统比较复杂,各国情况也不一致,大体而言可以分为两类情况,称帝建元者为一类,如吴、南唐、南汉、闽、前蜀、后蜀、北汉等国;仍然奉中原王朝为正朔者为一类,如吴越、楚、荆南等国。后一类的政权仍然沿用唐代的道一级财政体制,即藩镇的财政体制,通常由其王兼任度支、营田、盐铁、制置发运等使,其下置有副使、判官、巡官等作为属员,辅佐其掌管财权,如罗隐就曾在吴越充任过"镇海军掌书记、节度判官、盐铁发运副使"④。唐末五代时期诸道皆置有供

---

① 《旧五代史》卷一〇《梁末帝纪下》,第143页。
② 〔宋〕彭龟年:《止堂集》卷六《江陵条奏边备疏》,见文渊阁《四库全书》,台湾商务印书馆,1983年,第1155册,第831页。
③ 参见杜文玉:《论唐五代时期的延资库与延资库使》,见《唐史论丛》第23辑,三秦出版社,2016年,第31页。
④ 《十国春秋》卷八四《罗隐传》,第1219页。

军粮料使，亦有判官、巡官等属员，负责本道军需粮饷的供给，实际控制了财权。诸国中一些尚未称帝建国的政权，亦置有供军粮料院，如南汉未称帝前就是如此，见于记载的有供军巡官陈用拙。①供军粮料使早在唐代时就拥有很大的权力，往往侵占应上交朝廷的财赋，如唐懿宗咸通八年（867），户部侍郎、判度支崔彦昭奏："当司应收管江、淮诸道州府咸通八年已前两税榷酒及支米价，并二十文除陌诸色属省钱，准旧例逐年商人投状便换。自南蛮用兵已来，置供军使，当司在诸州府场监钱，犹有商人便换，资省司便换文牒至本州府请领，皆被诸州府称准供军使指挥占留。以此商人疑惑，乃致当司支用不充。"②便是一例。不过在唐后期供军粮料使多在朝廷用兵之时设置，事罢即废，而五代十国时期却一度成为常设的职官，并掌管本国或本道财权。

这一历史时期已称帝建元的政权，各国情况不一，财政体制颇为复杂，如割据于福建的闽，仿中原王朝之制设置了国计院与国计使，掌一国之财政。王鏻在建国称帝之初，就以中军使薛文杰为国计使，"文杰多察民间阴事，致富人以罪，而籍没其资以佐用，闽人皆怨"。③薛文杰死后，先后以陈匡范、黄绍颇为国计使。由于闽国小财乏，黄绍颇遂制定卖官之法以敛财，"以资望高下及州县户口多寡定其直，自百缗至千缗"④。此外，见于记载的闽国财政官员还有盐铁使。⑤而吴国在正式建国时，设置了六部，以户部掌管全国财政。像这样的政权还有南汉、北汉等国，除了户部之外，还未见到其他有关财政的机构或职官设置。在诸国中以南唐的典章制度最为完善，其财政制度与中原王朝完全一致，即设置了三司使掌管全国财赋钱物，如严续就曾充任过三司使。⑥前后

---

① 〔宋〕钱俨撰，李最欣校点：《吴越备史》卷一，见傅璇琮、徐海荣、徐吉军主编：《五代史书汇编》十，杭州出版社，2004年，第6208页。
② 〔后晋〕刘昫等：《旧唐书》卷一九上《唐懿宗纪》，中华书局，1975年，第662页。
③ 《新五代史》卷六八《闽世家》，第848页。
④ 《资治通鉴》卷二八二，后晋高祖天福六年六月，第9225页。
⑤ 《十国春秋》卷九二《闽景宗本纪》："以盐铁使、右仆射李仁遇为左仆射兼中书侍郎"，第1340页。
⑥ 〔宋〕马令：《南唐书》卷一〇《严续传》，第5330页。

蜀的财政体制完全沿袭唐制，其财政由户部、度支、盐铁三司分掌，但未置三司使，而是以大臣3人分判，与中原王朝不同，却与唐后期的体制相同。如庾传素在前蜀时曾任户部侍郎，判度支。①再如后蜀广政三年（940），"太保兼门下侍郎同平章事赵季良请与门下侍郎同平章事毋昭裔、中书侍郎同平章事张业分判三司。癸卯，命（赵）季良判户部，（毋）昭裔判盐铁，（张）业判度支"②。前后蜀对掌判户部、度支、盐铁的人选十分重视，非重臣不能充任，在前蜀任此职者多升任宰相，如上面所说的庾传素便是如此，在后蜀则必须是宰相才能兼判，还未见到宰相之外的官员充任的记载。

三、御史台的职能及其变化

五代时期的御史台仍然是国家最高的监察机构，其设官及职能也依然沿袭唐制，但是如果详究起来，其与唐制并不完全相同，还是发生了不小的变化。研究五代时期御史台发生的变化，不仅对研究五代时期的职官制度有一定的意义，而且对了解我国古代监察制度的变化也有积极的意义。

（一）机构及人员的变化

五代的御史台仍然以御史大夫为长官，其副职为御史中丞，下设台院、殿院、察院等三院御史，这一点和唐制相比，一点也没有变化。从五代御史台的机构及人员来看，其变化主要体现在以下几个方面：

第一，御史大夫一职不再常设。众所周知，唐朝的御史大夫一职，前期为常置不废的重要官职，自唐"德宗贞元年间以后直至唐末，御史大夫不常置，而实际上以中丞为宪台之长"③。但在五代后梁统治时期及后唐同光年间，御史大夫却是常设的官职，并且负责着御史台的实际工

---

① 《十国春秋》卷三六《前蜀高祖本纪下》，第512页。
② 《十国春秋》卷四九《后蜀后主本纪》，第710页。
③ 胡沧泽：《唐代御史大夫考论》，见中国唐史学会编：《中国唐史学会论文集》，三秦出版社，1993年，第54页。

作。这一时期担任过这一官职的有：薛贻矩、姚洎、景进、李琪等人。①据《五代会要》卷一七《御史大夫》载："后唐天成元年六月，以李琪为特进、行御史大夫，自后不除。"②不过五代不置御史大夫并不是从此时起。另据《旧五代史·唐明宗纪三》载：天成元年十月"庚戌，以吏部侍郎卢文纪为御史中丞，时御史大夫李琪三上表求解任故也"。这只是因为李琪再三请求解除其所任官职，唐明宗遂任命卢文纪为御史中丞，以协助李琪负责御史台的工作，然御史大夫并没有废去不置。据上引之书《唐明宗纪四》载：天成二年二月"戊申，以御史大夫李琪为右仆射"。自此以后，五代便再也没有将御史大夫一职实授予人，与唐朝一样，以御史中丞为御史台的实际长官。在五代时期御史大夫通常可以升任至宰相，上面提到薛贻矩、姚洎、李琪等人，无一例外均自御史大夫升至宰相。至于景进，因为其本为乐人出身，没有什么才能，只是由于其善于讨好皇帝才得以充任御史大夫，故不可能升任宰相。

第二，御史中丞的地位有所提高。御史大夫不再授人后，御史中丞遂成为负责国家监察事务的最高官员。据《旧五代史·晋高祖纪五》载：后晋天福五年二月，"以中书门下侍郎为清望正三品，谏议大夫、御史中丞为清望正四品"。同书《职官志》亦载："晋天福五年二月，以御史中丞为清望正四品。按《唐典》，御史中丞正五品上，今始升之。"似乎直到这时御史中丞才升为正四品。其实不然，早在唐武宗会昌二年（842）十二月，经牛僧孺奏请，遂将御史中丞的品秩升为正四品下，所谓"亦与丞郎出入秩同，以重其任"③。唐朝的尚书左丞正四品上、右丞正四品下，六部侍郎除吏部侍郎为正四品上外，其余诸部侍郎皆为正四品下，当御史中丞升为正四品下后，就与丞郎品秩相当了。可见对御史中丞品秩的升迁早在唐代就已做过了，后晋不过是再次予以确

---

① 《旧五代史》卷三《梁太祖纪三》，第50页；《资治通鉴》卷二六八，后梁均王乾化三年九月，第8776页；《旧五代史》卷三四《唐庄宗纪八》，第469页；《旧五代史》卷三六《唐明宗纪二》，第499页。
② 《旧五代史》卷一四九《职官志》（第1992页）所载亦同。
③ 《唐会要》卷六〇《御史大夫》，第1235页。

认而已。由于上引《旧五代史》只说升为正四品，没有说明上阶还是下阶，且后晋的此次升迁是在唐会昌年间之后，会不会是由正四品下升为正四品上呢？我意不会，因为上引薛史《职官志》对此记载较详，全文如下：

> 中书门下上言："……'谏议大夫正五品，按《续会要》，会昌二年十二月升为正四品，以备中书门下四品之阙；御史大夫从三品，会昌二年十二月升为正三品；御史中丞正五品，亦与大夫同时升为正四品。'敕：'宜各准元敕处分，仍添入令文，永为定制'。"

这里强调的"各准元敕处分"中的"元敕"，指的就是唐会昌二年十二月颁布的敕令，所以只能是指正四品下。且上引同书还载：后周显德五年，将谏议大夫从正四品下仍降为正五品上，① 而上面的引文明确记载后晋是将御史中丞与谏议大夫同升为"清望正四品"的，既然谏议大夫为正四品下，则御史中丞亦不例外。尽管如此，五代御史中丞的地位与唐前期相比还是有所提高的，这就为宋代将御史中丞升为正三品奠定了基础。② 由于五代时期的御史中丞与六部侍郎、尚书左右丞大体同秩，所以当时或由丞郎改任御史中丞，或由御史中丞改任丞郎，这样的事例在新旧《五代史》中比比皆是，就不一一列举史料了。而在唐代尤其会昌二年以前，御史中丞只有经过升迁才能做到丞郎的职位。五代御史中丞的权力也很大，可以决定三院御史的人选，后唐同光元年就明确规定："三院御史仍委御史中丞条理申奏。"③ 御史台的其他官员也多是御史中丞奏请委任的，正因为如此，当前任御史中丞解任后，其所任用的官员往往也会随之被罢任。如后唐天成四年八月，"御史台奏：'主簿

---

① 《旧五代史》卷一四九《职官志》，第1991页。
② 〔宋〕孙逢吉：《职官分纪》卷一四《中丞》载："《官品令》：御史中丞，正三品。"中华书局，1988年，第312页。
③ 《旧五代史》卷三〇《唐庄宗纪四》，第418页。

朱颖是前中丞奏请，合随厅罢任'"①。此事虽然没有得到皇帝的批准，但从"合随厅罢任"来看，这当是当时普遍存在的一种习惯做法。

第三，外台任职的泛滥化。在唐代，诸道官员多有兼任宪官衔的，上至节度使、观察使，下至幕职、将校、巡院官，也都有兼任或检校御史台官职的现象。②不过唐代虽然允许外官兼任宪官，但尚有章法可循，通常以节度使兼任御史大夫，观察使或大州刺史在近畿者兼任御史中丞，③地位较低的官员只能兼三院御史衔。而五代则全无章法可言，如唐末帝清泰二年规定："诸道宾席未曾升朝者，若官兼三院御史，即除中下县令；兼大夫、中丞、秘书少监、郎中、员外郎与清资。"④所谓"宾席"，即指诸道的幕职官。从这段引文中可知他们低者可以兼任三院御史，高者可以兼任御史大夫、中丞。具体实例也不少，如唐庄宗同光二年（924），"以宣武军节度押牙李从温、李从璋、李从荣、李从厚、李从璨并银青光禄大夫、检校右散骑常侍兼御史大夫，宣武军节度押牙李从臻可检校国子祭酒兼御史中丞"。⑤节度押牙属于藩镇使府中的武职官系统。可见无论是藩镇使府的文职僚佐或是武职官系统，都可兼任至御史大夫或中丞。甚至诸道进奏官亦有兼任御史台官职的。宋人王栐说："国初，进奏官循五季旧例，假官至御史大夫。诸国既平，天下一统，诸州各置进奏官，专达京师，多至百数，混于皂隶，不复齿于衣冠之列。"⑥这种混乱的现象，也曾引起一些有识之士的忧虑，据《宋史·颜衎传》载，其在后晋充任御史中丞时，曾上疏"请自今藩镇幕僚，勿得任台官"，但于事无补。五代的这种乱授宪官的做法，严重地影响了对地方官员的监察，使得吏治更加混乱。

第四，关于郎官知台杂制度的变化。尚书省郎官知御史台杂事，早

---

① 《旧五代史》卷四〇《唐明宗纪六》，第553页。
② 孙立忠：《唐代监察制度探析》，《河南社会科学》2003年第1期，第84页。
③ 胡沧泽：《唐代御史大夫考论》，见中国唐史学会编：《中国唐史学会论文集》，第48页。
④ 《旧五代史》卷一四九《职官志》，第2002页。
⑤ 《旧五代史》卷三二《唐庄宗纪六》，第442—443页。
⑥ 〔宋〕王栐：《燕翼诒谋录》卷四《进奏吏补官》，中华书局，1981年，第41页。

· 140 ·

在唐后期就已有之,知杂事的郎官还往往可以升任至御史中丞。[1]五代前期仍然沿袭了唐朝的这项制度,如吕琦,"天成初,拜琦殿中侍御史,迁驾部员外郎,兼侍御史知杂事"[2]。再如薛融,"高祖入立,拜吏部郎中,兼侍御史知杂事"[3]。直到晋高祖天福三年,"御史台奏:'按《六典》,侍御史掌纠举百僚,推鞫狱讼,居上者判台,知公廨杂事,次知西推、赃赎、三司受事,次知东推、理匦。'敕宜依旧制。……自是无省郎知杂者。"[4]这次变化持续不久,至晋出帝开运二年(945)敕曰:"御史台准前朝故事,以郎中员外(郎)一员兼侍御史知杂事。近年停罢,独委年深御史知杂。振举之司,纪纲未峻,宜遵故事,庶协通规。宜于郎署中选清慎强干者,兼侍御史知杂事。"[5]又重新恢复了此制。不过从五代后期,尤其是后周时期知台杂者很少有郎官,而是由侍御史充任此职,这就说明又恢复了唐前期的制度。

第五,关于留台的设置问题。唐朝以洛阳为东都,并置有御史台,称之为东台、留台,通常以御史中丞1人主持留台事务,下设有三院御史各1至3人。唐后期留台不再置御史中丞,以三院御史主留台事务,而三院御史亦不常备。五代的后梁,未见设置留台。唐明宗天成元年,给事中杨凝式上疏提出:"'旧制,台省在西京,东都置留台留省及分司官属。请依旧制于西京置留台、省,如本朝东都之制。'不报。"[6]后唐都城在洛阳,这里所说的"西京",即指长安。从上面的引文看,杨凝式的这个建议并没有被后唐政府接受。五代时期在洛阳设置留台,最早出现在后晋统治时期。后晋推翻了后唐统治,遂将都城从洛阳迁到了汴梁,以洛阳为西京,并在那里设置了分司官及留台。从此以后,历后汉、后周、北宋,一直沿袭了这一制度。五代的留台主要负责对洛阳地

---

[1] 《唐代官制》,第81页。
[2] 《旧五代史》卷九二《吕琦传》,第1215页。
[3] 《新五代史》卷五六《薛融传》,第647页。
[4] 《旧五代史》卷一四九《职官志》,第1994页。
[5] 《五代会要》卷一七《侍御史》,第288页。
[6] 《册府元龟》卷四七五《台省部·奏议六》,第5666页。

区的官员及分司官的监察工作,如汉乾祐二年七月,"西京留台侍御史赵砺弹奏,太子太保王延、太子洗马张季凝等,自去年五月后来,每称请假,俱是不任拜起。诏延等宜以本官致仕"①。王延、张季凝均为分司官。②同年九月,"西京留守判官时彦澄、推官姜蟾、少尹崔淑并免居官,坐不随府罢职,为留台侍御史赵砺所弹也"③。此外,西京留台除了监察洛阳地区的官员外,对其周围地区的官员也负有监察之责,如后晋开运二年八月,"西京留司御史台奏:'新授邓州节度使宋彦筠于银沙滩斩厅头郑温。'诏鞠之"④这种规定与唐制完全一致。留台除了负责对官员的监察工作外,还负责许多其他事务,如后晋时陶谷任太常少卿,曾经上疏说:"臣任监察御史日,留台西京。窃见台司详断者,至于夫妇之间,小小争讼,动引支证,淹滞积时。及坊市死亡丧葬,又须台司判状;奴婢病亡,又须检验。人吏贪狡,因此邀求,动经旬时,不遂埋瘗。是臣目击,尝嫉弊讹者。"⑤可见留台事务之繁剧程度。不过由于五代时期社会动荡,政治黑暗,西京留台虽然做了一些工作,但从总体来看,仍不能改变当时的腐败吏风,所谓"时朝官分司在洛,虽有留台御史,纪纲亦多不整肃"⑥,便是这种状况的真实写照。还有一点需要指出,五代留台与唐后期一样,只有三院御史的设置,且不齐备,还未见到有御史中丞主持台务的相关记载。

(二)职能的发展与变化

五代御史台的职能大体仍沿袭唐制,所不同的是其职权范围更为广泛,所负责的事务更加繁剧。五代御史台总的职责仍是"正朝廷纲纪,举百司紊失",这一点与唐制完全一致,并无变化。具体而言,御史台

---

① 《旧五代史》卷一〇二《汉隐帝纪中》,第1360页。
② 《旧五代史》卷一三一《王延传》:"以疾求分司西洛,授太子少保。既而连月请告,为留台所纠,改少傅致仕。"第1726页。
③ 《旧五代史》卷一〇二《汉隐帝纪中》,第1361页。
④ 《旧五代史》卷八四《晋少帝纪四》,第1110页。
⑤ 《册府元龟》卷六六《帝王部·发号令五》,第740页。
⑥ 《旧五代史》卷一二七《卢文纪传》,第1668页。

除了监察诸司，纠弹百官，出使巡按，推鞫狱讼外，还要负责理赃赎，更值朝堂受表，监察殿廷供奉及巡幸、祭祀之礼仪，巡察纠举京城不法之事，监莅仓库出纳等事，这一切都与唐制相同，并无大的变化。但是细究起来，仍可以看出五代之制与唐制的一些差别，这些差别主要表现在如下方面：

首先，推鞫狱讼范围的扩大化。御史台之所以有推鞫狱讼的权力，是因为御史台在履行弹奏职责时必须要详细地推问案情，然后才能弹奏，这种推鞫当然是非常必要的。此外，御史台还往往接受皇帝的命令，推按一些案件，这种案子就是所谓的"制狱"。它往往与刑部、大理寺联合组成"三司"，共同审理"制狱"。还有一个原因使御史台具有了司法权，即按照国家制度御史台有权监察刑狱，所以刑部、大理寺审理过的案子都要报御史台，为了详定刑部、大理寺报上来的案子，御史台还专门设置了一种官职，即法直官。所有这些都是御史台所必须拥有的司法权，但是在唐代御史台的司法权与其他司法部门还是有区别的，即御史台"有弹邪佞之文，无受词讼之例"[1]。唐后期这种限定已开始突破，至五代时期则有进一步扩大化的趋势，甚至顾此而失彼。有关这一历史时期御史台直接受理词讼的事例比比皆是，甚至有地方刑事案件不经州府审断，直接赴御史台投诉的事例。由于此类情况越来越多，唐明宗长兴三年规定："今后诸色人论讼，称已经州府断遣后抑屈，更不在牒本道勘逐，便可据状施行。若未经州府论诉，蓦越陈状，可具事由，勒本道进奏官差人赍牒监送本处，就关连人勘断讫奏闻。"[2]虽然对此类现象进行了一定的限制，但却没有明确规定御史台不能接受词讼，所以仍然无法杜绝这类现象。到了唐末帝清泰二年，右拾遗许逊上奏说："朝廷班外之宜，职在御史台，如有愆违，御史弹纠。其余鞫狱，自有法司，事若有违，他自论奏，此外越局言事，并望寝停。"[3]即只有在司法部门鞫狱有误的情况下，御史台才可以纠弹论奏，否则不能越

---

① 《唐会要》卷六〇《御史台》，第1226页。
② 《五代会要》卷一七《御史台》，第284页。
③ 《册府元龟》卷四七六《台省部·奏议七》，第5678—5679页。

局言事。许逊的这种主张得到了皇帝的认可，但从五代后期的情况看，御史台直接接受词讼的现象仍然存在。御史台不仅接受词讼，还直接侵削了地方官府的职权。如"京城坊市士庶工商之家，有婢仆自经投井，非理物故者。近者已来，凡是死亡，皆是台司左右巡举勘检，施行已久"。这种事情在唐代应该属于当地府县的职权范围，但在五代初期则是民户非正常死伤由当地府县派员勘检，军户由军巡司负责，至迟在后唐时期这种权力已转移到了御史台。由于御史台事务实在繁剧，且人员有限，遂有人于天成元年上疏请求明确御史台与其他诸司的职责范围，要求上述两类人户分别由府县和军巡司负责，商旅死亡由户部负责，文武两班官员家死伤人才由御史台勘检。这个奏疏得到了皇帝一定程度的支持，但商旅死伤仍然由御史台负责。①由于御史台所具有的监察刑狱的特殊地位，遂使其成为凌驾于大理寺之上的一级审判机关，在五代时期凡重大的案件皇帝往往交给御史台审理，而大理寺受到了冷落。正因为御史台在司法系统中具有这种特殊的地位，所以在史籍中凡是有关刑狱的记载，常常提到御史台如何如何，而对刑部、大理寺等司法部门的记载相对于御史台少了许多。如后唐清泰元年九月，"以霖霪甚，诏都下诸狱委御史台宪录问，诸州县差判官令录亲自录问，画时疏理"。②根本就没有提到司法主管部门。

其次，增加了许多御史台本职工作之外的事务。五代时期御史台的职权有不断扩大的趋势，其中一些事务与作为国家最高监察机关的性质颇不相合，与御史台的本职工作颇不相干。如后唐同光元年，"诏御史台，班行内有欲求外职，或要分司，各许于中书投状奏闻"③。朝官中欲想外任者，须先申报御史台，然后才能到中书门下投状提出申请。这一事务就与御史台的纠弹之务毫无关系。另据记载，后唐朝廷之所以允许朝官自愿求取外职，是因为"迩闻京百官俸钱至薄，骨肉数多，支赡不

---

① 以上均见《旧五代史》卷三七《唐明宗纪三》，第514—515页。
② 《旧五代史》卷四六《唐末帝纪上》，第639页。
③ 《旧五代史》卷三〇《唐庄宗纪四》，第417页。

充，朝夕难遣"①，而实行的一种优恤政策。既然是一种合理的请求，并非违法乱纪，又何必申报监察部门呢？再如"清泰二年十二月，诏御史台晓告中外，禁用铅钱，如违犯，准条流处分"②。禁用劣质货币本来是三司的本职工作，后唐政府却偏偏将此事交给御史台办理，无疑又加重了御史台的负担。汉隐帝乾祐三年，有人上奏说："访闻道士皆有妻孥，携在道宫居止，不独伤于教法，其实污于清虚，望特行禁止。"于是又颁敕："宜令御史台严加告谕，不得更然。"③道士有不法行为本应属祠部管辖，结果也要御史台出面查禁。甚至"妇女服饰异常宽博"，民间不论贵贱，"悉衣锦绣"，以及民间丧葬规格逾制等事，本来属于地方府县管辖范围内的事，也都要御史台出面严厉查禁。④对于民间不讲孝悌，不恭尊长，横行乡里，行为不法等完全属于地方官府教化民众的职责范围内的事，后周政府却要御史台也参与此事，并严加弹察。⑤有时还赋予御史台许多意想不到事务，如石敬瑭投靠契丹推翻了后唐政权，在其攻入洛阳之初，百官躲避兵乱，纷纷逃散，于是"诏御史府促朝官入见"。⑥这些情况的存在，使得五代御史台的事务非常繁剧，经常困于人手不足，以至于规定："诸御史今后除准式请假外，不得以细故小事请假离京；除奉制命差推事及按察外，不得以诸杂细务差出。"⑦甚至在三司推按期间，可以免除参与推按的御史参加朝会。一方面想减轻御史台的额外负担，另一方面却动用御史台官员参与和其本职工作无关的事务。这类记载比比皆是，如后唐同光元年，命"御史中丞李德休权判东西铨事"⑧。后晋天福五年，命御史中丞窦贞固参与草定文武二舞及

---

① 《册府元龟》卷四八《帝王部·从人欲》，第546页。
② 《旧五代史》卷一四六《食货志》，第1948页。
③ 《册府元龟》卷五四《帝王部·尚黄老二》，第609页。
④ 《册府元龟》卷六五《帝王部·发号令四》，第729页。
⑤ 《册府元龟》卷六六《帝王部·发号令五》，第744页。
⑥ 《旧五代史》卷七六《晋高祖纪二》，第992页。
⑦ 《旧五代史》卷八四《晋出帝纪四》，第1109—1110页。
⑧ 《旧五代史》卷三〇《唐庄宗纪四》，第416页。

"详定正、冬朝会礼及乐章"。①而这些事务本属于礼部和太常寺的职责范围。

再次，修订与颁布格律编敕。按照唐制，刑部是国家的最高司法行政机关，"刑部掌律令，定刑名"②。也就是说修订律令编敕应是刑部的本职工作。但实际上即使在唐朝，御史台参与律令编敕修订的记载也是频频见于史籍，因为御史台也是所谓三法司之一，参与这项事务也是分内之事。然由于修订律令毕竟不是御史台的本职工作，所以此事只能是以刑部为主，御史台、大理寺进行协助，如果以御史台为主，而刑部反倒处于协助地位，那就本末倒置了，五代时期的情况恰恰就是如此。如后梁开平三年，命太常卿李燕、御史司宪萧顷等6人共同删定律令格式，次年编成《大梁新定格式律令》103卷。③此次御史台只是派员参与了法书的编修，尚属正常情况，以后的几次编修法书的行动便完全以御史台为主了。如后唐长兴四年，"诏御史中丞龙敏等详定《大中统类》"④。清泰二年，"御史中丞卢损等进清泰元年已前十一年内制敕，可久远施行者凡三百九十四道，编为三十卷；其不中选者，各令本司封闭，不得行用。敕付御史台颁行"。⑤这一次御史台不仅主持了此项工作，而且法书的颁行也是由御史台负责，这就完全超出了御史台的职责范围。后晋天福四年，"御史中丞薛融等上详定编敕三百六十八道，分为三十一卷"。⑥周广顺元年（951），"命侍御史卢忆等，以晋、汉及国初事关刑法敕条一十六件，编为二卷，目为《大周续编敕》"。⑦显德四年，周世宗命中书门下差官详定格律，中书门下遂"差侍御史知杂事张湜等一十人详定"。⑧可见由御史台主持编修法书，在五代时期已经被视为一

---

① 《新五代史》卷五五《崔梲传》，第636页。
② 《唐会要》卷三九《定格令》，第824页。
③ 《五代会要》卷九《定格令》，第146页。
④ 《旧五代史》卷四四《唐明宗纪十》，第605页。
⑤ 《五代会要》卷九《定格令》，第148页。
⑥ 《旧五代史》卷七八《晋高祖纪四》，第1030页。
⑦ 《五代会要》卷九《定格令》，第148页。
⑧ 《旧五代史》卷一一七《周世宗纪四》，第1560页。

种责无旁贷的职责了。御史台不仅被深深地卷入法书的编修工作中去，而且连协助诸司抄录法书的工作也落在了御史台头上。如后唐长兴二年敕："应律令、格式、《六典》，准旧制，令百司各于其间录出本局公事，具细一一抄写，不得漏落纤毫，集成卷轴，兼粉壁书在公厅。若未有廨署者，其文书委官主掌，仍每有新受（授）官到，令自写录一本披寻。或因顾问之时，须知次第，仍令御史台告谕。"①此事本应由尚书都省会同六部协调进行。

复次，参与祭祀事务。御史台监察祭祀活动的目的，是为了防止失仪或违规行为的发生，通常并不直接参与祭祀事务的管理，正如后梁开平二年所颁布敕条所云："祭祀之典，有国大事，如闻官吏慢于恪敬，礼容牲选，有异精虔。宜令御史台疏其条件闻奏。"②但是到了五代后期，御史台却越来越多地陷入祭祀活动的具体事务中。如后晋天福七年规定：在太庙内修盖库房5间，由三司预支祠祭礼料物色等入库，以后"每有祠祭，诸司合请礼料，至时委监库御史宋彦昇、宗正丞石载仁旋旋（令）给付"。御史监察府库出纳，这完全是御史台正常的职责，但由监库御史直接负责给付物料，便失去了监察的意义。不仅如此，后晋还规定"其大祠、中祠兼令监祭使检点馔造，小祠即令行事官检点"。③这里是指祭品、仪物的馔造。唐制，由监察御史中第一人，察吏部、礼部，兼监祭使。五代沿袭了唐朝的这一制度，并增加了察宗正寺的职责。但监祭使的职责在于监察，而不是参与具体事务，后晋责令监祭使具体负责大祠、中祠祭品、仪物的检点馔造，便使其无法尽到全面监察整个祭祀活动的职责。这种做法一直延续到五代末年，如后周显德五年时，仍然规定"诸司寺监逐季请到祠祭礼料、币帛、脚钱等于宗正寺，监祭使与本寺官同掌，候至日供应"④。"同掌"二字将监祭使的事务性角色说得再也明确不过了。

---

① 《五代会要》卷一〇《刑法杂录》，第161页。
② 《五代会要》卷三《牲牢》，第52页。
③ 以上均见《五代会要》卷四《缘祀裁制》，第57页。
④ 《五代会要》卷四《缘祀裁制》，第58页。

五代御史台还负责许多具体事务的监察，如官员充使出差的时间是否超过规定的时日，充使官员出发时是否向皇帝或相关部门辞行过，归来后是否未复命便归私第，因公外出时是否携家带口，诸道入奏官员是否有失礼仪之处，因资荫而补官是否有弄虚作假者，铨选除官后是否有不谢而直接赴任者，官员中是否有假期满而未归廨署者，廊餐时是否有失仪者，等等。这一切虽然均是御史台应尽的职责，但在其工作范围不断扩大，且越来越事务化、琐碎化的趋势下，便使其不堪重负了。正因为如此，遂导致了御史台经常处于人员紧缺的状态中，甚至要求从诸州使院中抽调人力，"据台中诸司阙人，临时量才填补者"。①

（三）御史台的作用及局限性

　　由于五代社会动荡，吏治不修，所以当时的统治者大都比较重视御史台的工作，希望通过加强监察来达到改变吏风，整顿吏治的目的，这也是这一历史时期御史台事务越来越繁剧的一个重要原因。从当时的情况看，御史台确实也发挥了一定的积极作用，在一定程度上起到了惩治污吏，整顿吏风的作用。如后梁开平中，"金吾街使寇彦卿入朝，过天津桥，市民梁现者不时回避，前导伍伯摔之，投石栏以致毙"。梁太祖命其出家财给死者家属，以赎其罪。御史崔沂上奏坚决要求将寇彦卿以法治罪，梁太祖偏护寇彦卿，命以过失罪论处，遭到崔沂拒绝，经过崔沂的再三奏请，终于迫使皇帝惩处了寇彦卿。②后唐天成中，"会河阳帑吏窃财事发，诏军巡院鞫之"。军巡使尹训纳贿曲断，被侍御史吕琦弹劾，屡次上表要求严惩，尹训自知难逃法网，遂自杀而死。"其狱遂明，蒙活者甚众"。③"陈守愚为唐州方城令，广顺二年二月在任，克留人户蚕一千五百斤货之，兼丐率资金，为民所讼。守愚携牌印自诉于阙下。御史台推劾伏罪，杖死之"。④"周杨瑛，广顺中为郑州防御判官。瑛断犯盐人李思美处死，思美妻王氏诣御史台诉冤。台司追瑛鞫讯，伏

---

① 《册府元龟》卷五一七《宪官部·振举二》，第6180页。
② 《旧五代史》卷六八《崔沂传》，第900页。
③ 《旧五代史》卷九二《吕琦传》，第1215—1216页。
④ 《册府元龟》卷七〇七《令长部·贪黩》，第8419页。

失人之罪"。①对于那些违纪官员御史台也都进行了纠举,如"梁卢格为侍御史。太祖乾化二年,御史台奏:'格先请患假满一百日,准例合停。'从之";太常少卿萧愿因在太微宫祭祀时饮酒而醉,被御史弹劾贬官;"李遘为司天少监。长兴二年二月戊戌,御史台奏:'遘请假满十旬,准前例合停官。'从之。"②御史台的这些作为对震慑不法官吏,无疑产生了一定的积极作用。

然从总体来看,五代御史台的作用还是有限的,因为这一时期的执法环境较差,上到皇帝,下至权贵,均利用特权干预御史台的监察工作,致使其不能完全尽到纠弹的职责。如后唐镇州节度使李从敏及其属下接受贿赂,枉法杀人,遭到侍御史赵都的纠弹。唐明宗惊怒,本欲严惩,但由于李从敏妻来朝活动,中宫干预,仅罚俸一季了事。③李琪任御史大夫时,枢密使安重诲在御史台门前擅自杀死殿直马延,李琪"虽曾弹奏,而依违词旨,不敢正言其罪,以是托疾,三上章请老"。④这是御史台长官畏惧权贵,不敢行使职责的一个典型事例。《旧五代史·张从宾传》载:其在晋高祖时奉命巡警洛阳,"一日,逢留司御史于天津桥,从兵百人,不分路而过,排御史于水中,从宾绐奏其酒醉,其凶傲如此"。御史连自身的安全都不能得到保障,又如何谈得上严于执法呢?张彦泽在后晋初任彰义节度使,曾将掌书记张式剖心、决口、断手后而斩之,并且大肆掠夺泾州人民,致使当地社会残破,经济凋弊。继任者王周奏张彦泽不法事26条,又经朝臣们多次论奏,晋高祖为此蠲免泾州赋税、杂役一年,并下罪己诏,而对张彦泽仅削阶、降爵而已。"于是国珍等复与御史中丞王易简率三院御史诣閤门连疏论之,不报"。⑤皇帝祖护犯罪官员的事例并不仅此,另据《旧五代史·李重

---

① 《册府元龟》卷八七五《总录部·讼冤四》,第10379页。
② 以上分见《册府元龟》卷九〇六《总录部·假告》,第10735页;《旧五代史》卷一二八《萧愿传》,第1688页;《册府元龟》卷九〇六《总录部·假告》,第10735页。
③ 《北梦琐言》卷二〇《委使按问》,第353—354页。
④ 《旧五代史》卷五八《李琪传》,第786页。
⑤ 《新五代史》卷五二《张彦泽传》,第598页。

俊传》载：李重俊在晋出帝时任虢州刺史，"性贪鄙，常为郡人所讼，下御史台，抵赃至重，太后以犹子之故救之，乃归罪于判官高献，止罢其郡。未几，复居环列，出典商州"。周世宗号称明君，亦不免有徇私之情。其生身父亲柴守礼在洛阳横行无忌，曾经杀人于市，有司上奏，而"世宗不问"。①前许州行军司马韩伦，为侍卫马军都指挥使韩令坤之父。韩令坤在陈州任职期间，"伦在州干预郡政，掊敛之暴，公私患之，为项城民武都等所讼"。周世宗"命殿中侍御史率汀就按之"，遂削夺韩伦在身官爵，配流沙门岛。②然据《宋史·韩令坤传》云：韩伦"法当弃市，令坤泣请于世宗，遂免死流海岛"。不久韩伦又被起用为左骁卫中郎将，迁左监门卫将军。

执政者个人的好恶，往往也使御史台的纠弹工作难以落到实处。如王昭诲任司农少卿时，曾请假归乡洒扫祖坟满百日，按照后唐的规定应当受到停官的处分，当御史台对其进行纠弹后，敕旨却说"王昭诲方念继绝，特授殊恩，久别丘园，许归祭奠，虽违假限，宜示优弘，不停见任"。③同样是归乡探亲或洒扫祖坟，超假后别人均受到停官的惩处，而王昭诲却可以例外，这种执法因人而别的做法，对吏治的整顿造成了很不利的影响。

此外，五代时期充任御史者的素质比较低下，也在一定程度上对监察工作造成了不利影响。如清泰三年，御史中丞卢损，知杂侍御史韦税，侍御史魏逊、王岳等，因对德音内容理解有误，误释罪人，受到了贬官的处分。④崔协，同光初任御史中丞，因"宪司举奏，多以文字错误，屡受责罚"。⑤显德二年，"御史中丞杨昭俭、知杂侍御史赵砺、侍御史张糺并停任，坐鞫狱失实也"。⑥所有这一切都是官员文化与品格素

---

① 《新五代史》卷二〇《周世宗家人传》，第201页。
② 《旧五代史》卷一一七《周世宗纪四》，第1558页。
③ 《册府元龟》卷九〇六《总录部·假告》，第10735页。
④ 《旧五代史》卷四八《唐末帝纪下》，第659页。
⑤ 《旧五代史》卷五八《崔协传》，第780页。
⑥ 《旧五代史》卷一一六《周世宗纪三》，第1548页。

质不高的表现。在这一历史时期朝廷高官中有许多人不懂典章、故事，有的甚至连朝官班位的高下都分不清楚，御史台中也不乏其人。刘昫罢相后任尚书仆射，有人建议仆射班位应在散骑常侍之后，刘昫大怒。宰相遂命御史台检索故事，台司言："故事无所见，据今南北班位，常侍在前。"①引起了社会舆论的嘲笑。其实仆射乃百官之长，在唐初为首席宰相，五代时期虽然早已退出了宰相行列，但必定官班崇高，岂是散骑常侍所能相比？御史台官员素质如此低下，真不知其是如何监察殿廷礼仪的。这种事例还不止一处，后唐庄宗时，封齐王张全义为太尉，"礼毕，全义赴尚书省领事。左谏议大夫窦专不降阶，为御史所劾，专援引旧典，宰相不能诘，寝而不行"。②这种因官员素质而引起礼仪上的争端，在这一时期比比皆是。按照当时制度，御史台的工作由尚书左右丞负责监察，以便互相监督，因此左右丞的素质如何，对御史台的工作有直接的影响。清泰元年，张鹏任御史中丞，在举行内殿起居时他与负责监察礼仪的御史迟到了，随后张鹏自我纠举，受到罚俸各一月的处分。针对此事，宋人评论说："故事，御史府不治，尚书左右丞举奏，今鹏自弹，则尚书左右（丞）可知矣。"③这是对尚书左右丞素质低下的一种批评。

  当然，造成五代时期御史台工作不得力的原因还有很多，强藩林立，朝廷势弱，这种尾大不掉的政治局面，也不利于监察工作的展开。比如按照惯例，新任大夫、中丞赴台上任之时，诸道进奏官都要赴台司参贺。天成元年，"时卢文纪初拜中丞，领事于御史府，诸道进奏官来贺，文纪曰：'事例如何？'台吏乔德威等言：'朝廷在长安日，进奏官见大夫中丞，如胥吏见长官之礼。及梁氏将革命，本朝微弱，诸藩强据，人主大臣姑息邸吏，时中丞上事，邸吏虽至，皆于客次传语，竟不相见。自经兵乱，便以为常。'文纪令台吏谕以旧仪相见，据案端简，通名赞

---

① 《新五代史》卷五五《马胤孙传》，第629页。
② 《旧五代史》卷三二《唐庄宗纪六》，第435页。
③ 以上见《册府元龟》卷五一七《宪官部·振举二》，第6180页。

拜。邸吏辈既出，怒不自胜，相率于阁门求见，腾口喧诉"。①卢文纪的此次行为虽然后来得到了皇帝的支持，但在整个社会政治背景没有改变的情况下，御史台执宪之司的权威地位仍然得不到尊重，自然对官吏们也形不成震慑，从而使御史台职能的发挥大打折扣。

四、诸使、诸职杂考

五代十国时期还出现了一些新的使职官，这些使职有的创置于唐末，为五代十国所沿袭，有的则为这一时期新创，并为宋代所沿袭。这些使职官并不一定地位很高，但却比较重要，故有研究的必要。

（一）中门使、内门使与小门使

中门使一职，多见于五代十国时期，不仅中原王朝有设置，南方诸国也有设置。如后唐同光元年"夏四月己巳，皇帝即位，大赦，改元，国号唐。……中门使郭崇韬、昭义监军张居翰为枢密使"。②据此可知，早在后唐建国之前，就已经有了中门使的设置，称帝以后遂以原中门使郭崇韬为枢密使，可见中门使只是这一历史时期藩镇的职官系统中才有的使职。再如"（安）重诲自明宗龙潜时得给事左右，及镇邢州，以重诲为中门使，随从征讨，凡十余年"③。《新五代史·后蜀世家》载："（孟）知祥乃即皇帝位，国号蜀。以赵季良为司空、同中书门下平章事，中门使王处回为枢密使。"可知王处回所任的中门使也是在孟知祥任西川节度使期间设置的，其一旦建国称帝便不再设置了。其他藩镇也置有此职，如后晋安远节度使李金全，"以亲吏胡汉筠为中门使，军府事一以委之"。④再如"郭廷谓字信臣，彭城人。父全义，仕为濠州观察使。廷谓幼好学，善书扎（札）、骑射，补殿前承旨，出为濠州中门

---

① 《旧五代史》卷一四九《职官志》，第1993页。
② 《新五代史》卷五《后唐庄宗纪》，第44页。
③ 《旧五代史》卷六六《安重诲传》，第873页。
④ 《资治通鉴》卷二八一，后晋高祖天福二年十一月，第9184页。

使"。①说明南唐的藩镇也置中门使，因为濠州即南唐定远军节度使治所。②从现能查找到的有关中门使的相关史料看，无一例外地均证明这一使职属于藩镇职官系统，是节度使下属的一个重要使职。有人认为"中门使一职主要见于五代时期，尤其是后唐一代，此前此后则较为少见，未知'中门使'是否为'閤门使'之变称，或于诸使外别置一使"③。从以上所论看，显然中门使一职并非仅见于五代后唐时期，而是整个五代十国时期均有设置，只是由于相关史料较少，且大多集中在后唐时期，所以容易导致这种误判的出现。至于说中门使是否是閤门使的变称，或与閤门使有什么关联，笔者认为与其没有任何关系。因为閤门使在唐代为内诸司使之一，五代仍然有设置，并没有被废去或被中门使所取代，故不可能是其变称，且閤门使为中央职官系统的使职官，而中门使则只在藩镇设置，还未见到建元称帝后有哪个政权在中央设置此职的记载。且閤门使掌赞导官员朝见和通达奏状，④而"中门之职，参管机要"⑤，两者的职能完全不同，因此中门使只能是诸使之外别置的一使，且不是中央职官系统之使职。

仅就中门使的使名而言，据目前笔者所掌握的史料看，最早应出现在隋代。《唐五代传奇集》引唐代佚名《开河记》云：隋炀帝开汴渠时，曾任命麻叔谋为开河都护，任命令狐达为开渠副使，麻叔谋喜将小儿蒸熟而食，"襄邑、宁陵、睢阳界，所失孩儿数百，冤痛哀声，旦夕不辍"。麻叔谋又担心此事闹大了，一旦被朝廷知晓了将会受到查处，时"虎贲郎将段达为中门使，掌四方表奏事，叔谋令家奴黄金窟将金一埒赠与，凡有上表及讼食子者，不讯其词理，并令笞背四十，押出洛阳。道中死者，十有七八"。据此可知，隋朝也有中门使的设置。但是

---

① 〔宋〕陆游：《南唐书》卷一四《郭廷谓传》，第5571页。
② 参见杜文玉：《南唐史略》，陕西人民教育出版社，2001年，第180页。
③ 陈国灿、刘健明编著：《〈全唐文〉职官丛考》，武汉大学出版社，1997年，第441—443页。
④ 唐长孺：《山居存稿》，中华书局，1989年，第260页。
⑤ 《新五代史》卷二四《郭崇韬传》，第245页。

此职不见于《隋书》等相关典籍，如果属实，这应该是中门使名号的最早记载。不过这时的中门使与五代的中门使无论是性质还是职能都不同，因此五代的中门使不是隋代中门使的沿袭，只是名号偶尔相同罢了。

关于五代十国时期的中门使何时始置的问题，有人认为始于唐末，[1]这种观点大致是不错的，就不多说了，下面主要论述中门使的职能问题。

胡三省说："晋王封内，凡节镇皆有中门使，其任即天朝枢密使也。"[2]这一看法是不错的，从相关史料看，确实如此。以郭崇韬为例，其在李克用时期就已经入其幕府，至其子李存勖攻下魏博时，"召充副中门使，与孟知祥俱参机要。崇韬怀抱豁如，果于临事，承授决断，略无疑滞，以此恩顾日隆"。后又升任中门使，"自是崇韬专典要密，军筹计画，多所参决，艰难战伐，靡所不从"。[3]又载："孟知祥，初庄宗为中门使。庄宗平定魏博，知祥与李绍宏俱掌机要。"[4]据此可知，中门使乃节镇中掌典机要之职，并且参与重大军事行动的决策，是一个权任极重的职务。《新五代史·安重诲传》亦载："明宗镇安国，以为中门使，及兵变于魏，所与谋议大计，皆重诲与霍彦威决之。"亦可反映出中门使往往参与重大事务决策的情况。后晋安远节度使李金全以胡汉筠为中门使，"军府事一以委之"。[5]晋出帝石重贵即位后，与契丹交恶，开运三年冬，出帝命成德节度使、邺都留守杜重威率大军抵御契丹，杜重威卖国求荣，"一日，伏甲于内，召诸将会，告以降敌之意，诸将愕然，以上将既变，乃俛首听命，遂连署降表，命中门使高勋赍送敌帐"[6]。杜重威之所以派高勋送降表，说明其也参与了此事的决策，且兹事重大，遂命其亲自前往。从中门使掌典机要、参与重大军政事务的

---

[1] 王凤翔：《五代十国时期的中门使》，《史学月刊》2003年12期，第120—121页。
[2] 《资治通鉴》卷二六九，后梁均王贞明二年九月胡注，第8805页。
[3] 《册府元龟》卷三〇九《宰辅部·佐命二》，第3648页。
[4] 《册府元龟》卷八二八《总录部·论荐》，第9831页。
[5] 《资治通鉴》卷二八一，后晋高祖天福二年十一月，第9184页。
[6] 《旧五代史》卷一〇九《杜重威传》，第1435页。

决策这一点看，说其职相当于中央政府中的枢密使之职是不错的。

中门使的得名，与"中门"二字密切相关，这里所说的"中"，即"内"的意思，故中门即内门，以此名官，则说明中门使乃亲近之职。从五代十国时期任中门使的人来看，无一不是节帅之亲信，如郭崇韬，"甚见亲信"；①安重诲，"已见亲信"；②胡汉筠乃李金全之亲吏；孟知祥任中门使，是因为其"地居右戚，兼要密之任"；③后来孟知祥任西川节度使，任西川中门使的王处回也是他的亲信。而中朝之枢密使也是亲近之职，从这个角度看，胡三省说节镇之中门使相当于枢密使也是有道理的。而且这一时期凡自节帅而称帝者，其中门使无一不升任为枢密使，如郭崇韬、安重诲、王处回等，均是如此。但是胡三省所说的"晋王封内，凡节镇皆有中门使"一句，则很值得商榷。前面列举的后晋胡汉筠、高勋，南唐之郭廷谓，西川之王处回等，均不在晋王封内。还有一条史料可以进一步证明胡三省说法的错误，《全唐文》卷八六一李澣《陈阴事奏》云："至五月四日，海真差中门使赵佩传语臣云：'昨据差人赍绢书上南朝皇帝，请发兵来'。"这篇文章的作者李澣是何许人呢？《全唐文》小传介绍说："澣，字日新，仕后唐，历集贤校理。入晋累迁中书舍人。契丹入汴，陷塞北。宋建隆三年卒于契丹。"可见其撰写此文时已经身陷契丹，当是在后周太祖郭威统治时期，即广顺时期（951—954）。那么文中所说的海真又是何许人呢？另据《册府元龟》卷七六二《总录部·忠义三》载：李澣被契丹胁持北迁后，"虏主永康王善待之。永康入国，以澣华人，不令随从，留住幽州，供给亦厚"。萧海真时任契丹幽州节度使，"与澣相善，每与澣言及中国，意深慕之。澣尝微以言挑之，欣然遂纳"。这一时期后周的定州节度使也常派谍者入幽州侦察，与李澣多有接触，李澣表示了希望返回故乡之意。定帅遂将此事上奏周太祖，周太祖密遣人颁赐诏书给李澣，于是便有了李澣的《谢周太祖赐诏书》之文。此外，《陈阴事奏》还记载，由于周太

---

① 《新五代史》卷二四《郭崇韬传》，第245页。
② 《新五代史》卷二四《安重诲传》，第252页。
③ 《册府元龟》卷八二八《总录部·论荐》，第9831页。

祖没有给萧海真颁赐诏书，李澣不便将自己的这道诏书拿给萧海真看，正好海真派中门使赵佩向李澣传话，告诉他打算派人上书后周，希望南朝派兵前来，李澣便上书将此事报告了周太祖。《全唐文》所收的这两篇文章便是在这种背景下产生的。可见即使在契丹的节度使幕府中也置有中门使之职，从赵佩能参与如此机密的事来看，其当为节帅之亲信，职能也基本与中原王朝相似。综上所述，可知中门使当为五代十国时期藩镇幕府中比较普遍设置的一种使职，并不限于晋王属下各节镇，至于契丹设中门使当是仿效中原王朝，这是不言而喻的。

还有一点需要指出，五代十国时期任中门使者，并不限于士人，亦有宦官充任此职的现象，如马绍宏就曾在李存勖属下充任过卢龙镇中门使。《资治通鉴》卷二七〇后梁均王贞明五年三月载："晋王自领卢龙节度使，以中门使李绍宏提举军府事，代李嗣昭。绍宏，宦者也，本姓马，晋王赐姓名，使与知岚州事孟知祥俱为河东魏博中门使。"据此可知，如果节帅不亲领军府事，则由中门使兼领之。除此之外，再未见到以宦官充任此职的现象。这段文字还可以反映出一个问题，即中门使可以并置两人，其下还置有副使，郭崇韬就曾在马绍宏、孟知祥之下充任过副中门使。中门使虽然位高权重，但一旦不慎，也容易招来祸事，史载："庄宗为晋王，孟知祥为中门使，（郭）崇韬为副使。中门之职，参管机要，先时，吴珙、张虔厚等皆以中门使相继获罪，知祥惧，求外任，庄宗曰：'公欲避事，当举可代公者。'知祥乃荐崇韬为中门使，甚见亲信。"[1]由于中门使权任甚重，故朝廷有时也干预此职的任命，如后晋安远节度使李金全任命胡汉筠为中门使，"汉筠贪猾残忍，聚敛无厌。帝闻之，以廉吏贾仁沼代之，且召汉筠，欲授以他职"。[2]引文中所提的"帝"，指晋高祖石敬瑭。

内门使乃南汉所置，小门使为楚国所置，其职能情况如何，是否类似于中门使，这是需要进一步的探讨的。史载："薛崇誉，韶州曲江

---

[1] 《新五代史》卷二四《郭崇韬传》，第245页。
[2] 《资治通鉴》卷二八一，后晋高祖天福二年十一月，第9184页。

人。善《孙子五曹算》。（刘）晟署为内门使兼太仓使。铱嗣位，迁内中尉、特进、开府仪同三司、签书点检司事。"①薛崇誉早在刘晟在位时就已经充任内门使了，可知南汉之内门使与中原王朝之中门使归属系统颇不相同，南汉的这个使职为其中央政府所置的官职，而上述的中原王朝之中门使则为藩镇使府之幕职系统的职官。此外，梁廷枏《南汉书》将薛崇誉写入《宦官传》，从其所任"内中尉"之职，也可以看出这一点。《宋史》卷四八一《南汉刘氏世家》亦云：中官"至铱渐至七千余，有为三师、三公，但其上加'内'字，诸使名不翅二百"。据此可知，南汉之内门使应属于宦官充任的内诸司使系统，而中原王朝之中门使则基本由士人、武臣充任。据《南汉书·薛崇誉传》载："时国用日蹙，离宫巡历游幸，费岁耗不赀。崇誉握算持筹，较量出纳，颇尽心力。"②则内门使似乎为掌管内廷财赋的职官。这段史料的内容并非指薛崇誉所兼任的太仓使职能，因为太仓指国家粮库，与钱财出纳之职能并不相关，因此只能指内门使之职责。可见南汉的内门使与中门使的职能也不相同。

楚国在这一历史时期始终没有称帝，故其所置小门使与中原之中门使在系统归属上并不存在很大的差异，但是在职能上两者却完全不同。胡三省说："小门使，诸镇皆置之，掌门户之事；府有宴集，则执兵在门外。"③宋人周羽翀所撰《三楚新录》卷一云："小门使谢延泽有美貌，希萼逼幸之，每引延泽入内阁，与妻妾间坐而饮，大为众心所恶。"谢延泽，《通鉴》记为谢彦颙，原文如下："小门使谢彦颙，本希萼家奴，以首面有宠于希萼，至与妻妾杂坐，恃恩专横。常肩随希崇，或抚其背，希崇衔之。故事，府宴，小门使执兵在门外；希萼使彦颙预坐，或居诸将之上，诸将皆耻之。"④可见楚所置的小门使不仅职能

---

① 《宋史》卷四八一《南汉刘氏世家》，第13930页。
② 〔清〕梁廷枏著，林梓宗校点：《南汉书》卷一六《宦官传二》，广东人民出版社，1981年版，第88页。
③ 《资治通鉴》卷二八七，后汉高祖天福十二年五月胡注，第9360页。
④ 《资治通鉴》卷二九〇，后周太祖广顺元年三月，第9458页。

与中门使完全不同，且地位也相差较大，因此当楚王马希萼令其与诸将杂坐时，"诸将皆耻之"。当然这也与谢彦颙出身家奴，且为面首之故有较大的关系。既然小门使掌执兵把守门户，说明其必定掌握一定的兵权，且为亲近之职，故也可能参与一些重大事务的决断，如楚国的另一小门使杨涤就曾参与过拥立马希广为楚王之事，[1]但其地位毕竟无法与掌典机要的中门使相比肩。

（二）牢城与牢城诸使

《宋史·兵志三》说：牢城，"以待有罪配隶人"。其实"牢城"一词，在唐代并非这个意思，唐人张鷟曾撰"兵部奏：默啜贼入赵、定，欲取幽州，居庸程出都督梁亶牢城自守，不敢遮截，请付法依问，得款，古之用兵，全军为上，亶既全幽州城，不合有罪"的判文。[2]据此可知，这里所用的"牢城"一词，即固城坚守之意。其实"牢城"一词的这种用法，古来即有，如《魏书·皮豹子传》云："乞选壮兵，增戍武都，牢城自守，可以无患。"取其意，大约在唐后期，首先在藩镇军中出现以"牢城"命名的军队，如唐懿宗时，南诏进攻蜀地，"故泸州刺史杨庆复为（卢）耽治攻具、蔺石，置牢城兵，八将主之，树笓格，夜列炬照城，守具雄新"。[3]这里所谓的"牢城兵"，便是专门守御城池的军队，与羁押罪犯之事根本无涉。

牢城兵往往守御的是子城，或是节帅治所之所在。如唐淮南节度使高骈任命高杰为都牢城使，"泣而勉之，以亲信五百人给之"。可知这支牢城兵是由节帅的亲信军队组成。僖宗光启三年（887）四月，扬州被毕师铎包围，"（吕）用之帅其众千人力战于三桥北，师铎垂败，会高杰以牢城兵自子城出，欲擒用之以授师铎"。可知这支牢城兵驻守在子城，由于其已经背叛了高骈，于是高骈只好"召梁缵以昭义军百余

---

[1]《资治通鉴》卷二八七，后汉高祖天福十二年五月，第9360页。
[2]〔唐〕张鷟撰，田涛、郭成伟校注：《〈龙筋凤髓判〉校注》卷二《兵部》，中国政法大学出版社，1996年，第64页。
[3]《新唐书》卷二二二中《南诏传下》，第6286页。

人保子城"。①关于这点还有史料可以证明,如王仁裕的《玉堂闲话》卷二《袁继谦》载:"殿中少监袁继谦,为兖州推官,东邻即牢城都校吕君之第。吕以其第卑湫,命卒削子城下土以培之。削之既多,遂及城身,稍薄矣。"同书另一同名条还载:"殿中少监袁继谦尝居兖州,侍亲疾,家在子城东南隅。"袁继谦既然与牢城都校吕某为邻居,则吕某也必然居于子城之内,而且其部下所削之城土也是子城,这些都是牢城军驻在子城的有力证据。再如李存璋,"唐昭宗光化二年,授泽州刺史,入为牢城使"。②李存璋为河东节度使李克用的部将,故这里所谓的"入",则是指其由泽州回到太原来任职,这是牢城兵驻守节帅治所的证据。牢城兵负有防御城池的重任,故其必须要拥有一定数量的兵力,如牛存节,"昭宗大顺元年,改滑州左右厢牢城使"。③牢城兵能分为左右厢,可知其兵力也是比较雄厚的。

五代时期沿袭了唐代的这种做法,并且有所扩大,不仅在节帅治所设置,而且在重要州郡皆置有牢城军。如张廷翰,"晋天福中,冀州刺史张建武召补牙校,其后刺史李冲署为本州牢城军校"④。另有记载说他被任命为牢城指挥使。⑤张廷翰的职务是由本州刺史任命的,且这支牢城兵就驻在本州,证明在州郡军队中也置有牢城兵。史籍中还提到后周曾任命郝爽为庆州牢城指挥使,⑥庆州并非节度使治所所在,也可证明这点。最直接的史料有后唐末帝清泰二年发布的诏书:"诸州府本处牢城防御兵士都将内,人数不足团并或阙稍多,量许招添。"⑦据此可知,置有牢城兵的州府为数不少,但是不可能所有州府皆有设置,因为直到

① 以上均见《资治通鉴》卷二五七,第8352—8353页。
② 《册府元龟》卷三四七《将帅部·佐命八》,第4106页。
③ 《册府元龟》卷三四六《将帅部·佐命七》,第4098页。
④ 《宋史》卷二七一《张廷翰传》,第9285页。
⑤ 《资治通鉴》卷二八六,后汉高祖天福十二年四月,第9357页。
⑥ 《册府元龟》卷一六七《帝王部·招怀五》,第2015页。
⑦ 《册府元龟》卷一二四《帝王部·修武备》,第1493页。

宋代也不是所有的州府全都置有牢城兵。①在五代时期节帅的治所多置有牢城兵，如孟知祥未称帝前，"又置左、右牢城四营，凡四千人，分成成都境内"。②常思，"汉高祖出镇并门，奏以思从行，寻表为河东牢城都指挥使"③。这些都是节帅治所置牢城兵的例子。正因为牢城兵驻守在节帅治所，所以每当发生兵变时，牢城兵往往也参与其中。如唐庄宗死后，在河东监军及监仓的宦官吕、郑二人与庄宗弟李存霸合谋，打算杀死巡检使符彦超、留守张宪，夺取河东军政大权，以对抗已攻入洛阳的唐明宗李嗣源。事泄，"彦超部下大噪，趋纸桥，至暝，牢城兵军集，宪出奔，杀吕、郑、存诏（霸）于衙城，诘旦号令诸军，三城晏然"④。符彦超能取得成功，没有牢城兵的支持是不可能。

牢城军既然为藩镇军，自然置有各级统兵军官，见之于记载的最高军职为都指挥使，如史匡翰在后唐同光中曾任天雄军牢城都指挥使。⑤其地位与州刺史相当，史匡翰任牢城都指挥使不久，又兼领浔州刺史。再如"以北京牢城都指挥使、壁州刺史常思为邓州节度使"⑥。可见在常思任牢城都指挥使时，领壁州刺史，升迁后才为节度使。在都指挥使下则是指挥使，如汉隐帝乾祐元年，"以冀州牢城指挥使张廷翰为冀州刺史"⑦。张廷翰是升迁后才得以充任刺史的。再如李汉韶，在唐庄宗时任河东牢城指挥使。⑧但是在《后唐招讨使李存进墓碑》中却说："有子七人，长曰汉韶，河东节度押衙都牢城使"云云。不知是两处记载中有一处存在错误呢，还是指挥使与都牢城使为同职异称的关系？这个墓碑还载："次曰汉威，河东节度押衙、安国军马步军副指挥使、兼都牢城

---

① 《宋史》卷一八九《兵志三》载："牢城：河北、河东、陕西、淮南、京东西、江南、荆湖、广南、益梓利夔路诸军州，惟汝、处、昭、保安不置。"第4657页。
② 《资治通鉴》卷二七五，后唐明宗天成元年八月，第8991—8992页。
③ 《旧五代史》卷一二九《常思传》，第1697页。
④ 《册府元龟》卷四二三《将帅部·讨逆》，第5040页。括号内字为笔者加。
⑤ 《全唐文》卷八六三，陶谷《义成军节度使赠太保史匡翰碑铭并序》，第9053页。
⑥ 《旧五代史》卷九九《汉高祖纪上》，第1327页。
⑦ 《旧五代史》卷一〇一《汉隐帝纪上》，第1348页。
⑧ 《旧五代史》卷五三《李存进传附李汉韶传》，第719页。

使。"①李汉韶兄弟两人均担任过都牢城使,而且其弟还是以副指挥使的身份兼任这个职务,据此看来这个都牢城使似乎就是指挥使的异称,至少其地位相当于指挥使。此外,归义军也置有都牢城使一职,并被列入使府衙前军将行列。②在五代时期还有牢城使的名号,前面提到的李存璋就曾从泽州刺史任上调任河东牢城使。从五代时期职官名号情况看,凡在某使之前加"都"字者,则地位相对要高一些,故都牢城使的地位应该比牢城使高。可是这个李存璋是从刺史的职位上调任而不是升迁为牢城使的,论地位只能高于李汉韶兄弟而不可能低于他们,因此这种情况的存在只能说明牢城使不是正规的职官名号,只是人们对牢城军统兵军官的一种俗称。此外,五代还有牢城遏后指挥使这一名号。③牢城军的主要任务是守城,但是有时也奉命参加野战,于是便把负责断后的这一部分牢城军的统兵军官称之为遏后指挥使。

下面谈谈牢城。前面已经提到"牢城"一词的本来意义,但牢城作为一个机构在宋代无疑是关押罪犯并充役的地方,前引《宋史》及《辞源》《辞海》均持此说,④实际上牢城早在五代就已经具备了这种职能,而不是始于宋代。《五代会要》卷二〇《县令下》载:天福八年(943)敕:"如乡村妄创户,及坐家破逃亡者,许人纠告,勘责不虚,其本府与乡村所由,各决脊杖八十,刺面配本处牢城执役。县司本典知情并同罪,告事人放三年租税、差徭。"可见至迟在后晋时期牢城就已经具备这种职能了。《宋史·刑法志一》载:偷盗满7贯,"决杖、黥面、隶牢城"。宋人洪迈说:"国朝之制,减死一等及胥吏兵卒配徒者,涅其面而刺之,本以示辱,且使人望而识之耳。久而益多,每郡牢城营,其

---

① 〔清〕董诰:《全唐文》卷八四〇,吕梦奇《后唐招讨使李存进墓碑》,第8827页。
② 冯培红:《晚唐五代宋初归义军外职军将研究》,《敦煌学辑刊》1997年第1期,第52页。
③ 《新五代史》卷二二《牛存节传》:"与太祖会内黄,迁滑州牢城遏后指挥使。"第229页。
④ 见《辞源》,商务印书馆,1980年,第1982页;《辞海·语词分册(上)》,上海辞书出版社,1979年,第1063页。

额常溢，殆至十余万。"①宋朝的这种做法也是沿袭五代之制。北宋前期罪犯如刺配多在本地牢城服役，后来多改为刺配别处，如宋哲宗元祐时规定："斗杀罪至死，情理稍轻者减一等，刺配千里外牢城。轻者，刺配五百里外牢城，断讫录案闻奏。其余死罪降从流，流罪降从徒，徒以下并放。强盗罪至死，依所降决讫，情理重刺配广南远恶处，轻者配二千里外牢城。"②这种做法实际上也是沿袭了五代之制，如晋天福三年（938），左街使韩延嗣因斗杀人而被刺配于华州。③韩延嗣杀人是在汴梁，而刺配地却在华州，显然属于异地配隶，不过此次韩延嗣并未配隶于牢城，而是配隶于华州发运务收管。以牢城安置罪犯最早见于晋出帝即位初期，但并不表示牢城的这种职能就一定始于此时，很可能由于韩延嗣属于过失杀人，且本人又是朝廷官员，因此才没有刺配于牢城安置。

配隶于牢城的罪犯以备役使，宋人张方平说："太祖皇帝制折杖法，免天下徒，初置壮城、牢城，备诸役使，谓之厢军。"④可知牢城配隶之人充当各种役使，并且隶属于厢军系统。只不过宋代的厢军名目繁多，至宋神宗"熙宁中，枢密院奏诸路厢军名额猥多，自骑射至牢城，凡二百二十三"⑤。其所从事的役使名目，大体是"或因工作、榷酤、水陆运送、通道、山险、桥梁、邮传、马牧、堤防、堰埭"等。⑥众所周知，宋代军队分为禁、厢两大系统，所谓"厢军者，诸州之镇兵也，各隶其州之本城，专以给役"⑦。也就是说宋代的厢军相当于五代节帅所隶之州郡兵，只是其专门充役而已，而以牢城军充役，并不始于宋代，早

---

① 《容斋续笔》卷五《唐虞象刑》，第278页。
② 〔宋〕佚名：《宋大诏令集》卷一五四《去冬连月降雪今春久阴德音》，中华书局，2009年，第576页。
③ 《五代会要》卷九《议刑轻重》，第153页。
④ 〔宋〕吕祖谦编，齐治平点校：《宋文鉴》卷四七张方平《论国计》，中华书局，1992年，第717页。
⑤ 〔宋〕赵彦卫撰，傅根清点校：《云麓漫钞》卷一二《国朝州郡役人之制》，中华书局，1996年，第218页。
⑥ 《宋史》卷一八九《兵志三》，第4644页。
⑦ 《文献通考》卷一五六《兵考八》，第4650页。

在五代时已有之，"后唐安彦威为河中节度，上言：'被省符课丁夫运石修河堤，农事方急，请以牢城军千人代役。'从之"①，便是一例。宋代的这种制度实际上是沿用了五代的做法，并使之制度化，不同的是五代的牢城军主要任务是作战，充当劳役只是偶然为之，而宋代的牢城营则完全承担各种役使，已经丧失了作战的能力与职能。

五代牢城与宋代的差异还表现在充役军士的来源不同。后周显德五年，中书门下奏："'右诸州府、京百司、内诸司、州县官、课户、庄户、俸户、柴炭纸笔户等，望令本州及检田使臣依前项指挥，勒归州县，候施行毕，具户数奏闻。……如今后更有人户愿充此等户者，便仰本州勒充军户，配本州牢城执役。'从之。"②这是后周改革俸禄制度的一个举措，具体分析详见俸禄制度一章。值得关注的是后面一句话，即今后如有自愿充当以上这些户等者，可以充作为军户，配到本州牢城服役。这些军户并非罪犯，他们到牢城所承担的实际上就是兵役，因此其身份、地位与配隶到牢城的罪犯是不同的。前面已经提到过五代牢城也有配隶的犯人，所以这一时期的牢城实际上由两部分人构成，即军户与配隶的犯人。宋代的情况就完全不同了，基本是由犯罪之人组成，当时将这类人统称之为"牢城配军"③。之所以称其为"配军"，是因为他们被发配到牢城是来"充兵"的，④只不过不承担作战任务而已。

五代牢城军是一支承担作战任务的军队，自然要设置大小不同的各级军职。宋代的牢城营的职能虽然发生了变化，既然仍是军队，所以沿袭五代旧制也设置了各级军职，只不过其地位已经大大地下降了。如宋朝规定承担宿卫任务的诸班将校，"病告满尚可疗者，殿前指挥使补外牢城指挥使，盖旧法也"。⑤也就是说那些病假虽满，但尚需继续治疗的

---

① 《册府元龟》卷六八八《牧守部·爱民》，第8206页。
② 《五代会要》卷二八《诸色料钱下》，第447页。
③ 《宋史》卷一九四《兵志八》，第4828页。
④ 〔元〕方回：《续古今考》卷三七《五刑起何时汉文除肉刑近世配军刺旗法》云："法多易为配刺面，曰：'配某州牢城'。有牢城营以居之，充兵。"见文渊阁《四库全书》，台湾商务印书馆，1983年，第853册，第609页。
⑤ 《文献通考》卷一五四《兵考六》，第4616页。

禁军军官，可以外补为诸州牢城营军官，从"旧法"二字看，说明这是宋朝的一贯做法，可见牢城营军官的地位已经下降到何等程度。此外，宋代牢城营士卒的地位也是很低的。宋朝有从牢城营中选补禁军的规定，所谓"牢城配军亦间下诏选补，盖使给役者有时而进，负罪者不终废也"①，可见宋代统治者将这种做法视为一种"给出路"的政策。其实这种做法也是沿袭五代之制，如"后唐末帝清泰二年正月，诏诸州府本处牢城防御，兵士都将内人数不足团并或阙稍多，量许招添。其就粮禁军内本指挥将校，选伟壮长于武艺者，据人数差节级部送京师"。②地方驻屯之军往往也从牢城中补选士卒，如宋神宗元丰三年（1080），"广西路经略司言：'雄略、澄海指挥阙额，请以诸路配送隶牢城卒所犯稍轻，及少壮任披带者选补。'从之"③。宋代牢城营的充役者均为罪犯，其地位低下是必然的，五代牢城军由于是肩负重要作战任务的军队，加之士卒来源与宋代不完全一样，所以并不存在对其歧视的问题。在五代时期自牢城军官升任节度使或禁军将帅者比比皆是，与宋代的情况形成了鲜明的对照，便是一个有力的证明。

综上所述，可以看出创自唐末五代的这一制度，至宋代时已经发生了很大的变化，然而马端临却对宋代的这一制度颇为赞赏，他说"自五代无政，凡国之役，皆调于民，民以劳敝。宋有天下，悉役厢军，凡役作、工徒、营缮，民无与焉。故天下民力全固，至今遵之"④，也就是说宋代的这一制度，又为元代所沿袭。殊不知宋代实行拣选之法，以加强禁军，致使厢军完全失去了战斗力，从而严重影响了对地方的控制，即使遇到小股贼盗或农民起义，也无法镇压，致使其势力坐大，最后不得不动用大批的禁军进行镇压，反倒耗费了大量的人力物力。至于厢军中的牢城营，基本由配隶的罪犯组成，命其承担各种劳役，体现的是对罪犯的惩罚，这是一个法律层面的问题。因此可以说，自五代后晋以来牢

---

① 《宋史》卷一九四《兵志八》，第4828页。
② 《册府元龟》卷一二四《帝王部·修武备》，第1493页。
③ 《宋史》卷一九四《兵志八》，第4831页。
④ 《文献通考》卷一五六《兵考八》，第4670页。

（三）军巡院与军巡使

五代时期置有军巡院，其长官称军巡使，关于始置时间，宋人高承《事物纪原》卷六《军巡》条说："梁开平三年十月，置左右军巡使，各置巡院。《宋朝会要》云：'唐末始置，后唐分左右也。旧开封府以牙校为之，开宝六年六月，改用士人李萼、赵中衡，太祖以刑禁之重，始任士流也'。"[1]另据《旧唐书·崔胤传》载：唐昭宗被宦官刘季述所废，"有神策军巡使孙德昭者，颇怨季述之废立"，遂与崔胤联合，伏兵击杀刘季述，重新使"昭宗反正"。同书《王处存传》亦载：其家"世隶神策军"，王处存本人"起家右军镇使，累至骁卫将军、左军巡使"。王处存任军巡使的时间大约在唐僖宗统治时期。据此可知，唐代的军巡使乃是左、右神策军系统的军官，手中握有兵权，故孙德昭才有可能诛杀专权的宦官，扶昭宗复位。不过唐朝的军巡使并不是这时才设置的，另据记载，唐宣宗大中三年四月敕："两军及诸军巡捉得劫贼，京兆府先榜悬赏，近日捉获得贼，都不给付，既违公劝，何以励人。宜令京兆府，所有军巡捉获劫贼，便须支给赏钱。"[2]所谓"两军"，即指左、右神策军，所说"诸军"，则指在京的其他军队，可见不仅神策军各置有巡使，其余诸军亦各有巡使，他们均负有巡警京师，捕捉盗贼的职责。从以上记载来看，军巡使的设置并非始于唐宣宗大中三年，似乎还要更早一些，因此《宋朝会要》说其始置于唐末，并不准确。上面这道敕文还可反映出一个问题，即这些军巡使并不隶属于京兆府，所以其捕获劫贼后通常不交给京兆府审判，因此皇帝才令京兆府发给其赏钱，以便使这些贼人能够归于京兆府并得到惩罚。这一点与五代及宋制颇不相同，这个问题后面还要详论，就不多说了。至唐僖宗、昭宗时期，文献中再也看不到两军之外的诸军仍置有军巡使的记载，很可能已经罢废不置了，此外，也未见到有军巡院或相关机构设置的记载。

---

[1] 《事物纪原》卷六《军巡》，第319页。
[2] 《册府元龟》卷六五《帝王部·发号令四》，第726页。

关于五代设置左右军巡使的时间，确在后梁开平三年十月，"以段明远为左军巡使，邓成为右军巡使"。至于设置的原因，史籍中也有明确的记载，"时以迁都之始，凡吾河南尹侍卫诸军，虽合差人巡警，京都往往滥发，分曹异职，多扰于民。乃置左军巡管水北，右军巡管水南，各置巡院，罢诸军巡检人员，仍令判六军诸卫张宗奭都管辖"。①从这段文字看，在此之前，侍卫诸军各置巡检人员，负责京师巡警，由于职责分工不清，往往扰民，所以才正式设置了左、右军巡使，划定了各自的负责范围，并设置了巡院。因此《宋朝会要》所说的"后唐分左右也"的说法，看来也是不正确的。引文提到的张宗奭，即张全义，后唐建立后，唐庄宗又给他恢复了原名，时任河南尹。②由河南尹张全义总掌军巡院之事，这并不表明军巡院就隶属于河南府，但却有利于扭转唐代那种军巡使与京兆府两张皮的局面，同时从此也奠定了五代各朝军巡院与府司之间密切关系的格局。

《宋朝会要》还说军巡使，"旧开封府以牙校为之"。这是指五代时期的情况，后梁首任军巡使段明远、邓成，其中邓成的情况无从查考，但段明远则无疑是军官出身，史载："段凝，开封人。……开平三年十月，自东头供奉官，授右威卫大将军，充左军巡使，兼水北巡简（检）使。"③又据《新五代史》卷四五本传载，其字明远。此外，南平王高从诲早年也曾任过军巡使，《旧五代史》卷一三三本传说："从诲，初仕梁，历殿前控鹤都头、鞍辔库副使、左军巡使、如京使……"其余各朝也是如此，就不一一列举史料了。五代军巡使均以禁军军官充任，是沿袭唐制的直接结果。众所周知，唐朝在京师以御史台的殿中侍御史分知左右巡，称之为左、右巡使，其中左巡使负责巡察京城内，右巡使巡察京城外，每月一代。后来因左右巡使事务繁剧，遂选京畿县尉兼掌之。④大约在唐后期社会秩序混乱，仅靠文职官员巡察京师还不足于

---

① 《五代会要》卷二四《诸使杂录》，第389页。
② 《旧五代史》卷六三《张全义传》，第837—838页。
③ 《册府元龟》卷七六六《总录部·攀附二》，第9109页。括号内字为笔者所加。
④ 《唐代官制》，第83页。

弹压不法之事，加之负责巡警的金吾卫兵力寡弱，已经成为空架子，于是便以诸军军官充任巡使，由于其来自禁军，故称军巡使。正因为军巡使与御史台有这样的渊源关系，所以直到五代时期军巡院的职官每逢御史台知杂事的新官上任，他们都要前去参拜。如晋高祖天福四年，"御史台奏：'尚书郎知杂事之时，赴台礼上，军巡邸吏咸集公参，府司两县皆呈印状。今后御史判杂上事，欲准前例。'从之"①。可见此制一直存在，不知何时一度停止，自此年以来又开始实行。不仅如此，五代还规定御史台官员出外时，军巡院的官吏兵卒如遇到要规避让道，如唐明宗长兴四年（933），"诏应台官出行，须令人诃引，使军巡职掌等规避"②。以表示对台官的尊重。

五代的军巡院虽然与河南府、御史台有着比较亲密的关系，但是其毕竟是由禁军人员组成的机构，不仅其长官由禁军中人充任，所属的军队也由禁军军士组成，因此军巡院这个机构仍隶属于军事系统，在唐代它是左右神策军的下属机构，在五代则是侍卫亲军的下属机构，故胡三省说："侍卫亲军分左右军，各有巡院，以鞫系囚。"③五代之侍卫亲军分为侍卫马军司与侍卫步军司，因此这里的所谓"左右军"，实际上是指侍卫马军司与步军司，之所以仍然这样称呼，完全是因为沿用唐代神策左右军的习惯称呼而已。这一点在当时的文献中也有直接的反映，如唐庄宗同光二年六月敕："应御史台河南府行台马步司左右军巡院，见禁囚徒，据罪轻重，限十日内并须决遣申奏。"④故军巡院虽与河南府有着密切的关系，但那只不过是一种业务关系，并非上下级之间的隶属关系，如是两者是隶属关系，便没有必要在敕文中将其与河南府并列了。又如唐明宗天成二年（927）三月敕："访闻京城坊市军营，有故犯条流，杀牛卖肉者，仰府县军巡严加纠察。"⑤也是将府县与军巡院并列，

---

① 《五代会要》卷一七《侍御史》，第287—288页。
② 《旧五代史》卷四四《唐明宗纪十》，第606页。
③ 《资治通鉴》卷二九三，后周世宗显德三年十一月胡注，第9561页。
④ 《旧五代史》卷一四七《刑法志》，第1965页。
⑤ 《五代会要》卷九《断屠钓》，第156页。

之所以让军巡院参与纠察此事，完全是因为在京"军营"内也有此类现象，可见军巡院虽为执法机构，但却有与府县存在不同的执法对象。不过在五代时期这种区别越来越淡漠，军巡院参与民间刑事案件的情况也越来越多，这些情况后面还要详论。

五代军巡院在长官之下除了置有大批吏、卒之外，最主要的官员当属判官。后唐长兴二年（931）八月敕："州县簿尉、判司差充军巡判官，仍同一任，自迩已来，颇伤物论，以为不当，请行止绝，依旧令衙前选任。"①可知军巡判官本来在"衙前"军官中选任，在此之前一度改为从州县的簿尉、判司中选任，可能有人反对，于是又恢复了旧制。然据宋人江少虞《宋朝事实类苑》卷二八《军巡马步院用文吏》条载："先是军巡及马步院判官，皆用郡府吏。建隆元年，始诏两京军巡、诸州马步院判官，令吏部流内铨择选人无遗阙者，听减两选补之，始用文吏也。"②建隆元年（960）是宋朝新建的第一年，据此可知至少在后周时期军巡院判官又改为从州府吏员中选任了。军巡判官是军巡院主要负责刑狱的官员，这种职务由熟悉法律的州县吏员充任总比起武夫要好得多，不过这些吏员在宋朝的统治者看来必定还算不上士人，于是才发生了以上的变化，然而这种变化其实只不过是将这一职务纳入吏部铨选的范围罢了。至于五代军巡判官设置的员数是多少，史籍缺载，《宋史·职官志六》载："左右军巡使、判官各二人，分掌京城争斗及推鞫之事。"宋制乃直接沿袭五代制度，据此也可以窥见五代之制的一点痕迹。然而军巡使一职在五代时期却一直由武人充任，据上引《事物纪原》引《宋朝会要》载，直到宋太祖开宝六年（973）才改由士人充任，从而使宋代的军巡院基本抹去了五代之制的最后一点痕迹。

军巡院出于推问案件的需要，往往还要羁押犯人，因此也置有监狱。五代时期毫无疑问是置有监狱的，前面已提到同光二年要求军巡院将羁押的犯人限10日审决申奏完毕，既有罪犯被羁押，必有关押之处的

---

① 《册府元龟》卷四七六《台省部·奏议七》，第5678页。
② 〔宋〕江少虞：《宋朝事实类苑》卷二八《军巡马步院用文吏》，上海古籍出版社，1981年，第359页。

存在，这就是军巡狱。与此有关的直接记载，如天成二年，"前安州节度副使范延荣并男皆斩于军巡狱，为高行珪诬奏故也"①。唐末帝清泰元年，"命供奉官丁昭溥、史思温为军巡使，昼夜督促，囚系满狱"。②说明军巡狱关押的犯人还不少。再如"河阳主藏吏盗所监物，下军巡狱"③。五代军巡院设置监狱的这一做法也为宋代所沿袭。

除了京师所在地置有军巡院外，在五代时期凡陪都所在皆有设置。《文献通考》卷一六七《刑考六》："国朝旧制，……官司之有狱者，在开封则有府司、左右军巡院，……外则三京府司、左右军巡院。"宋代的这种制度便是沿袭五代。关于五代时期京师所在地置左右军巡院，前面已经多有提及，至于其三京左右军巡院也是有记载的。清泰元年六月，大理正剧可久的上疏中就有"其三京军巡使、诸州府马步都虞候"等语，④可为一证。这里所说的"三京"，是指河南、京兆、太原三府，在北宋则指开封、河南、应天三府。五代其他诸朝皆有陪都的设置，在这些地方自然也都置有军巡院，至于三京之外的其他州府则置有马步院，以都虞候掌之，这个问题容后详论，就不多说了。

五代的军巡院设置之初，主要是负责巡警京师，维持治安，前面提到的后唐时期御史台官员出行时军巡院军吏要规避，之所以特意点明军巡院，是因为他们负有巡警之责，容易在道上遇到台官。除此之外，军巡院主要负责军队系统及军户刑事案件的推按审决，前面提到的由军巡院负责查处军营中私屠耕牛之事，就是一证。再如天成元年十二月，御史台奏请京城有人户死亡，如是"军家委军巡，商旅委户部"检勘，⑤也是一证。由于负有巡警之责，自然不免会捕获不法之徒，推按审问是不可避免的，遂使其逐渐拥有了司法之权。从现能搜集到的史料看，其还

---

① 《旧五代史》卷三九《后唐明宗纪五》，第544页。
② 《册府元龟》卷五一〇《邦计部·重敛》，第6115页。
③ 《新五代史》卷五六《吕琦传》，第645页。
④ 《全唐文》卷八六一，剧可久《请赏罚理刑等官疏》，第9031页；《册府元龟》卷六一三《刑法部·定律令五》亦录有其疏奏全文，第7360页。
⑤ 《旧五代史》卷三七《唐明宗纪三》，第514页。

具备有以下一些职能：

（1）负责对违法官员的审判。后唐昭义节度使毛璋因犯法下御史台狱，御史中丞吕梦奇对其有所庇护，"及款状上闻，或云梦奇受璋赂，所以狱不尽情，执之，移于军巡"。①可见军巡院有遵照皇帝的命令审理犯罪官员的职责。后周世宗统治时期，南唐派遣孙晟出使后周，被后周扣留，"帝命都承旨曹翰送晟于右军巡院"，孙晟不屈，遂被处死于此。②

（2）有对官员侦缉录问之权。如后唐长兴三年，"丁延徽为供奉官监仓，与仓官田继勋、杜延德共盗仓粟三百五十石。脚夫论告，左军巡禁诘，称官米烂，折借粟变米"云云。③最典型的事例发生在后汉隐帝乾祐三年十一月，这时枢密使郭威已经攻入汴梁，推翻了汉隐帝的统治，但尚未即皇帝位，他向皇太后奏称："左军巡勘得飞龙使后赞款伏，与苏逢吉、李业、阎晋卿、聂文进、郭允明等同谋，令散员都虞候奔德等下手杀害史弘肇等。权开封尹刘铢具伏，朋附李业为乱，屠害将相家属。"④可知郭威是通过军巡院侦缉录问后赞、刘铢等人的，军巡院成了其打击政敌的有力工具。前蜀也置有类似军巡院的机构，史载："萧怀武，有心计，长于兵事。仕后主为小院使，故军巡之职也。凡隶怀武部下者，名寻事团，亦曰中团。中团百余人，每人各畜私人十余辈，侦察动静，以告密为能。"⑤从小院使"故军巡之职也"一句看，可知前蜀的小院使乃军巡使的改称，很可能前蜀在王建统治时期置有军巡使，后主时改名为小院使的。前蜀的这个机构当是仿效中原王朝而设置，其这种侦察职能实际上也是中原王朝军巡院职能的折射。

（3）催督赋税，干预经济活动。催督赋税本非军巡院的职责，但是在一些特定的情况下，皇帝往往也动用军巡院的人力办理此类事务。

---

① 《旧五代史》卷七三《毛璋传》，第960页。
② 《资治通鉴》卷二九三，后周世宗显德三年十一月，第9561页。
③ 《册府元龟》卷一五四《帝王部·明罚三》，第1869页。
④ 《旧五代史》卷一〇三《汉隐帝纪下》，第1375页。
⑤ 《十国春秋》卷四三《萧怀武传》，第631页。

如清泰元年四月，唐末帝从潞王位上夺得帝位，为了赏赐有功将士，动用了左藏库藏金帛，不足，"率配京城市民及舍屋，计不过六万缗"。帝怒，将军巡使下狱，"命供奉官丁昭溥、史思温为军巡使，昼夜督促，囚系满狱，贫民不济，有投井雉经者。"[1]利用军巡院干预社会经济活动，是五代时期常有的现象。如天成元年敕："在京市肆，凡是丝绢、斛斗、柴炭、一物已上，皆有牙人。百姓将到财物货卖，致时物腾贵，百姓困穷。"规定"如是产业人口畜乘，须凭牙保，此外并不得辄置"。也就是说不允许百姓、商人未通过牙保而擅自运送货物进入市场从事交易。为了保证敕命的执行，"仍委两军巡使觉察，切加捉获。如违，并当严断"。[2]本来此事可以由市场管理机构监管执行，比如市署及其官吏，而五代却喜欢动用军巡院。前面已经提到的动用军巡院查禁擅自杀牛卖肉之事，就是一个典型事例，而且还规定"如自死牛，即令货卖，其肉斤不得过五钱"。[3]甚至涉及土地的一些事务也都成为军巡院所必须关注的问题，如长兴二年，左右军巡使奏："诸厢界内，多有人户侵占官街及坊曲内田地，盖造舍屋，又不经官中判押凭据，……近日人户系税田地，多被军人百姓作空闲田地，便立封疆，修筑墙壁占射，又无判押凭据。"[4]致使官街狭窄，或与本主发生争执，或使国家赋税减少，要求予以查禁。可见此类事务也在军巡院的职责范围之内。

（4）刑事案件的审断。五代军巡院权力不断扩展的结果，遂使其将民间发生的司法案件也纳入管辖范围，这样就侵削了府县的司法职权。正因为如此，所以在五代时期凡涉及大赦、曲赦令颁布时，都不忘要提到军巡院。这方面史料很多，就不一一列举了。随着军巡院参与普通刑事审判的增多，也使得军巡使中产生了一些精熟法律、善于断案的人才，于是国家在奖罚司法官员时，往往也将其纳入范围。如后唐时大理正剧可久就提出："其三京军巡使、诸州府马步都虞候，有精于推

---

[1] 《册府元龟》卷五一〇《邦计部·重敛》，第6115页。
[2] 《五代会要》卷二六《市》，第415页。
[3] 《全唐文》卷一〇九，后唐明宗《禁屠牛敕》，第1109页。
[4] 《五代会要》卷二六《街巷》，第411页。

劾，雪活冤滥者，请量事超擢；如按鞫偏私，故入人罪者，亦刑之无赦。"①直到北宋初期，军巡院仍然拥有这种权力。如宋太宗雍熙元年（984），"开封寡妇刘使婢诣府，诉其夫前室子王元吉毒己将死。右军巡推不得实，移左军巡掠治"。②北宋的这种做法便是沿袭五代之制的结果。

（5）查验人口死亡及丧葬逾制。如天成元年十二月，御史台奏："臣询访故事，凡京城民庶之家，死丧委府县检举；军家委军巡，商旅委户部。然诸司检举后，具事由申台，其间或枉滥情故，台司访闻，即行举勘。"可见此类事务一直由军巡院负责，后来一度停止，这次经御史台奏请后，诏曰："其坊市民庶军士之家，凡死丧及婢仆非理物故，依台司奏，委府县、军巡同检举，仍不得纵其吏卒，于物故之家妄有邀胁。"③在此次颁布的诏书中还有"兼左右（军）巡使录到丧葬车舆格例"等语，④可知其还有监督官吏、百姓丧葬规格不许逾制的职责。在唐代，此事由御史台负责，五代时期虽然一度由军巡院兼管，也只是一时之行为，在更长的时期内还是由御史台负责。

五代时期军巡院的设置，虽然是沿袭唐制，但其职能却比唐代广泛得多，其不断侵削相关司法部门及监察机构职权的行为，实际上是这一时期推行的武人政治的一种反映，故跋扈现象的产生自然是不可避免的。如后晋天福三年，尚书刑部郎中马承翰上奏说："伏见都下衢街窄狭，人物殷繁，其有步履艰难，眼目昏暗，老者幼者，悉在其间，车马若纵于奔驰，生性必见于伤害。……臣乞特降明诏，示谕内诸司以下及诸军巡于街衢坊曲，并不得走马。"⑤可见军巡院官吏兵卒平日是何等的横行跋扈。至于其贪赃枉法之事，亦不罕见，如吕琦在后唐任侍御史知杂事时，"会河阳帑吏窃财事发，诏军巡院鞫之，时军巡使尹训怙势

---

① 《册府元龟》卷六一三《刑法部·定律令五》，第7360页。
② 《宋史》卷二〇〇《刑法志二》，第4986页。
③ 《旧五代史》卷三七《唐明宗纪三》，第514—515页。
④ 《册府元龟》卷四七五《台省部·奏议六》，第5666页。
⑤ 《册府元龟》卷六一三《刑法部·定律令五》，第7362页。

纳赂，枉直相反"。吕琦查明实情后，遂勒令尹训赴御史台接受按问，"时权臣庇训，阻而不行"。①尹训最后虽然得到了惩处，但这种现象并没有因此而杜绝。

（四）东、西上閤门使

关于这类使职的始置时间，宋人高承说："《唐会要》：昭宗天祐元年四月敕有閤门使。《五代会要》：梁诸使亦有东西二上閤门使，疑亦唐官也。"②然胡三省却说："唐中世置閤门使，以宦者为之，掌供奉朝会，赞引亲王、宰相、百官、蕃客朝见、辞；唐初，中书通事舍人之职也。"③因此唐朝置閤门使的时间要远远早于高承所云。

内诸司使所在的机构称"司"，閤门使所在机构即閤门司，这一机构早在唐朝前期就已出现。唐长安的太极宫与大明宫皆有閤门，史载：太极宫承天门，"其北曰太极门，其内曰太极殿，朔、望则坐而视朝焉。盖古之中朝也。隋曰大兴门、大兴殿。炀帝改曰虔福门，贞观八年改曰太极门。武德元年改曰太极殿。有东上、西上二閤门，东、西廊，左延明、右延明二门"④。东、西上閤门位于太极殿东西两侧，进入东、西上閤门，再通过两仪门，便可到达举行内朝朝会的两仪殿。大明宫的东、西上閤门位于宣政殿东、西两侧，进入此门，再通过紫宸门，可到达举行内朝朝会的紫宸殿。⑤此外，洛阳宫中亦有閤门之置，徐松《唐两京城坊考》曰："按隋之乾阳殿有东、西上閤门。《通鉴》：王世充执越王君度等，引入东上閤门是也。唐制当亦同之。"⑥我国古代宫殿的基本格局是前朝后寝之制，閤门就是从前朝进入后寝的必经之门，因此十分重要。两仪殿与紫宸殿都是内殿，皇帝举行内朝朝会、召见臣僚，臣

---

① 《册府元龟》卷六一七《刑法部·正直》，第7422—7423页。
② 《事物纪原》卷六《閤门使》，第292页。
③ 《资治通鉴》卷二五〇，唐懿宗咸通四年八月胡注，第8106页。
④ 《唐六典》卷七《尚书工部》，第217页。
⑤ 杜文玉：《大明宫研究》，中国社会科学出版社，2015年，第21页。
⑥ 〔清〕徐松撰，〔清〕张穆校补：《唐两京城坊考》卷五《东京·宫城》，中华书局，1985年，第133页。

下进呈表章，都要通过阁门进行，因此在这里设有专官负责此类事务。

从目前所掌握的资料看，唐朝初期由监门卫负责把守阁门，至迟在贞观时期就已设置了专官，但尚未称使。①阁门何时置使，置使之初是否由宦官充任？这些问题暂时无法考知。从目前的研究情况看，阁门使最迟设置于肃、代时期，并且由宦官充任。②出土的唐代宦官墓志中，有关阁门使的记载较多，但都出现在唐后期，已分为东上、西上两个阁门使。其分工情况，据《唐会要》卷二五《文武百官朝谒班序》载："文武官行立班序：通乾、观象门外序班，武次于文。至宣政门，文由东门而入，武由西门而入。至阁门亦如之。"程大昌又曰："凡唐世命为入阁者，仗与朝臣虽自两阁门分入，入竟乃是内殿。"③可知无论是宣政东、西门或东上、西上阁门，举行朝会时都是文官从东门而入，武官从西门而入。大体在唐肃宗时期，又改为常朝及奉表进状皆从东上阁门而入。另据《唐会要》卷三〇《杂记》载："天祐二年四月敕：'自今年五月一日后，常朝出入，取东上阁门，或遇奉慰，即开西上阁门。永为定制。'"又据《旧唐书》卷二〇下《唐哀帝纪》载：天祐二年四月敕："东上阁门、西上阁门，比常出入，以东上为先。大忌进名，即西上阁门为便。"可知即使皇帝出入亦是以东上阁门为先。

唐末在大量诛杀宦官的同时，除了保留九种内诸使外，其余均已废去，保留者中就有阁门使。后梁建立后又恢复了许多内诸使，其中也包括阁门使。与唐朝以宦官充任阁门使不同的是，五代的东、西上阁门使多由士人或武臣充任，如后晋天福二年，以"东上阁门使李守贞为右龙武将军充职"。④王仁镐，"累迁西上阁门使。清泰中，改右领军卫将

---

① 杜文玉：《论唐宋时期阁门与阁门司的变化及特点》，见《唐史论丛》第27辑，三秦出版社，2018年，第80页。
② 杜文玉：《唐至五代时期阁门使的性质及其职能变化》，《陕西师范大学学报》（哲学社会科学版）2018年第4期，第56页。
③〔宋〕程大昌：《雍录》卷三《西内两阁》，中华书局，2002年，第62页。
④《旧五代史》卷七六《晋高祖纪二》，第999页。

军"。①后周显德五年八月，"命西上阁门使灵寿曹彬使于吴越"。②这些人无一不是武臣。此外还有李郁、苏继颜、刘继勋、阎晋卿、王瞳、王景崇、刘政恩、萧处仁、张凝、高勋、张保续等，都先后在五代时期充任过东、西上阁门使，其中除了极少数人为士人外，大部分人为武臣。在五代任阁门使者并不一定掌阁门司事，大体是士人充任者则掌之，武臣充任者或掌或不掌，如清泰二年八月，"以西上阁门使、行少府少监兼通事舍人苏继颜为司农卿，职如故"。③所谓"职如故"，就是说命其继续行使阁门使的职权。再如刘继勋，"擢为阁门使，出为淄州刺史，迁澶州防御使"。④又，《册府元龟》卷四八八《邦计部·赋税二》中有"据知州、阁门使张凝近奏陈八事"等语，这里的知州即指青州知州。以上这些都是任阁门使而不掌阁门职事的事例。

大体而言，五代前期任此职者多掌管阁门司之事，后期如不加"知阁门事"，则不能掌其事，遂使东、西上阁门使逐渐成为武臣迁转之阶官，宋代将其完全阶官化，便是这种发展趋势的必然结果。《宋史·职官志九》载"武臣三班借职至节度使叙迁之制"时规定：客省副使转西上阁门使，西上阁门使转东上阁门使，东上阁门使转四方馆使。亦可见东上阁门使的地位居于西上阁门使之上。宋人蔡絛说："阁门官者有东上、西上阁门使，号横行班，后改左右武大夫。然任上阁之职者则自称知东上阁门、知西上阁门事。"⑤宋制，自内客省使至东、西上阁门使，为武阶横班，其中两阁门使，正六品，副使，从七品，均不掌职事。蔡絛所说的后改为左、右武大夫，乃是宋徽宗政和二年（1112）改制的结果，仍然作为阶官使用。至于阁门司之事则由他官加知东、西上阁门事的名号而掌之。这种规定也是沿袭五代之制。至南宋绍兴五年

---

① 《宋史》卷二六一《王仁镐传》，第9037页。
② 《资治通鉴》卷二九四，后周世宗显德五年八月，第9586页。
③ 《旧五代史》卷四七《唐末帝纪中》，第652页。
④ 《旧五代史》卷九六《刘继勋传》，第1278页。
⑤ 〔宋〕蔡絛撰，冯惠民、沈锡麟点校：《铁围山丛谈》卷一，中华书局，1983年，第16页。

（1134），又规定官员阶官在左武大夫以上者，掌管阁门事时称"知阁门事"；如果阶官未至右武大夫而掌其事者，"即称同知、同兼"。①

五代时期阁门使的职能基本沿袭唐制，如后唐末帝清泰元年十月，"太常言：'冬至不视朝，百僚表贺。'是日，太府设表案席褥，礼部进表至阁门，班首一员跪表受阁门使，群臣俱拜舞蹈讫"。②再如后晋天福七年五月，中书门下奏："时属炎蒸，事宜简省，应五日百官起居，望令押班宰臣一员押百官班，其转对官两员封付阁门使引进，本官随百僚退，不用别出谢恩"云云。③这一切都说明这一时期的阁门使职能与唐制相比并无大的变化，其中提到的阁门使，即东、西上阁门使。另据《宋会要辑稿》职官三五之二二载："阁门司，在紫宸殿前南廊，掌供奉乘舆，朝会、游幸、大宴及赞引亲王、宰相、百僚、蕃客朝见辞谢，纠弹失仪，置使、副使。"④这是对其职能的总的规定，其中增加了纠察失仪的职能，这一点是唐制所没有的。关于其分工情况，史载："若庆礼奉表，则东上阁门掌之；慰礼进名，则西上阁门掌之。月进班簿，岁终一易，分东西班揭贴以进。"⑤众所周知，宋朝沿袭五代之制，因此从中亦可窥见五代两阁门使的分工情况。五代时期阁门使的职能还有一点变化，即开始频频被遣出使，如后梁太祖"仍命阁门使王瞳、供奉官史彦璋等使于燕"。开平四年（910）十月，梁太祖"将以其夕幸魏县，命阁门使李郁报宰臣，兼敕内外"。⑥后唐明宗遣"阁门使刘政恩充西川宣谕使"。后唐朝廷调李彝超任延州留后，彝超借故不奉诏，于是"遣阁

---

① 〔宋〕富大用：《古今事文类聚新集》卷一九《东西上阁门使》，见文渊阁《四库全书》，台湾商务印书馆，1983年，第928册，第341页。
② 《册府元龟》卷一〇八《帝王部·朝会二》，第1289页。
③ 《旧五代史》卷八〇《晋高祖纪六》，第1061页。
④ 〔清〕徐松等辑：《宋会要辑稿7》职官三五《阁门司》，上海古籍出版社，2014年，第3884页。
⑤ 《宋史》卷一六六《职官志六》，第3936—3937页。
⑥ 《旧五代史》卷一三五《僭伪列传》，第1804页；《旧五代史》卷六《梁太祖纪六》，第98页。

门使苏继颜赍诏促彝超赴任"。①周世宗遣閤门使张保续入寿州抚慰刘仁赡。②而唐代是不派閤门使出使于外的，至宋代这种情况更加普遍，这是一个很大的变化。

十国中也有一些政权置有此职，如清人陈棨仁的《闽中金石略》卷二《坚牢塔题名八段》中就有东上閤门使连重遇、西上閤门使郑怀通的题名。史载："闽拱宸都指挥使朱文进，閤门使连重遇，既弑康宗，常惧国人之讨，相与结婚以自固。"③说明在闽国閤门使也是亲近之职，故有机会接近其君而弑之。吴国也有设置，如"翟虔，彭城人。起家閤门使，素为徐温所亲任"④。徐温为吴国权臣，翟虔能得其信任，说明吴国也设置有此职。《东林寺题名》中有："西上閤门使、金紫光禄大夫、检校司徒、行右武卫大将军、兼御史大宪、上柱国夏谦"等字样，题名的时间为昇元二年（938）正月二十八日。⑤昇元为南唐开国皇帝李昇的年号，说明南唐在建国之初就设置了此职。

（五）马步院与子城司

马端临说："五代以来，诸州皆有马步狱，以牙校充马步都虞候，掌刑法，谓之马步院。"⑥马步都虞候一职本为军中执法军官，位在马步使之下，故高承在《事物纪原》卷六《司理》条，列举府州一级司法官员时，指出"唐诸州有马步使"。其实马步使并非掌管司法的官员，而是统兵将领，胡三省说："马步使，掌马步军，盖唐末节度牙前职也。"⑦马步使为节度衙前军官是不错的，但其并非只在藩镇治所设置，唐后期以来诸州府皆有设置。如唐昭宗乾宁元年（894）王建攻下彭州，

---

① 《旧五代史》卷四三《唐明宗纪九》，第594页；《旧五代史》卷四四《唐明宗纪十》，第604页。
② 《旧五代史》卷一一七《周世宗纪四》，第1557页。
③ 《资治通鉴》卷二八四，后晋齐王开运元年三月，第9268页。
④ 《十国春秋》卷一〇《翟虔传》，第145页。
⑤ 以上见《全唐文》卷八七一，夏谦《东林寺题名》，第9114页。
⑥ 《文献通考》卷六三《职官考十七》，第1906页。
⑦ 《资治通鉴》卷二五三，唐僖宗广明元年五月，第8226页。

"获彭州马步使安师建"①就是一例。马步使实际上是马步军都指挥使的省称,为一州之军的统兵长官,地位仅次于刺史,关于这个问题笔者已有专论论及,②就不多说了。唐末五代时期武人跋扈,不断地扩张其权势,马步都虞候在掌管军中执法的同时,逐渐侵削了本来属州府行政系统掌管的司法权。由于马步使主要负责军事,于是马步都虞候便成了马步院的实际长官。马步院的官吏除了都虞候外,还置有马步判官,马步院的刑狱之事主要由其负责。此外马步院还置有各种吏职,如李继徽"父师悦,徐州马步院小吏也。属王仙芝作乱,遂投行伍。后以献黄巢首级功,遂授是郡。"③这条史料还反映了一个问题,即马步院并非如马端临所说始于五代时期,至迟唐后期就已经出现了。

五代时期诸府州马步院的职官多由牙校充任,武人跋扈凶残,遂使刑法严酷,百姓痛苦不堪。由于马步判官具体掌管刑狱之事,为了解决执法严酷的问题,五代各朝多采取慎重选用马步判官的办法,希望能改变这种状况。如"后唐长兴四年五月敕:'诸道马步判官,不得差摄官。如阙人,须于前资正官判司簿尉中,选性行平允者补授。'"④但是这种政策并没有得到很好的执行,直到后晋天福二年,仍然是"近日马步判司,多是差摄官充马步判官"。⑤这种情况一直持续到宋初,建隆元年,"始诏两京军巡、诸州马步院判官,合吏部流内铨择选人,无遗省听减两选补之。始用文吏也"。⑥但是《续资治通鉴长编》卷一四却载:开宝六年,"先是,诸道州府任牙校为马步都虞候及判官断狱,多失其中。秋七月壬子朔,诏罢之,改马步院为司寇院,以新及第进士、九经、五经及选人资序相当者为司寇参军。"其实这两种记载并不矛盾,建隆元年将马步判官改用文人充任,开宝六年将马步院改为司寇院,并

---

① 《资治通鉴》卷二五九,唐昭宗乾宁元年五月,第8455页。
② 杜文玉:《晚唐五代都指挥使考》,《学术界》1995年第1期,第32—38页。
③ 《吴越备史》卷一,第6189页。
④ 《五代会要》卷二〇《簿尉》,第323页。
⑤ 《册府元龟》卷六三三《铨选部·条制五》,第7598页。
⑥ 〔宋〕李攸:《宋朝事实》卷九《官职》,商务印书馆,1935年,第155页。

且进一步明确了充任司寇参军的人选范围，至于文中提到的"先是"云云，却是指五代时的情况，意在强调宋太祖的这项改革的重要意义。后北宋又将司寇院改为司理院，"掌狱讼勘鞫之事，不兼他职"。哲宗元祐时规定：上州司理参军从八品，中、下州正九品。[1]然而人们习惯上仍称司理院为马步院。[2]并罢废了马步都虞候一职。此外，南方诸国未称帝者也多置有马步院，仍掌管刑狱。[3]

唐末五代置有子城使一职，《玉堂闲话》卷三《袁继谦》："有人达意，请推官登楼，自称子城使也。"这是指兖州的情况。不仅中原地区如此，南方的吴国也置有此职。史载：朱瑾击杀徐知训后，"子城使翟虔等已阖府门勒兵讨之"。对于子城使，胡三省解释说："翟虔，徐温亲将也，使之防卫吴王"。[4]关于子城，胡三省说："罗城，外大城也。子城，内小城也。"[5]可知子城使本为负责防守子城的军官，通常由主帅的亲将充任。后来子城使的设置不断扩大，诸府州皆有设置，宋人朱彧说："州郡承唐衰藩镇之弊，颇或僭拟，衙皂有子城使、军中使、教练使等号，近制始革去。"[6]在宋代之所以将五代这些本来是军职的名号统称为"衙皂"，是因为其早已改变了性质，"其职能是州县政府的胥吏，除了承担押运官物、承担官府迎送等与乡差衙前相似的事务外，还应当承担各州衙门的杂务"。[7]由于子城使在宋代只是胥吏身份，并不统兵，社会地位较低，故为人所轻视，这是衙前诸职发展变化的结果。而五代的情况却不是这样，这时的子城使毕竟还是主帅的亲信，加之其负有守

---

[1]《文献通考》卷六三《职官考十七》，第1906页。
[2]《宋朝事实类苑》卷二五《司理参军》，第303页。
[3]《资治通鉴》卷二七六，后唐明宗天成四年八月条：马殷曰："马步院岂有冤死者乎？"胡三省注："时诸镇皆有马步司，置狱院以鞫囚。今大藩亦有兵马司。"兵马司应为马步院之误，第9031页。
[4]《资治通鉴》卷二七〇，后梁均王贞明四年六月及胡注，第8829页。
[5]《资治通鉴》卷二五一，唐懿宗咸通九年九月胡注，第8127页。
[6]〔宋〕朱彧：《萍洲可谈》卷二《州郡不可用黄纸写牒》，中华书局，2007年，第144页。
[7]魏峰：《论衙前在北宋的转化》，《宁夏社会科学》2002年第6期，第88页。

御子城、巡警捕盗的职责，不免要接触一些刑事案件，于是便扩展其职权，并已经开始在子城司设置监狱，干预司法审理了。这种情况一直延续到北宋初期，宋太祖开宝五年七月，"诏曰：颇闻诸州州司马步院置狱外，置子城司狱，诸司亦辄禁系人，甚无谓也。自今并严禁之，违者重议其罪，募告者赏钱十万"。①子城司的司法权至此才被革去，至于其机构的罢废，可能还要更晚一些。②子城使虽然失去了原有权力与地位，但其名号却并未随之废去，于是在北宋后期便沦为衙前胥吏的名号之一了。

五、官告院与绫纸钱

官告院是五代设置的一个机构，而绫纸钱则是指告身的成本费，又称朱胶纸轴钱。这一制度自五代创立以来，其间屡有变化，并为宋朝所沿袭，虽然不是一个非常重要的制度，但却牵涉所有的贵族与官僚，影响不可谓不大。

（一）官告院的设置及职能

关于官告（诰）院的始置时间，史籍中没有明确记载，最早见于史籍的时间是后唐同光二年，据《五代会要》卷一四《吏部》载，这年正月中书门下奏曰：

> "准本朝故事，如封建诸王、内命妇及宰相、翰林学士、中书舍人、诸道节度、观察、团练、防御、留后官告，即中书帖吏部官告院，索绫纸、褾轴，下所司修写印署毕，进入内宣赐。其文武两班并诸道官员及奏荐将校，敕下后，并合是本道进奏院，或本人自于所司送纳朱胶、绫纸价钱，各请出给。今

---

① 《续资治通鉴长编》卷一三，宋太祖开宝五年七月甲申，第286—287页。中华书局点校本此段话断句错误颇多，已重新标点。
② 《萍洲可谈》卷二《州郡不可用黄纸写牒》云：子城使等号，"近制始革去"。但却未载具体时间，其他史籍对此也多语焉不详。朱彧此书记事起于神宗时，迄于徽宗宣和中，故此职的罢废，大体上可以确定在此期间。第144页。

后请除内司大官并侍卫及赏军功将校转官外,并请官中不给告敕"。从之。

从引文之义来看,官告院似乎不是后唐始置。从中书门下上奏的时间看,距梁灭仅仅3个月,百废待兴,后唐不可能在此之前新置这种并不急迫的机构。"准本朝故事"一句中的所谓"本朝",即指唐朝。既是本朝故事,那么官告院则应是唐朝固有的机构,而现存有关唐史的典籍中,却无官告院的记载,所以其很可能是唐末所增置的一个机构。会不会是后梁时期设置的机构呢?可能不是,因为唐庄宗攻进汴梁的数天后,即下诏将"天下官名府号及寺观门额,曾经改易者,并复旧名"。[1]又因为仪仗法物使一职是后梁设置,便将其公然罢废。[2]如官告院是后梁所置,中书门下决不会糊涂到将其看成"本朝故事"。另据《郭彦琼墓志铭》载:"爰自幼年入仕,历任内司,不苟进于阶缘,但循环于资品。始自前唐官告院守职。……后以前唐季末受禅归梁,公以旧职不移,新恩显著,遂转充官告院院官。复遇唐祚中兴,庄宗皇帝入洛,显承宣命,职处旧司,仍迁陟知官告院事,……"[3]志文中所谓"前唐",即指唐朝。但唐前期未见有这种机构的设置,故官告院应设置于唐后期。墓主郭彦琼自唐末以来,历后梁、后唐时期,长期任职于官告院,证明后梁也有这一机构的设置。

从上引《五代会要》的记载看,官告院是隶属于吏部的一个机构,其主管官员为何人却没有明确的记载。从上引志文看,墓主郭彦琼在后唐时的官职为知官告院事,这显然只是一种差遣,其本官是什么,品阶多高,无从得知。另据宋人记载:官告院,"国初于右掖门东廊置院,四司告身案并集于此,以备中书除改。本司郎中各主其事。淳化五年,

---

[1] 《旧五代史》卷三〇《唐庄宗纪四》,第414页。
[2] 《五代会要》卷二四《诸使杂录》,第389页。
[3] 陈长安主编:《隋唐五代墓志汇编》洛阳卷第15册,天津古籍出版社,1991年,第151页。

始置专官，属于省内，掌文武官将校告身及封赠"。[1]可见官告院是由吏部郎中掌管，直到宋太宗淳化五年（994）才设置了专官，既如此，五代时期的官告院也应由本司郎中掌管了。所谓专官，指官告院设提举1人，以知制诰充，另设判院1人，以带职京朝官充。[2]官告院除了以上主管官员外，还置有不少吏员，唐、五代的情况不得而知，宋代的编制是："主事一人，令史二人，书令史九人，守当官一十二人，正贴司八人，私名一十人，法司一人。"[3]官告院在宋代的职能是，掌管所谓"四司告身案"。其中"四司"，即指吏部司、兵部司、司封司、司勋司，它们分别掌管文官、武官的选授和王公命妇、勋臣的封赠等事。[4]也就是说以上4个部门所管的各种官员选授和封赠，其告身均由官告院提供。从上引《五代会要》之文看，诸王、内命妇及宰相以下官员的告身，由中书省向官告院索取绫纸、褾轴，然后才命所司修写并印署毕，再进行宣赐。这里提到的"所司"，即中书舍人或翰林学士。所说的绫纸、褾轴，均为制作告身的专用材料，[5]后来也作为告身的代称。如宋代在发生大灾荒时，地方官员往往"请于朝，得度牒、缗钱、绫纸以助赈恤"。[6]这里所说的"绫纸"，实即告身，它和度牒一样，都可以变卖成钱财，用于救灾度荒。这种现象在唐代就已有之，并非始于宋代。[7]所以五代时期的官告院和宋代一样，都是掌管官员告身的机构。

---

[1]《职官分纪》卷九《官告院》，第246页。
[2]《文献通考》卷六〇《职官考十四》，第1814—1815页。
[3]《宋史》卷一六三《职官志三》，第3835页。
[4]《职官分纪》卷九《官告院》，第246页。
[5]《资治通鉴》卷二七五，唐明宗天成元年十月胡三省注引陆游的话说："江邻几《嘉祐杂志》言唐告身初用纸，肃宗朝有用绢，贞元后始用绫。余在成都见周世宗除刘仁赡侍中告乃用纸，在金彦亨尚书之子处"，第8995页。按：五代包括后周告身皆用绫纸，史籍中已有明确记载，此处云周世宗给刘仁赡告身用纸，不是有误，便是特例。
[6]〔清〕纪昀等：《续文献通考》卷三二《国用考·赈恤》，见文渊阁《四库全书》，台湾商务印书馆，1983年，第627册，第77页。
[7]《资治通鉴》卷二五三，唐僖宗乾符五年四月，第8203页。

（二）告身与告身印

唐代官员的告身上要加盖告身印，方才为合法，关于此印，高承《事物纪原》卷一《告身印》条引《通典》云："唐明皇开元二十三年七月，吏部尚书李暠奏，告身印与曹印文同，请加告身两字。即吏部告身之印，始自唐李暠也。"唐代的吏部和兵部分掌文官与武官铨选，既然吏部有了告身印，那么兵部按理也应有其告身印，这是不言而喻的。孙逢吉《职官分纪》卷九《官告院》载："凡官告各以主司告身印印之，文臣用吏部，武臣用兵部，王公命妇用司封，加勋用司勋。"另据宋人江少虞《宋朝事实类苑》卷三二《官诰之制》载："凡文臣及节度观察防团刺史、诸司使副、内殿承制崇班，皆用吏部印；管军至军校环卫官，用兵部印；封爵命妇用司封印；加勋用司勋印。"可见宋代确有四司告身印无疑。唐、五代是否也有四司告身印，不敢妄断，但吏、兵两部有这种印应是没有问题的。另据《旧五代史·萧愿传》载：（萧愿）"为兵部郎中日，常掌告身印，覃恩之次，颇怠职司，父（萧）顷为吏部尚书，代愿视印篆，其散率如此"。萧愿在唐明宗时任兵部郎中，此段史料可以证明五代是有告身印的。然《文献通考》卷五二《职官考六》却载："官告院：主管官二员。旧制，掌吏、兵、勋、封官告，以给妃嫔、王公、文武品官、内外命妇及封赠者。四选皆用吏部印，惟蕃官用兵部印。"没有提到司封、司勋告身印，与上述两书记载颇不同。由于以上记载均未写清楚相应的时间，很可能宋朝制度前后有所变化。另据记载：官告院"掌吏、兵、勋、封官告，以给妃嫔、王公、文武品官、内外命妇及封赠者，各以本司告身印印之。文臣用吏部，武臣用兵部，王公及命妇用司封，加勋用司勋。官制行，四选皆用吏部印，惟蕃官则用兵部印记"。[①]所谓"官制行"，指宋神宗元丰年间对官制的改革，这就清楚地说明了元丰改制后，才出现了告身只用吏部、兵部告身印的情况，而司封、司勋两司之印不再用。

自从官告院设置以来，告身印由其四司分别掌管，还是由官告院专

---

① 《宋史》卷一六三《职官志三》，第3841页。

掌，史书没有明确记载。有关五代的情况，从上引"即中书帖吏部官告院，索绫纸、襟轴，下所司修写印署毕，进入内宣赐"等语看，官告院似未掌管告身印。五代沿袭唐制，可以推知唐代也应是如此。宋代的情况就不同了，宋人李焘在记宋仁宗册张美人为贵妃一事时，写道："国朝命妃皆发册，妃辞则罢册礼，然告在有司，必俟旨而后进。又，凡制词既授阁门宣读，学士院受而书之，送中书结三省衔，官告院用印，然后进内。张美人进号贵妃，（宋）祁适当制，不俟旨，写告不送中书，径取官告院印用之，亟封以进。妃方爱幸，冀行册礼，得告大怒，掷地不肯受，祁坐是黜。"①时宋祁任翰林学士、右谏议大夫、知制诰，故既可书告，同时又可利用其提举官告院的方便条件，"径取官告院印用之"。但是册封贵妃乃是非常隆重的大事，其告应当先送中书，并要经过门下省的审议，由三省长官结衔署名，然后到官告院用印，宋祁对此制不熟悉，被贬黜自然是难免的了。从这些情况看，则以上四司的告身印应是由官告院掌管的了。正因为如此，宋朝有时则直接向官告院索取空名告身，如熙宁九年（1076），"令官告院给空名国子博士、殿中丞、卫尉寺丞、大理评事、内殿崇班、供备库副使告身各九十二道付安南，以招降赏功"。②这种空名告身无疑是加盖了告身印的。

目前存世的唐代告身原件及复制件为数不少，其中有"颜真卿告身"，相传为颜真卿本人所写，故人以为至宝，迭经翻刻，流传极广。告身可以自写，可见唐朝在这个问题上并未有严格的限制。宋人洪迈说："唐人重告命，故颜鲁公自书告身，今犹有存者。韦述《集贤注记》记一事尤著，漫载于此：'开元二十三年七月，制加皇子荣王已下官爵，令宰相及朝官工书者，就集贤院写告身以进。于是宰相张九龄、裴耀卿、李林甫，朝士萧太师嵩，李尚书暠，崔少保琳、陈黄门希烈，严中书挺之，张兵部均，韦太常陟，褚谏议庭诲等十三人，各写一通，装褾进内，上大悦，赐三相绢各三百匹，余官各二百匹。'以《唐书》

---

① 《续资治通鉴长编》卷一六五，宋仁宗庆历八年十月，第3971—3972页。
② 《续资治通鉴长编》卷二七四，宋神宗熙宁九年四月，第6709页。

考之，是时十三王并授开府仪同三司，诏诣东宫、尚书省，上日百官集送，有司供张设乐，悉拜王府官属，而不书此事。"①尽管洪迈对此事颇为怀疑，但却未对他官皆可书告之事否认，可见在唐代写告者，并非是中书舍人或知制诰的专任。宋人则多以专官领此事，与唐制颇不相同。

宋神宗元丰五年（1082），改革职官制度，"文武诰身属吏部，蕃官诰属兵部，封赠及命妇诰属司封，加勋并将校诰属司勋。官诰院四部诰身案及吏人，随事隶本部"。②这样就等于撤销了官告院，其分管四司告身案的吏员根据其所管事项，分属于吏部、兵部、司封、司勋四司。由于这时官告院已经不存在了，所以其原所管的告身印自然又复归诸司分掌。又由于这时只用吏部与兵部告身印，所以其余两司告身印只好封存不用了。元丰七年（1084），又将司封、司勋所管告身案并入吏部的预书库收掌。宋徽宗崇宁四年（1105），设造官告局，隶属于吏部。大观元年（1107），复置官告院，隶于尚书省左右司。大观三年（1109），改隶于吏部。政和三年（1113），令官告院仍然置主管官2员，并命少府监铸印，印文为"吏部制造诰身案记"。自此之后，终南宋一代，官告院再未发生过任何变化。③

从这个"吏部制造诰身案记"的印文来看，显然是用来加盖在告身上，以防止作伪现象的发生，这和其原来掌管的告身印有很大的不同。据《宋史》卷一六三《职官志三》载："宣和元年，诏：'官告院立条，凡制造告身法物，应用绫锦，私辄放效织造及买贩服用者，立赏许告。'"可见仿造告身者，在当时确实大有人在，以至于政府除了颁布法规惩治外，也不得不采取一些防伪措施。由于官告院所掌之印已经改换，加之史籍中没有提到告身印重归官告院掌管，所以吏部与兵部告身印应仍由两部分掌。

---

① 〔宋〕洪迈撰，孔凡礼点校：《容斋随笔》卷三《唐人告命》，中华书局，2005年，第43页。
② 《文献通考》卷六〇《职官考十四》，第1815页。
③ 《文献通考》卷六〇《职官考十四》，第1815页。

(三)绫纸钱的收取及其变化

任命官员所颁发的告身,是否由个人出资,历代对此规定并不一致。唐代规定选人一旦通过了书判考试,铨选得官后,是要交一笔官告费的。① 五代在后梁时期全部由朝廷出资,并不向个人收钱,所谓"伏自伪梁,不分轻重,并从官给"②。从上引《五代会要》之文看,后唐在同光二年规定,除了"内司大官并侍卫及赏军功将校转官"外,其余均须交纳绫纸朱胶钱,即告身的成本费,谓之绫纸钱,也有称朱胶轴钱的。地方官员可以通过诸道进奏院交纳,在京官员则需本人到所司交纳。所谓内司大官,指内诸司使系统的高官,侍卫指侍卫亲军系统的武官,以及因为建立军功而迁转官职的官员。这是唐庄宗时期宦官势力重新抬头,以及重武轻文政策的又一体现。至同光三年正月又改为:"今后特恩授官,侍卫军功改转,内廷诸司带职,外来进奉受官,绫纸并宜官给。……其官告,若是宣旨除授及品秩合进呈者,准例进内,余并送纳中书门下,点检给付。敕画到本司,十通已上官告,限三日内印署,三十通已上限五日,五十通已上,中书门下与限催促。如临时缓急宣赐,不拘此限。"③这次变动不仅涉及绫纸钱的问题,而且还规定了告身印署的时限。总的来看,这次有关绫纸钱的问题变化不大,只是将特恩授官和外国外族进贡者授官的告身,纳入免费之列,其他方面并无变化。

五代的这种规定很不合理,并造成了很不好的后果。据《新五代史·刘岳传》载:"唐明宗时,为吏部侍郎。故事,吏部文武官告身,皆输朱胶纸轴钱然后给,其品高者则赐之,贫者不能输钱,往往但得敕牒而无告身。五代之乱,因以为常,官卑者无复给告身,中书但录其制辞,编为敕甲。岳建言,以谓'制辞或任其材能,或褒其功行,或申以训诫,而受官者既不给告身,皆不知受命之所以然,非王言所以告诏

---

① 《册府元龟》卷六三六《铨选部·考课一》,第7631页。
② 《旧五代史》卷三一《唐庄宗纪五》,第426页。
③ 《五代会要》卷一四《吏部》,第234页。

也。请一切赐之'。由是百官皆赐告身,自岳始也。"关于此事,《资治通鉴》记在唐明宗天成元年十一月,并且与上引《刘岳传》所记详略不同,现录其文如下:

> 旧制,吏部给告身,先责其人输朱胶绫轴钱。丧乱以来,贫者但受敕牒,多不取告身。十一月,甲戌,吏部侍郎刘岳上言:"告身有褒贬训戒之辞,岂可使其人初不之睹!"敕文班丞、郎、给、谏,武班大将军以上,宜赐告身。其后执政议,以为朱胶绫轴,厌费无多,朝廷受以官禄,何惜小费!乃奏:"凡除官者更不输钱,皆赐告身。"①

可见自刘岳奏后,并非一步到位,免除了所有官员的朱胶轴钱,而是有一个过程。这一过程其实延续了数年时间,从《五代会要》卷一四《吏部》的记载看,直到天成四年(929)方才完全免去一切费用,这年十一月敕曰:

> 今后应是官告,除准宣破外,其陈乞除官、并追封、追赠、叙封、进封官告,及举人冬集,绫纸、罗褾轴、锦袋等,宜令并与官破,仍勒各随色样尺寸,如法装修,疾连书写印署进纳。

> 其月敕:"应诸道州府令、录等官告敕牒,元是中书进纳入内,令阁门宣赐。其判官、主簿官告,旧是所司发遣受恩。今后赴本任,地理远近,各有程限,比候进纳,恐有停滞,况绫纸、褾轴,价钱近已官破,今后所除州县官告身敕牒,宜令中书门下指挥,不要进纳,并委宰臣当面给付。"

除了规定官告一切费用均由朝廷承担外,还将外州府新任官员,本来入

---

① 《资治通鉴》卷二七五,后唐明宗天成元年十一月,第8995页。

宫由阁门使代表皇帝宣赐告身者,均改为由宰臣当面给付。但是,至后周显德五年,经吏部南曹奏请后,又恢复了绫纸钱的交纳。"每年及第举人,自于官诰院纳官钱一千,买绫纸五张,并褾轴,于当曹写印缝缝给,于官诰院却每人牒送朱胶钱三百到曹,支备铨中及当司公使"。"官诰院牒送到朱胶钱一千内抽二百文,刺送到都省,充抽贯钱"。[①]这里虽然说的是贡举及第人要交纳此钱,但也反映了后周时期不再免除此钱的事实。那么后周为什么要恢复交钱纳呢?史书中没有明确记载,但从一些史实可以窥知其中的缘故。据《资治通鉴》唐明宗天成元年十一月记载:"当是时,所除正员官之外,其余试衔、帖号止以宠激军中将校而已,及长兴以后,所除浸多,乃至军中卒伍,使、州、镇、戍胥吏,皆得银青阶及宪官,岁赐告身以万数矣。"对于文中所谓"试衔""帖号",胡三省解释说:"试衔,谓试某官某阶,皆以入衔也。帖号,谓帖以诸衔(卫)将军、郎将之号。"文中所谓"使"与"宪官",胡三省注云:"使谓诸道节度使、观察使司。御史台官谓之宪官,此亦言试衔官也。"[②]所谓"岁赐告身以万数矣",说的虽是后唐授官之滥,但授官越多则朝廷支付的告身钱也就越多,这大约是后周恢复收取绫纸钱的一个重要原因。实际上早在后唐清泰二年就有人提出了恢复收取绫纸钱,这年七月御史中丞卢损上奏说:"准天成元年七月及四年十一月敕:'应中外官除授,不计品秩,一例宣赐告身。'请依旧制,合赐外,各令自出绫纸。"只是由于皇帝不同意,才没有实行。[③]

两宋时期沿袭后周制度,对官员收取官告钱。如宋太宗淳化元年(990)诏:"百官为父有官先曾降麻制授官者,纳钱五千。"[④]至道元年(995)诏:"应中书除授幕职州县官,绫纸并令赐与,不更纳钱,其吏部拟授四川官,亦免所纳朱胶绫纸钱六贯四百五十。"[⑤]这就说明此前

---

① 《五代会要》卷二二《吏曹裁制》,第352页。
② 《资治通鉴》卷二七五,唐明宗天成元年十一月及胡注,第8996页。
③ 《册府元龟》卷六三三《铨选部·条制五》,第7595—7596页。
④ 《宋会要辑稿》职官一一《官告院》,第3347页。
⑤ 《宋会要辑稿》职官一一《官告院》,第3347页。

这类官员是要交纳钱的。宋仁宗天圣四年（1026）提举官告院程琳言："'选人官告小绫纸一副、木轴、小锦褾、青带，合纳钱一千；中绫纸一副、中牙轴、中锦褾、青带，合纳钱一千五百，并八十陌。欲望自今小绫纸纳钱五百，中绫纸纳钱一千，只于本院绫纸库送纳，若选人料钱十贯已下不纳'。从之。"①对选人料钱低于10贯者，免于纳钱。以上情况说明，北宋对官职低微、收入较少的官员、选人，一度采取了免收或少收绫纸朱胶钱的政策，这与五代的情况正好相反。到了南宋时期情况又发生了变化，绍兴六年（1136）诏曰："文武官磨勘给告，并量收绫纸钱。先是，文思院织造告绫费用倍多，臣僚以为言，故有是诏。"②这次变化是由于造绫费用增长，遂又恢复了对所有官员一律收取绫纸朱胶钱的旧规。绍兴十一年（1141），吏部上言：

"一、绫纸钱：内文臣太中大夫、武臣观察使以上并免，文臣中散大夫，武臣遥郡刺史以上二十贯，文臣朝奉大夫，武臣武翼大夫以上一十五贯，文臣通直郎，武臣修武郎以上一十贯：以上各欲增五贯。

一、封赠绫纸钱：三公，三少，开府仪同三司，七贯五百文；东宫三师、三少，特进，太尉，金紫、银青光禄大夫，左、右、金吾卫，左、右卫上将军，节度使，承宣观察使，六贯；宣奉、正奉、正义、通奉大夫，左、右骁骑以下，诸卫上将军，三贯五百文；通议、太中大夫，三贯：以上并欲增一倍。中大夫，中奉、中散大夫，防御、团练使，诸州刺史，左、右金吾以下，诸卫大将军，二贯六百文；朝议、奉直、朝请、朝散、朝奉大夫，二贯三百文；朝请、朝散、朝奉、承议郎，诸卫将军，太子诸率府副率，一贯八百文；奉议、通直郎、太子诸率府副率，一贯五百文；宣教郎以下，一贯：已上并欲增

---

① 《宋会要辑稿》职官一一《官告院》，第3351页。
② 《宋会要辑稿》职官一一《官告院》，第3357页。

一倍。母及朝奉大夫、遥郡刺史以上妻，七贯二百五十文，欲增四贯七百五十文。余妻六贯四百五十文，欲增三贯五百五十文。武功、武德、武显、武节、武略、武经、武义、武翼大夫、遥郡同，二贯三百文；武功、武德、武显、武节、武略、武经、武义、武翼郎，一贯八百文；训武、修武、从义、秉义、忠训郎，一贯五百文：以上并欲增一倍"。从之。[①]

从以上规定看，南宋初期的绫纸钱收取的数额极大，而且呈不断增长之势，已经不再仅仅是收取告身的制作成本费，而是变成了一种政府收费。出现这种情况，与当时南宋政府财力紧张不无关系。不过这一时期对于高级官员还是免收费用的。随着南宋政治局势的变化，财力的增长，这种情况肯定是要改变的。宋孝宗淳熙元年（1174）诏："自（令）〔今〕文武臣转官、初补、循资、叙复、封赠之类，合纳绫纸钱并与免纳。仍令敕令所将绫纸钱条格删去。"[②]即将所有的官员包括封赠在内，都统统免去了绫纸钱，与此同时还干脆删去了收取绫纸钱的相关格条，不过在宋孝宗以后的诸帝统治时期，此事仍有过反复。

对于官阶不同的官员，其告身所用的绫纸也不同。唐代在宪宗元和八年（813）规定："五品已上，用大花异纹绫纸，紫罗里，檀木轴。六品下朝官，装写大红绫纸，及小花绫里，檀木轴。命妇邑号，许用五色笺，小花诸杂色锦褾，红牙碧牙轴。"[③]五代的规定与唐代不同，后唐同光二年规定："当司所给王公封爵承袭告身，如带同中书门下，使色背金花绫纸；如节察不带使相者，白背金花绫罗纸；已下诸官，并使白绫纸。其追封并邑号，则不系品位高卑，并使色背金花罗纸。其纸面除内出翰林修写告身外，不得辄画龙凤。"[④]这里所说的"所司"，即指官告院；所谓"节察"，指节度使与观察使。而宋代对此的规定则复杂得

---

① 《宋会要辑稿》职官一一《官告院》，第3357—3358页。
② 《宋会要辑稿》职官一一《官告院》，第3361页。
③ 《唐会要》卷七五《杂处置》，第1615页。
④ 《五代会要》卷一四《司封》，第240页。

第四章　职官制度

多，现将其具体内容详细抄写如下：

> 凡宰相、亲王、使相，用五色背金花绫纸，犀轴、晕锦褾袋、色带；三师、三公、枢密使及曾任宰臣，官至太子三师、仆射以上，嗣王、郡王、节度使，用白背金花五色绫纸、犀轴、晕锦褾袋、色带；参知政事、宣徽使、枢密副使、太子三师、仆射、御史中丞（大夫）、两京留守、皇弟、皇子、皇侄、皇孙，用白背五色绫（纸）、晕锦褾（袋）、大牙轴、色带；尚书、文明殿学士、太子三少、京牧、（大都督）、大都护、两省侍郎、京尹、（统军）、上将军、两使留后、观察使，用白背五色绫纸、法锦褾、大牙轴、色带并（十）七张；三司使、翰林学士、侍读、（侍讲）学士、枢密直学士、尚书省、御史台四品、两省五品以上、诸司、东宫三品，王傅、中都督、诸府尹、上都护、下都护（督）、昭文馆、集贤院学士、左右庶子、詹事、诸卫大将军、防御、团练使、刺史、横班诸使、昭宣使、枢密都承旨及诸使司（诸使）、军职带刺史者，用大绫纸、大（法）锦褾、大牙轴、色带；三司副使、升朝官、太常博士以上，京府少尹、赤县令、王府长史、司马、（诸司马）、诸司副使、枢密副（都）承旨，节度行军、副使、（两使）判官检校至常侍、中丞以上者，诸军都指挥使、（御前忠佐都军头以上者，[藩]方马步军都指挥使）及供奉官、军职加爵邑者，用大绫纸、大锦褾、大牙轴、青带并七张；升朝官、五官正、郎将以上，内殿崇班及閤门祗候、（京）官带馆阁、三司职事者，防团副使、两使判官、畿令、诸州别驾、幕职、州县（官）检校至员外郎者，中书、枢密主事以上，两省主事、入内高班内品以上，诸军都虞候（忠佐副军都头、诸班指挥使、藩方马步军都虞候）以上，供奉官以下及三司勾院覆官以上，检校至尚书省技术官、至朝官同正官

· 191 ·

（者），用中绫纸、中锦褾、中牙轴、青带；（京官）、灵台（郎）、保章正、幕职州县官、高班内品、翰林（诸）待诏、医官、中书行首（省）守当（官）、枢密院主事、令史、法直、礼直官，用小绫纸、小锦褾、木轴、青带并五张；诸蕃蛮子授大将军、（将军）、司阶、司戈、司候、军将等，用大绫纸、大牙（锦）轴、法锦褾、色带。……①

另据《宋会要辑稿》职官一一《官告院》载，以上为宋真宗咸平三年（1000）九月重新修定的规定。此后，宋代在这个方面还做过多次的修定。除了对各级官员告身所用绫纸有详细的规定外，宋代还对妃嫔、公主、各级官员母妻的封赠，对官员的追赠等所用绫纸，都做了相应的规定。五代、两宋时期在告身所用绫纸上的这些规定，实际上是等级制度在官员告身问题中的具体体现。

六、封爵与叙封制度

五代十国时期的封爵与叙封制度大体来说还是沿袭唐制的，由于这一历史时期政治动荡，割据政权林立，典章制度混乱，所以又发生了许多变化，加之五代各朝对这一制度多有修定，遂使其产生了与唐制不同的一些特点。

（一）封爵制度的变化

据《新唐书·百官志一》载：唐朝的爵位分为亲王、郡王（嗣王）、国公、开国郡公、开国县公、开国县侯、开国县伯、开国县子、开国县男等，共计九等，每等都规定有相应的食邑户数和品阶。在五代时期却出现了郡侯一级的爵位，如吴越"天宝十年春三月，梁敕授王子赞正安国功臣、镇海军北面水陆都指挥使、金紫光禄大夫、检校太保、

---

① 《职官分纪》卷九《官告院》，第246—247页。括号内字，据《宋会要辑稿》职官一一《官告院》补，第3347—3348页。

守湖州刺史、大彭郡侯、食邑一千户传璙"①。唐庄宗同光元年，"以枢密使、检校太保、守兵部尚书、太原县男郭崇韬为开府仪同三司、守侍中、监修国史、兼真定尹、成德军节度使，依前枢密使、太原郡侯，仍赐铁券"。②再如周太祖"（广顺）三年正月丙辰制：武平军节度留后、检校太尉、彭城郡侯、食邑一千户刘言，可检校太师、同中书门下平章事……"。③可见郡侯的爵位并非一朝独有，而是为五代各朝所沿用。其实郡侯作为一级爵位并非始于五代，据杜佑记载，早在西晋时已有之，所谓"晋亦有王、公、侯、伯、子、男，又有开国郡公、县公、郡侯、县侯、伯、子、男及乡亭、关内等侯，凡十五等"④。十六国、南朝、北魏均有郡侯一级爵位。唐初沿袭隋制，取消了郡侯一级爵位。但是后来又予以恢复，据《唐会要》卷八〇《朝臣复谥》载："恭肃。赠益州大都督、河东郡侯张嘉贞。"据《旧唐书》本传载，其死于开元十七年（729），则至迟此时唐朝已恢复了郡侯之爵位。但是成书于此时之后的《唐六典》一书，所记唐朝爵制与上引《新唐书》相同，并无郡侯这一级爵位。《新唐书》本传只是说他封河东侯，却未说明是郡侯还是县侯。不过唐后期郡侯的爵位确已广泛地使用了，如夏侯孜，唐懿宗时封谯郡侯；王徽，唐僖宗时封琅邪郡侯。⑤这就说明五代爵制实际上沿袭了唐后期的制度。郡侯在开国县公之下，开国县侯之上，为第6等爵，这样五代的爵位应为10个等级。十国中也有这一级爵位，如南唐就曾封王彦俦为太原郡开国侯。⑥

五代爵制的另一个变化是，每级爵位规定的食邑户数虽大体沿袭了唐制，在实施过程中却并不严格遵照唐制，表现出较大的随意性。唐制：亲王食邑10000户、郡王5000户、国公3000户、开国郡公2000户、

---

① 《十国春秋》卷七八《吴越武肃王世家下》，第1091页。
② 《旧五代史》卷三〇《唐庄宗纪四》，第416页。
③ 《册府元龟》卷一七九《帝王部·姑息四》，第2155页。
④ 《通典》卷一九《职官典一》，第487页。
⑤ 《旧唐书》卷一七七《夏侯孜传》，第4604页；同书卷一七八《王徽传》，第4643页。
⑥ 《徐铉集校注》卷七《王彦俦加阶制》，第280页。

开国县公1500户、开国县侯1000户、开国县伯700户、开国县子500户、开国县男300户。五代十国的情况则要复杂得多，试举数例，即可见一斑。唐明宗天成四年制曰："行营副招讨横海军节度观察等使、守沧州刺史李从敏，可光禄大夫、检校太保、使持节定州诸军事、守定州刺史、充义武军节度观察北平军等使、进封开国伯，加食邑一千二百户；北面行营兵马都监、郑州防御使张虔钊，可光禄大夫、检校司徒、使持节沧州诸军事、守沧州刺史、充横海军节度观察等使，仍封清河县开国子，食邑五百户。"①按照唐制，开国伯食邑700户，由于李从敏为明宗之侄，所以初封便达1200户，而张虔钊所封户数则严格按照唐制。再如后唐"末帝清泰二年十月戊寅制：'尚书左仆射、门下侍郎、同平章事、弘文馆大学士、太微宫使、赵郡公、食邑二千石、食实封二百户李愚，可守本官；门下侍郎、兼吏部尚书、同平章事、监修国史、判三司、彭城郡公、邑千五百户刘昫，可守尚书右仆射。皆免知政事'。"②李愚与刘昫的爵位同样都是郡公，但李愚明显高于刘昫五百户，其中李愚所封户数是按照唐制的，刘昫则低于唐朝制度所规定的户数。后唐自称是唐朝统治的延续，凡提到唐朝制度时均采用"本朝制度""本朝故事"的提法，在执行唐制时尚且如此，至于其他各朝就更不会严格遵守了。如"周显德四年八月乙亥制曰：'……推忠协谋佐理功臣、特进、守司空、门下侍郎、同中书门下平章事、监修国史、上柱国、陇西郡开国公、食邑一千五百户、食实封二百户李谷，昔事先朝，勤劳王室，暨登上相，佐佑朕躬，……可守司空，加食邑五百户、食实封二百户，功臣散官勋如故'"③。李谷的食邑户数初封时也少于唐制500户，罢相时增加了500户，这才与唐制相吻合。那么五代郡公一级的食邑户数是否本来规定为1500户呢？前面已经说过其爵位是沿袭唐制的，本不应如此，可事实上有时其也坚持唐制，如晋高祖天福三年，于阗王李圣天遣使进贡，后晋王朝册封他为大宝于阗国王，同时还授其派来的使者马继荣为

---

① 《册府元龟》卷一二八《帝王部·明赏二》，第1544—1545页。
② 《册府元龟》卷三三三《宰辅部·罢免三》，第3939页。
③ 《册府元龟》卷三三三《宰辅部·罢免三》，第3940页。

"镇国大将军、扶风郡开国公、食邑二千户"。[①]割据于湖南的武平军留后刘言,原封彭城郡侯、食邑1000户。广顺三年(953),晋封为郡公,于是再加食邑1000户。[②]在这个时期,甚至有郡公仅封食邑1000户的现象,如唐末帝未即位前,明宗长兴二年,"授光禄大夫、简较(检校)太傅、左卫大将军、兼御史大夫、上柱国、仍封陇西郡开国公、食邑一千户,赐推忠佐运功臣"。[③]这一切均说明五代的爵制实际上处于一种混乱的状况,至少在食邑方面是如此。

这种混乱的状况同样也表现在王爵的封授上。唐制皇子均封亲王,哪怕只是孩童也是如此。五代由于是乱世,战争频繁,故当时人崇尚军功,即使皇子,无军功也不能轻易授予王爵。如"后唐开府仪同三司、检校太尉、充北都留守、兴圣宫使、判六军诸军事、兼御史大夫、上柱国、陇西县开国伯、食邑七百户继岌。同光元年,授较(检)校太尉、同中书门下平章事,仍进封开国侯,加食邑三百户,充东京留守,余如故。继岌皇子也"[④]。李继岌是唐庄宗的第三子,后来才加封为魏王。上面提到的唐末帝李从珂亦唐明宗养子,初封也只是郡公。后来这种情况有所变化,皇子通常都能得到亲王的爵位,如周世宗之子柴宗训,"显德六年六月癸未,制授特进左卫上将军,封梁王,食邑三千户"[⑤]。按照唐制,亲王食邑应是万户,柴宗训仅封3000户和唐朝的制度不一致。这种情况并非仅此一例,如唐明宗诸子就是如此,长兴四年六月"丙辰,秦王从荣加食邑至万户","戊午,宋王从厚加食邑至万户"。[⑥]由于五代史料残缺不全,我们无法知道李从荣、李从厚初封王爵时的食邑数,但从上面的引文看,他们初封王爵时肯定不足万户,这一点是无可置疑的。

在南方诸国中,其爵制在食邑户数方面也是如此。如南唐中宗在

---

① 《五代会要》卷二九《于阗》,第465页。
② 《册府元龟》卷一七九《帝王部·姑息四》,第2155页。
③ 《册府元龟》卷五七《帝王部·明察》,第643页。
④ 《册府元龟》卷二七七《宗室部·褒宠三》,第3280页。
⑤ 《旧五代史》卷一二〇《周恭帝纪》,第1591页。
⑥ 《旧五代史》卷四四《唐明宗纪十》,第605页。

保大元年（943）册封其二十弟为保宁王时，其食邑户仅为2000户。[1]按照唐制，亲王食邑万户，郡王5000户，无论怎么算，南唐的这次册封都与唐制相去甚远。前蜀的情况也是这样，如晋晖"封开国公，食邑一千五百户。……加食邑二千户。不逾数载，并陟殊荣，依前检校太尉、兼中书令，食邑三千户。至乾德元年，封弘农郡王，食邑四千户，以至五千户"。按照唐制，郡王食邑5000户，而晋晖初封只有4000户，增加后才达到5000户。后蜀的情况与前蜀相同，如孙汉韶，封乐安郡王，食邑3000户。[2]但是南唐在授予一些较低的爵位时，却能严格遵守唐制的规定，仅以徐铉起草的制敕看，这种情况也是很明显的。如授林仁肇为济南县开国伯，食邑700户；李匡明陇西县开国子，食邑500户；刘崇俊彭城县开国子，食邑500户；赵丕天水县开国子，食邑500户；常梦锡河内县开国男，食邑300户。即使晋升爵位也能按照唐制行事，如王崇文原为太原县开国男，食邑300户，升为子爵后，食邑便增加到500户；张钧原为清河县开国子，食邑500户，"进封开国伯、食邑七百户"。[3]前引后蜀孙汉韶初封乐安县开国男，食邑300户。后来升为开国子，食邑500户，再升为开国伯，食邑700户，至开国侯时，便加到1000户，晋封开国公时，又加到1500户。这些都是严格按照唐制施行的。从笔者掌握史料看，中原各王朝的情况也是如此，较低爵位的食邑数大都能遵照唐制的规定。

唐人李涪的《刊误》卷下《封爵》条说："凡所封邑，必取得姓之地。"[4]从唐代的情况看，除皇子外，其他人的爵号大都如此，如李多祚出自渤海酋长，则封辽阳郡王，裴度为河东人，则封晋国公。宦官封

---

① 《徐铉集校注》卷九《封保宁王册》，第335页。
② 吴钢主编：《全唐文补遗》第七辑《晋晖墓志铭》，三秦出版社，2000年，第174页；同书《孙汉韶墓志铭》，第205页。
③ 《徐铉集校注》卷六《林仁肇浙西节度使制》，第258页；卷七《李匡明御史大夫制》，第275页；卷七《刘崇俊起复制》，第278页；卷七《赵丕御史中丞制》，第281页；卷二〇《故朝散大夫守礼部尚书柱国河内县开国男食邑三百户赐紫金鱼袋常公（梦锡）行状》，第572页；卷七《王崇文、刘仁赡、张钧并本州观察使制》，第288页。
④ 〔唐〕李涪撰，吴企明点校：《刊误》卷下《封爵》，中华书局，2012年，第244页。

爵亦是如此，如杨复光冒充弘农杨氏之后，封弘农郡公，梁守谦为安定人，则封邠国公。五代十国时期虽然仍实行这个原则，但却和受封者的籍贯并无必然联系。试举数例，如后唐天成元年，封马赍为扶风郡王。长兴二年拜李愚为相，当时其爵位为陇西县开国男。长兴四年任刘昫为相，其爵位为彭城县开国男。后晋天福三年十一月前，王继恭的爵号为琅邪县开国伯。①扶风是马姓的郡望，陇西是李姓的郡望，彭城为刘姓郡望，琅邪则是王姓之郡望。这种情况的出现虽不违反"凡所封邑，必取得姓之地"的原则，但却与受封者的籍贯全然没有关系，这一点与唐代的情况有很大的不同。十国的情况亦是如此，上述南唐数人的爵号就可证明此点。

五代封爵还有一个原则，即爵号还要根据受封者的任职之地来确定。如后梁封割据于两浙的钱镠为吴越王，后唐封割据于福建的王延钧为闽王，封割据于湖南的马殷为楚王，封荆南节度使高季兴为南平王，封割据于西川的孟知祥为蜀王等，这些都是人所共知的史实。再如李从曮任凤翔节度使，封岐国公，唐末帝即位之初，改封秦国公，后晋建立后，"继封岐王、秦王"。②凤翔镇在岐山之下，位于关中，故李从曮所封的岐国公、秦国公以及岐王、秦王等爵号，均与地域相关。

在唐代也有取美称为爵号者，如李勣封英国公，李靖封卫国公，大宦官高力士封齐国公，但其原籍却在岭南潘州，所以这个齐国公的爵号也是美称。五代时期也存在这种情况，如"安审琦仕晋少帝，为襄州节度使、兼中书令。属荆人叛命，潜遣舟师数千，将屠襄郢，审琦御之而遁。朝廷赏功，就加守太保，进封齐国公。"③冯道历仕数朝，其自撰的《长乐老自叙》云："爵自开国男至开国公、鲁国公，再封秦国公、梁

---

① 《册府元龟》卷一七八《帝王部·姑息三》，第2142页；同书卷七四《帝王部·命相四》，第858页；同书卷七四《帝王部·命相四》，第858页；同书卷一七九《帝王部·姑息四》，第2152页。
② 《旧五代史》卷一三二《李茂贞传附李从曮传》，第1741页。
③ 《册府元龟》卷三八七《将帅部·褒异十三》，第4599页。

国公、燕国公、齐国公。"①以上这些爵号的得名均与郡望、籍贯、地域无关，这些均是古国名，用于封爵之号，对受封者来说，自然是一种褒奖，实际上仍是一种美称。

　　五代十国时期在爵制上的这些现象，是当时社会动荡、典章制度紊乱的必然结果，同时也是唐后期以来典章制度混乱的延续表现。这一时期各朝无暇完善典章制度，主事者不熟悉旧制，随意而为，出现以上这些现象非但不足为奇，反而与这一时期动荡的社会特点相吻合。

　　五代时期的封爵与唐代还有一个很大的不同之处，即文官的爵位通常都没有武官高，至于封王者则更少，而武官中封王的却大有人在。在唐代，宰相通常爵位都较高，而五代时期却不是这样，如后唐长兴二年，李愚拜相时，爵位为陇西县开国男。长兴四年刘昫拜相时，为彭城县开国男。同年赵凤拜相时，爵位也是天水县开国男。后周显德元年（954），王溥拜相时，为太原县开国男。同年景范任宰相时，为晋阳县开国男。这些都是拜相时的爵位情况，罢相后由于多年的晋升，爵位往往要高于拜相时。如后唐天成二年任圜罢相时，爵位为乐安郡开国侯。次年郑珏罢相时，为荥阳郡开国公。清泰二年，李愚罢相时为赵郡公，刘昫为彭城郡公。汉隐帝乾祐元年，李涛被罢去相位，爵位为陇西县开国伯。显德四年，李谷罢相时为陇西郡开国公。②以上这些宰相即使罢免时，最高爵位也不过郡公，当然也有国公的，如冯道等少数人。但是在节帅中封国公者早已不罕见，即使封王者也比比皆是，如房知温，"至长兴二年，除平卢军节度使，累官至开府仪同三司、检校太师、兼中书令、封东平王，食邑五千户、食实封三百户"。③安审琦，"仕晋少帝，为襄州节度使、兼中书令。……朝廷赏功，就加守太保，进封齐国公。岁余，又加守太傅。国初封南阳郡，显德初进封陈王"。④高行周，在汉

---

① 《旧五代史》卷一二六《冯道传》，第1662页。
② 以上均见《册府元龟》卷七四《帝王部·命相四》，第858—861页；同书卷三三三《宰辅部·罢免三》，第3938—3940页。
③ 《册府元龟》卷三八七《将帅部·褒异十三》，第4596页。
④ 《册府元龟》卷三八七《将帅部·褒异十三》，第4599页。

高祖时，"进爵临清王。乾祐中，入觐，加守太保，进封邺王，复授天平军节钺，改封齐王"。①诸如此类的情况还很多，就不一一列举了。五代会出现这种现象的原因，与当时重武轻文的社会风尚有极大的关系，加之战争频繁，正是武夫大有作为之时，各朝皇帝为了笼络将帅，巩固统治，也不得不采取这种政策。

（二）食邑与食实封

唐代爵制虽然规定了每级爵位相应的食邑户数，在爵位不变的情况下，如果受封者有功，也可以通过增加食邑户数的方式表示奖励，于是就出现了同一级爵位而食邑户数却不一致的现象。五代时期也继承了这一做法，如前引冯道所撰的《长乐老自叙》所云的"爵自开国男至开国公、鲁国公，再封秦国公、梁国公、燕国公、齐国公，食邑自三百户至一万一千户，食实封自一百户至一千八百户"。按照唐制，国公食邑3000户，冯道竟能达到11000户，便是多次增加累计的结果。封爵中所谓食邑若干户，只是虚封，没有实际上的实惠。尽管如此，由于爵位表示的是地位的高下，在爵位不变的情况下，食邑户数的多少也具有这样的意义，同时它还含有荣誉的意义在内，所以受封者对食邑户数多少的变化还是非常在意的。

五代时期食邑户数往往累加得很高，与唐朝形成了显明的对照。冯道爵最高不过国公，竟然增加到11000户，超过应封户数将近4倍。上面提到的安审琦，爵为郡王，"增食邑至一万五百户"。高行周，食邑累计17000户。李从曮任凤翔节度使，封秦王，食邑累计至15000户。②赵在礼任晋昌军节度使，封秦国公，"累食邑至一万三千户"。③他们的封户数均大大超过了应封户数，这种现象在当时的国公以上爵位中普遍存在，举不胜举。唐朝除统治后期增加食邑稍有失控外，其他时期虽有加邑的规定，但均增加有限，很少有低一级爵位的食邑户数甚至超过高一

---

① 《册府元龟》卷三八七《将帅部·褒异十三》，第4599页。
② 《旧五代史》卷一三二《李茂贞传附李从曮传》，第1741页。
③ 《旧五代史》卷九〇《赵在礼传》，第1178页。

级爵位的现象。五代时期由于各朝均立国短暂，最长的后梁也不过十数年时间，所以官员连仕数朝者普遍存在，最典型的便是冯道，竟事四朝十君。每有改朝换代，新建立的王朝不仅承认前朝所授官爵，出于笼络人心的需要，往往还要加官晋爵。然而官阙毕竟有限，增加食邑便不失为一种较好的手段，遂使受封者食邑户数大大地膨胀了。

对于受封者来说，食实封才是真正的实惠。唐朝初期对实封户数控制得很严，所谓"永淳之前，亲王食实户八百，增至千辄止；公主不过三百"①。这种说法并不完全准确，如荆王李元景实封即达2500户，②但这毕竟属于极罕见的例子。唐初开国功臣的实封户数有的突破了1000户，但大部分仍在千户以下。③自武则天以来，唐朝的实封户数逐渐增加，据《新唐书·太平公主传》载："及圣历时，进及三千户。预诛二张功，增号镇国，与相王均封五千，而薛、武二家女皆食实封。……安乐（公主）户至三千，长宁（公主）二千五百，府不置长史。宜城、定安（公主）非韦后所生，户止二千。……睿宗即位，主权由此震天下，加实封至万户。"④这里虽然说的是几位公主的实封户数，但也反映了唐朝食实封制度的变化情况。唐玄宗开元时期由于实封过滥，曾经进行过整顿，但安史之乱以后又逐渐失控。如卫王、温王各2500户，雍王2000户，郭子仪、李光弼各2000户，浑瑊1800户，武三思、仆固怀恩、李晟各1500户，就连大宦官鱼朝恩也达到1000户，另一大宦官李辅国亦有

---

① 《新唐书》卷八三《太平公主传》，第3650页。
② 《唐会要》卷九〇《食实封数》，第1945页。
③ 据《新唐书》卷八八《裴寂传》载："武德九年十月，太宗又定功臣封户，时文静已死，乃自寂而下差功大小第之，总四十三人。寂户千五百，长孙无忌、王君廓、尉迟敬德、房玄龄、杜如晦户千三百，长孙顺德、柴绍、罗艺、赵郡王孝恭户千二百，侯君集、张公谨、刘师立户千、李勣、刘弘基户九百，高士廉、宇文士及、秦叔宝、程知节户七百，安兴贵、安修仁、唐俭、窦轨、屈突通、萧瑀、封德彝、刘义节户六百，钱九陇、樊兴、公孙武达、李孟尝、段志玄、庞卿恽、张亮、李药师、杜淹、元仲文户四百，张长逊、张平高、李安远、李子和、秦行师、马三宝户三百"，第3739—3740页。
④ 《新唐书》卷八三《太平公主传》，第3650—3651页。引文中括号内字，为笔者所加。

800户之多。① 至唐末更加泛滥，食实封人数大为增加。

五代虽沿袭唐代封爵制度，但在食实封的人数上却控制颇严，非大功不给实封，而且对实封户数也进行了控制，从而构成了不同于唐制的又一新特点。如凤翔节度使李从曮累封岐王、秦王，食邑15000户，而实封只有1500户。房知温官居使相，封东平王，食邑5000户，实封也只有300户。在五代时期许多人官居宰相高位，所得实封户数也是非常有限的。如李愚，后唐清泰二年罢相时，爵位为赵郡公，实封只有200户。② 安重诲官居枢密使，专权擅政，封汧国公、食邑2500户，实封也只有300户。③ 冯道在唐明宗时为宰相，爵为始平郡公，实封只有区区100户。后晋天福元年再次拜相时，仍封始平郡公，食邑2500户，实封加至300户。李谷在周世宗时任宰相，封陇西郡开国公，食邑1500户，实封200户，显德四年罢相时，周世宗只给其增食邑500户，但实封却丝毫未加。④ 朱弘昭历任大镇节度使，唐明宗时任枢密使，兼中书令，封沛郡开国公，食邑3000户，而实封也仅有300户。⑤ 后晋罗周敬任右金吾卫上将军，封长沙郡开国公，食邑1800户，实封仅区区100户。⑥ 在五代的节度使中，王处直的实封数算是比较多的，爵封北平王，食邑5000户，实封也不过500户。⑦ 对于皇子亲王来说，其实封也同样受到了限制，如后唐

---

① 《唐会要》卷九〇《食实封数》，第1945、1947页。其中李晟之数据《新唐书》本传。李光弼之数《唐会要》记为1500户，《新唐书》本传却记为2000户。按：李光弼与郭子仪齐名，战功还要比郭子仪更多一些，实封户数按理不应少于郭子仪，故不取《唐会要》所记。

② 以上依次见《旧五代史》卷一三二《李茂贞传附李从曮传》，第1741页；《册府元龟》卷三八七《将帅部·褒异十三》，第4596页；《册府元龟》卷三三三《宰辅部·罢免三》，第3940页。

③ 《安重遇墓志铭》，文物出版社，1984年，第1232页。

④ 《册府元龟》卷七四《帝王部·命相四》，第860页；《册府元龟》卷三三三《宰辅部·罢免二》，第3940页。

⑤ 〔清〕陆增祥：《八琼室金石补正》卷七九《枢密使朱宏昭尊胜幢记》，上海古籍出版社，2020年，第1311页。

⑥ 〔清〕王昶：《金石萃编》卷一二〇《赠太傅罗周敬墓志铭》，中国书店影印扫叶山房本，1985年。

⑦ 《金石萃编》卷一一九《重修北岳庙碑》。

长兴四年六月，"丙辰，秦王从荣加食邑至万户，实封二千户。……戊午，宋王从厚加食邑至万户，实封一千户"。①再如周恭帝柴宗训，显德六年，"制授特进左卫上将军，封梁王，食邑三千户，实封五百户"。②与唐代同类职官相比，可以明显地看出以上诸人的实封户数都大大地减少了。

中原王朝即使给南方的割据者封爵时，也不轻易加给很多的实封户数。如割据于荆南的高季兴，在后唐时被封为南平王，食邑8000户，实封500户。这是高季兴最终的封户数。③后蜀皇帝孟知祥，起初被后唐封为清河郡开国公，食邑1500户，实封100户。长兴四年被封为蜀王时，唐明宗只给其加食邑1500户，但实封户数却未有变动。④割据于福建的王继恭取代其主王昶而自立，后晋天福三年承认其地位，并封其为临海郡王，食邑2700户，实封300户。⑤割据于湖南的楚国被南唐灭亡后，刘言又再次割据于此地。后周广顺三年任其为武平军节度使，晋爵为郡公，食邑1000户，实封300户。并对其部下诸将授予高下不等的爵位。⑥即使对外国君主，五代也不轻易给予很多的实封户数。如后晋天福六年，册封高丽国王王建为"开府仪同三司、检较（校）太师，依前使持节玄菟州都督，充大义军使，食邑一万户、食实封一千户、高丽国王"。⑦

五代各朝对食邑户数不加限制，而对实封户数却控制较严，主要是因为五代各朝仅占据北方半壁河山，疆土相对唐朝大为缩小，且自唐末以来战乱频繁，户口大量减少，从而使各朝不得不对实封户数加以严格控制。但是对于南方各国割据者而言，其所得实封户数并不从中原王朝所控制的户口内拨给，为什么也不愿大量授予呢？这是其食封制度制约

---

① 《旧五代史》卷四四《唐明宗纪十》，第605页。
② 《旧五代史》卷一二〇《周恭帝纪》，第1591页。
③ 《册府元龟》卷一七八《帝王部·姑息三》，第2143页。
④ 《册府元龟》卷一七八《帝王部·姑息三》，第2148页。另据句延庆《锦里耆旧传》卷三载，其封蜀王时，实封为200户，与上引《册府元龟》所载不同，今不取。
⑤ 《册府元龟》卷一七九《帝王部·姑息四》，第2152页。
⑥ 《册府元龟》卷一七九《帝王部·姑息四》，第2155页。
⑦ 《册府元龟》卷九六五《外臣部·封册》，第11356页。

的必然结果。因为五代各朝已经确立了严格控制实封户数的相关政策，对于其文武大臣如此，对于这些割据者自然不能例外，否则不仅造成制度上的混乱，也不利于维护朝廷的尊严。

五代时期也存在实封较多的特例，大体可分为以下几种情况：其一，南方各国统治者中的那些资历较老、功勋卓著的人物。如楚国国王马殷死后，后唐长兴二年下敕曰："故保邦崇德忠略康济功臣、天策上将军、开府仪同三司、守太师、尚书令、上柱国、楚王、食邑一万八千户、食实封一千六百户马殷，品位俱高，封崇已极，无官可赠，宜赐谥兼神道碑文，仍以王礼葬。"①马殷的实封户数不算很多。再如吴越国王钱镠，据《吴越备史》记载历次实封户数累计，唐朝所授的实封户数是1100户，后梁授1500户。后梁不承认唐朝所授官爵，故这两个数字不可能累加，即使可以累加，也不过2600户，仍然不算多。就是这样钱镠死时，后唐仍说他"位已极于人臣，名素高于简册。赠典既无其官爵，易名宜示其优崇"。遂改谥为武肃王而已。②直到后晋、后汉统治时期，对这些割据者的实封户数才有了较快地增长。如天福八年时，吴越国王钱弘佐的食邑为17000户，实封高达4000户。③其二，某些皇子亲王的实封户数较多。如后唐长兴四年，"秦王从荣以本官充天下兵马大元帅，加食邑万户、实封三千户"。④李从荣为唐明宗之子，唐明宗曾打算让他继承皇位，所以任命其为天下兵马大元帅，并有意增加其实封户数。在五代时期这也是一种特例。其三，少数功臣元老实封较多。如上面说到的冯道，他历事四朝十君，多次出任首相，实封户数累计达到1800户。安审琦历事唐、晋、汉、周四朝十君，多次充任大镇节度使和禁军将帅，屡立战功，爵封陈王，至其晚年，累"增食邑至一万五百户，食实封二千三百

---

① 《册府元龟》卷一七八《帝王部·姑息三》，第2143页。
② 《吴越备史》卷一，第6217页。
③ 《十国春秋》卷八〇《吴越·忠献王世家》，第1136页。
④ 《旧五代史》卷四四《唐明宗纪十》，第606页。

户"。①赵在礼仕唐、晋两朝，前后任十余镇节度使，晋出帝为其子娶赵在礼女为妻，因而爵封秦国公，"累食邑至一万三千户，实封一千五百户"。②张全义自唐末以来历任高官，梁唐两朝位高爵显，历封魏王、齐王，唐庄宗的皇后刘氏拜其为父，累计食邑14000户，实封1100户。③冯晖在后周时封陈留郡王，食邑7500户，实封1500户。④但是五代这些实封户数较多的功臣元老，与唐朝情况相比，人数要大大地减少。

十国中凡称帝并实行封爵制度的政权，通常对功臣不给实封，从现存史籍的记载来看，极少见到有关给实封的记载。十国凡奉中原正朔者，其君臣所得实封，均为中原王朝所授。即使有极少数权臣得到实封，但实封户数都不高。如徐温，在吴国"官至竭忠定难建国功臣、大丞相、都督中外诸军事、诸道都统、镇海宁国等军节度、宣歙池等州管内营田观察等使、开府仪同三司、守太师、中书令、金陵尹、东海王"，长期专权擅政，尽管其食邑高达万户，但实封也仅有500户。⑤后蜀孙汉韶，官居中书令、守太傅、武信军节度使，封乐安郡王，食邑3000户，实封仅有200户。⑥以上这些情况说明，在这个历史时期各个政权均实行了严格控制实封户数的政策。

（三）叙封制度的变化

五代的叙封制度仍基本沿袭唐制，但由于改朝换代频繁，加之各朝多不重视健全典章制度，每当政局动荡之时，便不能正常施行叙封制度。此外，唐制中本来已有的相关规定，由于有司不熟悉典制，被再次当成问题提出来讨论，至于随意改变旧制的事也不罕见，遂使这一制度发生了不同于唐制的一些变化。唐制规定：

---

① 《旧五代史》卷一二三《安审琦传》，第1615页。另据《册府元龟》卷三八七《将帅部·褒异十三》（第4599页）载，其晚年实封为3300户，与《旧五代史》所记不同，五代将帅实封户数未见超过3000户者，此处记载可能有误。
② 《旧五代史》卷九〇《赵在礼传》，第1178页。
③ 《全唐文补遗》第六辑《张季澄墓志铭》，第214页。
④ 《全唐文补遗》第三辑《冯晖墓志铭》，第301页。
⑤ 《旧五代史》卷一三四《李昪传》，第1786页。
⑥ 《全唐文补遗》第七辑《孙汉韶墓志铭》，第204—205页。

> 内命妇，一品母为正四品郡君，二品母为从四品郡君，三品、四品母为正五品县君。……凡外命妇有六：王、嗣王、郡王之母、妻为妃，文武官一品、国公之母、妻为国夫人，三品以上母、妻为郡夫人，四品母、妻为郡君，五品母、妻为县君，勋官四品有封者母、妻为乡君。凡外命妇朝参，视夫、子之品。诸蕃三品以上母、妻授封以制。流外技术官，不封母、妻。①

后唐同光二年规定："准旧条，应内外文武及致仕官母、妻，叙封进封邑号者，或遇特敕，别加奖封外，其余官据官阶齐五品，母为县太君，妻为县君；官阶齐四品，进封母为郡太君，妻为郡君；官阶齐三品，母进封为郡太夫人，妻为郡夫人。"②可以看出这个规定完全沿袭了唐制，至于官员之母邑号加"太"字的规定，亦是沿袭唐制。据《唐会要》卷二六《命妇朝皇后》载："其母邑号，皆加太字。"可为明证。从唐朝及后唐的这个规定来看，五品以上官员应叙封者，不论其父是否健在，只要是因子荫叙封的，其母的邑号均加"太"字。但是到了后汉乾祐元年时，这一规定又发生了变化。这年七月尚书省奏："司封以检详前后敕例，凡母皆加'太'字，存殁并同，即不说父在不加'太'字。近例有中书舍人艾颖，于天福五年十二月任殿中侍御史，父在，继母李封县君，不加'太'字。尚书司门郎中尹偁，于天福八年三月任尚书仓部员外郎，父在，母宋封县君，不加'太'字。……其父在母承子荫叙封、追封，合加'太'字与不合加，虽有艾颖、尹偁近例，恐是一时特恩，别无敕例，宜令尚书省集议奏闻，永为常式。"经过尚书省商议后，认为"若是父在，据敕格不载为母加'太'字之文。若以近敕，因子贵与父命官，父自有官，即妻从夫品，可以封妻。父在不合以其子荫加母'太'字；若虽有因子之官，其品尚卑，未得荫妻，叙封亦不合用子荫

---

① 《新唐书》卷四六《百官志一》，第1188页。
② 《五代会要》卷一四《司封》，第236页。

之限"。①也就是说，不论何种情况，只要官员之父健在，其母便不能因子荫叙封，也不能在邑号前加"太"字，即使其父官阶卑下，也不能因子叙封。这个动议得到了皇帝的首肯。五代对官员之母邑号加"太"字的限制，是其与唐制的一个不同之处。

唐朝规定官员之母叙封时，不限从夫、从子，按就高不就低的原则进行。景云（龙）四年规定："各视夫、子之品，即夫、子两有官及爵，或准一人有官及爵者，皆听从高荫。"②开元八年（720）五月再次颁敕强调："准令王妻为妃，文武官及国公妻为国夫人，母加'太'字，余人有官及爵者，听从高叙。"③然而上述乾祐元年的规定却推翻了唐朝的这个规定，把官员之母从子荫叙封严格限制在其父死后，从而构成了与唐制的又一不同之处。关于这个情况，可以从一些五代墓志的相关记载中得到证实。据《石金俊及妻元氏合祔墓志铭》载："始封乐安县太君，进封河南郡太君，改封河南郡太夫人，从子贵也。"其第三子在晋、汉、周三朝，历任禁军都指挥使、州刺史、金紫光禄大夫。④在后汉乾祐元年之前，不按其夫石金俊的官爵叙封，是因为其地位低于其子的缘故。在此之后石金俊已死，元氏便可以按照其子的官爵改迁邑号了，由于元氏始终因子而叙封，故志文说"从子贵也。"又据《王玘妻张氏墓志铭》载："晋开运元年封清河郡太君，今朝乾祐元年，又封清河郡太君，皆从副使品秩序进也。"⑤志文中所谓"副使"，即指墓主之次子，时任泰宁军节度副使。墓主张氏的邑号之所以没有升迁，是因为其子的官爵没有升迁的缘故，既如此，为什么还要再次叙封呢？这是由于改朝换代的缘故。说明在五代时期前一个王朝所封邑号，即使没有改迁，一旦改朝换代，仍须由新朝重新确认。

---

① 《五代会要》卷一四《司封》，第242—243页。《旧五代史》卷一四九《职官志》（第2005页）亦有大致相同的记载。
② 《唐会要》卷二六《命妇朝皇后》，第574页。按：唐朝没有景云四年，疑"景云"为"景龙"之误。
③ 《唐会要》卷四七《封建杂录下》，第976页。
④ 《隋唐五代墓志汇编》洛阳卷，第15册，第176页。
⑤ 《隋唐五代墓志汇编》北京大学卷，第2册，第181页。

第四章 职官制度

五代叙封制度与唐制相比还有一个不同之处，即唐代宫中女官一般不封邑号，而五代封之。周太祖广顺元年，"尚食李氏等宫官八人并封县君，司记刘氏等六人并封郡夫人，尚宫皇甫氏等三人并封国夫人"。旧史在记载此事后，接着又说："唐制有内官、宫官，各有司存，更不加郡国之号，近代加之，非旧典也。"[①]从后一句话来看，似乎此制并不始于后周，很可能后汉时甚至更早就已有之。

唐朝规定五品以上官员可以叙封母妻，实际上指的散官品阶，并非职事官品阶。如元和十三年（818）制书云："其外命妇封，内外官母、妻，各视其夫及子散官品令，不得约职事官品。文武五品阶为县君，四品阶为郡君，三品已上阶为郡夫人，即止。其国夫人须待特恩，不在叙例。"[②]从这个制书来看，唐后期对国夫人的封授，"须待特恩"，这样就改变了文武官一品及国公之母、妻封国夫人的规定，将国夫人从叙封的范围中排除了。五代时期官员叙封母妻仍沿袭唐前期之制，直到后周显德元年时，仍强调"内外命妇，并与进封，因夫、子叙封者，不得过夫、子本品"[③]。所谓"本品"，即指职事官所带散官品阶。与唐元和十三年规定不同的是，五代仍将国夫人列入叙封之列。如后汉天福十二年（947）规定："中书门下二品及平章事、在朝正一品官、使相曾祖母、祖母亡，并追封国太夫人；如母在，叙封母为国太夫人，妻为国夫人。"后汉的这个关于叙封国夫人的规定，除了仍保留文武一品官外，又增加了宰相和使相，却将国公之母妻排除在之外，可见五代的叙封制度更加重视职事官阶的高低。对于其他官员母妻的叙封，后汉这次也有相应的规定：

> 东官一品、尚书省二品、不带平章事留守节度使祖母，并许追封郡太夫人止；如母在，叙封母为郡太夫人、妻为郡夫人止。如曾任皇朝将相，已经追封三代祖父母及已封国太夫人者，依旧施行。东官二品、西班二品、尚书省三品、御史大

---

① 《旧五代史》卷一一一《周太祖纪二》，第1474页。
② 《唐会要》卷八一《阶》，第1773页。
③ 《册府元龟》卷九六《帝王部·赦宥十五》，第1144页。

夫、中书门下侍郎、太常卿亡母，并追封郡太夫人止；如母在，叙封为郡太夫人，妻为郡夫人止。如曾任皇朝将相，已经追封三代、两代祖父母及已封国太夫人者，依旧施行。母应致仕官如未致仕日曾任五品已上正官，合得叙封者，与据品秩施行，嫡母、正室即许叙封，如非嫡、继及正室，不在论请封叙之限。应诸色官请与母、妻叙封，须候官阶齐即得。如官及所封官高，并许施行。①

这里所谓的"须候官阶齐"，即指所任职事官及散官阶均达到五品以上。文中所说的"正官"，即指职事官，亦可证明五代的叙封制度十分重视职事官的高低。另外叙封的范围只限于官员的嫡母与正室，非嫡母即使是亲生母亲，也不能叙封。以上规定到了次年，即乾祐元年时，又规定如官员之父健在并任官职者，则不能以子之荫叙封，这一点上面已经做过论述。

五代时期规定，某些官员即使达到五品以上，也不能叙封母妻。如后唐同光二年司封奏曰："准旧条，应外任除五府少尹、诸州刺史封叙外，其左右司马与长史、别驾，一例厘革，不许叙封。自后诸道论请不绝。今勘会大都督（府）左右司马，与五府少尹资序不殊，自今后请准五府少尹例，特许叙封。……"又云："准往例，诸道上州长（司）马别驾、陵台令、率府诸卫郎将、中郎将、司天五官正，虽是五品，并不在封叙之限。其大理正，先有起请，不许。缘是次对官，即与五官正不同。今请同诸五品例施行。"②这个奏议得到了皇帝的批准。可见在此之前这些官员均不能叙封母妻，这次虽然允许左右司马、大理正等官叙封，但仍有一些五品以上的官员被排除在外。但是五代对节度使府僚佐及禁军将校母、妻的叙封，却放得较宽。这年还规定："准旧例，应外任，其上州刺史或带使额都督府，在京军诸卫将军、小将军以上初

---

① 以上见《五代会要》卷一四《司封》，第241—242页。
② 《五代会要》卷一四《司封》，第239页。文中"长"字，应为"司"字之误；括号"府"字，为笔者所补。

任,听准例各与母、妻依品第叙封。其东宫杂五品初任升朝,并中下州刺史,并许至第二任叙封。……诸道节度副使、节察两使判官,先准起请节文。如曾任五品已上升朝官听叙封。缘带使职,不合与诸色带职官同列。自今后,如全未经封者,许与母、妻一度封叙邑号,仍须官阶合格;如更除授归班官,领郡符,即许进封;如守职就加官阶,不在进封之限。今又伏见诸道有奏置行军司马并参谋者,其职位实在副倅之上。自此是曾任升朝官并刺史者,亦请节度副使并两使判官例处分。"[1]可以很明显地看出,后唐对禁军将校及节帅僚佐的迁就,其实质是朝廷对禁军及藩镇的依重和姑息,反映了五代时期武人掌控大权以及其政治地位提高的情况。除了诸卫将校外,由于节度、观察使府僚佐均未有相应的官阶规定,所以这里所说的"仍须官阶合格"一语,是指其散官与检校官的品阶。对于这一类官员,其母妻叙封时,只能"至郡君止"。"纵检校官或阶爵至三品,亦不在论请进封之限"。即不可能再得到更高一级的邑号了。"如是防御、团练、经略等使已上,阶至三品,许至郡夫人、郡太夫人"。[2]这些规定都再次证明了五代时期的叙封制度,在以官员本品高低为依据的同时,还十分重视区分职事官的高低及其性质。这种旨在区分官员所任职官性质的做法,并非源于五代,而是自唐以来均是如此,影响十分深远,有人甚至要求在朝官中也要区分所谓清浊。如后汉起居郎殷鹏就是这样一个人,他在天福二年(937)上奏说:

> 臣又闻司封令式,内外臣僚官阶及五品已上者,即封妻荫子,固不分于清浊,但只言其品秩。且谏议大夫、给事中、中书舍人并是五品,赞善大夫、洗马、中允、奉御等亦是五品。若论朝廷之委任,宰相之拟抡出入之阶,资中外之瞻望,则天壤相悬矣。及其叙封乃为一贯,相沿至此,其理甚非。而况北省,为陛下侍从之臣,南宫掌陛下弥纶之务,宪台执陛下纪纲

---

[1] 《五代会要》卷一四《司封》,第236—237页。
[2] 以上见《五代会要》卷一四《司封》,第238—239页。

之司，首冠群僚，总为三署，当职尤重，责望非轻。此则清列，十年不遂显荣之愿，彼则杂班，两任便承封荫之恩，事不均平，理宜改革。伏乞自今后，应诸司官及五品已上者，即依旧制施行，应三署清望官及六品已上，便与封荫。清浊既异，秩品宜升，仍下所司议为常式。①

殷鹏提出给三署（指中书门下两省、尚书省、御史台）清望官六品以上母妻叙封的要求，如果采纳，将会彻底推翻自唐以来施行数百年的以五品官为界进行叙封的制度，由于改革力度过大，所以没有被采纳，但并不等于当时的朝廷否认朝官有清、浊之分。

由于官员的职务和品阶实际上处于不断的变化之中，这样就使许多原来达不到叙封条件的官员，升迁后又达到叙封母妻的标准，因此五代时期又制定了一些相应的办法，以适应这种情况。后唐同光二年规定："其东宫杂五品初任升朝（官），并中下州刺史，并许至第二任叙封。如自班行及遥郡除授中下州刺史者同，已两（任）即许听叙，其他并请准例。"对于其他官员母妻的叙封，也做了相应的规定："准旧例，若遇改官加阶爵、或加检校官者，勒句当人于状内竖出所加官转阶年月，当司检勘不虚，即与进封。如不遇改官转阶，不在进封之限"。②可以明显看出前一类官员叙封母妻必须等到第二任，而其他官员只要所任官阶有所改转，达到规定的条件，即可叙封。这种把官员划分成不同类别的做法，后来有了一定程度的改变，如后晋天福二年敕："在朝宰臣已下臣僚，外任刺史已上，母妻未叙封"即予以叙封。③这条敕文只提到"外任刺史已上"，并未刻意区分上州还是中、下州刺史，可见凡任刺史者皆可叙封母妻。这种政策与后唐时期相比已经有了较大的变化，但并不表示后晋彻底改变了把官员区分成不同类别的做法，上引殷鹏的奏章便是明证。这种状况一直延续到五代末年，即使到宋代也仍然如此。

① 《册府元龟》卷四七六《台省部·奏议七》，第5681页。
② 《五代会要》卷一四《司封》，第236、239页。
③ 《册府元龟》卷一三一《帝王部·延赏二》，第1584页。

第四章 职官制度

对于那些不加任期限制的官员来说，并非任何时候都可以申请叙封，而是规定了申报期限。唐庄宗同光二年规定："当司请各立年限，其邑号得替后一年内听叙，一年外并殿累外未改头衔，并不在申请之限。"这里虽然指的是已有邑号者，因故停替后的恢复，或者需要晋封时的申报期限，由于这种申报必须是在其夫、子官阶迁转或者复职后，才可能进行，所以上述规定实际上是说官员必须在官、阶改转后的一年之内申请，超过一年或者虽改官职，但并未升迁者，不能再申请。以上是指申请叙封的期限。申请的起始时间则是，从新任职之日起算，"候印给告身毕日，将至当司引验，方许据状封叙"。[1]至唐明宗长兴元年时，又改为"朝臣限两月内齐具录奏，外处与限一年"。[2]

自唐末以来至五代时期，社会长期处于动荡状态，致使不少官员的告身、敕甲以及政府档案散失，造成了叙封的混乱。后唐同光二年规定："如省司失坠敕甲者，京官引验本官告身敕牒及母、妻前封邑号。告身敕牒如同失坠，即磨勘历任。如官序显著，参详前封不虚，即取登朝官三员充保，仍须结罪使印，方与进封。如是曾任节度、观察、团练、经略、防御、刺史等，则责本道进奏知后院状入案。刺史无知后院，即取使府进奏官状，并准京官例，取登朝官三员充保。"其他地方官员，如果是朝廷任命者，则按京官例处分；如果是本道奏荐者，则取本道使府进奏官状详验。由司封检验兵部、吏部甲库勘受官年月及敕头，本人交纳任官告身，"或两司料钱历子"，勘验不虚后，"并子案牒送门下省，详验申奏"。由于种种原因，有些地方官员的同僚中无人充任登朝官，或者虽任过登朝官但已死亡，致使无人作保。对于这种情况，也规定了相应的办法，即"如无保状，具历任经堂陈述，候裁下点检讫，即却勒从初封叙"。出于这种情况而得以叙封母妻的官员，如果有人纠告，或者后来经勘验发现问题，"称官阶及前封邑号谬妄，并在官杂带职官违碍条格，亦自落职名请叙封者，其本官具名衔申奏，其陈

---

[1] 以上见《五代会要》卷一四《司封》，第237、238页。
[2] 《册府元龟》卷六六《帝王部·发号令五》，第734页。

状句当人申堂取裁"。也就是说，允许其本人具衔申奏为自己辩护。"其句当人，如与外州府刺史、诸色官句当者，即须系外州府职名。其所通状，仍须具乡贯，兼取本道进奏官连署识认，使本道进奏院印，方可施行"。对于京官也要加盖本司之印，"兼委本行令史署保"。[①]这样要求主要为了防止有人作弊，一旦发现申报不实，除了要追回已封邑号外，还要处分有关官员。如"吕琦，天成中为侍御史，举劾吏部侍郎王权、将作监王澄、太仆少卿魏仁锷、库部郎中孔崇弼、司门郎中李殷梦、河南县令郭正封等六人，妻叙封郡君、县君者"。其中郭正封在皇帝南郊大赦制书颁布前任考功员外郎、朝议郎阶，"具是六品"。制书颁布后，升迁为河南县令，加朝请大夫阶，均为正五品，因此其妻得以叙封为县君。按照正常的叙封制度，不存在作弊问题，但由于制书明确规定："朝臣并与追封，赠及叙封后，不在此限。"所以查实后将"本行令史马仁珪，决臀杖七十，勒停；本判郎中裴垣，罚两月俸。王权等六人妻进封叙封郡县邑号官告，宜令所司追纳毁废"[②]。之所以处罚司封郎中及令史，不涉及受封官员，是按照"其或应得而不与，应不得而与之，罪在所司"[③]的规定执行的。因为司封司是主管叙封的部门，掌握相关政策和规定，而申请叙封的官员不一定都清楚相关规定，所以一旦发生问题，受到处罚的只能是相关部门。

　　唐五代的叙封制度只涉及官员母、妻，并不涉及其父、祖。从五代各朝的情况看，曾多次下诏给官员父祖追赠或授官，如后唐长兴元年敕："朝臣及藩镇、郡守亡父母、祖父母及父母在，并妻室未沾恩命，并与追封赠及叙封者。"[④]后晋天福二年敕："内外臣僚亡父母、祖父母，据品秩未封赠者与封赠，已封赠者三代更加恩命。"[⑤]这些诏敕多为

---

① 以上见《五代会要》卷一四《司封》。引文中"敕甲"二字，原文为"敕申"，据上下文，"申"应为"甲"字之误，第237、240、237、237、238页。
② 《册府元龟》卷五二〇下《宪官部·弹劾》，第6220页。
③ 《五代会要》卷一四《司封》，第240页。
④ 《册府元龟》卷六六《帝王部·发号令五》，第734页。
⑤ 《五代会要》卷一四《司封》，第240—241页。

第四章 职官制度

南郊大赦、新帝即位或因其他原因而颁布的，并非国家经常性的制度，对于官员的父祖来说，多为死后追赠，父在者也只是授予爵或散官，因此这种情况的存在与叙封制度并无必然关系。正因为如此，有人才提出要将官员父祖授予官爵作为经常性的制度确定下来，如殷鹏曾于天福二年十二月上奏说：

> "切闻司封格式，内外文武臣僚，才升朝籍者，无父母，便与追封、追赠，父母在，即未叙未封，以臣所见，诚为不可。此则轻生者而重死者，弃今人而录古人，其荣有何，其理安在？"又云："父母在，品秩及格者，即与封其母，不言其父，便加邑号，兼曰大君，遂令妻则旁若无夫，子则上若无父，岂有父则贱而母则贵？夫则卑而妻则尊？若谓其父未合加恩，安得其母受赐？若谓以子便合从贵，曷得其父不先？伏以父尊母卑，天地之道，尊无二上，国家同体。今母受封，父无爵，名教不顺，莫大于兹。臣伏乞自今后文武臣僚，父母在，其父已有官爵者，即叙进资品，以及格式，或不任禄仕，即可授以致仕。"①

自唐朝以来的叙封制度均不涉及仍然健在的官员父祖，但对官员亡故的父祖可以给予追赠，而追赠却不在叙封制度的范畴内。因此殷鹏的这个建议实际上是对叙封制度的一次大的改革，后来得到了朝廷的采纳，当时规定：官员"在朝行者，父与致仕官，母与叙封郡邑号。其外（官）四品已上，节度、团练、防御使、刺史父，与致仕官，其余与同正官，母与叙封郡邑号。如内外官父已有致仕及同正官，母已曾叙封，子品高者，更与加进半俸。续议指挥，如父有职官，不在此限。余并准格文处分，仍编令式，永常规"。②所谓"同正官"，即同正员官。按照唐制，

---

① 《册府元龟》卷四七六《台省部·奏议七》，第5681页。
② 《册府元龟》卷四七六《台省部·奏议七》，第5681—5682页。括号内字，为笔者据文义所加。

同正员官是要给全俸的，唯不给职田。①这里没有说是否给俸，但却说如果官员之父已有致仕官或同正员官，其母也已经叙封，而且其子官品高者，才加给半俸，可见因子荫而得同正官者是不给俸的。不仅如此，官员母妻叙封后，也不给俸禄，如西京留守判官李遐因张从宾乱被害。晋高祖遂封其母为京兆郡太君，支给李遐的月俸，直至其终身。②这虽是一种特例，但恰恰证明五代不给外命妇俸禄。此后五代各朝均多次颁布过官员父母健在，因子荫加恩的敕条，如后周显德元年敕："内外见任文武职官并与加恩，父母在者并与恩泽，亡没者与封赠，其母妻未叙者，特与叙封。"③从而使官员之父也能得到叙封的规定延续下来了。这是五代叙封制度的一大变化，也是与唐制的一个最大不同之处。

　　五代的叙封制度与唐代相比，由于其处于所谓"乱世"，因此虽有制度存在，但有时并不能正常执行，往往要经过大臣奏请后，才颁诏进行叙封。有时虽然是皇帝主动颁诏叙封，但多是在大赦时作为一种恩典而颁布的，这些情况都说明叙封制度在五代并不能作为经常性的制度施行。此外，五代时期官员在叙封时作弊的现象较多。如后晋侍御史李鼎，其妻已于天福七年八月病逝，却于同年十月投状申请叙封。次年，经另一侍御史郑搏上表弹劾后，于是遂停李鼎现任之官。④再如后唐长兴二年八月，"渭州刺史石可球母在，而所司误入赠封之甲"。敕："可球母王氏可别封太原县君，裴坦点简不精，罚一月俸。本行令史委吏部流内铨，量罪科决。"⑤裴坦当时任司封郎中。之所以出现这些情况，一是因为五代政局动荡，典章制度不健全，不能对官员进行有效的监督；二是因为吏部、兵部甲库所保存的官员档案散失严重，难以准确核验相关情况，遂使一些官员作弊有了可能，如前述的吏部侍郎王权等6人作弊之事，多是因为这个原因；还有一个重要原因，即主管叙封的司封官员

---

① 《通典》卷一九《职官典一》，第472页。
② 《旧五代史》卷九三《李遐传》，第1236页。
③ 《旧五代史》卷一一四《周世宗纪一》，第1512页。
④ 《册府元龟》卷五二二《宪官部·谴让》，第6237页。
⑤ 《册府元龟》卷四八一《台省部·谴责》，第5745页。

对相关制度不熟悉，且责任心不强，于是才出现了误将石可球之母计入赠封之列的事。

五代的叙封制度尽管存在这样那样的弊端，但仍对宋制产生了一定的影响。宋代的叙封制度曾多次发生过变化，与唐五代之制并不完全相同，但是由于其制度毕竟是沿袭唐五代之制而来，所以仍有许多方面与唐五代完全相同。这里仅就其沿袭五代制度的问题，试举数例以说明。宋朝于宋太祖建隆三年（962）确立了叙封之制，其中规定"他官惟品至者即时拟封"，而"杂五品官至三任与叙封"。这一规定就是沿袭了五代之制，只是将杂五品两任改为三任即可叙封而已。再如宋制规定"伎术官不得叙封"，也是沿袭五代制度。①另据记载，真宗天禧元年（1017）八月，"翰林学士晁迥等言：'准诏详定叙封所生母及致仕官封赠事。请自京文武升朝官无嫡母继母者，许叙封所生母。'……从之"。②五代自后汉天福十二年以来，将叙封的范围只限于官员的嫡母与正室，非嫡母，即使是亲生母亲，也不能叙封。这一规定自宋建立以来一直沿袭未变，至此才将官员生母有条件地纳入叙封范围。宋代规定官员之父如果健在，可以用子荫转官或者授予致仕官，有关这方面的记载比比皆是。宋哲宗元祐二年（1087），甚至还规定了"曾因子孙叙封迁转者"③给俸的相关事项。其实这些都是沿袭五代之制的表现。

七、结语

从中国古代官制的变迁情况看，秦汉以来相权日渐削弱，皇权越来越得到强化，这种趋势到五代时却为之一变，枢密使集将相之权于一身，位尊权重，与皇权相持。究其原因，与五代时期政治动荡，藩镇割据，典制混乱的社会环境是分不开的。

五代时期社会结构发生了极大的变化，门阀制度被彻底荡涤，旧士

---

① 《宋史》卷一七〇《职官志十》，第4085页。
② 《续资治通鉴长编》卷九〇，宋真宗天禧元年八月，第2075页。
③ 《续资治通鉴长编》卷三九六，哲宗元祐二年三月，第9649页。

族或杀或逃，有的甚至穷途潦倒，一大批出身于社会下层的人登上了政治舞台，藩镇做天子几乎成了通例，这些行武出身的君主，缺乏经邦治国的才能，需要具有政术文学知识的人做顾问，后梁太祖置崇政院很大程度上就是出于这个原因。但此时的缙绅衣冠已衰落不堪，科举出身的士人资望尚浅，即使具有这些知识，顶多只能任枢密院的职事官。加之这一历史时期战争不止，用兵频繁，遂使主管军事的枢密使权势得到不断加强。

五代时期社会经济发展停顿不前，而战争频繁，财政开支巨大，因此中央财政结构变化较大，以适应不断变化的形势。此外，五代中央政府大都是在藩镇体制的基础上发展而来的，故财政职官也难免带有这方面的色彩，加之政治上处于分裂割据的状态，不再具有大一统王朝时期整齐划一的财政机制。

监察体制是十分重要的一种制度，历代均是如此。但是这一历史时期的监察制度与唐朝相比，从制度的角度看，没有大的变化，但是从监察效能方面看，却受到了不少的限制。五代时期的使职官与唐朝比，也发生了不小的变化，出现了一些原来没有的使职，并对宋代官制产生较大的影响。

我国古代爵制自先秦时期产生以来，到秦汉时期达到了一个新的阶段，对魏晋南北朝时期的爵制产生了很大的影响，而隋唐时期尤其是唐朝的爵制却是在总结南北朝以来制度的基础上，发展到了一个比较成熟的阶段，对此后历代产生了非常深远的影响。唐朝的九等爵制与秦汉的二十等爵制有着明显的不同，商鞅确定的爵制同时伴随着褒赏，其内容有三：（1）给予田宅；（2）役使庶子；（3）给予仕官资格。汉的爵制也包括3项特权，即（1）授予封邑；（2）复除；（3）刑罚减免。其中第1项只限于列侯、关内侯等高级爵位获得者，对于其他两项的享受也是极其有限的，并非所有获得爵位者都可享有此特权。唐代的爵制与此不同，每等爵位虽然都规定了相应的封邑数，但却不是土地而是封户，且只是虚封，只有皇族或有功勋者才给予数量不等的实封户数。至于刑罚减免，规定了所谓"八议"的范围，并不包括所有的爵位获得者。

秦汉时期赐民以爵的制度，使得获得爵位的范围大大地扩大了，这一点与唐制有很大的不同。日本学者西嶋定生认为：秦汉的"爵制秩序就是国家秩序。以皇帝为中心，使所有的官吏庶民都参加到这个爵制秩序中来，人人都作为这一结构的成员而被安排到一定的位置上。这也就是说，这一秩序结构与当时皇帝支配的结构是一致的"。[1]而这样一个特点对于唐制来说是不存在的，因为唐代的爵位只授予官员，而没有涉及普通庶民，至于军士立功则授予勋官，而不一定是爵位。因此，唐代的社会秩序更多的是靠国家公权来维持的，而不必借助于这种爵制秩序。此外，秦汉时期也没有建立像唐代这样系统完整的叙封制度，从而使中国社会的等级制度更加严密。

五代的爵制与叙封制度虽然在唐制的基础上有所变化，但这种变化却非实质的变化，充其量只是一些具体细节方面的变化。因此，五代十国时期的这一制度仍然是严格的等级社会的反映，皇帝对民众的支配不是通过爵制秩序来调节的，而是通过官吏来实现对民众的支配的，这种情况发展到中国近古时期达到了一个登峰造极的程度。

---

[1] ［日］西嶋定生著，武尚清译：《中国古代帝国的形成与结构——二十等爵制研究》，中华书局，2004年，第447页。

第五章

殿阁制度

馆阁制度肇始于唐朝。杜佑《通典》卷二一《职官典三》云："梁武帝于文德殿内列藏众书，北齐有文林馆学士，后周有麟趾殿学士，皆掌著述。"但是均未形成制度，真正形成一套制度，并对后世产生深远影响的，则是在唐朝。这一制度在唐代就其机构而言，就是指弘文馆、集贤院、史馆，合称三馆。北宋将这三馆与后来设置的秘阁，合称为馆阁。其主要职能就是收藏、整理图籍文献与修撰国史，同时也是所谓储材之所。宋人周必大说："择儒学为馆职，自馆职择侍从，由侍从择辅相。"[①]指的就是馆阁的这一性质。五代十国时期沿袭唐制，继续设置了三馆，入馆者称馆职，但尚未有馆阁之称。除此之外，这一时期还置有金銮殿学士、端明殿学士、文理院学士、勤政殿学士、文思殿学士等职务，或负责整理图籍、侍从讲读，或掌提草诏敕、咨询顾问，与三馆之职合称为殿阁之职。这是五代之制与唐制的一个不同之处。自从五代十国时期出现殿阁之制以来，在两宋时期殿职陆续还有所增加，再经过元明清等朝不断发展与完善，遂使这一制度成为我国古代典章制度中的一个重要组成部分。明清时期的内阁大学士以殿阁为名，就是这一制度延续和发展的结果，入阁者均为编、检、讲、读之官，可见其仍然保留了五代殿阁的某些职能。从这个角度观察，认为五代十国的这一制度具有承上启下的重要意义，应该是不过分的。所不同的是，这一时期的内阁大学士多加三师、尚书、侍郎等职，从而加重了其政务官员的色彩。有关五代十国时期的这一制度，因为史料零散残缺，所以至今尚未见到相关的研究成果问世，故有必要加以探讨。

---

① 〔宋〕周必大：《文忠集》卷六九《史馆吏部赠通议大夫朱公（松）神道碑》，见文渊阁《四库全书》，台湾商务印书馆，1983年，第1147册，第733页。

一、五代殿阁的构成与变化

宋人蔡絛的《铁围山丛谈》卷一载："唐有弘文、集贤、史馆，皆图册之府。本朝草昧，至熙宁始大备。"其实宋初的三馆完全是在五代的基础上发展起来的，就连馆舍也是沿用了五代旧馆，只不过后来有所扩建而已。唐代三馆的主要职能是整理图书，教授生徒，著述修史，设置初期还具有一些充当皇帝顾问的职能。五代十国时期的这一制度并不完全同于唐制，三馆除了掌管图籍、撰修国史之外，不再教授生徒，而另外增设了一些皇帝顾问性质的职务，这就是所谓殿职。下面对这一历史时期殿阁的构成及渊源情况，分别做一简要介绍：

（一）弘文馆、史馆与集贤院

弘文馆　《唐会要》卷六四《弘文馆》载："武德四年正月，于门下省置修文馆。至九年三月，改为弘文馆。至其年九月，太宗初即位，大阐文教，于弘文殿聚四部群书二十余万卷，于殿侧置弘文馆，精选天下贤良文学之士，虞世南、褚亮、姚思廉、欧阳询、蔡允恭、萧德言等，以本官兼学士，令更宿直。听朝之隙，引入内殿，讲论文义，商量政事，或至夜分方罢。……神龙元年十月十九日，改为昭文馆，避孝敬讳故也。二年，又改为修文馆。……（景云）二年三月八日，复改为昭文馆。至开元七年九月四日，依旧改为弘文馆。"弘文馆官员除了在唐初一度具有顾问的职能外，此后便以整理图籍、教授生徒为其主要职能，五代时期亦是如此。据宋人吴处厚记载："梁祖都汴，庶事草创。正明中，始于今右长庆门东北，创小屋数十间，为三馆。"[①]文中"正明"二字，应为"贞明"。贞明（915—921）为梁末帝的年号，说明梁太祖统治时期三馆尚无馆舍，但是并不能就此认为后梁初期没有弘文馆职官的设置。据《旧五代史·薛贻矩传》载："受禅之岁夏五月，拜中书侍郎、平章事，兼判户部。明年夏，进拜门下侍郎、监修国史、判度支。又迁弘文馆大学士，充盐铁转运使，累官自仆射至守司空。在任绵

[①]〔宋〕吴处厚：《青箱杂记》卷三，中华书局，1985年，第28页。

五载。"文中所谓"明年"，即指梁太祖开平二年。可见后梁在建国之初就已设置了弘文馆，只是没有修建馆舍而已，"每受诏撰述，皆移他所"，①其他两馆亦是如此。唐庄宗同光三年七月，"弘文馆奏：'请依《六典》故事，改弘文馆为崇文馆。'敕：'崇文馆比与弘文馆并置，今请改称，颇协旧典。'从之"。②这是五代时期首次对弘文馆改名。至唐明宗天成二年（927）正月，"诏崇文馆依旧为弘文馆。初，同光中，宰相豆卢革以同列郭崇韬父名弘，希其意奏改之，今乃复焉"。③

需要指出的是，五代并无崇文馆的设置，上引同光三年改变弘文馆的敕书中，所谓"崇文馆比与弘文馆并置"云云，并不是指后唐的情况，而是指唐朝的情况。因为后唐以唐朝的承继者自居，所以在论到唐朝之事时，均视为本朝之事，并不刻意加以区分。至于豆卢革"依《六典》故事"为依据，提出改变弘文馆之名的动议，则是完全没有根据的事，因为《唐六典》并未以崇文馆取代弘文馆，也不是两馆并置，故有人指出："盖豆卢革曲为之说也。"④唐制，崇文馆为太子东宫系统的机构，是仿照朝廷的弘文馆而设置的，故弘文馆被视为其上台机关。如杜佑《通典》卷五三《礼典一三》在论到两馆的学生员额数时，说"置弘文馆于上台，生徒三十人。置崇文馆于东宫，生徒二十人"。因此说两馆并置，也是不对的，因为它们是上下台关系，并非同级机构。五代之所以不置崇文馆，是因为各朝多不预立太子，国无储君，自然也就没有必要设置东宫机构了。

北宋建立之初，改弘文馆为昭文馆。据《青箱杂记》卷三载："昭文馆本前世弘文馆，建隆中，以其犯宣祖庙讳改焉。至淳化初，以吕祐之、赵昂、安德裕、句中正并直昭文馆，则本朝昭文馆，自吕祐之等始也。"这条史料没有记载弘文馆改名的具体时间，另据《宋朝事实类苑》卷二九《三馆》载："建隆元年二月，避讳字，诏易名昭文馆。"

---

① 《青箱杂记》卷三，第28页。
② 《五代会要》卷一八《弘文馆》，第305页。
③ 《旧五代史》卷三八《唐明宗纪四》，第519页。
④ 《旧五代史》卷三三《唐庄宗纪七》，第453页，辑者按语。

也就是说北宋建立的当月，就已经做了改变。上引《青箱杂记》说"则本朝昭文馆，自吕祐之等始也"，此说不当。据《宋史·宰辅表一》载："（建隆元年）二月乙亥，周宰相范质自守司徒兼门下侍郎、同中书门下平章事、昭文馆大学士、参知枢密院事依前守司徒，加兼侍中。"可见昭文馆早在淳化之前就已有了职官设置。颇疑《青箱杂记》的这句话脱漏一个"直"字，如是，这句话的意思就成为：本朝直昭文馆，自吕祐之等始，则无大错了。

史馆 据《通典》卷二一《职官典三》载："大唐武德初，因隋旧制，史官属秘书省著作局。至贞观三年闰十二月，移史馆于门下省北，宰相监修，自是著作局始罢史职。及大明宫初成，置史馆于门下省之南，其修撰史事，以他官兼领，或卑品而有才者亦直焉。开元二十五年，宰臣李林甫监史，以中书地切枢密，记事者宜其附近，史馆谏议大夫尹愔遂奏移于中书省北，其地本尚药局内药院。"这一段话基本将唐代史馆的兴置变化情况说清楚了。但是关于把史馆移至中书省北的时间却有不同的记载，另据《唐会要》卷六三《史馆移置》载："开元十五年三月一日，宰臣李林甫监史馆，以中书地切枢密，记事者宜其附近。史官、谏议大夫尹愔遂奏移于中书省北，其地本尚药局内药院。"两书记载的时间相差10年之久。开元十五年（727）时，李林甫尚未入相，如何能监修国史，且《旧唐书·职官志二》亦载李林甫指示人奏移史馆在开元二十五年（737），故应以《通典》所记为准。①自从唐代将史馆从秘书省分离出来，并确立了宰相监修国史的制度后，一直为历代王朝所沿袭。五代设置史馆较早，梁太祖开平元年四月，其建国刚刚数日，"宋州刺史王皋进两歧麦，陈州袁象先进白兔一，付史馆编录，兼示百官"②。说明后梁建立之始就已设立了史馆。前面已经论到薛贻矩在开平二年就已经以宰相的身份监修国史，可见肇始于唐代的宰相监修国史制

---

① 据《旧唐书》卷一〇六《李林甫传》载，其于开元二十三年拜相，第3236页；《新唐书》卷六二《宰相表中》，记其于开元二十二年五月入相，第1689页。两书所记虽有差异，但其拜相在开元十五年之后，却是无疑的。

② 《旧五代史》卷三《梁太祖纪三》，第49页。

度同样也被五代承继下来了。如果说梁太祖时期史馆制度尚比较简陋，那么至梁末帝时，其史馆制度方面已经比较完善了。在贞明元年（915）至贞明六年间，宰相敬翔监修国史期间，史官李琪等奉诏撰成《太祖实录》30卷。由于"叙述非工，事多漏略，复诏宰臣敬翔别纂成三十卷，目之曰《大梁编遗》，与实录偕行"①。这是五代时期官修的第一部实录。同时搜集采录史料的工作也正常开展了，如龙德元年，史馆奏请："敕内外百官及前资士子、帝戚勋家，并各纳家传，具述父祖事行源流及才术德业灼然可考者，并纂述送史馆"云云。"诏从之"。②这一切都是沿袭唐代史馆制度的具体表现。史馆制度在后梁以后诸朝更加完善，除了撰修了一批五代各朝的实录外，还撰修了后梁不曾编纂过的日历、起居注以及其他各类史籍。此外，经过各朝的努力，史馆所收藏的文献、档案、图籍也大大地增多了。有宋一代，史馆制度基本沿袭了五代之制，要说有所变化，也主要是在职官设置上稍有变化而已。

集贤院 唐玄宗时始置。史载："开元五年十一月，于乾元殿东廊下写四部书，仍令秘书监马怀素、右散骑常侍褚无量总其事，七年，于丽正殿安置，为修书使。至十三年，学士张说等宴于集仙殿，于是改殿名集贤，改修书使为集贤殿书院学士。五品已上为学士，每以宰相为学士者知院事。初，燕国公张说为中书令，知院制（事），以右常侍徐坚副之。自尔常以近密官为副，兼判院。直学士，六品以下为之。侍讲学士，开元初，褚无量、马怀素侍讲禁中，为侍读，其后康子元等为侍讲学士。修撰官、校理官同直学士。"③另据记载：开元十三年"敕中书门下及礼官学士等，赐宴于集仙殿。上曰：'今与卿等贤才，同宴于此，宜改集仙殿丽正书院为集贤院'。"④可见集贤院的前身应是"集仙殿丽

---

① 《册府元龟》卷五五七《国史部·采撰》，第6689页。
② 《旧五代史》卷一〇《梁末帝纪下》，第145—146页。
③ 《通典》卷二一《职官典三》，第567页。"知院制"，《旧唐书》卷四三《职官志二》作"知院事"，第1851页。
④ 《唐会要》卷六四《集贤院》，第1322页。

正书院"。后梁在建国之始，就已设置了集贤院。①见之于记载的后梁时期集贤院官员有：集贤殿直学士杨凝式、集贤殿大学士萧顷等。②五代其余诸朝均沿置不变。北宋仍设置有集贤院，作为图籍收藏和整理之所。北宋与唐五代一样，三馆均由宰相兼管，所谓"唐以来，三大馆皆宰臣兼，故仍其制。国初，范质昭文学士，王溥监修国史，魏仁浦集贤学士，此为三相例也"。③

（二）金銮殿学士的设置

金銮殿大学士是五代时期新增置的一个殿职，唐代没有这种建置。据《旧五代史·职官志》载："梁开平三年正月，改思政殿为金銮殿。至乾化元年五月，置大学士一员，始命崇政院使敬翔为之。"《五代会要》卷一三《金銮殿学士》载："前朝因金銮坡以为门名，与翰林院相接，故为学士者，称'金銮'以美之。今以'金銮'为名，非典也。大学士与三馆大学士同。"这里指出了金銮殿学士这种职务的渊源，所谓前朝即指唐朝，因为翰林院与金銮坡相近，所以俗称翰林学士为金銮学士，以为美称，由于金銮学士并非正式的官职，故曰"今以'金銮'为名，非典也"。其实《五代会要》的这种说法并不准确，唐朝大明宫中确有金銮殿的存在，《资治通鉴》卷二三六唐顺宗永贞元年正月条载："德宗崩。苍猝召翰林学士郑絪、卫次公等至金銮殿草遗诏。"《通鉴考异》引程大昌《雍录》曰："金銮坡者，龙首山之支陇，隐起平地而坡陁靡迤者也。其上有殿，名曰金銮殿。殿旁有坡，名曰金銮坡。又曰：金銮殿者，在蓬莱山正西微南，龙首山坡陇之北。殿西有坡，德宗即之以造东学士院，以其在开元学士院之东也。"④据此来看，金銮殿并非后梁始有，金銮坡也并非门名，翰林学士之所以有金銮学士的美称，

---

① 《青箱杂记》卷三，第28页。
② 《旧五代史》卷一二八《杨凝式传》，第1683页；《旧五代史》卷一〇《梁末帝纪下》，第143页。
③ 《宋史》卷一六一《职官志一》，第3773页。不知何故，在"学士"之前均省去了一个"大"字。
④ 《资治通鉴》卷二三六，唐顺宗永贞元年正月，第7607页。

是因为东学士院建在金銮坡上，且靠近金銮殿。宋人沈括也说："唐翰林院在禁中，乃人主燕居之所，玉堂、承明、金銮殿皆在其间。"①所谓"人主燕居之所"，即指翰林院。沈括说玉堂、承明在翰林院内，是错误的，因为此二殿乃汉代殿名。此外其说金銮殿也在其内，也是错误的。但是从这一段话也可以看出，唐代的金銮殿与翰林院一样，都是"人主燕居之所"。由此可见，后梁改思政殿为金銮殿，也是有故事可据的。自从后梁在宫中置金銮殿之后，后唐虽与后梁为仇敌，且建都在洛阳，在其宫中仍有金銮殿，②但却不再为其置学士，五代其他诸朝亦是如此。宋代宫中仍有金銮殿，也没有再见有学士之类职务的设置。

（三）端明殿学士的创置

这也是五代新增设的一个殿职。据宋人记载："端明殿即西京正衙殿也。"宋以洛阳为西京，可见端明殿本是后唐宫中正殿。端明殿原名解卸殿，唐庄宗同光二年改名端明殿。③据《旧五代史·职官志》载："后唐天成元年五月，敕翰林学士、尚书户部侍郎、知制诰冯道，翰林学士、中书舍人赵凤，俱以本官充端明殿学士，非旧号也。时明宗登位，每四方书奏，多令枢密使安重诲读之，不晓文义，于是孔循献议，始置端明殿学士之名，命道等为之。"《新五代史·赵凤传》对此事的缘起记载更为详细，录之如下："明宗武君，不通文字，四方章奏，常使安重诲读之。重诲亦不知书，奏读多不称旨。孔循教重诲求儒者置之左右，而两人皆不知唐故事，于是置端明殿学士，以冯道及凤为之。"可见端明殿学士的设置，是由于安重诲与孔循皆不知唐朝故事，为了协调枢密使与皇帝之间的工作而专门设置的，为皇帝顾问、咨询性质的

---

① 《梦溪笔谈》卷一《故事一》，第2页。
② 《铁围山丛谈》卷四曰："雒阳大内兴立自隋唐五代，至圣朝艺祖尝欲都之，开宝末幸焉。而宫中多见怪，且适霖雨，徒雩祀谢，见上帝而归矣。是后至宣和，又为年百五十，久虚旷。盖自金銮殿后，虽白昼，人罕敢入，入亦多有异。"第66页。
③ 《职官分纪》卷一五《端明殿学士》，第357页；《旧五代史》卷三一《唐庄宗纪五》，第426页。

近臣。^①也正因为如此，这种职务才为五代首创。天成二年（927）正月"诏：'端明殿学士班位宜在翰林学士之上，今后如有转改，只于翰林学士内选任。'先是，端明殿学士班在翰林学士之下，又如三馆例，官在职上，赵凤转侍郎日，讽宰相府移之。既而禁林序列有不可之言，安重诲奏行此敕，时论便之"。^②由于端明殿学士的班位升于翰林学士之上，所以禁林之中有"不可之言"，安重诲奏请端明殿学士只在翰林学士中选任，这样就平衡了两者之间的关系，所以才"时论便之"。关于此事，《新五代史·赵凤传》亦有记载：赵凤"素与任圜善，自圜为相，颇荐进之。初，端明殿学士班在翰林学士下，而结衔又在官下。明年，凤迁礼部侍郎，因讽圜升学士于官上，又诏班在翰林学士上。"可见奏请提升端明殿学士班位及移其职在官上者，乃是宰相任圜，奏请只于翰林学士中选任端明殿学士者，为枢密使安重诲。后晋天福五年，一度废去了端明殿学士，开运元年又再度恢复。^③终五代之世，端明殿学士一直常设不废。

端明殿学士一职在宋代变化颇多，据范镇《东斋记事》卷一载："后唐明宗置端明殿学士。太平兴国中，改端明为文明，以程羽为文明殿学士，位在枢密副使之下。明道元年，改承明为端明，二年，除宋宣献公为学士，与文明之职并存，而降其班序。是岁，又改殿曰延和。庆历七年，以真宗谥号，改文明为紫宸，而丁文简公度为紫宸殿学士。既而言者以为紫宸非臣下所称，乃以延恩为观文殿，而以丁为观文殿学士。"^④即端明殿学士自宋太宗太平兴国以来，先被改为文明殿学士，后又改承明殿为端明殿，仍置学士，两者并存，不久又改端明殿为延和殿，而文明殿却被改为紫宸殿，因为有人认为紫宸非臣下所宜称，于是又废去了紫宸殿学士之号，改延和殿学士为观文殿学士。从这个意义

---

① 《职官分纪》卷一五《端明殿学士》载："初，后唐明宗置端明殿学士二员，位翰林学士之上，专备顾问"，第357页。
② 《旧五代史》卷三八《唐明宗纪四》，第518页。
③ 《职官分纪》卷一五《端明殿学士》，第357页。
④ 〔宋〕范镇撰，汝沛点校：《东斋记事》卷一，中华书局，1980年，第5—6页。

上讲，观文殿学士仍可视为端明殿学士的改称。后来又复置了端明殿学士，至宋徽宗政和四年（1114）八月，"诏改端明殿学士为延康殿学士，改枢密直学士为述古殿学士，恩数品秩并依旧。中兴以后，端明复旧，而述古与枢密直皆废矣"。①所谓"中兴以后，端明复旧"，是说南宋时又恢复了端明殿学士之置。

二、殿阁职官的设置及职能

五代殿阁中的金銮殿、端明殿只有学士一职，比较单纯，其余三馆，即弘文馆、史馆、集贤院均置有高下不等的系列职官。总的来看，五代三馆的职官设置虽然沿袭唐制，但却有不小的变化，其中以弘文馆、集贤院变化较大。

（一）三馆职官及其职能

据《旧唐书·职官志二》载，唐代弘文馆的职官设置是：学士，无员数，"自武德已来，皆妙简贤良为学士。故事，五品已上，称学士，六品已下，为直学士，又有文学直馆学士，不定员数"。校书郎2人，从九品上，令史2人，楷书手30人，典书2人，搨书手3人，笔匠3人，熟纸装潢匠9人，亭长2人，掌固4人。自令史以下皆为流外之职。自武则天垂拱年间之后，弘文馆皆以宰相兼领，"号为馆主"，②由于宰相政务繁忙，故常令给事中1人判馆务。唐朝规定弘文馆学士的职能是："掌详正图籍，教授生徒，凡朝廷有制度沿革，礼仪轻重，得参议焉"；校书郎的职能是："掌校理典籍，刊正错谬。"③需要补充的是，唐代在弘文馆学士之上还置有大学士之职。其大学士的始置时间，是唐中宗景龙二年（708）四月，"修文馆增置大学士四员"。④自此以后，弘文馆置大学士便逐渐多了起来，尤其是唐后期，弘文馆很少有大学士缺职的现象

---

① 《燕翼诒谋录》卷四《端明述古殿学士》，第38页。
② 《通典》卷二一《职官典三》载："学士号为'馆主'，因为故事。"第559页。
③ 《唐六典》卷八《门下省》，第194页。
④ 《唐会要》卷六四《弘文馆》，第1316页。

出现。

　　五代时期从后梁起，各朝莫不设置弘文馆大学士。这一时期的弘文馆学士与唐朝一样，均由他官兼任，如后唐同光元年以右散骑常侍冯锡嘉，充弘文馆学士、判馆事；后晋天福八年，以国子祭酒兼户部侍郎田敏，充弘文馆学士、判馆事。^①由于五代时期仍以宰相兼弘文馆大学士，宰相事繁，通常以学士掌判馆事。给事中如不兼弘文馆学士，则不能掌判馆事。这是五代之制与唐制的一个不同之处。在学士之下有直学士、直馆、校书郎等官，如张允在唐明宗时，"历右补阙、起居舍人，充弘文馆直学士、水部员外郎、知制诰"。薛融，"长兴四年，入为右补阙、直弘文馆"。姚顗"梁贞明中，历校书郎、登封令、右补阙、礼部员外郎"。王朴，"汉乾祐中，擢进士第，解褐授校书郎"。^②弘文馆以上诸职官，除了校书郎为专职职事官外，其余均以他官兼任，与唐制并无不同。至于唐代弘文馆所置的那些流外之职，由于史料散佚，未见现存史籍记载。五代既要整理图书，应该也有设置，估计员数当不会多于唐代，因为五代弘文馆的藏书十分有限。五代弘文馆与唐代最大的不同之处，就是五代不再招收学生，所以其弘文馆官员便不再具有教授生徒之职责，其余职能基本同于唐代。

　　在唐初负责修史者乃著作局之著作郎，自从贞观时移史馆于门下省后，著作郎便失去了修史的职能。唐代史馆之史官均为兼职，通常以宰相监修国史，其下置史官若干，无员数之规定。天宝以后，他官兼领史官者，谓之史馆修撰，初入史馆者，谓之直馆。唐宪宗元和六年（811）改为："登朝官领史职者，并为修撰，未登朝官入馆者，并为直馆。"由于宰相事繁，虽有监修国史之名，并不掌管馆事，而是以修撰中官高者1人判馆事。此外，还置有若干流外之职，计有楷书手15人、典书4

---

① 《旧五代史》卷三〇《唐庄宗纪四》，第419页；同书卷八二《晋少帝纪二》，第1083页。
② 《旧五代史》卷一〇八《张允传》，第1429页；同书卷九三《薛融传》，第1233页；同书卷九二《姚顗传》，第1214页；同书卷一二八《王朴传》，第1679页。

人、亭长2人、掌固6人、装潢直1人、熟纸匠6人。①五代沿袭唐制，仍以宰相监修国史，史馆修撰等官也以他官兼领，并以官高者1人判馆事。在五代时期判馆事的修撰，其本官通常多为六部侍郎、给事中、中书舍人等，其他官职虽也有判馆事者，只是偶尔为之。五代时期的史馆制度与唐制不同之处，在于任直馆或修撰者，只以官职高下论，不再像唐朝那样以登朝官与非登朝官区分。还有以赤畿县簿尉为直史馆者，如刘岳在后梁时，"历户部巡官、郑县簿、直史馆"。②这种做法并非始于五代，在唐后期已经形成惯例，五代只是沿袭旧制罢了。③后唐长兴四年，"以著作佐郎尹拙为左拾遗直史馆，王慎徽为右拾遗直史馆。从监修宰臣李愚奏也"。以谏官为史官，"自拙等始也"。④从此以后以谏官兼领史官的现象便日渐多了起来。但以谏官兼史官似乎并不始于长兴四年，如张砺，"唐同光初，擢进士第，寻拜左拾遗、直史馆"；刘衮，"仕周为左拾遗，直史馆"。⑤五代时期史官人数无定员，通常是有大修撰任务时，便多派一些官员兼领史职，无则罢之。五代史馆主要的撰修任务是前代史或国史，如实录之类，至于日历、时政记之类，则另委他官撰修，然后交付史馆，以备撰修国史之用。此外，史馆还有一个比较重要的职责，即整理校勘图籍及档案等。五代史馆是否有流外之职的设置，史无记载，估计应该是有的。

　　唐代的集贤院最初并无大学士之置，唐玄宗开元年间，以中书令张说为学士、知院事，当时玄宗打算授其为大学士，张说表示不敢接受，"辞曰：'学士本无大称，中宗欲以崇宠大臣，景龙中修文馆有大学士

---

① 以上见《旧唐书》卷四三《职官志二》，第1853页。
② 《旧五代史》卷六八《刘岳传》，第901页。
③ 《旧五代史》卷四四《唐明宗纪十》载："国朝旧制，皆以畿赤尉直史馆"，第605页。这里所谓"国朝"，即指唐朝。此种做法不见唐朝史籍，估计可能是在元和以后才逐渐形成的。
④ 《五代会要》卷一八《修史官》，第301页。
⑤ 以上所述见《旧五代史》卷九八《张砺传》，第1313—1314页；同书卷一〇八《刘鼎传附刘衮传》，第1429页。

之名，如臣，岂敢以大为称。'上从之"。①所以集贤院（殿）设大学士要晚于弘文馆，但在开元后期，宰相张九龄、李林甫先后都任过大学士。②自此集贤院大学士以宰相兼任，便成为定制。集贤院学士的前身为丽正殿修书使，开元十三年改为集贤学士。其下有直学士、判院、押院中使、侍讲学士、修撰官、校理官、待制官、留院官、检讨官、孔目官、知书官等，并有书直、写御书、揭书、书（画）直、装书直、造笔直等流外之职。宰相任学士者，知院事，又以常侍1人为副知院事。押院中使由宦官1人充任，掌出入，宣进奏，监守院门，职同宫禁。③唐宪宗元和四年（809），裴垍任集贤院大学士，奏请"登朝官五品已上为学士，六品已下为直学士；自非登朝官，不问品秩，并为校理；其余名目一切勒停"。④使得名目繁多的集贤院职官得以整齐划一。

集贤院在五代既没有弘文馆的地位高，也不及史馆之重要，其仍然存在，其是古代典章制度发展惯性导致的结果，并不具备必须存在下去的理由。因为五代时期战争频繁，文化发展受到极大的限制。唐朝之所以在开元时期设集贤院，主要是为了大校群书，写四部书。五代时期图籍散佚，政府藏书极为有限，集贤院与弘文馆都是所谓图册之府，既有后者，完全可以满足图籍收藏和整理的需求，又何必再置集贤院，仍然设置集贤院，完全是为了装点天子门面而已。正因为如此，五代时期的集贤院无论是规模大小，官员多寡，都是不能和唐宋时期相比较的。其大学士与唐代一样，均以宰相兼任，并判院事，有时也以学士判院事，如天福八年十月，"以给事中司徒诩，充集贤殿学士、判院事"。⑤由于五代时期集贤院事务不多，所以往往又以监修国史的宰相兼判集贤院事，或兼集贤院大学士。如天成四年八月，"以宰臣、监修国史赵凤

---

① 《唐会要》卷六四《集贤院》，第1322页。
② 《旧唐书》卷一〇六《李林甫传》："即日，林甫代九龄为中书、集贤殿大学士、修国史。"则两人均充任过此官矣。第3237页。
③ 《旧唐书》卷四三《职官志二》，第1851—1852页。据《唐六典》卷九《集贤殿书院》载：有画直8人，第280页。
④ 《旧唐书》卷一四八《裴垍传》，第3990页。
⑤ 《旧五代史》卷八二《晋少帝纪二》，第1083页。

兼判集贤院事"；清泰二年四月，以"监修国史张延朗兼集贤殿大学士"。①以监修国史的宰相兼判集贤院事，是集贤院职事清闲的表现。唐代规定非登朝官入集贤院者，只能任校理，五代似乎没有这样严格的规定，如杨凝式，"梁开平中，为殿中侍御史、礼部员外郎、三川守，齐王张宗奭见而嘉之，请以本官充留守巡官。梁相赵光裔素重其才，奏为集贤殿直学士"。②留守巡官即非登朝官。五代仍有集贤校理的设置，《旧五代史·张沆传》："晋初，桑维翰秉政，沆以文干进用，为著作佐郎、集贤校理，迁右拾遗。"从杨凝式与张沆入馆这两件事，进一步说明五代集贤院是以本官的高低，对入馆者授以不同的馆职，而不管其是否为登朝官。唐朝规定集贤院的职能为："掌刊缉古今之经籍，以辨明邦国之大典。……凡承旨撰集文章，校理经籍，月终则进课于内，岁终则考最于外。"③五代对这种职能并未做出大的改变。另据《五代会要》卷一八《集贤院》载：后唐应顺元年闰正月，"集贤院奏：'准敕书创修凌烟阁，又奉正月二十二日诏，问阁高下等级。……旧日主掌官吏及画像工人沦丧，集贤院元管写真官、画真官人数不少，自迁都洛京，并皆省废。今将起阁，特请先定佐命功臣人数，下翰林院，预令写真本，及下将作八作，与画工相度间架修盖。缘院内有先写真官沈居隐、画真官王武琼二人身死，即日无人应用。伏候敕旨。'"可见集贤院在唐代就有掌管凌烟阁的职能，五代以来虽然集贤院所辖凌烟阁主掌官员及画像工人散亡不少，但从上引集贤院奏章来看，直到后唐晚期仍有两名写真、画真官员，由于这两人已死，所以皇帝特敕："集贤御书院复置写真、官、画真官各一员。"以上记载对了解五代集贤院的职官构成有很重要的作用。

孙逢吉《职官分纪》卷一五《昭文馆》引《退朝录》曰："唐制，宰相四人，首相为太清宫使，次三相皆带馆职，弘文馆大学士、监修国史、集贤殿大学士，以此为次。本朝置二相，昭文、修史，首相领焉，

---

① 《旧五代史》卷四〇《唐明宗纪六》，第553页；同书卷四七《唐末帝纪中》，第647页。
② 《旧五代史》卷一二八《杨凝式传》，第1683页。
③ 《旧唐书》卷四三《职官志二》，第1852页。

集贤，次相领焉。三馆职，唯修史有职事，而颇以昭文为重，自次相迁首相，乃得之。"文中所谓"三馆职，唯修史有职事"一句，是指宰相所兼馆职中只有监修国史一职有具体职事，其余均挂名而已，并无具体职事。"而颇以昭文为重"一句，是指宋代三馆中以昭（弘）文馆大学士地位最高，只有首相才能得到。其实在唐初并无如此严格的区分，首相往往也兼任监修国史一职，如贞观四年之房玄龄、永徽二年之长孙无忌；其余诸相也可以兼任监修国史，如唐高宗时之张行成、令狐德棻、来济、褚遂良、李义府等，[①]只是后来才形成了这种严格的制度。而宋代的这一制度却是沿袭五代之制而来的，五代诸朝均以首相兼弘文馆大学士，除了后唐一度还兼任太清宫使外，其余诸朝一般不再兼任此职。后梁宰相还要兼任延资库使、判建昌宫事，建昌宫废去后，兼任延资库使一职仍然保留，通常多以首相兼任这些职务。其他各朝则没有这些规定，但首相兼弘文馆大学士，却是各朝均相沿不变的通则。如后梁开平元年，"（薛贻矩）拜中书侍郎、平章事、兼判户部。明年夏，进拜门下侍郎、监修国史、判度支，又迁弘文馆大学士、充盐铁转运使"。[②]这一个"迁"字，充分反映了薛贻矩在宰相群体中地位的变化。监修国史一职高于集贤院大学士，不过五代首相任弘文馆大学士后，还可以兼任监修国史，监修国史也可以兼判集贤院事，或以集贤院大学士同时再兼监修国史，凡出现后一种情况时，则可以视为升迁。也就是说允许宰相兼任两个馆职。更多的还是宰相只兼任1个馆职，如后梁贞明元年三月，宰相赵光逢致仕时，仅兼任了监修国史一个馆职；同光元年四月，卢澄拜相时，也只兼了监修国史一职；次年六月，宰相豆卢革自中书侍郎加右仆射，其馆职为弘文馆大学士；清泰元年十二月，宰相姚顗兼集贤殿大学士。[③]这种事例还很多，就不一一列举了。有一条史料十分典型，可以充分反映五代宰相兼任馆职的情况。据《旧五代史·梁末帝纪

[①] 牛润珍：《汉至唐初史官制度的演变》，河北教育出版社，1999年，第215—216页。
[②] 《旧五代史》卷一八《薛贻矩传》，第243页。
[③] 《旧五代史》卷八《梁末帝纪上》，第120页；同书卷二九《唐庄宗纪三》，第403页；同书卷三二《唐庄宗纪六》，第436页；同书卷四六《唐末帝纪上》，第641页。

下》载：

> （贞明六年四月）乙巳，以右仆射兼门下侍郎、同平章事、监修国史、判度支、开国公敬翔为弘文馆大学士、延资库使、诸道盐铁转运等使，余如故。以中书侍郎兼刑部尚书、平章事、集贤殿大学士、判户部事郑珏为监修国史、判度支。以中书侍郎、平章事萧顷为集贤殿大学士、判户部事。以尚书左丞李琪为中书侍郎、平章事。①

当时的4位宰相同时出现在一条史料之中，其地位之高下一目了然，敬翔升任首相，自然兼弘文馆大学士，所余监修国史一职，便由次相郑珏充任，再次为萧顷，只能任集贤殿大学士，李琪刚刚拜相，没有馆职可兼，只好暂时空缺。《宋史·职官志一》说："宋承唐制，以同平章事为真相之任，无常员；有二人，则分日知印。……其上相为昭文馆大学士、监修国史，其次为集贤殿大学士。或置三相，则昭文、集贤二学士并监修国史，各除。唐以来，三大馆皆宰臣兼，故仍其制。国初，范质昭文（大）学士，王溥监修国史，魏仁浦集贤（大）学士，此为三相例也。"将这条史料与上引《旧五代史》相比较，可以明确地看出，宋朝其实是直接沿袭了五代之制，却因五代是乱世，便说承袭的是唐制。由于这条史料比前引《职官分纪》更能反映五代制度对宋制的影响，故录之于此。

（二）金銮殿学士的职能

由于金銮殿学士只有后梁一朝设置，故相关的史料极少，在这里只能对其职务性质做一简要的考述。后梁初置金銮殿大学士时，以崇政院使敬翔为之，并规定"大学士与三馆大学士同"。②崇政院乃枢密院的改称，因枢密院掌机密，所以金銮殿大学士亦是近密之职。这一性质亦

---

① 《旧五代史》卷一〇《末帝纪下》，第143页。
② 《五代会要》卷一三《金銮殿学士》，第225页。

可从金銮殿的地位和作用中看出。早在唐代金銮殿就是皇帝召见贤才，处理重要国政的地方。据《白孔六帖》卷四三载：李白为贺知章所知，"言于玄宗，召见金銮殿"。唐玄宗时，王维也曾任金銮殿待诏。① 著名史家马端临在论述唐代翰林学士的重要作用时说："至德已后，军国务殷，其入直者，并以文辞共掌诏敕。自此北翰林院始有学士之名。其后又置东翰林院于金銮殿之西，随上之所在而迁，取其便稳。大抵召入者一二人，或三四人，或五六人，出于所命，盖不言数。亦有以鸿生硕学，经术优长，访问质疑，上之所礼者，颇列其中。初，自德宗建置以来，秩序未正，延觐之际，各超本列。"② 既然翰林院是随皇帝之所在而迁，从东翰林院置于金銮殿附近看，亦可从另一角度证明金銮殿在当时的确是皇帝处理国政的场所。后梁的金銮殿亦是如此。正因为金銮殿学士具有这样的性质，所以后梁以崇政院使兼任此职是再合适不过了。关于这个问题还有史料可以证明，据载："故事，学士掌内庭书诏，指挥边事，晓达机谋，天子机事密命在焉，不当豫外司公事，盖防纤微间或漏省中语，故学士院常在金銮殿侧，号为深严。"③ 此条史料说的虽是宋代之事，但也可反映出从唐五代至宋，金銮殿所处的重要地位。此外，由于宰相有三馆馆职可兼，五代时枢密使位高权重，却无馆职可兼，故后梁置金銮殿大学士相授，以尊宠之，这大概也是设置此职的又一个原因吧。

（三）端明殿学士的职能

端明殿学士与金銮殿学士一样，均为天子近密之臣，有一事可以充分地说明此点。后晋天福二年，"以翰林学士、礼部侍郎和凝为端明殿学士。凝署其门，不通宾客。前耀州团练推官襄邑张谊致书于凝，以为'切近之职为天子耳目，宜知四方利病，奈何拒绝宾客！虽安身为便，

---

① 〔宋〕祝穆：《古今事文类聚》别集卷九《文章部·因诗致穷》，见文渊阁《四库全书》，台湾商务印书馆，1983年，第927册，第658页。
② 《文献通考》卷五四《职官考八》，第1585页。
③ 《文献通考》卷五四《职官考八》，第1583页。

如负国何！'凝奇之"。①"切近之职""天子耳目"八字，很清楚地说明了端明殿学士的职务性质。正因为端明殿学士职在近密，且地位较高，班在翰林学士之上，故皇帝多选用才俊之士，或亲信之人充任。如刘昫，由于"明宗素重昫而爱其风韵，迁端明殿学士"，冯玉则因为与皇帝是"亲旧"关系，而得以充任端明殿学士。②前面已经论到，唐明宗时规定端明殿学士必须从翰林学士中选任，实际上并未严格照此办理，如唐末帝清泰三年，"以给事中、充枢密院直学士吕琦为端明殿学士"，③便是一例。不过在通常情况下还是能够坚持从翰林学士中选任，直到宋代亦是如此。孙逢吉《职官分纪》卷一五《端明殿学士》载："端明殿学士，五代后唐时置。国朝尤以为贵，多以翰林学士兼之，其不以翰苑兼职及换职者，百年间才两人，特拜程戬、王素是也。"④宋代的这一做法当是沿袭五代之制。

由于端明殿学士地位尊贵，且为天子近臣，故在五代自端明殿学士而拜相者，大有人在。如刘昫，"长兴三年，拜中书侍郎兼刑部尚书、同中书门下平章事，昫诣中兴殿门谢，是日大祠不坐。昫入谢端明殿。昫自端明殿学士拜相，当时以此为荣"。⑤另据《新五代史·冯道传》载：唐明宗问安重诲，冯道安在？答曰现为翰林学士。"明宗曰：'吾素知之，此真吾宰相也。'拜道端明殿学士，迁兵部侍郎。岁余，拜中书侍郎、同中书门下平章事"。再如赵凤、刘昫、王溥、李崧、和凝等人，均是自此职而升任宰相的。《资治通鉴》卷二九一周太祖广顺三年二月载："枢密使、平卢节度使、同平章事王峻，晚节益狂躁，奏请以端明殿学士颜衎、枢密直学士陈观代范质、李谷为相，帝曰：'进退宰辅，不可仓猝，俟朕更思之。'"正因为端明殿学士可以直接拜相，所

---

① 《资治通鉴》卷二八一，后晋高祖天福二年六月，第9174页。
② 《新五代史》卷五五《刘昫传》，第625页；《旧五代史》卷八九《桑维翰传》，第1167页。
③ 《旧五代史》卷四八《唐末帝纪下》，第657页。
④ 亦见〔宋〕欧阳修：《归田录》卷二，中华书局，1981年，第30页。
⑤ 《新五代史》卷五五《刘昫传》，第625页。

以王峻才力荐颜衍等人，可见自端明殿学士入相在当时已是较为常见的现象了。五代时期枢密使权重位尊，故端明殿学士升任为枢密使者也比较常见。如清泰元年五月，"端明殿学士、左谏议大夫韩昭胤为枢密使"；开运二年二月，以"端明殿学士、尚书户部侍郎冯玉为户部尚书、枢密使"；王朴，自端明殿学士先升为枢密副使，不久再升任枢密使。[①]以上仅是不完全的统计，尽管如此，已足以证明五代时期端明殿学士地位之特殊与尊贵。

这一时期端明殿学士的职事十分繁剧，这是由于其特殊的职务性质所决定的。因端明殿学士是皇帝的近臣顾问，所以其时刻要接受皇帝的咨询，所谓陪从侍驾，咨议国政，掌典机密。又由于端明殿学士多是从翰林学士升任的，即所谓文学之士，故奉命提草诏令，撰写文章等也是其职责之一。正因为如此，所以在五代以端明殿学士兼任翰林学士承旨，也是时有出现。更有甚者，竟然以端明殿学士主持制定历法。[②]以上这一切仅仅是其职能的一部分。由于其是天子的所谓耳目之臣，所以除了在内廷承担这些职事外，更多的还是所谓外廷职事。总的来看，端明殿学士的外廷职事主要体现在如下方面：

（1）宣旨。据《旧五代史·汉高祖纪上》载：天福二年十二月，"加同平章事。时帝与杜重威同制加恩，帝愤然不乐，恳让不受，杜门不出者数日。晋高祖怒，召宰相赵莹等议落帝兵权，任归私第。莹等以为不可，乃遣端明殿学士和凝就第宣谕，帝乃承命"。和凝的这次行动是经赵莹奏请后，代表皇帝向刘知远宣谕的。刘知远不愿入相，因其自以为有佐命之功，而杜重威因外戚而得以拜相，耻于与之同制，故数次表辞不受。

（2）修史。如后唐清泰元年四月，"史馆奏：'凡书诏及处分公事、臣下奏议，望令近臣录付当馆。'诏端明殿学士韩昭裔、枢密直学

[①] 《新五代史》卷七《唐废帝纪》，第72页；《新五代史》卷九《晋出帝纪》，第95页；《旧五代史》卷一二八《王朴传》，第1681页。
[②] 《新五代史》卷五八《司天考一》，第670页。

士李专美录送"。①后晋天福二年八月，"宰臣监修国史赵莹奏：'请循近例，依唐明宗朝，凡有内庭公事及言动之间，委端明殿学士或枢密院学士侍立冕旒，系日编录，逐季送当馆。其百司公事，亦望逐季送当馆，旋要编修日历。'从之"。②可见早在唐明宗时期，端明殿学士已经开始参与修史了。后周显德元年十月，后周宰相李谷监修国史，遂请求以端明殿学士与枢密直学士轮流撰修日历，然后送交史馆，得到了皇帝的批准。③这就说明端明殿学士自设置以来，一直负有修史的职责，只是五代时期改朝换代频繁，使这一制度不能很好地贯彻执行，致使历朝都由大臣上表奏请，才得以实施。

（3）出使。清泰三年，命赵德钧父子率大军讨伐石敬瑭，"遣端明殿学士吕琦赍赐官告，兼令犒军"。④石敬瑭在太原起兵反唐，唐末帝派张敬达率军讨伐，被契丹援军击败，后唐统治危急，末帝寄希望于赵德钧父子，故特遣地位较高的端明殿学士赍赐官告，并犒劳其军。显德五年四月，"太常博士、权知宿州军州事赵砺除名，坐推劾弛慢也。先是，翰林医官马道玄进状，诉寿州界被贼杀刘男，获正贼，见在宿州，本州不为勘断。帝大怒，遣端明殿学士窦仪乘驿往按之，及狱成，坐族死者二十四人。仪奉辞之日，帝旨甚峻，故仪之用刑伤于深刻"。⑤

（4）权判州府事。《旧五代史·唐明宗纪六》载：天成四年二月，"以端明殿学士赵凤权知汴州军州事"。这种情况在五代前期尚不多见，至其后期便频频见于史籍了。如后周广顺二年五月，"收复兖州，斩慕容彦超，夷其族。诏端明殿学士颜衎权知兖州军州事"。这年十二月，又"以端明殿学士颜衎权知开封府事"。显德三年正月，"以宣徽南院使向训为权东京留守，以端明殿学士王朴为副留守"。显德五年五

---

① 《旧五代史》卷四六《唐末帝纪上》，第634页。
② 《旧五代史》卷七六《晋高祖纪二》，第1006页。
③ 《册府元龟》卷五六〇《国史部·记注》，第6724页。
④ 《旧五代史》卷九八《赵德钧传》，第1309页。
⑤ 《旧五代史》卷一一八《周世宗纪五》，第1572页。

月,"命端明殿学士窦仪判河南府兼知西京留守事"。①以上诸人均是以端明殿学士的身份兼判地方事务的。再以王朴为例,据《旧五代史》本传载:"未几,迁左谏议大夫,知开封府事。初,世宗以英武自任,喜言天下事,常愤广明之后,中土日蹙,值累朝多事,尚未克复,慨然有包举天下之志。而居常计事者,多不谕其旨,唯朴神气劲峻,性刚决有断,凡所谋画,动惬世宗之意,由是急于登用。寻拜左散骑常侍、充端明殿学士,知府如故。"文中"知府如故"4字,是说其知开封府事如故。另据《旧五代史·周世宗纪二》载:显德二年十二月,"以左谏议大夫、权知开封府事王朴为左散骑常侍,充端明殿学士,依前权知开封府事"。结合上引史料,可知王朴是先任权知开封府事,然后才升任端明殿学士,又依前权知开封府事。

(5)其他。天成元年十月,"以户部侍郎、充端明殿学士冯道为兵部侍郎,以中书舍人、充端明殿学士赵凤为户部侍郎,并依前充职"。②所谓"并依前充职",是说继续充任端明殿学士之职。当时把士大夫所任的职事官,如侍郎、舍人、给事中等,称之为官,把其所任三馆及端明殿学士之类的职务,称之为职。冯道和赵凤所任之官的变化,反映了他们具体承担的职事的变化。再如清泰二年五月,"以端明殿学士李专美为兵部侍郎,以端明殿学士李崧为户部侍郎,……并充职如故"。③也反映的也是这种情况。天福三年正月,以"端明殿学士、礼部侍郎和凝兼判度支;工部郎中、判度支王松改尚书刑部侍郎"。④由于已经改由和凝判度支,所以原来判度支的王松就只好改任为刑部侍郎了。可见端明殿学士在职不变的情况下,所任之官的变化,绝非没有实际意义。

---

① 《旧五代史》卷四〇《唐明宗纪六》,第548页;同书卷一一二《周太祖纪三》,第1481页、1487页;同书卷一一六《周世宗纪三》,第1539页;同书卷一一八《周世宗纪五》,第1572页。
② 《旧五代史》卷三七《唐明宗纪三》,第512页。
③ 《旧五代史》卷四七《唐末帝纪中》,第648页。
④ 《旧五代史》卷七七《晋高祖纪三》,第1013页。

通过以上论述，可知端明殿学士实际上兼具内、外廷职官的双重性质，这和纯粹的内廷近臣的职官，如翰林学士之类是不同的，反倒与五代枢密使所具有的双重性质相似。①

至宋代端明殿学士一职虽然仍为士大夫所企望，但职权与地位却有所下降。孙逢吉《职官分纪》卷一五《端明殿学士》引《退朝录》云："明道中，改承明殿为端明殿。先公自南都召归，特置学士，班翰林、资政之下，与旧职名同而立位异矣。"可见端明殿学士的地位比之五代已经大大下降了。不过宋代还是沿袭了不少五代的做法，试举数例。魏泰《东轩笔录》卷一二载："冯枢密京，熙宁初，以端明殿学士帅太原。"这是仿效五代以端明殿学士权判地方军政事。同书卷一〇载："进退宰相，其帖例草仪皆出翰林学士。旧制，学士有阙，则第一厅舍人为之。嘉祐末，王荆公为阁老，会学士有阙，韩魏公素忌介甫，不欲使之入禁林，遂以端明殿学士张方平为承旨，盖用旧学士也。"唐五代至两宋，掌诏敕者为翰林学士承旨，并非所有的翰林学士均有此权力，所以这里所谓"学士有阙"，应是指翰林学士承旨有阙。在宋代端明殿学士与翰林学士承旨互兼者，并非仅有以上一例。据司马光记载：丁度任翰林学士后，"久之，兼侍读学士，又加承旨，又兼端明殿学士"。②这种做法早在五代时已成故事，据《新五代史·和凝传》载："晋初，拜端明殿学士、兼判度支，为翰林学士承旨。"这种例子，限于篇幅就不再多举了。因此，魏泰"盖用旧学士也"的说法，并不准确，应该是援用了五代故事而已。因为端明殿学士与翰林学士都是天子近臣，在宋代并称为"两禁"，五代之所以开端明殿学士兼翰林学士承旨之先河，主要还是因为两者都是内职，不存在另选他人入"禁林"的问题。韩琦既然要排挤王安石，"不欲使之入禁林"，即不打算按从阁老（中书舍人第一人）中选任翰林学士的惯例办，援用五代故事便成为其堂而皇之的理由，何必再以举用旧学士的理由来达到其目的？魏泰之所以如此

---

① 参见杜文玉：《论五代枢密使》，《中国史研究》1988年第1期，第63—72页。
② 〔宋〕司马光：《涑水记闻》卷一〇《丁度》，中华书局，1989年，第191页。

说，是因为其不知五代故事。另据记载，"（元丰）七年十二月戊辰，端明殿学士司马光上《资治通鉴·五代纪》三十卷。《资治通鉴》自治平三年置局，每修一代史毕，上之。至是书成，总二百九十四卷，《目录》、《考异》各三十卷"。[①]以端明殿学士修史也是沿袭五代故事。

三、三馆的地理位置

关于三馆在五代时期的位置，当时的文献缺载，只能从宋人的记载中考其情况。据吴处厚《青箱杂记》卷三载：后梁建都汴梁，贞明中，"始于今右长庆门东北，创小屋数十间，为三馆，湫隘尤甚。又周庐徼道，咸出其间，卫士驺卒，朝夕喧杂，每受诏撰述，皆移他所。至太平兴国中，车驾临幸，顾左右曰：'若此卑陋，何以待天下贤俊！'即日，诏有司规度，左升龙门东北东（一曰车）府地为三馆，命内臣督役，晨夜兼作，不日而成。寻下诏，赐名崇文院，以东廊为昭文馆书库，南廊为集贤院书库，西廊以经、史、子、集四部为史馆库，凡六库书籍正副本八万卷，斯亦盛矣"。五代时期只有后唐以洛阳为都，其余诸朝均以汴梁为都，北宋亦以此为都。文中所谓"始于今右长庆门东北"，是指北宋汴梁的右长庆门东北，而且直到宋太宗太平兴国之前也未改变。如果这个记载不误的话，则后梁及晋、汉、周诸朝的三馆位置，就可以基本确定下来了。入宋以后，三馆的位置还有过一些变化，"宋初，置三馆长庆门北，谓之西馆。太平兴国初，于升龙门东北，创立三馆书院。三年，赐名崇文院，迁西馆书贮焉。东廊为集贤书库，西廊分四部，为史馆书库。大中祥符八年，创外院于右掖门外"。[②]这里所说的置于长庆门北的三馆，即后梁所置的旧三馆，只是《青箱杂记》记在长庆门东北，而这里记为长庆门北，略有不同。大约是升龙门东北的新馆建成后，遂将旧馆称之为西馆。宋太宗赐名为崇文院，并不意味

---

① 《涑水记闻》附录一《辑佚》，第339页。
② 《宋史》卷一六四《职官志四》，第3874页。

着崇文院可以管辖三馆，只不过是将三馆建在崇文院内罢了。关于这一点，《宋史·职官志二》说得更清楚："国初，以史馆、昭文馆、集贤院为三馆，皆寓于崇文院。"这种情况到宋神宗元丰改制时，又发生了一次变化，所谓"官制行，废崇文院为秘书监"。[①]文中"监"字，应为"省"字之误，因为秘书监是官名，用在这里显然不对。宋人蔡絛说：三馆"至熙宁始大备，乃直左升龙门建秘书省，聚书养贤。其间并三者皆在，故号三馆秘阁"。[②]这里所说的于升龙门建秘书省，就是指将设在这里的崇文院改为秘书省。需要指出的是，蔡絛所说的改置秘书省的时间有误，不是熙宁间，而应是元丰间。由于升龙门有两处，上面的记载没有说清楚，而通过蔡絛和《青箱杂记》的记述，可以知道崇文院所在地为左升龙门，这是十分重要的。其实秘书省在宋代从未明令废去，只是自宋立国以来有名无实而已，此次复置其官属，并以崇文院所在地为其廨署。故《宋史·职官志四》说："元丰五年，职事官贴职悉罢，以崇文院为秘书省官属，始立为定员，分案四，置吏八。"文中所谓贴职官，特指三馆、崇文院而言，原书在上面引文之后，还有小字注曰："三馆、秘阁、崇文院各置贴职官。"此次悉数罢去，另给秘书省置职事官而代之。

有一事需要特别说明，据《册府元龟》卷一四《帝王部·都邑二》载：后周广顺三年"十月敕：入厚载门内向东横街东北屋宇，宜令弘文馆、史馆、集贤等三馆，于此分擘廨署。"这是自后梁设置三馆以后，有关五代三馆地理位置变化的唯一记载。厚载门，据《旧五代史·梁太祖纪三》载：开平元年四月，"制宫殿门及都门名额"，其中提到改"皇墙东门为宽仁门，浚仪门为厚载门"。这个门直到北宋仍然存在，宋人钱彦远在《上仁宗论步直兵士作过系第四状》中提到内酒坊在厚载门外，"逼近宫掖"，由于失火，危及宫掖云云。[③]可见广顺时所置之

---

① 《宋史》卷一六二《职官志二》，第3822页。
② 《铁围山丛谈》卷一，第15页。
③ 〔宋〕赵汝愚：《宋名臣奏议》卷一二二，见文渊阁《四库全书》，台湾商务印书馆，1983年，第432册，第524页。

第五章 殿阁制度

三馆与宋代的内酒坊相距不远，三馆在厚载门内，内酒坊在其门外。那么厚载门在什么位置呢？宋人胡宿指出："内酒坊枕大内西北隅四世矣。"①这是宋仁宗时的情况。说明内酒坊位于宋大内西北隅的厚载门外，搞清了内酒坊的位置，后周分置的三馆位置也就可以确定下来了。既然后周时期三馆曾在厚载门内建馆，为什么宋人在记述此事时，只提到后梁在右长庆门所置之三馆，而不提后周在厚载门内所置之三馆呢？因为后周只是在这里为三馆"分擘廨署"，即另外设置了分馆。可能后周时期三馆所藏图籍逐渐增多，原馆难以容纳，故另行扩充馆舍，而原馆并未废去。故宋人记述时只记主馆之所在不提分馆，也是可以理解的。

此外，前面的引文中曾多次提到秘阁，这里顺便予以补充介绍。据载："太宗端拱元年，诏就崇文院中堂建秘阁，择三馆真本书籍万余卷及内出古画、墨迹藏其中，以右司谏直史馆宋泌为直秘阁。"②关于秘阁的实际建成时间，还有不同的记载，即"淳化三年五月，诏增修秘阁，八月阁成"。在这段引文之后，原书注云："先是，度崇文院之中堂为秘阁地，而层未立，书籍止扃偏庑厅内，至是始修之。"③可见端拱元年（988）只是确定以崇文院中堂为秘阁，当时并未改建，至淳化三年（992）才正式兴建。秘阁实际上就是为皇家收藏善本书籍及珍贵书画作品的机构。自从秘阁建成后，才有了所谓三馆秘阁的说法，宋代的馆阁制度，就是指这些部门。至于有宋一代所增置的其他馆阁殿职，由于大都是无具体职事的虚衔，且不在本书所讨论的范围内，故不再多言了。

关于三馆在汴梁的具体位置还须进一步考述。宋哲宗绍圣四年（1097），"大理寺言：'窃盗于皇城门，谓宣德左、右掖，东、西华，拱宸门；宫门内，谓左、右升龙，承天门，左、右长庆门，谹门，临华门，通极门，学士院北角门，殿前，关东序以北，加京城内窃盗法

---

① 〔宋〕胡宿：《文恭集》卷三九《宋故朝散大夫尚书礼部侍郎致仕上柱国乐安县开国侯食邑一千三百户赐紫金鱼袋赠吏部侍郎蒋公神道碑》，见文渊阁《四库全书》，台湾商务印书馆，1983年，第1088册，第955页。
② 《宋史》卷一六二《职官志二》，第3822页。
③ 《宋朝事实类苑》卷三一《藏书之府二》，第391页。

一等。徒罪配隣州，流罪皆配千里，十贯皆配二千里"。①可见三馆先后所在的右长庆门、左升龙门，均是大内之宫门，而不是汴梁皇城或外廓城门。那么，这些宫门是否就是五代时的原址呢？这是要稍加说明的。据《宋会要辑稿》方域一载："大内，据阙城之西北，宫城周回五里，即唐宣武军节度使治所，梁以为建昌宫，后唐复为宣武军治，晋为大宁宫。国朝建隆三年五月诏广城，命有司画洛阳宫殿，按图以修之。"宋人邵伯温的《邵氏见闻录》卷一亦载："东京，唐汴州，梁太祖因宣武府置建昌宫，晋改曰大宁宫，周世宗虽加营缮，犹未如王者之制。太祖皇帝受天命之初，即遣使图西京大内，按以改作"②云云。梁太祖朱温自宣武节度使起家，称帝后遂以宣武军治所汴州为都城，以节度使府为宫城。自此之后，凡在汴州建都的王朝，其宫城均在后梁建昌宫（大内）原址，除了后周、北宋有所改建外，从未择地另建，故长庆、升龙诸门的位置不会有大的变动。何况宋人在记载三馆位置时，皆曰今某某门，即北宋时的地名，所以即使五代至北宋的宫城地址有所变化，也不影响对五代三馆地理位置的定位。又由于有关北宋汴梁城内的建筑记载较多，其位置相对而言比较容易考证清楚，故只要搞清五代三馆在北宋汴梁城中的位置，就可以画出较准确的方位图。说清楚了这些问题，就可以对五代三馆的具体位置进行考述了。据宋人孟元老记载：

> 大内：正门宣德楼列五门，门皆金钉朱漆，壁皆砖石间甃镌镂龙凤飞云之状，莫非雕甍画栋，峻桷层榱，覆以琉璃瓦，曲尺朵楼，朱栏彩槛，下列两阙亭相对，悉用朱红杈子。入宣德楼正门，乃大庆殿，庭设两楼，如寺院钟楼，上有太史局保章正测验刻漏，逐时刻执牙牌奏。每遇大礼，车驾斋宿，及正朔朝会于此殿。殿外左右横门曰左右长庆门。内城南壁有门三座，系大朝会趋朝路，宣德楼左曰左掖门，右曰右掖门。左掖

---

① 《续资治通鉴长编》卷四九三，宋哲宗绍圣四年十一月，第11695页。
② 〔宋〕邵伯温撰，李剑雄，刘德权点校：《邵氏见闻录》卷一，中华书局，1983年，第5页。

第五章　殿阁制度

门里乃明堂，右掖门里西去乃天章、宝文等阁。宫城至北廊约百余丈。入门东去，街北廊乃枢密院，次中书省，次都堂（宰相朝退治事于此），次门下省，次大庆殿外廊横门，北去百余步，又一横门，每日宰执趋朝，此处下马；余侍从台谏于第一横门下马，行至文德殿，入第二横门。……①

这一段记载没有提到左右升龙门。另据明人李濂所辑的《汴京遗迹志》卷一《宋京城》载：

杨奂《汴故宫记》：己亥春三月，按部至于汴，汴长吏宴于废宫之长生殿，惧后世无以考，为纂其大概云。皇城南外门曰南薰。南薰之北，新城门曰丰宜，桥曰龙津，桥北曰丹凤，而其门三。丹凤北曰州桥，桥少北曰文武楼。遵御路而北，横街也。东曰太庙，西曰郊社。正北曰承天门，而其门五，双阙前引。东曰登闻检院，西曰登闻鼓院。检院之东曰左掖门，门之南曰待漏院。鼓院之西曰右掖门，门之南曰都堂。承天之北曰大庆门，而日精门、左升平门居其东，月华门、右升平门居其西。正殿曰大庆，殿东庑曰嘉福楼，西庑曰嘉瑞楼。大庆之后曰德仪殿，德仪之东曰左升龙门，西曰右升龙门。正门曰隆德、曰萧墙、曰丹墀、曰隆德殿。隆德之左曰东上閤门，右曰西上閤门，皆南向。东西二楼，钟鼓之所在，鼓在东，钟在西。……②

这是宋朝灭亡后，元人考察汴梁宫城遗址后所作的记载，应该是比较可靠的。关于北宋的宫城诸门，宋人还有一些记载，如《枫窗小牍》卷上

---

① 〔宋〕孟元老撰，邓之诚注：《东京梦华录注》卷一《大内》，中华书局，1982年，第30—31页。
② 〔明〕李濂撰，周宝珠、程民生点校：《汴京遗迹志》卷一《宋大内宫室》，中华书局，1999年，第11页。

载:"汴京故宫。……南三门,中曰'乾元',东曰'左掖',西曰'右掖'。东、西面门曰'东华'、'西华',北一门曰'拱宸'。乾元门内正南门曰'大庆',东、西横门曰左、右'升龙'。左右北门内各一门,曰左、右'银台',东华门内一门曰'左承天',祥符西华门内一门曰'右承天'……"①根据这些记载,就可以比较准确地确定五代及北宋三馆的位置了。至于金銮殿与端明殿在汴梁的位置,《枫窗小牍》《东京梦华录》等书有较详的记载,就不多说了。

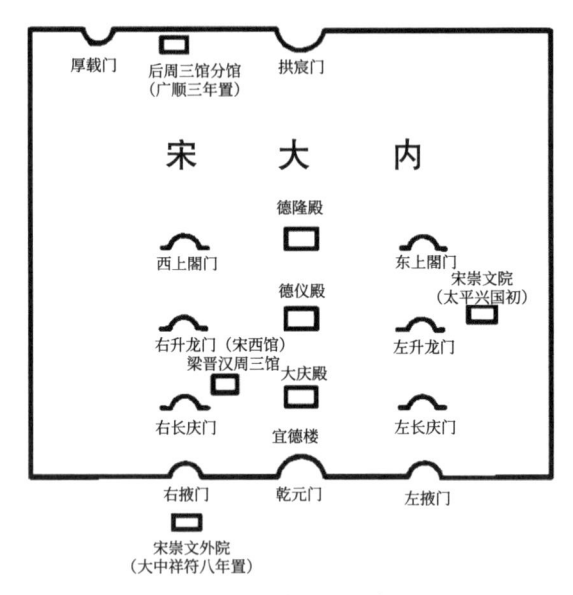

图1 五代三馆位置示意图

从五代三馆的地理位置看,与唐代一样,虽然都位于禁中,但具有不同的特点。唐代的史馆初隶门下省,后改隶中书省,位置先在长安太极宫内门下省北,大明宫建成后,移至宫内的门下省南,改隶中书省后,便又移至中书省北。②其弘文馆武德初置于门下省内,太宗即位之初,又于弘文殿侧置弘文新馆。贞观三年(629)移至纳义门西,九年

---

① 〔宋〕袁褧:《枫窗小牍》卷上,上海古籍出版社,2012年,第16页。
② 《唐会要》卷六三《史馆移置》,第1285页。

又移到门下省，南。[①]可见这一时期的弘文馆均在太极宫内。大明宫建成后，遂移至宫内门下省南。唐朝的集贤院共有4处：北院，在长安"光顺门大衢之西，命妇院北，本命妇院之地，开元十一年分置"。东院，在洛阳"明福门外大街之西，本太平公主宅，（开元）十年三月，始移书院于此"。兴庆宫院，在长安"和风门外横街之南"，开元二十四年（736）置。华清宫院，"在宫北横街之西"，[②]即在今陕西临潼骊山之下。唐代的三馆分隶于中书、门下两省，分布比较分散。五代三馆名义上仍隶于中书、门下两省，却将三馆同置一处，反映了其实际上已成为相对独立的机构的事实，这就是其三馆历经五朝而始终没有将馆舍分置于两省附近的根本原因。五代将三馆合为一处还有一个原因，即三馆除史馆仍负有修史之责外，由于当时处于乱世，国家典籍散佚，其余两馆均无多少图籍可以收藏和整理，弘文馆也不再教授生徒，客观上不需要更多的馆舍，自然也没有分别设置的必要。因为三馆涉及朝廷的典制是否健全的问题，又不能不设置，所以后梁在设置馆职数年后，才迟迟于贞明中为三馆设置了馆舍，总算为皇帝保住了一点体面。经过五代各朝的努力搜集，至后周时期三馆所藏图籍有所增加，原有馆舍已经不能满足需求，于是才有了分擘三馆廨署的举动。至北宋时，随着国家的统一，南方各国所藏典籍大量收归中央，三馆所藏图籍数量进一步增长，后周扩大后的馆舍又不能满足需求，故北宋政府不得不再次兴建三馆廨署。需要指出的是，北宋此次兴建新馆，并未为三馆分别兴建廨署，仍然合建一处，从而再次证明此时的三馆已经成为独立的机构。直到元丰改制时，恢复唐制，遂将三馆改隶于秘书省。不过唐朝三馆并不隶属于秘书省，这就说明此次改制，名为恢复唐制，实际上与唐制并不完全一致。

[①]《唐会要》卷六四《弘文馆》，第1316页。
[②]《唐会要》卷六四《集贤院》，第1320页。

四、南方诸国之殿阁制度

十国虽然各占据一隅之地,然其中一些政权由于社会比较稳定,经济与文化甚至比中原王朝还要繁荣,加之自唐末以来,士大夫们纷纷避难于南方,使得其典章制度的建设也取得了不小的成就。在这些政权中以南唐、前后蜀等国的殿阁制度相对最为完善,下面以这几个政权为重点,同时兼顾其他诸国,将其殿阁制度考述如下:

(一)南唐之殿阁制度

南唐的前身是吴国,由于其统治时期江淮地区战乱甫定,社会经济正在恢复之中,故在典章制度方面尚无多少建树。其殿阁制度的完善,是在南唐建立之后。据《徐铉集校注》卷一五《唐故客省使寿昌殿承宣金紫光禄大夫检校太保使持节筠州诸军事筠州刺史本州团练使汝南县开国男周君(廷构)墓志铭》载:其在吴国时,"以荫释褐,补弘文馆校书"。可知吴国已经有了弘文馆。另据《十国春秋》卷三一《魏羽传》:"署弘文馆校书郎",南唐之弘文馆当是沿袭吴国而来。在南唐三馆中,以史馆的史料为最多,如"保大初,(韩)熙载为史馆修撰";高远,历"史馆修撰、起居郎、知馆事,遂为勤政殿学士";潘佑,后主即位时,"迁虞部员外郎、史馆修撰"。[1]南唐史馆并非是用来装点门面的,确实也撰修了不少史书,如高远任史馆修撰,"自保大中预史事,始撰《烈祖实录》二十卷,叙事详密。后主嗣位,远犹在史馆,与徐铉、乔匡舜、潘佑共成《吴录》二十卷,远又自撰《元宗实录》十卷"。[2]南唐沿袭唐制,仍以宰相监修国史,据陆游《南唐书》卷一《烈祖纪》载:昇元五年(941)七月"诏曰:右仆射兼中书侍郎、同平章事、监修国史李建勋……其罢归私第"。另据同书卷九《李德诚附建勋传》载:李建勋"预禅代之策。拜中书侍郎、同平章事,加左仆射、监修国史,领滑州节度使。自开国至昇元五年犹辅

---

[1] 〔宋〕陆游:《南唐书》卷七《史虚白传》,第5520页;陆游:《南唐书》卷九《高远传》,第5535页;陆游:《南唐书》卷一三《潘佑传》,第5565页。

[2] 〔宋〕陆游:《南唐书》卷九《高远传》,第5535页。

政,比他相最久"。可见南唐早在建国之初,就已经确立了宰相监修国史的制度。此外,南唐仍置有集贤院,如著名文士徐锴,南唐元宗保大中,任集贤殿直学士,"后主立,迁屯田郎中、知制诰、集贤殿学士"。①南唐的集贤院负责整理皇家图籍,据陆游《南唐书·徐锴传》载:锴"既久处集贤,朱黄不去手,非暮不出。少精小学,故所雠书尤审谛,……江南藏书之盛,为天下冠,锴力居多"。又据《图画见闻志》卷六《李主印篆》条载:"李后主才高识博,雅尚图书,蓄聚既丰,尤精赏鉴。今内府所有图轴暨人家所得书画,多有印篆,曰'内殿图书''内合同印''建业文房之宝''内司文印''集贤殿书院印''集贤院御书印'。"②可为明证。南唐集贤院还置有大学士,如冯延巳,保大四年(946),任"同平章事、集贤殿大学士"。③说明南唐也和中原王朝一样,以宰相为集贤殿大学士,只是弘文馆尚未见到设置过大学士,很可能是史料残缺的缘故。南唐除了设置三馆之外,还置有崇文馆,如"后主在东宫,开崇文馆以招贤士,(潘)佑预其间"。其实早在南唐烈祖时期就已设置了崇文馆,"洪庆元,江宁人。祖勋,烈祖时崇文馆直学士",④这一点与中原王朝是不同的。

南唐的殿阁制度与中原王朝的最大不同是,南唐的殿职要远远多于中原王朝。从现有史料看,南唐的殿职均出现在元宗、后主统治时期,说明南唐的典章制度并非建国之始就已经完备,而是有一个逐渐完善的过程。其殿职主要有:

(1)文理院学士。陆游《南唐书·元宗纪》载:保大十四年(956),"遣翰林学士钟谟、文理院学士李德明使周"。另据《徐铉

---

① 〔宋〕陆游:《南唐书》卷五《徐锴传》,第5501页。
② 〔宋〕郭若虚撰,王群栗点校:《图画见闻志》卷六《李主印篆》,浙江人民美术出版社,2019年,第179页。
③ 〔宋〕陆游:《南唐书》卷一一《冯延巳传》,第5549页。
④ 以上分见陆游:《南唐书》卷一三《潘佑传》,第5565页;《十国春秋》卷三一《洪庆元传》,第452页。

集校注》卷二〇《常公(梦锡)行状》载，常梦锡曾任过文理院学士承旨。

（2）勤政殿学士。陆游《南唐书·冯延巳传附延鲁传》载："元宗立，自礼部员外郎为中书舍人、勤政殿学士。"勤政殿学士如负责提草诏敕，则加"承旨"名号，如乾德二年，"拜韩熙载兵部尚书，充勤政殿学士承旨"。①勤政殿学士无疑属于内廷近臣，上引徐铉之书卷七《左常侍张义方可勤政殿学士制》曰："夫珥金貂，直骑省，以备顾问，非不重也。"同书卷八《礼部员外郎冯延鲁可中书舍人勤政殿学士制》亦云："敕：侍从无职，总同清要，若乃参书殿之列，备切问之重。"这些记载将其职务性质与职能已经表述得十分清楚了。

（3）清晖殿学士。所谓"元宗创清晖殿于北苑，命（徐）游与张洎为学士，入直其中"。有的典籍将"清晖"的"晖"写成"辉"字。②

（4）光政殿学士。其为后主统治时期所创设，据《十国春秋·韩熙载传》载："拜中书侍郎、充光政殿学士承旨。先是，后主选近侍臣直宿禁中，常御光政殿召对，夜分乃罢，故命此职以宠异之。"除了韩熙载1人外，还未见到再有人充任过此职。南唐后主在光政殿召对群臣，始于乾德五年（967）春，"命两省侍郎、谏议大夫、给事中、中书舍人、集贤、勤政殿学士，分夕于光政殿宿直，国主引与谭论，或至夜分"，③说明光政殿为南唐后主处理和商议国政的重要场所。

不过南唐内廷中枢经常变换，如元宗时一度在宣政院，陆游《南唐书·常梦锡传》载：元宗"复置宣政院于内庭，以梦锡专掌密命"，可为一证。后主统治末期，又转移到澄心堂。④不过南唐的殿职并非全与政治有关，清晖殿学士之职似乎是专门用来安置文学之士的。据《十国春

---

① 《十国春秋》卷一七《南唐后主本纪》，第243页。
② 《十国春秋》卷二〇《徐游传》，第291页；〔宋〕曾巩，王瑞来校证：《隆平集校证》卷六《参知政事》，将"清晖殿"记为"清辉殿"，中华书局，2012年，第210页。
③ 〔宋〕马令：《南唐书》卷五《后主书》，第5291—5292页。
④ 《十国春秋》卷一七《南唐后主本纪》："更置澄心堂于内苑，……中旨由之而出，中书、密院乃同散地。"第257页。

秋·徐游传》载："游虽家世崇贵，然颇尚文学，居恒与文士辈时时过从。元宗创清晖殿于北苑，命游与张洎为学士，入直其中。……后主嗣立，喜为文章，游复以属文见昵，遇宴饮，辄流连酬咏，更相唱和。"这种性质与唐朝初创翰林院时的情况颇为相似。

（二）前后蜀之殿阁制度

前蜀的典章制度不如后蜀建全，而后蜀则以后主孟昶统治时期相对较为建全。前蜀时未见有三馆之置，后蜀有弘文馆与史馆，却未见集贤院的设置。如李昊，后蜀后主时，"加宏文馆大学士、修奉太庙礼仪使"。此外后蜀还有崇文馆的设置，"句中正，字坦然，成都华阳人。明德中，授崇文馆校书郎"。①据《十国春秋·前蜀高祖纪下》载：永平二年（912），"诏中书侍郎、同平章事张格编纂开国以来实录"，但没有开设史馆。史馆的正式设置应在后蜀孟昶统治时期，据《十国春秋·李昊传》载：后主广政中，"俄加尚书左丞，拜门下侍郎兼户部尚书、同平章事、监修国史。因请置史官，乃以给事中郭廷钧、职方员外郎赵元拱为修撰，双流令崔崇构、成都主簿王中孚为直馆"。可见后蜀也是以宰相监修国史的。关于此事还有史料可以证明，如欧阳迥，"（广政）二十四年，拜门下侍郎，兼户部尚书、同平章事、监修国史"。②据上引《李昊传》载，后蜀史馆修成的史书有：《前蜀书》40卷、《高祖（孟知祥）实录》30卷、《后主（孟昶）实录》40卷、《后主（孟昶）续成实录》80卷，李昊又"辑所代高祖书奏为百卷，号曰《经纬略》，以献后主"。另据《十国春秋·后蜀后主纪》载："常敕史馆集《古今韵会》五百卷。"可见后蜀史馆的成就亦颇为可观。此外，前蜀还置有文思殿学士，通正元年（916）八月，"起文思殿，以清资五品正员官购群书以实之，以内枢密使毛文锡为文思殿大学士"，③可见文思殿为图书收藏整理之

---

① 以上分见《十国春秋》卷五二《李昊传》，第774页；同书卷五六《句中正传》，第814页。
② 《十国春秋》卷五二《欧阳迥传》，第777页。
③ 《新五代史》卷六三《前蜀世家三》，第790页。

处。文思殿亦有学士之置。前蜀后主时，长安人韩昭得宠，"（王）衍北巡，以为文思殿学士、京城留守"。①据《蜀梼杌校笺》卷二《前蜀后主》载："（王）衍受道箓于苑中，以杜光庭为傅真天师、崇真馆大学士。"杜光庭乃道士，这个崇真馆大学士完全是为了尊宠杜光庭而特设，与国家的典章制度并无必然关系。总的来看，前后蜀的殿阁制度不如南唐建全，连最起码的三馆也未置全。其文思殿的得名源于唐朝，虽说有典故可循，但唐朝的文思殿并无大学士、学士之置。再从崇真馆大学士的设置看，其殿阁之职设置的随意性是显而易见的。

（三）其他诸国之情况

南方其他诸国及北汉或由于地域狭小，文化落后，或由于奉中原为正朔，多未建立殿阁之制，即使个别政权建立了这一制度也残缺不全。如割据于今福建的闽国，直到龙启元年才称帝，因此其国仅有弘文馆之置，如"龙启二年春正月，上元节，御大酺殿，召弘文馆直学士王倜等观灯，赐宴"，②可为一证。吴越奉中原为正朔，故不可能设置此类机构及职官，但其却有所谓通儒院学士的设置，如"林克己，钱塘人。忠懿王时官通儒院学士，博洽善文章"。崔仁冀，"事忠懿王为通儒院学士"。③通儒院学士的职能大体相当于翰林学士，由于吴越一直向中原王朝称臣，不敢公然置翰林学士，所以才变相地设置了此职。割据于今湖南的楚国，亦是如此，向中原称臣，所以马殷在被后梁封为楚王后，"仍请依唐诸王行台故事，署置天策幕府，有文苑学士之号，知诏令之名"。④严格地说这些职官均不属于殿阁之职，为了全面地反映五代十国时期这类政权的制度情况，故顺便附述于此。十国中的其他诸国为何

---

① 《蜀梼杌校笺》卷二《前蜀后主》，第174页。《十国春秋》卷三七《前蜀后主本纪》记为文思殿大学士，位在翰林学士承旨上。第534页。
② 《十国春秋》卷九一《闽惠宗本纪》，第1327页。
③ 《十国春秋》卷八七《林克己传》，第1260页；同书卷八七《崔仁冀传》，第1264页。
④ 《旧五代史》卷一三三《马殷传》，第1757页。

没有殿阁之制，除了几个奉中原为正朔的政权不便设置外，比如南汉很早就称帝，从不承认中原的正朔地位，但其也未见有殿阁之制。究其原因，除了偏处一隅，文化相对落后外，疆域狭小，财力有限，不能大量养官，也是一个原因。至于北汉，虽然称帝，然其地域和财力比之南汉尤甚，对这类并非必不可少的殿阁之职，自然不会再置，以免造成不必要的财政压力。

五、结语

五代十国时期凡入殿阁者，除宰相兼大学士以示恩宠外，其余职官多为一时之才俊，故选任还是十分严格的，即使新科进士想要入馆，也必须是才华出众者。如张砺，"幼嗜学，有文藻，唐同光初擢进士第，寻拜左拾遗，直史馆"。刘鼎之子刘衮，"登进士第，文彩遒隽，仕周为左拾遗、直史馆"。[①]再如扈载，"少好学，善属文。广顺初，举进士高第，拜校书郎、直史馆"。[②]《宋史·职官志二》记载选任三馆职官时，亦云："元丰以前，凡状元、制科一任还，即试诗赋各一而入，否则用大臣荐而试，谓之入馆。"宋代的这一做法是否是沿袭五代旧制呢？史无记载，不好妄断，然从上引史料看，五代时期对入馆者进行了选择，则是无可置疑的。正因为如此，在五代十国殿阁任职者中才能出现一批宰相、枢密使等重臣，对当时的社会政治产生了较大的影响。

此外，五代时期的殿阁之制也对我国的历史和文化产生了一定的积极影响。五代初期由于战乱，造成了国家所藏典籍的大量散佚，直到后唐长兴元年，还有人反映说："秘书监空有省名，而无廨署，藏书之府，无屋一间，无书一卷。非人文化成之道，请依《六典》创修

---

① 《旧五代史》卷九八《张砺传》，第1313—1314页；同书卷一〇八《刘鼎传附传》，第1429页。
② 《新五代史》卷三一《扈载传》，第345页。

之。"①这里虽然说的是秘书省，但是折射了三馆藏书的情况。正因为如此，所以五代各朝莫不重视对图书典籍的征集与整理，并且制定了奖励措施，鼓励官员及民间进献图籍，同时还多次派人赴各地搜求散佚的典籍（详情见第七章）。经过各朝的努力，当时的国家藏书有了一定程度的增长。至于五代雕版印刷《九经》《经典释文》等书，更是人所共知的事实，就不多说了。对于这些搜集来的图籍，三馆也都派官进行整理，如唐明宗时，给事中、史馆修撰、判馆事杨凝式曾"精选通儒，校定三馆图书"。②后周显德时甚至制定了有关考核校勘官员的办法，以提高校勘质量。至于南唐所藏图籍之多，校勘之精，更是为我国文化的发展做出了重要的贡献。北宋初年，政府令学官校定《九经》，主持此事的孔维、杜镐等人"苦于讹舛"，工作难以进行，"及得金陵藏书十余万卷，分布三馆及学士舍人院。其书多雠校精审，编秩完具，与诸国本不类"，才使这项工作得以顺利完成。宋人马令对此感叹地说："昔韩宣子适鲁，而知周礼之所在。且周之典礼，固非鲁可存，而鲁果能存其礼，亦为近于道矣。南唐之藏书，何以异此！"③可见评价之高。正是由于五代十国时期馆阁对图书典籍的收集和整理，才为宋初编辑《太平御览》《太平广记》《文苑英华》等重要典籍创造了必要的条件，否则，要完成这些卷帙浩繁的巨著是难以想象的。

  这一历史时期的殿阁制度不可避免地也存在一些弊端。由于一入殿阁者就可成为天子近臣，加之入殿阁者多为文学之士，能被选中即表示有才，因而被视为莫大之荣誉，企望入殿阁者比比皆是。于是就有人想方设法谋取殿阁之职，如后唐时宰相豆卢革与另一宰相韦说互相勾结，为其子谋取好处，"革请说之子涛为弘文馆学士，说请革之子升为集贤学士，交易市恩，有同市井，识者丑之"。④再如卢损在后梁时投

---

① 《册府元龟》卷六〇四《学校部·奏议三》，第7257页。
② 《册府元龟》卷六〇八《学校部·刊校》，第7304页。
③ 〔宋〕马令：《南唐书》卷二三《朱弼传》，第5407页。
④ 《旧五代史》卷六七《豆卢革传》，第883—884页。

第五章　殿阁制度

靠宰相李琪，娶其瞎了眼睛的妹妹为妻。在后唐时又投靠宰相卢文纪，因而官运亨通，曾任兵部郎中、史馆修撰，虽然为进士出身，然"词理浅陋，不为名流所知"。[①]中原王朝的情况如此，南方诸国中也有一些此类人物，如前蜀王衍时，韩昭之所以能任文思殿学士，完全是因为其为佞臣之故，所谓"（韩）昭以便佞，恩倾一时，出入宫掖，太妃爱其美风姿，而专有辟阳之宠"[②]。此人除了善于敛财之外，别无他能。以上这些人都属于无才无德，不当入殿阁而入者。还有一种情况是虽有才却无德者，如贾纬颇有史才，且"勤于撰述"，但在史德方面却颇为欠缺。

此外，由于这一历史时期为分裂割据的时代，南北各地政权林立，这种混乱的政治局势反映在典章制度上，就是各国各行其是，致使这一时期殿阁之职的设置颇为混乱，其中尤以南方诸国为甚。除南唐之外，其余各国均未置全三馆。殿职的设置更为混乱，全无章法，如南唐清晖殿学士的设置，与翰林院学士的某些职能重复；光政殿学士承旨的设置，则是为了宠异韩熙载；至于前蜀王衍设置崇真馆大学士，就更无道理了。所有这些现象均反映了当时在职官设置上的轻率性与随意性。正因为如此，宋代殿阁制度更多的是沿袭了五代之制，而未借鉴十国制度，看来也不是没有道理的，恐怕不仅仅是因为其非正朔所在。

在这一时期的殿阁制度中，真正有机构与成套职官的只是三馆，其余殿职既无廨署也无下属官吏，这是殿职与馆职的一个很大的不同之处。加之殿职创立不久，不如馆职那样历史悠久，从国家制度的角度看，人们还是更为重视馆阁制度，所以自唐以来有关馆阁制度之书代有编集。首开此例的便是唐人韦述的《集贤注记》1卷，五代时则有后周编成的《史馆故事》3卷，至两宋时就更多了，主要有北宋宋匪躬的《馆阁录》15卷，罗畸的《蓬山志》5卷，南宋程俱的《麟台故事》5卷和陈

[①] 《旧五代史》卷一二八《卢损传》，第1689页。
[②] 《蜀梼杌校笺》卷二《前蜀后主》，第174页。

骙等编的《南宋馆阁录》与《续录》各10卷。这些书除程俱、陈骙之书尚存外，其余虽多已亡佚，但其内容往往被他书转引或节录。所以有关唐五代及两宋的馆阁制度今人了解的相对多一些，而对殿职的了解则贫乏得多，正因为如此，对这个问题的探讨则更显得迫切一些。

第六章

起居制度

五代的起居制度上承唐制，下启宋制，是这一历史时期典章制度的一个组成部分，具有比较重要的意义。但是不论是唐代还是五代典籍，都没有将这一制度作为一个专门部分予以记述，致使相关史料散见于各种史书和政书之中，零星而分散。由于这个原因，长期以来这一制度没有引起学界的重视，研究极少，有关五代时期的这一制度更是如此，基本上无人问津。本书只是对五代时这一制度进行初步的探讨，拾遗补阙，希望能引起对这一制度的重视，进一步深化其研究。

一、"起居"一词的含义及制度的缘起

　　关于"起居"一词的含义，《辞源》说其义有三：（1）作息、举止。谓日常生活。（2）问候安否之言。（3）大便。在解释第二个含义时，该书还根据《宋史·礼志十九·常朝之仪》的记载，说"宋代依后唐明宗制，每五日群臣随宰相入见，谓之起居"[1]。《辞海》对其也有三种诠释，前两种含义与《辞源》基本相同，第三种含义解释为起居注。[2] 其实以上诠释并不完全，《汉书》卷七六《赵广汉传》载："广汉尽知其计议，主名起居。"颜师古解释说："起居，谓居止之处，及欲发起之状。"[3]可见这里所谓"起居"，是指住所和将有所举动。另外，这些诠释中还存在一些不确切之处。如《辞源》说宋代沿袭唐明宗之制，建立了起居制度，似乎这一制度始于后唐，这就不准确。以上诠释只是从词语的角度出发的，作为一种制度，其含义并没有如此复杂，它虽然仅是一种探视、问候的制度，但是其所包含的内容却要丰富得多。

---

[1] 《辞源》（修订本），商务印书馆，1983年，第2984页。
[2] 《辞海》（修订本）语词分册，上海辞书出版社，1979年，第2108页。
[3] 〔汉〕班固等撰，〔唐〕颜师古注：《汉书》卷七六《赵广汉传》，中华书局，1962年，第3199—3200页。

第六章　起居制度

　　起居制度作为国家的一种典章制度，是指以下对上的一种探视和问候的制度，早在秦汉时期已经产生。孙星衍辑《汉官仪》卷上："皇太子五日一至台，因坐东厢，省视膳食，以法制救大官尚食宰吏。其非朝日，使仆、中允（旦旦）请问……"云云。[①] 又据《文献通考》卷六〇《职官考十四》"太子仆"条载："仆，秦官。汉因之，又有长、丞主车马。后汉因之，而属少傅，职如太仆。太子五日一朝，其非太子朝日，即与中允入问起居。"太子仆与太子中允定期（旦旦）入宫问起居，可见在当时已经形成了制度。不过这时的所谓起居并非只限于臣下对皇帝，而是一种较普遍的以下对上的探视制度。如汉制，"丞相有疾，御史大夫率百僚三旦问起居"[②]。此外，还存在以上对下的问起居现象，如张禹曾为汉成帝师，晚年"天子愈益敬厚禹。禹每病，辄以起居闻，车驾自临问之"。颜师古解释说：起居，"谓其食饮寝卧之增损"。[③] "毛义以孝行称，举贤良，不至。建初中，帝下诏褒宠，赐谷千斛，尝以八月长吏问起居，别赐羊酒"[④]。有关这种现象的记载，直到唐代仍然不绝于史书，如"姚崇无居第，寓居罔极寺，以病痁谒告，上遣使问饮食起居状，日数十辈。"[⑤] 便是一例。不过这些现象只是皇帝对某些臣子的一种特殊的眷顾，历代皆有之，并未形成制度。因此，在起居制度中并无这些方面的相关规定。

　　唐代起居制度的内容只限于臣下对皇帝及皇室其他成员而言，如皇太后、皇后、太子等，汉代那种百僚向三公问起居的规定，在唐代是不存在的。这种情况的形成，是皇权不断强化并在国家典章制度上的一种反映。五代沿袭唐制，其起居制度的内涵也仅限于此，只不过在许多具体规定上发生了较大的变化。其内容也不仅仅限于探视和问候，还包括了其他一些方面，并导致了议政、监察、礼乐等制度也相应地发生了不

---

① 〔清〕孙星衍等辑，周天游点校：《汉官六种》，中华书局，1990年，第146页。
② 〔梁〕沈约：《宋书》卷三九《百官志上》，中华书局，1974年，第1220页。
③ 《汉书》卷八一《张禹传》，第3350—3351页。
④ 《册府元龟》卷七六《帝王部·褒贤》，第873页。
⑤ 《资治通鉴》卷二一一，唐玄宗开元四年十一月，第6723页。

小的变化。需要指出的是，唐五代的起居制度虽然只是臣下对皇帝的一种礼仪性的制度，但并不排除有下级官吏向上级官员问起居的情况，这种情况的出现，与国家的起居制度并无必然的关系，其只是一种普通的社会现象而已，和民间晚辈探视长辈一样，并无什么特殊的意义。

二、内殿起居制度及其变化

内殿即便殿。欧阳修说：唐制，"天子日御殿见群臣，日常参；朔望荐食诸陵寝，有思慕之心，不能临前殿，则御便殿见群臣，日入阁。宣政，前殿也，谓之衙，衙有仗。紫宸，便殿也，谓之阁。其不御前殿而御紫宸也，乃自正衙唤仗，由阁门而入，百官俟朝于衙者，因随以入见，故谓之入阁。然衙，朝也，其礼尊；阁，宴见也，其事杀"。但是这种情况到唐后期却发生了变化，尤其是乾符以来，礼制混乱，皇帝不能常御前殿见群臣，只于朔望日坐朝，致使正衙常朝日废仗，而朔望入阁反倒有仗，"其后习见，遂以入阁为重"。到了后来干脆将出御前殿，也称为入阁。[①]五代时期的内殿起居制度，从形式上看相当于唐代前期的入阁之制，只不过在礼仪上更加隆重罢了。

五代在后梁统治时期尚未有明确的内殿起居制度，后梁建立之初，即于开平元年十月规定："每月初入阁，望日延英听政，永为常式。"[②]这里所谓入阁，即在前殿举行。但是从当时的实际情况看，起居制度还是存在的，如开平二年十月"辛亥，宰臣百僚起居于殿前，遂宣赴内宴，赐方物有差"。[③]其实每月朔望日举行的大朝会也是一种起居制度，所谓"唐制，朔望天子御宣政殿，受百官起居，诸司奏事"[④]。后梁皇帝有事南郊，其日百官也要向皇帝问起居，通常是皇帝御文明殿（前殿）

---

① 以上均见《新五代史》卷五四《李琪传》，第618页。
② 《五代会要》卷五《朔望朝参》，第86页。
③ 《旧五代史》卷四《梁太祖纪四》，第65页。
④ 《宋朝事实》卷一二《仪注二》，第196页。

先接受百官起居，然后出城于南郊升坛。①唐庄宗统治时，一仍后梁之制，但在内殿接见百僚还是常有之事。如"后唐同光二年正月四日，四方馆奏：'常朝诸职员，多有参杂，今后除随驾将校、外方进奉使、文武两班三品已上官，可于内殿对见，其余并诣正衙，以申常礼。'从之"。②这种内殿对见与后来唐明宗所实行内殿起居之制并无实质性的差别，只不过此时的内殿对见只限于文武三品以上官和进奉使而已。

《新五代史·李琪传》曰："自唐末丧乱，朝廷之礼坏，天子未尝视朝，而入阁之制亦废。常参之官日至正衙者，传闻不坐即退，独大臣奏事，日一见便殿，而侍从内诸司，日再朝而已。明宗初即位，乃诏群臣，五日一随宰相入见内殿，谓之起居。"另据《资治通鉴》卷二七五唐明宗天成元年五月载："丁巳，初令百官正衙常朝外，五日一赴内殿起居。"胡三省注："时正衙常朝御文明殿，朔望御之。内殿，中兴殿也。"可见唐明宗实行五日内殿起居的制度，主要是为了纠正唐末弊病，增加皇帝面见群臣的机会。上引胡三省注说后唐正殿为文明殿，内殿指中兴殿，是正确的，但是说这时的文明殿，"朔望御之"，则不对。另据记载：

> （天成元年）五月丁巳，内出御札一封，赐宰臣，晓示文武百僚，每日正衙常朝外，五日一度赴内殿起居。宰臣百官班于文明殿庭谢，其中书非时有急切公事，请开延英，不在此限。乙酉敕：每月十五日赐廊下食。本朝承平时，常参官每日朝退，赐食廊下，谓之廊餐，自乾符乱离已后，庶事草创，百司经费不足，无每日之赐，但遇月旦入阁日，赐食。帝初即位，始因谏官疏奏，请文武百僚五日一起居，见帝于便殿。李琪以为非故事，以五日为繁，请每月朔望日皆入阁，赐廊下食，罢五日起居之仪。至是，宣每月朔望皆入阁，依奏。五日

---

① 《旧五代史》卷五《梁太祖纪五》，第79页。
② 《五代会要》卷六《杂录》，第96页。

一度起居不得停废，遂以为常。①

可见后唐除了正衙常朝和五日内殿起居外，在当时并未实行朔望日入阁之制，而是经李琪奏请后才得以恢复，内殿起居之制仍保留了下来，与此同时延英召对之制也仍然不废，遂使五代比唐代多了一种群臣面见皇帝的形式。李琪反对实行内殿起居，理由是其非唐朝故事，对此欧阳修评论说："凡群臣五日一入见中兴殿，便殿也，此入阁之遗制，而谓之起居。朔望一出御文明殿，前殿也，反谓之入阁，琪皆不能正也。"②欧阳修实际上是在嘲笑五代之臣并不完全熟悉唐朝旧制，而这一点正是五代入阁之制不同于唐制之处。

五日内殿起居实行之初，完全是一种臣下探视皇帝的礼仪性制度，行礼已毕，百官便依次退出，并不奏事。《新五代史·李琪传》云："琪又建言：'入阁有待制、次对官论事，而内殿起居，一见而退，欲有言者，无由自陈，非所以数见群臣之意也。'明宗乃诏起居日有言事者，许出行自陈。又诏百官以次转对。"李琪只是请求内殿起居日允许百官自行奏事，而令百官以次转对则非出于他的建议。据《五代会要》卷五《待制官》条载，这年七月经御史台奏请后，明宗遂允许"其五日一度起居之际，班行内要奏事者便出班奏对"。"自后又奏请五日入内起居之际，令百官次第转对。从之"。可见奏请内殿起居日允许百官自行出陈奏事者，并非李琪一人，也应包括御史台在内。至于请求百官次第转对者则应是御史台。然而另据记载："曹琛，天成中为右拾遗，上疏请百僚朔望入阁，及五日内殿起居，请许三署寺监轮次转对奏事。从之。"③与上引《五代会要》所载颇为不同，看来提出此事的也非御史台一家。不过以上史料均未说明允许以次转对是在何时。另据《旧五代

---

① 《册府元龟》卷一〇八《帝王部·朝会二》，第1285页。
② 《新五代史》卷五四《李琪传》，第618页。
③ 《册府元龟》卷四七五《台省部·奏议六》，第5667页。

史·唐明宗纪三》载，曹琮的上疏是在天成元年十月。①

天成二年七月，"每月首、十五日入阁，罢五日起居"。②长兴二年八月又再次恢复，诏曰："今后宰臣文武百官，每五日内殿起居仍旧，其轮次转对宜停。若有所见，许非时上表。其朔望入阁待制候对，一依旧规。"③却又取消了内殿起居日允许百官以次转对奏事的规定。唐明宗因何取消内殿起居日奏事，史书缺载，难以详知，也许是在位日久，倦于政事，加之晚年多病之故。关于这一点可以从以下记载推知一二。长兴四年十月，"上顾谓侍臣曰：'宰臣久不相见，何也？'因令孟璞琼传诏。冯道奏曰：'臣等以五日起居，禀中旨召见，不敢大进也。'是月，道率百僚见于中兴殿"。④从宰相冯道的对答看，在唐明宗晚年时，即使五日内殿起居日，如无中旨召见，百官也不敢入见，否则怎么会发生皇帝久不见宰相的情况呢？再将"是月，道率百僚见于中兴殿"一句，与前面的文字联系起来看，当是有了皇帝的首肯，冯道才能率百官于中兴殿（内殿）起居。

后唐的内殿起居制度到唐末帝时又恢复了正常。清泰二年七月，御史中丞卢损奏曰："臣以为中旬排仗，有劳圣躬，请只以月首入阁，五日起居依旧。"⑤即请求废除每月望日入阁。从"五日起居依旧"一句，可知此制已恢复了正常。关于五日起居百官奏事的性质，史书中也有反映。据《资治通鉴》卷二七九，唐末帝清泰二年七月载：

> 帝深以时事为忧，尝从容让卢文纪等以无所规赞。丁巳，

---

① 《资治通鉴》卷二七五，唐明宗天成元年七月亦载："初令百官每五日起居，转对奏事。"通过以上论述，可知司马光将允许内殿起居日百官自行出陈奏事，与允许百官在这日以次转对奏事混为一事，因为其书中根本就未记载前一事，并且将时间也搞混乱了，前一事发生在这年七月，而后一事则在同年十月，第8988页。
② 《旧五代史》卷四七《唐末帝纪中》，第649页。
③ 《五代会要》卷五《待制官》，第72页。
④ 《册府元龟》卷五八《帝王部·勤政》，第652页。
⑤ 《旧五代史》卷四七《唐末帝纪中》，第649页。此书未说明卢损此议是否能到皇帝首肯。另据《册府元龟》卷四七六《台省部·奏议七》（第5677—5678页）的记载，唐末帝批准了这个奏疏。

文纪等上言："臣等每五日起居，与两班旅见，暂获对扬，侍卫满前，虽有愚虑，不敢敷陈。窃见前朝自上元以来，置延英殿，或宰相欲有奏论，天子欲有咨度，旁无侍卫，故人得尽言。望复此故事，惟听机要之臣侍侧。"诏以"旧制五日起居，百僚俱退，宰相独升，若常事自可敷奏。或事应严密，不以其日，或异日听于阁门奏榜子，当尽屏侍臣，于便殿相待，何必袭延英之名也！"①

胡三省注："两班者，文武官分为东西两班；《书说命》：'说拜稽首曰：敢对扬天子之休命。'《注》云：'对，答也。答受美命而称扬之。'后人遂以面对为对扬。"从上文看，后唐不知何时又废去了延英召对之制，很可能是在明宗统治末年。宰相卢文纪此次欲加恢复，遭到了末帝的否定。从末帝的诏书中可以反映出内殿起居时，百官退后，宰臣可留下议事，但其所议之事均为寻常之事，事属机密或军国重事则异日听奏榜子，于便殿面见皇帝敷奏。这种形式虽无延英召对之名，却有延英召对之实。如果上引《资治通鉴》之文还不能清楚地反映五日起居奏事的性质的话，《旧五代史·唐末帝纪中》收有这篇诏书原文，可以参见。其文曰：

> 恭惟五日起居，先皇垂范，俟百僚之俱退，召四辅以独升，接以温颜，询其理道，计此时作事之意，亦昔日延英之流。朕叨获嗣承，切思遵守，将成其美，不爽兼行。其五日起居，仍令仍旧，寻常公事，亦可便举奏闻。或事属机宜，理当秘密，量事紧慢，不限隔日，及当日便可于阁门祗候，具榜子奏闻。请面敷扬，即当尽屏侍臣，端居便殿，伫闻高议，以慰虚怀。朕或要见卿时，亦令当时宣召，但能务致理之实，何必拘延英之名。有事足可以讨论，有言足可以陈述，宜以沃心为

---

① 《资治通鉴》卷二七九，唐末帝清泰二年七月，第9132页。

务，勿以逆耳为虞。勉罄谋猷，以裨寡昧。①

文中"寻常公事，亦可便举奏闻"之句，将五日起居奏事的性质表达得再也清楚不过了。对于卢文纪提出恢复延英召对的理由，此书也比《资治通鉴》记载得更清楚，所谓"因五日起居之例，于两班旅见之时，略获对扬，兼承顾问。卫士周环于阶陛，庶臣罗列于殿庭，四面聚观，十手所指，臣等苟欲各伸愚短，此时安敢敷陈"。从此段文字也可以得知五日起居时场面之宏大，仪式之隆重。

后晋统治之初仍沿袭了这一制度，"晋高祖天福初诏：'国朝文物制度、起居入阁，宜依唐明宗朝事例施行。'"②至天福七年三月敕："今后百官，每五日一度内殿起居日，轮差两员官具所见，实封以闻。"③这一规定实际上是在后唐制度的基础上略加变化而已，它的实行将迫使官员更加注重观察时政，否则轮其上封事时将会无事可奏。这年五月又改为轮差两官上封事时，由閤门使代为呈送，不必面见皇帝。④后汉建立后，遂改变了后晋的这一规定。汉高祖天福十二年六月诏："文武臣僚，每遇内殿起居，轮次上封事。"⑤这样实际上又回到了后唐的旧制上去了，不过两者略有不同，后唐是以次转对，而后汉则是轮次上封事，奏对的形式不同，这样有利于保密。后汉统治时期权臣专擅，政事混乱，内殿起居制度也是屡有改变。汉隐帝乾祐三年，"给事中陶谷奏：'乞停内殿五日转对，朝臣中或有所见，许非时诣閤门拜章论奏。'从之"。⑥这里所说的停内殿五日轮对，实即汉高祖时实行的轮次上封事，然五日起居之制并未废去，使得这一制度又回到了初置时的纯粹探视问候性质。后周之初仍沿袭了这一制度，但是否允许百官在起居

---

① 《旧五代史》卷四七《唐末帝纪中》，第651页。
② 《册府元龟》卷五六四《掌礼部·制礼》，第6776页。又据《旧五代史》卷七六《晋高祖纪二》载，后晋的这个诏书是在天福元年十二月颁行的，第994页。
③ 《五代会要》卷五《待制官》，第72页。
④ 《旧五代史》卷八〇《晋高祖纪六》，第1061页。
⑤ 《旧五代史》卷一〇〇《汉高祖纪下》，第1333页。
⑥ 《五代会要》卷五《待制官》，第72页。

时奏事，史无记载，不过在周世宗统治时期是允许内殿起居日奏事的。

另据《旧五代史·职官志》载："周显德五年十一月，诏曰：'翰林学士职系禁庭，地居亲近，与班行而既异，在朝请以宜殊。起今后当直下直学士，并宜令逐日起居，其当直学士，仍赴晚朝。'旧制，翰林院学士与常参官五日一度起居，时世宗欲令朝夕谒见，访以时事，故有是诏。"①每日起居是五代时的一个规定，这种起居通常仍在内殿举行。如"周太祖广顺二年十一月，左监门卫上将军李建崇、右神武大将军安伸、左领军将军慕容业、右领卫将军刘彦章，各赐紫欹正锦袍金涂银束带。建崇等皆年七十余，太祖以旧将，累为刺史、留后，老居班列，故有是赐。仍令每日内殿起居，退就公食"②，可为一证。不过这一规定并非始于后周，早在唐代就已有之，《通典》卷一〇八《礼典六八》载，《开元礼》："五品以上及供奉官、员外郎、监察御史，每日参。"③欧阳修也指出："自唐末丧乱，朝廷之礼坏，……常参之官日至正衙者，传闻不坐即退，独大臣奏事，日一见便殿。"④即常参官在正殿朝见皇帝退出后，重要大臣于内殿再次面见皇帝奏事。五代其他王朝也有此制，如后唐天成时规定："常参官每日趋朝，非准格令，不得无故请假。"⑤可见后唐亦有每日朝参之制，当百官退出后，重要大臣即可入殿奏事。五代在五日内殿起居日皇帝不御正衙，只于内殿面见群臣。按照当时的制度，凡新除官员及外任或奉命出使者，都要向皇帝当面辞谢，这种礼节通常都在正衙举行，而起居却在内殿举行，"致差使及新除官辞谢不得。或恐差使者已定发日，除宣催发，以一日无班，便妨辞谢"。于是经御史台奏请："每内殿起居日，百官先序班于文明殿庭，候辞谢官

---

① 《旧五代史》卷一四九《职官志》，第1998页。《旧五代史》卷一一八《周世宗纪五》记此事在当年十二月，第1576—1577页，而《五代会要》卷一三《翰林院》（第228页）也记为十一月，与上引薛史《职官志》同，故不取《周世宗纪五》的说法。
② 《册府元龟》卷五五《帝王部·养老》，第621页。
③ 《通典》卷一〇八《礼典六八》，第2809页。
④ 《新五代史》卷五四《李琪传》，第617页。
⑤ 《五代会要》卷六《杂录》，第97页。

退，则班入内殿。"①文明殿即正殿。这样皇帝就须先坐朝于文明殿，然后再回到内殿接受百官起居。不过需要指出的是，五代时期虽有每日朝参及内殿起居的规定，但并没有严格施行，除了周世宗统治时期一度比较严格地执行外，其他时期时好时坏，很不稳定。

三、外官起居与巡幸起居

在五代时期外官起居的形式大体可分为三类，即在京外官起居，外官遣使起居与外官上表起居等形式。出于种种原因，在京师中总是有一定数量的地方官停留，这部分官员如何朝见皇帝，各朝都制定了相应的规定。唐庄宗同光三年十一月，"中书舍人刘赞奏：'往例，应诸道节度使及两班大僚，凡对明庭，例合通唤，近日全废此仪。伏乞特诏所司重定。向来格品若合通唤，准旧施行。中书帖四方馆，令具事例分析申上。据状称，旧例节度使新除中谢，及罢任赴阙朝见，合得通唤。文班三品已上官、武班二品已上官，新除中谢及使回朝见，亦合得通唤。'从之"。②这种形式的外官朝参，纯粹是一种礼仪性的活动。次年经中书门下奏请，又允许新任的边远地区县令、录事参军与其他新任官员一同朝参起居。③唐明宗天成四年四月，中书门下以唐德宗贞元七年四月二十八日敕为据，奏请五月一日入閤起居之礼仪时，确定"外官因朝奏在京者，并听就列"，与在京九品以上官一同就位起居，"自此每年永为常式者"。④在五代时期凡举行大朝会，在京外官皆可参加，但对于一些新任高级地方官来说，如节度使、防御使、团练使、刺史等，由于正殿辞谢没有内殿起居显得与皇帝更为亲近，"多称别奉宣旨"，而不愿赴正衙辞谢。于是在周太祖广顺三年四月规定："今后此色除授，宜令閤门告报，勒正衙辞谢。如有宣旨放辞谢，閤门具姓名分明投御史台、

---

① 《五代会要》卷六《杂录》，第97页。
② 《五代会要》卷六《杂录》，第98—99页。
③ 《五代会要》卷六《杂录》，第99页。
④ 《册府元龟》卷一〇八《帝王部·朝会二》，第1287页。

四方馆。"由于这个规定不具备强制作用，所以并不能遏制这种风气。于是又在同年十月再次下敕规定："今后起更有受官不赴衙谢人，宜令门下省、御史台检举，追勘闻奏。其授官后违程不赴任，并准元敕殿选。如选未满便来乞官者除□□外，别行降敕施行。"①对于卸任外官而尚未授以新职者，其入宫起居也有相应的规定。"长兴二年十二月七日敕：'前任节度防御团练使、刺史，今后免逐日常朝，宜令五日随例起居'"。②这一规定至唐末帝清泰元年又一次发生了变化，据《册府元龟》卷一〇八《帝王部·朝会二》载：这年十一月御史台奏："'前任节度、防御、团练使等，刺史、行军付（副）使，近仪五日一度内殿起居，皆缀班，叙立元系班簿，虽曰便殿起居，其遇全班起居时，亦合缀班。'从之。"也就是说这些外官在参加了五日内殿起居外，仍要参加每日的常朝起居。③

五代时期的外官遣使参起居之制也是沿袭唐制而来。据《唐会要》卷二六《笺表例》载，"（开元）十一年七月五日敕：'三都留守，两京每月一起居，北都每季一起居，并遣使'"。另据《旧唐书·职官志二》载：中书舍人，"凡大朝会，诸方起居，则受其表状而奏之"。中书舍人在大朝会时，所接受的是各地使者所上的起居表状。五代时期仍有陪都之制的存在，所以仍然保留了这一制度，对于其他各地长吏来说，出于种种原因，也常常遣使入京，最常见的便是所谓进奉使。这类使者入京除了向皇帝进献贡物外，往往都带有表示问候之类的起居表，所以每到朝会日，他们也都随百官觐见皇帝。如后唐天成四年规定："五月一日，应在京九品已上官，及诸道进奉使，请准贞元七年敕，就

---

① 《五代会要》卷六《杂录》，第101页。
② 《五代会要》卷六《杂录》，第99页。
③ 《册府元龟》卷一〇八《帝王部·会工》，第1289页。另据《旧五代史》卷四六《唐末帝纪上》（第640页）载：清泰元年十一月，"御史台奏：'前任节度使、刺史、行军副使，虽每日于便殿起居，每遇五日起居，亦合缀班。'从之"。从中可知，对这类外官而言，所谓常朝即是每日内殿起居。这段文字与上引《册府元龟》的记载，在要求这些外官参加每日与五日起居上是一致的，但是先前参加的是五日起居还是每日常朝，却完全相反了。从前引长兴二年的敕文看，《册府元龟》的记载应是正确的。

位起居，永为恒式。"①唐末帝清泰三年曾制定了详细的规定："閤门奏列内外官吏对见例：'应诸州差判官、军将贡奉到阙，无例朝见，以名衔奏放门见，赐酒食得回。诏进榜子放门辞。臣今后欲只令朝见，余依旧规。……应诸道节度使差判官、军将进奉到阙，朝见得回，诏下榜子，奏过令门辞。……应文武两班差吊祭使及告庙祠祭，只于正衙辞见，不赴内殿。诸道差进奏官到阙，得见后请假得替，进榜子放门辞。……'从之。"②后晋天福七年规定："诸道进奉物等，不用殿前排列，引进使引至殿前，奏云'某等进奉物'，便出。进奉使朝见日，班首一人致词，都附起居。刺史并诸道行军副使、马步军都指挥使已下，差人到阙，并门见、门辞。"所谓"班首一人致词，都附起居"，是说进奉使朝见时，让其班列中第一人代表大家致起居问安之词，不再一一致词。这是一种临时性的措施，因当时晋高祖石敬瑭"不豫"，"难于视朝"。③此后又恢复了正常。

在唐代，每逢重大节日或皇室有事，各地长吏都要上起居表或庆贺表章。五代亦是如此，要说有变化，最大的变化便是节日或起居名目与唐代不尽相同，如唐代没有外官月旦起居的规定，也没有应圣节之类的节日。后唐天成元年七月敕："三京诸道节度、团练、防御使、刺史、文武将吏、州县职员，皆进月旦起居表。起今已后，除节度使、留后、团练、防御使，唯正至进贺表，其四孟月（旦），并可止绝，式叶旧仪。"④说明此前凡地方官员每月都要向皇帝上起居表。从这条史料来看，此制似乎不自后唐始，很可能为后梁时期所创。天成三年七月敕："今后天下诸州刺史及系属节镇、团练、防御使，除应圣节、冬至、端午外，谢上及每月起居庆贺章表，并付本道封进，其余公事，准往例，

---

① 《旧五代史》卷四〇《唐明宗纪六》，第550页。
② 《五代会要》卷六《杂录》，第99—100页。
③ 《五代会要》卷六《杂录》，第101页。
④ 《册府元龟》卷六一《帝王部·立制度》，第683页。孟月二字之后的"旦"字，据《五代会要》卷四《笺表例》补，第69页。

节度、观察使誊覆奏闻。"①这实际上是一种限制各地遣使入京的措施。五代其他各朝的规定如何，史书缺载，难以详知，估计不会有很大的变化。

据《唐会要》卷二六《笺表例》载："贞观十九年正月，上征辽，发定州，皇太子奏请飞驿递表起居，又请递敕垂报，许之。飞表奏事，自此始也"。这里虽然讲的飞表奏事之始，但同时也是皇帝巡狩上表起居制度的开始。《开元礼》对皇帝巡幸期间的起居有详细的规定："凡车驾巡幸，每月朔，两京文武官、职事五品以上，表参起居。州界去行在所三百里内者，刺史遣使参起居。若车驾从比州及州境过，刺史朝见。巡狩还，去京三百里内刺史，遣使参起居。"②五代沿袭了这一制度，如梁太祖乾化元年（911）十月辛亥朔，帝"驻跸于相州，……户部郎中孔昌序赍留都百官冬朔起居表至自西京，诸道节度使、刺史、诸藩府留后，各以冬朔起居表来上"。所谓冬朔起居表，即十月朔起居表。"十一月辛巳朔，上驻跸魏县，从官自丞相而下并诣行宫起居，留都文武百官及诸道节度使、防御使、刺史、诸藩府留后，各奉表起居"。③可见每逢月朔各地地方官都要上起居表，这与唐制完全一致。后晋天福二年，中书门下奏："按《礼阁新仪》，贞元二年十月七日御史台奏，每月庆贺及诸上表，并合上公行之。"即将这类表章统一送至有关部门，再由其另行上表章说明各地上表庆贺情况。"如三公阙，令仆已下行之。中书门下别贡表章"④，实即由中书门下负责此事。这里所谓每月庆贺表章，即前面所说的起居表章。唐玄宗开元十一年规定："即行幸未至所幸处，其三都留守及京官五品已上，三日一起居。若暂出行幸，发处留守亦准此并递表。"⑤这种三日一上起居表的规定，还未见到五代的相关史料，也不知其是否有类似的规定。至于皇帝巡幸时，沿途地方官员如何起居，五代规定凡车驾经过之处及相邻地区的官员都要朝见皇

---

① 《五代会要》卷四《笺表例》，第69页。
② 《通典》卷一〇八《礼典六八·杂制》，第2809页。
③ 《旧五代史》卷六《梁太祖纪六》，第98、99页。
④ 《五代会要》卷四《笺表例》，第70页。
⑤ 《唐会要》卷二六《笺表例》，第589页。

帝，这与上引《开元礼》"若车驾从比州及州境过，刺史朝见"的规定基本相同。如梁太祖乾化二年五月庚辰，帝"发自郑州，至荥阳，河南尹魏王宗奭望尘迎拜，河阳留后邵赞、怀州刺史段明远等逦迤来迎"。①晋太祖天福二年十一月，"中书门下奏：'准杂令，车驾巡幸，所在州县官入见，在驾所只承者，赐赠并同京官。'从之"。②从允许所在州县官朝见皇帝这一角度看，后晋的这一规定与唐制并无不同。这个规定至后周时才有所变化。周太祖广顺二年五月，"车驾亲征兖州。御札宣示沿路侧近节度、防御、团练使、刺史，不得离本州府来赴朝觐，……两京留司百官，只于递中附表起居。时热，不用差官至行在所沿路指挥事件。车驾回日，亦依此施行"。③后周的这一规定以后是否有所改变，无法考知。至于随驾官员则要求随时起居，如梁太祖乾化二年五月已卯朔，"从官文武自丞相而下并诣行殿起居，……壬午，驻跸于汜水，宰臣、河南尹、大学士并于内殿起居"。④唐明宗天成四年二月甲子，"车驾归京，宿于中牟县，百官诣行宫起居，各赐酒食"。⑤可见随驾官员须每日赴行宫起居一次。

四、外命妇及其他种类的起居

外命妇起居的对象主要是皇太后、皇后。在唐代向皇太后问起居时，除了外命妇外，重大节气皇帝还要亲自率群臣前往。五代时期很少有皇太后的活动见于记载，所以有关皇太后起居的记载极少。后汉枢密使郭威起兵攻入京师，汉隐帝在逃亡中被杀，乾祐三年十一月丁亥，"郭威帅百官诣明德门起居太后，且奏称：'军国事殷，请早立

---

① 《旧五代史》卷七《梁太祖纪七》，第107页。
② 《五代会要》卷五《行幸》，第75页。
③ 《五代会要》卷五《行幸》，第75页。
④ 《旧五代史》卷七《梁太祖纪七》，第107页。
⑤ 《册府元龟》卷二六《帝王部·感应》，第283页。

嗣君'"。①除了这一条史料外，再未见到有关起居太后的史料，所以无法考知五代与此相关的制度。五代外命妇起居皇后的制度，仍沿袭唐制。在唐代凡遇重大节气，除了百官起居皇帝外，外命妇也要同时起居皇太后、皇后。如乾元元年（758），礼仪使于休宁奏曰："据《周礼》，有命夫朝人主，命妇朝女君。自永徽五年已来，则天为皇后，始行此礼。"②可见唐朝实行此制始于永徽五年。元和十五年（820）二月，"太常礼院奏：准礼及开元、乾元、上元、元和以来元日及冬至日，皇帝御含元殿受朝贺。礼毕，百僚赴皇太后所居殿门外，进名候起居，诸亲及内外命妇并有朝会参贺之礼。伏请准元和元年十月二十三日敕，外命妇有邑号者，每年元日、冬至、立夏、立秋、立冬，赴皇太后宫门进名奉参，如遇泥雨，即停。制曰：'可。'九月辛酉，立冬，外命妇诣兴庆宫进名候皇太后起居。十一月丁未，日南至，群臣及命妇赴兴庆宫进名奉贺皇太后"。③唐穆宗长庆四年（824）三月，"礼仪使奏：'故事，命妇有邑号者，正至四立，并合行起居之礼。缘其日两宫起居，若依旧章，事涉烦亵，今请正至日，即诣兴庆宫起居讫，诣光顺门起居。'制可"。④

五代也是一样，每逢诸如此类的节气，外命妇均要入宫起居皇后，就不一一罗列史料了。此外，五代还规定册立皇后时，外命妇必须入宫奉贺。长兴元年五月，太常礼院奏曰："皇后今月十四日受册，准旧仪，外命妇并合赴皇后受册正殿门外就次，俟受册讫，司宾引入就位奉贺。今未有命妇院，请准例上表贺。"另外，后唐时还规定册立皇后时："其诸道节度使上表贺皇帝，其在朝外命妇所上皇后表章，进呈讫，不下令报答。自此不更进表。皇子妻、驸马、公主及近密亲旧，或有庆贺及进起居章表，内中委人主掌，进呈后只宣示来使，并不下令。"⑤也就是说凡外命妇或皇子妃、驸马等亲旧之家上庆贺或起居章表

---

① 《资治通鉴》卷二八九，后汉隐帝乾祐三年十一月，第9440页。
② 《唐会要》卷二六《命妇朝皇后》，第573页。
③ 《册府元龟》卷一〇七《帝王部·朝会一》，第1282页。
④ 《唐会要》卷二六《命妇朝皇后》，第576页。
⑤ 《五代会要》卷四《笺表例》，第69、70页。

时，进呈后并不给予书面答复。

除了以上这些起居活动外，五代时期还有一些不定期的起居活动。如举行南郊祭祀、恭迎太庙神主等活动时，皇帝都要出城，"诣行宫"，百官起居毕，才能正式开始典礼活动。①皇帝生病则重要大臣须入宫起居。如长兴四年十一月，"（唐）明宗幸宫西士和亭，得伤寒疾"。于是其子秦王从荣与枢密使朱弘昭、冯赟入问起居于广寿殿。②后周广顺中，周太祖卧疾，不视朝，时侍卫亲军都指挥使、天雄军节度使、同平章事王殷有震主之威，内外疑其有异志，"太祖乃力疾坐于滋德殿，殷入起居，即命执之，寻降制流窜，及出都城，遽杀之，众情乃安"。③周太祖之所以能一举消除隐患，就是因为他利用了皇帝患病，重要大臣必须入宫起居的制度，料定其必然入宫，这才一举成功。皇帝外出狩猎，归来后本无群臣起居的规定，但同光二年唐庄宗外出狩猎回到洛阳后，"百官赴中兴殿问起居，赐群臣鹿肉"。之所以如此，是因为庄宗在狩猎过程中发生了事故。史载："自伊阙分环卫诸军骑士，驰鹿山谷间，暮未合围，夜二鼓驻御营于湛涧。是夜，骑士有颠坠崖谷而毙，及折伤手足者甚众。"④可见一些不确定的因素，也是导致发生起居的原因。

在唐代还有一些起居活动而五代却没有。如皇帝及群臣向太上皇起居，据《唐会要》卷五《杂录》载："高祖在大安宫时，太宗晨夕使尚宫起居，送珍馔。"再如唐玄宗退位并回到长安之初，每月朔群臣朝贺肃宗毕，然后起居圣皇；冬至受朝贺礼毕，亦"朝圣皇于西宫，百官进名起居。"⑤所谓"圣皇"，即指玄宗。此外，唐代还有群臣起居皇太子的规定，如唐肃宗乾元三年（760）正月初二，群臣"常服于崇明门通贺皇太子"。宪宗永贞元年十月丙申，"百僚于兴庆宫起居皇太子"。⑥唐

---

① 《五代会要》卷三《缘庙裁制》，第47页。
② 《新五代史》卷一五《秦王从荣传》，第165页。
③ 《旧五代史》卷一二四《王殷传》，第1627页。
④ 《册府元龟》卷一一五《帝王部·蒐狩》，第1378页。
⑤ 《册府元龟》卷一〇七《帝王部·朝会一》，第1277页。
⑥ 以上见《册府元龟》卷一〇七《帝王部·朝会一》，第1276、1280页。

自先天之后，皇子年幼则居于宫中，封王之后，以年龄渐长，遂于长安安国寺东靠近苑城之处筑大宅，号十王宅，"令中官押之，于夹城中起居"，这是指皇子们起居皇帝。皇子们既已封王，必有府僚官属，则列之外坊，"岁时通名起居而已"，①这是指其官属起居诸皇子。这一切均未见于五代，除了史料残缺的原因外，因五代各朝多不预立太子及皇帝生前未有退位的现象，也是一个直接的原因。

五、内殿起居礼仪及其他

杜佑《通典》卷一三〇《礼典九十·嘉礼九》中的"群臣奉参起居"条载：

> 其日，依时刻文武群官九品以上俱集朝堂次。奉礼设文武群官位于东朝堂之前，文左武右，重行北面，相对为首。又设奉礼位于文武官东北，赞者二人在南，少退，俱西向。又设通事舍人位于文官为首者之北，少东，西向并如常。奉礼帅赞者先就位。舍人各引文武群官俱就位。立定，舍人引为首者少进，通起居讫，退复位。奉礼唱："再拜。"赞者承传，群官在位者皆再拜。舍人入奏讫，舍人承旨出，复位，西面称："敕旨。"群官在位者皆再拜。宣敕讫，又再拜。舍人及群官俱退。②

唐代群臣起居皇帝通常都在正衙举行，以上引文便可证明这一点，而五代自后唐以来实行的五日起居之制，却是在内殿举行，这是与唐制的不同之处。自从此制施行以来，当时规定每遇内殿起居日，百官"先于常殿前序班，百官虽不设拜，只候宰臣到，便依次第入阁门祗候起居"。所谓百官不设拜，是指不再像正衙朝参那样在殿前朝拜，只等宰相到

---

① 《唐会要》卷五《诸王》，第60页。
② 《通典》卷一三〇《礼典九十·嘉礼九》，第3348页。

后，便依次入閤门至中兴殿前等候起居。内殿起居却要先在正殿前序立的规定，多少还保留了唐朝旧制的遗迹。天成元年十二月，改为"其文武两班，不更于文明殿前序立，只于中兴殿门外序立。只候宰臣到，便依次第入起居"。①即不再在正殿前序立，而是直接至内殿门外序班。后晋时虽以汴梁为都，但内殿起居之礼仪却仍旧沿袭了后唐之制。如天福二年，御史台奏："文武百僚每五日一度内殿起居，在京城时，百官于朝堂幕次，自文明殿门入，穿文明殿庭，入东上閤门，至天福殿序班。"②可见仍保持了百官在内殿序班的规定。至天福七年五月，当时以"时属炎蒸，事宜简省"为由，改变了内殿起居的礼仪。"应五日百官起居，即令押班宰臣一员押百官班，其转对官两员封事，付閤门使引进，本官起居后，随百官退，不用别出谢恩。其文武内外官僚乞假、宁亲、婚葬、病损，并门见、门辞"③。不过这次改变只是临时性的变化，不久遂又恢复了旧制。

需要指出的是，五代在常朝日立仗，而内殿起居日无仗，两者在礼仪上孰轻孰重还是十分明显的。除此之外，在其他方面还是十分隆重的，殿内侍卫分两排序立，百官于内殿前序班整齐，分东西排列两班，由通事舍人喝拜、再拜，三拜讫即退。其日，由殿中侍御史两人监察百官是否有失仪之处。据《五代会要》卷一七《知班》载："周广顺三年三月十四日，殿中侍御史贾玭、殿中侍御史刘载状申：'自汉朝次，每遇内殿起居，台司定左右巡使先入，起居后，于殿庭左右立定，百官始入起居。有失官仪，便宜弹奏者。今后欲依入阁弹奏仪折署。'奏后，宣徽使言：'所奏知通事舍人喝拜，再拜讫便退。如两巡使自有失仪，亦候班退互相弹奏。'"这里所说的汉朝，即指后汉。所谓左右巡使，即指殿中侍御史，"掌殿庭供奉之仪式"。④唐制以殿中侍御史二人为左右巡使，掌巡察京师内外不法之事，每月一代。后汉以左右巡使知内殿

---

① 《五代会要》卷六《杂录》，第97页。
② 《册府元龟》卷一〇八《帝王部·朝会二》，第1290页。
③ 《五代会要》卷六《杂录》，第100—101页。
④ 《唐六典》卷一三《御史台》，第381页。

起居班列，估计此制并非其初创，可能早已有之。后周沿袭后汉之制，仍以左右巡使知班，其本身如有失仪之处，班退后则互相纠弹。

五代时期规定有以下几种情况者，可以不必入宫起居。后唐天成四年规定："今后宰臣致斋内，请不押班，不知印，不赴内殿起居。"①唐末帝清泰元年五月，"宰臣刘昫奏：'中书以近敕祠祭行事官致斋内，唯祀事得行，其余悉断。又宰臣行事致斋内，不押班，不赴内殿起居，不知印。臣缘判三司公事，其祀事、国忌、行香，伏乞特免。'从之"。②刘昫因其判三司事，职事繁忙，请求不参与祀事、国忌、行香等事，既如此，则其就无须参加内殿起居了。不过此事只是对刘昫1人而言，并不等于废去宰相不主持致斋的规定。后唐还在长兴四年四月规定：御史台、刑部、大理寺官员，"遇有公事推勘详断时"，可以免去朝参及起居，"若无公事，即依寻常赴朝"。③还有一种情况可以免朝参及起居，即每年铨选时，南曹郎官"自锁曹前五日免朝：三日铨，自锁铨前五日免朝。至三月三十日，若遇入阁及起居内宴，横行参假，追朝"。锁曹与锁铨一样，均指铨司官员必须食宿在廨署内，不得与外人接触，自然也就不能参加朝参与起居了。但是至三月三十日后，因为铨选工作已经基本结束，所以就必须参加朝参与起居了。不过这个规定比较灵活，如果有一年选人较多，"即许开曹后免朝，永以为例"。④

除以上情况外，凡无故不参加起居者，则要受到处罚。后唐天成元年规定，凡朝参及起居日，"如更有临公事托故请假，必申中书门下取裁。此后如有小小事故请假，一月内不得过三度，若过三度，一日两日即书罚，三日不到，即申中书门下，请具闻奏"。⑤后唐的这个处罚规定比较温和，并不足以完全约束百官行为，所以至周世宗时便制定了更为严厉的措施。显德五年闰七月，御史台奏：

---

① 《五代会要》卷四《缘祀裁制》，第56页。
② 《五代会要》卷一三《中书门下》，第215—216页。
③ 《五代会要》卷六《杂录》，第99页。
④ 以上均见《五代会要》卷六《杂录》，第98页。
⑤ 《五代会要》卷六《杂录》，第97—98页。

> 文武百官，每日赴朝参不到。如是常朝不到，于本官料钱上，每贯罚二十二文；如是内殿起居，入阁行香，出城众集及非时庆贺御楼、御殿横行、参假不到，并是倍罚。台司先榜幕次，晓告本官，限三日外即牒三司克折。如有故曾陈牒，即将领由呈验。①

可见内殿起居不到，处罚要重于常朝不到。这年又根据唐乾元元年敕："如有朝堂相吊慰、相跪拜，待漏行立失序，谈笑喧哗，入衙内执笏不端，行立迟慢，至班列行立不正，趋拜失仪，拜跪不俯伏舒脚，穿班仗出门，不即就班，无故离位，廊下食行坐失仪，拜起无度，抵夜退朝不从正衙门出，非公事入中书，每犯者夺一月俸"的规定，"今商量此旧条各减一半。如所由指挥，尚或抵拒，即准旧例录奏贬降"。②因为唐代没有五日内殿起居的制度，所以没有内殿起居时对失仪者如何处罚的规定，五代既然以左右巡使监察内殿起居礼仪，按理也应当涉及如何处理这类情况，然却未见提及，不知是有司有所遗漏，还是史料残缺所致。

六、结语

五代起居制度在后梁统治时期仍沿袭唐制，无所改易，自唐明宗以来变化较大，如五日内殿起居制度，就始于此时。产生这种情况，大体上有如下几个原因：首先，唐明宗统治时期是五代所谓的"小康"时期，五代初期那种大规模的战争局面已经不复存在，政治较为稳定，且风调雨顺，社会生产有所恢复和发展。这种比较稳定的社会局面，使统治者有条件考虑进行典章制度方面的建设。其次，五代重视起居制度与当时比较紧张的君臣关系有一定的关系。五代时期改朝换代频繁，政局极为不稳的一个重要原因，就是当时人们的伦理纲常观念淡漠，用欧阳修的话来说，就是"君君臣臣父父子子之道乖，而宗庙、朝廷、人鬼皆失其序"③。这种

---

① 《册府元龟》卷五一七《宪官部·振举》，第6182页。又据《五代会要》卷六《杂录》载："于本官料钱上每贯罚二十五文"，第101—102页。
② 《五代会要》卷六《杂录》，第102页。
③ 《新五代史》卷一六《唐废帝家人传》，第173页。

看法虽然不免有过分之处，但仍可在一定程度上反映当时的社会状况。正因为如此，君臣之间相互猜忌者有之，刀兵相见者有之。为了改变这种状况，除了加强政治、军事等方面的防范措施外，消弥君臣之间的猜忌与不信任，树立君主权威，便显得十分重要。五代创立五日内殿起居制度，又实行每日常朝，使得君臣见面沟通的机会增多，在一定程度上可以起到消除隔阂的作用。这就是为什么李琪请求废去五日内殿起居时，"明宗曰：'五日起居，吾思所以数见群臣也，不可罢'"的根本原因。[1]至唐末帝时，宰相卢文纪又一次提出废除五日起居，并请求恢复延英召对。"废帝以谓五日起居，明宗所以见群臣也，不可罢"，不同意恢复延英召对。[2]之所以如此，是因为延英召对时只有宰相、枢密使等重要大臣参加，而五日内殿起居则在京百官皆可参与。此外，臣子们经常向皇帝问候起居，还可以起到树立君主权威，提倡为臣之道的作用。

通观这一时期的起居制度，具有如下几个特点：（1）这一制度处于一种起伏波动、很不稳定的状态。以五日内殿起居制度为例，自创立以来，曾数次遭到罢废，即使在没有罢废的时间，也不一定能很好地施行，如在唐明宗、晋高祖晚年时就是如此。（2）五代与唐代起居制度相比，有些方面的内容残缺不全，如唐代有定期起居诸帝陵的制度，却未见五代有类似制度。再如唐代有外国及周边少数民族定期献表起居的规定，比如开元二十七年四月，"拔汗那王阿悉烂达干、使（史）国王斯谨提、突骑施大将索俟斤，并遣使献表起居"。[3]宋代也有类似的制度，并且制定了其使者起居皇帝时的相关礼仪，却未见到五代时期的相关记载。这种情况的出现，可能与史料残缺无关，而是根本就没有这方面的制度。这也与五代社会动荡，国力衰落，对外国及周边民族的影响力下降等因素有直接的关系。（3）五代各朝之臣整体素质有所下降，反映在礼仪方面就是提出相关动议时，经常出现不合于故事的现象，如后汉乾祐二年五月，"中书舍人艾颖上言：'近制一月两度入阁，五日一度起

---

[1]《新五代史》卷五四《李琪传》，第618页。
[2]《新五代史》卷五五《卢文纪传》，第628页。
[3]《册府元龟》卷九七一《外臣部·朝贡四》，第11410页。

居，近年以来入阁多废，每遇朔望，不面天颜。臣请今后朔望入阁，即从常礼，如不入阁，即请朔望日起居，冀面圣颜，以伸诚敬'"。原注："史臣曰：天子居再期服内，虽终一月之制，而独宴不举乐，朔不视朝，远古礼也。艾颖请朔望相见，于礼非宜。"[1]此外，在前面的论述中，也多次涉及此类问题。这种现象的出现与五代时期尚武轻文的风气以及士人文化素质的整体下降，密切相关。（4）五代时期加强了对无故不参加起居活动或失仪者的处罚力度，而且有越来越重的趋势，其中以后周时期的处罚最重，甚至超过了对常朝缺席者的处罚力度。唐朝虽然没有五日内殿起居的制度，但对其他起居活动中无故不到或失仪者的处罚，似乎也没有五代重，这就说明五代各朝对起居活动的重视程度超过了唐朝。

有关五代起居制度的史料，尤其是有关起居礼仪方面的史料比较贫乏，以至于某些方面的问题尚无法搞清楚。造成这种情况的一个重要原因，就是宋人轻视五代典章制度记述，致使大量的相关史料散佚。如主持《册府元龟》修撰的王钦若就曾说过："五代礼志，所述五礼，皆沿前代，无所改易，故不编录。"[2]这样就造成了《册府元龟·掌礼部》有关五代部分的史料被大量压缩。欧阳修认为五代是"礼乐崩坏，三纲五常之道绝"的乱世，根本无礼乐制度可言，所以他在撰写《新五代史》时，取消了"志"这一部分内容。加之《旧五代史》后来散佚，现虽有辑本存世，但史料方面的损失之大是不言而喻的。这些问题的存在都给五代起居礼仪的研究造成了极大的困难。其实这一切都是宋人的偏见所造成的，五代的典章制度对宋代的直接影响还是比较大的，只是宋人不愿承认罢了。

《宋朝事实》卷一二《仪注二》载："国初，因唐与五代之制，文武官每日赴文明殿（原注：即文德殿）。正衙常参，宰相一人押班。五日起居即崇德、长春二殿（原注：崇德即紫宸，长春即垂拱），中书门下为班首。"其实这一切皆是沿袭五代制度，连其正殿名都是沿袭五代的，直到宋太宗雍熙元年才改名文德殿。宋人不愿承认这一制度是沿

---

[1] 《册府元龟》卷一〇八《帝王部·朝会二》，第1292—1293页。
[2] 《册府元龟》卷五六四《掌礼部·制礼》，第6776页。

袭五代，非要再加上唐代。其实宋代沿袭五代起居制度之处甚多，略举数例，即可见其一斑。据《宋史·礼志一七》载：皇帝出巡期间，"凡从官并日赴行宫，合班起居"，就是承袭的五代制度。又据同书《礼志二一》"百官转对"条载："自建隆诏内殿起居日，令百官以次转对，限以二人。"内殿起居日令百官以次转对，是唐明宗时制定的制度，限以2人，则是后晋天福七年的规定，这些均被宋朝全盘继承下来了。宋真宗大中祥符末（1016），"罢不复行"，即不再限于2人奏对。宋英宗治平中（1064—1067），又再度恢复。宋代还规定内殿"起居毕，候百官出绝，两省班出，次两巡使出，中书、枢密方奏事"。①内殿起居日百官退后，宰臣留下议事，也是后唐时的规定，所谓"旧制五日起居，百僚俱退，宰相独升"②。上引文中所谓"次两巡使出"，即指左右巡使，因为其负责监察百官礼仪，所以在百官退出后方退出，这也是沿袭的五代旧制。宋真宗时的宰相王旦，"天禧初，进位太保，为兖州太极观奉上宝册使，复加太尉兼侍中，五日一赴起居"。③这种优待元老大臣的做法，实际上是沿袭了周太祖特许一些旧日老臣五日一赴内殿起居的故事。综上所述，可以清楚地看到，宋代起居制度沿袭唐制者甚少，而更多地承袭五代之制，可见其受五代制度影响之大。

起居制度自秦汉初创以来，经过唐五代的发展完善，不仅对宋代产生了较大的影响，而且也对后世各朝产生了一定的影响。辽、金、元、明诸朝皆确立了各自的起居制度，只要翻阅一下以上各朝正史之《礼志》，就十分清楚了。这些王朝的起居制度虽然不尽相同，但却都是在承袭前代制度的基础上形成的。如金朝就有"故事，凡行幸，留守中都官每十日表问起居"的规定，后来又改为每20日一进表。④尽管这一制度的具体规定与唐、五代略有不同，但受其影响的痕迹还是十分明显的。

---

① 《宋史》卷一一六《礼志一九》，第2757页。
② 《资治通鉴》卷二七九，后唐潞王清泰二年七月，第9132页。
③ 《宋史》卷二八二《王旦传》，第9551页。
④ 〔元〕脱脱：《金史》卷八六《李石传》，中华书局，1975年，第1913页。

第七章

史馆制度

有关五代十国时期的修史成就，学术界已有一些成果问世，但尚存在着一些脱漏和仍可商榷之处，至于其史馆制度，尚未见有人涉及，因此有必要再做进一步的研究。

一、馆藏图书典籍的搜集与整理

五代史馆设置较早，在后梁建国之初就已设置。[①]但是由于这一时期尚处于梁晋交战之际，战事繁忙，加之重视不够，故这时的史馆不仅馆舍简陋，人员较少，而且馆藏图书典籍极其缺乏。直到后晋天福六年四月，监修国史赵莹还说："自李朝丧乱，迨五十年，四海沸腾，两都沦覆，今之书府，百无二三，……"[②]可见其藏书之匮乏。至于其馆舍情况，据《青箱杂记》卷三载：贞明中，"始于今右长庆门东北创小屋数十间，为三馆，湫隘尤甚。又周庐徼道，咸出其间，卫士驺卒，朝夕喧杂，每受诏撰述，皆移他所"。五代各朝除后唐外，其余均建都于汴梁，从上面引文可以看出，五代之史馆馆舍长期以来一直处于残破不堪的境地，直到宋初才有所改变。因五代史馆廨署狭隘残破，所以史官"每受诏撰述，皆移他所"。这里未说清楚到底在何处从事修撰，另据《册府元龟》卷五五四《国史部·总序》载：唐代"史官受任于外，亦或兼领史职，就治所修撰，及有许在家修史者。五代官局因循无改"。说明五代史官多在其家修史，至于是否像唐代那样允许史官在治所修史，因五代外官通常不兼史职，故一般不存在这类情况。这个问题后面还要详述，就不多说了。需要补充说明的是，五代在后周统治时期史馆

---

① 据《旧五代史》卷三《梁太祖纪三》载：开平元年四月，"宋州刺史王皋进两歧麦，陈州袁象先进白兔一，付史馆编录，兼示百官"，第49页。此时梁太祖刚刚即皇帝位不久，可见其建国之时就已设置了史馆。
② 《五代会要》卷一八《前代史》，第295页。

的条件曾有一定程度的改观。另据《册府元龟》卷一四《帝王部·都邑二》载：后周广顺三年"十月敕：入厚载门内向东横街东北屋宇，宜令弘文馆、史馆、集贤等三馆，于此分擘廨署"。这次变化并非是史馆馆舍的迁徙，只是在厚载门内为三馆另外增拨了一些房舍作为馆舍而已，也就是说使三馆馆舍略有扩大罢了。正因为如此，所以才有后来宋太宗将三馆从右长庆门迁到左升龙门的行动。关于后唐在洛阳所置史馆馆舍情况，史书缺载，不得而知，估计不会比其他四朝有更大的改观。

由于五代史馆收藏的典籍及档案甚少，直接影响了史书的修撰，所以各朝曾多次下令搜集典籍图书。其采取的措施主要有两项：首先，下诏令官员、百姓献书。早在梁末帝龙德元年，史馆上言曰：

"臣今请明下制，敕内外百官及前资士子、帝戚勋家，并各纳家传，具述父祖事行源流及才术德业灼然可考者，并纂述送史馆。如记得前朝会昌已后公私，亦任抄录送官，皆须直书，不用文藻。兼以兵火之后，简牍罕存，应内外臣僚，曾有奏行公事，关涉制置，或讨论沿革，或章疏文词，有可采者，并许编录送纳。候史馆修撰之日，考其所上公事，与中书门下文案事相符会，或格言正辞询访不谬者，并与编载。所冀忠臣名士，共流家国之耿光；孝子顺孙，获记祖先之丕烈。而且周德见乎殷纪，舜典存乎禹功，非唯十世可知，庶成一朝大典。臣叨庸委任，获领监修，将赎素餐，辄干玄览。"诏从之。[①]

以后各朝也多有此类诏令颁布，如后唐同光二年，"史馆司四库书，自广明年后散失，伏乞许人进纳，仍中书门下降敕条件。敕：'进书官纳到四百卷已下，皆成部帙，不是重叠，及纸墨书写精细，已在选门未合格人，每一百卷与减一选；无选减者，注官日优与处分。无官者，纳

---

① 《旧五代史》卷一〇《梁末帝纪下》，第145—146页。

书及三百卷，特授试衔。'"①但是至应顺元年，这种献书活动一度停罢，这年正月敕曰："今后三馆所阙书，并访本添写，其进书官权宜停罢。"②后晋统治时期重新恢复了献书活动，天福六年，宰相赵莹奏请说：

> 今据史馆所阙唐书实录，请下敕命购求。况咸通中宰臣韦保衡与蒋伸、皇甫焕（一作焕）撰武宗、宣宗两朝实录，又光化初，宰臣裴贽撰僖宗、懿宗两朝实录，皆遇国朝多事，或值銮舆播越，虽闻撰述（一作定），未见流传。其韦保衡、裴贽合有子孙，见居职任，或门生故吏，曾托纂修，闻此撰论，谅多欣惬。请下三京诸道及中外臣僚，凡有将此数朝实录诣阙进纳，请量其文武才能，不拘资地，除授一官。如卷帙不足，据数进纳，亦请不次奖酬，以劝来者。自会昌至天祐，垂六十年，其初李德裕平上党，著武宗伐叛之书；其后康承训定徐方，有武宁本末之传，如此事类，记述颇多。请下中外臣僚及名儒宿学，有于此六十年内撰述得传记，及中书、银台、史馆日历、制敕册书等，不限年月多少，并许诣阙进纳。如年月稍多，记录详备，请特行简拔，不限资序。③

后汉由于统治时间短暂，未见进行过此类活动。但后周却曾大力推行过此事，如世宗显德三年（956）诏曰："史馆所少书籍，宜令本馆诸处求访补填。如有收得书籍之家，并许进书人据部帙多少等第，各与恩泽；如是卷帙少者，量给资帛。如馆内已有之书，不在进纳之限。"④

其次，下诏或派官购求典籍图书。据《旧五代史·唐明宗纪三》

---

① 《五代会要》卷一八《史馆杂录》，第302页。
② 《五代会要》卷一八《史馆杂录》，第304页。
③ 《五代会要》卷一八《前代史》，第295页。
④ 《旧五代史》卷一一六《周世宗纪三》，第1551—1552页。另据《五代会要》卷一八《史馆杂录》（第305页）载，此事发生在显德二年十二月，未知孰是。

载：天成元年九月，"以都官郎中庾传美充三川搜访图籍使。传美为蜀王衍之旧僚，家在成都，便于归计，且言成都具有本朝实录，及传美使回，所得才九朝实录及残缺杂书而已"。另据《册府元龟》卷五五七《国史部·采撰三》载：天成二年十二月，"是月，都官郎中庾传美访图书于三川孟知祥处，得九朝实录及杂书传千余卷，并付史馆。同光已后，馆中煨烬无几，九朝实录甚济其阙"。可见天成元年九月只是庾传美奉命出使蜀地的时间，次年十二月才返回复命。这是五代时期收获最大的一次搜购图书活动。长兴二年，后唐又一次下令购求图书，所不同的是这次购求特意圈定了一定的地理范围。这年四月，史馆奏："'当馆昨为大中已来，迄于天祐，四朝实录，尚未纂修，寻具奏闻，谨行购募。敕命虽颁于数月，图书未贡于一编。盖以北土州城，久罹兵火，遂成灭绝，难可访求。窃恐岁月渐深，耳目不接，长为阙典，过在攸司。伏念江表列藩，湖南奥壤，至于闽、越，方属勋贤，戈鋋自扰于中原，屏翰悉全于外府，固多奇士，富有群书。其两浙、福建、湖广，伏乞特降诏旨，委各于本道采访宣宗、懿宗、僖宗、昭宗以上四朝野史，及逐朝日历、除目、银台事宜、内外制词、百司沿革簿籍，不限卷数，据有者抄录进上。若民间收得，或隐士撰成，即令各列姓名，请议爵赏。'从之。"[1]可见后唐是先在其辖境内购求图籍失败后，才向两浙、福建、湖广等地区购求的，并扩大了搜求典籍的范围。

五代各朝的这些努力对补充国家典籍收藏之不足，起了一定的积极作用，也获得了一些书籍，如后唐天成二年，"同州节度使卢质准敕录太祖、庄宗两朝功臣书诏自进之"。[2]长兴三年，"怀化军节度使李赞华进契丹地图"。[3]此外，当时新撰的书籍也使史馆充实不少，如后晋天福三年，左散骑常侍张允撰《驳赦论》，并进呈皇帝，"帝览而嘉之，降

---

[1] 《五代会要》卷一八《史馆杂录》，第303页。《旧五代史》卷四三《唐明宗纪九》记此事为长兴三年十一月，时间与《五代会要》略有不同，第595—596页。
[2] 《册府元龟》卷五五七《国史部·采撰三》，第6690页。
[3] 《旧五代史》卷四三《唐明宗纪九》，第589页。

诏奖饰，仍付史馆"。①天福六年，起居郎贾纬撰《唐年补录》65卷进之，"帝览之嘉叹，赐以器币，仍付史馆"。②关于修撰此书的缘起，据贾纬的上奏说："伏以唐高祖至代宗已有纪传，德宗至文宗亦存实录。武宗至济阴废帝凡六代，唯有《武宗实录》一卷，余皆阙略。臣今搜访遗文及耆旧传说，编成六十五卷，目为《唐朝补遗录》，以备将来史官条述。"③因此此书的撰成对补充唐朝后期史事有极大的意义，也为后来修撰《旧唐书》奠定了基础。至于这一时期各朝修成的诸帝实录全都诏付史馆收藏，无一例外。所有这一切对补充五代史馆图籍的缺乏起到了一定的积极作用。

当然仅有以上这些措施还不足以弥补史馆资料的匮乏，五代各朝还建立了一套档案收存制度，以便使当时的各种文献档案能正常地收归史馆，从而使得史馆能够正常地开展工作。有关后梁统治时期的情况，史书缺载，很可能因为忙于战争，没有建立相关的制度。后唐于灭梁后的次年，即同光二年四月经史馆奏请，建立了一整套相关的制度。据《五代会要》卷一八《诸司送史馆事例》条的记载，诸司及地方州县应报送史馆的材料有：时政记、起居注、两省转对、入阁待制、刑曹法官、文武两班上封章者，天文祥变、占候徵验，蕃客朝贡使至、四夷人役来降，变改音律、新造曲调、法令变革、断狱新议、赦书德音、详断刑狱、昭雪冤滥、州县废置，孝子顺孙、义夫节妇有旌表门闾者，水旱虫蝗、雷风霜雹，封建天下祠庙，叙封、进封邑号词，京百司长官与刺史以上除授，诸色宣敕、王公百官定谥、宗室任官课绩、公主出降仪制，刺史、县令有灼然政绩者，硕德殊能、高人逸士、久在山野、著述文章者，应中外官薨已请谥者等。并且规定时政记由中书门下录送，起居注由左右起居郎录送，天文祥变等由司天台每月录送一次，同时每月供送历日一份，"祥瑞礼节逐季录报，并诸道合画图申送"。至于到京的蕃客、朝贡使，则由鸿胪寺勘其风俗、衣服、贡献物色、道里远近，并具

---

① 《旧五代史》卷七七《晋高祖纪三》，第1013页。
② 《旧五代史》卷七九《晋高祖纪五》，第1046页。
③ 《五代会要》卷一八《前代史》，第298页。

本国王名录报。对于来降的四夷之人，其表状由中书录送，露布由兵部录送，"军还日并主将姓名，具攻陷虏杀级数，并所因由录报"。改变乐律或新造曲调，由"太常寺具录所因，并乐词牒报"。法令变革及断狱新议等，由刑部逐季具有无录送。详断刑狱、昭雪冤滥，由大理寺每季录送一次。州县废置、各种灾害及孝子、义夫、节妇等的旌表，俱由户部录送。封建祠庙等事，由司封录送。在京百司长官及地方官刺史以上除授，文官由吏部，武官由兵部录送。各种诏敕由门下、中书两省每月录送。凡百官、王公定谥，由考功具行状谥议有无录送。宗室任官课绩及公主出降仪制，由宗正寺录送。县令、刺史等地方官政绩灼然者，由本州官员具状申奏并牒报史馆。隐逸高士、硕德殊能者等，由本州县官员据实申奏并录送。已死官员凡谥号已经确定者，则由其家之人将其行状一本报送史馆。史馆在制定了以上规定的同时，"'右乞宣下有司，条件施行'。从之"。后唐此次制定的这些规定，其实并非新定，只是抄录了唐朝的相关制度而已，而且当时并未完全执行。这是由于唐庄宗灭梁之后，志骄意满，不重视典章制度的建设，加之不久他就因内乱而败死，因此这些制度直到唐明宗时才逐渐健全起来。

如长兴三年二月，"司天台奏：'奉中书门下牒，令逐年申送史馆十一曜细行历并周天行度、祥变等。当司旧例，只依申星曜事件，不载占言。'敕：'宜令司天台密奏留中外，其余凡奏历象、云物、水旱等事，及诸州府或奏灾祥，一一并申送史馆。'"[1]可见对同光时期的这一相关规定并未执行，这才有了司天台的此次重新奏请。此外，同光时规定的左右起居郎录送起居注的制度也未坚持下来。天成元年七月，"御史台奏：'伏准故事，每月百官入阁，百司排仪仗，金吾勘契。入后，百官待制次对。入阁举论本司公事，左右起居分记言动，以付史馆编录，此大朝经久之道也。……'从之"[2]，从而证明这一制度在同光时期形同虚设。其实在同光时期起居郎之官是设置了的，只是没有让其发

---

[1] 《五代会要》卷一八《诸司送史馆事例》，第294页。
[2] 《五代会要》卷五《待制官》，第71页。

挥应有的作用而已。所谓"旧制，每视朝，即左、右史两员，以短卷笺纸，执笔趋立于听政殿之螭首下，或闻君之言动，每举必书之。洎庄宗中兴，月朔入阁，左、右史夹香案对立，但不持纸笔。自后虽命其官，故事皆废"。引文中所谓"左、右史"，即指左右起居郎，所谓"旧制"，指唐朝旧制。由于唐庄宗听政时虽有左右起居郎对立，却不许持纸笔，自然无法使其发挥作用。故唐明宗天成四年十二月，尚书比部员外郎崔棁再次奏请："请自今后每遇起居，令左、右史随宰臣上殿，各赍纸笔，分侍冕旒，或阶下发一德音，宰臣陈一时政，事无大小，皆令编录，季终即送史馆。"①但是崔棁的这一奏请似乎没有得到实施，因为早在天成二年八月，经起居郎、史馆修撰赵熙奏请："应内中公事及诏书奏对，应不到中书者，请委内臣一人抄录，月终送史馆。"于是明宗"诏差枢密直学士录送"。②至唐末帝应顺元年四月，史馆再次奏请："凡书诏及处分公事，臣下奏议，望令近臣录付当馆。""诏端明殿学士韩昭裔、枢密直学士李专美录送。"③《册府元龟》卷五五七《国史部·采撰三》在记载此事时，特意指明"行明宗时旧事也"。正因为已经令枢密直学士负责此事了，所以就无必要再派起居郎了，至于崔棁的奏请不过想恢复唐朝故事而已。这也正是五代制度与唐朝的一个不同之处。事实上后唐时期一直没有修撰起居注，这一点在长兴二年明宗答复史馆奏请的敕文中有清楚地反映。据《五代会要》卷一八《史馆杂录》条载：

> 史馆奏："当馆应诸处及诸关送到合编录公事外，伏准旧例，国朝有时政记并起居注，并合送馆，以备纂修。近代以来，缺行此事，只以每遇入阁，兼内殿起居，朝臣待制，转对

---

① 以上见《五代会要》卷一三《起居郎起居舍人》，第223页。
② 《旧五代史》卷三八《唐明宗纪四》，第526页。赵熙任起居郎、史馆修撰事，见《册府元龟》卷五五七《国史部·采撰三》，第6689页。《五代会要》卷一八《史馆杂录》亦记有赵熙当时任起居郎事，第302页。
③ 《旧五代史》卷四六《唐末帝纪上》，第634页。

第七章 史馆制度

公事，逐人抄送当馆。如是显有颁行，逐司关报到者，旋逐件于日历一一收竖。其有直下所司，并不行之事，当馆无由得知，若只凭本官供到所奏状本，未免简编不备，本末难穷者。前件待制转对公事等，除显有颁行关送到馆外，应有直下所司，及不行、未行之事，伏乞宣付当馆，旋依次第编录。其时政记、起居注并内廷逐日合书日历，亦乞相次施行。"奉敕："朝臣起居，入阁奏对公事，奏覆后宣付史馆，宜依。其时政记、起居注，候别敕处分。"①

时政记后来在五代曾一度恢复，但起居注即使在后唐以后各朝也未见恢复。既如此，那么起居官员到底负何种职责呢？史书对此也是有所记载的。这年八月敕："准故事，应朝廷凡行制敕，并宜令起居院抄录，关送史馆。"周太祖广顺二年还规定："逐月给纸五百幅，付起居院。"②也就是说五代的起居院只负责了相当于唐代起居官员的一部分职事，这是其与唐制的又一不同之处。

不过由于五代时期改朝换代频繁，或因政局动荡等因素，往往导致某种制度执行的中断，由近臣撰修日历并录送史馆的制度就是如此。如后晋天福二年八月，"宰臣监修国史赵莹奏：'请循近例，依唐明宗朝，凡有内庭公事及言动之间，委端明殿学士或枢密院学士侍立冕旒，系日编录，逐季送当馆。其百司公事，亦望逐季送当馆，旋要编修日历'。从之"。③可见后晋取代后唐统治后，这一制度曾一度中断。编修日历本为起居官员的职责，而五代却以端明殿学士或枢密院（直）学士承担，这是其与唐制的又一不同之处。此后这一制度还曾中断过，如周世宗显德元年，宰相、监修国史李谷奏曰："'今之左右起居郎，古之左右史也。唐文宗朝命其官执笔立于殿阶螭头之下，以纪政事。后则明宗朝命端明殿及枢密直学士，皆轮修日历，旋送史馆，以备纂修。降

---

① 《五代会要》卷一八《史馆杂录》，第302—303页。
② 《五代会要》卷一三《起居郎起居舍人》，第223页。
③ 《旧五代史》卷七六《晋高祖纪二》，第1006页。

及近朝，此事皆废。今后欲望以咨询之事，裁制之规，别命近臣旋具抄录，每当修撰日历，即令封送史臣。'从之。因命枢密院直学士，起今后于枢密使处逐月抄录事件，送付史馆。"可见这一制度一度中断过。关于中断的原因，史书也有记载，"先是，（周）太祖黜王峻为商州司马，既出之后，虑其史笔不直，因宣取开国已来日历读之。史臣以不知禁密机事，恐成漏略，相与为忧"①。从而导致了日历修撰的中断，周世宗即位之后，对于修史颇为重视，这才恢复了这一制度。

关于时政记，五代时期恢复较晚，直到晋高祖时才正式恢复。据《旧五代史·晋高祖纪四》载，天福四年，"史馆奏：'请令宰臣一人撰录时政记，逐时以备撰述。'从之"。但《五代会要》卷一八《史馆杂录》载："晋天福四年十一月，史馆奏：'按唐长寿二年，右丞姚璹奏，帝王谟训，不可阙文，其仗下所言军国政事，令宰臣一人撰录，号时政记。至唐明宗朝，又委端明殿学士撰录，逐季送付史馆，伏乞遵行者。宜令宰臣一员撰述。'"如果唐明宗命端明殿学士撰录的就是时政记，为什么上引的长兴二年的敕文却说："其时政记、起居注，候别敕处分"，而且上引的李谷在显德元年的奏文也说："后则明宗朝命端明殿及枢密直学士，皆轮修日历，旋送史馆，以备纂修。"可见《五代会要》在此处的记载有误，将本来由宰相负责撰修的时政记，与唐明宗时由端明殿学士等撰录的日历混为一谈了。

二、史官与史馆内部制度

《册府元龟》卷五五四《国史部·总序》载："宪宗元和四年，令登朝官入馆者，并为修撰，不过三员，非登朝者并为直馆。"②原书在"三员"二字之后，注曰："官高者一人为判官（应为"馆"字之误）"。五代早期仍沿袭唐朝这种旧制，如"梁李琪，贞明中历兵、

---

① 以上见《册府元龟》卷五六〇《国史部·记注》，第6724页。
② 《旧唐书》卷一四八《裴垍传》所载亦同，第3990页；而同书卷四三《职官志二》记为元和六年，今不取，第1853页。

礼、吏侍郎，与张衮、郄殷象、冯锡嘉奉诏修撰《太祖实录》三十卷，叙述非工，事多漏略。复诏宰臣敬翔别纂成三十卷，目之曰《大梁编遗》，与实录偕行"①。另据《旧五代史·敬翔传》载："初，贞明中，史臣李琪、张衮、郄殷象、冯锡嘉奉诏修撰《太祖实录》三十卷，叙述非工，事多漏略"云云。②可见以上4人均为史馆中官员，按照唐制，登朝官入馆者，均为修撰，官高者为判馆，李琪官至侍郎，在记载此事的各种史书中，均将其排在首位，故其无疑是史馆修撰，兼判馆事。关于后梁统治时期仍沿袭唐朝史馆制度，还有史料可以证明。梁末帝贞明四年四月，"以刑部郎中、充史馆修撰窦专为翰林学士"。③刑部郎中为登朝官，故窦专入馆时任修撰。又据《旧五代史·萧愿传》："萧愿，字惟恭，梁宰相顷之子也。……愿弱冠举进士第，解褐为校书郎，改畿尉、直史馆、监察殿中侍御史，迁比部员外、右司郎中、太常少卿。"萧愿为畿县尉，属非登朝官，故入馆时只能任直史馆。

据载，至唐明宗长兴四年时，这一制度发生了较大的变化。《册府元龟》卷五五四《国史部·选任》载：

  张昭，长兴四年七月，以前都官员外郎、知制诰、史馆修撰，复为尚书职方员外郎，依前知制诰，著作郎、直史馆张守吉为右补阙，并充史馆修撰。著作佐郎尹拙为左拾遗，王慎徽为右拾遗，并依前直史馆。国朝旧事，以本官直馆者，皆为畿县尉，今以谏官直史馆，自拙等始。从监修国史李愚奏也。④

文中所谓"国朝旧事"，即指唐朝旧制。根据这一记载，则于唐明宗统

---

① 《册府元龟》卷五五七《国史部·采撰三》，第6689页。
② 《旧五代史》卷一八《敬翔传》，第250页。上引《册府元龟》所记"张衮"，而《旧史》卷五八《李琪传》则记为张充，未知孰是，第783页。
③ 《旧五代史》卷九《梁末帝纪中》，第134页。
④ 《册府元龟》卷五五四《国史部·选任》，第6653页。张昭即张昭远，至后汉时避汉高祖讳，改名张昭。

治末期改变了唐朝旧制，然据《旧五代史·张砺传》载："张砺，字梦臣。幼嗜学，有文藻，唐同光初擢进士第，寻拜左拾遗，直史馆。"如果这一记载不误，则早在唐庄宗统治初年就已经改变了唐制，上述记载并不可靠。自从发生了这种变化后，任史馆馆职者便无登朝官和非登朝官的区别，只以官职高下分为修撰与直馆。《册府元龟》卷五五四《国史部·恩奖》载："晋姚顗，后唐门下侍郎、平章事、监修国史。清泰三年上《明宗实录》三十卷，同修撰官中书舍人、充史馆修撰张昭远，授尚书礼部侍郎。中书舍人、充史馆修撰李详，加中大夫、上柱国，并依前充职。户部郎中、充史馆修撰程逞，授右谏议大夫。左拾遗、充史馆修撰吴承范，授左补阙。充职右拾遗、直史馆杨昭俭，授殿中侍御史。各颁赐有差。"这一条史料就充分地证明了这一点，而且还说明了一个问题，即五代的史馆修撰之职并不以3员为限，这也是其与唐制的又一不同之处。关于这一点还有不少史料可以证明，限于篇幅，就不一一列举了。此外，还有一个问题值得重视，即吴承范与杨昭俭同为拾遗之职，却一人为史馆修撰，另一人为直史馆，类似的记载还有一些，如"汉乾祐二年二月敕：'左谏议大夫、史馆修撰贾纬，左拾遗、直史馆王伸，宜令同修高祖实录，仍令宰臣苏逢吉监修'"[①]。刘袞，"登进士第，文彩遒隽，仕周为左拾遗、直史馆"。[②]这种情况的出现，说明五代史馆修撰人数尽管不以3员为限，但也不是没有定员，从上引《册府元龟》的记载看，修撰的定员很可能为4人，定员之外的馆职则为直馆，本官品阶相同者，则以入馆先后决定任修撰或是直馆。五代确定史馆修撰为4人，并非没有故事可依。据载：唐文宗太和六年（832）七月"甲午，以谏议大夫王彦威、户部郎中杨汉公、祠部员外郎苏涤、右补阙裴休并充史馆修撰。故事，史官不过三员，或止两员，今四人并命，论者非之"。[③]文中"史官"两字，不当，应改为"修撰"。可见早在唐后期已有先例，五代不过是沿袭故事而已。

---

① 《五代会要》卷一八《修国史》，第299页。
② 《旧五代史》卷一〇八《刘鼎传》，第1429页。
③ 《旧唐书》卷一七下《文宗纪下》，第546页。

第七章 史馆制度

五代史馆制度与唐制的另一不同之处，就是通常不以外官充任馆职。唐朝对史官的工作地点并无严格地限制，如唐玄宗开元七年（719），令张说为"检校并州大都督府长史，兼天兵军大使，摄御史大夫，监修国史，仍赍史本随军修撰"。①又如唐穆宗长庆三年，"宰相、监修国史杜元颖奏：'史官沈传师除镇湖南，其本分修史，便令将赴本任修撰。'从之"。②这种情况在五代时期不再出现，凡任史官者必是在京官员，如司徒诩，"长兴初，唐末帝镇河中，奏辟为从事。未几，征拜左补阙、史馆修撰"。③再如刘皞，"梁汉颙镇邓州，辟为从事，入为监察御史，历水部员外郎、史馆修撰"。④皆是自外官被任命为朝官后，才得以充任史官的。但是五代却有以赤畿簿尉充任史官的现象，而赤畿簿尉尚不属于外官。五代不任外官为史官，是出于重其职而秘其事的考虑，也是史馆制度更加严密的表现。⑤

五代史馆内部还制定了相应的规章制度。后唐以前的情况，史书缺载，现能知道的是后唐长兴四年制定的规章。之所以要制定这个规章，原因是史官迁转变化颇为频繁，一些人因循度日，不求进取，致使史官闲剧不一，所谓"前修撰、直馆等，其间勤恪者著述不闲，怠惰者自因循度日，只借馆中扬历，以资身事进趋，或别除官，或因出使，便将自己分合撰史籍，送付后人，后人效尤，依前懒惰，积叠不了公事，为弊滋多"。针对这些现象，于是在这年正月十一日制定了一个规定，具体内容如下：

> 自判馆修撰以下，见充职任及此后充馆，请以二周年为

---

① 《旧唐书》卷九七《张说传》，第3052页。
② 《旧唐书》卷一六《穆宗纪》，第502—503页。
③ 《旧五代史》卷一二八《司徒诩》，第1692页。
④ 《旧五代史》卷一三一《刘皞传》，第1721页。
⑤ 据《旧唐书》卷九八《李元纮传》（第3074—3075页）载：其曾在玄宗时上疏反对过史官分在数处修史修撰的现象，理由有二：一不能秘其事，二不便于参详典册。五代时期典籍匮乏，如果再分散修撰，将更加难以保证所修史书真实有凭，也许这也是五代各朝不再以外官兼史职的一个原因吧。

限。据在职馆中文书繁简，逐季分配纂修，如月未满，公事未阙，即当馆给与公凭，仍旋申中书门下，请别商量。其职限内，遇本官本省署有递迁，请不妨其序进，即请令依前充职，终其月限，并请不许未终职限，特更除官。如职限满，有公事未了，不计几月，请不别与除官及差使，并与递迁本官。其旷职甚者，仍请量事殿罚。如据所分配文书修撰外，别能采访得无后功臣事实，及诸色合编集事，著撰得史传，堪入国史者，请量其课绩，别加酬奖。如当馆于职限满官员中，藉令充职者，则旋具奏闻，乞就加升陟。应此日已前曾充馆职，配过文书，除丁忧官员则请与均分代修撰。其未了别除官者，所欠文书，不计多少，并与令本官修撰，速须了毕。其今日已前旷惰之过，特乞矜容。起今后若更将已前未了公事，迁延不速修撰了者，则别具奏闻，仰候圣裁。①

这个规定得到了唐明宗的批准并实施。五代史馆主要承担了撰修前代史与国史的任务，所谓前代史即指《唐书》，所谓国史指诸帝实录，后者是其最主要的撰修任务。关于这个方面的分工，史籍中也是有记载的，以《明宗实录》的修撰为例。此书完成于清泰三年，由宰相姚顗监修，书成后姚顗上表云：

>奉诏臣等同修先皇帝实录进呈，自承天旨，寻戒百官，同申太史之旧章，遍访茂陵之遗牒，……臣即与判馆事修撰官中书舍人张昭远、中书舍人李详、左拾遗吴承范等，依约典谟，考详记注，按编年之旧体，各次第以分功，起龙潜受命四十年，成凤册新书三十卷，虽研精覃思，备振于纲条，而事重才轻，仍忧于漏略，加以装褫卤莽，缮写生疏，旋命直馆右拾遗杨昭俭虔切指踪，专司校勘，尚虞舛误，未尽周详，将冒犯于

---

① 以上见《五代会要》卷一八《修史官》，第301页。

进呈，实倍增于忧负。①

由于实录是编年体史书，故其是按照年代先后分工，由史官分别撰写而成。再由专人负责校对，然后缮写誊清，装潢成册，并进呈皇帝。由于五代各朝均比较重视图书典籍的搜求，而搜集得来的书籍良莠不齐，势必要经过刊正舛误的工作，于是针对这种情况也制定了相应的制度。据《五代会要》卷一八《史馆杂录》记载，后周显德二年诏曰："仍委中书门下于朝官中选差三十人，据见在书各求真本校勘，刊正舛误，仍于逐卷后署校勘官姓名，宜令馆司逐月具功课，申中书门下。"有了这种考核制度，便在一定程度上保证了史馆所藏图书典籍的质量，从而有利于国史的修撰，使其建立在比较可靠的史料基础上。

五代史馆制度在沿袭唐制的基础上有所发展、完善，而且还出现了一部有关史馆制度方面的著作，这就是后周广顺年间的《史馆故事录》，全书共3卷，未记撰者名氏。此书虽已亡佚，但从《直斋书录解题》卷六《职官类》的记载中，仍可知其梗概，"凡为六门，曰叙事、史例、编修、直笔、曲笔，而终之以杂录"。②从这六门的分类，可知此书总结了后周乃至五代修史的制度，并对后世产生了一定的影响。此书问世后，至宋代著作佐郎洪兴祖又撰写了一部《续史馆故事》1卷，记载了宋代史馆的情况，为后周时的《史馆故事录》的续作。

三、宰相监修国史制度

五代史馆常以修撰中官高者1人兼判馆事，其职责是："自除修撰外，应馆中著述及诸色公事，都专主掌。"另以宰相1人监修国史，掌

---

① 《册府元龟》卷五五七《国史部·采撰三》，第6692—6693页。
② 〔宋〕陈振孙：《直斋书录解题》卷六《职官类》云："《史馆故事录》三卷，不著名氏。……末称皇朝广顺，则是周朝史官也。"可见其为后周时著作。上海古籍出版社，2015年，第174页。

管修史的所有事务，即所谓"监修宰臣通判"。[1]五代史馆的这种管理制度，实即继承唐制而来。唐朝在太宗贞观时期以宰相褚遂良"检校馆务，号为馆主"，开创了宰相监修国史的先例。[2]但是五代的宰相监修制度与唐代并不完全相同，比如唐代通常以宰相一人监修国史，但也有两人甚至更多的人同时任此职，如"景龙中，以侍中纪处讷、中书令杨再思、兵部侍郎宋楚客、中书侍郎萧志忠，并修国史，顿置四人"。[3]《五代会要》卷一八《修国史》亦载："伏见前代史馆，归于著作，国初分撰五代史，方委大臣监修。自大历后来，始奏两员修撰，当时选任，皆取良能，一代之书，便成于手。"这段文字是唐明宗统治时期史馆的奏表，故文中所谓"国初"，即指唐朝初年。五代时期通常只以宰相1人监修国史，但也有两人并置的情况。如唐末帝清泰元年五月，以刘昫任监修国史，十二月，又以卢文纪为监修国史，次年四月，又命张延朗为监修国史，可能接替了卢文纪的职务。[4]但刘昫的这个职务却一直保留着，直到清泰二年十月才罢去，[5]这样便出现了两相并为监修国史的局面。需要说明的是，这毕竟只是特殊情况，在绝大多数的情况下都是以宰相一人监修国史。

表3　宰相任监修国史年表

时间	人名	所任官职	备注
梁开平元年（907）	不详	不详	
开平二年（908）	薛贻矩	门下侍郎同平章事	《旧五代史》卷一八《薛贻矩传》据《新五代史》卷二《梁太祖纪下》载，薛贻矩任梁相6年，乾化二年卒。薛史本传记其在相位五载，误，今不取。贻矩于开平元年任相，次年任监修国史，共计5年
开平三年（909）	薛贻矩	弘文馆大学士	
开平四年（910）	薛贻矩	仆射	
乾化元年（911）	薛贻矩	仆射	
乾化二年（912）	薛贻矩	守司空	
乾化三年（913）	赵光逢	右仆射、同平章事	
乾化四年（914）	赵光逢	右仆射、同平章事	

[1] 《五代会要》卷一八《修史官》，第300—301页。
[2] 商慧明：《史馆制度初探》，人大复印报刊资料《历史学》1990年第6期，第67—73页。
[3] 《册府元龟》卷五五四《国史部·总序》，第6644页。
[4] 《旧五代史》卷四六《唐末帝纪上》，第636页、641页；《旧五代史》卷四七《唐末帝纪中》，第647页。
[5] 《册府元龟》卷三三三《宰辅部·罢免二》，第3939页。

第七章　史馆制度

续表

时间	人名	所任官职	备注
贞明元年（915）	赵光逢	右仆射、同平章事	据《旧五代史》卷八《梁末帝纪上》载，其于贞明元年三月致仕
贞明二年（916）	敬翔	右仆射、同平章事	《旧五代史》卷八《梁末帝纪上》
贞明三年（917）	敬翔	右仆射、同平章事	
贞明四年（918）	敬翔	右仆射、同平章事	
贞明五年（919）	敬翔	右仆射、同平章事	
贞明六年（920）	敬翔 郑珏	加弘文馆大学士、延资库使、诸道盐铁转运等使。中书侍郎、兼刑部尚书、平章事	《旧五代史》卷一〇《梁末帝纪下》载：其年四月，"以右仆射兼门下侍郎、同平章事、监修国史、判度支、开国公敬翔为弘文馆大学士、延资库使、诸道盐铁转运等使，余如故。以中书侍郎兼刑部尚书、平章事、集贤殿大学士、判户部事郑珏为监修国史、判度支。"
龙德元年（921）	郑珏	加弘文馆大学士、延资库使、诸道盐铁转运等使。中书侍郎、兼刑部尚书、平章事	
龙德二年（922）	郑珏	加弘文馆大学士、延资库使、诸道盐铁转运等使。中书侍郎、兼刑部尚书、平章事	据《旧五代史》卷五六《郑珏传》载：后唐灭梁，郑珏投降，被贬为莱州司户。其当时仍为宰相，监修国史之职从未见免去
唐同光元年（923）	卢澄 郭崇韬	中书侍郎、平章事 枢密使、守侍中	据《旧五代史》卷二九《唐庄宗纪三》载：这年四月以卢澄监修国史。同书卷三〇载，十月，以郭崇韬监修国史。又，《册府元龟》卷九二九《总录部·谬举》记卢澄为卢程
同光二年（924）	郭崇韬	枢密使、守侍中	《旧五代史》卷三二《唐庄宗纪六》
同光三年（925）	郭崇韬	枢密使、守侍中	《旧五代史》卷三二《唐庄宗纪六》
天成元年（926）	郭崇韬	枢密使、都招讨制置使	据《旧五代史》卷三四《唐庄宗纪八》载，其死于这年正月
天成二年（927）	任圜	门下侍郎、同平章事	《旧五代史》卷三八《唐明宗纪四》
天成三年（928）	不详	不详	
天成四年（929）	赵凤	门下侍郎、平章事	《册府元龟》卷五五四《国史部·恩奖》
长兴元年（930）	赵凤	门下侍郎、兼吏部尚书、同平章事	《旧五代史》卷四一《唐明宗纪七》

续表

时间	人名	所任官职	备注
长兴二年（931）	赵凤	门下侍郎、兼吏部尚书、同平章事	
长兴三年（932）	赵凤 李愚	门下侍郎、平章事 门下侍郎、平章事	《旧五代史》卷四三《唐明宗纪九》载，这年七月赵凤罢为邢州节度使。次月，以李愚监修国史
长兴四年（933）	李愚	门下侍郎、平章事	《旧五代史》卷六七《李愚传》
清泰元年（即愍帝应顺元年，934）	李愚 刘昫 卢文纪	门下侍郎、平章事 中书侍郎、平章事 中书侍郎、平章事	《册府元龟》卷五五七《国史部·采撰三》载：唐愍帝应顺元年闰正月，监修国史李愚等上新修《唐功臣列传》30卷。又据《旧五代史》卷四六《唐末帝纪上》载：这年五月以刘昫监修国史。十二月，以卢文纪监修国史
清泰二年（935）	张延朗 刘昫	集贤殿大学士、平章事 门下侍郎、平章事	据《旧五代史》卷四七《唐末帝纪中》载，这年四月以张延朗为监修国史，可能接替了卢文纪的职务。又据《册府元龟》卷三三三《宰辅部·罢免二》载，这年十月刘昫罢去监修国史
清泰三年（晋天福元年，936）	姚顗 赵莹	门下侍郎、平章事 门下侍郎、平章事	据《册府元龟》卷五五四《国史部·恩奖》载："晋姚顗，为后唐门下侍郎、平章事、监修国史，清泰三年上《明宗实录》三十卷。"《五代会要》卷一八《修国史》记此事在这年二月。又据《旧五代史》卷七六《晋高祖纪二》载，天福元年十一月，"制以翰林学士承旨、知河东军府、户部侍郎、知制诰赵莹为门下侍郎、同中书门下平章事、监修国史"。则晋取代唐后，又以赵莹为监修国史
天福二年（937）	赵莹	门下侍郎、平章事	
天福三年（938）	赵莹	门下侍郎、平章事	《旧五代史》卷七七《晋高祖纪三》
天福四年（939）	赵莹	门下侍郎、平章事	
天福五年（940）	赵莹	门下侍郎、平章事	
天福六年（941）	赵莹	门下侍郎、平章事	《旧五代史》卷七九《晋高祖纪五》
天福七年（942）	赵莹	侍中、平章事	《旧五代史》卷八〇《晋高祖纪六》
天福八年（943）	桑维翰	侍中、平章事	《旧五代史》卷八一《晋少帝纪一》
开运元年（944）	刘昫	门下侍郎、平章事	《旧五代史》卷八三《晋少帝纪三》
开运二年（945）	刘昫	门下侍郎、平章事	《旧五代史》卷八四《晋少帝纪四》
开运三年（946）	刘昫	门下侍郎、平章事	

续表

时间	人名	所任官职	备注
汉天福十二年（947）	苏逢吉	左仆射、平章事	《旧五代史》卷一〇〇《汉高祖纪下》
乾祐元年（948）	苏逢吉	左仆射、平章事	
乾祐二年（949）	苏逢吉	左仆射、平章事	《五代会要》卷一八《修国史》
乾祐三年（950）	苏逢吉	司空、平章事	《资治通鉴》卷二八九汉隐帝乾祐三年十一月载：枢密使郭威起兵向阙，汉帝兵败，苏逢吉自杀
周广顺元年（951）	窦贞固 王峻	侍中、平章事 枢密使、平章事	据《旧五代史》卷一一〇《周太祖纪一》载，这年正月窦贞固任监修国史。同书卷一一一《周太祖纪二》载，这年六月以王峻代窦贞固为监修国史
广顺二年（952）	王峻	枢密使、尚书左仆射	《旧五代史》卷一一二《周太祖纪三》
广顺三年（953）	范质	门下侍郎、平章事	《旧五代史》卷一一三《周太祖纪四》
显德元年（954）	范质 李谷	门下侍郎、平章事 右仆射、平章事	《旧五代史》卷一一四《周世宗纪一》载：这年七月，改以李谷为监修国史。《新五代史》卷五〇《王峻传》说："峻贬后，李谷监修。"此说有误
显德二年（955）	李谷	门下侍郎、平章事	
显德三年（956）	李谷	门下侍郎、平章事	
显德四年（957）	李谷 王溥	门下侍郎、平章事 中书侍郎、兼礼部尚书、平章事	《册府元龟》卷三三三《宰辅部·罢免二》载，李谷于此年八月罢去相位及监修国史之职。另据《宋史》卷二四九《王溥传》载："世宗将亲征泽、潞，冯道力谏止，溥独赞成之。凯还，加兼礼部尚书、监修国史。"而薛史《周世宗纪一》却载："以中书侍郎、平章事王溥为中书侍郎兼礼部尚书、平章事、集贤殿大学士。"未记其任监修国史之事，《宋史》所记显然有误。又据上引《宋史》本传载，"显德四年，丁外艰。起复，表四上，乞终丧。世宗大怒，宰相范质奏解之，溥惧入谢"。由于这年八月李谷解史职，故王溥很可能此时接替李谷任监修国史之职
显德五年（958）	王溥	中书侍郎、平章事	
显德六年（959）	王溥	门下侍郎、平章事	《旧五代史》卷一二〇《周恭帝纪》
显德七年（960）	王溥	右仆射、平章事	《旧五代史》卷一二〇《周恭帝纪》

五代宰相监修国史制度与唐制还有一个不同之处。在唐代，监修国史者不一定均是宰相，如令狐德棻，"永徽元年，又受诏撰定律令，复为礼部侍郎，兼弘文馆学士、监修国史及《五代史志》"。[①]姜皎在开元时，"寻迁太常卿，监修国史"。[②]又如来济，"永徽二年，拜中书侍郎，兼弘文馆学士、监修国史。俄同中书门下三品，封南阳县男"。[③]可见来济是先任监修国史，后拜相的。但是五代时期却无一例外地以宰相任监修国史。

　　在唐朝后期，首相并不任监修国史，通常由其他宰相兼任此职，五代亦是如此，但细究起来，这两个时期还是有些差异的。"唐制，宰相四人，首相为太清宫使，次三相皆带馆职，弘文馆大学士、监修国史、集贤殿大学士，以此为次"[④]。五代时期的首相却与此不同，他们通常均带馆职，即带弘文馆大学士，其中后梁首相还要兼任延资库使、判建昌宫事或诸道盐铁转运使。后唐的首相除带馆职外，在同光初期一度带太清宫使，以后便很少再有人充任此职，唐明宗以来多带太微宫使，由于太清宫使不再授人，于是在后晋天福二年索性废去了这一官职。晋、汉、周三朝的首相均不再带宫使之职，只带弘文馆大学士之职。五代通常以次相任监修国史之职，首相和其他宰相一般不再兼任此职，尤其是自后唐以后，凡任此职者均为次相，几乎无一例外。这类史料很多，就不一一列举了。而唐代则没有这么严格，在唐前期似乎凡是宰相皆可任监修国史，如唐高宗上元二年八月，"太子左庶子、同中书门下三品、乐成侯刘仁轨为左仆射，依旧监修国史；中书门下三品、大理卿张文瓘为侍中；中书侍郎、同三品、甑山公郝处俊为中书令，监修国史如故；吏部侍郎、检校太子左庶子、监修国史李敬玄吏部尚书兼太子左庶子、同中书门下三品，依前监修国史……"[⑤]这是诸相均任监修国史的例

---

① 《旧唐书》卷七三《令狐德棻传》，第2598页。
② 《旧唐书》卷五九《姜谟传附姜皎传》，第2336页。
③ 《新唐书》卷一〇五《来济传》，第4031页。
④ 《职官分纪》卷一五《昭文馆》引《退朝录》，第366页。
⑤ 《旧唐书》卷五《高宗纪下》，第100—101页。

子，也有以一相专任此职的例子，如唐高宗永徽初，长孙无忌任太尉、同中书门下三品，位居首相，却于次年又兼监修国史之职。[1]可见任此职者并非均为次相。到唐后期才渐渐形成了以次相兼任监修国史的制度。这些均是五代与唐制的不同之处。

在五代时期任监修国史的宰相并非挂名而已，从现有史料所反映的情况看，监修国史主要负以下几个方面的责任：

首先，发现和推荐修史人员。如后唐长兴四年改变唐朝以畿县尉为史馆直馆的旧制，以谏官为直史馆时，就是"从监修国史李愚奏也"[2]。再如"汉苏逢吉为相，监修国史，以谏议大夫贾纬，频投文字，甚知之，迁史馆修撰、判馆事"[3]。实际上贾纬早在后汉之前，就已充任过史馆修撰，而且也是监修国史推荐入馆的。据《旧五代史·贾纬传》载："晋天福中，入为监察御史，改太常博士。纬常以史才自负，锐于编述，不乐曲台之任，乃陈情于相座。又与监修国史赵莹诗曰：'满朝唯我相，秉柄无亲仇，三年司大董，最切是编修，史才不易得，勤勤处处求……'未几，转屯田员外郎，改起居郎、史馆修撰。"可见贾纬能够进入史馆是赵莹推荐的结果。关于赵莹任监修国史时任用修史人员的记载还有一些，据《五代会要》卷一八《前代史》条载：天福六年四月，"监修国史赵莹奏：'奉敕同撰唐史起居郎贾纬丁忧，请以刑部侍郎吕琦、侍御史尹拙同修。'从之"。

其次，负责收集和购求史馆所藏典籍。五代由于社会动荡，史馆所藏典籍散失严重，故搜集图书典籍便成为任监修国史者的重要职责之一。有关这方面的记载较多，试举一例。如后晋天福六年，监修国史赵莹奏云："史馆所阙唐朝实录，请下敕购求。"[4]并请凡捐纳者，"请量其文武才能，不拘资地，除授一官。如卷帙不足，据数进纳，亦请不次

---

[1]《旧唐书》卷六五《长孙无忌传》，第2454页。
[2]《册府元龟》卷五五四《国史部·选任》，第6653页。
[3]《册府元龟》卷三二一《宰辅部·知人》，第3799页。
[4]《旧五代史》卷七九《晋高祖纪五》，第1046页。

奖酬，以劝来者"①。至于监修国史亲自过问日历、时政记的事例则更多，如周太祖广顺时，"是时，宰相王峻监修国史，纬书日历，多言当时大臣过失，峻见之，怒曰：'贾给事子弟仕宦亦要门阀，奈何历诋当朝之士，使其子孙何以仕进？'言之太祖，贬平卢军行军司马"。②如果王峻没有审阅日历，如何能知道其中这些内容呢？可见监修国史的宰臣对这类东西也是非常重视的。之所以如此，是因为时政记、日历等对日后修撰实录、国史实在是太重要了，完全是第一手的史料，故负责此事的宰相不敢掉以轻心。而且很有可能直接参与了修撰工作，如王峻罢相后，"（周）太祖以峻监修国史，意其所书不实，因召史官取日历读之"③，便是有力的证明。

再次，凡有大修撰时除了负责全部筹划工作外，还具体主持编修体例、修撰程序等重要事项的确定。如赵凤任监修国史时，曾于天成四年七月上奏说："'当馆奉敕修懿祖、献祖、太祖、庄宗四帝实录，自今年六月一日起手，旋具进呈。伏以凡关纂述，务合品题，承乾御宇之君，行事方云实录；追尊册号之帝，约文只可纪年。所修前件史书，今欲自庄宗一朝，名为实录，其太祖已上，并目为纪年录'。从之。"④由于庄宗之外的其他诸人均为追尊之帝，实际并未当过皇帝，所以赵凤提出应有"纪年录"与"实录"的区别。这些都是古代修史工作中的大事，自然要由负总责的监修国史提出。再如姚顗任监修国史时，曾奉诏撰修《明宗实录》，并于清泰三年修成进献，他在进呈新书的表章中说道："臣即与判馆事修撰官中书舍人张昭远、中书舍人李详、左拾遗吴承范等，依约典谟，考详记注，按编年之旧体，各次第以分功，起龙潜受命四十年，成凤册新书三十卷。"⑤可见其确曾直接参与此书的修撰。五代时期修史工作的最大成就便是撰成了一部《旧唐书》，尽管最后署

---

① 《五代会要》卷一八《前代史》，第295页。
② 《新五代史》卷五七《贾纬传》，第658页。
③ 《新五代史》卷五〇《王峻传》，第565页。
④ 《五代会要》卷一八《修国史》，第299页。
⑤ 《册府元龟》卷五五七《国史部·采撰三》，第6693页。

名的是刘昫，实际出力最大的却是赵莹。这部书的基本框架、编修体例以及各部分的内容等，都是赵莹在任监修国史时亲自确定的，有关这方面的记载，《五代会要》卷一八《前代史》有详细记载。正是由于赵莹在此书的修撰中做出了巨大的贡献，所以《旧五代史》本传说他"纂补实录及修正史二百卷行于时，莹首有力焉"。这里的所谓正史200卷，即指《旧唐书》。

需要指出的是，五代时期的监修国史并不负责史馆的日常事务，这方面则由判史馆事1人负责。监修国史只负责有关修史的全部事务，这一点前引的《五代会要》卷一八《修史官》已经说得很清楚了。

四、诸国修史制度

在十国中真正置有史馆的并不多，其原因主要有如下几个方面：诸国中有不少一直奉中原王朝为正朔，如荆南、吴越、楚等国，自然也就不可能再置史馆。有些政权如吴、闽、北汉等虽然也称帝，但由于称帝较晚，制度草创，尚无暇顾及健全修史制度。北汉虽一直称帝，然国小民贫，人才匮乏，所以没有设立史馆。南汉诸帝大都荒淫残暴，且当时岭南文化尚比较落后，故不甚重视修史之事。前蜀统治区域在当时属于文化比较发达的地区，人才众多，本应建立史馆，但王建出身草莽，其子王衍荒淫无道，竟也置修史制度于不顾。故诸国中只有南唐与后蜀设置了史官与史馆，建立了比较健全的修史制度。

后蜀可能在孟知祥统治时期就已设置了史馆，据《蜀梼杌校笺》卷四《后蜀后主》载：明德二年（935）六月，"江原县民张元母死，负土成坟，有白兔驯绕其庐，群乌衔土置于坟上。赐帛三十段及米酒，仍付史馆编录"。这时后主孟昶即位仅仅1年，据此判断，其史馆很可能置于其父孟知祥统治时期。南唐之史馆设置较早，据陆氏《南唐书》卷九《李德诚传附李建勋传》载，南唐代吴后，烈祖即任其为中书侍郎、同平章事，加左仆射、监修国史，领滑州节度使。可见其史馆在建国之初就已设置。其书还说南唐元宗李璟即位后，非常宠信李建勋，"每谓为史馆而不名"①。不过有关这两国以宰相任监修国史者，除了李建勋外，后蜀的李昊、欧阳回也任过此职，这一点与中原王朝并无不同。

至于史馆修撰、直馆等史官的设置，这两国与中原王朝并无不同。南唐任修撰者见于记载的有：韩熙载、高远、潘佑、孙伯纯、徐铉、乔匡舜等，后蜀则有幸寅逊、郭廷钧、赵元拱，任直馆者有崔崇构、王中孚等人。这两国史馆主要承担了撰修前朝史与本朝实录的任务，如南唐修撰了《吴录》20卷，后蜀则修撰了《前蜀书》40卷，都是属于前朝史书。在撰修实录方面，有一点与中原王朝颇不相同，需要指出。五代各朝诸帝实录均是在皇帝死后，由后人撰修实录，故南唐史馆只修了《烈祖实录》，《元宗实录》为史官高远利用史馆资料私撰而成，并非奉诏修撰，至于后主，由于国亡，则未撰实录。但后蜀却不是这样，史馆除了撰成《高祖实录》外，还在后主生前就已撰成了其实录40卷。另外，后主孟昶"常敕史馆集《古今韵会》五百卷"②，编修此类书籍不在史馆职责范围之内。这些都是后蜀的史馆制度不太健全的表现，而南唐史馆却未见任何异常现象，说明南唐的典章制度更加正规、更加健全。

五、五代十国的修史成就

五代十国虽然只有短短的数十年时间，且处于动荡的社会环境之中，但是修史成就还是比较大的，除了修撰了一部正史，即现存的《旧唐书》外，还撰成了其他各类官私修撰的史书，其中修成的实录情况见下表：

---

① 〔宋〕陆游：《南唐书》卷九《李德诚传附李建勋传》，第5539—5540页。
② 《十国春秋》卷四九《后蜀后主本纪》，第712页。

表4　五代十国官修实录表[①]

书名	卷数	撰修者	修成时间
梁太祖实录	30	李琪、张衮、郄殷象、冯锡嘉等	梁末帝贞明中（915—921）
唐庄宗实录	30	张昭远、吕咸休等撰，赵凤监修	唐明宗天成四年（929）
唐明宗实录	30	张昭远、李详、吕承范等撰，姚𫖮监修	唐末帝清泰三年（936）
唐闵帝实录	3	张昭（远）等	周世宗显德五年（958）
唐废帝实录	17	张昭远、刘温叟等	周世宗显德五年（958）
晋高祖实录	30	贾纬、窦俨、王伸等撰，窦贞固监修	周太祖广顺元年（951）
晋少帝实录	20	贾纬、窦俨、王伸等撰，窦贞固监修	周太祖广顺元年（951）
汉高祖实录	20	贾纬、窦俨、王伸等撰，苏逢吉监修	汉隐帝乾祐二年（949）
汉隐帝实录	15	张昭远、刘温叟等	周世宗显德五年（958）
周太祖实录	30	张昭远、尹拙、刘温叟等	周世宗显德五年（958）
周世宗实录	40	扈蒙、张淡、王格、董淳等撰，王溥监修	周恭帝显德六年（959）下令修撰，北宋初年修成
后蜀高祖实录	20	李昊	后蜀后主广政中（938—965）
后蜀后主实录	40	李昊	后蜀后主广政十四年（951）
后蜀后主续成实录	80	李昊	后蜀后主广政中（938—965）
南唐烈祖实录	20	高远	南唐元宗保大中（943—957）
南唐元宗实录	10	高远	南唐后主统治时期（961—975）

这一时期还撰成一些虽不叫实录，但类似于实录的史书，如后梁贞明中，由于以前所撰的《梁太祖实录》30卷，"叙述非工，事多漏略"，于是又命宰相敬翔撰成《大梁编遗录》30卷，"与实录偕行"。[②]再如前面提到过的后唐欲撰的纪年录，后于天成四年，由赵凤监修，张昭远、吕咸休等共同修成，计有《懿祖纪年录》1卷、《献祖纪年录》2

[①] 此表据谢保成：《谈五代十国的史学发展》改编，内容有所增补，见《河南大学学报》1990年第4期，第88页。

[②] 《旧五代史》卷一八《敬翔传》，第250页。

卷、《太祖纪年录》17卷。①据《蜀梼杌校笺》卷一《前蜀先主》载：前蜀永平二年（912）三月，"诏平章事张格，专编纂开国以来《实录》"。又据该书的撰者宋人张唐英自序说："予家旧藏《前蜀开国记》、《后蜀实录》，凡一百三十卷，尝欲焚弃而不忍。"②由此可见张格所撰的所谓开国以来《实录》，就是张唐英家藏的《前蜀开国记》。从上表可知后蜀实录共计140卷，其中后主续成实录80卷，但其"多散佚不全"，③所以张唐英家藏的后蜀实录不可能包括这部书在内，于是就可以推知《前蜀开国记》的卷数大约在70卷左右。吴国史官王振在杨渥、杨隆演在位时，曾著太祖等《本纪》，记杨行密创业以来历史。据说"详核而不诬，切实而不靡，世称良史才"④。

　　五代十国时期完成的官修史书还有一些，大体可分为以下几类：一是日历、时政记。关于五代各朝编修这些典籍，前面已经提到，其中日历据郑樵《通志·艺文略三》的著录，有《周恭帝日历》3卷，《宋史·艺文志二》著录有《显德日历》1卷。有关时政记的书目，未见著录，可能早已亡佚无存了。二是各种传记。如后唐应顺元年闰正月，史馆撰成《唐功臣列传》30卷，⑤主要记述了所谓中兴以来功臣92人的事迹。后晋史馆修撰贾纬于天福六年进献其撰成的《唐年补遗录》一书，据其进书表云："伏睹国史馆，唐高祖至代宗已有纪传，德宗至文宗，亦存实录，武宗至济阴废帝，凡六代唯有《武宗实录》一卷，余皆阙落。臣今采访遗文及耆旧传说，编成五十五卷，目为《唐年补遗录》，以备将来史官修述。"⑥据此可知贾纬此书主要记载了唐朝武宗以来的

---

① 《册府元龟》卷五五七《国史部·采撰三》，第6690页；《册府元龟》卷五五四《国史部·恩奖》，第6660页。
② 《蜀梼杌校笺》，第115页；《蜀梼杌自序》，第2页。
③ 《十国春秋》卷五二《李昊传》，第775页。
④ 《十国春秋》卷一一《王振传》，第154页。
⑤ 《五代会要》卷一八《修国史》，第299页。
⑥ 《册府元龟》卷五五七《国史部·采撰三》，第6693页。另据《旧五代史》卷七九《晋高祖纪五》（第1046页）、卷一三一《贾纬传》（第1727页）载，其撰《唐年补遗录》应为65卷。

历史，并采用了编年体的体裁。南唐建国之初，先主李昪即命修撰前朝吴国史，直到后主李煜时，其书由史官高远、徐铉、乔匡舜、潘佑等修成，取名《吴录》，计20卷。①此书曾被司马光的《资治通鉴》引用，从《考异》引录的《太祖纪》《冯弘铎传》等看，其应是一部纪传体史书。另外，在后蜀后主孟昶统治时期，李昊、赵元拱等撰成了《前蜀书》40卷。②这部书在司马光修《资治通鉴》时也被引用过，从其《考异》引后蜀李昊《蜀书》中的《高祖纪》《后主纪》《林思谔传》《王宗播传》看，也应是一部纪传体史书。三是资料汇编。如后蜀李昊辑成《经纬略》100卷，献与后主孟昶，"赍珍器锦彩甚厚"。此书是李昊早年任高祖孟知祥的掌书记时，代其草拟的表奏书檄之类文书的汇编。③

五代十国时期私人修史之风颇盛，撰成了一批史籍，其中以偏霸于南方的诸国士人修撰的最多，反映了当时南方文化相对于北方比较发达的现状。由于这类书籍数量颇多，不便一一介绍，参见下表。

表5 五代十国官私撰史籍一览表

书名	卷数	撰者	出处或存佚情况
开元天宝遗事	4	王仁裕	存
唐阙史	3	高彦休	今本存2卷
唐摭言	15	王定保	存
北梦琐言	20	孙光宪	存
唐春秋	30	郭昭庆	陆氏《南唐书》卷一五《郭昭庆传》，已佚
三朝革命录	3	徐廙	《崇文总目》卷三《杂史类》，已佚
吴将佐录	1	佚名	《通志》卷六五《艺文略三》，已佚
中朝故事	3	尉迟偓	存
江南录	10	徐铉等	《通志》卷六五《艺文略三》，已佚
烈祖开基录	10	王颜	《崇文总目》卷三《伪史类》，已佚
高皇帝过江录	1	佚名	《崇文总目》卷三《伪史类》，已佚
闽王审知传	1	陈致雍	《崇文总目》卷三《伪史类》，已佚
金华子	2	刘崇远	存

---

① 〔宋〕陆游：《南唐书》卷九《高越传附高远传》，第5535页。
② 《十国春秋》卷五二《李昊传》，第774页。
③ 《十国春秋》卷五二《李昊传》，第774页。

续表

书名	卷数	撰者	出处或存佚情况
汜上英雄小录	2	信都镐	《十国春秋》卷一一《信都镐传》，已佚
前蜀纪事	2	毛文锡	《直斋书录解题》卷五《伪史类》，已佚
广政杂录	3	何光远	《通志》卷六五《艺文略三》，已佚
广政杂记	15	浦仁裕	《通志》卷六五《艺文略三》，已佚
蜀桂堂编事	20	杨九龄	《通志》卷六五《艺文略三》，已佚
闽中实录	10	蒋文恽	《通志》卷六五《艺文略三》，已佚
钓矶立谈	1	佚名	存，《四库全书总目提要》认为撰者为南唐校书郎史虚白之子
江淮异人录	2	吴淑	《直斋书录解题》卷五《伪史类》，已佚
皮氏见闻录	5	皮光业	《郡斋读书志》卷三下《小说类》，已佚
鉴戒录	10	何光远	存
湖湘马氏故事	2	曹衍	《宋史》卷二〇四《艺文志三》，已佚
大唐新纂	13	石文德	《五代史补》卷三，已佚
晋阳见闻要录	1	王保衡	《宋史》卷二〇四《艺文志三》，已佚
十三代史略	不详	夏鹏等	《江南通志》卷一九一《艺文志》，已佚
古今国典	120	徐锴	《江南通志》卷一九一《艺文志》，已佚
庄宗召祸记	1	黄彬	《文献通考》卷一九六《经籍考》，已佚
汴水滔天录	1	王振	《通志》卷六五《艺文略三》，已佚
开运陷虏事迹	1	佚名	《宋史》卷二〇三《艺文志二》，已佚
入洛私书	10	江文秉	《通志》卷六五《艺文略三》，已佚
后史补	3	高若拙	《通志》卷六五《艺文略三》，已佚
王氏见闻集	3	王仁裕	《通志》卷六五《艺文略三》，已佚
周恭帝日历	3	扈蒙	《通志》卷六五《艺文略三》，已佚
显德日历	1	扈蒙、董淳、贾黄中等	《宋史》卷二〇三《艺文志二》，已佚
唐功臣列传	30	李愚	《五代会要》卷一八《修国史》，已佚
唐年补遗录	65	贾纬	《旧五代史》卷一三一《贾纬传》，已佚
吴录	20	高远、徐铉、乔匡舜等	陆游《南唐书》卷九《高越传附高远传》，已佚
前蜀书	40	李昊、赵元拱等	《十国春秋》卷五二《李昊传》，已佚
经纬略	100	李昊	《十国春秋》卷五二《李昊传》，已佚
大梁编遗录	30	敬翔	《旧五代史》卷一八《敬翔传》

第七章　史馆制度

续表

书名	卷数	撰者	出处或存佚情况
懿祖纪年录	1	张昭远、吕咸休等撰，赵凤监修	《册府元龟》卷五五七《国史部·采撰三》，已佚
献祖纪年录	2	张昭远、吕咸休等撰，赵凤监修	《册府元龟》卷五五七《国史部·采撰三》，已佚
太祖纪年录	17	张昭远、吕咸休等撰，赵凤监修	《册府元龟》卷五五七《国史部·采撰三》，已佚
前蜀开国记	约70	张格	《蜀梼杌校笺》卷一《前蜀先主》，已佚
吴太祖本纪	不详	王振	《十国春秋》卷一一《王振传》，已佚

这些史籍大体上可以分为以下几类：一是有关唐代史事的史籍，如《唐阙史》《唐春秋》《北梦琐言》《中朝故事》《唐年补遗录》《金华子》《开元天宝遗事》等。这是由于五代距唐朝灭亡不久，相关资料遗存不少，士人们有条件进行这方面的撰述。此外，唐后期的社会动荡，使得国家典籍的修撰大受影响，尤其是唐后期诸帝大多没有实录流传，为了弥补这方面的不足，不少士人便把精力投入到这个方面。还有一个原因，就是五代十国的士子身处乱世，自然不免怀念唐代盛世，同时又出于总结唐朝衰亡历史鉴戒的需要，也是他们重视撰修这方面史书的一个因素。二是有关偏霸各国史事的书籍，如《吴将佐录》《江南录》《烈祖开基录》《高皇帝过江录》《闽王审知传》《淝上英雄小录》《前蜀纪事》《广政杂录》《闽中实录》《钓矶立谈》《晋阳见闻要录》《前蜀开国记》《王氏见闻集》等。这类书籍数量颇多，但却不受后人重视，故除了极少数能够流传下来外，还有部分只能在《通鉴考异》或《太平广记》中见到一些片段，其余均早已散佚无闻了。这种现象的出现，是人们轻视十国历史的真实反映。三是有关科举制度的史籍，如《唐摭言》《蜀桂堂编事》等。前者记载了唐代科举制度及遗闻逸事，后者记述了后蜀"广政举试事，载诗赋策题及知贡举登科人姓

氏"①。这两部书的撰修反映了五代十国虽处乱世，但仍重视科举的社会情况。四是其他相关史书。其中有关五代中原王朝史事的有《庄宗召祸记》《汴水滔天录》《开运陷虏事迹》《入洛私书》等；有关历代典章制度的有《古今国典》，有关历代史事的有《十三代史略》等。这些私家修撰的史籍，对自唐代开始的笔记小说体裁的形成，起到了推动作用，同时为宋人修撰和研究唐五代历史提供了珍贵的史料。

六、结语

总的来看，五代十国时期的修史制度基本沿袭了唐制，只是在某些方面略有变化而已，对于唐制原有的弊端不仅没有克服，反倒有所加剧。比如唐代史馆内部存在的劳逸不均的问题，至五代时依然如故，所谓"其间勤恪者著述不闲，怠惰者自因循度日"②。唐代存在的为尊者讳的现象，在五代所修的史书中也比比皆是，试举一例。据王禹偁的《五代史阙文·安重诲》条载："明宗令翟光邺、李从璋诛重诲于河中私第，从璋奋楇击重诲于地，重诲曰：'某死无恨，但恨不与官家诛得潞王，他日必为朝廷之患。'言终而绝。臣谨按：《明宗实录》是清泰帝朝修撰，潞王即清泰帝也。史臣讳避，不敢直书。呜呼！重诲之志节泯矣。"《旧五代史》主要据诸朝实录修成，其中《安重诲传》在记载李从璋杀安重诲时，便省去了其临死前的这一段话。可见王禹偁的以上说法并非空穴来风。

另外，某些史官缺乏史德，也导致修史时某些史事失实。在五代诸朝的史官中以贾纬、张昭远贡献最大，他们都参与了多部实录的修撰，其中贾纬还参与了《旧唐书》的修撰，并做出较大的贡献，据《旧五代史·贾纬传》的记载，这部书还是在其力主下才得以修撰的。就是这样一个颇具才华的人物，也同样存在史德方面的问题。"周贾纬，初

---

① 《十国春秋》卷五六《杨九龄传》，第817页。
② 《五代会要》卷一八《修史官》，第301页。

仕汉为谏议大夫、史馆修撰、判馆事。乾祐中，受诏与王仲、窦俨修晋高祖、少帝、汉高祖三朝实录。纬以笔削为己任，然而褒贬任情，记注不实。晋宰相桑维翰执政日，薄纬之为人，不甚见礼，纬深衔之。及叙《维翰传》，称维翰'身没之后，有白金八千挺，他物称是'。翰林学士徐台符，纬邑人也，与纬相善，谓纬曰：'窃闻吾友书桑魏公白金之数，不亦多乎！但以十目所睹，不可厚诬。'纬不得已，改为白金数十挺。"[①]贾纬不仅在修撰实录时如此，即使在平时撰修日历时也存在随意褒贬的问题。据载："广顺元年实录成，纬求迁官不得，由是怨望。是时，宰相王峻监修国史，纬书日历，多言当时大臣过失，峻见之，怒曰：'贾给事子弟仕宦亦要门阀，奈何历诋当朝之士，使其子孙何以仕进？'言之太祖，贬平卢军行军司马。明年卒于青州。"[②]文中所谓"广顺元年实录成"一句，是指《晋高祖实录》与《晋少帝实录》的撰成。贾纬缺乏史德，在害人的同时，最终葬送了自己的政治生命。由于这些问题的存在，使得五代所撰史籍的真实性大打折扣。其实不仅五代如此，这也是我国历代修史制度中存在的通病，只是程度轻重不同罢了。

[①] 《册府元龟》卷五六二《国史部·不实》，第6753页。另据《新五代史》卷五七《贾纬传》（第658页）载："纬不得已，更为数千铤。"颇疑《新五代史》所记有误。
[②] 《新五代史》卷五七《贾纬传》，第658页。

第八章

俸禄制度

关于五代这一制度的研究，目前尚无专论出现，虽有专著偶有涉及，只是浅尝辄止而已，且存在一些错误。①本章主要研究这一历史时期中原王朝的俸禄制度，至于十国制度，由于相关史料实在太少，故不做重点论述。

一、朝官的俸禄及其演变

唐朝自昭宗被迫迁都洛阳后，由于已经处于名存实亡的境地，朝廷无力发放俸禄，直到唐哀帝天祐元年（904）八月，朱温进献汴滑监军使俸料绢4000匹，才用来支付了百官八九两月的俸钱。到了次月又无钱支俸，于是出内库银2172两，作为文武常参官的俸钱。这种时断时续的给俸情况持续到天祐三年，实在无力再维持下去，便索性改为"其百官逐月料钱，宜令左藏库自今年正月支半俸"。②朱温取代唐朝建立后梁，仍然维持了只给朝官半俸的规定，直到开平三年正月，才下诏说："禄俸所以养贤而励奉公也，朕今肇建，诸色已毕，郊禋职贡至多，费用差少，其百官俸料，委左藏库依前例全给。"③也就是说至此朝官才拿到了全俸。不过后梁朝官的俸钱极薄，直到后唐同光元年时，唐庄宗还在一次诏书中说："迩闻京百官俸钱至薄，骨肉数多，支赡不充，朝夕难遣。伪庭时刻削严急，不敢披陈，今既混同，是行优恤。"但是唐庄宗并没有给朝官加俸，只是说"下御史台在班行有欲求外职，或要分司，各许中书门下投状奏闻"。④可见这一时期地方官的收入较朝官还是要优厚一些，所以庄宗才允许朝官自愿申请出任地方官。后唐之所以未给

---

① 黄惠贤、陈锋：《中国俸禄制度史》，武汉大学出版社，1996年，第229—233页。
② 以上见《册府元龟》卷五〇八《邦计部·俸禄四》，第6095—6096页。
③ 《五代会要》卷二七《诸色料钱上》，第438页。
④ 《册府元龟》卷四八《帝王部·从人欲》，第546页。

朝官加俸，主要还是因为财政情况不佳，无法做到这一点。即使如此，朝官也不能按时拿到月俸，有一条史料记载说："百官俸钱皆折估，而（豆卢）革父子独受实钱；百官自五月给，而革父子自正月给；由是众论沸腾。"①此事发生在唐明宗天成元年七月。明宗于这年四月即皇帝位，所以百官俸钱皆自其即位的次月发给，说明唐庄宗统治末期由于政治动荡，百官已数月得不到俸钱了。明宗即位后，政局逐渐稳定，这才从这年七月给百官发俸，从五月起补发。宰相豆卢革父子却从这年正月补起，据此可以推知后唐朝官自同光三年十二月后，便不能得到俸钱了，难怪舆论对豆卢革父子的行为大为不满了。上文所提到的"折估"一事，是指后唐给官员的俸钱并非现钱，而是折成实物发给，豆卢革父子所得俸钱却是"实钱"，即没有进行折估。

　　五代时期朝官除了俸钱外，与唐朝一样也有禄米、傔从、私马草料等待遇，据载："洋王从璋，明宗犹子。清泰元年诏：'从璋及泾王从敏，月各给俸钱一十万，米麦各五十石，傔三十人衣粮，马五十匹刍粟。'二王方自方镇入朝，自是留洛阳私第。"②文中所记"米麦"之数，便是指禄米。与唐制不同的是，唐朝给禄是按年计，而此时却按月发给。唐贞观时规定京官一品，给禄700石，③后期之数缺载。李从璋、李从敏此前任节度使，归朝后任何官职，史书缺载，不过这两人均为王爵，阶一品，每月所得米麦50石，以年计则低于唐前期规定的一品官员的禄米数额。唐前期京官正一品给月俸6.8贯，开元二十四年（736）增至31贯，大历十二年（777）为120贯，会昌年间又增至200贯，④上述二人的月俸为100贯，也低于唐朝后期的水平。唐朝规定朝官给防阁、庶

---

① 《资治通鉴》卷二七五，后唐明宗天成元年七月，第8990页。
② 《册府元龟》卷二七七《宗室部·褒宠三》，第3281页。另据《五代会要》卷二八《诸色料钱下》（第445页）载：李从敏、李从璋各给马55匹草粟。而《册府元龟》卷五〇八《邦计部·俸禄四》（第6099页）却记为15匹马刍粟，与前两书所记相差太大，故不取。
③ 《通典》卷三五《职官典十七·禄秩》，第962页。
④ 刘海峰：《论唐代官员俸料钱的变动》，《中国社会经济史研究》1985年第2期，第19—20页。

仆，五品以上官称防阁，六品以下称庶仆，其中一品给防阁96人，……四品给32人。①上文提到的"傔"，即相当于唐朝的防阁，这两人各给"傔三十人衣粮"，仍然低于唐朝标准，相当于唐朝四品官的标准。上文提到的给50匹马的刍粟，唐后期虽然也给官员私马草粟，但数额却远远低于五代，如唐德宗贞元二年规定：诸卫上将军，秩从一品，每月仅给私马5匹的草料。②相当于上述两人的十分之一。由此可见，五代朝官的俸禄与唐制相比，已经发生了很大的变化。此外，五代的地方官也给私马刍粟，这一点后面还要详论。

有关五代时期在朝官员的俸禄，缺乏详细的记载，欲想系统地了解已不可能，但根据现有的史料，还可以再考知一些朝官的俸禄情况。五代时期驻扎在京师的禁军，其将校俸禄一同京官之例发给。唐明宗长兴三年七月，枢密使范延光奏："'侍卫亲军都指挥与小指挥每月料钱、春冬衣赐，元一例支给无等差。昨并省军都，自捧圣、严卫相（此字为衍文）、羽林已下，逐厢都指挥使新定名，管禁兵五千人，欲为等第，每月添支料钱各三十千、粮十五石、衙官粮十分。'从之。"但是却不知这些禁军厢都指挥使原来的俸禄是多少。同书还载这年五月，范延光奏："'诸道指挥使月俸，未有定制。请大藩镇都指挥使月赐料钱三十贯、粮二十石、春衣十五匹、冬衣二十五匹。其余藩府约此为等第。'从之。"禁军之厢都指挥使的月俸当不低于大藩镇之都指挥使。如果这样的话，增俸后的捧圣、严卫、羽林等军诸厢都指挥使的月俸当不低于60贯、粮35石。捧圣是后唐侍卫马军的军号，严卫是侍卫步军的军号，其诸厢都指挥使地位自然不同于藩镇之都指挥使，所以其俸禄较为优厚亦在情理之中。同书还载，次年七月，禁军中的亲直、奉化、神武、内直等军都指挥使，因赏功遥领诸州刺史，"而以郡之高下，给刺史俸料故也"。③后唐州刺史的月俸是多少，史无记载，比禁军都指挥使高则是无疑的。后周广顺元年（951）规定："刺史料钱一百千，禄粟五十

---

① 《新唐书》卷五五《食货志五》，第1396页。
② 《唐会要》卷九一《内外官料钱上》，第1969页。
③ 以上均见《册府元龟》卷五〇八《邦计部·俸禄四》，第6099页。

石。"①据此来看，五代刺史的俸禄确实比较高。正因为如此，所以才允许这些禁军将校领取刺史俸禄。既然是出于赏功的目的，那么以上举措只是一种特例而已。

"尹玉羽，后唐清泰中为光禄少卿。……及高祖入洛，即受诏而来，以所著《自然经》五卷贡之，且告其老。即日玺书褒美，颂其器币，授少府监致仕，月给俸钱三万及冬春二时服"②。五代沿袭唐制，官员致仕给半俸，③则少府监在后晋时的月俸应为60贯。

后晋高祖天福六年诏："诸卫上将军月俸旧三十千，令增至五十千。"④五代的诸卫上将军均为闲散之职，无具体职事可掌，多用于安置藩帅罢任者，故月俸不高。

后晋"少帝天福八年二月，权知开封府事边蔚，逐月支钱七十贯、米五石、面十石、傔人十人日食、十匹马草料，别支公用米二十石、面五十石、羊二十口，每年面三十斤、钱四百贯"。⑤后晋以汴梁为都，知开封府事亦为京官，故其俸禄也是按朝官标准发给。至于引文所提到的公用米、面、羊、钱等，前3种均为开封府官员的厨料，也称食料钱。所提到的钱则是指公使钱，即办公及杂支费用。

五代的其他朝官也均有食料、杂用等钱，其中食料用于工作餐和个人生活，杂用则用于工作所需的物品。食料发放的范围比较广泛，上至宰相，下至胥吏，皆给之。梁太祖曾颁敕曰："食人之食者，忧人之事，况丞相尊位，参决大政，而堂封未给，且无餐钱，朕甚愧之，宜令日食万钱之半。"⑥每日给宰相的这5000文餐钱，就是食料钱。其他诸司也都有此类钱，如后唐同光三年正月诏："兵、吏部两司逐月各支钱

---

① 《五代会要》卷二八《诸色料钱下》，第446页。
② 《册府元龟》卷八九九《总录部·致政》，第10652页。
③ 〔宋〕李上交：《近事会元》卷二《致仕给半禄料》，见《全宋笔记》第一编第四册，大象出版社，2019年，第26页。
④ 《旧五代史》七九《晋高祖纪五》，第1045页。
⑤ 《册府元龟》卷五〇八《邦计部·俸禄四》，第6100页。
⑥ 《全唐文》卷一〇二，后梁太祖《给宰臣餐钱敕》，第1041页。

四十贯文，充吏人食直。"①这里所说的"食直"，也是指食料。唐明宗颁敕曰："御史台每月支钱三百贯，充曹司人力、纸笔、粮课。其大理寺先支钱二十贯文，与台中比类全少，刑部一司，则未曾支给。宜于两班罚钱及三京诸道赃罚钱内，每月支钱一百贯文，赐两司。其刑部官吏人力不多，兼使纸笔较少，宜于所赐一贯内，三分支与一分。"②所谓"纸笔"钱，包括在杂用钱之内；所谓"粮课"，即指食料；这里所说"人力"，是指这些机构所用吏卒的俸粮开支。这种情况并非以上这些机构独有，其他机构亦是如此，如尚书省也存在这类情况。所谓"尚书省，京师会府，辇毂繁司，奏议虽委于官僚，行遣亦资于胥史。六典之制：官史有俸有粮。其尚书省诸司令吏（史），伏请给赐月粮，俾其奉职"③。这里所说的"月粮"，就是指尚书省所使用的胥吏之俸粮。从上面所引有关御史台、大理寺、刑部的史料来看，五代的食料与杂用是按照各机构人力的多少发给的，御史台人多，每月可得300贯，大理寺和刑部一共给100贯，其中大理寺占2/3，刑部由于人力最少，只占1/3。

此外，五代还有给官员的春冬两季赐服。从相关记载看，此制在五代的全面推行，应在后唐时期，明宗天成元年十月，"诏赐文武百僚冬服绵帛有差。近例，十月初寒之始，天子赐近侍执政大臣冬服。帝顾谓判三司任圜曰：'百僚散未？'圜奏曰：'臣闻本朝给春冬服，遍及百僚，丧乱已来，急于军旅，人君所赐，未能周给。今止近臣而已，外臣无所赐。'帝曰：'外臣亦吾臣也，卿宜计度。'圜遂与安重诲据品秩之差，以定春冬之赐，其后遂以为常"④。这里所说的"丧乱以来"，是指唐庄宗同光末年的战乱，所说"外臣"，就是指地方官员。这就说明春冬赐服曾一度停顿过，此时又恢复正常。

---

① 《旧五代史》卷三二《唐庄宗纪六》，第445页。
② 《全唐文》卷一一一，后唐明宗《增大理寺御史台俸钱敕》，第1132页。
③ 《全唐文》卷八五二，刘知新《请赐尚书省月粮奏》，第8950—8951页。"令吏"疑为"令史"之误。
④ 《旧五代史》卷三七《唐明宗纪三》，第511页。

唐代的俸禄制度中包括职田在内，职田所入是官员收入的一个重要组成部分。五代是否仍给官员职田，由于相关史料残缺，不好论定。宋真宗咸平时，"知制诰杨亿上疏言：'唐制，内外官俸钱支外，有禄米、职田，……自唐末离乱，国用不充，百官俸钱并减其半，自余别给一切权罢'"云云。①据此知自唐末以来就已经不再给职田了，但是另据《五代会要》卷二八《诸色料钱下》载：后汉乾祐三年七月十六日的敕节文中，曾提到诸道州府俸户，除放免各种差遣外，"不得更种职田"。《文献通考》卷六五《职官考十九》亦有相同记载。则五代仍有职田存在，只是不知何时又恢复了此制。

二、地方官的俸禄及其变化

有关五代时期地方官俸禄的记载较多，也比较详细，究其原因，与这一时期有关地方官的俸禄制度更为混乱有关。因为朝官俸禄有唐制可以借鉴，且在天子脚下，更容易引起关注，所以有关整顿朝官俸禄的记载反倒较少，而地方官俸禄制度由于藩镇林立，各地自行其是，导致这一制度混乱不堪，所以每有新朝建立，不免都要对其整顿一番，从而使得有关调整或改革地方官员俸禄制度的相关记载相对较多一些。

后梁由于与晋一直处于战争状态，无暇整顿俸禄制度，因此有关这一时期的记载极少。晋灭梁后，建立后唐政权，遂于庄宗同光三年二月着手整顿地方官的俸禄制度。从当时的情况看，后唐首先对诸道使府官员的编制予以整顿，明确规定："诸道藩镇，请只置节度使、副、节度观察判官、掌书记、推官共五员。"这些官员的俸禄由朝廷统一发给，除此之外，"如本处更妄称简署官员，即勒本道节度使自备请给，不得正破系省钱物"。②即朝廷不再负责发给俸禄，而是由节度使自行解决。以上这些官员的俸禄包括：料钱、米面、肉、蒿柴、春冬服、私马草料

---

① 《文献通考》卷六五《职官考十九·禄秩》，第1965页。
② 《五代会要》卷二七《诸色料钱上》，第438页。

等项。现根据《五代会要》卷二七《诸色料钱上》、《册府元龟》卷五〇八《邦计部·俸禄四》的相关记载，将四京及诸道副使以下官员每月所给料钱等，列表如下：

表6　后唐节度副使以下官员俸禄表

官名	料钱	米	面	肉	蒿	柴	冬服	春服	绵	马草料
节度副使	40贯	1石	2石	3贯	60束	30束	15匹	15匹	30两	2匹
节度、观察判官	30贯	6斗	1.6石	2贯	40束	20束	12匹	12匹	25两	1匹
节度掌书记	25贯	6斗	1.2石	1.5贯	30束	15束	10匹	10匹	20两	1匹
节度推官	15贯	6斗	1.2石	1.5贯	30束	15束	10匹	10匹	20两	1匹

需要说明的是，以上所给冬春服均为绢，所给料钱均为实钱，即没有经过折估，所给马草料均指官员的私马；其中冬服、春服、绵等物，均每年各给一次，其他钱物每月给一次；所给米、面、肉，均为厨料，其中肉钱也要折成实物发给。[①]后唐此次对地方官俸的改革，未见给禄的规定，说明后唐对这些地方官是不给禄的，这一点与唐制颇不相同。

至于四京留守以下官员俸禄则规定："留守兼判六军，请置副使、判官、推官三员。副使依节度副使例，判官依观察判官例，推官依诸道推官例。留守不判六军，请置判官、推官二员。判官依节度观察判官例，推官依诸道推官例。四京府请只置推官一员，如已有判官，即不置推官，其请受准留守推官例，其料钱准百官例折支。所有厨料时服等，即给本色。"[②]也就是说四京如果已经设置了判官，其俸禄只能按推官标准发给，并且要按朝中百官例予以折估。对四京副使以下官员的厨料、时服等只给实物，不能发给现钱。把这些规定与上面对藩镇使府官员的规定相比较，可以看出后唐对诸道节度使府官员还是非常优待的，这实

---

① 《五代会要》卷二七《诸色料钱上》（第438—439页）与《册府元龟》卷五〇八《邦计部·俸禄四》（第6097页）所记稍有不同，其中节度、观察判官所给面，前一书记为1.6斗，而后一书则记为1.5斗；前一书记所给米面时后面均有内价钱若干钱的字样，而后一书为肉价钱若干，则前一书有误，将"肉"字误为"内"字。因为唐代的食料中就有肉酱之类，这里所谓厨料即相当于唐之食料。

② 《五代会要》卷二七《诸色料钱上》，第439页。

际上是五代在政治上对藩镇姑息的一种折射。同时还允许诸道依旧置观察支使一员，"其俸料、春冬衣赐仍准掌书记例支遣"。①

同光三年二月，还对三京（包括东京在内）诸道州县及防御、团练副使、判官以下官员的俸禄进行了整顿，规定除防御、团练副使、判官外，"其余推巡已下职员，皆是本处自要辟请圆融，月俸赡给，……省司更不支给钱物"。②但对其发放标准则由朝廷做了统一的规定，仍据上引两书记载，将其具体数额列表如下：

表7　后唐三京及防御、团练副使以下官员料钱表

官名	料钱（贯）	官名	料钱（贯）
防御、团练副使	30	防御、团练判官	20
三京少尹	30	州军事判官	从刺史月俸中支
三京司录参军	13	三京诸曹判司	12
三京文学	5	三京参军	5
诸州府录事参军	各依逐州上县令支	诸州府诸曹判司	各依逐州上县主簿支
赤县令	25	赤县主簿	12
畿县令	20	畿县主簿	10
1万户以上县令	23	1万户以上县主簿	12.5
9千户以上县令	22	9千户以上县主簿	12
8千户以上县令	21	8千户以上县主簿	11.5
7千户以上县令	20	7千户以上县主簿	11
6千户以上县令	19	6千户以上县主簿	10.5
5千户以上县令	18	5千户以上县主簿	10
4千户以上县令	17	4千户以上县主簿	9.5
3千户以上县令	16	3千户以上县主簿	9
2500户以上县令	15	2500户以上县主簿	8.5
2千户以上县令	14	2千户以上县主簿	8
1500户以上县令	13	1500户以上县主簿	7.5
1千户以上县令	12	1千户以上县主簿	7
500户以上县令	11	500户以上县主簿	6.5
500户以下县令	10	500户以下县主簿	6

---

① 《册府元龟》卷五〇八《邦计部·俸禄四》，第6098页。
② 《五代会要》卷二八《诸色料钱下》，第441页。

《册府元龟》卷五〇八《邦计部·俸禄四》在记载以上数据时，每条数据处均注有一"实"字，而《五代会要》卷二八《诸色料钱下》却脱漏了"实"字，说明所给以上官员的料钱均不加折估。①此次还规定，如果以上官员考满未改官，权差摄原职者，只给正官一半的料钱。至唐明宗长兴二年，改为"诸道行军司马、副使、判官已下宾僚等，考满未有替人，宜令并全支俸料，元不在省司给俸者，不在此例"。②也就是说只要是原来由朝廷统一发放料钱者，即使任满未替者，仍可以得到全俸，如是本道自行发放料钱者，则不能享受这个规定。汉隐帝乾祐三年规定："如令佐、录事、参军内有员阙，州府差摄，亦依例支与俸钱。"③即朝廷允许差摄的这几类官职，如有人差摄时可以全支俸钱。但是到后周显德六年十二月，又改为"诸道州府摄官，起今后支给本官所请俸钱之半"。④

　　从唐庄宗同光二年这次整顿地方官俸禄的制度看，除节度、观察使府的少数官员给春冬赐服外，其余地方官员均无给赐。至庄宗统治末期，由于社会动乱，一度停止给地方官发放春冬赐服。天成元年，唐明宗即位后，又于这年十月重新发放，并扩大到所有的地方官。⑤除后唐以外，从以后诸朝的情况看，给地方官员发放春冬赐服之事再不见于记载，可能又被取消了。

　　有关五代时期地方官的俸禄制度，除后唐外，汉、周两朝还有过一

---

① 《册府元龟》卷五〇八《邦计部·俸禄四》（第6096—6097页）所记以上数据与《五代会要》卷二八《诸色料钱下》（第441—444页）所记有几条不一致，如三京司录参军，前一书记为20贯，而诸曹判司却记为12贯，两者相差不致如此之大；8000户以上县主簿记为10.5贯，而7000户以上县却记为11贯；3000户以上县令记为19贯，比5000户、4000户以上县令的料钱还高；2500户以上县令记13贯，2000户以上县令却记为14贯。这些均是明显的错误，所以上表数据完全依后一书所记为准。但后一书在每条数据后都有若干"千"贯字样，这个字为前一书所无，且五代地方官的料钱不可能如此之高，此字应为衍文无疑。
② 《五代会要》卷二八《诸色料钱下》，第444页。
③ 《五代会要》卷二八《诸色料钱下》，第445页。
④ 《册府元龟》卷五〇八《邦计部·俸禄四》，第6101页。
⑤ 《旧五代史》卷三七《唐明宗纪三》，第511页。

些改变，其中后周的变化力度更大一些。汉隐帝乾祐三年规定：3000户以上县，县令每月俸钱10贯，主簿8贯；2000户以上县，县令8贯，主簿5贯；2000户以下县，县令6贯，主簿4贯。州府"录事参军、判司俸钱，视州界令佐，取其多者给之"①，与后唐相比，后汉给县级官员的俸料已经大大地降低了。

后周时期对地方官的俸禄前后进行了两次整顿，第一次主要针对刺史以上的地方长官，后一次则是针对县级及州府佐官。第一次整顿是在周太祖广顺元年四月，因"自前者富庶之郡，请给则优，或边远之州，俸料素薄，以至迁除之际，拟议亦难，既论资叙之高低，又患禄秩之升降"。为了改变这种状况，重新制定了牧守的俸禄发放标准。详见下表：

表8　后周地方长吏俸禄表②

官名	俸料（贯）	禄粟（石）	食盐（石）	马草料（匹）	元随衣粮（人）
防御使	200	100	5	10	30
团练使	150	70	5	10	30
刺史	100	50	5	5	20

这个规定统一了地方长吏的俸禄标准，这是一个很大的变化。不过这个规定只限于当年五月一日以后到任者，这个时间以前在任者仍按旧例执行。值得注意的是，后周明确给刺史以上的地方官给禄，联系前述后唐明宗长兴三年也给诸道都指挥使给禄之事，③可以推知五代对地方牧守以上长吏及藩镇高级将领还是给禄的，只是对诸道州府僚佐与县级官员不给禄粟而已。

后周在广顺元年三月还对诸道节度副使、行军司马等官员的所用

---

① 《旧五代史》卷一〇三《汉隐帝纪下》，第1368页。关于后汉此次重定地方官俸钱的数据，《册府元龟》《五代会要》及此书所记各不相同，只能择其中一种与其他两书大多数数据相同者而从之。
② 《册府元龟》卷五〇八《邦计部·俸禄四》，第6100页。
③ 《册府元龟》卷五〇八《邦计部·俸禄四》，第6099页。

手力或当值人力的数量进行了限制，规定"诸道节度副使、行军司马、两京少尹、留守判官，并许差定当直，人力不得过十五人；诸府少尹、书记、支使、防御团练副使，不得过十人；节度推官、防御团练军事判官，不得过七人，逐处系帐收管。此外如敢额外影占人户，其本官当行朝典"。后周之所以在建国之初就迫不及待地颁布这个规定，是因为早在汉隐帝时，"有人上言：'州府从事令录，皆请料钱，自合雇人驱使，不合差遣百姓丁户。'秉政者然之，乃下诏州府从事令录，本处先差职役，并放归农。自是官吏有独行趋府县者，帝颇知之，故有是命"。①所谓"皆请料钱，自合雇人驱使，不合差遣百姓丁户"，是说朝廷在地方官员的俸禄中已经给了当直人力的费用，上面所说的"元随衣粮"就是指这笔费用，地方官本应用这笔费用合雇人力，却又差遣百姓当直，后汉下令全部放归农亩后，有些官吏仍不愿出资合雇，以至于出现了"独行趋府县"的现象，所以后周又允许其差遣人户，只是对其所用人数进行了限制而已。其实后汉放归的只是被差遣的人力，对于官员应得的手力并未取消，这一点在汉隐帝乾祐三年七月十六日的敕节文中说得很清楚："若是令录、判司、主簿，除本分人数外"，剩占当直手力，"并许百姓陈告"。②所谓"本分人数"，即指朝廷规定的手力人数。有人指出："唐代这类官给力役大都不约而同地由现役走向纳资化。而五代时期却又大多是现役。"③其实不知五代时期已经给官员发给了雇佣这类人力的费用，再去差遣百姓已属不当，如何再能要求当直人力纳资呢？

此外，五代的州府还有所谓"散从亲事官"，也是一种差遣性质的力役。所谓"前朝创置，盖出权宜"。显然是沿袭唐制而来。唐朝的"亲事"通常由品官子弟充，做为入仕的一种途径，唐中期以来多采用纳课的方式，并不一定由本人充役。而五代则是差遣百姓，由于"一则碍州县之色役，一则妨春夏之耕耘，贫乏者困于供须，豪富者幸于影

---

① 《旧五代史》卷一一一《周太祖纪二》，第1471页。
② 《五代会要》卷二八《诸色料钱下》，第445页。
③ 《中国俸禄制度史》，第233页。

庇"。所以后周也于广顺元年予以取消。①

周世宗显德五年十二月，对地方官员的俸禄又进行了一次较大规模的改革，在广顺元年对刺史以上长吏俸禄整顿的基础上，主要对诸道州府县级官员及军事判官等的俸禄重新进行了厘定。具体情况见下表：

表9　后周县级及州府佐官俸禄表②

官名	月料（贯）	禄粟（石）	官名	月料（贯）	禄粟（石）
1万户以上县令	20	5	1万户以上主簿	12	3
7千户以上县令	18	5	7千户以上主簿	10	3
5千户以上县令	15	4	5千户以上主簿	8	3
3千户以上县令	12	4	3千户以上主簿	7	3
3千户以下县令	10	3	3千户以下主簿	6	2

以上是县级官员每月所得月料与禄粟，下面是诸州府佐官每月所得俸禄数额：

官名	月料（贯）	禄粟（石）
两京司录参军	20	5
5万户以上州司录、录事参军	20	5
5万户以上州司户、司法参军	10	3
3万户以上州司录、录事参军	18	5
3万户以上州司户、司法参军	8	3
1万户以上州司录、录事参军	15	4
1万户以上州司户、司法参军	7	3
5千户以上州司录、录事参军	12	4
5千户以上州司户、司法参军	6	2
5千户以下州司录、录事参军	10	3
5千户以下州司户、司法参军	5	2
诸司军事判官	10	3

---

① 《旧五代史》卷一一一《周太祖纪二》，第1470页。
② 以上两表数据均见《五代会要》卷二八《诸色料钱下》，第446—447页。《册府元龟》卷五〇八《邦计部·俸禄四》（第6101页）所记亦同，唯3000户以上县主簿米麦记为每月2石，诸司军事判官的"司"字记为"州"字。

可以明显看出，后周的这次改革力度较大，与后唐、后汉地方官的俸禄水平相比，无疑有了较大的提升，这与后周时期北方社会经济有所恢复，国家财力有所增加密切相关。另外，还有一点值得重视，即周世宗增加了主管勾检工作的各级司录或录事参军的俸禄，拉开了其与诸曹判司俸禄的差距。这是周世宗加大整顿吏治力度在俸禄制度上的体现。此外，从这时起也给县级官员与州府僚佐发放禄粟了，这是五代时期地方俸禄制度的一大变化。

五代时期地方官员还有所谓纸笔钱、柴炭钱，甚至有荐席、蔬菜等类物品的供给。关于纸笔、柴炭通常都是差配民户专门负责供给，即由所谓纸笔户、柴炭户专供。①至于荐席、蔬菜是否也有专户供给，史无明文。后汉阎建任景州刺史时，当地于"每岁冬月，量于乡村分配柴薪供州，乡因此求取过倍，荐席蔬园旧亦诸县取给"，可见这类物品取之于民是无可置疑的。后来阎建将这一切均作为弊政而予以取缔，得到了后汉朝廷的表彰，并"仍示诸道州府"。②但是此举并不能杜绝此类现象，从后周的情况看，这类情况仍普遍存在。周世宗在显德五年四月，曾颁敕规定："逐月合请俸料及纸笔等钱，宜令今后于本州公使钱内支给，不得分配人户及州县门户。"③可见这些费用朝廷还是给予拨支的，但是从"宜令今后于本州公使钱内支给"一句看，似乎在这之前是允许差配这些专户的，只是自此以后才从本州公使钱，即公用经费中支给。其实不然，关于这个问题，在后晋天福二年详定院的奏章中可以得到答案。这年四月，详定院奏曰："伏见所在县，今有差配百姓纸笔及课钱户者。……逐日纸笔之用，所费不多，随处等（手）力之名，皆有定数，多是擅放，甚为贪污，时望降以严条，除其宿弊。"④纸笔之

---

① 《五代会要》卷二八《诸色料钱下》：后周显德五年十二月的敕文中，就有"柴炭纸笔户"等字句，第447页。
② 《册府元龟》卷六八九《牧守部·革弊》，第8221页。
③ 《五代会要》卷二四《诸使杂录》，第393页。
④ 《册府元龟》卷五○八《邦计部·俸禄四》，第6099页。引文中的"等力"，应为"手力"之误。

费与手力之名，即有定数，可见朝廷早有专门费用。从"多是擅放"一句来看，当是地方官员划定一些人户，贷放给钱物，然后再收息作为纸笔费用。至于地方官员擅自放钱的目的，这个奏章说得也非常清楚，那就是为了贪污钱财。奏章中将这种做法称为"宿弊"，可见由来已久，说明早在后晋之前就已经存在了。至于柴薪之事，前面论述后唐地方官的俸禄时，已经清楚地说明由朝廷按官员职位的高低分别拨给，因此再搞什么柴炭户与纸笔户一样都是对百姓的额外盘剥。关于这些弊端直到周世宗显德五年十二月，由于采取了比较得力的措施，才算比较彻底地禁绝了。①

三、除陌、折估与俸户

五代时期普遍实行除陌钱，即使发给官员的俸钱亦不例外。此制早在唐中期以来就已实行，顾炎武说："唐宪宗元和中，京师用钱，每贯头除二十文。穆宗长庆元年，以所在用钱垫陌不一，敕内外公私给用钱，宜每贯一例除垫八十，以九百二十文成贯。至昭宗末，京师以八百五十为贯，每陌才八十五。"②至五代时期又有进一步的发展，宋人洪迈说："后唐天成，又减其五。汉乾祐中，王章为三司使，复减三。"③洪迈的这个说法并不准确，其实早在后唐同光二年，就已经实行了"八十陌钱"的制度。④至于后汉王章推行的"七十七为陌"，也是有条件的，即"官库出纳缗钱，皆以八十为陌，至是民输者如旧，官给者以七十七为陌，遂为常式"。⑤也就是说百姓缴纳赋税时仍以80

---

① 据《五代会要》卷二八《诸色料钱下》载：采取的主要措施是：将这些专户撤销，划归州县；县司具户数奏闻皇帝，州司及皇帝派人覆查；如仍有人论诉，则罚处相关官吏，第447页。
② 《日知录集释》卷一一《短陌》，第682页。
③ 〔宋〕洪迈：《容斋三笔》卷四《省钱百陌》，中华书局，2005年，第470页。
④ 《旧五代史》卷一四六《食货志》："唐同光二年，度支奏请榜示府州县镇、军民商旅，凡有买卖，并须使八十陌钱"，第1947页。
⑤ 《旧五代史》卷一〇七《王章传》，第1410页。

文为陌，而朝廷支钱则以77文为陌，这样就使得官员实际所得的俸钱又减少了。

所谓折估，又称折支，即在发放俸钱时不给现钱，而是折成其他实物发给，实为五代时期一种弊政。这种折估不是以时价进行折算，而是由主管财政的官员确定，他们往往率意而为，当时人称之为虚估。如后汉王章任三司使时，"命所司高估其价，估定更添，谓之'抬估'，章亦不满其意，随事更令更添估"。①这种情况并非始于后汉，早在后晋天福二年时，前隰州蒲县令窦温颜在进策中就已经指出过：所谓"伏虑州县官逐月所给正俸，皆无见钱，使府给配之时，皆是虚头计算。伏请州县官所给料钱、杂物准折，一依逐处时估者"。②即要求以当地物价进行折算。对官员的俸钱进行折估，在唐朝就已有之。宋真宗时，知制诰杨亿说："自唐末离乱，国用不充，百官俸钱并减其半，自余别给一切权罢。官于半俸之中已是除陌，又于半俸三分之内其二分以他物给之，鬻于市廛，十裁得其一二"，以至于官员"曾糊口之不及"。③所谓"以他物给之"，就是折估。其实早在开元时期就开始实行折估制了。④

五代实行折估之制，从现有史料来看，应始于后唐。据《旧五代史·孔谦传》载：租庸使"谦以国用不足，奏：'诸道判官员数过多，请只置节度、观察、判官、书记、支使、推官各一员，留守置判官各一员，三京府置判官、推官，余并罢俸钱。'又奏：'百官俸钱虽多，折支非实，请减半数，皆支实钱。'并从之。未几，半年俸复从虚折。"⑤孔谦任租庸使是在同光二年八月，⑥就此来看，后唐同光三年对地方官俸禄的那次整顿所规定的"依除实钱"，施行未及半年，就又重新开始

---

① 《旧五代史》卷一〇七《王章传》，第1410页。
② 《册府元龟》卷五〇八《邦计部·俸禄四》，第6099—6100页。
③ 《文献通考》卷六五《职官考十九·禄秩》，第1965页。
④ 《中国俸禄制度史》，第220页。
⑤ 《旧五代史》卷七三《孔谦传》，第965页。"未几，半年俸复从虚折"一句颇不通，颇疑"几"字为"及"字之误，如是则可断为"未及半年，俸复从虚折。"
⑥ 《资治通鉴》卷二七三，后唐庄宗同光二年八月，第8924页。

第八章 俸禄制度

进行虚折了。从"百官俸钱虽多，折支非实"等话看，[1]后唐对官员的俸钱进行折估并非始于孔谦，在这之前已有之，故孔谦才能以折支非实为理由，减半给实钱。然而不久又在半俸的基础上进行虚折，这样就引起了官员的普遍不满。故唐明宗即位以后，首先处死了孔谦，以争取人心，平息众怨。史载："（任）圜拣拔贤俊，杜绝倖门，百官俸入为孔谦减折，圜以廷臣为国家羽仪，故优假班行，禁其虚估。"[2]任圜时任宰相兼三司使，但他并没有停止折估，只是对廷臣"禁其虚估"而已。唐明宗于天成元年四月即位，七月给百官发俸，当时的情况仍是"百官俸钱皆折估"。[3]还有一条史料可以证明这一点，所谓"洎同光末，谦得罪，废租庸使额，谦之弊政皆削除。惟有定官员减俸之事，因循未革，所及一半实俸，余从虚折，议者非之"[4]。可见天成以后，官员名义上拿到了全俸，实际上仍是半俸，从"余从虚折"一句看，另一半还是要进行虚折的。正因为如此，才有"惟有定官员减俸之事，因循未革"的说法。

折估之制几乎贯穿于五代之始终，故官员要求发给实钱的呼声，始终不绝。如同光四年二月，"宰臣豆卢革上言，请支州县官实俸，以责课效"。[5]前引后晋天福二年窦温颜的进策中，也谈到州县官所得正俸，"皆无见钱，使府给配之时，皆是虚头计算"。可见不仅中央政府进行虚估，藩镇使府亦不例外。后周显德三年，周世宗也提出："文武百僚所请俸给，支遣之时，非唯后于诸军，抑亦又多折估，岂均养之理邪！……此后并宜支与实钱。"[6]但是周世宗的这一主张当时并未真正施

---

[1]《五代会要》卷二八《诸色料钱下》："后唐同光三年二月十五日，租庸院奏：诸道州县官并防御团练副使、判官等俸料，各据逐处具到事例，文帐内点检旧来支遣则例，钱数不等，所给折支物色，又加钱数不定，难为勘会"云云。第441页。亦可知折估之制由来已久，并非始于孔谦任租庸使时。
[2]《旧五代史》卷六七《任圜传》，第895页。
[3]《资治通鉴》卷二七五，后唐明宗天成元年七月，第8990页。
[4]《册府元龟》卷五〇八《邦计部·俸禄四》，第6098页。
[5]《旧五代史》卷三四《唐庄宗纪八》，第469页。
[6]《册府元龟》卷五〇八《邦计部·俸禄四》，第6100页。

行，直到显德五年十二月改革俸禄制度时，才算得到了落实。不过此时距五代的终结已经为时不远了。

关于俸户，实际上也始于唐代。胡三省曾经指出："唐又薄敛一岁税，以高户主之，月收息给俸，此所谓俸户也。"①五代的俸户始于何时，史无明文，梁、唐、晋诸朝未见记载。这三朝的朝官俸禄由租庸使或三司使统一支给，地方官则由中央统一确定发放标准，中央选授之官的俸禄从系省钱物中支给，即从应上缴中央的财赋中支给，地方自行辟置的官员则由节度使（或观察使）从地方财政中支给。俸户在五代最早见于后汉，其每月所纳之钱主要用于州府佐官及县级官员俸钱的支出。如后汉乾祐三年，三司使奏："州县令录佐官，请据户籍多少，量定俸户：……每户月出钱五百，并以管内中等户充。……其俸户与免县司差役。"②唐制规定，由官府出本钱，由高户主之，月收息以给官俸。五代虽仍由官府出资，但却是由各县境内中等户主之，每月出钱500文，除交纳两税外，免除其他各种差役，并不得再让其耕种职田。从当时的情况看，后汉采用了根据官员每月俸钱的多少，将俸户直接划到各位官员名下，由他们自行收纳的办法，所谓"宜令等第支与俸户，逐户每月纳钱五百"。如果官员依仗权势，"除本分人数外，剩占俸户及令当直手力，更纳料钱"者，允许百姓陈告，"其陈告人与免户下诸杂差徭，所犯人追毁告身，更加力役"。由于各县富裕程度不一，中等户的多少也不同，而官员的编制却大致相同，这样就会存在官员应得俸户是否足额的问题。关于这一点，后汉也有相应的规定，即"如有阙额及不逮，明申州府差填，不得衷私替换"。③

后汉设置俸户的办法，虽然解决了州县官员俸料拿不到实钱的问题，但是却产生了官员违法影占俸户，或者多收钱物的新问题，于是后周于显德五年下令停止实施这一制度。这年十二月，"诏重定诸道州府

---

① 《资治通鉴》卷二九四，后周世宗显德五年十一月胡三省注，第9589页。
② 《旧五代史》卷一〇三《汉隐帝纪下》，第1368页。
③ 《五代会要》卷二八《诸色料钱下》，第445页。

幕职令录佐官料钱，其州县官俸户宜停"。①凡诸色课户及俸户，"并勒归州县，其幕职、州县官自今并支俸钱及米麦"②。由于新旧制度的交替有一个过渡期，据《五代会要》卷二八《诸色料钱下》载，这些官员的俸钱与米麦等，"取显德六年三月一日后起支"，如果今后还有人户自愿充当此等户者，"便仰本州勒充军户，配本州牢城执役"。这是五代州府佐官及县级官员俸禄制度的一次重大变化。

四、罚俸制度

所谓罚俸制度是指官员因公务失职、失仪而给予的一种处罚，通常作为官员犯较轻错误时给予的一种行政处分。五代的罚俸制度仍然沿袭唐制，但与唐朝相比，罚俸的范围有所扩大，并有日渐泛滥的趋势。五代时期的罚俸主要用于以下几种情况：

第一，失职。如"梁李翼为光禄卿。太祖乾化元年七月，坐进庙胙色败，有诏罚两月俸"③，这是光禄寺官员献祭品不合格而罚俸的例子。"仇殷为司天监。开平四年十月己巳，夜月有苍白晕，镇与胃昴，在环中络奎，毕天船卷舌。殷不时奏，罚两月俸。五年正月，以天文变异，殷又不时奏，罚两月俸"④，这是司天监官员观察天文变异时，没有及时上奏而被罚俸的例子。后唐天成三年，明宗巡省州府，六军从行，命濮州刺史孔知邺督运粮草，而孔知邺却因不善抚恤百姓，致使运粮民工逃亡，因而被罚俸一月。⑤

第二，文书脱漏或不合格式。如"梁太祖开平三年四月，翰林学士

---

① 《旧五代史》卷一一八《周世宗纪五》，第1576页。
② 《资治通鉴》卷二九四，后周世宗显德五年十二月，第9589页。《旧五代史》卷一一八《周世宗纪五》（第1576页）、《五代会要》卷二八《诸色料钱下》（第446页）等书均记，这年十二月停止俸户之制，与《资治通鉴》所记相同。
③ 《册府元龟》卷六二五《卿监部·废黜》，第7517页。
④ 《册府元龟》卷六二五《卿监部·废黜》，第7517页。
⑤ 《册府元龟》卷六九九《牧守部·谴让》，第8343页。

郑珏、卢文度，以书诏漏略王言，罚两月俸"①。"后唐崔协为御史中丞。庄宗同光中，与殿中侍御史韦棁、魏逊，诣东上阁门进状，待罪。罚俸有差，刑狱奏牍脱略文字故也"。②"赵玉为侍御史。明宗天成四年七月，推劾汴州相国寺僧崇德宗内误书，僧审方入，罚一月俸"。③这些都是文书脱漏或误书而罚俸的例子。"王丞弁为祠部郎中。明宗长庆元年九月，以奏状背缝著姓，罚一月俸"。④这是奏状不合格式的例子。

第三，失仪。五代时期朝官因失仪而被处罚的例子较多，这主要是因为当时朝官素质下降，不熟悉礼仪制度所致。如"梁王舜卿为吏部侍郎、翰林学士。乾化二年九月，太祖北巡，回至化黄县，敕舜卿等驾发魏州之初，扈从不至，各罚两月俸"。⑤后唐天成二年四月，"御史台奏：'今月三日廊下食，百官坐定，两省官方来，自五品下辄起。'诏曰：'每赴廊餐，如对御宴，若行私礼，是失朝仪，各罚半月俸。'"⑥唐末帝清泰三年二月"监察使奏荐飨太庙。其月十九日，尚书省受誓戒。故事，诸行事官质明至省，候太尉。其日，行事官与摄太尉、宰臣并先到，其摄司空、吏部侍郎龙敏后至，虽及受誓戒，其候太尉违礼，诏罚一季俸料"。⑦清泰元年，御史中丞张鹏"自举内殿起居门外序班，与御史晚到失仪，诏各罚一月俸料"。⑧这个事例比较特殊，御史台有误，本来应由尚书左右丞纠举弹奏，而此事却由御史中丞自我弹奏，则左右丞俱失职矣。"晋薛融为御史中丞。高祖天福四年，融乘马入尚书省门，罚俸一月"。⑨按照五代制

---

① 《册府元龟》卷五五三《词臣部·谬误》，第6640页。
② 《册府元龟》卷五二二《宪官部·谴让》，第6236页。
③ 《册府元龟》卷五二二《宪官部·谴让》，第6236页。
④ 《册府元龟》卷四八一《台省部·谴责》，第5745页。
⑤ 《册府元龟》卷四八一《台省部·谴责》，第5745页。
⑥ 《旧五代史》卷三八《唐明宗纪四》，第522页。
⑦ 《册府元龟》卷一五四《帝王部·明罚三》，第1870页。
⑧ 《册府元龟》卷五一七《宪官部·振举二》，第6180页。
⑨ 《册府元龟》卷五二二《宪官部·谴让》，第6237页。

度,只有尚书左右仆射可以乘马入尚书省门,其他官员均不得乘马入省门。"(后)周边归说为御史中丞。显德五年,夺俸一季。先是百官因事班于广德殿门外,归说忽尔厉声,闻于帝座,观者无不悚然,故寘于罚"。① 在以上事例中,执法官员违仪者最多,这是一个在其他历史时期均不常见的现象,其实是五代官吏队伍素质不高的一个真实反映。

第四,举荐不当或安置私人。后唐长兴二年诏曰:"近闻百执事等,或亲居内职,或贵列廷臣,或宣达君恩,或勾当公事,经由列镇,干挠诸侯,指射职员,安排亲昵,或潜示意旨,或显发书题。自今后一切止绝,有所犯者,发荐人贬官,求荐人流配。如逐处长吏自徇人情,只仰被替人诣阙上诉,长吏罚两月俸,发荐人加一等,被替人却令依旧。"②

第五,官员互相包庇。"梁萧顷,为御史司宪。太祖开平三年,郓州百姓刘郁于驾前陈状,论金吾大将军石彦辞卖宅不肯交割,经御史台论理,不为推穷事,顷与侍御史卢庥各罚两月俸"③。侍御史卢庥之所以被罚俸,就是因为他在百姓诣御史台投诉后,却包庇石彦辞,不予推问。再如"后唐张延辉为许州临颍令。明宗长兴元年九月,为县人韦知进所讼,称知进父充所由为衙参不到,决杖致死。又论延辉取赃赂,法司估计钱三十三贯,以绢平之,得绢二十二匹。准法决重杖一顿处死。主簿高延诲罚两月俸"④。主簿高延诲并未犯法,之所以被罚俸,主要是他与张延辉同县为官,本应举奏,却未尽其职。

第六,违程。五代后唐时规定,诸州每年都要向朝廷进贡方物,通常是每年冬至到京并陈列于正殿之前。而房州却迟至次年三月方送到贡物。于是在长兴四年七月,"其录事参军孔霸文,宜罚一季俸,刺史尹

---

① 《册府元龟》卷五二二《宪官部·谴让》,第6237页。
② 《旧五代史》卷四二《唐明宗纪八》,第578页。
③ 《册府元龟》卷五二二《宪官部·谴让》,第6236页。
④ 《册府元龟》卷七〇七《令长部·贪黩》,第8419页。

晖，……宜令本道观察使，量罪科责讫以闻"。①之所以处罚录事参军，是因为其负责勾检工作，日程违限即在其监察范围之内。

第七，科举选士不当。如后唐长兴元年六月，中书门下奏："张文宝试士不得精当，望罚一季俸，今后知举官，如敢因循，当行严典。"②后唐"明宗天成四年，中书舍人知贡举卢詹，进纳春关，状内漏失五经四人姓名，罚一月俸"。③

五代时期的罚俸制度作为一种行政处罚，虽对整肃吏治起到了一定的作用，但由于使用过滥，甚至用罚俸来代替刑罚，有时反倒起到了包庇官员犯罪的作用。如后唐镇州节度使李从敏与其下属官吏收受贿赂，草菅人命。事发后，明宗将镇州判官、押衙、行军司马等处死，而主犯李从敏因为唐明宗的宠妃王淑妃出面求情，仅罚一季俸了事。④再如天成三年时，巡检军使浑公儿奏称有两百姓操器械，演习战斗，唐明宗遂将此事交石敬瑭审理，石敬瑭未加详查，便将两人处死。事后方知是两个小儿用竹竿游戏，明宗大怒，将浑公儿决杖二十，流配登州。但却对直接致人死命的石敬瑭仅处以罚俸一月，⑤原因就在于石敬瑭与唐明宗有亲属关系。像这种以罚俸代替刑罚的例子，在五代时期屡见不鲜。

此外，五代时期对官员常用罚俸代替其他处罚，还有一个原因，即大多数的官员违反制度的行为都构不成犯罪，采用罚俸的办法处罚，既可对官员起到一定的惩戒作用，又对官员的经济收入影响不大，然而对国家拮据的财政来说却是小有补益，故当时各朝大都乐于采用此种办法处罚违纪官员。

另外，五代时期比较广泛地采用罚俸来处罚官员，作为一种经济

---

① 《册府元龟》卷一五四《帝王部·明罚三》，第1870页。
② 《册府元龟》卷六四二《贡举部·条制四》，第7695页。
③ 《册府元龟》卷六五一《贡举部·谬滥》，第7803页。
④ 《北梦琐言》卷二〇《委使按问》，第353—354页。原文记为王贵妃，另据《旧五代史》本传（第1618页）载，应为王淑妃。
⑤ 《旧五代史》卷三九《唐明宗纪五》，第533—534页；《册府元龟》卷一五一《帝王部·慎罚》，第1829页。

制裁的行政处分手段，在事实上存在着扩大行政法规调整官员行为的作用，同时又缩小了刑事法规的调整范围，使一部分较轻微的违法行为从原来的刑事犯罪范围中被剥离了出来。这种办法只要运用得当，不有意袒护违法官员，将会有利于维护国家机器的运转，对发展和完善法制未尝不是一件有益的事情。

五、结语

五代在官员请假、患病期间也支给料钱。此制始于后唐长兴二年，据《五代会要》卷二八《诸色料钱下》载：这年闰五月，"起居郎曹琛奏：'文武两班，或请假归宁，或卧疾未损，才注班簿，便住料钱。伏乞特降敕命者。'敕：'今后文武官请准式归宁假及病疾者，并许支给本官料钱。'"可见在这之前是不给料钱的。但是"或有托病，不赴朝参，故涉旷怠者，慢于事君，何以食禄。如闻纠奏，当责尤违"[1]，即此类现象要给予一定的处罚。此外，五代对一些外命妇也给俸钱，如西京留守判官李遐因张从宾乱，被害。晋高祖遂封其母为京兆郡太君，支给李遐月俸，直至其终身。[2]当然这只是一种特例。

总的来看，五代时期官员的俸禄水平与唐代相比是比较低的，且多得不到现钱，经过折估后所得实物不仅大为减少，而且还是"烂弱斛斗"。如后汉王章任三司使时，"章与杨邠不喜儒士，郡官所请月俸，皆取不堪资军者给之，谓之'闲杂物'"。[3]当时杨邠任枢密使，掌控朝政。五代时期重武轻文，士大夫的政治地位大为下降，发放俸禄时，通常均优先考虑武官及禁军将校，然后才给士大夫支俸。在这一时期官员还经常不能按时得到俸禄，后唐天成二年十月，唐明宗降诏书指出："应天下州县官员逐月俸料，如闻支给，多不及时，纵或支遣，皆是烂弱斛斗，既阙供输，难责廉慎。"为了改变这一状

---

[1]《全唐文》卷一一〇，后唐明宗《朝臣假内仍给俸敕》，第1128页。
[2]《旧五代史》卷九三《李遐传》，第1236页。
[3]《旧五代史》卷一〇七《王章传》，第1410页。

况，唐明宗要求地方州县官员的俸料，"宜逐县人户于合送纳税物内计折充支，一则免劳于人户输纳，一则便于官僚"。①实际上唐明宗的这一想法很难实现，因为五代的赋税征收上来后，分为上供、送使、留州三部分，各县并不能将所征之赋税自行截留。唐明宗颁布这道诏书时，曾要求三司按照这个设想具体筹划实施办法，虽不能知道当时的三司是如何对待这道诏书的，但从以后各朝的情况看，显然并没有得到实施。如直到后晋天福二年时，地方州县官员俸料的发放，仍是"使府给配之时，皆是虚头计算"。②可见是送使后统一由使府支给的。

尽管这一历史时期官员的俸禄水平不高，仍不免有许多额外的负担。如后梁开平三年十二月，"国子监奏：'创造文宣王庙，仍请率在朝及天下见任官僚俸钱，每贯每月克一十五文，充土木之直。'允之"。③这些都是非经常性的克扣，此外还有一些经常性的支出，如每年元日、冬至、寒食、端午以及皇帝降诞之日，各地官员都要向皇帝进奉贡物，这种进奉虽然并不由官员自掏腰包，但却直接影响了官员俸禄的发放，尤其是边远贫困地区更是如此。如后晋天福六年正月诏曰："朕自御寰区，每思黎庶，贵除聚敛，以活疲羸。访闻遐僻边境之州，或无公廨利用之物，每因节序，亦备于贡输，辍官吏之俸钱，率乡园之人户，虽云奉上，其奈害公。"④可见这种贡献直接影响了这些地区官员俸料的支给，于是要求这年不要再向中央贡献。但是从整个五代的情况看，这种贡献丝毫未停止。仅从《册府元龟》卷一六九《帝王部·纳贡献》所记的历朝接受贡献的情况看，五代短短的数十年时间，纳贡献次数之多超过了自西汉以来历朝的总数，几乎无年不纳。在这种情况下，地方官员只好将负担转嫁到百姓头上，"凌压平

---

① 《册府元龟》卷九二《帝王部·赦宥一一》，第1108页。
② 《册府元龟》卷五〇八《邦计部·俸禄四》，第6100页。
③ 《册府元龟》卷一九四《闰位部·崇儒》，第2339页。
④ 《册府元龟》卷一六八《帝王部·却贡献》，第2030页。

第八章　俸禄制度

人"者有之，"科赋于人"者有之，"科配人户"者有之，"赊买行人物色"者有之，①从而激化了社会矛盾。有些比较清廉的官员，为了不加重百姓负担只好自掏俸钱备置贡物，如阎建在后汉时任景州刺史，每年正至节按惯例都要贡马1匹，"价钱五万"，"旧例分配牙前及诸县人吏，因兹丐敛编民"。于是阎建便规定这笔钱今后从自己俸钱中支出，不再向本州及诸县官吏摊派。②不仅地方官如此，朝臣中清廉者甚至生活都十分窘迫，以后唐宰相李愚为例。长兴四年，李愚患病，"明宗使中使宣问。愚所居寝室，萧然四壁，病榻弊毡而已。中使具言其事，帝曰：'宰相月俸几何？而委顿如此。'诏赐绢百匹、钱百千、帷帐什物一十三事"。③可见虽贵为宰相，如果为官清廉仅靠俸禄也是很难维持生活的。正因为如此，在五代时期清廉之官极少，而贪浊之官却比比皆是，遂使吏治腐败，社会动荡，百姓困苦不堪。

有关十国俸禄制度的相关记载极少，从仅有的一些记载来看，各国的俸禄制度颇不相同，有的政权官员俸禄比较优厚，有的则比较微薄。以南唐为例，据马令《南唐书》卷一三《韩熙载传》载："熙载才名远布，四方建碑表者，皆载金帛求为之文，而常俸赐赍，月不下数千缗。广纳儒生，苟有才艺，必延致门下，以舒雅之徒为门生，高第凡数十辈。由是所用之资，月入不供。及奉使临川，借官钱三十万。所司以月俸预纳，熙载上书诉之。"这段史料虽提及俸禄，但没有说明韩熙载的月俸到底是多少。另据龙衮《江南野史·逸文》载：韩熙载因借官钱而被有司扣去俸钱，上书向皇帝诉苦，后主李煜批云："'熙载呫呫，意要出钱，支分破除，广引妓路，如去临川一使，币帛轻快，措大无失也。且月俸五十余千，谓之不足，则竭国家之产，不过养得百十个措大

---

① 《册府元龟》卷六五《帝王部·发号令四》，第730页。
② 《册府元龟》卷六八九《牧守部·革弊》，第8221页。
③ 《职官分纪》卷三《中书门下》（第68页）和《旧五代史》卷四四《唐明宗纪十》（第603页）。两书有大致相同的记载。

尔。'乃赐内库绵绢充时服。"可见其月俸为50余贯。韩熙载当时任中书侍郎，说明南唐的俸禄还是比较高的。再如北汉，国小民贫，"宰相月俸止百缗，节度使止三十缗，自余薄有资给而已，故其国中少廉吏"。① 其他诸国的情况，史无记载，只好留之待考了。

---

① 《日知录集释》卷一二《俸禄》，第709页。

第九章

军事制度

这一历史时期的兵制比较复杂，主要是因为改朝换代频繁，割据政权林立，各个政权各有其制，致使军号繁多，兴废不一。然并不是无迹可考，总的来看，无非是分为中央禁军、藩镇军与地方乡兵三大类，其中以禁军之制最为复杂。

一、后梁禁军制度

朱温取代唐朝建立后梁，其兵制却与唐颇不相同，其兵制是在原宣武镇兵制的基础上发展完善而成的，也就是说是从唐末藩镇兵制演化而来的，故欧阳修说："自梁以宣武军建国，因其旧制"云云。[①]后梁的兵制唯禁军制度与唐相比变化颇大，而藩镇军变化不大，故重点对其禁军制度做一探讨。

（一）六军

朱温于开平元年四月称帝建国之初，即对禁军兵制进行了整顿，据《五代会要》卷一二《京城诸军》载：

> 梁开平元年四月，改左右长直为左右龙虎军，左右内卫为左右羽林军，左右坚锐、夹马、突将为左右神武军，左右亲随军将马军为左右龙骧军。其年九月，置左右天兴、左右广胜军，仍以亲王为军使。
>
> 二年十月，置左右神捷军。十二月，改左右天武为左右龙虎军，左右龙虎为左右天武军，左右天威为左右羽林军，左右羽林为左右天威军，左右英武为左右神武军，左右神武为左右英武军。[②]

---

① 《新五代史》卷二七《康义诚传》，第298页。
② 《五代会要》卷一二《京城诸军》，第205页。另据《旧五代史》卷三《梁太祖纪三》记为"内衙"而不是"内卫"，第50页。《五代会要》所记有误。

第九章 军事制度

唐朝的六军是左右羽林、左右龙武、左右神武，共3个军号，6支部队，而后梁则为6个军号，12支部队，这是其与唐制的最大不同之处。但是后梁的六军仍是在唐制的基础上发展而成的，为什么这样说呢？首先，其六军制度本身就是沿袭唐制而来的。其次，其六军中有3个军号，即羽林、龙虎、神武是唐制的直接沿袭，龙虎军即龙武军，唐避李虎讳，故改"虎"为"武"，后梁皇帝姓朱自然不避此讳。再次，天威、天武、英武的军号也是沿用了唐朝禁军的军号。早在唐德宗时禁军中就有天威军，"德宗避泾师之难，幸山南，内官窦文场、霍仙鸣拥从。贼平之后，不欲武臣典重兵，其左右神策、天威等军，欲委宦者主之，乃置护军中尉两员、中护军两员，分掌禁兵"。①但是另有记载说："帝自山南还，两军复完，而帝忌宿将难制，故诏文场、仙鸣分总之，废天威军入左右神策"。②不管天威军此次是否并入神策军，但唐德宗时有天威军的存在是不争之史实。后来唐朝又将左右射生军改为左右神威军，唐宪宗元和三年（808），将左右神威军合为一军，改号曰天威军。"至八年废天威军，以其骑士分属左右神策"。③但是到了唐昭宗时，又组建了天威军。大顺二年（891），宦官刘景宣等杀死了天威军使李顺节，激起了天威等军的兵变。景福元年（892），宦官西门君遂杀另一天威军使贾德晟，"是日，德晟部下千余骑出奔凤翔，自是岐军益盛"。④但这并不表示天威军从此就不存在了，只是兵力有所削弱而已。至于天武军，始置于唐玄宗天宝十四载（755），当时安禄山反叛，"于京师召募十万众，号曰'天武健儿'"，⑤命高仙芝率领以抵御叛军。元和八年，"废

---

① 《旧唐书》卷一八四《宦官传》，第4754页。
② 《新唐书》卷二〇七《宦者传上》，第5867页。
③ 《册府元龟》卷六二六《环卫部·总序》，第7519页。
④ 《旧唐书》卷二〇上《昭宗纪》，第748页。
⑤ 《唐会要》卷七二《军杂录》，第1539页。

天武军，并入神策军"。①唐昭宗时复置天武军，为禁军之一。②至于英武军亦置于唐代，《新唐书》卷五〇《兵志》："又择便骑射者置衙前射生手千人，亦曰'供奉射生官'，又曰'殿前射生'，分左、右厢，总号曰'左右英武军'。"元和二年敕曰："近置英武军及加军额，宜从并省，以正旧名。其英武军额宜停，将士及当军一切已上，并合入左右威远营。"③可见后梁只不过继续沿用了这些唐朝的禁军名号而已，并非其新创，只是这些军号原来不在六军之列，后梁将其纳入六军体制之中，以示其制与唐朝的不同。

据上引《五代会要》的记载，可知自开平二年，后梁正式确立了以左右龙虎、羽林、神武、天武、天威、英武等军为六军的体制。通过上面的论述，可知其六军的名号虽然仍沿袭了唐朝禁军的旧号，但是这些军队的渊源却与唐朝禁军毫无关系，而是在原宣武军所属的各支军队的基础上新组建的。换句话说，即在唐末藩镇军的基础上发展起来的。

后梁的左右龙虎军是以左右天武军改编而成，而天武军本为宣武镇的旧有军队之一，后梁建国以后，其遂成为侍卫亲军中的一支部队。天武军颇有战斗力，关于其参加争霸战争的记载颇多。开平二年十月，"以左天武军夹马指挥使尹皓为辉州刺史，以右天武都头韩瑭为神捷指挥使，左天武第三都头胡赏为右神捷指挥使，仍赐帛有差，以解晋州围之功也"。④这是以天武军为主力解晋州之围后，赐功的相关记载。改为左右龙虎军后，这支军队仍作为后梁的主力参加了不少战役，如开平三年六月，"右龙虎军十将张温以上二十二人于潼关擒获刘知浣，送至行在"。梁太祖颁敕表彰说："刘知浣，逆党之中最为头角；龙虎军，亲兵之内实冠爪牙。昨者攻取潼关，率先用命；寻则擒获知浣，最上立功。颇壮军威，将除国难"云云。⑤ "亲兵之内实冠爪牙"一句，将龙虎

---

① 《旧唐书》卷一五《宪宗纪下》，第447页。
② 《新唐书》卷一六三《孔巢父传附孔纬传》，第5012页。
③ 《唐会要》卷七二《京城诸军》，第1532页。
④ 《旧五代史》卷四《梁太祖纪四》，第65页。
⑤ 《旧五代史》卷四《梁太祖纪四》，第69页。

军在禁军中的地位表述得再也清楚不过了。梁末帝贞明二年（916），"是岁，庆州叛附于岐，岐将李继陟据之。诏以左龙虎统军贺瓌为西面行营马步都指挥使，将兵讨之，破岐兵，下宁、衍二州"。[1]贺瓌所率之军即龙虎军。朱友珪弑其父朱温，篡夺帝位时，所依靠的军队主要也是龙虎军。

左右羽林军是以天威军改编而成的，《旧五代史·朱汉宾传》："入梁，历天威军使、左羽林统军。"可见天威军也是宣武镇原有的军队。不过后梁的羽林军很少参加征伐，因此有关其活动的记载极少，这大概与其战斗力不强有直接的关系。

左右神武军是以英武军改编而成的，《旧五代史·袁象先传》："梁开平二年，授左英武军使，再迁左神武、右羽林统军。"袁象先当是先任左英武军使，英武军改为神武军后，又改任左神武统军。据此可知英武军亦为宣武镇旧军。神武军也很少参与重大战役，而且其在六军中的地位也不高，如贞明三年，"以左神武军统军周武为宁州刺史"。[2]而龙虎军凡任统军者，如外任则多为节度使，这种差异的存在，当与其兵力有限，战斗力不强直接相关。

后梁六军中的天武军是由龙虎军改编而成，而龙虎军则是由左右长直军改编而来的。关于长直军史籍记载颇多，如刘捍，在唐昭宗天复三年（903），随"太祖伐王师范于青州，改左右长直都指挥使"。[3]"梁寇彦卿，自太祖镇汴，擢在左右。弱冠，选为通赞官。太祖为元帅，补元帅府押衙，充四镇通赞官行首，兼右长直都指挥使"。[4]可见长直军是宣武镇较早组建的军队之一，而且是朱温的亲军，从寇彦卿所任通赞官兼右长直都指挥使的官职，就可知道其军的性质。再如朱温与魏博节度使罗绍威联合，打算歼灭跋扈的魏博牙军，"先是，帝之爱女适罗氏，是月，卒于邺城。因以兵仗数千事实于橐中，遣客将马嗣勋领长直军千

---

[1] 《资治通鉴》卷二六九，后梁均王贞明二年十二月，第8808页。
[2] 《旧五代史》卷九《梁末帝纪中》，第131页。
[3] 《册府元龟》卷三四六《将帅部·佐命七》，第4099页。
[4] 《册府元龟》卷四六七《台省部·宣赞》，第5564页。

人，杂以工匠、丁夫，肩其橐而入于魏，声言为帝女以设祭，魏人信而不疑。庚午夜，嗣勋率其众与罗绍威亲军数百人，同攻牙军，迟明尽杀之，死者七千余人，洎于婴孺，亦无留者"。①朱温派长直军入魏，而不派别的军队，根本原因就在于长直军是亲军，不是野战部队，所以魏博牙兵才不怀疑。天武军也参加野战，如开平四年，后梁与晋在河北柏乡进行战略决战，当时后梁就出动过天武军。史载："梁将韩勍等将步骑三万，分三道追之，铠胄皆被缯绮，镂金银，光彩炫耀，晋人望之夺气。周德威谓李存璋曰：'梁人志不在战，徒欲曜兵耳。不挫其锐，则吾军不振。'乃徇于军曰：'彼皆汴州天武军，屠酤佣贩之徒耳，衣铠虽鲜，十不能当汝一。擒获一夫，足以自富，此乃奇货，不可失也。'德威自引千余精骑击其两端，左右驰突，出入数四，俘获百余人，且战且却，距野河而止"。这就说明天武军的装备优良，但并不能就此认为天武军的战斗力不强，因为周德威想通过这些话鼓励本军士气，有意贬低梁军的战斗力，而且周德威率军进击，仅仅击梁军阵营的两端，而不敢击其中军，胡三省于此处指出："中军坚厚，不可冲击；击其两端，以其薄也。"②可见周德威也不敢轻视天武军的战斗力。

六军中的天威军是由羽林军改编而成，而羽林军却是由左右内衙军改编而成的。内衙军也是宣武镇的亲军部队，其军将多由朱温心腹之人充任，如张朗24岁时，"补宣武军内衙都将"，"事梁仅三十年，凡有征讨，无不预之"。③说明内衙军也负有野战征讨之责。《旧五代史·牛存节传》："开平二年二月，自右监门卫上将军转右龙虎统军，驻留洛下。是岁，王师败于上党，晋人乘胜进迫泽州，州城将陷。河南留守张全义召存节谋，遂以本军及右龙虎、羽林等军往应接上党。师至天井关，存节谓诸将曰：'是行也，虽不奉诏旨，然要害之地，不可致失。'时晋人新胜，其锋甚盛，存节引众而前，衔枚夜至泽州，适遇守埤者已纵火鼓噪，以应外军，刺史保衙城，不知所为。存节才入，晋军

---

① 《册府元龟》卷一八七《闰位部·勋业五》，第2272页。
② 《资治通鉴》卷二六七，后梁太祖开平四年十二月及胡注，第8731—8732页。
③ 《旧五代史》卷九〇《张朗传》，第1190—1191页。

第九章 军事制度

已至矣,乃分布守御。晋军四面攻斗,开地道以入城,存节亦以隧道应之,逆战于地中,晋军不能进。又以劲弩射之,中者人马皆洞,经十三日,晋军死伤者甚众,焚营而退,郡以获全,太祖屡叹赏之。五月,迁左龙虎统军。"此战梁军出动的是龙虎、羽林等军,时在开平二年二月至五月间,这时的龙虎军前身就是长直军,这年十二月改编为天武军,而羽林军的前身是内衙军,随后又改编为天威军。这就说明天武军与天威军还是具有相当强的战斗力的。《新五代史·徐怀玉传》载:"迁右羽林统军,屯于泽州,晋人攻之,为隧以入,怀玉击之隧中,晋人乃却。"可见此次参战的是右羽林军,可补上引史料记载之不足。

六军中的英武军是由神武军改编而成,神武军却是由坚锐、夹马、突将等3支军队改编而成的。坚锐军是朱温所组建的隶属于宣武镇的军队之一,有关其活动的记载较少。夹马军的情况与坚锐军的一样,但是有关其参加征伐的记载相对较多一些,可能与夹马军的战斗力较强有关。至于突将,则是唐朝创立的一个军号,多由敢死之士组成,故战斗力极强。由于突将对入选之人非常严格,故唐五代以来突将的人数都不多,后梁亦不例外。正因为这3支军队人数都不多,所以才将其合并为一个军号,不过从后梁的情况看,改编成六军以后,它们仍然在英武军下保留了原有的军号,如潘环,"梁末帝用为左坚锐夹马都虞候,累迁左雄威指挥使"[1]便是一例。英武军在六军中是一支颇有战斗力的军队,坚锐军的情况由于相关记载太少,不好论定,突将的战斗力自不待言,夹马军一直是后梁军队中颇有战斗力的部队,试举几例:开平元年,遣"夹马指挥使尹皓攻晋江猪岭寨,拔之"。[2]开平四年,梁太祖得知晋军在绥、银等州,遂"遣夹马指挥使李遇、刘䢖自鄜、延趋银、夏,邀其归路"。[3]李重胤本为黄巢将,归降朱温后,"破贼帅黄花子之众,改滑州夹马指挥使"。[4]

---

[1] 《旧五代史》卷九四《潘环传》,第1243页。
[2] 《资治通鉴》卷二六六,后梁太祖开平元年十一月,第8686页。
[3] 《资治通鉴》卷二六七,后梁太祖开平四年八月,第8726页。
[4] 《旧五代史》卷一九《李重胤传》,第265页。

综上所述，后梁六军除了左右羽林、神武等军战斗力不强外，其余诸军还是具有相当强的战斗力，所谓后梁六军"除龙虎军较精锐外，其余五军系应名之军，充数而已"的说法，[①]应该是不准确的。

（二）侍卫亲军之源起

在五代禁军中最重要的应是侍卫亲军，至于六军是无法与其相提并论的。关于侍卫亲军的源起，有人认为"实即牙兵也"，[②]这是不对的。唐代的藩镇均置有牙军，宿卫在牙城内外，由于牙军时常哗变，变易主帅，如同儿戏，故至唐末，节帅又另置亲兵，以保卫节帅。《资治通鉴》卷二五七唐僖宗文德元年（888）二月：魏博"（乐）从训聚亡命五百余人为亲兵，谓之子将，牙兵疑之，籍籍不安。"胡三省注曰："魏博牙兵始于田承嗣，废置主帅率由之。今乐从训复置亲兵，牙兵疑其见图，故不安。"可见亲兵与牙兵并非一回事，两支军队是对立的。亲兵又称后院兵、后楼兵。上引同书卷二五六唐僖宗光启三年三月："镇海节度使周宝募亲军千人，号后楼兵，禀给倍于镇海军；镇海军皆怨，而后楼兵浸骄不可制。"后来有人说镇海军有怨言，周宝说："乱则杀之。"周宝欲镇压牙兵所依仗的军事力量，就是这支后楼兵，说明亲军是非常精锐的。至于称亲军为后院兵的也不少，如王处直，"初为定州后院军都知兵马使"。[③]"幽州军乱，逐其帅李载义，立后院副兵马使杨志诚为留后"[④]。"潞州有后院军，兵之雄劲者"[⑤]。胡三省也说："唐中世以来，方镇多置后院兵。"[⑥]亲兵称后楼兵、后院兵，与其保卫节帅使院及内宅有关，前面提到的镇海节度使周宝"与僚属宴后楼"，大醉。是夕牙兵叛，攻府舍，周宝"徒跣叩芙蓉门呼后楼兵。"[⑦]可见

---

① 张其凡：《五代禁军初探》，暨南大学出版社，1993年，第3页。
② 《五代禁军初探》，第3页。
③ 《旧唐书》卷一八二《王处存传附王处直传》，第4701页。
④ 《旧唐书》卷一七下《文宗纪下》，第540页。
⑤ 《旧五代史》卷五〇《李克恭传》，第684页。
⑥ 《资治通鉴》卷二六二，唐昭宗光化三年十月胡注，第8536页。
⑦ 《资治通鉴》卷二五六，唐僖宗光启三年三月，第8345—8346页。

后楼兵驻在使府附近。后院与后楼的意思相同，都是指节帅的内宅。至五代时，凡节帅均置有亲军，据《旧五代史·梁太祖纪一》载：唐昭宗大顺元年（890），朱温"率亲军讨之"。同书乾宁二年（895）二月，"帝领亲军屯于单父，以为友恭之援"。这就说明早在后梁代唐之前，就已有了亲军的名号。其他藩镇也是如此，《新五代史·王镕传》："穷究反状，亲军皆惧。"晋王李存勖未即帝位前，与梁大战，"王自引亲军至魏县，与郭夹河为营"。①李洪信历后唐、后晋、后汉，后周四朝，历任节度使、禁军将帅，"时节镇皆广置帐下亲兵，惟洪信最寡少"②。李洪信因亲兵寡少，竟然被写入史册，可见当时节镇置亲军之普遍程度。五代诸帝多起自节镇，当其入主中朝时，则其亲军便被改称为侍卫亲军，故欧阳修说："而侍卫亲军者，天子自将之私兵也，推其名号可知矣。"又说："然是时，方镇各自有兵，天子亲军不过京师之兵而已。"③不过侍卫亲军决不仅限于天子当节帅时的亲军部队，实际上还包括了其直属的其他军队在内，当然牙兵也不例外，并且还有所充实扩大，只有这样才能保证朝廷掌控强大的兵力。以上所论只是就亲军与侍卫亲军的关系而言，决不能将两者简单地等同起来。

宋人叶梦得说："都指挥使本方镇军校之名，自梁起宣武军，乃以其镇兵，因仍旧号，置在京马步军都指挥使而自将之。盖于唐六军诸卫之外，别为私兵。至后唐明宗，遂改为侍卫亲军，以康义诚为马步军都指挥使。秦王从荣以河南尹为大元帅，典六军，此侍卫司所从始也。"④欧阳修也说："（梁）有在京马步军都指挥使，后唐因之，至明宗时，始更为侍卫亲军马步军都指挥使。"进而下结论说："（侍卫）亲军之号，始于明宗。"⑤叶梦得的说法虽在欧阳修之后，但两人说法均不正确。后梁有在京马步军都指挥使确实不假，《新五代史·袁象先传》：

---

① 《资治通鉴》卷二六九，后梁均王贞明元年五月，第8789页。
② 《宋史》卷二五二《李洪信传》，第8854页。
③ 《新五代史》卷二七《康义诚传》，第298页。
④ 《石林燕语》卷六，第80—81页。
⑤ 《新五代史》卷二七《康义诚传》，第298页。

"太祖即位，累迁左龙武统军、在京马步军都指挥使。……象先为梁将，未尝有战功，徒以甥故掌亲军。"可证其是。但从"徒以甥故掌亲军"一句可知，在京马步军都指挥使掌领亲军，而这里所说的亲军只能是侍卫亲军。《旧五代史·刘捍传》载："太祖受禅，……授捍侍卫亲军都指挥使。"这段记载非常清楚地说明了早在梁太祖开平初期就已经有了侍卫亲军的名号，那么袁象先所领的在京亲军必是侍卫亲军无疑了。胡三省也说："自梁以来，有侍卫亲军、侍卫马军、侍卫步军。"① 至于在京马步军都指挥使与侍卫亲军都指挥使是同职异称，还是后者是前者的改称，或二职并置，我意为前者，因为二职均掌侍卫亲军，又都在梁初出现，肯定不是前后改称的关系。《旧五代史·汉隐帝纪下》："在京马步兵士，委王殷都大提举。"王殷时为侍卫马步军都指挥使。由此可知，侍卫亲军都指挥使掌领在京诸军，故又称在京马步军都指挥使是完全可能的。其实《资治通鉴》卷二六八后梁均王乾化三年二月载："左龙虎统军、侍卫亲军都指挥使袁象先，太祖之甥也。"就直接说袁象先时任侍卫亲军都指挥使。这个问题说清楚了，则欧阳修、叶梦得所说的唐明宗时始有侍卫亲军与侍卫亲军马步军都指挥使的说法便不辩自明了。

有人认为后梁只有侍卫亲军或在京马步军、西京内外诸军，而未曾称侍卫马步军。至唐明宗中期以后，侍卫亲军与侍卫马步军才是同义语了，也就是说后梁无有侍卫马军与侍卫步军。② 上引胡三省注已经证明这种说法是不对的，在《资治通鉴》卷二八九汉隐帝乾祐三年十一月的注中，胡三省再次强调："侍卫亲军都指挥使之下，又有侍卫马军、步军二都指挥，此皆梁、唐所置。"既然有侍卫马军与侍卫步军之名，为什么不可以合称为侍卫马步军呢？关于这一点史籍也有明确的记载，如《资治通鉴》卷二六七后梁太祖开平三年六月条记载，命杨师厚"帅侍卫马步军都指挥使刘鄩等讨之"。《旧五代史·刘鄩传》亦载：开平三

---

① 《资治通鉴》卷二七六，后唐明宗天成二年十月胡注，第9009页。
② 《五代禁军初探》，第7—8页。

年"五月，改左龙武统军，充侍卫亲军马步军都指挥使"。可见胡三省的说法是言之有据的。

（三）侍卫亲军的构成

后梁的侍卫亲军构成比较复杂，主要是在宣武等4镇军队的基础上扩编而成的，见之于史籍记载的军队主要有以下几种：

控鹤 《旧五代史·朱友珪传》："开平四年十月，检校司徒，充左右控鹤都指挥使，兼管四蕃将军。"说明控鹤军分为左右两厢，而且以都指挥使为统兵长官，可见其兵力不弱。关于这一点还有史料可以证明，如杨思权，"贞明二年，转弓箭指挥使、检校左仆射，累迁控鹤右第一军使"。[1]所谓控鹤右第一军使，即右控鹤军第一军的军使。控鹤左右厢之下辖有军一级编制，可见兵力还是较强的。胡三省指出："控鹤，梁之侍卫亲军。"[2]在后梁时期，控鹤军更多的是守卫宫城，如贞明二年四月，捉生都指挥使李霸帅率所部千人在汴梁作乱，龙骧都指挥使杜晏球率本部军队平乱，并对梁末帝说："陛下但帅控鹤守宫城，迟明，臣必破之。"[3]可见控鹤军的任务是守卫宫城。再如晋军兵临汴梁城下时，"时城中尚有控鹤军数千，朱珪请帅之出战；梁主不从，命开封尹王瓒驱市人乘城为备"。[4]梁末帝不愿让控鹤军出战，却驱使百姓上城防守，显然是将控鹤军留作防守宫城之用。五代时的侍卫亲军诸军除了宿卫京师外，均负有野战任务，控鹤军也不例外，如张汉杰，"贞明中为控鹤指挥使，领兵讨惠王于陈州，擒之。"[5]便是一例。

厅子都 《旧五代史·王晏球传》："梁祖之镇汴也，选富家子有材力者，置之帐下，号曰'厅子都'。晏球预选，从梁祖征伐，所至立功，累迁厅子都指挥使。"可见厅子都是朱温任宣武节度使时，以汴州当地人为主所创建的军队。厅子都战斗力极强，《清异录》云："宣武

---

[1] 《旧五代史》卷八八《杨思权传》，第1152页。
[2] 《资治通鉴》卷二七五，后唐明宗天成元年六月胡注，第8986页。
[3] 《资治通鉴》卷二六九，后梁均王贞明二年四月，第8803页。
[4] 《资治通鉴》卷二七二，后唐庄宗同光元年十月，第8897页。
[5] 《旧五代史》卷一六《张归霸传》，第225页。

厅子都，尤勇悍，其弩张一大机，则十二小机皆发，用连珠大箭，无远不及，晋人极畏此，文士戏呼为'急龙车'。"①关于厅子都的组建时间，《旧五代史·邓季筠传》说："景福二年，晋军攻邢台，季筠领偏师预其役，将及邢，邢人阵于郊，两军酣战之际，季筠出阵，飞马来归，太祖大加奖叹，赏赉甚厚。时初置厅子都，最为亲军，命季筠主之。"可知厅子都组建于唐昭宗景福二年（893），是朱温最信赖的亲军之一。

龙骧 前引《五代会要》载：开平元年四月，改左右亲随军将马军为左右龙骧军。所以龙骧军实为侍卫亲军中的马军部队，关于这一点，有很多史料可以证明，如贞明元年，梁末帝为了分割魏博镇，但又担心其军队不服叛乱，遂遣"刘鄩屯南乐，先遣澶州刺史王彦章将龙骧五百骑入魏州，屯金波亭"。②再如贞明二年，梁末帝见骑兵击叛兵，遂呼之曰："非吾龙骧之士乎？"③龙骧军虽然属于侍卫亲军，但是也负有野战任务，或屯驻于地方。如"朱友珪之篡位也，怀州龙骧守御军作乱，欲入京城，已至河阳，友珪命（王）晏球出骑迎战击乱军，获军使刘重遇，以功转左龙骧第一指挥使。梁末帝嗣位，以晏球为龙骧四军都指挥使"④，可见怀州驻扎有龙骧军。王晏球所任的龙骧四军都指挥使，实为龙骧军的最高指挥官，同时也说明左右龙骧军共辖有4军的兵力。由于龙骧军是后梁的马军部队，故很多骑将都先后担任过龙骧军各级军官，除了王晏球外，还有范居实、刘重遇、王彦章、霍彦威等，其中王彦章、霍彦威均为当时之名将。

神捷 据前引《五代会要》载，神捷军始置于开平二年十月。另据《旧五代史·梁太祖纪四》载：这年十月，"以左天武军夹马指挥使尹皓为辉州刺史，以右天武都头韩瑭为神捷指挥使，左天武第三都头胡赏为右神捷指挥使，仍赐帛有差，以解晋州围之功也。以尹皓部下五百人为神捷军"。由此可知神捷军初置时只有从天武军分出的500人，但却分

---

① 〔宋〕陶谷：《清异录》卷下《武器门》，大象出版社，2019年，第111页。
② 《资治通鉴》卷二六九，后梁均王贞明元年三月，第8787页。
③ 《资治通鉴》卷二六九，后梁均王贞明二年四月，第8803页。
④ 《旧五代史》卷六四《王晏球传》，第853页。

为左右厢，显然是作为侍卫亲军中的主力部队而搭建其框架的，其后兵力必然有所扩充。乾化元年，梁晋在柏乡决战时，后梁的参战部队就有神捷军，此战后梁出动精锐10余万人，结果是"梁之龙骧、神捷精兵殆尽，自野河至柏乡，僵尸蔽地"[①]。如果神捷军仍是区区500人，则不会被史家如此郑重地记载了。实际上此战参战的部队还有很多，战后"副招讨使韩勍、诸军都虞候许从实，左右神捷、怀顺、神威、夹马等十指挥，自尹皓而下诸将三十人，免冠素服待罪于閤外。帝责以违诏失律，既而并令释放"[②]。神捷军被排在首位，可见其在梁军中地位之重要。后梁灭亡后，神捷军遂被后唐收编，并成为其禁军之一。

广胜　《五代会要》卷一二《京城诸军》：开平元年九月，置左右广胜军，"仍以亲王为军使"。广胜军是从哪支军队改编而成的，史籍未见记载，从"仍以亲王为军使"一句看，显然不是新组建而是改编的，只是原来的军队无从查考而已。另据《旧五代史》卷九《梁末帝纪中》载：贞明四年，"以右广胜军使刘君锋为虢州刺史"。刘君锋并非亲王，可见以亲王为广胜军使只是梁太祖朱温时的做法，梁末帝时已不再实行了。广胜军在后梁灭亡后不再见于记载，当被并入了其他军队。

天兴　与广胜军一样，同是开平元年九月改编而成的以亲王为军使的军队。《旧五代史·梁末帝纪上》："太祖受禅，封均王。时太祖初置天兴军，最为亲卫，以帝为左天兴军使。开平四年夏，进位检校司空，依前天兴军使，充东京马步军都指挥使。"所谓以亲王为军使，当是指此。从有关记载来看，天兴军很少参加野战，当是主要用于宿卫京师。如乾化元年八月，梁太祖"幸保宁殿，阅天兴控鹤兵事，军使将校各有赐"，[③]可证其是。天兴军不被用于野战征伐，说明其战斗力不强，因此后来其地位也有所下降，担任其军使者也不再是亲王，如"（孔）知濬仕梁为天兴军使"[④]。后梁灭亡后，后唐也没有继续保留其军号。

---

① 《资治通鉴》卷二六七，后梁太祖乾化元年正月，第8736页。
② 《册府元龟》卷四四三《将帅部·败衄三》，第5264页。
③ 《旧五代史》卷六《梁太祖纪六》，第97页。
④ 《旧五代史》卷一二五《孔知濬传》，第1642页。

神威 始置于唐朝，是从左右射生军改编而来的，唐宪宗元和三年（808），改为左右天威军。① 后梁置神威军以隶于侍卫亲军，是一支很有战斗力的军队。所谓"梁有龙骧、神威、拱宸等军，皆武勇之士也，每一人铠仗，费数十万，装以组绣，饰以金银，人望而畏之"。②《新五代史·周德威传》载："而景仁所将神威、龙骧、拱宸等军，皆梁精兵。"正因为神威军是一支精锐的军队，所以后来被后唐收编，成为其禁军之一，唐明宗长兴三年三月，与其他几支军队一起被改编为左右羽林军。③

拱宸 这是后梁比较精锐的禁军之一，前面已经提到，也曾参加过梁晋柏乡大战。后来梁晋夹河大战，拱宸军也是参战的军队之一。《资治通鉴》卷二七二唐庄宗同光元年十月载："帝之与梁战于河上也，梁拱宸左厢都指挥使陆思铎善射，常于笴上自镂姓名，射帝，中马鞍，帝拔箭藏之。至是，思铎从众俱降，帝出箭示之，思铎伏地待罪，帝慰而释之，寻授龙武右厢都指挥使。"这支军队在梁灭亡后似乎也被后唐收编，据《旧五代史·沈赟传》："沈赟，……少有胆气，初事梁太祖为小校。天祐三年，补同州左崇勇马军指挥使，入典卫兵，历龙骧、拱宸都指挥使，累有战功。及庄宗平梁，随段凝等降，不改其职。"从"不改其职"一句看，则后唐仍保留了拱宸军的军号。拱宸军又记为"拱辰"，如《旧五代史·陆思铎传》："历突阵、拱辰军使，积前后战勋，累官至检校司徒、拱辰左厢都指挥使，遥领恩州刺史。"

捉生都 《旧五代史·张温传》："始仕梁祖为步直小将，改崇明都校。贞明初，蒋殷以徐州叛，从刘鄩讨平之，改左右捉生都指挥使。"捉生都通常驻在汴梁，如梁贞明二年四月，"帝遣捉生都指挥使李霸帅所部千人戍杨刘，癸卯，出宋门，其夕，复自水门入，大噪，纵火剽掠，攻建国门"。④ 可见这次捉生都发生兵变，完全是因为其不愿戍

---

① 《册府元龟》卷六二六《环卫部·总序》，第7519页。
② 《旧五代史》卷二七《唐庄宗纪一》，第372—373页。
③ 《旧五代史》卷四三《唐明宗纪九》，第590页。
④ 《资治通鉴》卷二六九，后梁均王贞明二年四月，第8802页。

守杨刘与晋军作战之故,说明这支军队是禁军而不是地方军队,并长驻于汴梁,因此有的史籍径直记其为"汴州捉生都"。[1]捉生都是一支颇有战斗力的军队,有关其参战征伐的记载较多,如晋军进攻邢州时,"梁主遣捉生都将张温率步骑五百为援"。[2]

亲骑、云骑 《旧五代史·梁太祖纪六》:帝"至相州,赏左亲骑指挥使张仙、右云骑指挥使宋铎,尝身先陷阵,各赐帛"。《旧五代史·邓季筠传》:"旋改统亲骑,又迁将中军。"云骑军不仅在后梁有建置,后唐也有此军军号,如《旧五代史·李琼传》:"及高祖(石敬瑭)领陕州,奏补云骑指挥使。"可证其是。后唐的这个军号当是沿袭后梁而来的。后梁还有亲从军,如王彦章"事梁太祖,为开封府押衙、左亲从指挥使、行营先锋马军使"。[3]王彦章以亲从指挥使的身份充任行营先锋马军使,因此颇疑亲从军即亲骑军的异称。

长剑 《旧五代史·王重师传》:"文德中,令董左右长剑军。"同书《朱友恭传》:"时初建左长剑都,以友恭董之。"这是后梁建国前所组建的军队,代唐以后此军仍然保留。同书《张归弁传》载:"太祖受禅,改滑州长剑指挥使。"军名前出现滑州二字,说明这里屯驻有长剑军。《故宋府君(铎)墓志铭》载:"时贞明元年乙亥岁身殒,诸军差左长剑都兵士舁灵榇至滑州南权殡。"[4]梁灭亡后,长剑军遂为后唐所收编。

匡卫 上引《故宋府君(铎)墓志铭》载:"至乾化元年十月内抽管右匡卫第二指挥使,至二年七月内转充第□指挥使,八月内补充六军□管左匡卫第二指挥使、加兵部尚书,至乾化三年五月内袭趁逆臣刘重遇至淮口,……当年十二月内转充左匡卫第一指挥使。"[5]梁左右匡卫军不见于史籍记载,唯见于石刻资料,不过后唐倒是有左右匡卫军的建置。

---

[1] 《册府元龟》卷三六〇《将帅部·立功一三》,第4273页。
[2] 《旧五代史》卷二八《唐庄宗纪二》,第388页。
[3] 《新五代史》卷三二《王彦章传》,第347页。
[4] 《全唐文补遗》第五辑《故宋府君(铎)墓志铭》,第54页。
[5] 《全唐文补遗》第五辑《故宋府君(铎)墓志铭》,第54页。

静安 同州《新修南溪池亭及九龙庙等记》立于后梁贞明三年三月，其碑阴中刻有不少当地驻军的军官名字及职衔，其中有"押衙充左静安步军指挥使管第一都、银青光禄大夫、检校国子祭酒、兼御史大夫、上柱国丁约，……同押衙充左静安步军第三都头、银青光禄大夫、检校兵部尚书、兼御史大夫、上柱国郑瓘，同押衙充左静安步军第三都头、银青光禄大夫、检校太子宾客、兼御史中丞、上柱国柳瓘，同节度副使、充左衙步军第四都头、银青光禄大夫、检校太子宾客、兼御史中丞、上柱国吴温，散兵马使、充右衙步军第四都头、银青光禄大夫、检校太子宾客、兼侍御史、上柱国周万崇，散兵马使、充右静安步军第四都头、银青光禄大夫、检校太子宾客、兼侍御史、上柱国张君祐，散兵马使、充左静安步军第五都头乙章"等。[1] 从引文中所述左右静安军的编制情况来看，其兵力非常雄厚，当为驻扎于此处的禁军无疑，但却不见史籍记载，不过后周倒是置有静安军，不是禁军，而是军事屯戍单位。

神勇 也是梁建国前组建的一支军队，如范居实，"从征淮南回，改登州刺史，转左神勇军使"。[2] 开平元年六月，"晋兵攻泽州，帝遣左神勇军使范居实将兵救之"。[3] 可见这支军队的军号在梁建国以后仍然保留了下来。

朱温在唐末创建霸业的战争中，曾陆续组建和改编了许多支军队，如左右踏白军，"（王）檀勇出诸将，太祖奇之，迁踏白副指挥使"。[4] 唐昭宗天复三年，"汴左踏白指挥使王檀攻密州"。[5]《旧五代史·朱珍传》："复以踏白骑士入陈、亳间，以邀蔡人，遂南至斤沟，破淮西石璠之师二万，掳璠以献。"可见踏白军是马军部队，战斗力颇强。落雁都是朱温宣武镇的一支劲旅，史载："梁祖之攻兖、郓也，朱瑾募骁勇数百人，黥双雁于其额，号为'雁子都'。梁祖闻之，亦选数百人，别

---

[1]《八琼室金石补正》卷七九，第1304页。
[2]《册府元龟》卷三四六《将帅部·佐命七》，第4101页。
[3]《资治通鉴》卷二六六，后梁太祖开平元年六月，第8683页。
[4]《新五代史》卷二三《王檀传》，第240页。
[5]《十国春秋》卷一《吴太祖世家》，第23页。

为一军，号为'落雁都'。署汉宾为军使，当时目为'朱落雁'。"①潘环曾任左雄威指挥使，②说明后梁有雄威军的军号。此外，朱温还先后组建了左右控弦、左右突阵、左右先登、左右雄勇、左右耀武、左右义胜、左右开道等军队。③这些军队有的在建国后便不再见于记载，可能已经并入其他军队中了，有的虽然仍保留军号，但却很少见到其活动的相关记载。

前面已经论到五代的六军与侍卫亲军是无法相提并论的，这是就整体而言，但在后梁，情况却有所不同，其六军的兵力与战斗力并不弱于侍卫亲军，这与侍卫亲军系统创立不久，尚需进一步加强有关。自后唐以来，侍卫亲军系统不断地得到加强，精兵强将多集中在这一系统，遂使六军系统逐渐衰弱，最终成为装点天子门面的排场，从而失去了军事意义。此外，自唐朝以来的诸卫系统到后梁时期则彻底失去了军事意义，虽然后梁及以后各朝仍然保留着诸卫的职官的名号，但只是用来安置勋臣或作为迁转之资，所谓"其诸卫将军虽位号或存，而职事多废"④。包括十国在内，概莫例外。

二、后唐禁军制度

（一）后唐禁军之来源

后唐的禁军实际源于李克用创建的河东镇之军队。李克用的军队大体上是由沙陀、契苾、吐谷浑等部落以及代北汉人、河东土著人为主，再加上一些外来人员所组成，⑤其中坚力量便是李克用所收养的所谓义儿军。《新五代史》卷三六《义儿传》曰："唐自号沙陀，起代北，其

---

① 《旧五代史》卷六四《朱汉宾传》，第856页。
② 《旧五代史》卷九四《潘环传》，第1243页。
③ 《故宋存君（铎）墓志铭》，见《全唐文补遗》第五辑，第54页；《旧五代史》卷六四《王晏球传》，第853页；《旧五代史》卷一三《刘知俊传》，第178页。
④ 《册府元龟》卷六二六《环卫部·总序》，第7519页。
⑤ 樊文礼：《唐末五代的代北集团》，中国文联出版社，2000年，第88—106页。

所与俱皆一时雄杰魋武之士，往往养以为儿，号'义儿军'。至其有天下，多用以成功业，及其亡也亦由焉。"五代时期盛行大量收养义儿，数量虽然很多，但要组成一支能够开创基业的军队，从目前所掌握的史料看，似乎是不可能的。有人认为"大约义儿军是由最骁勇的士兵组成，由勇敢善战的义儿管带，因而得名。充其极，不过其中的什长百长也是主将的义儿而已"，①这个观点无疑是正确的。

李克用最初的军队，主要是由少数民族组成。唐僖宗中和元年（881），李克用被唐廷任命为雁门节度使，其族父李友金曾于代北募兵，"半月之间，募兵三万，营于崞县之西。其军皆北边五部之众"。②所谓五部，指沙陀三部及吐谷浑部、契苾部等，但《资治通鉴》记作"北方杂胡"。③杂胡亦称杂虏，胡三省对此解释说："谓退浑（即吐谷浑）、回鹘、鞑靼、奚、室韦之属。"④这些少数民族擅长骑射，十分剽悍，战斗力极强，往往能够以少胜多，是河东军队的中坚力量。李克用就是依靠这支军队，在镇压黄巢义军以及后来与朱温的争霸战争中发挥了重要的作用。包括河东的亲军也是以沙陀为主的北方少数民族为骨干，查一查新旧《五代史》的相关传记便可明白这一点。

河东军队的另一主要来源便是李克用、李存勖父子在兼并战争中收编的其他方镇的军队，尤其是李存勖攻取河朔地区后，收编的幽州、成德和魏博等镇的军队。沙陀军队长于野战，但攻城摧坚非其所长，收编了这些军队后，大大地弥补了这种缺憾，在后来与朱梁的战争中，这些军队发挥了十分重要的作用。此外，为了进一步扩大军事力量，李氏父子也广为招募骁勇之士入军，尤其是李存勖曾"广募胜兵"，以充实武装力量。⑤在与后梁的长期战争中，李氏父子尤其是李存勖，曾不失

---

① 谷霁光：《泛论唐末五代的私兵和亲军、义儿》，《历史研究》1984年第2期，第31页。
② 《旧五代史》卷二五《武皇纪上》，第335页。
③ 《资治通鉴》卷二五四，唐僖宗中和元年三月，第8247页。
④ 《资治通鉴》卷二四四，唐文宗太和四年三月胡注，第7870页。
⑤ 齐勇锋：《五代禁军初探》，见《唐史论丛》第3辑，陕西人民出版社，1987年，第171页。

时机地收编或招降过敌方的军队和将领，这一点在前面的论述中已经有不少实例，就不多说了。灭亡朱梁后，他又一次大规模地收编后梁的禁军部队，使其成为后唐的禁军部队，关于这个问题，后面的论述中还将详论。

（二）六军系统

后唐以唐朝继承者自居，故其兵制自然不会完全沿袭后梁之制。有人认为"其六军之号则袭梁，仅将龙虎又改称龙武而已，仍以龙武、天武、羽林、天威、英武、神武为六军"，[①]这种说法是不正确的。唐庄宗灭梁后，虽然仍然沿袭了后梁龙骧、天兴、控鹤、拱宸等禁军的军号，但不等于六军仍袭其旧。事实上后唐沿袭的是唐朝的六军制度，即以左右龙武、左右羽林、左右神武等为六军，关于这一点史籍中有明确记载，据《册府元龟》卷八一《帝王部·庆赐三》载：长兴三年（932）八月，群臣向唐明宗上尊号，明宗遂向群臣及禁军将士颁赐钱物，其中"龙武、神武、羽林六军马步兵士，人各二千"。至于天威、天武、英武等军号，在后唐统治时期不再见于记载，显然是罢废不用了。需要指出的是，后唐的六军并非在后梁六军的基础上组建的，而是早在灭梁之前就已经有了。《新五代史·王思同传》："梁、晋相距于莘，遣思同筑垒杨刘，以功迁神武十军都指挥使，累迁郑州防御使。"再如梁末帝龙德元年，"晋王自镇州将亲军五千救之，遣神武都指挥使王思同将兵戍狼山之南以拒之"[②]可证其是。后唐建立后，正式确立了六军制度，如"张廷蕴，初仕后唐为左右羽林都虞候。同光中，潞州李继俦叛，廷蕴从明宗为前锋讨之，军至上党，日已暝矣，廷蕴首率劲兵百余辈，逾洳坎城而上，守陴者不能御，寻斩关延诸军入焉。军还，改左右羽林都指挥使"[③]。张廷蕴，"梁平，承诏入觐，改帐前都指挥使兼左右羽林都虞候。……改左右羽林都指挥使"。[④]再如李建崇，"后唐同光中，为龙武

[①]《五代禁军初探》，第10页。
[②]《资治通鉴》卷二七一，后梁均王龙德元年十一月，第8870页。
[③]《册府元龟》卷三六〇《将帅部·立功一三》，第4276页。
[④]《旧五代史》卷九四《张廷蕴传》，第1246—1247页。

捧玺都指挥使"。①所谓捧玺都，当是龙武军所隶属的一支军队的军号。"张彦超，本沙陀部人也。……初，以骑射事唐庄宗为马直军使，庄宗入汴，授神武指挥使"。②这些史料均可证明后唐自建立之初就已健全了与后梁不同的六军制度。

后唐统治时期六军地位发生了较大的变化，长兴三年三月敕曰："以神捷、神威、雄武、广捷已下指挥改为左右羽林军，置四十指挥，每十指挥立为一军，军置都指挥使一人。……以右领军上将军翟璋为右羽林统军，以前安州留后周知裕为左神武统军。"③这是后唐对六军中的左右羽林军的一次大规模地整顿，从而使羽林军的兵力得到了加强。又据《五代会要》卷一二《京城诸军》载："应顺元年三月，改左右羽林四十指挥为严卫左右军，龙武、神武四十指挥为捧圣左右军。"胡三省认为应顺元年这个时间有误，他说："按是年帝殂，明年正月闵帝改元应顺，四月潞王入立，改元清泰。数月之间，乃宋、潞二王兵争之际，何暇改屯卫诸军号乎！是必改于天成、长兴之间，《会要》误也。"④胡三省的说法应是正确的，因为捧圣、严卫的军号早在长兴三年七月前就已存在，并非此次改编才新置的。⑤正因为左右羽林军被改编为严卫军，所以才在次年，即长兴四年将神捷、神威、广捷等军改编为左右羽林军。当然龙武、神武两军被改为捧圣军后，其原来军号仍然保留，只是它们又从哪些军队改编而成？史无记载，不得而知。但六军建置仍然继续存在则是无疑的，如唐末帝夺得帝位后，于清泰元年四月大赏诸军将士，"赏给龙武都指挥使安审琦、羽林都指挥使马万、杨思权、严卫都指挥使尹晖，各二马一驼、钱七十贯"。⑥清泰三年，石敬瑭在太原反

---

① 《册府元龟》卷九一五《总录部·废滞》，第10834页。
② 《旧五代史》卷一二九《张彦超传》，第1706页。
③ 《旧五代史》卷四三《唐明宗纪九》，第590页。《五代会要》卷一二《京城诸军》（第205页）载：雄武应为雄威，未知孰是。
④ 《资治通鉴》卷二七八，后唐明宗长兴四年九月胡注，第9088页。
⑤ 《册府元龟》卷五〇八《邦计部·俸禄四》载：严卫、捧圣两军于长兴三年七月前已改编完毕。第6099页。
⑥ 《册府元龟》卷八一《帝王部·庆赐三》，第949页。

叛，在契丹的军事支援下，前来进攻的唐军被围，唐末帝遂"以右神武统军康思立为北面行营马军都指挥使，帅扈从骑兵赴团柏谷"增援。[①]说明六军的建置仍然存在，只是经过此次改编后，六军兵力大为衰落了，不再是禁军中的主力部队。

自后晋以来的各朝虽然仍然维持着六军的建置，但只是用来装点天子门面而已，六军与诸卫一样，已经不再具有真正的军事意义了。

（三）侍卫亲军的构成

后唐的侍卫亲军之制，在唐庄宗统治时期比较混乱，除了将原河东军队升格为禁军外，还将在战争中收编的河朔诸镇军队改编为禁军，对于归降的原后梁的禁军，经过收编后仍保留了其禁军军号。这些禁军除了六军之外，其余的均隶属于侍卫亲军系统，因此这一时期后唐的侍卫亲军下属的军队众多，军号繁杂，显得比较混乱。唐明宗统治时期一度对禁军进行整顿，并给侍卫步军与侍卫马军授予了军号，初步改变了这种混乱状态。下面将后唐侍卫亲军系统诸军的情况考述如下：

银枪效节 本为后梁魏博节度使杨师厚所置，史载："师厚晚年矜功恃众，擅割财赋，选军中骁勇，置银枪效节都数千人，给赐优厚，欲以复故时牙兵之盛。"[②]也就是说银枪效节军本是魏博镇新组建的牙兵。另有记载说该军总兵力达8000多人，"皆天下雄勇之士"。[③]梁末帝贞明元年，后梁因为分割强大的魏博镇，激起了银枪效节军兵变。他们投降了晋军，被李存勖仍旧列为亲军，并不改军号，其统帅皆以自己心腹将领充任。银枪效节军的降晋，对改变梁晋双方的军事实力有着重要的作用，此后这支军队为灭亡后梁而冲锋陷阵，立下了汗马功劳。后来改名为奉节都，但其兵骄将悍的习性却依然如故，曾多次发动兵变，唐明宗曾派军严厉地予以镇压，诛杀了大批骄兵，才使其动辄作乱的问题得到了暂时缓解。

---

① 《资治通鉴》卷二八〇，后晋高祖天福元年九月，第9151页。
② 《资治通鉴》卷二六九，后梁均王贞明元年三月，第8786页。
③ 《旧五代史》卷三八《唐明宗纪四》，第522页。

铁林都 这是一支河东的老牌军队，由李克用所创建。《旧五代史·李嗣恩传》："年十五，能骑射，侍武皇于振武，及镇太原，补铁林军小校。"可见该军是李克用任河东节度使时组建的军队，其长子落落曾任过该军指挥使。周德威，"乾宁中，为铁林军使"。[①]《资治通鉴》记有铁林都指挥使安元信，胡三省注曰："铁林都指挥使安元信，则铁林军一都之指挥使耳。"[②]这支军队在后唐建立后仍然保留，如刘彦琮，"同光初，稍迁至铁林指挥使、磁州刺史"，[③]可为一证。

从马直 《新五代史》卷三七《伶官传》载："从马直，盖亲军也。"同书《周太祖纪》载："庄宗灭梁，继韬诛死，其麾下兵悉隶从马直。"《资治通鉴》卷二七四天成元年二月载："帝（指庄宗）与梁相拒于得胜，募勇士挑战，从谦应募，俘斩而还，由是益有宠。帝选诸军骁勇者为亲军，分置四指挥，号从马直。"可知从马直组建于梁晋争衡之际，是一支战斗力很强的军队。从马直虽然颇有战斗力，但却兵骄将悍，动辄发生兵乱，李嗣源邺都兵变，庄宗在洛阳宫中被杀，皆由从马直而起。

金枪 《旧五代史·唐庄宗纪六》："帝败于伊阙，侍卫金枪马万余骑从。"可知金枪军为马军部队，负责皇帝的宿卫。《新五代史》卷一五《唐家人传》云：李从璟，"从庄宗战，数有功，为金枪指挥使"。从璟为唐明宗长子。但金枪军不见梁晋争衡之时，故其应为后唐建立之后新组建的禁军。

黄甲 《旧五代史·相里金传》："从庄宗攻下夹寨，得补为小校，后与梁师战于柏乡及胡柳陂，以功授黄甲指挥使。"同书《张廷蕴传》："庄宗宠之，统御营黄甲军，常在左右。"可知此军为庄宗亲军。《新五代史》卷三七《伶官传》载："从驾黄甲马军阵于宣仁门、步军阵于五凤门以俟。"说明黄甲军为马军部队。

捧日 此军军号始见于唐末。如唐昭宗大顺二年，由于天威都将

---

① 《旧五代史》卷五六《周德威传》，第749页。
② 《资治通鉴》卷二六六，后梁太祖开平元年六月胡注，第8683页。
③ 《旧五代史》卷六一《刘彦琮传》，第822页。

李顺节被宦官谋杀,"于是天威、捧日、登封三都大掠永宁坊,至暮乃定"。胡三省云:"三都,皆神策五十四都之数。"①而神策五十四都则是唐僖宗时大宦官田令孜所招募的神策新军。不过神策军所属之捧日都并非河东之捧日军,因为包括此都在内的神策军皆在唐末被遣散,其军号只是被河东镇沿用而已。《旧五代史·康延孝传》:庄宗与梁军夹河对垒时,"时延孝为右先锋指挥使,率百骑来奔。庄宗得之喜,解御衣金带以赐之。翌日,赐田宅于邺,以为捧日军使兼南面招讨指挥使"。可知捧日军为河东镇的军队。后唐建立之后,"以捧日都指挥使、博州刺史康延孝为郑州防御使",②可见其军仍然保留。

内殿直 此军多见于后晋、后周时期,但据《东都事略》卷二二《李筠传》载:"清泰初为内殿直,迁指挥使。"则知早在后唐时期就已经有了内殿直的军号。

匡霸、飞腾 史载:"河东节度使晋王克用以承约为匡霸指挥使,思同为飞腾指挥使。"胡三省曰:"匡霸、飞腾,皆晋王所置军都之号。"③《旧五代史·李周传》载:"武皇之平云州,庄宗之战柏乡,周皆有功,迁匡霸都指挥使。"同书卷五九《李绍文传》却载:"归于庄宗,庄宗嘉纳之,赐姓名,分其两将三千人为左右匡霸军旅,仍令绍文、曹儒分将之。"这并不是以李绍文所部为基础新建匡霸军,而是将其所部三千分别编入左右匡霸军。另据《新五代史·王思同传》载:"仁恭为其子守光所囚,思同奔晋,以为飞胜指挥使。"《旧五代史》本传却记为飞腾指挥使,看来《新五代史》所记有误。

怀顺 《旧五代史·唐明宗纪五》:天成三年十月,"安州节度使高行珪奏,屯驻左神捷、左怀顺军士作乱,已逐杀出城"。神捷军为后梁禁军,后唐时仍保留原军号,前面已经论到,长兴时神捷军与其他几支军队一同被改编为左右羽林军,故与其同驻于安州的怀顺军亦应为后唐之禁军。

---

① 《资治通鉴》卷二五八,唐昭宗大顺二年十二月及胡注,第8422页。
② 《旧五代史》卷三〇《唐庄宗纪四》,第418页。
③ 《资治通鉴》卷二六六,后梁太祖开平元年四月及胡注,第8672页。

雄捷　《旧五代史·陆思铎传》载："天成中，为深州刺史，改雄捷右厢马军都指挥使。"

匡卫　《新五代史·王建及传》："少事李罕之，从罕之奔晋，为匡卫指挥使。"另据《资治通鉴》卷二六七后梁太祖乾化元年正月条："晋王谓匡卫都指挥使李建及曰……"李建及本姓王，李克用赐姓李，则王建及归晋后被任命为匡卫都指挥使。此外，李绍文也曾任职于匡卫军。[①]后梁也置有匡卫军，从以上记载来看，后唐之匡卫军应与后梁并置，并非接受改编后梁之匡卫军而成。

散员　《旧五代史·元行钦传》："庄宗东定赵、魏，选骁健置之麾下，因索行钦，明宗不得已而遣之。时有散指挥都头，名为散员，命行钦为都部署，赐姓，名绍荣。"可见散员也称散指挥都头。天成元年四月，从马直叛乱，围攻皇宫，庄宗的近臣宿卫将士多逃遁，"独散员都指挥使李彦卿及宿卫军校何福进、王全斌等十余人力战"，[②]可知散员为皇帝的侍卫亲军。《东都事略》卷一九《符彦卿传》亦载："庄宗灭梁，以为散员指挥使。郭从谦之乱，庄宗左右皆引去，惟彦卿力战，杀十余人。"符彦卿即李彦卿。

突骑　《旧五代史·袁建丰传》："袁建丰，武皇破巢时得于华阴，……补铁林都虞候。从破邠州王行瑜，以功迁左亲骑军使，转突骑指挥使。"可知突骑乃李克用所组建的军队。同书《唐明宗纪一》载："天祐五年五月，庄宗亲将兵以救潞州之围，帝时领突骑左右军与周德威分为二广。"可见突骑分为左右军。康义诚，"从庄宗入魏博，补突骑军使，累迁本军都指挥使"。[③]突骑是晋军的主力部队，许多重大战役都有参加，有关其活动的记载也较多，不少后唐的重要将帅都充任过突骑的统兵将领。

突阵　后梁置有突阵军，但后唐的突阵却非沿袭后梁军号，而是并置关系。据《旧五代史·安元信传》载："武皇赐所乘马及细铠仗，迁

---

① 《旧五代史》卷五九《李绍文传》，第799页。
② 《资治通鉴》卷二七五，后唐明宗天成元年四月，第8975页。
③ 《册府元龟》卷三四七《将帅部·佐命八》，第4115页。

突阵都将。"《新五代史》卷三六《义儿传》载:"(李)嗣恩,本姓骆,吐谷浑部人也。少事太祖,能骑射,为铁林军将,稍以战功迁突阵指挥使。"天成元年,"以左右厢突阵指挥使康义诚为汾州刺史"。①

马前直　《宋史·侯益传》:"从庄宗攻大名,先登,擒军校,擢为马前直副兵马使。……会庄宗与梁人战河上,益挺身出斗,擒其二将,迁马前直指挥使。庄宗入汴,为本直副都校。……明宗立,……改本直左厢都校。天成初,朱守殷据夷门叛,益率所部斩关先入,转左右马前从马直都校、领潘州刺史。"可知马前直分为左右厢,所谓都校,即都指挥使。《资治通鉴》卷二七五天成元年四月条记侯益时任前直指挥使,胡三省注云:"前直指挥使领上前直卫之兵。"颇与上引《宋史》不同,如果胡三省的注释可靠的话,则马前直(前直)亦是皇帝的亲兵部队。

忠顺　王昶《金石萃编》卷一一九《重修定晋禅院碑》,立于后唐天成四年九月九日,其题名记有:"左忠顺指挥使、银青光禄大夫、检校工部尚书、兼御史大夫、柱国冯□。"

保卫　《旧五代史》卷九四《郭延鲁传》:"庄宗以旧将之子,擢为保卫军使,频戍塞下。"同书卷一二四《李怀忠传》:"初事唐庄宗,隶于保卫军。夹城之役,怀忠率先登城,以功补本军副兵马使。庄宗平定山东,累迁保卫军使。"

拱卫、威和　《宋史》卷二五四《药元福传》:"事后唐,为拱卫、威和亲从马斗军都校,天平军内外马军都指挥使。"这两支军队在后唐时期较少见于记载,至后晋时期频频见于记载,如晋高祖天福二年七月,"安州威和指挥使王晖闻范延光作乱,杀安远节度使周瓌,自领军府"。胡三省注曰:"《五代会要》:唐有威和、拱宸内直军。"②这是指屯驻于安州的威和军。

雄义　《旧五代史·唐末帝纪下》:清泰三年五月,"张敬达奏:

---

① 《旧五代史》卷三六《唐明宗纪二》,第498页。
② 《资治通鉴》卷二八一,后晋高祖天福二年七月及胡注,第9180页。

西北面先锋都指挥使安审信率雄义左第二指挥二百二十七骑，并部下共五百骑，剽劫百井，叛入太原"。说明雄义军是骑兵部队，且分为左右厢。同书《安元信传》："清泰三年，迁雄义都指挥使，受诏屯于代州。"《册府元龟》卷七九六《总录部·先见二》亦有相同的记载。

剑直 "刘词，后唐同光初，为劲节军使，转剑直指挥使，寻以忤于权臣，出为汝州小校，凡留滞十余年。"①

横冲 宋人陈傅良的《历代兵制》卷七《五代》："明宗以所将骑五百号横冲都。"这段记载出于《旧五代史·唐明宗纪一》，原文是："武皇嘉其功，即以所属五百骑号曰'横冲都'，侍于帐下，故两河间目帝为李横冲。"可知横冲都为李克用所置，属于骑兵部队。充任这支军队的统兵将领并非只有李嗣源一人，如"梁人击敬瑭，断其马甲，横冲兵马使刘知远以所乘马授之，自乘断甲者徐行为殿"，②可知刘知远也曾在此军任过职。

奉义 《西方邺墓志铭》云："时庄宗皇帝方举义旗，力扶王室。……是时公以良家子应幕。……以功补奉义指挥使、检校尚书右仆射。"③另据《旧五代史·西方邺传》载："庄宗以为孝义军指挥使，累从征伐有功。"则"孝义"应为"奉义"之误。

奉化 《册府元龟》卷五〇八《邦计部·俸禄四》载：长兴四年，以"奉化左厢都指挥使乌敬千领漳州刺史"。漳州不在后唐境内，这里只是遥领而已。

内直 内直军始置于后梁，后唐保留了此军军号。唐明宗长兴四年，以"内直都指挥使薛怀德领峦州刺史"。④后晋统治前期仍然有此军的建置，后来才并入他军。

胜节、帐前 《旧五代史·田武传》："初事庄宗为小校，历迁胜节指挥使。明宗登极，转帐前都指挥使，领澶州刺史。"同书《相里

---

① 《册府元龟》卷九一五《总录部·废滞》，第10834页。
② 《资治通鉴》卷二七一，后梁均王贞明五年十月，第8850页。
③ 《全唐文补遗》第一辑《西方邺墓志铭》，第439—440页。
④ 《册府元龟》卷五〇八《邦计部·俸禄四》，第6099页。

金传》载："同光中，统帐前军拔中都。"同书《张廷蕴传》云："累加检校兵部尚书、帐前步军都虞候，充诸军濠寨使。……梁平，承诏入觐，改帐前都指挥使兼左右羽林都虞候。"可见帐前军有都虞候、都指挥使等将领的设置，说明其兵力相当雄厚。

奉德 《旧五代史·梁汉璋传》："少以勇力事唐明宗，历突骑、奉德指挥使。"同书《晋高祖纪六》：天福六年（941），"改奉德马军为护圣"军，可知奉德军为马军部队。

效义 张温，"天祐中，从庄宗袭契丹于幽州，收新州，历银枪效义都指挥使"。[①]故效义军又称银枪效义军。天成二年七月，"以左效义指挥使元习为资州刺史，右效义指挥使卢密为雅州刺史"。[②]

广捷 《五代会要》卷一二《京城诸军》与《旧五代史》卷四三《唐明宗纪九》均记有广捷军号，前一书中有"魏府广捷"的记载，说明广捷军屯驻在魏州。

云捷 《旧五代史·张从训传》："庄宗与梁人相拒于德胜口，征赴军前，补充先锋游奕使，俄转云捷指挥使。"

飞胜 《石金俊及妻元氏合祔墓志》载："洎庄宗皇帝复仇于梁室，按兵于孟津，积军旅之劳，累迁银青光禄大夫、……充北京飞胜五军都指挥使。"[③]五代禁军皆有屯戍之任务，故称北京飞胜五军。另据《新五代史·契丹传》载："遣飞胜指挥使安念德报聘。"指唐明宗遣安念德出使契丹。

亲直 长兴四年七月，"以亲直指挥使王敬迁领高州刺史"。[④]《册府元龟》卷八一《帝王部·庆赐三》载：明宗于长兴三年受尊号，赐"亲直、捧圣等散指挥使、严卫军将等，人各三千（钱）"。

定霸 《册府元龟》卷三六〇《将帅部·立功一三》："李周初仕后唐，补万胜黄头军使。武皇之平云州，庄宗之战柏乡，周皆有功，

---

① 《册府元龟》卷三六〇《将帅部·立功一三》，第4273页。
② 《旧五代史》卷三八《唐明宗纪四》，第525页。
③ 《全唐文补遗》第一辑，第454页。
④ 《册府元龟》卷五〇八《邦计部·俸禄四》，第6099页。

迁定霸都指挥使。"同书卷三九〇《将帅部·警备》载："晋李周，初仕后唐武皇为安霸都指挥使，率兵屯临河阳刘莘县。"阳刘，即杨刘。按：李周屯兵杨刘之事，发生在唐庄宗与后梁夹河大战之时。以上两种记载，必有一误，应以前者所记为是。因为新旧《旧五代史》《资治通鉴》《五代会要》等书均无安霸军的记载。另据《新五代史·刘仁恭传》载："仁恭调其境内凡男子年十五已上、七十已下，皆黥其面，文曰：'定霸都'。"唐庄宗灭亡刘仁恭父子后，当是收编了这支军队，并继续沿袭了其军号。

契丹直 此军全由契丹骑兵组成。天成三年，义武节度使王都在定州造反，唐明宗遣王晏球为招讨使，率军讨伐。王都向契丹主耶律德光求救，德光先后两次派军援救，被后唐军击败，俘获甚众，明宗"选其壮健者五十余人为'契丹直'"，并赐全体人员姓名。[①]但是《旧五代史·王重裔传》却说："年未及冠，事庄宗为厅直，管契丹直。"则唐庄宗统治时期已经组建了契丹直，如是这样，明宗此次只是将新俘契丹人中壮健者50人充实到契丹直中而已，并非新组建了此军。唐末帝时，石敬瑭在太原举兵反叛，末帝命赵德钧率兵击之，"德钧请将银鞍契丹直三千骑，由土门路西入，帝许之"。胡三省注曰："赵德钧在幽州，以契丹来降之骁勇者置银鞍契丹直。"[②]此银鞍契丹直是隶属幽州的藩镇军，与前述的契丹直并非同一支军队。清泰元年，唐末帝赏赐禁军将士时，"诸军军使、副兵马使，至长行、契丹直，钱三万"。[③]后晋时期仍然保留了契丹直，如王重荣起兵反叛时，晋高祖命杜重威率禁军讨伐，其中就包括了契丹直，而且在战斗中发挥了决定性的作用。[④]说明其还是具有相当强的战斗力。

厅直 《旧五代史·索自通传》："庄宗镇太原时，遇之于野，讯其姓名，即补右蕃厅直军使。"同书《张敬达传》："父审，素有勇，

---

① 《新五代史》卷七二《四夷附录一》，第891页。
② 《资治通鉴》卷二八〇，后晋高祖天福元年十月及胡注，第9152页。
③ 《册府元龟》卷八一《帝王部·庆赐三》，第949页。
④ 《资治通鉴》卷二八二，后晋高祖天福四年十二月，第9231页。

事武皇为列校，历厅直军使。"说明厅直军早在李克用时期就已经组建了。同书《王令温传》："初隶唐庄宗麾下，稍迁厅直军校。"

五院　《旧五代史·相里金传》："唐景福初，武皇始置五院兵，金首预其选。"将五院军的组建时间记载得非常清楚。同书《郑琮传》："始事唐武皇为五院军小校，屡有军功。"后梁末帝乾化三年，"晋五院军使李信拔莫州，擒燕将毕元福"。①

崇武　《高晖墓志铭》载："庄宗皇帝龙飞之后，……特敕授银青光禄大夫、检校工部尚书、兼御史大夫、上柱国、充左崇武军使。"②这是指唐庄宗称帝之后的事情，崇武军最早组建于何时尚不清楚。

左射　《新五代史·晋高祖纪》："敬瑭为人沈厚寡言，明宗爱之，……由是常隶明宗帐下，号左射军。"又云："庄宗战于胡柳，前锋周德威战死，敬瑭以左射军从明宗复击败梁兵。"《旧五代史·晋高祖纪一》则记为"三讨军"，并称这支军队为"亲骑"，可见其属于马军部队。所谓"三讨军"应是左射军的别称，因为同书在记载梁晋胡柳陂之战时，又称石敬瑭所率的这支军队为左射军。石敬瑭当时的官职就是左射军使，胡三省注云："左射军使，统军士之能左射者。"③晋汉时期左射军不再见于记载，但后周却置有此军，如李汉琼，"周显德中，从征淮南，先登，迁龙旗直副都知，改左射指挥使"。④李进卿，显德中，"历散员左射都校"。⑤

后唐侍卫亲军系统的军队不止以上所述，如控鹤、龙骧、神捷、神威、拱宸、捉生、长剑、雄威等，均未提到。这些军队有的原为后梁的侍卫亲军，梁亡后被后唐收编，有的军号为梁晋两家所并置，由于在前面考述后梁军制时已经论到，所以便不再重复，有的则后来被后唐改编为六军。总之，后唐庄宗时期的侍卫亲军系统所辖军队庞杂，军号繁

---

① 《资治通鉴》卷二六八，后梁均王乾化三年七月，第8776页。
② 《全唐文补遗》第四辑，第279页。
③ 《资治通鉴》卷二七一，后梁均王贞明五年十月及胡注，第8850页。
④ 《宋史》卷二六〇《李汉琼传》，第9019页。
⑤ 《宋史》卷二七三《李进卿传》，第9323页。

多，比较混乱。加之各支军队来源不一，军心不稳，兵骄将悍的习气未得根除，一遇适当的时机，便会引起兵变，造成极大的社会动荡。以上全面地考述了后唐的侍卫亲军系统诸军，并不局限于庄宗时期，至于对禁军的整顿与改编，将在下面论述。

（四）唐明宗对侍卫亲军的整顿

唐明宗对禁军的整顿主要体现在两个方面，其一是对六军的整顿与改编，前面已经做过论述；其二便是对侍卫亲军的整顿，将唐庄宗统治时期杂乱的禁军军号整齐划一。针对庄宗遗留下来的骄兵悍将问题，明宗采取了比较严厉的手段予以整顿或镇压，对于其中尤为骄悍难制者，悉数诛杀，以绝后患。如天成元年六月，诛杀了留驻在汴州的原后梁控鹤军指挥使张谏等人，接着又"召集谋乱指挥使赵虔已下三千人并族诛讫"。①这年七月，"诛滑州左右崇牙及长剑等军士数百人，夷其族，作乱故也"。②银枪效节军骄横难制，明宗下诏命其移驻卢台，"军发之日，不给兵甲，惟以长竿系旗帜以表队伍，军士颇自疑惑"。次年，"效节军乱"，除了尽诛反叛的兵士外，"明宗下诏，悉诛其家属于魏州，凡九指挥三千余家数万口，驱至漳水上杀之，漳水为之变色。魏之骄兵，于是而尽"。③经过这样几次大规模的诛杀后，虽不能说彻底改变了五代时期骄兵难制的状态，但也在一定程度上震慑了骄兵悍将，使其有所畏惧，初步改变了骄兵动辄作乱的现象。在这种整顿的基础上，唐明宗采取了改编、并省的办法，重新改组了侍卫亲军。

关于明宗重新组编侍卫亲军之事，史籍中虽缺乏明确的记载，但却留下了一些蛛丝马迹可以查考。长兴三年七月，范延光奏曰："昨并省军都，自捧圣、严卫相（此字为衍文）、羽林已下逐厢都指挥使新定名，管禁兵五千人，……"④说明至少在长兴三年七月前，已经初步完成了对禁军的整顿和并省。其中羽林军属于六军系统，前面已经论述过

---

① 《旧五代史》卷三六《唐明宗纪二》，第500—501页。
② 《旧五代史》卷三六《唐明宗纪二》，第501页。
③ 《新五代史》卷四六《房知温传》，第507—508页。
④ 《册府元龟》卷五〇八《邦计部·俸禄四》，第6099页。

了，捧圣、严卫则是唐庄宗时期所没有出现的军号，当为明宗新创军号无疑。这两支军队与左右羽林军并称，且位于其前，当是后唐最重要的禁军部队，前面已经论到后唐的六军组成，可知这两支军队不在六军之列，因此其只能属于侍卫亲军系统。至于这两个军号创建于何时，还可以做进一步考查。

《旧五代史·李从璋传》："明宗即位，受诏领捧圣左厢都指挥使，时天成元年五月也。"同书卷九〇《安元信传》亦载："明宗即位，擢为捧圣军使，加检校兵部尚书。"同书《郭金海传》："天成初，入为捧圣指挥使。"另据《李俊墓志铭》载，其于长兴二年，"宣补右捧圣第四指挥使"，[①]说明捧圣军号的出现也早于长兴二年。根据以上记载，可以肯定捧圣军当始置于天成元年，明宗即帝位之初。

另据《旧五代史·王清传》载："明宗即位，自天成至清泰末，历严卫、宁卫指挥使。"同书《尹晖传》："天成、长兴中，领数郡刺史，累迁严卫都指挥使。"据此来看，则天成时严卫的军号已经出现是无疑的，从《王清传》的记载来看，明宗即位时，王清已经任严卫指挥使了。如是这样，则严卫军似应置于天成元年。

捧圣与严卫两军自组建以来，得到不断扩充，前面已经提到，左右严卫军是由神捷、神威、雄威、广捷等军整编而来的，左右捧圣则是由龙武、神武改编而成的。但龙武、神武两军并未就此消失，而是改编为捧圣军后，又另行组建了龙武、神武军，这一点在前面已经做过论述了。曾在唐庄宗时期大量出现的诸军军号，至明宗时期已经有不少不再出现，如金枪、铁林、崇武、龙骧、横冲、厅直、定霸、从马直、黄甲、剑直、马前直、突阵、飞腾、银枪效节、匡霸、匡卫、捧日、保卫、胜节、云捷、长直、前直等军，说明其已经被整编入了捧圣、严卫等军，经过整编的捧圣、严卫等军遂成为侍卫亲军中最强大的部队。在后唐的侍卫亲军中，左右效义、亲直、突骑、控鹤、夹马、奉德、奉化、忠顺、散指挥（员）、威和、内直、契丹直、雄义、内殿直等军仍

---

① 《隋唐五代墓志汇编》洛阳卷第15册，第158页。

然保留，这些军队后来还在不断地被改编之中，有的在后唐末年便不复存在，显然被省并到别的军队中了，有的则在其他王朝统治时期被省并，有的后来被后周编入了殿前司系统。总之，经过五代历朝的不断整顿，禁军的军号越来越整齐划一，梁唐之际军号繁杂混乱的状态终于得到了改变。

捧圣与严卫是侍卫亲军系统中最强大的部队，其中捧圣为马军部队，严卫则是步军部队。《旧五代史·唐闵帝纪》载：应顺元年正月，"以捧圣左右厢都指挥使、钦州刺史朱洪实为宁国军节度使，加检校太保，充侍卫马军都指挥使；以严卫左右厢都指挥使、严州刺史皇甫遇为忠正军节度使、检校太保，充侍卫步军都指挥使"。以捧圣都指挥使任侍卫马军都指挥使，严卫都指挥使任侍卫步军都指挥使，证明这两军分别是侍卫马军与侍卫步军部队。还有更直接的史料可以证明这点，如《旧五代史·秦王从荣传》载："从荣乃请以严卫、捧圣步骑两指挥为秦府衙兵。"因严卫为步军，捧圣为马军，故连称步骑。《资治通鉴》卷二七八后唐潞王清泰元年正月条载："出彦威为护国节度使，以捧圣马军都指挥使朱洪实代之；出从宾为彰义节度使，以严卫步军都指挥使皇甫遇代之。"则更加明确地说明了这一点。至这年六月，"改捧圣马军为彰圣左右军，严卫步军为宁卫左右军"。[①]于是彰圣、宁卫两军遂成为侍卫亲军中马、步军之中坚。此后，史籍中再出现捧圣、严卫之军号者均为彰圣、宁卫之误。

三、晋、汉禁军制度

后晋、后汉的禁军制度仍然沿袭后唐之制，只是稍有变化而已。具体而言，这两朝禁军体制与后唐相比并无变化，所变化的是：继续了唐明宗以来整编禁军的趋势，新增或改换了某些军队之军号。还有一点需要强调，即后汉统治时期，侍卫亲军的地位得到空前的提高，殿前军正

---

① 《五代会要》卷一二《京城诸军》，第205页。

在迅速崛起。

（一）后晋禁军兵制

后晋的禁军仍分为六军与侍卫亲军两大系统，不过后晋的六军与后唐不能相比，除了左右羽林军尚有一定兵力外，其余诸军大都有名无实，兵力已经十分衰弱了。见之于记载的六军将领有左羽林统军安审晖、右羽林统军丁审琪、左神武统军潘环、左龙武统军李从敏、右龙武统军周密等。[①]六军统军地位较高，多兼任节度使，或遥领节帅，由于六军实力的下降，六军统军（羽林军除外）如不兼任节帅，则成为安置勋臣的闲散之职。后晋的侍卫亲军所属诸军的军号可考的主要有：

护圣 此军始置于后唐，《旧五代史·郭金海传》载："长兴三年，改护圣都虞候。天福二年，从王师讨范延光于魏州，以功转本军都指挥使。"这里所说的"本军"，即指护圣军。可见后晋的护圣军即后唐之护圣军的延续。又如唐末帝清泰元年，护圣军使王彦塘因罪被诛杀。[②]《旧五代史·安彦威传》："明宗入立，皇子从荣镇邺，彦威为护圣指挥使。"《五代会要》卷一二《京城诸军》载：天福六年八月，"改奉德两军为护圣左右军"，奉德军也是后唐禁军之一。从这段记载看，似乎至此后晋才有了护圣军，其实是不对的。"郭金海为护圣都虞候。高祖天福二年，金海从王师讨范延光于魏州，以功转本军都指挥使"[③]，说明后晋早就设置了护圣军，此次只是将奉德军充实到该军之中而已。奉德军在后唐为马军，其能并入护圣军，说明护圣军亦是马军部队无疑。另据《旧五代史·晋高祖纪二》载：天福二年七月，"以护圣左右厢都指挥使杜重威为昭义军节度使兼侍卫马军都指挥使，充西面行营副部署"。杜重威能以护圣都指挥使兼任侍卫亲军马军都指挥使，可以进一步证明护圣军为马军部队，同时也说明护圣军隶属于侍卫亲军马军系统。而后唐侍卫亲军中的彰圣左右军不再出现，当是已被护圣军所

---

① 《旧五代史》卷八一《晋少帝纪一》，第1074页；同书卷八三《晋少帝纪三》，第1094页；同书卷八四《晋少帝纪四》，第1117页。
② 《册府元龟》卷六六《帝王部·发号令五》，第738页。
③ 《册府元龟》卷三八七《将帅部·褒异一三》，第4596页。

取代。护圣军兵力非常强大，从其编制中可以推知。据《石金俊及妻元氏合祔墓志》记载，石金俊之子曾前后充任过护圣左第六军、护圣右第四军、护圣左第二军等军都指挥使。①《袁彦进墓志》载：其在后晋曾前后充任过护圣右第六军都虞候，护圣左第五军、护圣右第四军、护圣左第四军都指挥使，入后汉后，又充任过护圣右第三军、护圣左第二军、护圣右厢都指挥使。②可知护圣军是一支兵力雄厚的禁军部队，其地位在后晋的侍卫亲军中举足轻重。

奉国 为后唐所始置。《宋史·解晖传》载："父珪，应募为州兵，后唐天成中，西征至剑门，没于阵。晖少有勇力，以父死戎事，得隶兵籍。戍雁门，……以功迁奉国军队长。"同书卷二五二《王晏传》："后唐同光中，应募隶禁军，累迁奉国小校。"可知奉国军是后唐禁军。《旧五代史·武汉球传》："天福初，授赵州刺史，入为奉国军都指挥使。"同书《孔知濬传》："晋高祖即位，用为奉国右厢都指挥使。"《宋史·张令铎传》："后唐清泰中，补宁卫小校。晋初，改隶奉国军。"所有这些史料都说明奉国军早在石敬瑭建立后晋之前，即天福元年前就已经存在了，从张令铎从宁卫军改隶奉国军一句看，可能是以原奉国军为基础，再将宁卫等军改变番号充实进来。由于原奉国军兵力有限，故后晋之奉国军实际上是以宁卫军为主力重新组建的一支禁军。关于这一点还有史料可以证明，如王清，"初事唐为宁卫指挥使。后事晋为奉国都虞候"。③王清实际上是在同一支军队中迁转官职，只是军号的番号有所变化而已。前面已经论到宁卫军是后唐侍卫亲军步军的中坚，其都指挥使往往充任侍卫亲军步军都指挥使。奉国军的都指挥使在后晋也是如此，如郭谨曾以奉国左右厢都指挥使为侍卫亲军步军都指挥使。④后晋出动禁军外出征战时，无一例外地以奉国军的将领为行营步军的统兵将帅，如晋高祖天福六年十一月的一次征伐中，"以奉国右第

---

① 《五代墓志汇考》，第553页。
② 《全唐文补遗》第一辑，第456—457页。
③ 《新五代史》卷三三《王清传》，第363页。
④ 《旧五代史》卷七八《晋高祖纪四》，第1028页。

四军都指挥使杜希远为行营步军都指挥使"。同年十二月禁军外出征讨时，"奉国左第三军都指挥使程福赟步军都指挥使"。①晋出帝天福九年下诏征讨，命"奉国左右厢主李殷、程福赟为步军左右将"。②这些史料都可说明奉国军是侍卫亲军中的步军部队。奉国军自建立以来，逐渐发展成为侍卫亲军的中坚力量之一，凡重大战役基本都会出动，有关这方面的史料很多，就不一一列举了。

兴顺 为后晋所始置。史载："晋天福六年七月，改拱宸、威和、内直军并为兴顺。"③拱宸、威和、内直均为后唐禁军，此次被整编为兴顺军，遂使兴顺军成为后晋侍卫亲军中一支兵力较为强大的军队。兴顺军也分为左右厢，如元氏之子石仕赟"累迁至兴顺右第一军都虞候。……晋高祖嘉其功，授兴顺左第三军都指挥使"。④兴顺军也经常外出征伐，说明其具有较强的战斗力，为侍卫亲军中的主力军队之一。

弩手 《旧五代史·曹英传》："晋天福中，迁弩手军使。平张从宾于汜水，以功授本军都校。"同书《汉隐帝纪下》："弩手指挥使何赟等，径领兵师，来安社稷"云云。《宋史·张晖传》："晋开运末，与武行德夺契丹甲船于河阴。行德领河阳，以晖为弩手指挥使。"

宗顺 《册府元龟》卷一八〇《帝王部·滥赏》载：晋出帝开运三年下诏给禁军诸军赏赐，其中给宗顺都指挥使赏绢10匹。同书卷一二三《帝王部·征讨三》载：天福六年，出动宗顺等39指挥讨伐安重荣。

广锐 《宋史·张思钧传》："初应募为卒，晋开运间，迁广锐军使。"同书卷四八四《韩通传》："周祖亲征兖州，以通为在京右厢都巡检。时河溢，灌河阴城，命通率广锐卒千二百浚汴口。"说明到后周时广锐军仍然存在，当时韩通为侍卫步军都校，其既然能统率广锐军，说明广锐军隶属于侍卫亲军步军，这当是后晋军事体制的延续。

兴国 史载："晋少帝开运三年诏：宋州节度使李守贞，近以

---

① 《册府元龟》卷一二三《帝王部·征讨三》，第1478页。
② 《册府元龟》卷一一八《帝王部·亲征三》，第1408页。
③ 《五代会要》卷一二《京城诸军》，第205页。
④ 《全唐文补遗》第一辑，第455页。

援送军储，杀戮蕃贼，继闻克捷，宜示颁宣。护圣、奉国、兴顺、宗顺、兴国诸军都指挥使，各绢十匹，……"①天福六年十二月，安重荣反，"乃遣（护）圣、奉国、宗顺、兴国、威顺等马步军三十九指挥击之"。②

威顺 从上面的相关记载看，应为后晋禁军。《新五代史·晋出帝纪》：天福八年四月，"供奉官张福率威顺军捕蝗于陈州"。威顺军不见于其他王朝，当为后晋所始置。

忠卫 《宋史·王晏传》："晋开运末，与本军都校赵晖、忠卫都校侯章等戍陕州。"同书《侯章传》："晋开运末，为忠卫指挥使，屯兵陕州。"

后晋的禁军中，还包括一些军队，如内殿直、散指挥、散员、归捷、控鹤、散都头等，这些军队有的隶属于侍卫亲军，如蔡审廷，"晋初，应募补护圣散都头"，③说明散都头隶属于侍卫亲军马军系统。有的则隶属于殿前军系统，如李琼，晋"少帝嗣位，入为殿前散员都指挥使"，④说明散员隶属于殿前军。只是不知后晋殿前军下辖有哪些军队，估计内殿直、散指挥、控鹤等军可能隶属于殿前军。《袁彦进墓志》中就有"转授殿前散员、散指挥使"的记载。⑤由于此时尚未有殿前司的设置，也不知其与侍卫亲军系统是什么关系，这些问题尚待进一步研究。

后晋时期侍卫亲军系统虽然继承了后唐制度，但是并非一成不变，如其侍卫亲军主要是以石敬瑭的原河东镇之元从部队为基础组成，其两大主力护圣、奉国在后唐不甚显要，但是在后晋却不断得到加强，并将后唐之彰圣、宁卫分别编入护圣、奉国。护圣与奉国两军的都指挥使往

---

① 《册府元龟》卷一八〇《帝王部·滥赏》，第2166页。
② 《册府元龟》卷一二三《帝王部·征讨三》，第1478页。
③ 《宋史》卷二七一《蔡审廷传》，第9287页。
④ 《旧五代史》卷九四《李琼传》，第1252页。
⑤ 《全唐文补遗》第一辑，第456页。

往分别充任侍卫亲军马军与侍卫亲军步军都指挥使,[①]这两支军队不仅是侍卫亲军中的主力部队,而且其军号也分别成为侍卫亲军马、步军的军号。后梁与后唐前期的侍卫亲军马、步军下属诸军各有军号,但侍卫马军与步军自身却没有军号,这种情况到了后晋发生了变化,分别以护圣、奉国作为侍卫马军与步军的军号。[②]颇疑侍卫马、步军有军号之事后唐后期已有之,其彰圣、宁卫很可能就是其军号。后晋侍卫马、步军之所以以护圣、奉国为其军号,是因为这两支军队分别为侍卫马军与侍卫步军之主力,为提高其地位遂以这两军之军号为侍卫马、步军之军号。同样的道理,彰圣、宁卫也是后唐侍卫马、步军之主力军队,并非没有以其军号为侍卫马、步军军号的可能。推而论之,后唐的捧圣、严卫两军亦可能是侍卫马、步军的军号。

后晋侍卫亲军制度的另一大变化便是出现了侍卫司的机构。《全唐文》卷一一四《平张从宾赦制》:"诸军小节级、长行已下,没于王事者,具给本家三年粮赐,有男成长者,委侍司卫典诸军内酌量安排。"此制颁于天福二年,则侍卫司的设置最迟不晚于此年。侍卫司是侍卫亲军的管理与统帅机构,通常由侍卫亲军马步军都指挥使掌管,但皇帝也可另委他人管理,如开运三年,"以侍卫马军都指挥使李彦韬权知侍卫司事",[③]便是一例。侍卫司的出现是五代军事制度的一大变化,标志着自唐代以来的六军诸卫禁军管理制度的彻底崩溃,并为宋代禁军制度的创立奠定了基础。

(二)后汉禁军兵制

后汉立国短暂,其禁军兵制仍沿袭后晋制度,侍卫马军军号仍称护圣,侍卫步军军号仍称奉国,但是其侍卫亲军的中坚力量却是以河东诸

---

① 如《旧五代史》卷七八《晋高祖纪四》载:天福四年四月,"以护圣左右军都指挥使李怀忠为侍卫亲军马军都指挥使,领寿州忠正军节度使;以奉国左右厢都指挥使郭谨为侍卫亲军步军都指挥使、夔州宁江军节度使"。第1028页。

② 《旧五代史》卷一一一《周太祖纪二》(第1471—1472页):广顺元年四月,"改侍卫马、步军军额。马军旧称护圣,今改为龙捷;步军旧称奉国,今改为虎捷"。可见护圣与奉国已经成为后晋侍卫马军与步军的军号。

③ 《旧五代史》卷八五《晋少帝纪五》,第1121—1122页。

军及将帅为骨干的。加之其南下进兵汴梁时，原后晋之藩镇相继来降，使其军事力量不断强化，这些军队后来大多都被改编为禁军。后汉禁军兵制的另一变化，便是殿前军系统得到加强，出现了殿前都部署的军职。^①此职的设置说明殿前军的兵力有所加强，也是殿前军系统地位提高的表现，殿前军的不断加强，从而为后周时期正式设立殿前司创造了必要的条件。

后汉禁军之军号除了沿用后晋军号外，新出现军号可考者主要有以下一些：

小底 据《旧五代史·汉隐帝纪下》载：乾祐三年十一月，"又诛（史）弘肇弟小底军都虞候弘朗"。又据同书《周太祖纪三》：广顺二年七月，"以小底都指挥使、汉州刺史李重进为大内都点检兼马步都军头，领恩州团练使；以内殿直都知、驸马都尉张永德领和州刺史，充小底第一军都指挥使"。此时距汉亡不久，故此段史料可以反映后汉小底军的情况。小底军下辖有军一级编制，说明其具有相当强的兵力。

兴捷 这是后汉新组建的禁军部队。汉高祖刘知远任河东节度使时，"但益募兵，奏置兴捷、武节等十余军以备契丹"。^②并以其同宗兄弟任兴捷军将领，如刘信，刘知远从弟，"高祖镇太原，以信为兴捷军都指挥使领义成军节度使"。^③兴捷虽为新组建的军队，但却分为左右厢，如李洪信曾任其左厢都指挥使，尚洪迁任右厢都指挥使。^④刘知远建立后汉政权后，其军便升格为禁军。

武节 亦为后汉新组建的军队，见前述。武节也分为左右厢，汉高祖时以盖万为左厢都指挥使，周晖为右厢都指挥使。武节军似乎为步军部队，因为汉高祖曾以武节都指挥使史弘肇为侍卫亲军步军都指挥使。^⑤

东西班 《宋史·孔守正传》："汉初，为东西班承旨。"东西

---

① 《旧五代史》卷一〇二《汉隐帝纪中》，第1362页。
② 《资治通鉴》卷二八三，后晋齐王天福八年九月，第9254页。
③ 《新五代史》卷一八《汉家人传》，第195页。
④ 《旧五代史》卷九九《汉高祖纪上》，第1326页。
⑤ 以上见《旧五代史》卷九九《汉高祖纪上》，第1326—1327页。

班实即禁军军号名，同书《王审琦传》云："汉乾祐初，隶周祖帐下，性纯谨，甚亲任之。从平李守贞，以功署厅直左番副将。广顺中，历东西班行首、内殿直都知、铁骑指挥使，从世宗征刘崇，力战有功，迁东西班都虞候。"再如同书《祈廷训传》载："广顺中，历东西班右蕃行首、铁骑都虞候。世宗即位，改东西班都指挥使。"可知后周也有东西班，这支禁军正是沿袭后汉的东西班而组建的。

龙栖 《册府元龟》卷七六六《总录部·攀附二》："周史彦超，汉末为龙栖都指挥使。太祖之赴内难，彦超以本军从，后至郑州防御使。"周太祖郭威在后汉以枢密使的身份率禁军镇守邺都，史彦超所在的龙栖军即其所率的禁军部队之一。但这支军队入周以后不再见于记载，当是并入其他禁军了。

后汉的禁军军号还有很多，如内殿直、厅直、散指挥、散员、控鹤等，由于均为沿袭后晋之制，故不复述。后汉本身新组建的禁军部队主要是刘知远在太原新募的兴捷等十余军，这些军队之军号除了上面提到的数种外，大都不可考知了。

后汉立国短暂，任侍卫亲军马步军都指挥使者，仅有史弘肇、王殷二人，[①]其中史弘肇任职时间最长，王殷是在史弘肇被诛杀后，才充任此职的。史弘肇任侍卫亲军马步军都指挥使时，进一步加强了侍卫司的职权，使其机构更加健全。侍卫司置有监狱，不仅关押军人之犯罪者，而且还延伸职权，也常常负责民事或刑事案件的审理。《旧五代史·史弘肇传》载："弘肇都辖禁军，警卫都邑，专行刑杀，略无顾避，无赖之辈，望风匿迹，路有遗弃，人不敢取。然而不问罪之轻重，理之所在，但云有犯，便处极刑，枉滥之家，莫敢上诉。巡司军吏，因缘为奸，嫁祸胁人，不可胜纪。时太白昼见，民有仰观者，为坊正所拘，立断其腰领。又有醉民抵忤一军士，则诬以讹言弃市。其他断舌、决口、斫筋、折足者，仅无虚日。"由于侍卫司专断刑罚，凡有此类案件发生，有关

[①] 《册府元龟》卷二六《帝王部·神助》载："周太祖初为汉侍卫马步军都指挥使"，第289页。此事不见于其他史籍记载，未知可靠与否，附记于此，以俟后考。

部门便送交其处断。《宋史》卷二六四《卢亿传》载："汉初，……时侍卫诸军骄恣，朝廷姑息之，军士成美以驴负盐入都门，阍者不敢执，反擒平民孟柔送侍卫司。柔自诬伏，论当弃市"云云。侍卫司狱不仅干预有司的司法权，而且还干预国政，欧阳修说："汉有侍卫司狱，凡朝廷大事皆决侍卫狱。是时，史弘肇为都指挥使，与宰相、枢密使并执国政，而弘肇尤专任。"[1]后周初年侍卫司权重的这种局面仍未改变，时王殷任侍卫亲军都指挥使、邺都留守，率禁军赴邺都镇守时，"仍以侍卫司从赴镇"。[2]后来周太祖郭威虽然诛杀了王殷，但却未从制度上改变这种局面，直到周世宗设置了殿前司，与侍卫司互相制衡，才使这种局面有所改观。

四、后周禁军制度

后周统治时期是五代禁军制度最为完善的时期，最大的变化就是创立了殿前司，从而改变了五代时期的禁军体制，使禁军的管理机构变为两司，从而有利于对禁军的控制。此外，周世宗对禁军的整顿，加强了禁军的战斗力，有利于改变五代君弱臣强的局面，为北宋加强中央集权创造了必要的条件。

（一）侍卫亲军的构成

郭威创建后周政权不久，遂于广顺元年四月，将侍卫马军军号由护圣改为龙捷，侍卫步军军号由奉国改为虎捷。[3]终后周之世，侍卫马步军的军号再未有过改变。后周侍卫亲军所辖诸军除去沿袭后汉的外，见于记载的主要有：

效顺 《旧五代史·唐景思传》："显德初，……因以高平阵所得降军数千人，署为效顺指挥，命景思董之。"可知效顺军乃由北汉降卒组成，

---

[1] 《新五代史》卷二七《康义诚传》，第298页。
[2] 《资治通鉴》卷二九〇，后周太祖广顺元年正月，第9453页。
[3] 《旧五代史》卷一一一《周太祖纪二》，第1471—1472页。

此军组建后，随即开赴淮南前线与南唐军作战，曾建立过不少功劳。①

怀德 《五代会要》卷一二《京城诸军》载：显德"四年四月，以先降到江南兵士，分为六军，共三十指挥，赐号为怀德军"。次年六月，又放还了先前俘获的南唐兵士4700多人归本国。

怀恩 《五代会要》卷一二《京城诸军》：显德二年十二月，"以新收复秦、凤州所擒获川军，署为怀恩军"。这支军队人数约有数千人，不久周世宗又命怀恩指挥使萧知远率800余人回到了川蜀。

龙旗直 《宋史·李汉琼传》："周显德中，从征淮南，先登，迁龙旗直副都知，改左射指挥使。"

清塞 《宋史·兵志一》："周立，指挥二。其一北蕃归附之众，营寿州；其一破淮南紫金山寨所得骑军，营延州。"说明清塞军是由北蕃及南唐归降的军队组成的禁军，属于马军部队。

骁捷 《宋史·兵志一》："周显德中，平三关，拣诸州士卒壮勇者为河北骁捷。"《宋史》将其列入侍卫司骑军系统，说明后周的骁捷军本为马军部队，由河北诸州壮勇之士组成。

吐浑 《宋史·陈思让传》："广顺元年九月，刘崇遣大将李瓌领马步军各五都，乡兵十都，自团柏军于窑子店。思让与都监向训、张仁谦等率龙捷、吐浑军，至虒亭西，与瓌军遇，杀三百余人，生禽百人。"说明后周也有吐浑军。

员僚直 《宋史·兵志一》："员僚直：显德中，周平三关，召募强人及选高阳关驰捷兵为北面两直。"这支军队也是马军部队，由河北高阳关降军组成。

东西班承旨 《五代会要》卷一二《京城诸军》：显德"二年十二月，改东西小校为东西班承旨"。后汉也有东西班承旨，故这里所说的"改东西小校为东西班承旨"，并非新创一个军号，只是将东西小校并入东西班承旨而已。前引《宋史》载："东西班：弩手、龙旗直、招箭班共十二，旧号东西班承旨。"这里所谓的"旧号"，即指后周时期的

---

① 《册府元龟》卷一一八《帝王部·亲征三》，第1415页。

情况，可知东西班承旨，共包括弩手、龙旗直、招箭班等军在内，总计有十二指挥的兵力，仍属于马军部队。

骁武　《东都事略》卷二九《董遵诲传》载："周世宗时，从韩通讨秦凤，擒蜀招讨使王鸾。攻淮南，下合肥。又从韩通平雄、霸二州，以功至骁武指挥使。"

帐前横冲　《宋史·赵延进传》："时延进有从兄为虎捷都虞候、帐前横冲指挥使，世宗指延进语之曰：'尔弟拳勇有谋，将授以禁军大校'。"赵延进从兄既为虎捷都虞候，则帐前横冲必为侍卫亲军系统的军队无疑。

后周侍卫亲军系统的军队并不止以上这些，如广锐、兴顺、左射等军，都属于这一系统。此外，从北宋初年的侍卫亲军所辖的诸军军号来看，其数量相当可观，其中必有不少为后周所置，只是由于史籍没有明确的记载，故不敢妄加猜测。

（二）殿前司的确立

后周的殿前司系统建成于周世宗统治时期，史载：显德元年十月，"帝自高平之役，睹诸军未甚严整，遂有退却。至是命今上一概简阅，选武艺超绝者，署为殿前诸班，因是有散员、散指挥使、内殿直、散都头、铁骑、控鹤之号。复命总戎者，自龙捷、虎捷以降，一一选之，老弱羸小者去之，诸军士伍，无不精当。由是兵甲之盛，近代无比，且减冗食之费焉"。[①]引文所谓"今上"，即指宋太祖赵匡胤。可知周世宗改革兵制时，除了加强殿前司系统外，对侍卫亲军也同样进行了整顿和加强，从而使后周禁军的军力大大地加强了，为其日后进行统一战争奠定了坚实的基础。

欧阳修说："亲军之号，始于明宗，其后又有殿前都指挥使，亦亲军也，皆不见其更置之始。"[②]针对此，叶梦得批评说："殿前军起于周世宗，是时太祖为殿前司都虞候。初诏天下选募壮士送京师，命太祖

---

① 《旧五代史》卷一一四《周世宗纪一》，第1522页。
② 《新五代史》卷二七《康义诚传》，第298页。

择其武艺精高者为殿前诸班,而置都点检,位都指挥使上。太祖由此受禅,见于《国史》。欧阳文忠公为《五代史》,号精祥,乃云'不知其所始',盖考之未详也。"①其实叶梦得的说法也不正确,前面已经论到殿前军早在后晋时就已经出现了,后汉时已经有殿前都部署的设置,说明殿前军处在不断壮大的过程中。最迟在周太祖广顺二年为殿前军设置了都指挥使一职,由李重进充任。②此职的设置说明殿前军已经具有相当规模,初步形成了与侍卫亲军相对应的格局。李重进初任殿前都指挥使时,兼领泗州防御使,周太祖临终时,遂提升他为武信军节度使,仍担任殿前都指挥使,这样就大大地提高了殿前军的地位。当时侍卫亲军马步军都指挥使一职缺任,李重进遂与时任侍卫马军都指挥使的樊爱能、侍卫步军都指挥使的何徽鼎足而立,互相制约。胡三省在此解释说:"殿前都指挥使总殿前诸班,马军都指挥使总侍卫司马军,步军都指挥使总侍卫司步军,宋朝三衙之职昉于此。"③后周与北汉之间的高平大战,后周之所以能反败为胜,主要是因为依靠了殿前军的力量,故周世宗整顿禁军时,大力加强殿前诸班的兵力,使其与侍卫亲军系统并驾齐驱,殿前司的设立当在此时,即显德元年十月。

关于殿前司都点检的设置时间,《旧五代史·周世宗纪三》云:显德三年十二月"壬申,以滑州节度使兼殿前都指挥使、驸马都尉张永德为殿前都点检"。可见此职的设置是在周世宗整顿禁军之后三年,与殿前军系统的兵力的加强并无关系。之所以要设置此职,是因为殿前都指挥使初置时,与侍卫亲军的马、步都指挥使地位相当,为了进一步提高殿前司的地位,于是便设置了此职,使其能与侍卫亲军马步军都指挥使分庭抗礼。都点检之职,始于后晋,当时称大内都点检,殿前都点检的设置则始于周世宗。

后周殿前司所辖诸军前面的引文中已经提到,即散员、散指挥使、内殿直、散都头、铁骑、控鹤等军,但是还有所遗漏,现能考知的还有

---

① 《石林燕语》卷六,第81页。
② 《宋史》卷四八四《李重进传》,第13975页。
③ 《资治通鉴》卷二九一,后周太祖显德元年正月胡注,第9501页。

散祗候、大剑直、御马直、天武军等军。现将这些军队的源起及发展变化情况简述如下：

散员 此军早在后梁统治时期就已经出现了，当时晋王李存勖属下就有散员都部署之职。至后晋时，散员之名前就已冠以殿前字样了。如《旧五代史·李琼传》说其在晋出帝时，"入为殿前散员都指挥使"。后汉时又出现了散员都虞候的职务，①说明散员的实力越来越强大。至周世宗时，遂将其隶于殿前司。

散指挥使 又称散指挥，后梁时已有此军。《旧五代史·梁末帝纪下》：贞明六年，"以许州匡国军节度观察留后、充散指挥都军使、检校太傅王彦章为匡国军节度使"。不过从有些记载来看，却将散员与散指挥视为同一军队，前引《元行钦传》云："时有散指挥都头，名为散员，命行钦为都部署。"但在后周，散员与散指挥却是两支不同的军队，关于这一点，从上面所引的周世宗整军的史料中可以明确地看出，其他相关史料也能看出这种分别。

散祗候 《宋史·兵志一》："周制，招置诸州豪杰立，散指挥、散都头、散祗候凡十二班。"

内殿直 最迟在后唐时期已经设置，其为宿卫宫室的皇帝亲军。在晋汉时期内殿直的军号一直未变，如李汉琼，"晋末，补西班卫士，迁内殿直"，②便是明证。内殿直多由骁勇之士组成，战斗力极强，所以有关内殿直参加重大战役的记载较多，后周与北汉高平大战时，内殿直便发挥了重要的作用。周世宗整军时，进一步加强了内殿直的军力，所谓"简军校暨武臣子弟有材勇者立"。③其分为左右两番，每番又各分为第一、第二两班。④

---

① 《宋史》卷二六一《白重赞传》，第9036页。
② 《宋史》卷二六〇《李汉琼传》，第9019页。
③ 《宋史》卷一八七《兵志一》，第4584页。
④ 赵雨乐：《唐宋变革期之军政制度——官僚机构与等级之编成》，文史哲出版社，1994年，第120页。

散都头 最迟后晋时已经设置，当时隶属于侍卫亲军马军系统。[1]后汉时是否仍隶属于侍卫亲军系统，不得而知，但自周世宗显德元年十月以来，其无疑成为殿前司下辖诸军之一。

铁骑军 本后汉之小底军，后周改为铁骑军，[2]时间大约在周太祖广顺三年前后。[3]铁骑军为马军部队，原本隶属于侍卫亲军，显德元年十月整军时改隶殿前司。铁骑军兵力雄厚，分为左右厢，如武守琦曾任铁骑左厢都指挥使，[4]高怀德曾任铁骑右厢都指挥使。[5]周世宗征淮南时，该军便是其主力部队之一。

控鹤 五代历朝均有设置，原本是宿卫宫廷的亲军，因控鹤军战斗力颇强，故经常参加野战，在历朝都是一支能打仗的军队。但是自后汉以来，控鹤军极少见于记载，当是其军力已经衰弱之故。有人认为周世宗建立之殿前亲军，很大程度上乃杂用了当日之亲从官，如内廷之控鹤官，即成为日后亲军中之控鹤军。[6]其实控鹤军五代诸朝皆有设置，只是于显德元年十月，将其划归殿前司统辖而已。《东京梦华录》卷四引《皇祐大飨明堂记》云："五代禁军号控鹤，年多者号宽衣控鹤。"宋太宗太平兴国中，改控鹤为天武，改宽衣控鹤为天武散手。[7]

大剑直 据《宋史》卷二七二《荆罕儒传》载，其曾在显德元年担任过大剑直都指挥使。后唐禁军中有剑直军，只是不知与后周的大剑直是否有承继关系。从《荆罕儒传》来看，他曾率步军数千人焚毁了太原东门，故知大剑直应为后周的步军部队。

天武 《宋史·常思德传》："周显德初，以材勇应募，隶天武军，累迁神卫都虞候。"北宋初年，天武军隶属于殿前司，为马军部

---

[1] 《宋史》卷二七一《蔡审廷传》："晋初，应募补护圣散都头。"第9287页。
[2] 《宋史》卷一八七《兵志一》，第4585页。
[3] 《五代禁军初探》，第37页。
[4] 《资治通鉴》卷二九三，后周世宗显德四年十二月，第9575页。
[5] 《册府元龟》卷四三五《将帅部·献捷二》，第5173页。
[6] [日]菊池英夫：《后周世宗的禁军改革与宋初三衙的成立》，《东洋史学》卷23，1960年，第41—57页。
[7] 《事物纪原》卷一〇《天武》条引，第518页。

队,宋初兵制直接沿袭后周之制,故天武军在后周很可能也隶属于殿前司系统。

御马直 《宋史·田重进传》:"周显德中,应募为卒,隶太祖麾下。从征契丹,至陈桥还,迁御马军使。"御马二字后缺漏一个"直"字。同书《刘遇传》:"广顺初,补控鹤都头,改副指挥使。宋初,迁御马直指挥使。"同书《崔翰传》亦载:"从周世宗征淮南,平寿春,取关南,以功补军使。宋初,迁御马直副指挥使。"根据这些记载推断,宋初的御马直当是沿袭后周而来。

亲卫 《宋史·石守信传》:"广顺初,累迁亲卫都虞候。从世宗征晋阳,遇敌高平,力战,迁亲卫左第一军都校。"

此外,后周还有一些军队不知其所属,如伴饮军[①]、日骑[②]等,只好暂附之于此,留待后考。为了一目了然,特将五代各朝的禁军军号列表如下:

表10 五代禁军军号一览表

朝代	六军	侍卫亲军系统	殿前军系统
梁	左右龙虎 左右羽林 左右神武 左右天威 左右天武 左右英武	控鹤、厅子都、龙骧、神捷、广胜、天兴、神威、拱宸、捉生都、亲骑、云骑、长剑、匡卫、静安、神勇、雄威、控弦、突阵、雄勇、义胜、夹马、怀顺、落雁	

[①] 《宋史》卷二五〇《罗彦瓌传》:"世宗嗣位,召为伴饮指挥使,改马步军都军头",第8827页。

[②] 《宋史》卷二七一《辅超传》(第9301页):"显德中,从太祖征淮南,……以功转日骑副兵马使。"同书卷一八七《兵志一》又载:太平兴国二年,诏改"铁骑曰日骑",第4585页。据此则北宋的日骑是由铁骑改名而来。后周时既有日骑之号,北宋沿袭后周的军制亦当早有此军号,何必此时又改铁骑为日骑呢?很可能《辅超传》所云之日骑为铁骑之误,如是这样则顺理成章了,只是苦无旁证,只能留之待考了。

续表

朝代	六军	侍卫亲军系统	殿前军系统
唐庄宗时期的禁军	左右龙武 左右羽林 左右神武	银枪效节、铁林都、从马直、金枪、黄甲、捧日、匡霸、飞腾、突骑、突阵、马前直、保卫、剑直、横冲、奉义、奉化、内直、胜节、帐前、奉德、效义、广捷、云捷、飞胜、定霸、契丹直、厅直、五院、崇武、左射、控鹤、龙骧、神捷、神威、拱宸、捉生、长剑、匡卫、雄威、散员、夹马、天兴、拱宸、雄武、奉国	
唐明宗以来的禁军	左右龙武 左右羽林 左右神武	捧圣（彰圣，为侍卫马军军号）、严卫（宁卫，为侍卫步军军号）、怀顺、雄捷、效义、亲直、突骑、忠顺、控鹤、夹马、奉德、奉化、契丹直、拱卫、威和、雄义、内直、雄义、散员（散指挥）、夹马、内殿直、护圣、拱宸	
晋	左右龙武 左右羽林 左右神武	护圣（侍卫马军军号）、奉国（侍卫步军军号），以下诸军为其所属军队军号：广锐、兴国、散都头、威顺、忠卫、兴顺、弩手、宗顺	内殿直、散员、控鹤等
汉	左右龙武 左右羽林 左右神武	护圣（侍卫马军军号）、奉国（侍卫步军军号），以下诸军为其所属军队军号：小底、东西班、散都头、武节、龙栖、广锐、厅直、兴捷、东西班承旨	内殿直、散员、控鹤、散指挥等
周	左右龙武 左右羽林 左右神武	龙捷（侍卫马军军号）、虎捷（侍卫步军军号），以下诸军为其所属军队军号：广锐、东西班、效顺、怀德、怀恩、龙旗直、清塞、骁捷、吐浑、员僚直、东西班承旨（东西班小校）、骁武、兴顺、帐前横冲、左射、伴饮	内殿直、铁骑、散都头、散员、散祗候、控鹤、大剑直、天武、御马直、亲卫、散指挥等

五、五代地方兵制与禁军军官职级

（一）地方兵制

五代十国时期中原王朝的地方兵制，主要是指藩镇节帅直属的军队以及其下属的州兵、镇将等。五代前期藩镇势力还一度膨胀，不仅藩镇兼管了原由中央三司管辖的地方场、院等，而且镇将俨然居于县令之上。这一时期的藩镇军与唐末一样，节帅直属的军队亦各有其军号，如刘仁恭的幽州镇就有银胡䩮军，[①]胡䩮，即箭室也，可见这是一支以射手为主组成的部队。后唐的幽州节度使赵德钧有一支名叫银鞍契丹直的军队，由擅长骑射的契丹骑士组成，赵德钧投降后，这支军队被契丹主耶律德光全部诛杀。[②]前引朱瑄的雁子都、朱温厅子都、落雁都，董昌的感恩都，李克用的铁林都、横冲都，刘知远的兴捷军、武节军等，都是如此。这些军队均为节帅直属的军队，一旦节帅当上了皇帝，他们便升格为禁军。

藩镇军的来源大体可分为以下几种情况：第一，强行征发境内农民为兵，这种情况在唐五代时期屡见不鲜，一旦战事紧张，兵源紧缺，节帅们往往会出此下策，全然不顾社会生产的发展。第二，向社会招募，唐朝自府兵制崩溃后，实行募兵制，这些招募而来的兵士，脱离了社会生产，逐渐成为职业军人。五代的藩镇军大都是职业军队，他们靠当兵而养家糊口，故其家属往往随军行动，由于是职业军队，所以其战斗力极强。第三，改编降兵或招诱邻镇军队，前者在前面的论述中已经多次提到，如李存勖改编幽州、魏博的军队，后者如朱温招诱兖、郓朱氏兄弟的军队。

五代时期的牙兵出现了恶性发展的趋势。牙兵始见于唐魏博镇田承嗣，于是诸镇纷纷仿效，人数从数百人到数千人不等，最多的竟达万人之多。牙兵最初是作为节帅的卫队而设置的，至五代时期，随着藩镇之间割据战争的白热化以及争夺皇位斗争的需要，牙兵的主要任务也发生了变化，从保卫节帅变为跟随节帅进行兼并战争，充当其夺取皇位的鹰犬。如后梁的魏博节度使杨师厚以骁勇之士8000人为牙兵，号银枪效节军，战斗力极强，朝廷畏之。后来此军被晋王李存勖收编，在梁晋之间的一次决战——胡柳陂之战中，银枪效节军大展神威，靠其死战，晋军才得以转败为胜。[③]实际上五代时期的牙兵已经脱离了节帅卫队的性质，

---

① 《新五代史》卷三三《王思同传》，第358页。
② 《旧五代史》卷九八《赵德钧传》，第1309—1310页。
③ 王育民：《论唐末五代的牙兵》，《北京师院学报》（社会科学版）1987年第2期，第56页。

逐渐发展成为藩镇的野战部队，只不过与普通野战部队所不同的是其多由骁勇雄杰之士组成，战斗力极强。此时，牙兵待遇优厚，远远超过其他军队，虽然仍称牙兵，实际上却是一支精锐的野战部队，这是五代牙兵与唐代不同的一个鲜明特点。牙兵的出现与唐末五代广泛存在的养子制度有关，通过这种媾合的血缘关系使义子们为节帅效忠卖命，李克用的义儿军便是典型的事例。关于义儿军，日本学者认为是由义儿们统率的，还没有单个义儿出身于义儿军的证据，也不能认为单个义儿就是义儿军的成员。每个部将和附从者都以这种义父子关系与主帅紧密地联结在一起，是唐末五代时期普遍倾向，这自然是和这一时期国家权力的衰落与官僚体制的解体相适应的一种现象①

此外，还与武装部曲的复活有关系。东汉末年至三国时期，出现了大量的由部曲组成的私兵，他们与豪强地主结合起来，成为战乱中或护主避乱、或筑坞自守、或争城夺地的私人武装。当一些豪强地主转变为朝廷将帅时，他们又成为将帅的亲兵。这种奴仆类型具有强烈私兵性质的武装，在唐末五代的节帅中也多有存在，如后晋成德节度使安重荣的军队中就有部曲千人，彰武节度使丁审琪，也"养部曲千人"。②他们都是节帅们依靠的核心武装。除此之外，在五代时期还有改编降卒中精锐者为牙军的现象，也有招募良家子弟为牙兵者、从所辖军队中挑选精锐兵士或以朝廷派遣的精兵为牙军者的情况也时有发生。这一时期的牙兵的成分比较复杂，尤其是大量招募无赖子弟、散兵游勇、剽悍盗贼到牙兵队伍中后，更增加了牙兵的凶残贪婪，桀骜难驯。③正因为牙兵骄横难制，稍不如意，就发动兵变，变易主帅，如同儿戏，所以自唐末五代以来，各藩镇节帅多在牙兵之外，另设亲军，作为节帅的亲信卫队，以保

---

① ［日］堀敏一：《藩镇亲卫军的权力结构》，《日本学者研究中国史论著选译》第四卷，中华书局，1992年，第619页。
② 《资治通鉴》卷二八三，后晋高祖天福七年正月，第9234页。
③ 参见王育民：《论唐末五代的牙兵》，《北京师院学报》（社会科学版）1987年第2期，第55页；来可泓：《五代十国牙兵制度初探》，《学术月刊》1995年第11期，第67—68页。

卫节帅的安全。关于这个问题，前面在论述侍卫亲军的源起时，已经做过论述，就不再重复了。所以在牙兵之外，另置亲军遂成为五代时期藩镇兵制的又一个新特点。

　　五代时期藩镇军事体制还有一个新特点，即在五代后期藩镇军遭到较大的削弱，其实力与唐后期的藩镇已经不可同日而语了。五代各朝尤其是后周时期针对藩镇军力的过度膨胀，采取了一系列措施来进行削弱。首先，配合削藩战争，将藩镇军队中最有战斗力的牙兵通过收编和选练改编为禁军。其次，对某些强大的藩镇进行分割，对其所依赖的牙兵进行大规模的诛杀，以根除后患。再次，通过收回藩镇的支郡和削弱外镇权力，以达到削弱藩镇的目的。支郡就是指节帅所在州之外的其他辖州，外镇就是指节帅被派到县级行政单位的军镇，它们侵夺县令职权，干预地方政务，是节帅控制地方军政的有力方式。自后梁以来，朝廷就规定镇将地位在县令之下，后周时又规定军镇的职责是"擒奸捕盗、庇护部民"，[①]严禁干预地方政务。至北宋初年，规定每县复置县尉一员，代行镇将职事。最后，罢诸道作院，切断藩镇兵械军需的来源。五代时期诸道州府皆有作院，后周广顺二年十月，"令罢诸州作院"，命作院所辖工匠，"赴京作坊，以备役使"。[②]这样就将兵械的生产权收归了中央。[③]所以到五代末年时，藩镇的军力已经大为地削弱了，不再具备与中央抗衡的实力。不过五代削藩还不彻底，对藩镇的财政体制方面用力不多，对藩镇的经济实力削弱不够，这个问题直到北宋初年才算比较彻底地解决了。

　　下面谈谈五代的镇将问题。关于这个问题日本学者日野开三郎已经有过较详尽的研究，[④]这里只就其军事意义简单地谈一点看法。日野开三郎认为五代的镇一般比县小，也有拥有数乡数村乃至于小都市在其

[①]《旧五代史》卷一一三《周太祖纪四》，第1498页。
[②]《册府元龟》卷一六〇《帝王部·革弊二》，第1937页。
[③] 以上参见齐勇锋：《中晚唐五代兵制探索》，《文献》1988年第3辑，第177页。
[④] [日]日野开三郎：《五代镇将考》，《日本学者研究中国史论著选译》第五卷，中华书局，1993年，第72—104页。

辖境之内，可以纵横十数华里以至数十华里，镇治一般设在坊郭或小都市内。镇将的职权主要是巡察捕盗贼，理狱讼，征赋税，镇将通常隶属于诸州刺史，只有节帅治所内的镇将才直属于主帅。同时还规定镇将无论品秩高低，位在县令之下，其职权只限于擒奸捕盗，庇护部民，不得干预县务。[①]当然县令也不能干预镇将的职务。但是由于镇和县都是州之下，乡之上的一级行政单位，加之设镇越来越多，而镇将通常由节帅手下的将校出任，官阶又往往高于县令，故干预县务仍是比较普遍的现象。镇将手中握有兵权，加上不少人还是节帅的亲信，其权力的膨胀便成为不可避免的趋势，节帅就是通过镇将来控制其辖区内的基层政权，从而达到巩固其统治的目的。此外，五代时期的镇将所掌握的兵力多寡不一，从数百到数千人不等，有的甚至达数万人之多。如唐末高骈部将海陵镇遏使高霸，"有民五万户，兵三万人"。[②]这还不算最多，刘汉宏的部将登高镇将王镇竟然率兵7万屯于西陵。[③]《新五代史·王处直传》载："龙泉镇将杜弘寿以二千人迎契丹。"可见镇将还可领兵出征。在五代出身镇将而身至高位者不在少数，如义胜节度使温韬、幽州节度使刘仁恭、振武节度使李嗣本、威胜节度使董昌等一大批人，都是出身于镇将而登上高位的。因此，镇将所领之兵应是藩镇军的重要组成部分，是维持地方治安及社会稳定的主要力量。

乡兵也是藩镇军的组成部分。唐代有乡兵制度，五代仍然沿袭了这一制度，如《旧五代史·唐末帝纪下》：清泰三年十月，"诏天下括马，又诏民十户出兵一人"。《资治通鉴》记为民七户出兵一人。这种当兵的"民"，实即乡兵。后晋建立后，晋高祖石敬瑭下诏命其复业，原诏云："应诸道州府管界，有自伪命抽点乡兵之时，多是结集劫盗，因此畏惧刑章，藏隐山谷，宜令逐处晓谕招携，各令复业。"[④]所谓"伪

[①] 齐勇锋：《五代藩镇兵制和五代宋初的削藩措施》，《河北学刊》1993年第4期，第79页。
[②] 《资治通鉴》卷二五六，唐僖宗光启二年六月，第8338页。
[③] 《资治通鉴》卷二五五，唐僖宗中和二年十月，第8277页。
[④] 《旧五代史》卷七六《晋高祖纪二》，第1000页。

命"，即指唐末帝的这次诏令。诏文中明确称这次所抽之兵为乡兵，因为后唐的这次行动是针对石敬瑭在太原的起兵，所以他上台后遂命令其复业。后晋也有乡兵，"开运元年三月，命诸道州府县点集乡兵，率以税户七家共出一卒，兵杖器械共力营之。至五月，敕诸道新点乡兵，宜以武定为名。至三年正月，改武定为天威军"。①这支部队后来又被罢废了，所谓"晋置乡兵，号天威军。教习岁余，村民不闲军旅，竟不可用；悉罢之，但令七户输钱十千，其铠仗悉输官"。②中央政府下令所置的乡兵，实际上仍分别由诸道藩镇州府统率，即隶属于地方，而不是直隶于中央政府，所以这种乡兵说到底仍是藩镇军事体制的组成部分。当然也有藩镇自行设置的乡兵，如前述幽州节度使刘仁恭"调其境内凡男子年十五已上、七十已下，皆黥其面，文曰：'定霸都'，得二十万人，兵粮自具"。③这种自备兵器、粮饷的军队，也是乡兵。

五代时期的有些乡兵后来逐渐升格为正规军，如定霸都被晋王李存勖收编后，遂成为其所属的正规军队之一。虽然乡兵的战斗力比较弱，但由于人数众多，战术灵活，有时也能发挥重要的作用。如契丹入侵中原时，"缘河巡检使梁进以乡社兵复取德州"。胡三省注曰："乡社兵，民兵也。时契丹寇掠，缘河之民，自备兵械，各随其乡，团结为社，以自保卫。"④梁进能率乡社兵收复失地，表明这种乡兵是接受当地官员统率的。乡兵也与正规军配合，参加一些大规模的战役，如后周与北汉高平大战时，北汉就曾出动过乡兵，周世宗在战后，"诏赐河东降军二千余人各绢二匹，并给其衣装，乡兵各给绢一匹，放还本部"，⑤可为一证。五代乡兵最突出的特征是亦兵亦农，兵械衣粮自给，这与唐朝的团结兵是不同的。唐团结兵虽同是民兵，"春夏归农、秋冬追集、给

---

① 《五代会要》卷一二《军杂录》，第207页。
② 《资治通鉴》卷二八六，后汉高祖天福十二年二月，第9342页。
③ 《新五代史》卷三九《刘守光传》，第424页。
④ 《资治通鉴》卷二八四，后晋齐王开运元年四月及胡注，第9270页。
⑤ 《旧五代史》卷一一四《周世宗纪一》，第1514页。

第九章 军事制度

身粮酱菜者"。①而五代的乡兵，政府却不给任何资助，这一制度对宋代乡兵制度产生了较大的影响。

（二）禁军军官的职级

1. 六军统军与天下兵马大元帅

五代禁军的编制问题比较复杂，史籍中也没有系统的记载，只能根据一些零散的史料进行考述。五代的六军系统每军各置统军一人为领兵将领，所谓"梁置左右天武、左右龙虎、左右天威、左右羽林、左右英武、左右神武等六军，其将帅咸有统军之号，以卫宸极焉"。②其他诸朝也均以统军为六军诸军领兵将领，后来六军衰落，但统军的名号并未撤销。又在统军之上置一职为六军统帅，欧阳修说："当是时，天子自有六军诸卫之职，六军有统军，诸卫有将军，而又以大臣宗室一人判六军诸卫事，此朝廷大将天子国兵之旧制也。"③其下有六军诸卫副使为副贰。另外还有一个六军马步都指挥使和六军马步都虞候的职务，位在判六军诸卫事之下。后唐在建国前还有内外蕃汉总管、蕃汉总管副使等职的设置，李存审、李嗣源等人都充任过此职。后唐建立后仍保留此职，但是唐明宗以来未见有这个职务出现，不过石敬瑭在明宗时期曾充任过北面蕃汉总管之职，以统率太原一带的蕃汉诸军。内外蕃汉总管之职是一个带有强烈的藩镇军色彩的官职，因为后唐李氏起自代北，其军队中包括有不少少数民族组成的军队，即所谓蕃军，又有汉人组成的军队，所以李克用、李存勗父子在其下设此职，以总领蕃汉诸军。后唐建国后，六军与侍卫亲军各有其统帅，这个职务本应废去不置，但由于唐庄宗未及整顿军事体制，所以仍然保留了下来。至唐明宗时，整顿禁军制度，很可能便废去了这个职务。

五代还置有元帅一职，这是其沿袭唐朝制度的结果。梁太祖朱温曾被唐昭宗任命为诸道兵马元帅，并开府设官，《新五代史·符道昭传》

---

① 《资治通鉴》卷二二五，唐代宗大历十二年五月，第7245页。
② 《册府元龟》卷六二六《环卫部·总序》，第7519页。
③ 《新五代史》卷二七《康义诚传》，第298页。

·391·

载："（梁）太祖为元帅，初开府，而李周彝以鄜州降，以为左司马，择右司马难其人，及得道昭，乃授之。"《旧五代史·赵克裕传》："及太祖为元帅，以克裕为元帅府左都押衙。"可见朱温确已建立了元帅府的机构。后梁建立后，梁末帝遂以勋臣张全义为天下兵马副元帅，① 另以吴越国王钱镠为诸道兵马元帅。后唐时期又加钱镠为天下兵马都元帅，此后历朝都授钱氏子孙元帅之职。② 不过这些都是虚衔，没有多大的实际意义。在五代时期唯有唐明宗授其子秦王李从荣为天下兵马大元帅之职，值得关注。唐明宗长兴四年八月，任命从荣为大元帅，次月，又规定其"班宜在宰臣之上"。③ 并成立了大元帅府，据《旧五代史》本传记载："从荣乃请以严卫、捧圣步骑两指挥为秦府衙兵，每入朝，以数百骑从行，出则张弓挟矢，驰骋盈巷。既受元帅之命，即令其府属僚佐及四方游士，各试《檄淮南书》一道，陈己将廓清宇内之意。"可见秦王李从荣所任的这个职务并非虚衔，而是拥有兵权的。另据《新五代史》卷二七《康义诚传》载："秦王从荣素骄，自为河南尹，典六军，拜大元帅，唐诸大臣皆惧祸及，思自脱，独义诚心结之。"亦可证明李从荣自任大元帅后，权势颇大。那么这个大元帅到底有什么权力呢？史籍中未有明确的记载，据《新五代史》卷一五《唐家人传》载：明宗病重，群臣请立秦王为皇太子，秦王对范延光、赵延寿说："诸公议欲立吾为太子，是欲夺吾兵柄而幽之东宫耳。"于是范延光等惧，经奏请，"乃加从荣天下兵马大元帅"，可见大元帅是掌有兵权的。关于大元帅的权力范围，旧史记载说："元帅仪注，诸道节度使以下带兵权者，阶下具军礼参见；其带使相者，初见亦展一度公礼。天下军务公事，元帅府行帖指挥，其判六军诸卫事则公牒往来，其官属军职，委元帅府奏请。"④ 从"天下军务公事，元帅府行帖指挥"一句可知，诸道节度使所掌之兵归元帅府掌管。至于判六军诸卫事所掌的六军兵权，虽没有明确

---

① 《旧五代史》卷六三《张全义传》，第840页。
② 《旧五代史》卷一三三《世袭列传》，第1768—1775页。
③ 《旧五代史》卷四四《唐明宗纪十》，第606—607页。
④ 《旧五代史》卷四四《唐明宗纪十》，第606页。

归元帅府直接掌管，但从"其官属军职，委元帅府奏请"一句看，禁军将校的任命权握在元帅府手中，则元帅府亦能控制这些军队，更何况秦王同时还兼任判六军诸卫事之职。关于其可以掌管禁军之事，下面的事实可以说明。上引同书载："从荣大宴元帅府，诸将皆有颁给：控鹤、奉圣、严卫指挥使，人马一匹、绢十匹；其诸军指挥使，人绢十匹；都头已下，七匹至三匹。"秦王显然是以上级的身份对禁军将校赏赐，其中捧（奉）圣、严卫等军属于侍卫亲军系统，说明秦王不仅可以掌管六军之事，连侍卫亲军也在其管辖范围之列。唐明宗末期出现的天下兵马大元帅之职，凌驾于六军及侍卫亲军统帅之上，虽然权重，但存在时间却极短，数月后随着秦王李从荣的被杀，这一职务便不再授人了。严格地说，天下兵马大元帅一职不属于禁军将帅之列，而是朝廷中主管军事的高级武职官，由于五代时期尤其是后期藩镇军力量逐渐衰弱，中央禁军兵力不断加强，能否控制禁军兵权便显得日益重要，故李从荣任大元帅时，其极力控制的便是禁军，对诸道藩镇军虽可"行帖指挥"，实际上是鞭长莫及的，因此这个大元帅实际上是禁军的最高统帅。

2.都指挥使、都虞候

五代时期的都指挥使一职比较复杂，从中央到地方的各级军队中皆有设置，其职级大体上与唐代的都知兵马使相同。从五代的情况来看，都知兵马使主要在藩镇军队设置，中央禁军极少有设置，而且都知兵马使与都指挥使在一个藩镇中并置的情况也是存在的，大约到宋代才逐渐绝迹了。总的来看，五代的都指挥使可以分为四个层次：一是作为行军统帅的都指挥使，二是作为中央禁军系统之都指挥使，三是方镇之都指挥使，四是州镇之都指挥使。每个层次皆有都虞候的设置。

行军统帅 中唐以来遇有战争以都统、招讨使为统兵主帅，晚唐时期则以都指挥使为行军统兵大将，如唐僖宗中和四年（884），"以陈敬瑄为西川、东川、山南西道都指挥、招讨、安抚、处置等使"，率兵以讨杨师立。[①]这是以都指挥使兼招讨使为统帅的例子。这种情况五

---

① 《资治通鉴》卷二五五，唐僖宗中和四年二月，第8302页。

代时期也有，通常是任命统兵主帅时，凡资深者多称招讨使，资浅者为都指挥使。①总的来看，五代时期以都指挥使为统兵大将比较普遍，招讨使逐渐减少，都统则不再出现。如晋出帝开运三年十月，"以（杜重）威为北面行营都指挥使，以（李）守贞为兵马都监"。②关于这一点，著名史家胡三省已经有所关注，曾指出"此都指挥使尽统诸将，非一都之指挥使"③。除了行军统帅称都指挥使外，行营的其他将领也都称都指挥使，在上引开运三年的这次军事行动中，除了杜重威、李守贞外，其他诸将分别是"泰宁节度使安审琦为左右厢都指挥使，武宁节度使符彦卿为马军左厢都指挥使，义成节度使皇甫遇为马军右厢都指挥使，永清节度使梁汉璋为马军都排陈使，前威胜节度使宋彦筠为步军左厢都指挥使，奉国左厢都指挥使王饶为步军右厢都指挥使，洺州团练使薛怀让为先锋都指挥使"。④此外，在五代时期还出现了都部署这一名号，并用于统兵大将的官称，如后周显德六年，"以侍卫马步都指挥使韩令坤为霸州都部署，义成节度留后陈思让为雄州都部署，各将部兵以戍之"。⑤大体而言，都部署早在梁、唐时期已经出现，晋、汉以来作为统兵大将的名号逐渐增多，至宋代遂成为常用的统帅名号。

六军与侍卫亲军 禁军将领称都指挥使始于唐末。黄巢义军攻入长安时，唐僖宗逃往西蜀，神策军溃散，大宦官田令孜另行招募神策新军54都，分为10军，其诸军均以都指挥使为领兵主官，如"左神策勇胜三都都指挥使杨子实、子迁、子钊，皆（杨）守亮之假子也"。胡三省注曰："勇胜三都，亦神策五十二都之数。"⑥应为54都，此处有误。五代六军又分为左右厢，其统兵长官仍称都指挥使，位在六军统军之下。左

---

① 参见杜文玉：《晚唐五代都指挥使考》，第37页。
② 《资治通鉴》卷二八五，后晋齐王开运三年十月，第9312页。
③ 《资治通鉴》卷二六九，后梁均王乾化四年四月胡注，第8783页。
④ 《资治通鉴》卷二八五，后晋齐王开运三年十月，第9312页。
⑤ 《资治通鉴》卷二九四，后周世宗显德六年五月，第9598页。
⑥ 《资治通鉴》卷二五九，后唐昭宗景福元年三月及胡注，第8428页。

右厢都指挥使下辖诸军各有都指挥使，为统兵将校，如"以羽林右第一军都指挥使、春州刺史杨思权为邠州节度使"，①即指羽林右厢第一军之都指挥使，一军之都指挥使能任节度使，显然是破格提拔。六军其他诸军亦是如此，就不一一列举了。

五代禁军中最重要的是侍卫亲军，这一系统诸军之高级统兵长官均称都指挥使，大体可分为5个层次：

最高层次自然是侍卫亲军马步军都指挥使，为侍卫亲军的最高统帅。其副贰有侍卫亲军马步都虞候，从刘知远的任职历程可以清楚地看出这些职级之间的高下差别。"天福元年，晋国建，授侍卫马军都指挥使、权点检随驾六军诸卫使，寻改陕州节度使，充侍卫马步军都虞候。二年八月，改许州节度使。三年十月，授侍卫马步军都指挥使"②。刘知远在后晋先任侍卫亲军马军都指挥使，接着升任为侍卫马步军都虞候，最后又升任侍卫马步军都指挥使，成为侍卫亲军的最高统帅。其实在侍卫马步军都虞候之上，还有一个职级，即侍卫亲军副都指挥使。如显德六年，"以宋州节度使、侍卫都虞候韩通为侍卫亲军副都指挥使，加检校太尉、同平章事"，③可见侍卫亲军副都指挥使位在侍卫都虞候之上。

其次是侍卫亲军马军都指挥使与侍卫亲军步军都指挥使，如"郭崇威为侍卫马军都指挥使，曹威为侍卫步军都指挥使"④。关于这个问题前面已经有所涉及，此处不再多说了。这一职级的军官地位很高，通常多兼任节度使，如清泰三年，"以忠正军节度使、侍卫步军都指挥使张彦琪为河阳节度使、充侍卫马军都指挥使；以彰圣都指挥使、饶州刺史符彦饶为忠正军节度使、充侍卫步军都指挥使"。⑤符彦饶原来遥领饶州刺史，升任侍卫步军都指挥使后，便升为节度使。这一点还有史料可以证明，如显德元年，"以虎捷左厢都指挥使、果州防御使何徽为侍卫步军

---

① 《旧五代史》卷四六《唐末帝纪上》，第635页。
② 《册府元龟》卷八《帝王部·创业四》，第91页。
③ 《旧五代史》卷一一九《周世宗纪六》，第1583页。
④ 《资治通鉴》卷二八九，后汉隐帝乾祐三年十一月，第9443页。
⑤ 《旧五代史》卷四八《唐末帝纪下》，第660页。

都指挥使、利州节度使，加检校太保"。①何徽原为虎捷左厢都指挥使，只能领防御使，升任侍卫步军都指挥使后，便领了节度使。禁军将校所兼领的地方刺史、防御使、节度使等职，多为遥领或兼任，并非实授，如上面提到的饶州、利州、果州等，都不在中原王朝的统治区内，故只能是遥领，用来表示官阶之高低，因此自唐代以来的这些使职官已经有阶官化的趋向。

再次是侍卫亲军下辖诸军之都指挥使与都虞候。侍卫亲军下辖诸军均置此类军职，如应顺元年，"以左龙武指挥使安审琦为左右捧圣都指挥使，以右千牛上将军符彦饶为左右严卫都指挥使"。②这类职官多兼领州防御使，"以严卫都指挥使尹晖为齐州防御使"，③也有兼领州刺史，如史匡翰"寻转控鹤都指挥使兼和州刺史、驸马都尉"，④兼刺史者多为资历稍浅者。其下则有都虞候为副贰，如《新五代史·袁建丰传》载："长习骑射，为铁林都虞候。"同书《王清传》："后事晋为奉国都虞候。"

第四个层次应是诸厢之都指挥使与都虞候。在侍卫亲军所辖诸军中，凡兵力稍强大的一些军队大都分为左右厢。左、右厢原为左、右翼之意，自中唐以来始变为固定的军队编制单位，但仍保留了左、右翼的原意。⑤每厢各有都指挥使、都虞候等为长官，如捧圣左、右厢，铁林左、右厢，龙捷左、右厢，虎捷左、右厢等，每厢各置都指挥使一人为长官。至于厢都虞候，见于史籍记载得不多，但仍可以举出一些例证来。如徐怀玉，"由是累迁亲从副将，改左长剑都虞候"。⑥左长剑即长剑左厢。"以奉国左厢都虞候刘词充河中行营马步都虞候"。⑦可见厢一

---

① 《旧五代史》卷一一三《周太祖纪四》，第1503页。
② 《旧五代史》卷四六《唐末帝纪上》，第634页。
③ 《旧五代史》卷四六《唐末帝纪上》，第635页。
④ 《旧五代史》卷八八《史匡翰传》，第1151页。
⑤ 王曾瑜：《宋朝兵制初探》，中华书局，1983年，第24页。
⑥ 《旧五代史》卷二一《徐怀玉传》，第285页。
⑦ 《资治通鉴》卷二八八，后汉高祖乾祐元年六月，第9393页。

级编制亦有都虞候的设置。厢都指挥使或兼领刺史或兼领防御使，如周世宗在高平大战获胜后，"以龙捷左厢都指挥使李千为蔡州防御使，以龙捷右厢都指挥使田中为密州防御使，以虎捷右厢都指挥使张顺为登州防御使"。①如陆思铎，"累迁拱辰左厢都指挥使，领恩州刺史"。②有这样的差别，主要是与任职者资历深浅有关系。

　　第五个层次即军都指挥使与都虞候。据《袁彦进墓志》载："又至开运元年七月日，转授殿前散员散指挥使、左右厢都虞候、检校兵部尚书。同年，授武卫都指挥使。同年十一月日，转授护圣左第五军都指挥使、使持节勋州刺史。二年六月日，转授右护四军都指挥使……同年十月廿六日，转授左第四军都指挥使。又天福十二年，大汉初立，……九月日，改授忠贞佐圣功臣、右第三军都指挥使、检校司空、使持节饶州刺史……同年十二月日，超授左第二军都指挥使。又乾祐元年正月日，汉少主登先帝之位，……公三月日，转授右厢都指挥使、检校司徒、使持节果州防御使……二年九月日，转授左厢都指挥使、检校太保、使持节阆州防御使"。③墓主自后晋开运元年以来至后汉乾祐二年，历任护圣左右厢下辖的诸军都指挥使，升迁虽然不算很快，但总的趋势是上升的，从中可以得出一个非常重要的信息，即禁军的左右厢，左厢比右厢地位略高，在护圣军下辖的诸军中，其地位以第一军为最高，依次是第二、第三、第四、第五等军。正因为这样，墓主在乾祐元年前历任诸军都指挥使，表面上看似乎都是同一职级的军官，但由于其从右厢转左厢，又从第五军转到左厢第二军任职，实际上已经是提升了官资，故其才能在后汉乾祐元年一举升任护圣右厢都指挥使，然后又于次年转为左厢都指挥使。至于军都虞候，史籍也有记载，如上引《袁彦进墓志》中就记曾任"护圣右第六军都虞候。"另据《新五代史·刘词传》："以功迁奉国第一军都虞候。"这些都可证明在禁军的这一级编制中有都虞候的设置。

---

① 《旧五代史》卷一一四《周世宗纪一》，第1515页。
② 《新五代史》卷四五《陆思铎传》，第500页。
③ 《袁彦进墓志》，见《全唐文补遗》第一辑，第456—457页。

殿前司　殿前司系统最终形成于后周统治时期，其统帅为殿前都点检，其下有殿前副都点检、殿前都指挥使、殿前副都指挥使、殿前都虞候等高级军官，这些有的前面已经论到了，有的没有论到，如殿前副都点检、殿前副都指挥使，见于记载的任此职的有慕容延钊。[①]殿前司下属诸军与侍卫亲军司一样，也均以都指挥使为统兵军官。不过前面已经提到，殿前系统诸军并非后周时才有，故殿前司系统诸军以都指挥使为将校也不始于后周，如李琼，"（晋）少帝嗣位，入为殿前散员都指挥使"。[②]《旧五代史·汉隐帝纪下》："令散员都虞候奔德等下手杀害史弘肇等。"说明殿前系统诸军亦各有都虞候的设置。再如铁骑军，周世宗显德三年，"铁骑都指挥使洛阳王审琦选轻骑夜袭舒州"。[③]铁骑军分左右厢，各以都指挥使为长官，显德四年，"帝遣铁骑左厢都指挥使武守琦将骑数百趋扬州"。[④]既有左厢，必有右厢。铁骑军下辖诸军的统兵将校也称都指挥使，如"以铁骑第一军都指挥使赵弘殷为龙捷右厢都指挥使"。[⑤]殿前司诸军凡兵力雄厚者，亦是如此。见于记载的殿前司其他诸军之长官还有控鹤第一军都指挥使赵鼎等。[⑥]综上所述，可知殿前司系统称都指挥使者，至少有四个层次的军官，即殿前都指挥使、诸军都指挥使、左右厢都指挥使、诸军下辖的军一级编制之都指挥使。

方镇　五代的藩镇在节度使之下通常均置有马步军都指挥使，掌管本道的兵权，如后梁贞明三年，"以前天平军马步军都指挥使、检校太保朱勍为怀州刺史"。次年，"以镇国军节度押衙、充本道马步军都指

[①]《旧五代史》卷一二〇《周恭帝纪》，第1593页；同书卷一一八《周世宗纪五》，第1571页。原文是："以殿前都虞候慕容延钊为淮南节度使兼殿前副指挥使。"按：此时慕容延钊已经是殿前都虞候了，升官后如何反倒成了副指挥使这样的小军官，可见此处脱漏了一个"都"字，应为殿前副都指挥使。
[②]《旧五代史》卷九四《李琼传》，第1252页。
[③]《资治通鉴》卷二九三，后周世宗显德三年三月，第9547页。
[④]《资治通鉴》卷二九三，后周世宗显德四年十二月，第9575页。
[⑤]《旧五代史》卷一一四《周世宗纪一》，第1515页。
[⑥]《旧五代史》卷一一四《周世宗纪一》，第1515页。

挥使江可复为衍州刺史"。①说明其地位相当于州刺史，其他诸朝也是如此规定。在五代时期的藩镇军中以马步军都指挥使与牙内都指挥使权任最重，前者也称内外军都指挥使，权任仅次于节度使，统率诸军，所以在这一时期其取节度使而代之的现象也不罕见，甚至有杀戮节度使的情况发生。如匡国节度使韩建为张厚所杀，夏州节度使为高宗益所杀，义昌节度使刘继威为张万进所杀。牙内都指挥使就其所掌兵权而言，不如马步军都指挥使重，但由于其控制牙军，故权任也非同一般，往往也可对节帅形成威胁。如"天雄节度使罗周翰幼弱，军府事皆决于牙内都指挥使潘晏"②，便是一例。方镇也有马军与步军都指挥使之别，一些强大的方镇由于其所属军队众多，每军皆各有军号，皆各置有都指挥使为其统兵将校，人数较多的还分为左右厢，也各置都指挥使。甚至还有土团都指挥使、土客都指挥使、在城都指挥使、水军都指挥使等不同的名目，就不一一详述了。③

州镇 五代的州镇也置有都指挥使之军职。通常在州一级设都指挥使一人，为最高军事长官，地位仅次于刺史，比较重要的州如置马军者则称马步军都指挥使，其下分马军都指挥使与步军都指挥使。如王彦章，乾化"三年正月，授濮州刺史、本州马步军都指挥使"。④石敬瑭割让燕云十六州后，"应州马军都指挥使金城郭崇威亦耻臣契丹，挺身南归"。⑤郭延鲁在后唐时，"以功授汴州步军都指挥使"。⑥至于镇的领兵军官均称镇将，不过由于五代时期一些镇在军事上比较重要，驻军较多，多者甚至达数万人，这一点前面已经论到，所以有时也置都指挥使为其长官，如《金石萃编》卷一一九《重修定晋禅院碑》题名中就有："杨柳镇马步军都指挥使"的字样。杨柳镇即杨刘镇，是黄河岸边的重

---

① 《旧五代史》卷九《梁末帝纪中》，第129页、133页。
② 《资治通鉴》卷二六八，后梁太祖乾化二年七月，第8760页。
③ 参见杜文玉：《晚唐五代都指挥使考》，第32—38页。
④ 《旧五代史》卷二一《王彦章传》，第290页。
⑤ 《资治通鉴》卷二八一，后晋高祖天福二年二月，第9169页。
⑥ 《旧五代史》卷九四《郭延鲁传》，第1248页。

要渡口,军事重镇,驻兵较多,故置都指挥使以统率之。正因为如此,在五代时期也有以都指挥使为镇将的情况发生,如周行逢"以蛮酋土团都指挥使刘瑶为群蛮所惮,补西境镇遏使以备之"。①需要指出的是,这种情况的出现只是特例,对于绝大多数镇来说是不置都指挥使的。

3.指挥使及其以下军职

指挥使 前面已经论到五代的禁军,无论是六军系统还是侍卫亲军或是殿前司系统,均下辖有不少军队,它们各有军号,大都分为左右厢,在厢一级编制以下有军一级编制,那么军以下的编制情况如何呢?从史籍记载来看,这一级编制应是指挥。长兴三年三月敕曰:"以神捷、神威、雄武、广捷已下指挥改为左右羽林军,置四十指挥,每十指挥立为一军,军置都指挥使一人。"②后来又"改左右羽林四十指挥为严卫左右军,龙武、神武四十指挥为捧圣左右军"。③可见不管是六军还是侍卫亲军系统,军之下的编制都是指挥。在五代时期指挥是最基本的一级军队编制,凡提到兵力众寡时,都以多少指挥为数,如后晋天福六年出兵讨伐安重荣,"乃遣(护)圣、奉国、宗顺、兴国、威顺等马步军三十九指挥击之"。④再如开运二年契丹出兵围攻祁州,"宣差皇甫遇领马步军兵士二十九指挥、天威兵士二千一百八十人进发"。⑤指挥一级的统兵军官便是指挥使,其副职则称副指挥使,有关指挥使的记载很多,就不再列举史料了。

都头、军使、副兵马使 关于五代时期指挥以下的编制,史书中没有明确的记载,只能根据有关史料进行分析考证。都头一职是一个非常复杂的称呼,在唐代都头往往是一军统兵将领的称呼,如黄巢义军攻占长安,唐僖宗仓皇入蜀,"忠武军将鹿晏弘以兵八千属杨复光讨贼,巢

---

① 《资治通鉴》卷二九一,后周太祖广顺二年九月,第9483—9484页。
② 《旧五代史》卷四三《唐明宗纪九》,第590页。
③ 《五代会要》卷一二《京城诸军》,第205页。
④ 《册府元龟》卷一二三《帝王部·征讨三》,第1478页。
⑤ 《册府元龟》卷一一八《帝王部·亲征三》,第1410页。

败走，复光以其兵为八都，都将千人，（王）建与晏弘皆为一都头"。[①]此8都实即8支军队，都头则为一军之统兵长官。后来这部分军队归大宦官田令孜统率，改编为"随驾五都"，成为神策军的组成部分。唐后期藩镇军队中也以"都"作为军名，如淮南节度使高骈"选募诸军骁勇之士二万人，号左、右莫邪都"。[②]不过都头这种名号在唐末已经逐渐地向军队中一级编制之长官过渡了。前面已经论到，唐僖宗时神策军共有54都，每都千人，分为10军，唐末著名强镇凤翔节度使李茂贞亦出身于此军，史载："茂贞以功自扈跸都头拜武定军节度使，赐以姓名。扈跸东归，至凤翔，凤翔节度使李昌符与天威都头杨守立争道，以兵相攻，昌符不胜，走陇州。"[③]引文中所提到的扈跸、天威都头，都是神策54都之数。可见此时的都是军之下的一级编制，都头则为一都的统兵长官。而五代时期的都却是指挥之下的一级编制，也就是说都头比指挥使地位低。据《旧五代史·梁太祖纪四》载：开平二年，赏解晋州之围功，"以右天武都头韩瑭为神捷指挥使，左天武第三都头胡赏为右神捷指挥使"。韩瑭、胡赏从都头升官才升到指挥使，说明都头是指挥使的下一级军官。同书《汉高祖纪上》载：天福十二年，"陕府屯驻奉国指挥使赵晖、侯章、都头王晏杀契丹监军及副使刘愿，晖自称留后"，可以看出都头的地位明显低于指挥使。关于这一点还有史料可以进一步证明，后唐的秦王李从荣给禁军将校赏赐，"其诸军指挥使，人绢十匹；都头已下，七匹至三匹"[④]，也可以证明都头位在指挥使之下。北宋沿袭了五代旧制，仍在指挥之下设都的编制，其统兵军官也称都头。[⑤]

军使一职也是一个比较复杂的问题，在唐代军使是一级屯戍单位的长官，《唐六典》卷五《尚书兵部》云："诸军各置使一人，五千人已上置副使一人，万人已上置营田副使一人。"可知唐代的军使地位相

---

① 《新五代史》卷六三《前蜀世家》，第783页。
② 《资治通鉴》卷二五四，唐僖宗中和二年四月，第8267页。
③ 《新五代史》卷四〇《李茂贞传》，第429页。
④ 《新五代史》卷一五《秦王从荣传》，第164页。
⑤ 《宋朝兵制初探》，第31页。

当的高。另据《旧五代史·范居实传》载："……又迁左龙骧马军都指挥使。从征淮南回，改登州刺史，转左神勇军使。"这是后梁时的情况，显然这里所谓的军使，指左神勇军的统帅，其地位相当于刺史，也是一个比较高的军职。但是据记载："（清泰元年）十一月壬子，侍御（卫）马军都指挥使安从进奏：护圣军使王彦塘，先西南面行营，所至州府，乞索钱物，恃酒讹言，抵忤本指挥使赵廷昭。诘之，伏罪。已斩于本军门。"[①]从"抵忤本指挥使赵廷昭"一句看，王彦塘显然是赵廷昭的下属军官，因为恃酒触犯了顶头上司，违反了军纪，所以被处死。可见王彦塘与范居实同为军使，但地位却相差很大，按照当时对军职的正式称呼，范居实所任的左神勇军使，应该叫左神勇都指挥使，军使只是一个俗称，而后者才是五代时期对这一级军职的正规称呼。唐末帝于清泰元年四月即位大赦并赏赐禁军将校，现将其诏书录之如下：

> 是月，诏禁军凤翔城下归明将校，赏给龙武都指挥使安审琦、羽林都指挥使马万、杨思权、严卫都指挥使尹晖，各二马一驼、钱七十贯；诸军厢（都）指挥使、壕寨使各一马一驼、钱五十贯；诸军指挥、副指挥使一马一驼、钱四十贯；军使、都头一马、钱三十贯；诸军军使、副兵马使，至长行、契丹直，钱三万，军头、十将至军人各十贯。其元在京城守营及新招军都人，厢军十将至官健，各钱十贯。[②]

从中可以看出军使与都头为同一级军官，引文提到"诸军军使、副兵马使"，是指龙武、羽林、严卫等军之外的同一级军官，因为以上三军是拥立唐末帝即位的有功部队，故赏赐从优，其余军队虽给赏赐，但要略低于龙武等三军。

---

① 《册府元龟》卷六六《帝王部·发号令五》，第738页。文中"御"字应为"卫"字之误。
② 《册府元龟》卷八一《帝王部·庆赐三》，第949页。按：引文括号内字，为笔者所补。

军使、都头既然均为指挥之下的一级军事编制单位的统兵军官，那么它们之间又有什么区别呢？难道是同名异称吗？这就需要认真考证了。《宋史》卷一八七《兵志一·禁军上》："每指挥有指挥使、副指挥使，每都有军使（原注：步军谓之都头）、副兵马使（原注：步军谓之副都头）。"宋初禁军之制沿袭五代之制，因此这一记载正好可补五代史籍记载之不足。从相关的五代史料中也可证实《宋史》的这一记载是可以反映五代的情况的。上面提到过"护圣军使王彦塘"，而护圣军正是马军部队。上面还提到过奉国都头王晏，而奉国军正是侍卫亲军中的步军部队。这些史料都可证明上引《宋史》所记的正是五代军制的沿袭。

十将、副将、队长、节级、长行 五代时期的这些军职是一个非常复杂的问题，由于它们都是一些低级军职，所以相关史料非常稀少，给研究造成了不小的困难。《册府元龟》卷六六《帝王部·发号令五》载：

> （天福）二年二月敕：古之用兵，必先立法，等第既分于将领，高卑自有于规绳。或闻近年多逾此制，至于行间士卒罔遵都内指挥，既侮国章，且乖师律，适当开创，要整纪纲，宜示条流，免干法制。应在京及诸道马步诸军将领、节级、长行等，今后仰并依阶级次第。凡事制御区分，如是长行，或有违犯，即副将便可据罪处理；如是副将、十将违犯，即便勒本指挥使据罪科处；指挥使违犯，不出军时，即委都指挥使具录事由腾奏，当行勘断；如是行营在外，即便委行营统领，依军法施行。其余诸道军都，见在本处者，或有违犯，便委本处节级、防御、团练使、刺史，据罪科处。事要整齐，法宜遵守，分明告谕，咸使闻知。①

---

① 《五代会要》卷一二《军杂录》也有与此内容相同的记载，只是详略稍有不同而已。第207页。

其中提到的副将、十将、节级、长行等，都是指挥使之下的军职，但却没有提到都头和军使，从引文内容看，长行职位最低，其犯罪由副将处理，副将、十将犯罪，由指挥使处理，指挥使犯罪则由都指挥使据录事由上奏，可见指挥使由于军职较高，都指挥使无权擅自处理，要报请皇帝处理，只有外出作战时，才可由行营统领，即领兵统帅依军法处置。至于副将以下的军职则直接由上一级军官处理，可见其军职确实太低。关于十将，早在唐代已有之，五代时仍然有此军职，如《旧五代史·梁太祖纪四》云："右龙虎军十将张温以上二十二人于潼关擒获刘知浣，送至行在。"《新五代史·安重诲传》："已而捧圣都军使李行德、十将张俭告变。"有人认为将是一级军事编制单位，每将有将头、副将统领，每军共有十将，有十个将头统领，故十将是将头的总称。[①]这个结论用于中原王朝则不一定适当，因为首先从上引史籍记载来看，十将是指一种军职，并非将头的总称，如是十个将头的总称，上面提到的张温、张俭均指个人，如何能用总称称呼。再从宋代的情况看，更能说明这个问题。宋代军队中指挥使以下的军校依次是："每都有军使、副兵马使、都头、副都头、十将、将虞候、承局、押官。"[②]如十将是将头的总称，则此处应该写成"将头"而不是"十将"，因为这段引文所提到均是某一种军职，如何偏偏写到将头时用总称而不用其本来的军职名？宋代军队的编制是："以五百人为指挥，置指挥使、副二人，正都头三人，十将、虞候、承局、押官各五人。"[③]这里虽然说的是地方义勇的编制，也许与禁军不完全一致，但是从中也可以看出所谓"十将"只是一种军职名，并非十个将头的总称。

至于队长，原是唐代军队中队一级编制的统兵军官，也称队正，副职称队副。五代初期也置有队长的军职，如冯晖，"初事杨师厚为队

[①] 荣新江：《唐五代归义军武职军将考》，见中国唐史学会编：《中国唐史学会论文集》，三秦出版社，1993年，第84页。
[②] 《宋史》卷一八九《兵志三》，第4646页。
[③] 《宋史》卷一九一《兵志五》，第4734页。

长"。[1]康延孝,"开平、乾化中,自队长积劳至部校"。[2]但是自晋、汉以来,不再见于记载,而十将却成为都之下的一级军职,颇疑五代的军队编制的队一级已经改称为将,而十将则是这一级编制的长官。

关于副将,史籍中多有记载,如《旧五代史·王檀传》:"迁踏白都副将。……文德元年三月,讨罗弘信,败魏人于内黄,檀获其将周儒、邵神剑以归,补冲山都虞候。……檀获贼将何肱,改左踏白马军副将。"据此可知,王檀所任的副将实为本军统兵长官的副职。再如同书《徐怀玉传》载:"由是累迁亲从副将,改左长剑都虞候。"从这个"改"字来看,说明亲从副将与左长剑都虞候属于同级军官,仍是亲从军的副职,与前述的指挥使之下的副将地位相差颇大。因此颇疑上面提到的副将即十将的副职,由其负责对其属下违反军法的处理。关于这一点还有史料可以证明,唐人于公异所撰的《为王尚书奏洛州事宜并进翻城副将李澄表》云:"副将李澄,臣已补充衙前十将"云云。[3]据此可知副将位在十将之下。后晋高祖于天福元年十一月即皇帝位时,颁布的大赦改元诏书中说:"在诸处将校未加恩者,宜令并与依资转官,仍令六统军及诸道州府据前项军都自副将已上,分析名衔申奏。"[4]可知副将乃军校中最低一级,而十将却没有提到,说明其位在副将以上。

节级与长行作为军职始见于唐末五代,从上引天福二年敕文看,节级是诸道军队中的一种低级军职,中央禁军未见提及,而长行则在禁军中亦有设置。如《旧五代史·梁太祖纪五》载,襄州兵乱,派军镇压,"杀戮逆党千人,并生擒都指挥使傅霸以下节级共五百人"。同书《唐明宗纪五》载:"捧圣指挥使何福进招收到安州作乱兵士五百人,自指挥使已下至节级四十余人并斩,余众释之。"可见节级确为地方军队中的一级军职。有关这方面的五代史料极少,必须借助宋代史料方能说清

---

[1] 《旧五代史》卷一二五《冯晖传》,第1644页。
[2] 《旧五代史》卷七四《康延孝传》,第967页。
[3] 《全唐文》卷五一三,于公异:《为王尚书奏洛州事宜并进翻城副将李澄表》,第5214页。
[4] 《册府元龟》卷八一《帝王部·庆赐三》,第950页。

楚。宋真宗咸平三年，诏置河北强壮，"五百人为指挥，置指挥使。百人为都，置正副都头二人、节级四人"。又说"河北、河东强壮，自五代时瀛、霸诸州已有之"。①据此可知节级乃都头之下的一级军校，每位节级下辖二十五个军士，其地位大体相当于禁军中的十将。至于长行，地位还要低于副将与节级，当是一类军士的称呼。《唐大诏令集》卷一二四《平李锜德音》："如受戮之中，有长行官健，勿停粮赐，优给其家。"②同书卷一一九《削夺王承宗官爵诏》云："其长行官健归顺者，当与优厚褒赏。"五代军队的长行当指此类军士。

（三）禁军编制

有关五代禁军的编制问题，史料中缺乏系统的记载，现根据相关史料考述如下：五代禁军，无论六军、侍卫亲军或殿前军，都是由若干支军队组成，每军人数多寡不一，但都分为左右厢，每厢各辖若干军，军下辖若干指挥，指挥下辖都，都辖将，将（队）辖伍。但是六军与侍卫亲军一些兵力强大的军队，其编制上还多了一个层次，以六军为例，每支军队实际上分为左右军，每军置统军一人，如左羽林统军、右羽林统军等，然后再在其下分左右厢。如《五代会要》卷一二《京城诸军》在记载后唐长兴三年改编左右羽林军时，写道："卫军神威、雄威及魏府广捷已下指挥，宜改为左右羽林，置四十指挥，每十指挥立为一军，每一军置都指挥使一人，兼分为左右厢。"实际上后唐的羽林军只有4个军，即左右羽林军各辖两个军，为什么还要再强调"兼分为左右厢"呢？这就是制度使然，不得如此。

下面对五代禁军的编制情况做进一步的论述。《宋史·兵志九》记述宋代军队编制时说："百人为都，五都为营，五营为军，十军为厢。"营这一级编制在五代十国时期有时也这样称呼，并非始于宋代，如"郭崇韬以蜀骑兵分左、右骁卫等六营，凡三千人"，③便是一例。

---

① 《续资治通鉴长编》卷四七，宋真宗咸平三年十二月，第1036页。
② 〔宋〕宋敏求：《唐大诏令集》卷一二四《平李锜德音》，中华书局，2008年，第666页。
③ 《资治通鉴》卷二七五，后唐明宗天成元年八月，第8991页。

但是正式的称呼还是叫指挥，关于这一点前面已经有许多例证了。那么《宋史》的这一记载是否符合五代的军队编制情况呢？这就需要做一些考述工作了。《旧五代史·唐末帝纪下》载：清泰三年，"彰圣指挥使张万迪以部下五百骑叛入太原"。说明张万迪所率领的这一指挥军队人数正好是500人，与上引《宋史》"百人为都，五都为营"的记载正好相符。还有史料可以证明这点，《旧五代史·梁太祖纪四》载：开平二年，"以左天武军夹马指挥使尹皓为辉州刺史，……以尹皓部下五百人为神捷军"。因为尹皓率其部下在解晋州之围时立有大功，故将其所率军队升格为神捷军。尹皓时任夹马指挥使，其部下也正好500人。同时说明五代的一都也是百人。

上引《宋史》说"五营为军，十军为厢"，也就是说一军的兵力为2500人，一厢为25000人。五代时期由于禁军各支军队的兵力众寡不一，所以并不能做到如此整齐划一，如前面所说的后梁神捷军，初建时就只有500人，虽然以后肯定还有所加强充实，但仍反映了各军的兵力强弱不同的事实。后唐的禁军也是如此，据《册府元龟》卷五〇八《邦计部·俸禄四》载："自捧圣、严卫相、羽林已下逐厢都指挥使新定名，管禁兵五千人。"这是长兴二年七月的情况，但这段史料错讹颇多，其中"相"字，应为衍文，"名"字放在此处，很不通畅，颇疑"名"字为"各"字之误，如是这样这段话就成为："逐厢都指挥使新定各管禁兵五千人。"仍以左右羽林军为例，前面已经提到其有40指挥的兵力，10指挥为一军，每军正好5000人。上面说过左右羽林军下各分为左右厢，共计4厢，所以这时的厢实际拥有的兵力也是5000人，因此这时的厢与军并无实质上差别，故上面的引文中用了"逐厢"的字样也是不错的。这时的捧圣、严卫也是每厢（军）5000人。从而也再次证明五代的指挥一级编制兵力为500人，这一点是不变的，所谓禁军各支军队兵力多寡不一，只是其所辖指挥多少不同而已。

下面谈谈队（将）与伍的编制问题。五代禁军中最基层的编制为伍，伍设伍长，如"氏叔琮，开封尉氏人也。为梁骑兵伍长"。①再如张廷蕴，"始隶宣武军为伍长"。②每伍有兵5人，如果4伍为1队（将），则5队正好为1都。关于这个问题也没有直接的史料记载，仍需要进行考述。后梁开平三年，同州节度使刘知俊叛梁，六月，其弟刘知浣在潼关的战斗中被捕获。梁太祖为表彰立功的龙虎军十将张温等人，颁敕说："但昨捉获刘知浣是张温等二十二人，一时向前，共立功效，其赏钱一千贯文数内，一百贯文与最先打倒刘知浣衙官李稠，四十三贯文与十将张温，二十人各与钱四十二贯八百五十文。"③十将张温实际统领的只有21人，也就是说张温当时率领了一队兵士。《通典》卷一四八《兵典一》载："凡以五十人为队。"从吐鲁番文书反映的情况看，无论是平时编制还是战时的行军编制，都是50人为一队。④这是唐前期队的编制人数，并不能证明五代时的情况。敦煌文书P·3249号《将龙颜等队下名簿》记载了6位将所统率队的军士人名，诸将所统队的人数分别为23、23、22、23、22、26、29。这件文书的年代在唐懿宗咸通三年（862）左右，⑤可见唐后期归义军的队一级编制为20多人。这就说明唐朝前后期队的编制是有变化的。将后梁的情况与上引敦煌文书对照，说明五代的军制沿袭了唐后期的制度，故其队一级的编制亦为20人左右。前面已经论到，五代的都有兵百人，故每都应辖5队。

以上是五代时期禁军编制的大体情况，需要强调的是，由于这一时期改朝换代频繁，各朝的情况虽然大同小异，但变化总还是有的，而这

---

① 《新五代史》卷四三《氏叔琮传》，第467页。
② 《旧五代史》卷九四《张廷蕴传》，第1246页。
③ 《旧五代史》卷四《梁太祖纪四》，第69—70页。
④ 孙继民：《敦煌吐鲁番所出唐代军事文书初探》，中国社会科学出版社，2000年，第145页。
⑤ 转引自冯培红：《唐五代归义军政权中队职问题辨析》，《敦煌学辑刊》1996年第2期，第26—27页。可惜的是，该文作者因为此数与《通典》记载的每队50人之数不相合，于是便做出来了以下推论："疑是咸通二年张议潮征战凉州，厮杀激烈，军队损耗不少，以致每队人数不齐。"其实《通典》记载是《李卫公兵法》中的数字，与咸通三年相隔二百多年，其间军制已经发生了很大的变化，拘泥于此，必然得出错误的结论。

种变化由于史料缺乏的缘故，目前尚无法搞清楚。此外，与南方诸国的编制情况也不完全相同，这些问题后面还将详细论述。

六、吴、唐兵制

吴国在杨行密、杨渥统治时期，以诸道都统之名义统御诸将，其时尚无禁军之制。史载："隆演以温为左、右牙都指挥使，军府事咸取决焉。"①其实在此之前，吴以徐温与张颢分别为左、右牙都指挥使，张颢被杀后，徐温才独掌吴国大权。徐温之所以能够专权，就是因为其所充任的牙军都指挥使，这就说明吴在建国之前，与其他藩镇一样，均置有牙军，而无禁军。武义元年（919），杨隆演即吴国王位，始改牙军为禁军。吴国的禁军有侍卫诸军与诸卫之制。如徐知诰将受吴禅，吴宗室杨濛不服，逃出和州，欲结宿将周本起事，"侍卫军使郭惊杀濛妻子于和州"。②顺义四年（924），吴"遣右威卫将军雷岘献新茶于唐"，六年，"遣右骁卫将军苏虔献金花、银器、锦绮于唐"，③可证其是。但有关吴国六军的情况却不见于记载，不知是史书漏载，还是原本就无此制，然南唐确是有六军之制的。

（一）六军

南唐烈祖曾以齐王李璟为"判六军诸卫、守太尉、录尚书事、升、扬二州牧"④。后来元宗迁都洪州时，"旌麾仗卫，六军百司，凡千余里不绝"。⑤均可证明南唐有六军、诸卫之制。需要说明的是，首先，吴、唐虽均有十六卫之制，诸卫皆不统兵，其官职主要用于安置勋臣或作为武官迁转之阶。南唐六军的最高军职为统军，大将军、将军极少设置，这是和唐制的最大不同之处。其次，唐朝以左右羽林、左右龙武、左右

---

① 《资治通鉴》卷二六六，后梁太祖开平二年五月，第8700页。
② 《资治通鉴》卷二八一，后晋高祖天福二年八月，第9181页。
③ 《十国春秋》卷三《吴睿帝本纪》，第60、61页。
④ 《资治通鉴》卷二八二，后晋高祖天福四年四月，第9202—9203页。
⑤ 〔宋〕陆游：《南唐书》卷二《元宗纪》，第5483页。

神武为六军，军号只有3个。南唐六军似乎各有其军号，并分为左右。这一点也和唐朝不同，却和中原的后梁相似。南唐禁军实际上包括六军与侍卫诸军两个系统，诸卫和唐朝后期情况相同，只存虚名，无兵可领。下面将其六军军名分别考述如下：

神武 南唐沿袭唐制，仍置神武军，并作为六军之一。陆游《南唐书·高审思传》："烈祖爱之，用为神武统军。"可见早在南唐建立之初，神武军就已设置了。《十国春秋·王崇文传》："顷之，移镇庐州。入为神武侍御统军。……崇文自开国来三十年间，出更藩任，内典禁兵，位兼将相。"证明神武军为禁军无疑。神武军自建立以来，就是南唐禁军的主力，除了宿卫京师之外，还承担外出征伐任务。如保大十三年（955）六月，后周进攻淮南，"帝乃以神武统军刘彦贞为北面行营都部署，帅师三万赴寿州"。① 另据徐铉《故唐内客省使知忠义军检校太傅尚公羡道铭》载："逾岁征还，遥领饶州观察使，兼左龙卫、神武护军。"② 引文中提到的"护军"一职，即统军的异称。神武军下又可分为若干军，如《范韬墓志铭》载："次男仁通，在闽受俸，充神武军右弓箭指挥□军头虞候。"③ 所谓"右弓箭"，就是指神武军下属的一支军队。

龙武 后梁改为龙虎军，后唐复旧称。武义元年，吴建国时，即以"柴再用、钱镖为左、右龙武统军"。④ 南唐沿置不废。史载："龙武都虞候柴克宏，再用之子也，沈默好施，不事家产，虽典宿卫，日与宾客博弈饮酒，未尝言兵。"⑤ 证明龙武军亦为禁军。龙武军也承担外出征伐任务，如保大十四年，吴越犯境，"遣龙武都虞候柴克宏救常州"。⑥

天威 唐朝始置。此军原为唐代军镇之一，位于鄯州（治今青海省

---

① 〔宋〕陆游：《南唐书》卷二《元宗纪》，第5479页。
② 《徐铉集校注》卷三〇，第820页。
③ 《全唐文补遗》第七辑，第200页。
④ 《新五代史》卷六一《吴世家》，第757页。
⑤ 《资治通鉴》卷二九三，后周世宗显德三年三月，第9549页。
⑥ 〔宋〕陆游：《南唐书》卷二《元宗纪》，第5480页。

海都市乐都区）境内。《全唐文补遗》第二辑《故左神策军护军中尉兼左街功德使……刘公（弘规）墓志铭》载："历职自天威军副使……"云云。另据《旧唐书·宪宗纪上》载：宪宗元和三年，"罢左右神威军，合为一，号天威军"，遂为禁军军号。八年废，将其兵分隶于左右神策军。刘弘规任该军副使，当在此期间。神策军在黄巢义军的打击下溃散，僖宗幸蜀，田令孜招神策新军五十四都，分为十军，其中就有天威军。后梁复置，作为六军之一。陆游《南唐书·王建封传》载："召为天威军都虞候，付以亲军。"《玉壶清话》卷一〇《江南遗事》载：王建封被"召还，付以精兵"。可见天威军为南唐的精锐军队。后来王建封上书言事，"元宗大怒，以其武臣握禁兵，不当干预国政，流建封池州，赐死于路"。①以上史料均明确说其为禁军。史载：刁彦能，"烈祖代吴，入为环卫，迁至天威军都虞候、左街使。"②昇元四年（940），后晋安州节度使李金全来降，"拜天威统军"。③马仁裕，"改右天威副统军，进爵为伯"。④姚嗣骈，"改元昇元。……迁左天威军第七指挥使"。⑤陆游《南唐书·何敬洙传》也说："事烈祖为裨将，进天威军都虞候。"可知南唐建国之初，即有此军号。天威军也有外出征讨之责，南唐元宗攻闽时，曾命天威军都虞候何敬洙"将兵数千会攻建州"。⑥

雄武 唐及五代诸朝皆不见设置，从现有史料看，其最早应始置于吴国。《新五代史》卷六一《吴世家》：武义元年四月，"以李宗、陈章为左、右雄武统军"。七月，吴越攻常州，徐温率诸将抵御，右雄武统军陈章率军从行。雄武军职官系列有大将军的设置，如刘权，"武

---

① 〔宋〕马令：《南唐书》卷一九《王建封传》，第5383页。
② 《十国春秋》卷二一《刁彦能传》，第306页。
③ 〔宋〕陆游：《南唐书》卷一〇《李金全传》，第5543页。
④ 《唐故德胜军节度使检校太保同中书门下平章事扶风马（仁裕）匡公神道碑铭》，见《徐铉集校注》卷一一，第392页。
⑤ 《姚嗣骈墓志》，见《全唐文补遗》第七辑，第192页。
⑥ 《资治通鉴》卷二八四，后晋齐王开运二年二月，第9285页。

义元年，领雄武大将军"。①武义三年，崔太初被"征为右雄武大将军"。②唐五代时期，只有十六卫及六军有大将军、将军的设置，其他诸军不置此类名号，故雄武军必为禁军无疑。马令《南唐书·李章传》："烈祖释之，隶洪州为军校，累迁雄武军都虞候、左街使。"《新唐书·百官志四上》："左右街使，掌分察六街徼巡。"左右街使例由金吾卫官员充任，只有京师才有设置。李章以雄武都虞候任左街使，是因为南唐的左右金吾卫虚设，不领军兵，故以他军军官充当此职，从而也证明雄武军宿卫于京师，必是禁军无疑。雄武军地位较高，凡任其统军者多兼领节度使，如李涛"顺义元年，吴、越通好，杭人厚礼归之。授左雄武统军，加泗州防御使，迁宁远军节度使"。③雄武统军如果外任于地方，往往也任节度使，如周本，"由是召入为雄武统军，出为寿州节度使"。④雄武军也有外出征伐之责，如"吴右雄武军使苗璘、静江统军王彦章将水军万人攻楚岳州"。⑤军使是雄武军下属的一级军官，如姚嗣骈曾任"左雄武军先锋指挥使、右千牛卫将军"。⑥这里提到的"指挥使"，也是其下属的一级军官。

神卫 唐及五代诸朝均不见设置，也不见吴国设置，当为南唐始置。陆游《南唐书·朱匡业传》："烈祖优容之，出为歙州刺史。有政绩，改建州留后，还朝，授神卫统军。"朱匡业在京师任此职，其军必为禁军。神卫军也有征伐之责，"保大七年春正月，淮北盗起，以神卫都虞候皇甫晖……监军散骑常侍张义方帅师万人出海、泗招降"。⑦保大十四年，"左神卫使徐象等十八人自寿州奔周"。⑧可见神卫军亦分为左

---

① 〔宋〕路振撰，吴嘉骐、吴在庆点校：《九国志》卷二《刘权传》，见傅璇琮、徐海荣、徐吉军主编：《五代史书汇编》六，杭州出版社，2004年，第3255页。
② 《资治通鉴》卷二七一，后梁均王龙德元年十月，第8870页。
③ 《九国志》卷二《李涛传》，第3247页。
④ 《九国志》卷四《周本传》，第3271页。
⑤ 《资治通鉴》卷二七六，后唐明宗天成三年四月，第9017页。
⑥ 《姚嗣骈墓志》，见《全唐文补遗》第七辑，第192页。
⑦ 〔宋〕陆游：《南唐书》卷二《元宗纪》，第5475—5476页。
⑧ 〔宋〕陆游；《南唐书》卷二《元宗纪》，第5480页。

右，寿州既驻有其军，可见其也有征伐之责。

龙卫 南唐始置。陆游《南唐书·刘仁赡传》："事烈祖，历黄、袁二州刺史，入为龙卫军都虞候。"文中"入"字，指入京师，可见龙卫军宿卫于京师，当为禁军。陈致雍《龙卫军左厢诸指挥都军头故欧阳权谥议》："爰自淮壤出师，滁城却敌，纵铁骑而从突，拔予戟以先登，……稽其行状，先皇制命云：'尔能前率骑兵，身先矢石，心坚效命，勇有可观'"云云。①可见龙卫军亦分为左右厢，是南唐禁军中的马军部队。《全唐文》卷八七四还收有陈致雍的《龙卫军副统军史公铢谥议》，同书卷八七五有《龙卫军使司空刘崇禧谥议》等文。既有副统军，必有统军，这些高级军职的设置，说明龙卫军已具有相当的规模。

由于史籍没有明确记载南唐的六军到底是由哪6支军队构成，因此需要做进一步考述，才能说清楚这个问题。神武军与龙武军在唐朝本属六军系统，五代时的中原王朝也多有设置，同样属六军系统。南唐以唐朝的正统后裔自居，在制度上必然有所仿效，故这两军当属六军之列。天威军，后梁曾列为六军之一，同样理由，南唐亦不应例外。雄武军，南唐曾一度设置过大将军、将军的官职。唐制，六军与十六卫才有这些官职的设置。五代时，中原王朝除六军、诸卫外，在侍卫亲军诸军中不再设置此类官职，从这个角度分析，其亦应属于南唐六军之一。在这一历史时期，中原王朝除后梁六军中有些部队尚有较强战斗力外，其他王朝的六军大都战斗力较弱，禁军主力主要集中在侍卫亲军中。南唐情况正好相反，作战主要靠六军，如神武、天威、雄武等军，尤其是神武军，更是频频出现于重要战场上，在与后周、北宋的战争中，凡重大战役都有神武军作为主力参战。这就说明南唐是把六军作为禁军中的主力军队发展的，与唐朝重点发展神策军相似，使六军成为既能宿卫京师，又能进行野战的具有双重性质的军队。而侍卫诸军虽然也偶尔参加一些战斗或屯驻于地方，但其主要任务仍是宿卫京师和宫廷，故史籍中有关其参

---

① 《全唐文》卷八七五，陈致雍《龙卫军左厢诸指挥都军头故欧阳权谥议》，第9150页。

战的记载较少。如果以上推测大致不错的话，则神卫军与龙卫军也应属于六军系统。南唐建国以来曾爆发两次大规模的战争，即后周与南唐之间的淮南战争，南唐战败，失去了淮南14州之地；另一次大规模的战争，便是北宋进行的以灭亡南唐为目的的战争。在这两次战争中均有神卫军参战的记载，关于神卫军参加淮南战争，前面已经略有提及，这里谈谈其在后一次战争中的情况。宋太祖开宝八年（975），"（潘）美旋击破之，擒其神卫都军头郑宾等七人"，[1]说明神卫军又一次出现于对宋战争的前线。又，马令《南唐书·后主书》载："诛神卫统军诸军都虞候皇甫继勋。"另据《宋史·南唐世家》载：皇甫继勋"入为诸军都虞候，迁神卫统军都指挥使"。所谓诸军都虞候就是侍卫诸军都虞候的省称，其与神卫统军为两个不同系统的职官，南唐多以六军统军兼任侍卫诸军主官，故前一书的记载更为准确一些。关于六军统军兼任侍卫诸军主官的问题，后面还要详论，这里就不再多说了。既然神卫军与侍卫诸军不是同一禁军系统，那么它只能是六军系统的军队了。龙卫军的情况大体与神卫军相似，应是南唐六军中的马军部队，就不一一列举史料了。

南唐禁军除宿卫京师外，各地尤其是军事要地皆有屯驻，六军部队更是如此。周世宗显德四年，"（南）唐雄武军使、知涟水县事崔万迪降"于后周。[2]说明涟水县驻有雄武军的部队，故其军使才能兼任知县事。《全唐文》卷八七五收有《洪府神武军左右亲从两指挥都虞候故孙汉遇谥议》一文，"洪府"指今江西南昌，说明这里也驻有神武军的部队。这类事例还有不少，就不一一列举了。禁军屯驻各地，其领兵军官多称屯营使，职级较低的则称屯营都虞候。史籍中出现有鄂州屯营使李承裕，[3]也有东都营屯使贾崇，[4]洪州营屯都虞候严思的记载。[5]刺史

---

① 《续资治通鉴长编》卷一六，宋太祖开宝八年正月，第334页。
② 《资治通鉴》卷二九三，后周世宗显德四年十二月，第9575页。
③ 《新五代史》卷六二《南唐世家》，第768页。
④ 《资治通鉴》卷二九二，后周世宗显德三年二月，第9541页。
⑤ 〔宋〕陆游：《南唐书》卷五《边镐传》，第5504页。

如获特许，也可以统领屯营兵，如"以（边）镐为信州刺史，领屯营兵"。[①]史籍中关于这一问题的记载颇为混乱，或称屯营，或称营屯，甚至同一人任同一官，在不同的史籍中或记为营屯，或记为营屯。还是一种情况就是在同一部书中，有时记为营屯，有时记为屯营，莫衷一是。有人认为史籍中记为营屯的多于屯营。[②]不过前代多称驻军为屯营，营屯的称呼出现较晚，姑一仍其旧。南唐政局长期稳定，原因固然较多，但与这种军事布局不能不说有很大的关系。此外，还有一个问题需要说明，唐朝与后梁、后唐等朝，均以羽林军为六军之一，南唐虽然有羽林大将军的名号出现，[③]但却无此军的建置，这个名号是用来安置降臣的，并不统兵。

（二）侍卫诸军

南唐的禁军除了六军之外，其余诸军便属于侍卫军系统。不过南唐与中原王朝不同，没有侍卫亲军的名号，从现存文献记载来看，统称之为侍卫诸军。南唐侍卫诸军的军号，现能考知的有以下诸军：

拱圣 吴国始置。缪荃孙等修纂的《江苏省通志稿·金石七》收有《李涛妻汪氏墓志铭并序》，此墓志撰于吴顺义四年，首行题为"左右拱圣军统军、光禄大□、检校大使、赵郡开国公、食邑七百户李涛撰故妻□城县君汪氏墓志铭并序"。据此可见吴国置有左右拱圣军，南唐代吴后不再见于记载，当是并入其他军队。

卫圣 南唐始置。陆游《南唐书·李金全传》："拜右卫圣统军，领义成军节度使、兼侍中。"义成军处于中原，不在南唐境内，故李金全实为遥领，其实际官职是右卫圣军统军。《资治通鉴》卷二八七后汉高祖天福十二年六月载：唐主"以左右卫圣统军、忠武节度使李金全为北面行营招讨使，议经略北方"。忠武军亦处中原，也是遥领并非实授。从上文可以看出卫圣军分为左右，直隶于南唐中央，当为其禁军。

---

① 〔宋〕陆游：《南唐书》卷五《边镐传》，第5504页。
② 胡耀飞：《唐末五代虔州军政史——割据政权边州研究的个案考察》，见《唐史论丛》第20辑，三秦出版社，2015年，第288—289页。
③ 〔宋〕马令：《南唐书》卷二《嗣主书》，第5270页。

宣威 南唐始置。徐铉《唐故左右静江军都军使忠义军节度建州观察处置等使留后光禄大夫检校太尉右威卫大将军临颍县开国子食邑五百户陈公（德成）墓志铭》："公全军而还，迁右宣威军厢虞候。"① 陆游《南唐书》卷一五《王舆传》："入为左宣威统军。"另据《资治通鉴》卷二八一后晋高祖天福三年五月载，王舆时为左宣威副统军。未知孰是。李金全也曾充任过宣威统军。② 徐铉《唐故检校司徒行右千牛卫将军苗公（延禄）墓志铭》载："命公领泗上精兵，入为宣威军裨将。六卿之选，以翼京师；八屯之权，实资宿卫。"③ 从"实资宿卫"等语看，宣威军亦为南唐禁军。

殿直 殿直之号始于后梁。《旧五代史·梁太祖纪五》："殿直王唐福自襄城走马。"后唐、后晋亦有设置，据《宋史·陈思让传》："初隶庄宗帐下，即位，补右班殿直。"不过此时的殿直似乎还不是军号名，而只是御前供奉官的名号之一。④ 不过中原自后唐以来却有内殿直军，周世宗时将其转隶于殿前司。殿直军吴国也有设置，陆游《南唐书·宋齐丘传》："俄而义祖殂，自殿直军判官擢右司员外郎。"文中所说义祖，即吴国权臣徐温。杨彪"以功授殿直军副使，与郭悰分直宿卫"，⑤ 杨彪为吴国军将。从这条记载来看，殿直军亦为禁军。南唐建立后，仍沿置不废，徐铉《唐故左右静江军都军使忠义军节度建州观察处置等使留后光禄大夫检校太尉右威卫大将军临颍县开国子食邑五百户陈公（德成）墓志铭》："累表遣公入宿卫，即擢拜右千牛卫将军、充殿直指挥使。"《大唐范司空府君韬墓志铭》载："寻归京阙，……□

---

① 《全唐文》卷八八六，徐铉《唐故左右静江军都军使忠义军节度建州观察处置等使留后光禄大夫检校太尉右威卫大将军临颍县开国子食邑五百户陈公（德成）墓志铭》，第9262页。
② 《玉壶清话》卷九《李先主传》："安州节度使李全金，……率众来归，封全金为宣威统军。"李全金应为李金全之误，第90页。
③ 《全唐文》卷八八六，徐铉《唐故检校司徒行右千牛卫将军苗公（延禄）墓志铭》，第9264页。
④ 《旧五代史》卷七九《晋高祖纪五》载："除翰林承旨外，殿前承旨宜改为殿直，密院承旨宜改为承宣。"可见殿直本称殿前承旨，为御前供奉官。
⑤ 《九国志》卷二《杨彪传》，第3253页。

迁殿直指挥使。"①时在南唐中宗保大年间。这些都说明南唐仍然有殿直军的建置。殿直军同其他禁军一样，也分为左右。"唐主嘉廖偃、彭师暠之忠，以偃为左殿直军使、莱州刺史，师暠为殿直都虞候，赐予甚厚"。②崔太初"守左殿直统军"。③既有左军，必然有右军。

龙骧 后梁始置，为禁军之一。《宋史·南唐世家》："王师克池州，又破其众二万于采石矶，擒其龙骧都虞候杨收等，获马三百匹。江表无战马，朝廷岁赐之。及是所获，观其印文，皆岁赐之马也。"北宋代周后，南唐元宗遣使进贡修好，宋每岁赠马300匹，文中所提"岁赐"之事，即指此。江淮不产战马，南唐诸军皆缺马，宋军一战能获这么多"岁赐"战马，说明南唐将这些马匹集中装备了龙骧军，没有分散使用，故龙骧军当为其马军无疑。后梁、后唐皆以龙骧军为其马军军号，南唐当是仿其制，亦以龙骧军为马军军号。至于其与龙卫军的关系，龙卫军隶于六军系统，而龙骧军则属于侍卫诸军系统。

龙翔、龙安 为南唐水军。江淮水乡，交通往来多依赖船只，故当地政权拥有水军理所当然。吴国水军称楼船军，马令《南唐书·先主书》：烈祖"从温攻伐，身先士卒，为楼船军使，以舟兵屯金陵"。④吴与吴越为敌国，双方动用水军战斗的记载频频见于史籍。南唐建立后，烈祖李昪采取睦邻政策，战争骤减，专意于经营中原，发展马步军，对水军的重视下降。"旧制，常以舟师为下军"，⑤就是出于这种原因。北宋建立后，加强了对南唐的军事压力，"至是，诏旨以南国之用，尚于舟楫，今而后知非是，乃简练精锐，置龙翔军，以隶亲卫。命公（陈德

---

① 《全唐文补遗》第七辑，第199页。
② 《资治通鉴》卷二九〇，后周太祖广顺元年十二月，第9471页。
③ 《九国志》卷二《崔太初传》，第3256页。
④ 〔宋〕陈彭年撰，陈尚君校点：《江南别录》亦载："义祖由是益怜惜，……累为楼船指挥使。"见傅璇琮、徐海荣、徐吉军主编：《五代史书汇编》九，杭州出版社，2004年，第5134页。
⑤ 《全唐文》卷八八六，徐铉《唐故左右静江军都军使忠义军节度建州观察处置等使留后光禄大夫检校太尉右威卫大将军临颍县开国子食邑五百户陈公（德成）墓志铭》，第9262页。

成）为龙翔都虞候。舟师之重，自兹始也"。①另据陆游《南唐书·后主纪》：建隆二年（961）十二月，"置龙翔军，以教水战"。从"以隶亲卫"一句看，龙翔军亦属禁军，为其水军部队。另据徐铉的《故唐内客省使知忠义军检校太傅尚公羡道铭》："后主即位，兼领阁门使，遥领婺州刺史。初，国之戈船，皆屯于石头城之后卢龙镇下，命曰龙安，军旅之重任也，于是复兼龙安军使。"②据此来看，龙安军亦是南唐的水军部队，而且屯驻在金陵城下，只是不知龙安军与龙翔军是什么关系，从相关情况看，龙安军的设置似乎早于龙翔军，会不会龙翔军是龙安军的改名，或是龙安军为南唐的另一支水军部队，尚待后考。

静江 吴国已有设置，史载："吴右雄武军使苗璘、静江统军王彦章将水军万人攻楚岳州。"③南唐时仍为禁军。据《全唐文》卷八八六徐铉《唐故检校司徒行右千牛卫将军苗公（延禄）墓志铭》载：苗延禄之父苗邻，"出为泗州防御使，入为静江军统军"。静江军也分为左右，陈德成"改右威卫大将军、充左右静江都军使"。④后周进攻淮南时，"唐齐王景达及陈觉皆自濠州奔归金陵，惟静江指挥使陈德诚全军而还"，⑤文中所说陈德诚与陈德成为同一人。可见静江军亦有征伐之责。

神威 唐朝始置。据《新唐书》卷五〇《兵志》载：唐肃宗至德二载（757），选善骑射者千人，置殿前射生左右厢，以充宿卫。德宗贞元二年，改为殿前射生军。不久又改为左右神威军，由宦官监领，与左右羽林、龙武、神武、神策，"总曰左右十军矣"。元和三年废左右神威军，置天威军。后梁、后唐时恢复了该军军号，隶属于侍卫亲军。南

---

① 《全唐文》卷八八六，徐铉《唐故左右静江军都军使忠义军节度建州观察处置等使留后光禄大夫检校太尉右威卫大将军临颍县开国子食邑五百户陈公（德成）墓志铭》，第9262页。
② 《徐铉集校注》卷三〇，第820页。
③ 《资治通鉴》卷二七六，后唐明宗天成三年四月，第9017页。
④ 《全唐文》卷八八六，徐铉《唐故左右静江军都军使忠义军节度建州观察处置等使留后光禄大夫检校太尉右威卫大将军临颍县开国子食邑五百户陈公（德成）墓志铭》，第9263页。
⑤ 《资治通鉴》卷二九三，后周世宗显德四年三月，第9566页。

唐仍有设置，如南唐攻闽时，"（李）弘义出击，大破之，执唐左神威指挥使杨匡邺"①，说明神威军也参加了此役。前引《范韬墓志铭》载："止癸卯年，迁往江州，充左神威军第三指挥使。"癸卯年即南唐元宗保大元年，可见江州也有神威军屯驻。不过神威军在南唐禁军中军力较弱，很少外出征战，故在史籍中极少出现。

天雄 五代诸朝除后晋外，皆置有天雄军，为拱卫京师北面的重要方镇。前蜀也在秦州置有天雄节度使，这些皆非禁军。后晋安州节度使卢文进不满石敬瑭称臣于契丹，率众来归，"烈祖以文进为天雄统军、宣润节度使"。②这时南唐尚未建立，说明吴国已有天雄军的建置了。另据《资治通鉴》卷二八一后晋高祖天福二年二月条载："吴主以卢文进为宣武节度使，兼侍中。"胡注："宣武军汴州，时属晋，吴以卢文进遥领耳。"而不是宣润节度使，《通鉴》当另有所本。从常理而论，卢文进新附，似不应外任节度使，而应留在京师，充任禁军将帅，这也是吴国安置北来武人的一贯做法。南唐代吴后，天雄军依然保留，只是由于其军力相对其他禁军较弱，极少见到其外出征行的记载。

奉节都 南唐始置。《资治通鉴》卷二九○后周太祖广顺元年十二月载："初，蒙城镇将咸师朗将部兵降唐，唐主以其兵为奉节都，从边镐平湖南。……行营粮料使王绍颜减士卒粮赐，奉节指挥使孙朗、曹进怒曰：……"云云。陆游《南唐书》卷五《边镐传》记奉节都为奉节军。另据马令《南唐书》、《十国春秋》等书记载，咸师朗降南唐是在保大七年（950）正月，故奉节都当置于此年。

小殿直 唐及五代诸朝均未设置。《全唐文》卷八七四有陈致雍的《小殿直诸指挥厢虞候刘匡范谥议》一文。陈致雍仕南唐为秘书监。这就说明南唐有小殿直军的建置。五代时多以某某直为禁军名号，如唐庄宗时有从马直、前直、长直等军号，隶于侍卫亲军。后周有内殿直的军号，隶于殿前司。南唐禁军也有殿直的军号，故小殿直当为其禁军军号

---

① 《资治通鉴》卷二八五，后晋齐王开运三年八月，第9309页。
② 〔宋〕马令：《南唐书》卷一二《卢文进传》，第5341页。

之一。

黑云都 吴国始置。《资治通鉴》卷二五九唐昭宗景福元年八月载："孙儒降兵多蔡人，（杨）行密选其尤勇健者五千人，厚其禀赐，以皂衣蒙甲，号'黑云都'。每战，使之先登陷阵，四邻畏之。"《十国春秋》卷一《吴太祖世家》记此事时，有"常以为亲军"一句。可知其为吴国禁军之一。陈彭年的《江南别录》说："吴武王时，淮南劲兵数万，号黑云、长剑，义祖为其裨将。"说明黑云都的兵力后来还有所增加。李简，"因奔行密，补黑云队长。……迁黑云都指挥使"。[①]黑云都为吴国最精锐的军队，不仅在南方诸国中知名，即使在中原亦威名远播，由于其经常外出征战，故史籍中记载较多。如"（杨）行密遣右黑云都指挥使马珣等救黄州"[②]。"黑云都指挥使吕师周与副指挥使綦章将兵屯上高，师周与湖南战，屡有功"[③]。南唐代吴后，依然以其为禁军。元宗"以黑云指挥使张峦知全州"。[④]《旧五代史》说："王傅拯，吴江人也。父绾，伪虔州节度使。傅拯初事杨溥，为黑云右厢都指挥使，领本军戍海州。"[⑤]说明黑云都也在地方屯驻。不过在这一时期，原本以北方人为主体的黑云都或战死，或老病而死，新补士卒战斗力大不如前，参战也较少，黑云都已不再是南唐禁军中的主力军队了，所以在南唐时期很少见到其活动的记载。

控鹤 吴睿帝太和六年（934）六月，"降封昭武节度使、兼中书令、临川王（杨）濛为历阳公，徐知诰命控鹤军使王宏将兵二百幽之和州"。[⑥]说明吴国有控鹤军的建置，南唐建立后仍设置了此军，据前引《范韬墓志铭》载："第四男名仁遇，……受俸□充永安军静边第一指挥、控鹤都主兵副兵马使。"墓主死于南唐保大八年（950），其第四子

---

① 《九国志》卷一《李简传》，第3229页。
② 《资治通鉴》卷二六一，唐昭宗乾宁四年四月，第8503页。
③ 《资治通鉴》卷二六六，后梁太祖开平元年正月，第8667页。
④ 《资治通鉴》卷二九〇，后周太祖广顺元年十二月，第9471页。
⑤ 《旧五代史》卷九四《王傅拯传》，第1255页。
⑥ 《十国春秋》卷三《吴睿帝本纪》，第72页。

所任的控鹤副兵马使一职，当是指这一年的情况。

长剑 始置于吴国，前引《江南别录》云："吴武王时，淮南劲兵数万，号黑云、长剑。"可见长剑军在吴国是颇有战斗力的。《九国志》卷三《徐温传》载："行密起合淝，遂隶帐下，为伍长。常从行密征讨，……奏授衙内右直都将、左长剑都虞候。"南唐时仍置有此军，立于南唐保大五年的《重刊寿州金刚经碑》中的题名记有："右军衙前押衙、充清淮军右都押衙、马步诸指挥都虞候、右长剑指挥使、……金紫光禄大夫、检校侍御史、上柱国张德兴。"[①] 撰于保大八年的《范韬墓志铭》亦云："第五男名仁卫，……受俸在抚州左长剑指挥受初职右散军将。"说明地方上也驻有长剑军。

黄头 唐朝末年设置。据《十国春秋·张训传》载："太祖据合肥，训往见，甚欢，授亲兵。已迁黄头都虞候。"另据《九国志》卷一《李神福传》载："会选卒为黄头军，迁神福为左右黄头都尉。"时间约在唐光启至景福期间。吴国另一宿将张训也曾任职于黄头军，杨行密率军与孙儒战于宣州时，"训功居多，迁左右黄头指挥使"。[②] 不过南唐建立后再未见到有关黄头军的记载，可能已废罢不置，或并入别军了。

龙威 释道弘《吴故左龙威军先锋马军指挥使巨鹿郡公（赟）墓志铭》载："公累迁美秩，旋捧丝纶，授左龙威军先锋马军指挥使、银青光禄大卿。……长子承嗣，左军衙前虞候、充左龙威先锋马军指挥第三都副兵马使、银青光禄大（夫），检校国子祭酒兼御史中丞、上柱国，……次子承规，右军衙前十将、充左龙威先锋马军指挥第二都虞候、银青光禄大（夫）。"[③] 龙威军分为左右，志文中又将其与马军联系在一起，故其应为吴国禁军中的马军部队。南唐是否仍然沿袭这一军号，未见史籍记载，不好论定。

天德 《唐故左右静江军都军使忠义军节度建州观察处置等使留后光禄大夫检校太尉右威卫大将军临颖县开国子食邑五百户陈公（德成）

---

① 《八琼室金石补正》卷八一，第1347页。
② 《九国志》卷一《张训传》，第3224页。
③ 周阿根：《五代墓志汇考》，黄山书社，2012年，第85—86页。

墓志铭》载："今上嗣服，屡表乞还，征为右天德军都虞候。"①志文所谓"今上"，指南唐后主，"乞还"意为请求回到京师金陵，故天德军当为禁军无疑。又，《全唐文》有《天德军使程成谥议》一篇，②故知南唐确置有此军军号。天德军在唐代为军镇名，五代时中原王朝皆作为节镇军号，并为北宋所沿袭。南唐天德军的军号当受此影响，然不同的是，前者作为军镇名，而后者则作为禁军军号。

左右弩队　杨行密《举史实牒》中有"左押衙充右弩队都指挥使"一句。③弩队既分为左右，其长官又称为都指挥使，说明其兵力不弱。此文为吴王杨行密以诸道行营都统的名义发给史实的牒文，故此军应为其下属的诸军之一。

南唐的侍卫诸军虽然设置较早，但在南唐前期很少见到其活动的记载，这和其军力不强有关。到了元宗及后主统治时期，有关侍卫诸军的记载便逐渐多了起来，这是南唐整顿与加强侍卫诸军的直接结果。南唐的侍卫诸军与中原王朝不同，不区分侍卫马军与侍卫步军，这与江淮地区不产战马，马军部队历来不强有关，除了龙骧军外，其余诸军皆非马军，故无法组建成侍卫马军。但是南唐侍卫诸军与中原王朝相比，具有自己的特点，这就是有水军部队。此外，还有一点需要强调，即南唐侍卫诸军中的奉节、小殿直、黑云等军，其地位与其他诸军不能并列，除了其兵力有限外，也无见有统军、副统军这些高级军职的设置，估计其地位要略低于其他诸军。吴唐的禁军除了以上部队外，见于记载的还有拔山、威胜、龙威、随身、天德、冲山等军，兵力大都比较寡弱，故极少见到参加征伐的记载，均隶属于侍卫诸军。

（三）州郡军与乡兵

吴唐时期州郡亦各有兵，分由诸州刺史或都指挥使统率。《金石萃编》卷一二二《龙兴寺钟款识》："安边忠武功臣、宣猛将军、前守池

---

① 《徐铉集校注》卷一六，第493页。
② 《全唐文》卷八七四，第9147页。
③ 《全唐文》卷一二八，第1277页。

第九章 军事制度

州刺史、池州团练使、宁化军节度副使、在城马步都军使、知扬州军府事、……守左神卫军统军、本军都军使、国城都城修开城濠都检校使、武昌军节度使、兼营屯使、静江军节度使、知南都留守、检校太尉、兼侍中、南昌尹、开国侯、食邑一千户林仁肇……"林仁肇是南唐大将，所谓"在城马步都军使"，都军使即都指挥使的异称。所谓"在城"，胡三省认为就是指在城内之兵。①龙兴寺位于洪州城内，其寺钟由林仁肇捐铸，但这里所谓"在城"却不是指洪州，而是指池州城内之兵，是指以前林仁肇在池州任职时的情况。南唐的节度使与中原王朝不同，一般不辖支郡（清源军例外），没有皇帝的特命，其节度使不辖治所之外的州郡军队。因此，南唐不存在藩镇军队，节度使所统率的地方军队，也就是州郡之兵。不置节度使、防御使、团练使的州郡，其军队则由刺史统率。如果有皇帝的特命，地方军政长官也可以节制驻在当地的禁军部队。

早在吴国统治时期就已经建立了乡兵制度，史载："武义元年，高祖禁民间私畜兵器，盗贼益繁，（卢）枢上言：'今四方分争，宜教民战。且善人畏法禁，而奸民弄干戈，是欲偃武，而反招盗也。宜团结民兵，使之习战，自卫乡里。'从之。"②至南唐时已经建立了比较完善的乡兵制度。史载："初，烈祖有国，凡民产二千以上出一卒，号义军；分籍者又出一卒，号生军；新置产亦出一卒，号新拟军；客户有三丁者出一卒，号拔山军。元宗时，许郡县村社竞渡，每岁重午日，官阅试之，胜者给采帛、银椀，皆籍姓名，至是尽取为卒，号凌波军。募民奴及赘婿，号义勇军。募豪民以私财招聚亡赖亡命，号自在军。"③"使物力户为之，将校董之"。④即由有一定财力的乡村豪民作为将校，统

---

① 《资治通鉴》卷二六六，后梁太祖开平元年五月："（马）殷命在城都指挥使秦彦晖将水军三万浮江而下。"胡注："在城都指挥使，尽统潭州在城之兵"，第8682页。
② 《十国春秋》卷一〇《卢枢传》，第140页。
③ 〔宋〕陆游：《南唐书》卷三《后主纪》，第5491页。
④ 《江南野史》卷三《后主》。又，此书所载南唐乡兵名号与前一书略有不同。第5173页。

· 423 ·

率训练。这些乡兵中有的后来发展成为地方军队。以凌波军为例，北宋大军南下时，后主"以（卢）绛为凌波都虞候、沿江都部署，守秦淮水栅"。①另据记载："国主寻命凌波都虞候卢绛，自金陵引所部舟师八千，突长围来救。"②从这些记载看，凌波军已经被改编成为正规的地方水军了。

陆游《南唐书·后主纪》还载：宋军大举进攻时，"又大蒐境内，自老弱外皆募为卒，号都门军。民间又有自相率拒敌，以纸为甲，农器为兵者，号白甲军。凡十三等，皆使捍御。然实皆不可用，奔溃相踵"③。其实，南唐的白甲军并非始于后主时期，另据《资治通鉴》卷二九三周世宗显德三年七月载：后周进攻淮南时，"专事俘掠，视民如土芥；民皆失望，相聚山泽，立堡壁自固，操农器为兵，积纸为甲，时人谓之'白甲军'。周兵讨之，屡为所败，先所得唐诸州，多复为唐有"。可见其早在南唐中宗时就已经出现了，而且并非没有战斗力。这些所谓的"军"，均为乡兵。《十国春秋·张雄传》："张雄，或云李姓，淮人也。周侵淮南，民相自结为部伍以拒周师，谓之义军，而雄所将最有功，元宗命为义军首领。"张雄所领的乡兵，也就是上文所说的"凡民产二千以上出一卒，号义军"的那类乡兵。这些乡兵平时训练，并编制为伍，故能在外军来侵时团结拒敌。本来是自卫乡里的乡兵，到这时反倒发挥了地方军队的作用，成了正规官军的补充力量和后备兵员，不少义军首领也因此获得了官职，张雄后来历任袁、汀二州刺史。宋军围攻南唐都城金陵时，"雄乃纠兵东下以救之"。其所率军队，即属于州郡之兵，大约其中也有不少原来的乡兵在内。

（四）禁军编制与军官职级

南唐禁军的编制情况如下：六军皆分为左右军，每军又分为左右厢。左右军各置有统军、副统军、都虞候等将帅。六军统军地位尊贵，

---

① 〔宋〕陆游：《南唐书》卷一四《卢绛传》，第5574页。
② 《续资治通鉴长编》卷一六，太祖开宝八年九月，第345页。
③ 《江南野史》卷三，记都门军为排门军，未知孰是。第5173页。

非重臣不能充任，且多兼领节度使，有的还兼同平章事、中书令、侍中等官。这种情况史书中有大量的记载，就不一一罗列史料了。厢一级编制各置有都指挥使1员，位在统军之下。如后主时李仲寓任神武军右厢都指挥使，李从信任神武军左厢都指挥使，[1]柯厚充任过右雄武都指挥使。[2]《全唐文》卷八七五收有《龙卫军左厢诸指挥都军头故欧阳权谥议》一文，都军头即都指挥使的异称。侍卫诸军也大都分为左右军（厢），亦置有统军、副统军、都虞候等军职，但兵力较弱的部队只有都指挥使、指挥使的军职，不置统军，如黑云、奉节等军，均是如此。

南唐的侍卫诸军系统不同于六军，设置有总统帅，这一点倒是和中原王朝一致，即置有侍卫诸军指挥使，例由神武统军兼任，和后梁的侍卫亲军都指挥使例由龙虎统军兼任的做法如出一辙。[3]这方面的史例很多，如保大七年，"以江州贾崇为神武统军、侍卫诸军都指挥使"。[4]十一年，"以鄂州刘仁赡为神武统军、侍卫都指挥使"。[5]十三年，"以寿州刘彦贞为神武统军都指挥使、侍卫诸军都指挥使"。[6]乾德三年（965），"以江州朱匡业为神武统军、侍卫都军使"。[7]在其下置侍卫诸军都虞候，如"以侍卫诸军都虞候贾崇为东都屯营使"。[8]"侍卫都虞候刘澄"。[9]宋军围攻金陵时，后主命皇甫继勋为神卫统军都指挥使、侍卫诸军都虞候，委以兵权，负责守城。[10]后主之所以没有任其为侍卫诸军都指挥使，是因为其资历较浅，且不是神武统军之故。

五代中原王朝禁军中有军的编制，北宋禁军在厢之下也有军的编

---

[1] 《宋史》卷四七八《南唐世家》，第13861页。
[2] 《资治通鉴》卷二七六，后唐明宗天成四年十一月，第9035页。
[3] 郑学檬：《五代十国史研究》，上海人民出版社，1991年，第59页。
[4] 〔宋〕马令：《南唐书》卷三《嗣主书》，第5275页。
[5] 〔宋〕马令：《南唐书》卷三《嗣主书》，第5278页。
[6] 〔宋〕马令：《南唐书》卷三《嗣主书》，第5279页。
[7] 《十国春秋》卷一七《南唐后主本纪》，第244页。
[8] 〔宋〕马令：《南唐书》卷三《嗣主书》，第5279页。
[9] 《续资治通鉴长编》卷一六，宋太祖开宝八年九月，第345页。
[10] 《宋史》卷四七八《南唐世家》，第13869页。

制。同一历史时期的制度大都具有趋同性，南唐有关这方面的史料虽然贫乏，但也不是没有踪迹可寻。从上引的陈德诚"为右龙翔诸军都虞候，迁都指挥使"一句看，这里的"诸军"，即指龙翔右军下辖的各军。吴唐"军"下面的一级编制仍称"指挥"。据《江表志》载：吴国遣使于后唐，临行时严可求教使者曰："北朝若问黑云、长剑多少？及五十指挥皆在都下，柴再用不曾赴镇。"黑云、长剑为吴国精锐部队，柴再用为著名将领，吴恐唐庄宗挟灭梁之余威，南下江淮，故作此语以相威慑。因此，这一记载并不能反映黑云、长剑的真实兵力，但我们却可以从中了解到"指挥"确为其禁军中的一级编制单位。南唐的其他禁军亦是如此，如姚嗣骈，"改元昇元，……迁左天威军第七指挥使、兼东都左巡使"，[①]说明天威军也有指挥一级的编制。《资治通鉴》卷二九三周世宗显德四年四月载：后周"分江南降卒为六军、三十指挥，号怀德军"。所谓江南降卒，就是指在淮南战争中投降后周的南唐军队，亦可反映南唐军队的编制与后周并无不同。"指挥"的领兵军官即称指挥使，如前面提到过的"黑云指挥使张峦""静江指挥使陈德诚"等。

前面已经论到，中原王朝的禁军编制中有都、队（将），每都百人，每队（将）20多人。吴唐时期不见有"将"的出现，有关"队"的记载却不少。如汴军数万来犯寿州，"（朱）延寿命黑云队长李厚拒之，厚殊死战"。[②]可见黑云都亦有队一级编制，领兵者称队长。其他诸军也多是如此，杨行密早年也曾任过队长。[③]南唐之制与吴相同。敦煌文书S·1898号《归义军军将名籍》记有第4队头、押衙唐继通。姑以每将4队计算，一将有兵百人，则每队有兵为25人。如果吴唐之制也是如此，黑云都的战斗力再强，朱延寿也不敢以区区20多人的兵力冲击强大的汴军阵营，故吴唐军队在这一级的编制是不同于归义军的。《十国春秋》卷六《李厚传》："延寿军制，军中每旗二十五骑，命厚统十旗往击，不胜，将斩之。"以此来看，吴唐之"队"的编制，有兵力250人，比

---

① 《姚嗣骈墓志》，见《全唐文补遗》第七辑，第192页。
② 《十国春秋》卷一《吴太祖世家》，第12页。
③ 《十国春秋》卷一《吴太祖世家》，第1页。

归义军的"将"的编制还大,[①]而"旗"的编制相当于归义军的"队"。《九国志》卷一《李厚传》载:"会立新军,每旗以五伍为制,遣厚以十旗击其西偏。"所谓"立新军",是指建立新的军队编制体系。据此来看,"旗"之下的编制为"伍","伍"有伍长,有兵5人。李遇"以伍长迁马军副指挥使"。[②]吴自杨行密死后,由徐温专权,徐温之后由其养子徐知诰专权,并取代吴建立南唐,故吴唐之制具有连续性与同一性的特点,军事体制亦是如此。

表11 吴、南唐军号一览表

国号	六军	侍卫诸军	州郡兵与乡兵
吴	军号不详	殿直、黑云、长剑、控鹤、黄头、拱圣、龙威、天威	以地名命名,有乡兵
南唐	神武、龙武、天威、雄武、神卫、龙卫	拱圣、卫圣、宣威、殿直、龙骧(马军)、静江、龙翔(水军)、龙安(水军)、神威、天雄、奉节都、小殿直、黑云都、长剑、控鹤、黄头、龙威、拔山、威胜、随身、天德、冲山、左右弩队	以地名命名,其乡兵名号有:义军、生军、新拟军、拔山军、凌波军、自在军、都门军、白甲军

七、前、后蜀兵制

前、后蜀时期的兵制不但与中原王朝不同,而且这两个政权之间也各不相同,具有鲜明的时代与地域特点。具体而言,前蜀兵制是在唐朝后期制度的基础上建立起来的,而后蜀兵制却是在沿袭中原王朝,尤其是在后唐兵制的基础上创建起来的。因此,这两个政权的兵制并不存在因袭关系,但由于其政权必定是建立于同一地域,相同的地理条件与地

[①] 另据《资治通鉴》卷二六四,唐昭宗天复三年五月载:"崔胤奏:'左右龙武、羽林、神策等军,名存实亡,侍卫单寡。请每军募步兵四将,每将二百五十人,骑兵一将百人,合六千六百人,选其壮健者,分番侍卫。'从之",第8609—8610页。可见唐朝末年禁军每将步兵250人,骑兵每将100人。吴唐之制与之大体相同。
[②]《九国志》卷一《李遇传》,第3225页。

域文化，使其制度难免产生了一些共同的特点，探讨这些特点对了解整个五代十国时期军事制度具有十分重要的意义。

（一）前蜀禁军兵制

前蜀之禁军由三部分组成，即马军、步军和水军，其中以步军为其主力。前蜀的禁军部队前期以都为其名号，后期则以军为其名号，这一点与中原王朝完全相同，所不同的是前后蜀均未有侍卫亲军的建置。现将其禁军诸军分别考述如下：

黄头 这支军队建立较早，据句延庆《锦里耆旧传》卷五载："昭宗皇帝即位，改元文德元年。秋八月，除授韦太尉昭度剑南西川节度使。陈太师知之，乃治兵讲武，更置黄头军三都。"据此则黄头军始置于文德元年。另据记载，唐僖宗乾符六年（879）四月，西川节度使"（崔）安潜以蜀兵怯弱，奏遣大将赍牒诣陈、许募壮士，与蜀人相杂，训练用之，得三千人，分为三军，亦戴黄帽，号黄头军"。[1]中和元年，陈"敬瑄奏遣左黄头军使李鋋将兵击黄巢"。[2]这是指派遣西川的黄头军入关中参加围剿黄巢义军的战争。根据这些记载来看，则西川黄头军的创建要早于文德元年，《锦里耆旧传》所记有误。以"黄头"为军队名号，早在唐朝以前已有之，在唐朝以黄头为军队名号，始于唐宣宗大中十二年（858），忠武军精兵皆戴黄帽，号黄头军，战斗力极强。元代史学家胡三省曾指出：崔安潜在西川置黄头军，只不过是"袭忠武黄头军之名也"。[3]《晋晖墓志铭》记载说："初为黄头主将，便绾五百余人。……值囗宗皇帝幸蜀，俄乃归京，时拥五都锐师，来至三泉迎驾。"[4]方框内可补一"僖"字。从这段记载来看，西川黄头军组建确在唐僖宗入蜀之前。王建创建前蜀政权后，仍保留了黄头军的军号，其称帝以后，便不再见于记载，可能并入某支军队了。

决云 决云都本为唐忠武军所属的一支部队。《九国志》卷六《王

---

[1] 《资治通鉴》卷二五三，第8213页。
[2] 《资治通鉴》卷二五四，唐僖宗中和元年二月，第8247页。
[3] 《资治通鉴》卷二五三，唐僖宗乾符六年四月条胡注，第8213页。
[4] 《全唐文补遗》第七辑，第173页。

宗侃传》云："世为乡豪。隶名忠武军籍，（王）建为部将，奏署宗侃决云都兵马使。光启中，田令孜逼僖宗西幸，道出陈仓，建率宗侃同扈跸。又从建起阆中，赐姓名。"王建入蜀后，遂将这支军队进行了扩编，并成为其属下的一支主力部队，为其创建前蜀政权立下了汗马功劳。如唐昭宗乾宁四年（897），"王建以决云都知兵马使王宗侃为应援开峡都指挥使，将兵八千趋渝州"。①光化二年（899），王建"差发决云军使田师侃统押兵士三指挥收获阆州，次克巴、蓬、壁三州"。②这支军队在王建称帝以后仍然存在，如前蜀永平元年（911）十月，"决云军虞候王琮败岐兵，执其将李彦太，俘斩三千五百级。"③可证其是。

威信 始置于唐末。《十国春秋·王宗涤传》："从高祖为威信都指挥使，与李简等拒杨守厚于梓州。"另据记载："王建遣族子嘉州刺史宗裕、雅州刺史王宗侃、威信都指挥使华洪、茂州刺史王宗瑶将兵五万攻彭州，杨晟逆战而败，宗裕等围之。"④威信军兵力较为雄厚，王建攻东川时，"宗涤以众五万先趋东川，与岐将李继徽遇于元武，宗涤击败之"。⑤王宗涤所率的5万军队虽不一定全是威信军的部队，但由于王宗涤是以威信都指挥使的身份为统帅的，故威信军一定是这支部队的主力。

义勇 始置于唐末，为忠武军下属军队之一。唐僖宗自蜀返长安时，"王建率义勇四军迎帝西县，复以建及韩建等主之，号'随驾五都'"。⑥这里所谓的"义勇四军"，是指义勇等四军的意思，义勇只是其中一支部队，也是所谓"随驾五都"之一。唐朝末年，黄巢义军攻入长安，忠武监军使杨复光率兵勤王，"分忠武八千人为八都，遣牙将鹿

---

① 《资治通鉴》卷二六一，唐昭宗乾宁四年二月，第8501页。
② 《锦里耆旧传》卷五，第6028页。
③ 《十国春秋》卷三六《前蜀高祖本纪下》，第513页。
④ 《资治通鉴》卷二五九，唐昭宗景福元年二月，第8427页。
⑤ 《九国志》卷六《王宗涤传》，第3286页。
⑥ 《新唐书》卷二〇八《宦者传下》，第5887页。

晏弘、晋晖、王建、韩建、张造、李师泰、庞从等八人将之"。①义勇都就是八都之一，由王建统率。《九国志》卷六《张劼传》载："（王）建以所部迎驾，署劼义勇都判官。"也可证明王建所率的就是义勇都。同书《王宗弼传》云："建取阆中，补义勇都十将，赐姓名。"上引之书《李简传》亦载："建起阆中，简为义勇都副兵马使。"义勇都虽然是王建赖以起家的一支军队，但却不是前蜀的主力部队，因为以后很少再见到其参加战斗的相关记载。

定远　《十国春秋·王宗锷传》载："后主嗣位，历官定远军使。"定远军分为左右两军。《十国春秋》卷三七《前蜀后主本纪》："以右定远军使王宗锷为招讨马步使，帅二十一军屯洋州。"既有右军，必然也有左军。不过定远军在史籍出现较晚，很可能是前蜀政权建立以后才组建的一支军队。

大昌等军　这是王建的亲兵部队。据载："建起自利阆，亲骑军四百余人，皆拳勇之士，执紫旗，各有名号，凡战不利，辄麾紫旗以副之，莫不披靡。又中军有隐语，剑曰夺命龙，刀曰小逡巡，枪曰肩二，斧曰铁糕糜，甲曰小斤使，弓曰潘尚书，弩曰百步王，箭曰飞郎，鼓曰圣牛儿，锣曰响八，旗曰愁眉锦，铁蒺藜曰冷尖。西川一军，纪律精严，所向无敌。"②前蜀永平三年（913）七月，"大昌军使徐瑶等胁太子元膺，举宫中以叛，诸军讨之，斩元膺，瑶伏诛。以衍为太子。瑶字伯玉，长葛人。从建入蜀，勇猛善格斗。建初在韦昭度幕府，其兵皆文身鲸黑，衣装诡异，众皆称为鬼兵，称瑶为鬼魁"。③这两条史料所记之兵实为同一支部队。另据记载，此事的爆发是由于王建的宠臣唐道袭诬告太子元膺谋反，王建召兵入宫宿卫，引起太子怀疑。"太子初不为备，闻道袭召兵，乃以天武甲士自卫"，"徐瑶、常谦与怀胜军使严璘等各帅所部兵奉太子攻道袭"。④可见徐瑶所率的大昌军驻在成都。就

---

① 《资治通鉴》卷二五四，唐僖宗中和元年五月，第8252页。
② 《十国春秋》卷三五《前蜀高祖本纪上》，第492页。
③ 《蜀梼杌校笺》卷一《前蜀先主》，第122—126页。
④ 《资治通鉴》卷二六八，后梁均王乾化三年七月，第8774页。

此推论，则前蜀王建的亲军军号应是大昌。引文中所提到的怀胜军也应是前蜀的禁军之一。至于所谓"天武甲士"，很可能是宿卫东宫的禁军部队。

散旗、貔虎 《资治通鉴》卷二七〇后梁贞明五年五月载："蜀主命天策府诸将无得擅离屯戍。五月，丁卯朔，左散旗军使王承谔、承勋、承会违命，蜀主皆原之。自是禁令不行。"天策府是唐初设置的一个机构，唐高祖任命秦王李世民为天策上将，掌国之征讨。五代时为了笼络割据政权，中原王朝也允许其设立天策府，如割据于今湖南一带的楚国，其主马殷就曾被授予天策上将的官职。前蜀何时设天策府，史无记载，但是从唐朝的情况看，其所统率之军队只能是禁军，故引文中提到的左散旗军应是禁军无疑。与五代中原王朝一样，前蜀的禁军也分屯于诸州，所以才有"天策府诸将无得擅离屯戍"的说法。貔虎都的设置也比较早，《九国志》卷六前蜀《王宗佶传》载："随诸将征讨有功，补貔虎都指挥使，迁嘉州刺史。"不过这支部队此后很少见于记载。

神勇、刁子 《十国春秋》卷三九《王宗信传》："王宗信，高祖假子也。积功至左神勇军使。"唐昭宗乾宁元年五月，王建攻彭州，"杨晟犹帅众力战，刁子都虞候王茂权斩之。"[①]可见这两支部队组建较早，很可能是在原忠武军义勇都的基础上，扩编组建的军队。

感德、奉驾 《九国志》卷六《张造传》："子彦昭为感德都知兵马使。"但是感德军似乎并非前蜀军队主力，关于其参加战斗的记载也较少。至于奉驾军，史籍记载说："（王）衍字化源，建幼子，旧名宗衍。八岁封郑王，为左奉驾军使。"[②]从这则记载看，奉驾军应置于王建统治时期。

决胜、威猛、拱宸 《十国春秋·王宗阮传》："及成都平，更其姓名曰王宗阮，遂领决胜都知兵马使。"据此可知，决胜军早在唐朝末年就已经出现了。唐乾宁四年，王建遣"决胜都知兵马使王宗阮为

---

① 《十国春秋》卷三五《前蜀高祖本纪上》，第491页。
② 《蜀梼杌校笺》卷二《前蜀后主》，第156页。

开江防送进奉使,将兵七千趋泸州"。①《九国志》卷六《王宗瑶传》载:"(王)建入阆州,为先锋、十九都都头、左威猛都知兵马使。"同书《王宗翰传》载:"(王)建入蜀,以宗翰为拱辰(宸)军使,累迁眉、彭二州刺史。"据《李会内志铭》载:"首效职于故唐朝左拱宸第一都都知兵马使李,讳祐,公之昆长也。棣萼连荣,庭荆双茂。光从武幕,显懋辕门。初补拱宸军正将,次转授安国奉圣功臣、左神策军正将。……充左拱宸第二军都知兵马使,寻奏请左拱宸第一军使"云云。②从这些记载看,威猛、拱宸等军都是唐末王建入蜀创业时期所组建的军队,后来又成为前蜀的禁军部队。

飞棹 为前蜀的水军部队,前蜀政权建立以后始见于记载。如立于前蜀武成元年的《造三圣龛题记》,其正文中就有"宠衔右飞棹都都知兵马使、充富义营监□□发运等使"等字样。③以飞棹为水军名并非仅见于前蜀,后蜀、吴唐、南汉、楚等国,均有以此命名的水军部队。

骁骑、长直 为前蜀禁军中马军部队的军号。王建出身骑将,所以非常重视马政及马军部队的组建,虽然蜀地并非产马之地区,但经过其长期的努力,终于使前蜀拥有了强大的骑兵部队。有一条记载说:唐昭宗天复三年,朱温命押牙王殷入蜀报聘,"(王)建与之宴。殷言:'蜀甲兵诚多,但乏马耳。'建作色曰:'当道江山险阻,骑兵无所施;然马亦不乏,押牙少留,当共阅之。'乃集诸州马,大阅于星宿山,官马八千,私马四千,部队甚整。殷叹服。建本骑将,故得蜀之后,于文、黎、维、茂州市胡马,十年之间,遂及兹数"。胡三省指出:"此一万二千之数,盖集成都近州耳。"④因此这些战马基本上是禁军及成都附近诸州所拥有的马匹。由于史籍中没有明确记载哪些军队属于前蜀的马军部队,所以只能根据现有史料进行考述。《九国志》卷六《王宗弼传》云:"(王)建取阆中,补义勇都十将,赐姓名。及入成

---

① 《资治通鉴》卷二六一,唐昭宗乾宁四年二月,第8501—8502页。
② 章红梅校注:《五代石刻校注》,凤凰出版社,2017年,第939页。
③ 《八琼室金石补正》卷八一,第1343页。
④ 《资治通鉴》卷二六四,唐昭宗天复三年四月及胡注,第8607—8608页。

都，改左骁骑都知兵马使。"从骁骑这个军名看，其应该是马军部队的军号，且王建攻占成都时，下属的军队已经比较强大了，仅攻占兴元就获战马5000匹，完全有条件组建骑兵部队。另据《十国春秋·前蜀后主纪》载：乾德六年（924）八月，"以长直马军使林思锷为昭武军节度使，戍利州，以备唐"。这里明确说长直军是马军部队，当是前蜀禁军中的另一支马军部队。

龙武 这支军队组建较晚，始建于前蜀后主王衍乾德六年，这年十月，"蜀宣徽北院使王承休请择诸军骁勇者万二千人，置驾下左、右龙武步骑四十军，兵械给赐皆优异于他军，以承休为龙武军马步都指挥使，以裨将安重霸副之，旧将无不愤耻"。[1]后来王承休出任秦州节度使时，王衍还以龙武军兵士充其牙兵。前蜀旧将对此举十分愤耻，除了王承休身为宦官却得以充任禁军统帅的原因外，还有一个重要原因，就是龙武军的兵械给赐均优于他军。后来唐军灭蜀时，诸军不愿作战，皆曰："龙武军粮赐倍于他军，他军安能御敌！"[2]军心涣散，甚至有的军队修桥铺路以待后唐军队，从而导致前蜀的迅速灭亡。

忠义、雄胜、龙捷、神武、亲从、云骑等军 《晋晖墓志铭》载："自此，主忠义都都知兵马使，……先皇帝收蜀时，部领兵士赴大玄城下，……封开国公，食邑一千五百户。……至乾德元年，封弘农郡王，食邑四千户，以至五千户。……令子七人，长曰匡晏，忠义第一军使……。次曰匡议，忠义第二军使，……。女一十四人，……次女适左雄胜第四军使……解延朗；……次女适右龙捷第二军使……王承谷；……次女适左神武第三军使……王承胤；……次女适右云骑军使韩彦能……。有侄女一人第十二，适左亲从第三军副都张友珪。尚书亲弟思武，故检校尚书左仆射、前忠义第一军使，婚陇西李氏。"[3]《王宗侃夫人张氏墓志铭》记有："次男承肇，忠贞佐命宣力功臣，右龙捷第一军使。……季男承遵，怀忠秉义匡佐功臣、右龙捷第四军使、检校太

---

[1] 《资治通鉴》卷二七三，后唐庄宗同光二年十月，第8926页。
[2] 《资治通鉴》卷二七三，后唐庄宗同光三年十月，第9840页。
[3] 《全唐文补遗》第七辑，第173—175页。

傅。"《王宗侃墓志铭》亦载:"次子承肇,自左静远第一军使改充衙队右龙捷第一军使,……次子承遵,自右静远第一军使,圣上在东宫日,改充衙队右龙捷第四军使。"①墓主晋晖葬于前蜀后主乾德五年(923),故其墓志中所记诸军军号必为前蜀军号无疑。这些军号前蜀前期未见于记载,故很可能是王建统治后期新组建的或者重新改编的军队。又,前蜀有六军的设置,还有六军使的官职,②但不知六军到底由哪些军队构成,颇疑以上6支军队即前蜀的六军。

雄霸 1985年在成都北郊青龙乡东林村出土了一方题名为《大汉左雄霸军使琅琊王公夫人故陇西李氏内志铭并序》的志石,据载王建曾在通正元年,改明年年号为"天汉",国号为大汉。这个国号只用了1年,墓主之夫王某据考证为王建族子王宗裕之次子,系前蜀的皇室宗亲。③所以墓志所载的"雄霸"军号,当为前蜀的禁军军号之一。

静远 据传光所撰的《慧义寺节度使王宗侃尊胜幢记》载:王宗侃"□子□□□静远军使、金紫光禄大夫、检校尚书□仆射、守□□□卫大将军、兼御史大夫、上柱国"。④从其所任的散官、检校官、勋官、兼官看,静远军使的地位不低。另据《王宗侃墓志》载:"长子承绰,左静远第二军使、检校太保,……次子承肇,自左静远第一军使,改充衙队右龙捷第一军使,……次子承遵,自右静远第一军使……"⑤又,杜光庭有《静远军司空承肇本命醮词》之文,⑥乃是为王宗侃之子王承肇所撰之醮词。王宗侃、王宗侃等,均为前蜀高祖王建的养子,地位尊贵,分掌兵权,以上在静远军充任军使的诸人应是王建之养孙,都是与皇帝关系比较亲密之人。从上面的记载看,静远军又分为左、右军,在其下又

---

① 成都文物考古研究所、龙泉驿区文物保护管理所:《成都市龙泉驿五代前蜀王宗侃夫妇墓》,《考古》2011年第6期,第41—42页。
② 《册府元龟》卷二二四《僭伪部·奉先》,第2683页。
③ 马文彬:《五代前蜀李氏墓志铭考释》,《四川文物》2003年第3期,第87—90页。
④ 《八琼室金石补正》卷八一,第1345页。
⑤ 成都文物考古研究所、龙泉驿区文物保护管理所:《成都市龙泉驿五代前蜀王宗侃夫妇墓》,《考古》2011年第6期,第41页。
⑥ 〔五代〕杜光庭:《广成集》卷一三,中华书局,2011年,第187页。

第九章 军事制度

分为第一、第二军使，可知其兵力是相当雄厚的。

雄锐、义胜等军 《李会内志铭》记其"长女适左雄锐军厢虞候贾彦铎，次女适右义胜军厢虞候王忠诲"①。义胜军在唐代为节镇名，这里既称右义胜军，其下又有厢一级编制，显然指军号。雄锐军也分为左、右军，其下置厢，按照唐五代禁军编制，在厢之下有军一级编制。故雄锐、义胜均为前蜀的禁军军号，《十国春秋》记后蜀有"义胜军左、右牙指挥使、义胜都头"等军官名，②却不知早在前蜀已有设置。可惜传世文献对其记载极少，故无法详述其渊源及变化情况。

扈跸 据周萼《大蜀故秦国夫人进封明德夫人清河张氏内志铭并序》载："一女夙承教导，动合轨仪。性行温恭，容止端（庄）。年十八，属于右扈跸第一军使、检校太（傅）、充任嘉州团练使、兼水路都发运使顾在珣。"另据《王宗侃墓志》载："女一人，适右扈跸军使、守嘉州团练使、检校太傅顾在珣。"③王宗侃与张氏为夫妇关系，两方墓志所记为同一事，但张氏墓志较详，扈跸军分为左右两军，顾在珣所任乃右军第一军使。扈跸军乃唐末所建，当时称扈跸都，为田令孜所置神策军五十四都之一，④李茂贞、杨守亮等皆充任过此都都将，亦称都头，王建称帝后，仍保留此军军号，成为其禁军之一。

宣胜、威胜等军 道士杜光庭的《广成集》收有《宣胜军使王谠为亡男昭允明真斋词》一篇。⑤《晋晖墓志铭》载：其子"次曰匡议，忠义第二军使、检校尚书左仆射，婚左威胜太尉长女琅琊王氏"⑥。据此可知前蜀有军号为宣胜、威胜的禁军部队，其中威胜分为左右两军，当为禁军无疑。前蜀无军号为宣胜的节镇，故此军当为禁军之一。

保义 据《蜀中广记》载："乾德三年辛巳正月十六日癸卯，并监

---

① 《五代石刻校注》，第939页。
② 《十国春秋》卷一一四《十国百官表》，第1658页。
③ 成都文物考古研究所、龙泉驿区文物保护管理所：《成都市龙泉驿五代前蜀王宗侃夫妇墓》，《考古》2011年第6期，第41—42页。
④ 《资治通鉴》卷二六〇，唐昭宗乾宁二年七月胡注，第8472页。
⑤ 《广成集》卷五，第73页。
⑥ 《全唐文补遗》第七辑，第175页。

史（使）、保义军使、太保马全章。"①唐与五代中原王朝皆有军号为保义的节镇，然前蜀未见有军号为保义的节镇，加之马全章官名为"军使"，而不是节度使，故推测其应为前蜀禁军军号。

前蜀禁军统帅是判内外六军事，如永平四年（914）二月，以"太子衍判内外六军事"。②这一官职又称判六军诸卫事，如乾德二年八月，"（王）衍北巡，以宰相王锴判六军诸卫事"。③前者实即后者的省称，如王宗弼，"衍袭位，拜宫城内外都指挥使、判六军事，封齐王"。④但另一处记载却说：后唐军来攻，蜀军大败，王衍西逃，"留中书令、判六军诸卫事王宗弼将大军守利州"。⑤可以明显地看出，这两处记载的王宗弼所任的"判六军事"与"判六军诸卫事"实为同一职务。至于上面提到的王宗弼所任的"宫城内外都指挥使"之职，也称京城内外都指挥使，《十国春秋·徐延琼传》载："乾德末，充京城内外马步指挥使，代王宗弼握兵，怙权倚势，众将为之不平。"可证其是。京城内外马步都指挥使一职，当是掌领在京禁军诸军。由于徐延琼以外戚之贵而专兵权，未立大功，故诸将为之不平。

（二）后蜀禁军兵制

后蜀的禁军是以郭崇韬灭前蜀时所率入蜀的军队与孟知祥任西川节度使时所组成的军队为基础改编而成的。《十国春秋·后蜀高祖本纪》载："（唐）庄宗遇弑，魏王继岌自杀，明宗入立，改是年为天成元年，知祥乃训练兵甲，阴有王蜀之志。秋七月，开库中，得铠甲二十万，益置义胜、定远诸军，左右牙等兵，凡十六营，共万六千人，营于牙城内外。又，崇韬初分左、右骁锐等六营，凡骁兵三千人；左、右宁远等二十营，凡步兵二十万人。至是八月，增置左、右冲山等六

---

① 〔明〕曹学佺：《蜀中广记》卷八《仁寿县》，见文渊阁《四库全书》，台湾商务印书馆，1983年，第591册，第107页。
② 《蜀梼杌校笺》卷一《前蜀先主》，第127页。
③ 《蜀梼杌校笺》卷二《前蜀后主》，第164页。
④ 《九国志》卷六《王宗弼传》，第3291页。
⑤ 《十国春秋》卷三七《前蜀后主本纪》，第549页。

营，凡六千人，营于罗城内外；置义宁等二十营，凡万六千人，分营内州县就食；又置左、右牢城四营，凡四千人，分戍成都境内。九月壬戌，又置左、右飞棹兵六营，凡六千人，分戍滨江诸州，习水战以备夔、峡，命李仁罕及廷隐、知业等分领之。"《资治通鉴》有与此大体相同的记载，所不同的是《资治通鉴》未记孟知祥组成义胜、定远诸军，又左右宁远等20营，记为24000人，而不是20万人。左右骁锐，《资治通鉴》记为左右骁卫。①左右宁远军仅编制了20营，不当有20万之众，故应以《资治通鉴》所记为是。左右骁锐，应以《十国春秋》所记为是，因为后主孟昶时，高彦俦曾任过右骁锐马军都指挥使，②说明此军军号在后蜀建国后一直沿袭下来了。至于义胜、定远两军，《十国春秋·张公铎传》亦载："高祖初置义胜、定远诸军，以公铎为都知兵马使。"吴任臣一再强调这两军为孟知祥所置，显然不是一时疏误，肯定另有所本。从以上记载看，后蜀每营的兵力编制大体是马军500骑，步军千人左右，颇与中原王朝不同。

其实孟知祥在正式建国前所组建的军队并不止以上所论。唐明宗天成二年七月，"以左效义指挥使元习为资州刺史，右效义指挥使卢密为雅州刺史"。③另据《十国春秋·后蜀高祖纪》载：天成三年，"唐师伐荆南，诏以我兵下峡，知祥遣左肃边指挥使毛重威率兵三千戍夔州"。该书还记载孟知祥与东川节度使董璋发生战争时，孟知祥遣"左明义指挥使毛重威、左冲山指挥使李瑭守鸡踪桥，为东川兵所杀"。《资治通鉴》卷二七七所记亦同。效义、肃边、明义等军号前面就没有提到。需要说明的是，效义军本为后唐军号，唐明宗任命元习、卢密为西川节度使治下的资、雅二州刺史，意在挟制孟知祥，所以他们入蜀之时必然要率领军队，因此西川驻有效义军的部队也在情理之中。另据记载，孙钦随孟知祥入蜀，"长兴初，转充右截山都头"。④然截山的军号不见于其

---

① 《资治通鉴》卷二七五，后唐明宗天成元年七至九月，第8991—8992页。
② 《十国春秋》卷五四《高彦俦传》，第800页。
③ 《旧五代史》卷三八《唐明宗纪四》，第525页。
④ 《九国志》卷七《孙钦传》，第3311页。

他典籍记载，颇疑其为冲山之误。

孟知祥于明德元年（934）称帝建立政权后，遂对其军队进行了整编，正式组建了禁军。这些禁军军号既有沿袭后唐之制的，也有其新创的，现根据相关史籍的记载，将其一一考述如下：

卫圣　这是孟知祥新创的禁军军号。据载：后蜀明德元年，孟知祥即位时，以"李仁罕为卫圣诸军马步军指挥使"。①卫圣军也分为左右两军，如申贵，"（孟）昶袭位，迁右卫圣都指挥使"。②以"左卫圣步军都指挥使、武定节度使高彦俦为招讨使"。③卫圣军在后蜀禁军中为兵力最为雄厚的军队之一，据《十国春秋·后蜀后主本纪》载：广政十九年（956），"以捧圣控鹤都指挥使李廷珪为左右卫圣诸军马步都指挥使，仍分卫圣、匡圣步骑为左右十军，以武宁节度使吕彦珂等为军使，廷珪总之"。④卫圣与匡圣军各能分出10军，是其兵力雄厚的体现。正由于卫圣军兵力雄厚，所以经常受命出征，周世宗显德二年，"蜀主以捧圣控鹤都指挥使、保宁节度使李廷珪为北路行营都统，左卫圣步军都指挥使高彦俦为招讨使，武宁节度使吕彦珂副之，客省使赵崇韬为都监"⑤，统军以防御周军。次年三月，"蜀主以捧圣控鹤都指挥使李廷珪为左右卫圣诸军马步都指挥使"，⑥以抵御周军。显德五年十一月，"乙酉，蜀主以右卫圣步军都指挥使赵崇韬为北面招讨使，丙戌，……（以）左卫圣马军都指挥使赵思进为东面招讨使，……分屯要害以备周"。⑦后蜀为了对付劲敌后周，连续3年出兵抵御，每次都少不了卫圣军，其在后蜀禁军中地位之重要可见一斑。

---

① 《蜀梼杌校笺》卷三《后蜀先主》，第316页。
② 《九国志》卷七《申贵传》，第3320页。
③ 《十国春秋》卷四九《后蜀后主本纪》，第724页。
④ 另据《十国春秋》卷五五《李廷珪传》（第805页）载：分卫圣等军为左右十军之事发生在广政十七年。又据《资治通鉴》卷二九三（第9550页）载，此事发生在周世宗显德三年（956）三月，则与《后主纪》所记相同，故《李廷珪传》所记有误。
⑤ 《资治通鉴》卷二九二，后周世宗显德二年五月，第9528页。
⑥ 《资治通鉴》卷二九三，后周世宗显德三年三月，第9550页。
⑦ 《资治通鉴》卷二九四，后周世宗显德五年十一月，第9588页。

匡圣 这个军号早在后唐时已有之，《九国志》卷七后蜀《武漳传》载："擢太原衙前兵马使，改匡圣军指挥使。同光初，从魏王继岌入蜀，因留成都。"后蜀建立后，遂将其作为禁军军号之一，当时以"赵廷隐为左匡圣步军都指挥使""张业为右匡圣步军都指挥使"。[1] 匡圣军不仅仅是步兵部队，也有马军部队。《孙汉韶内志》载："明德元年秋七月，……封开国公，加食五百户。……四年春三月，奉宣充右匡圣马步军都指挥使。广政元年春正月，除昭武军节度使、加食邑五百户，食实封一百户。……至七年春正月，……增食邑五百户，食实封一百户。……十年春正月，……秋七月，除武信军节度使。旋年，转左匡圣马步军都指挥使。"[2] 又据《张虔钊墓志铭》载：明德二年（935）"二月，奉□□右匡圣马步都指挥使。四年三月，转充左匡圣马步都指挥使。广政元年正月，□□□中书令，充宁□军节度使。四年二月，罢镇宁江加爵邑实封，依前充左匡圣马步都指挥使"[3]。上面曾提到后主广政十九年分卫圣、匡圣步骑为左右10军，亦证明匡圣军拥有马军部队。因此，颇疑上引赵廷隐、张业任左、右匡圣步军都指挥使之文，脱漏一个"马"字。匡圣军与卫圣军一样，也经常承担外出野战任务，如后唐末帝清泰元年，后唐山南西道节度使张虔钊与武定节度使孙汉韶叛降于后蜀，蜀主命"右匡圣马步都指挥使、宁江节度使张业将兵一万屯大漫天以迎之"。[4] 再如后主任命高彦俦为"匡圣马军都指挥使，真拜武定军节度使。周显德初，王景、向训攻凤州，后主令彦俦出兵解围"。[5]

捧圣控鹤 捧圣本为后唐明宗时的侍卫马军军号，控鹤作为军号早在后梁时已有之，后唐时仍为禁军诸军军号之一。孟知祥建立后蜀时，即将这两个军号合而为一，作为后蜀的禁军军号之一，首任捧圣控鹤都

---

[1] 《十国春秋》卷四八《后蜀高祖本纪》，第702页。
[2] 《全唐文补遗》第七辑，205页。
[3] 《全唐文补遗》第七辑，第196页。
[4] 《资治通鉴》卷二七九，后唐潞王清泰元年四月，第9115页。
[5] 《十国春秋》卷五四《高彦俦传》，第800页。

· 439 ·

指挥使为张公铎。①捧圣控鹤军由马军与步军组成，如安思谦，"昶袭位，颇见亲信，历简、邛、彭三州刺史、奉銮控鹤马步军都指挥使、武泰军节度使"。②引文的"奉銮"的"銮"字，应为"圣"字之误。因为奉銮肃卫为后蜀另一支禁军军号，不可能再将"奉銮"同时作为这支军队的军号。此外，《资治通鉴》卷二八八亦载："右匡圣都指挥使孙汉韶与（张）业有隙，密告业、继昭谋反。翰林承旨李昊、奉圣控鹤马步都指挥使安思谦复从而谮之。"捧圣控鹤军的兵力似乎不如卫圣、匡圣两军雄厚，也没有分为左右军，所以此军外出参加征战的记载极少。捧圣控鹤军作为禁军承担着宿卫京师的重任，因而任其都指挥使者也多为皇帝的心腹之臣，如"张公铎，太原平乐人。高祖初置义胜、定远诸军，以公铎为都知兵马使"。早在孟知祥在后唐任太原尹、北京留守时，他就跟随了孟知祥，又在讨伐东川节度使董璋时，立有大功。后蜀建国后，"迁捧圣控鹤都指挥使"。③孟知祥临终时，张公铎也是受遗诏辅政的顾命大臣之一。④张公铎作为禁军将领而能成为顾命之臣，一是由于其为孟知祥的心腹，颇受信任；二是由于捧圣控鹤军的特殊地位，宿卫在京师，故孟知祥也不能不倚重于他。再如茶酒库使安思谦早年事后主于藩邸，后主即位后，他又参与诛杀权臣李仁罕的密谋，⑤遂得以升任捧圣控鹤马步都指挥使。正由于此军长驻京师成都，所以后主对任该军统帅者颇为忌惮，心怀疑虑，如宿将孙汉韶任该军都指挥使时，后主加其为武信节度使，赐爵乐安郡王，"罢军职"。胡三省注云："罢其掌禁兵之职也。"后来由于安思谦专权，后主又设法将他除去。"蜀主惩安思谦之跋扈，命山南西道节度使李廷珪等十人分典禁兵"。⑥

---

① 《十国春秋》卷四八《后蜀高祖本纪》，第702页。
② 《九国志》卷七《安思谦传》，第3317页。
③ 《十国春秋》卷五一《张公铎传》，第762页。另据《新五代史》卷六四《后蜀世家》（第797页）载，孟知祥在唐庄宗时任太原尹、北京留守，张公铎当是此时跟随孟知祥的。
④ 《资治通鉴》卷二七九，后唐末帝清泰元年六月，第9123页。
⑤ 《资治通鉴》卷二七九，后唐末帝清泰元年十月，第9125页。
⑥ 以上见《资治通鉴》卷二九一，后周太祖显德元年三月，第9503页。

奉銮肃卫 为孟知祥新创禁军名号，始见于明德元年后蜀建国之时，当时任命"侯洪实为奉銮肃卫指挥副使"。[1]不久，又任命李肇为奉銮肃卫马步都指挥使。[2]奉銮肃卫军与捧圣控鹤军一样，也不分左、右军，说明其兵力不如卫圣、匡圣两军雄厚。不过奉銮肃卫军和其他禁军一样，除了在京师成都驻扎外，也要分驻于各地。如明德元年九月，"蜀奉銮肃卫都指挥使、昭武节度使兼侍中李肇闻蜀主即位，顾望，不时入朝，至汉州，留与亲戚燕饮逾旬"。[3]可见李肇率领奉銮肃卫军的部队驻扎在其任职之处。正因为如此，奉銮肃卫军也负有野战任务，有关这方面的记载颇多。如李廷珪，"后主时，累迁奉銮肃卫都虞候。赏拔阶州之功，领眉州刺史。会图取凤翔，令廷珪领兵二万出子午谷赴援"。[4]后主广政十五年，"山南西道节度使李廷珪奏周人聚兵关中，请益兵为备。帝遣奉銮肃卫都虞候赵进将兵趣利州"。[5]

骁锐 前面已经提到此军在孟知祥建国前，于唐明宗天成元年组建，是马军部队，当时编制是6营、3000骑。建国以后继续保留了此军军号。《十国春秋·高彦俦传》载：后主时期，"彦俦领赵州刺史，俄为奉銮肃卫都指挥副使，改右骁锐马军都指挥使，加匡圣马军都指挥使，真拜武定军节度使"。说明此军也分为左右两军，并且也分驻于各地。另据《九国志》卷七《庞福诚传》载："昶袭位，历资、绵、邛三州刺史、奉銮肃卫马步军都指挥使，……以功改左骁骑军都指挥使、武宁军节度使。"此处脱漏了一个"锐"字，庞福诚所任应为左骁锐骑军都指挥使。庞福诚能够以左骁锐都指挥使充任节度使，说明骁锐军的地位并不低于后蜀的其他禁军。

亲卫 据《资治通鉴》卷二七九唐清泰元年六月载："蜀主得风疾逾年，至是增剧；甲子，立子东川节度使、同平章事、亲卫马步都指

---

[1] 《十国春秋》卷四八《后蜀高祖本纪》，第702页。
[2] 《资治通鉴》卷二七九，后唐潞王清泰元年四月，第9115页。
[3] 《资治通鉴》卷二七九，后唐潞王清泰元年九月，第9124页。
[4] 《十国春秋》卷五五《李廷珪传》，第805页。
[5] 《十国春秋》卷四九《后蜀后主本纪》，第722页。

挥使仁赞为太子，仍监国。"《十国春秋·后蜀高祖本纪》也有相同记载。仁赞即后主孟昶。后蜀的亲卫由皇子充任统帅，当是皇帝最亲信的军队。前面已经提到，孟知祥任西川节度使时，曾在天成元年七月，"置左右牙等兵十六营，凡万六千人，营于牙城内外"。[①]从这些军队营于牙城内外来看，当承担保卫节度使的重任，应是其最亲信的军队。史载：孟昶"天成初，知祥迎入蜀，累迁西川衙内马步军都指挥使"[②]。"衙内"即"牙内"，可见孟昶曾任左右牙军的统帅，后蜀建国后，其军名不再见于记载，很可能改名为亲卫，仍由孟昶任其统帅，继续承担保卫宫廷之责。此外，亲卫军不见其参加野战的相关记载，从而也证明其主要用来拱卫宫室，故不用于外出征讨。

殿直 这是后蜀组建较晚的一支禁军，始置于后主孟昶即位不久，即明德元年九月。史载：后主"诏加卫圣诸军都指挥使、武信节度使李仁罕兼中书令、判六军事；以左匡圣都指挥使、保宁节度使赵廷隐兼侍中，为六军副使。仁罕自恃宿将，有功，求判六军，令进奏吏宋从会以意谕枢密院，又至学士院侦草麻，帝不得已，有是命。帝自置殿直四番，取将家及死事孤子为之，乃命李仁罕子继宏、赵季良子元振、张业子继昭、侯洪实子令钦、赵廷隐子崇韬分为都知领焉"。[③]又据记载：李仁罕求判六军，"后主虽曲徇其请，加中书令，判六军事，而内不胜其忿"。[④]可见后主孟昶要新组建殿直军，与权臣宿将跋扈有直接关系，既然是以"将家及死事孤子"组成，故这支军队的人数当不会很多。至于孟昶仍命李仁罕之子李继宏为这支军队的统兵将领之一，主要是防止李仁罕起疑心，当其后来诛杀李仁罕后，便将兵权收了回来。后来安思谦总领宿卫京师的禁军时，"会（张）业诛之后，宫门守卫加严，思谦以为疑己，言多不逊"。[⑤]从这段记载看，守卫宫门的军队显然不隶属于安

---

① 《资治通鉴》卷二七五，后唐明宗天成元年七月，第8991页。
② 《蜀梼杌校笺》卷四《后蜀后主》，第327页。
③ 《十国春秋》卷四九《后蜀后主本纪》，第706页。
④ 《十国春秋》卷五一《李仁罕传》，第759页。
⑤ 《十国春秋》卷四九《后蜀后主本纪》，第723页。

思谦，故其才起了疑心，因此这支军队很可能就是殿直军。

宣威军 据《徐铎内志》载："长兴元年春二月，改转充左厢第四宣威指挥使。"①孟知祥创建后蜀于后唐庄宗同光三年，长兴元年已距其建国后5年，故此处的宣威军号当为其整编禁军后所保留的军号。关于这一论断，从徐铎之志的全称可以证明，其志由赵延龄撰写，全称是《故竭诚耀武功臣、左匡圣步军都指挥副使、兼第二明义指挥使、金紫光禄大夫、检校太保、使持节彭州诸军事、守彭州刺史、兼御史大夫、上柱国、高平县开国男、食邑三百户徐公（铎）内志》，其中已有左匡圣步军都指挥副使、第二明义指挥使等名号，这些都是后蜀整编禁军后确立的军号，亦可证明宣威之军号为整编后的后蜀军号。此外，高晖亦充任过宣威军使之职，其死于长兴三年三月。②

崇武军 《高晖墓志铭》载："特救授银青光禄大夫、检校工部尚书、兼御史大夫、上柱国、充左崇武军使。"③既有左军，当亦有右军，可知此军分为左右两军。

后蜀的禁军最高统帅，与前蜀一样，称判六军事，其副贰称六军副使。④六军即指卫圣、匡圣、捧圣控鹤、奉銮肃卫、骁锐、亲卫等6支军队，殿直军显然是六军之外的另一禁军系统，因为殿直军的组建要晚于六军系统的形成。据载："明德元年七月，知祥寝疾，以昶监国，翌日册为太子。知祥薨，于柩前即位。加季良司徒，仁罕兼中书令判六军事，廷隐兼侍中、六军副使。"⑤而殿直军则置于这年九月，证明早在孟知祥建国之初，就已经有了六军的编制了。《九国志》卷七《赵廷隐传》亦载："昶袭位，李仁罕求总六军，将图非望。以廷隐为六军副使

---

① 成都博物馆考古队：《成都无缝钢管厂发现五代后蜀墓》，《四川文物》1991年第3期，第62页。
② 《唐故北京留守押衙前左崇武军使兼宣威军使西川节度押衙银青光禄大夫检校工部尚书兼御史大夫上柱国渤海高公（晖）墓志铭并序》，见吴钢：《全唐文补遗》第四辑，第278—279页。
③ 《全唐文补遗》第四辑，第279页。
④ 《十国春秋》卷四九《后蜀后主纪》，第706页。
⑤ 《蜀梼杌校笺》卷四，第329页。

以制之。"可见判六军事的权力的确很大，能够掌控六军，所以孟昶除了设置六军副使以牵制之外，还不得不在六军之外另行组建殿直军，以防万一。正因为判六军事权重，而"诸将多高祖故人，事后主益骄蹇不法"①，广政十三年（950），孟昶遂以"子玄喆为秦王、判六军诸卫事"。②需要说明的是，后蜀的诸卫与当时的中原王朝一样，只是一个空架子，用来装点皇帝门面而已，并无军队可统。

表12　前后蜀禁军军号一览表

国号	禁军军号	六军
前蜀	黄头（称帝并入他军）、决云、威信、义勇、定远、散旗、貔虎、神勇、刁子、感德、奉驾、决胜、骁骑（马军）、长直（马军）、龙武、忠义、雄胜、神武、亲从、云骑、拱宸、飞棹（水军）、天武、怀胜、龙捷、威猛、大昌、雄霸、静远、雄锐、义胜、扈跸、宣胜、威胜、保义	军号不详
后蜀	卫圣、匡圣、捧圣控鹤、奉銮肃卫、骁锐、亲卫、殿直、宣威、崇武	军号同左前六

（三）禁军军官的职级

前后蜀禁军军官的职级，大体上是一致的，每支禁军设都指挥使一员为统帅，如前蜀王宗涤为威信都指挥使，后蜀李仁罕为卫圣诸军马步军指挥使。如果某支禁军分为左右两军，仍置一人为统帅，如李廷珪曾任左右卫圣诸军马步都指挥使、张虔钊任左右匡圣马步军都指挥使，③也可以在其官职前不加"左右"二字，如李仁罕就是如此。左右两军则各置都指挥使1人为统兵将领，如孙汉韶就曾任过左匡圣马步军都指挥使，张业任过右匡圣马步军都指挥使。此外，禁军还置有副都指挥使，作为都指挥使的副贰，高彦俦就曾任过奉銮肃卫都指挥副使，④侯弘实也任过这种职务。⑤在副都指挥使之下有都虞候，如李廷珪曾任过奉銮肃卫都

---

① 《十国春秋》卷五一《李仁罕传》，第759页。
② 《蜀梼杌校笺》卷四《后蜀后主》，第379页。
③ 《九国志》卷七《张虔钊传》，第3308页。
④ 《十国春秋》卷五四《高彦俦传》，第800页。
⑤ 《资治通鉴》卷二七九，后唐潞王清泰元年七月，第9123页。

虞候，①前面已提到，赵进也充任过此职。前后蜀的每支禁军之下都有军一级的编制，如前蜀与后唐修好，遂于后唐同光二年十月，撤回了防御唐军的各支禁军部队，所谓"蜀以唐修好，罢威武城戍，召关宏业等二十四军还成都。戊申，又罢武定、武兴招讨刘潜等三十七军。……辛酉，蜀主罢天雄军招讨，命王承骞等二十九军还成都"②。前面提到的后蜀分卫圣、匡圣步骑为左右十军，也是一例。有关前后蜀军一级的统兵将领，称之为军使，如前引《晋晖墓志铭》中记载的忠义第一军使、第二军使、左雄胜第四军使、左神武第三军使等，便是明证。不过五代时期中原王朝这一级的军官仍称都指挥使，③南方其他诸国也多是如此。军以下的一级编制为指挥，关于这一点史书记载较多，如前蜀王宗涤任威信指挥使，在进攻东川的战争中立有大功，史称其功居当时参战的"五十三指挥之首"。④指挥的统兵将领称指挥使，《十国春秋·王宗贺传》载："事高祖，赐姓名以为子，官指挥使。"这是前蜀的例子。后蜀赵进在孟知祥战胜东川董璋后，"转左冲山指挥使"。⑤指挥这一级也称之为营，前面在论述后蜀禁军制度时，已经列举了一些史料，就不多说了。前后蜀指挥之下的编制，史书很少记载，中原王朝在指挥之下有都、将、伍的编制，吴和南唐在指挥之下有队、旗、伍的编制，⑥前后蜀的情况虽不一定与此完全相同，但也不会相差很大。

前后蜀均多以禁军将领为诸镇节度使，其禁军也分驻于各地，诸将手中既握有兵权，又占有地盘，所以跋扈者不乏其人，史载："蜀自建国以来，节度使多领禁兵，或以他职留成都，委僚佐知留务，专事聚敛，政事不治，民无所诉。"⑦这是后蜀的情况，其实前蜀的情况有过之

---

① 《九国志》卷七《张虔钊传》，第3308页。
② 《资治通鉴》卷二七三，后唐庄宗同光二年十一月，第8927页。
③ 参见杜文玉：《晚唐五代都指挥使考》，第32—38页。
④ 《九国志》卷六《王宗涤传》，第3286页。
⑤ 《九国志》卷七《赵进传》，第3319页。
⑥ 参见杜文玉：《南唐六军与侍卫诸军考略》，《学术界》1997年第4期，第29—35页。
⑦ 《资治通鉴》卷二八二，后晋高祖天福六年二月，第9220页。

而无不及。那些创业的功臣宿将更是如此，所以前后蜀时期诸将因跋扈而被诛杀者比比皆是。由于禁军分驻于地方，所以前后蜀时期的州郡军队兵力非常寡弱，只能起到维护地方秩序的作用，外出野战均由禁军承担，因为有关其地方兵制的史料非常稀少，就不再多说了。

八、其他诸国兵制

五代十国时期的其他诸国的兵制或由于相关记载较少，或由于奉中原王朝为正朔，没有建立禁军制度，因此有关这些政权的兵制情况很难完全搞清楚。相对而言，吴越、马楚等国的史料稍多一些，南汉、荆南、北汉、闽等国的资料比较贫乏，现将其兵制分别简介如下：

（一）吴越兵制

八都 吴越的军队是在所谓杭州八都的基础上建立起来的，关于这八都的建立时间，诸书记载不一，唐末著名诗人罗隐在《吴公约神道碑》中说："黄巢之将叛也，天下骚动。杭之豪杰举梃以卫乡里者八人，故立八都之号。"[1]然而罗隐没有说明到底是何时建立八都的，从"黄巢之将叛也"一句看，似乎是黄巢将要起义之时八都就建立了，这也太不合情理了。《资治通鉴》卷二五三唐僖宗乾符五年（878）十二月云："是岁，曹师雄寇二浙，杭州募诸县乡兵各千人以讨之，（董）昌与钱塘刘孟安、阮结、富阳闻人宇、盐官徐及、新城杜稜、余杭凌文举、临平曹信各为之都将，号杭州八都，昌为之长。其后宇卒，钱塘人成及代之。"此外，《吴越备史》《旧五代史》《新五代史》《新唐书》等书，都有时间不同的记载。在这些说法中，以《资治通鉴》的记载较为可靠，因为黄巢于乾符五年六月攻掠宣、歙，八月攻杭州，九月克越州，当是所谓两浙豪杰于此时组织起来对抗义军，义军南下后，遂于这年年末正式组建了八都。[2]后来董昌的临安都势力发展最快，董昌本

---

[1] 〔唐〕罗隐撰，潘慧惠校注：《罗隐集校注》，浙江人民出版社，1995年，第604页。
[2] 参见何勇强：《钱氏吴越国史论稿》，浙江大学出版社，2002年，第56—57页。

人也成为八都兵事实上的领袖,于是任命钱镠为八都都指挥使,钱镠利用这个职务发展自己的势力,终于取代了董昌的地位。他后来又在八都的基础上发展到十三都,所谓"八都之外有紫溪、保城、龙通、三泉、三镇,是为十三都"①。关于八都的名称诸书记载仍不一致,有人经过考证,认为八都的正确名称应是:临安县为石镜都,余杭县为清平都、嘉兴都,於潜县为於潜都,盐官县为盐官都、海昌都,新城县为新城都、武安都、东安都,唐山县为唐山都,富春县为富春都、静江都,钱塘县为龙泉都、浙江都等。②再加上后来组建的五都,构成了钱镠创建霸业的军事基础。钱镠建立霸业后,八都兵的名号仍然保留,如天复二年(902),徐绾率武勇都在杭州发动叛乱,"武安都指挥使杜建徽自新城入援,徐绾聚木将焚北门,建徽悉焚之"。③

武勇 这支军队是以孙儒的降卒为基础组建的,《资治通鉴》卷二六三昭宗天复二年八月载:"初,孙儒死,其士卒多奔浙西,钱镠爱其骁悍,以为中军,号武勇都。"又据《九国志》卷五《杜建徽传》载:"镠平宣州,以其降卒隶中军,号武勇都,为腹心。"杨行密在钱镠的支持下攻破孙儒,时间在唐昭宗景福元年六月,④孙儒部卒大部被杨行密收编,钱镠只收编了一小部分,故上引《九国志》才说"以其降卒隶中军",即武勇都只是中军的一部分。中军即牙军,是藩镇军队的中坚力量,战斗力往往强于其他军队。而武勇都恰恰具备这样的条件,孙儒原为秦宗权的部将,其军队以蔡州兵为核心,士卒勇悍,为久战之兵,但军纪败坏,掳掠成性。钱镠组建武勇都时,其"行军司马杜稜谏曰:'狼子野心,他日必为深患,请以土人代之。'不从"⑤。后来武勇都果然发动了叛乱,钱镠本人也险遭不测。武勇都自组建以来屡立战功,许多重大的战役都有参加。当然钱镠对武勇都也不是不加防备,他

---

① 《吴越备史》卷一,第6182页。
② 《钱氏吴越国史论稿》,第65页。
③ 《资治通鉴》卷二六三,唐昭宗天复二年八月,第8579页。
④ 《资治通鉴》卷二五九,唐昭宗景福元年六月,第8429—8430页。
⑤ 《资治通鉴》卷二六三,唐昭宗天复二年八月,第8578页。

派心腹爱将顾全武为武勇都都指挥使，统率这支军队，顾全武被吴国俘虏后，又先后派陈璋、许再思为都指挥使，这两人均为孙儒降将，这就为后来的武勇都叛乱埋下了隐患。武勇都分为左右两军，每军各有都指挥使1人为统帅，如徐绾曾任武勇右都指挥使，许再思任武勇左都指挥使，①说明其军力后来有所扩充。

上直、中直、右直 《十国春秋》卷八一《吴越忠懿王世家上》载：周世宗显德三年二月，"王（钱俶）命丞相吴程、前衢州刺史鲍修让、中直都指挥使罗晟攻常州"。显德五年二月，"王师欲济江，乃命上直都指挥使邵可迁、路彦铢等帅舰四百艘、水师二万以会之，江北诸郡悉平"。②这是指吴越派军协同后周军队进攻南唐的淮南地区。宋太祖建隆元年九月，"周淮南节度使李重进举兵，宋帝自将东征，王遣上直都指挥使孙承祐率师至润州以应之"。③吴越避钱弘佐之讳，凡提到左字，均改为上字，故上直都实为左直都，至于中直已见于记载，唯独没有右直都的相关记载，既有左直，按理就应有右直，之所以出现这种情况，很可能是因为相关史料散佚的结果。这几支军队不见于吴越前期，当是后来新组建的或者是改建的部队。从其频繁出征的情况看，应该是吴越国后期比较有战斗力的军队。

镇武、镇国、向明 《十国春秋·薛温传》："温累官镇国都指挥使、睦州刺史。"同书卷八二《吴越忠懿王世家下》：宋太祖开宝七年（975）十月，"王亲率镇国、镇武、亲从、上直等都指挥使王谔等五万余人发自国城"。另据《吴越备史》卷二《文穆王》云："初事刘汉宏。及武肃王东讨，乃与其党归降。号曰'向盟都'。"可见向盟都的组建是比较早的，不过《十国春秋》卷八四《鲍君福传》却记为"向明都"，笔者以为后一书虽然成书较晚，但在此事的记载上，却另有所本，很可能这个记载是比较可靠的。因为这支军队本为钱镠的敌人刘汉宏的旧部，他收编后取名"向明"是比较合乎情理的，如果取名"向

---

① 《新五代史》卷六七《吴越世家》，第839页。
② 《吴越备史》卷四《大元帅吴越国王（俶）》，第6253页。
③ 《十国春秋》卷八一《吴越忠懿王世家上》，第1159页。

"盟"反倒使人难以理解了,也可能"盟"字是"明"字之误。镇武、镇国二都吴越前期不见出现,当是在钱镠之后才改编或组建的军队。

上右厅、佽飞、匡武　《吴越备史》卷一《武肃王》:后梁贞明三年三月,制授"镇海军上右厅都指挥使、兼土客诸军安抚指挥使、金紫光禄大夫、检校司徒、前明州刺史元球赞正安国功臣"。同书卷三《忠献王(弘佐)》载:"元璙字德辉,武肃王第四子也。起家奏授沂王府咨议参军、宣武节度判官,累迁散骑常侍,赐金紫,寻属军旅事,乃改授马军厅事指挥使。"颇疑"厅事"与"上右厅"为同一军号的军队,只是前者省去了左、右称号而已。佽飞的军号也很少见于记载,黄晟曾因功"迁佽飞都副兵马使,徙奉化镇将"。①有关匡武都的记载见《吴越备史》卷四《大元帅吴越国王(俶)》汉隐帝乾祐二年二月:"匡武都连名辄举求职。"这几支军队很少见于记载,估计其不是吴越国军队的主力,也很少参加征伐。

殿直都　《俞让墓志铭》载:其孙仁安,"代父职任副兵马使、殿直都副将"。②另据《钱义光墓志铭》:"次兄义隆,上军讨击使、充殿直都厢虞候、兼御史中丞……弟义忠,上军衙前虞候、充殿直都队将。"③殿直都下置有厢一级编制,可见其兵力不弱。

当直都　上引《俞让墓志铭》载:"第三男仁祚,军事押衙、充当直都队将、知省回图库务。"另据《袁从章墓志铭》载:其子"长曰继荣,充当直虞候"。④

天龙军　上引《钱义光墓志铭》亦载:"父讳璋,皇任天龙军镇国

---

① 《九国志》卷五《黄晟传》,第3279页。
② 崔铎:《大吴越国匡时励节功臣台州教练都知兵马使罗城四面都巡检使银青光禄大夫检校刑部尚书上骁卫将军兼御史大夫上柱国俞让墓志》,见陈尚君:《全唐文补编》卷一一四,中华书局,2005年,第1428页。
③ 黄楷:《吴越国故上军讨击使充中吴军随使当直厢虞候银青光禄大夫检校国子祭酒兼御史中丞上柱国彭城钱府君(义光)墓志铭并序》,钱汝平:《新见吴越国宗室钱义光墓志考释》,《台州学院学报》2018年第4期,第84—85页。
④ 《大吴越国明州故汝南郡袁府君(从章)墓铭并序》,见《全唐文补编》卷一五六,第1916页。

右五都指挥使、兼皇城都巡检使、检校司徒。……（次兄义隆）婚天龙军镇国都指挥使张太傅之女。……府君初婚天龙军镇国诸都都指挥使盛太尉第二女。"另据《后晋石屋洞造象题名》载："天龙军副将潘彦并妻陈十二娘，共造罗汉二躯"云云。[1]从天龙军镇国右五都、镇国诸都都指挥使等名号看，可知天龙军下辖都一级编制极多，故其兵力应该十分雄厚。

金马都 上引《后晋石屋洞造象题名》载："弟子金马都副将戴彦并妻沈一娘，同发心造罗汉一躯。"关于此都名号仅见于此，传统文献亦未有记载，尚待进一步补充史料。

拱御、理胜都 前引《钱义光墓志铭》载："次弟义保，系拱御都队将。……（其妹）一人适彭城金仁皓司空，见充中吴军随使、当直都虞候，即理胜都指挥使、崑山镇遏金司徒子也。"这两都之名仅见于此，传统史籍亦未有记载，故须进一步考证。

亲从、亲卫 《十国春秋·吴越忠懿王世家上》：乾德二年十一月，"宋师伐蜀，王命亲从都指挥使、行军司马孙承祐等率师会焉"。同书卷八五《朱行先传》载："武肃王擢为节度左押牙亲卫第三都指挥使。"所谓亲从、亲卫等军当是吴越之亲军。众所周知，唐代的藩镇皆置有牙军，作为节度使的亲信部队，牙军待遇优厚，装备精良，战斗力很强，负有保卫节帅，野战征行的双重任务。但是由于牙军骄横跋扈，稍不如意，便发动兵变，变易节帅，如同儿戏，所以至唐末时，节度使们便纷纷在牙军之外，另外组建亲军，作为保卫节帅的亲信部队。上面已经指出武勇都所在的中军，就是吴越之牙军，则亲从、亲卫便是其亲军。徐绾之乱发生，一个重要的原因便是钱镠动用武勇都兵卒在其家乡临安整治沟洫，引起了"士卒怨言"，[2]从而激起了兵变。徐绾引兵返回杭州后，在武勇左都指挥使许再思的配合下，攻破外城，并进逼牙城，"镠子传瑛与三城都指挥使马绰等闭门拒之，牙将潘长击绾，绾退屯龙

---

[1]〔清〕阮元编：《两浙金石志》卷四，浙江古籍出版社，2012年，第82页。
[2]《资治通鉴》卷二六三，唐昭宗天复二年八月条，第8579页。

第九章 军事制度

兴寺。镠还，及龙泉，闻变，疾驱至城北，使成及建镠旗鼓与绾战，镠微服乘小舟夜抵牙城东北隅，逾城而入。直更卒凭鼓而寐，镠亲斩之，城中始知镠至"。[1]钱镠"随命都监使吴璋、三城都指挥使马绰守北门，内城都指挥使王荣、武安都指挥使杜建徽守南门"。[2]可见武勇都并没有驻扎在牙城内，而三城都指挥使、内城都指挥使所统率的军队却驻扎在牙城内，说明其负有保卫节帅的职责，当是亲军无疑。至于亲从、亲卫军与三城、内城等军的关系，史书上没有明确的记载，颇疑前者是后者的改名。吴越后期亲军统属于内衙，如"忠逊王讳弘倧，文穆王第七子，孝献世子同母弟也。起家内衙指挥使、检校司空"[3]。钱俶也曾于后晋天福四年，"承制授内衙诸军指挥使、检校司空"。[4]在钱俶即位之前，内衙诸军由内衙统军使统率，当时胡进思曾任此职。史载："而统军使胡进思恃迎立功干预政事。王（指弘倧）恶之，每有僭越，必显责让。进思忧惧不自安，属内衙指挥使何承训希旨请诛之，又谋于都监使水邱昭券，昭券以进思党盛难制，请于王且容之。王犹豫未决，承训惧，以谋告进思，进思遂乱，率亲兵戎服入见。王叱之不退，因惶骇入义和院。进思锁其门，矫称王命，告中外曰：'王猝得风疾，传位于俶'。"[5]胡进思之所以能够换易其主，完全是其掌握了亲军兵权。从其"率亲兵戎服入见"一句，也可以证明其确为亲军之统帅。此外，立于后周广顺三年十月的《云门山大云寺功德记》，题名记中刻有这样的内容："同会弟子吴越国延恩院队将、银青光禄大夫、检校国子祭酒、兼御史大夫、上柱国汤仁厚；吴越国大程院队将、银青光禄大夫、检校国子祭酒、兼御史大夫、上柱国李□□。"[6]队将是一队之长，所以汤仁厚与李□□无疑都是军官，只是延恩院与大程院不见于史籍，《咸淳临安

---

[1] 《资治通鉴》卷二六三，唐昭宗天复二年八月条，第8579页。
[2] 《十国春秋》卷七七《吴越武肃王世家》，第1071页。
[3] 《吴越备史》卷三《忠逊王（弘倧）》，第6242页。
[4] 《吴越备史》卷四《大元帅吴越国王（俶）》，第6244页。
[5] 《吴越备史》卷三《忠逊王（弘倧）》，第6242—6243页。
[6] 《八琼室金石补正》卷八一，第1337页。

志》卷七九《寺观》载：延恩院，"在（杭州）涌金门外城北"。联系到上文提到的义和院，也称义和后院，①吴越国崇佛，颇疑它们都是吴越王所建的私家寺院，供其拜佛时所居，因此每个院才有亲兵保卫，其中汤仁厚为延恩院亲兵之队将，李□□为大程院队将，他们均隶属于内衙统军使，因此胡进思才能不受任何阻挡地进入义和院，将其王钱弘倧软禁并罢黜。

在吴越国的军事体制中还有一级职官值得注意，这就是土客马步诸军都指挥使，如"（天福二年）七月辛亥，两浙钱元瓘奏：'弟吴越土客马步诸军都指挥使、静海军节度使元球，非时入府，欲谋为乱，腰下搜得匕首，已诛戮讫。'诏削元球在身官爵"②。其实钱元瓘在即王位前也曾担任过这一职务，如"贞明元年春正月，敕授王镇海军节度使、土客诸军都指挥使、湖州刺史如故"③。可见担任这一职务者多为钱氏子弟，他人很难染指。所谓"土"军，就是指两浙土著人组成的军队，如前述的八都等军队便是；所谓"客"军，就是指那些归降或招募而来的外地人组成的军队，如武勇都、向明都等。这些客军虽然是外地人，但勇悍善战，是吴越军队的中坚力量，所以深为钱氏父子所重视。钱镠也曾说过："三军子父，土客之军，并是一家之体。"④土客马步诸军都指挥使一职，实即吴越国诸军之统帅，故不轻易授人，只限于钱氏子弟充任，不过亲军似乎不归其统率，否则钱元球（即元球）便不会轻易被其兄铲除了。

（二）马楚兵制

马殷创建的楚国一直奉中原王朝为正朔，没有称帝，其兵制却仿效中原王朝，虽然没有中央禁军的正式称号，却可分为霸府直属军队与地

---

① 《吴越备史》卷三《忠逊王（弘倧）》："内衙统军使胡进思、指挥使诸温针滔等以内衙兵迁王于义和后院，诸将校率众迎今大元帅即位焉。"第6242页。
② 《旧五代史》卷七六《晋高祖纪二》，第1004页。
③ 《吴越备史》卷二《文穆王（元瓘）》，第6223页。
④ 钱文选辑：《钱氏家乘》卷六《武肃王八训》，上海书店出版社，1996年，第139页。

方军两级兵制，其中霸府直属的军队相当于禁军。马楚的兵制还有一个特点，即军号繁多，马、步、水诸军齐全。楚国也置有牙军，其长官称牙内都指挥使，通常以马氏子弟充任，以保卫楚王府及牙城。现能考知的直属于霸府的军队主要有：

决胜 这支军队组建较早，在楚国诸军中为主力，经常外出征伐。如唐明宗天成三年，唐明宗下诏讨伐荆南，"王遣许德勋攻之，决胜副指挥使廖匡齐杀高从嗣于陈"。①《九国志》记廖匡齐因此功升任决胜指挥使。②后晋高祖天福四年，溪州刺史彭仕然（愁）引兵攻掠辰、澧二州，杀掠吏民，楚王马希范"命左静江指挥使刘勍、决胜指挥使廖匡齐帅衡山兵五千讨之"。③南汉进攻楚国贺州时，"楚遣决胜指挥使徐知新将兵五千来救"。④

长直 这是一支组建较早的楚国军队，《九国志》卷一一《姚彦章传》："随刘建锋入湖南，领厅直军，最被亲信。及建锋遇害，张佶伤髀，不能视事，佶与彦章首议迎（马）殷，遂遣彦章率所部逆殷于邵州。……翌日殷至代立，以功迁长直都指挥使。"可见早在楚国建立之前就已经有长直军了。楚国建立后，长直军一直是其主力部队之一，"刘彦瑫者，事文昭王为长直都指挥使"⑤，可为一证。由于长直军兵力强大，所以其长官往往可以参与楚国重大事务的决策。比如马希范死，"将佐议所立。都指挥使张少敌，都押牙袁友恭，以武平节度使知永州事希萼，于希范诸弟为最长，请立之。长直都指挥使刘彦瑫、天策府学士李弘皋、邓懿文、小门使杨涤皆欲立希广"。此议引起了一些人的反对，"彦瑫等皆曰：'今日军政在手，天与不取，使他人得之，异日吾辈安所自容乎！'"⑥遂立马希广为其主。说明长直都指挥使地位比较特

---

① 《十国春秋》卷六七《武穆王世家》，第945页。
② 《九国志》卷一一《廖匡齐传》，第3355页。
③ 《十国春秋》卷六八《楚文昭王世家》，第953页。
④ 《十国春秋》卷五九《南汉中宗本纪》，第855页。
⑤ 《十国春秋》卷七四《刘彦瑫传》，第1024页。
⑥ 《资治通鉴》卷二八七，后汉高祖天福十二年五月，第9360页。

殊，当与长直军驻于楚王府第附近有关，使其可以凭借手中的兵权干预政事。

衡山、强弩　《十国春秋·楚恭孝王世家》："衡山指挥使廖偃与彭师暠共立王（马希萼）为衡山王，以县为府，断江为栅。"此军也可在地方驻扎，廖偃当时就率军驻于衡山县。此外，王贇也曾"事希范为衡山指挥使"[①]。马希范是马希萼之兄，已故楚王，说明王贇任指挥使的衡山军是楚王直属的军队，而不是地方军队，但衡山的军号却是来自地名。又据记载：在马希萼与马希广争夺王位的战争中，"时强弩指挥使彭师暠登城望水西军，入白王，请与许可琼水陆夹击之，王许之"，[②]强弩军即楚国的弓弩部队。《十国春秋·彭师暠传》也说："而师暠事废王希广，官强弩指挥使，领辰州刺史。"说明强弩军并非马希萼所组建的地方军队，而是其弟楚王马希广所属的军队，从彭师暠所领辰州刺史一职看，当时这支部队驻于辰州。

战棹　这是楚国的水军部队。《十国春秋·楚废王世家》：乾祐三年十月，"王以刘彦瑫为战棹都指挥使、朗州行营都统，彦瑫入朗州境，战舰过则运竹断其后。会希萼遣朗兵及蛮兵六千、战舰百艘来，战于湄州，彦瑫乘风纵火，顷之，回风反火，彦瑫还走，江路已断，士卒战亡及溺死者数千人"。这是楚国水军参战的一次记载，类似记载还很多，就不一一列举了。

义胜、归义　《溪州铜柱记》立于晋天福五年七月，题名记中有："武安军节度左押衙、左义胜第三都都将、银青光禄大夫、检校刑部尚书、前守富州别驾、兼御史大夫、上柱国彭师杲"，"武安军节度讨击副使、左归义第三都都将、银青光禄大夫、检校左散骑常侍、兼御史大夫、上柱国彭师晃"。[③]题名记中所说左义胜、左归义等都是军号，既有左军，必有右军，其下又分为若干都，说明其军力还是相当可观的。溪州铜柱是当地土家族首领彭仕愁反叛，被楚王马希范派军击败，彭氏

[①]《九国志》卷一一《王贇传》，第3352页。
[②]《十国春秋》卷六九《楚废王世家》，第966页。
[③]《金石萃编》卷一二〇。

纳子为人质表示臣服，马希范效法汉马援铸铜柱立于溪州。上引题名中的彭师杲、彭师晃皆为彭氏子弟，所以其所任职的军号中才有"义胜""归义"等名号，但从彭氏兄弟所担任全部官职来看，其显然是在楚王（武安节度使自马殷以来一直都由楚王亲自充任）身边任职，故这两支军队应是楚王直属之军，而不是溪州地方军队。

银枪都 此军为楚王马希范所组建，是其牙军部队之一。史载："楚地多产金银，茶利尤厚，由是财货丰殖。而楚王希范，奢欲无厌，喜自夸大。为长枪大槊，饰之以金，可执而不可用。募富民年少肥泽者八千人，为银枪都。"[1]银枪都本为中原王朝军号，马希范组建此军作为仪仗，本为夸耀富强，故不见此军参与战争的记载，此后也不再出现于史籍，估计不久便遭散罢废了。

静江 史载：乾祐二年八月，"希萼悉调朗州丁壮为乡兵，号静江军，造战舰七百艘，谋攻潭州"，[2]可见静江军是马希萼为争夺王位而组建的乡兵部队。《十国春秋·王逵传》载："王逵，武陵人。少为静江军卒，事恭孝王为静江指挥使。"恭孝王即马希萼，据载马希萼夺得王位后，"湖南要职，悉以朗人为之"。[3]静江军也一变而成为楚王的直属军队，王逵等静江军将领后来皆成为楚国权势显赫的人物。

银枪军 近年来新发现的《马光赞墓志铭》曰："（天福）五年庚子，年二十一，改授尚书左仆射、右亲卫马前弓箭指挥使。八年癸卯，年二十四，转左银枪指挥使、……先娶武平军左亲从指挥使王司徒长女，封琅玡县君。"[4]墓主马光赞乃马殷孙子，其所任右亲卫马前弓箭指挥使之职，当为霸府直属军队。从"左银枪"三字看，说明银枪军分为左右，人数当不少。至于志文所记的"亲从"军当不是霸府直属军队，而是武平军下辖的军队之一。武平军为楚国所属节镇之一，治所朗州

---

[1] 《资治通鉴》卷二八三，后晋齐王天福八年十二月，第9258页。
[2] 《十国春秋》卷六九《楚废王世家》，第963页。
[3] 《十国春秋》卷六九《楚恭孝王世家》，第968页。
[4] 邵磊：《五代马楚史料的一则重要发现——马光赞墓志考释》，《南方文物》2007年第3期，第107页。

（今湖南常德）。

楚国还有所谓土团军，是以其境内少数族为主组建的军队。《十国春秋·符彦通传》载："符彦通，溆州蛮帅也。恭孝王率群蛮破长沙，府库累世之积，皆为彦通所得，彦通由是富强，称王于溪峒间。及刘言攻边镐，欲召彦通为援，周行逢曰：'蛮贪而无义，前年从马希萼入潭州，焚掠无遗。今兵以义举，往无不克，恶用彼为哉！'言乃止，复命刘瑶为镇遏使，以备彦通侵逼之患。瑶故土团都指挥使，群蛮所素惮也。"可见刘瑶曾经统率过以"群蛮"为士卒的土团军，而且他本人也是"蛮酋"，[①]所以才为其所惮也。这类军队当属于地方军队。

（三）南汉兵制

南汉虽然称帝自立，但由于偏处岭南，典章制度多不完善，兵制亦是如此。如中原王朝的禁军称侍卫亲军，而南汉无此种编制，但却设置了判六军这一官职，[②]然六军亦不齐备，只空有其名目而已。见之于记载的南汉六军，只有左右龙虎军，如后主大宝二年（959）"以龚澄枢为左龙虎观军容使、内太师，军国之事，皆取决焉"。[③]《乾和十三年经幢》的题名中亦有："大汉国弟子、左龙虎军子将……"字样。[④]左右龙虎军本为唐朝的天子六军之一，南汉沿袭了这一制度，却未能全置六军，这可能与其国土狭小，人力有限有关。南汉后期还设置了六军观容使一职，权力很大，李托深曾充任过此职。[⑤]由于南汉六军并不全置，颇疑六军观容使就是左右龙虎观军使的异称，或是改称。

据《灵景寺庆赞斋记》载："同会弟子管召指挥使李彦晖、李延

[①] 《资治通鉴》卷二九一，后周太祖广顺二年九月，第9483—9484页。
[②] 〔清〕吴兰修撰，李菁、吴在庆校点：《南汉纪》卷二《高祖纪》：大有七年（934）十二月，"汉主命判六军秦王洪度募宿卫兵千人，皆市井无赖子弟。洪度眤之"。见傅璇琮、徐海荣、徐吉军主编：《五代史书汇编》十，杭州出版社，2004年，第6625页。
[③] 《南汉纪》卷五《后主纪》，第6650页。
[④] 〔清〕易绍德、王永贞修：《光绪容县志》卷二四《金石志上》，光绪二十三年刻本。
[⑤] 《南汉纪》卷五《后主纪》，第6671页。

·456·

赏、陈延嗣"等。[①]其中管宫军当为其禁军之一，从其下所设指挥使数量看，其兵力亦颇雄厚。另据《乾亨寺铜钟款》载："管甲指挥使全友诚、刘处详，……马军郭道崇、陈延嗣、何怀坚、李怀进、梁道崇、李廷真、区彦从、钱珣、唐绪、颜位、陈彦详；防拓军十将何肱、聂轲、王畋"等。[②]其中管甲军与防拓军当为其两个禁军军号，又有马军之号，说明南汉亦置有骑兵部队，不过岭南并不出产马匹，故其马军部队当不会很强大。

南汉掌典禁卫诸军还有左右卫使一职，苏章曾任此职，刘龑袭位，"命（苏）章典禁卫诸军"[③]。南汉的禁军名号可考者不多，主要有巨象军，如中宗乾和六年（948），"遣巨象指挥使吴珣、内常侍吴怀恩将兵击楚"，并攻下了贺州。[④]于是南汉主刘晟更加得意，"遣巨舰指挥使暨彦赟，以兵入海，掠商人金帛作离宫游猎"。[⑤]巨舰便是南汉水军的军号。此外，南汉的禁军还包括神弩军，据《九国志》卷九《苏章传》载："（刘）龑乃遣章领神弩军三千人、战舰百艘援之。"这个神弩军当是其弓弩部队。陆增祥《八琼室金石补正》卷八〇《乾亨寺钟款》载："左雄勇指挥使、都监贺州应援军、银青光禄大夫、检校刑部尚书、兼御史大夫、上柱国郭达。"此钟款制于南汉大宝四年（961）九月。文中所提到的"左雄勇"，是南汉的又一支禁军部队。立于南汉大宝二年九月二十四日的《新开宴石山记》，其题名中有："左静波指挥使、南面（缺字）都部领将、金紫光禄大夫、左领□将军、检校刑部尚书、兼御史大夫、上柱国蔡彦宏。"[⑥]所提到的这个"左静波"也是南汉的禁军军号之一，有左军必有右军，只是由于史料散佚的原因，难以查考罢了。

---

① 〔清〕吴兰修辑，陈鸿钧、黄兆辉补征：《南汉金石志补征·金石补遗》，广东人民出版社，2010年，第157页。
② 《南汉金石志补征》卷一，第53—54页。
③ 《九国志》卷九《苏章传》，第3330页。
④ 《十国春秋》卷五九《南汉中宗本纪》，第855页。
⑤ 《新五代史》卷六五《南汉世家》，第816页。
⑥ 〔清〕陆耀遹：《金石续编》卷一二，中国书店影印扫叶山房本。

（四）闽国兵制

割据今福建一带的闽国，自王审知建国以来，由于没有称帝，所以其军事体制基本与当时的藩镇无异。自从王延钧称帝之后，闽遂建立了禁军制度，其兵制大体上可分为禁军与地方军队两类，中央禁军是以王审知的亲兵部队为基础而组建的。据载："（王）昶立，而忠懿王之勋旧悉屏去之，衙兵先号威武军者，亦弃不用。威武军，忠懿王之亲兵也，以军额而名之。因召市井屠沽辈，别立宸卫军名，衣以罗襦银带，饮食之器悉皆申金，所给俸赐复数倍于威武。威武颇怒，一日潜匿剑，遂取延羲于私第而立之。延羲，审知第二十八子也。"[①]忠懿王指王审知，被中原王朝授予威武军节度使，所谓"以军额而名之"，说的就是其亲军军号的来源。从这则记载看，似乎威武军的军号至王昶即位之后仍然存在，只是由于王昶另组建了宸卫军，且待遇优于威武军，才导致其发动兵变推翻了王昶，另立王延羲为其主。可是另据记载：唐明宗长兴元年十月，"是时，以太祖元从为拱宸、控鹤二都"。[②]也就是说早在王延钧未称帝前，就已经不再使用威武的军号，而是改称拱宸、控鹤等军号了，因此上述发动兵变的威武军此时应称拱宸都与控鹤都才对。关于这个问题，《资治通鉴》有详细记载："闽拱宸都指挥使朱文进，阁门使连重遇，既弑康宗，常惧国人之讨，相与结婚以自固。闽主曦果于诛杀，尝游西园，因醉杀控鹤指挥使魏从朗。从朗，朱、连之党也。"[③]所谓康宗，即指王昶，可见发动兵变者乃拱宸、控鹤二都的军官。

闽国的禁军除了拱宸、控鹤外，见于记载还有：飞捷军，如黄仁讽，"隶本城为乡兵，以阵敌立功，累迁飞捷指挥使"。[④]亲从军，据《十国春秋·闽惠宗本纪》载："族诛从子亲从都指挥使仁达。"此外闽国面临大海，自然有水军的建置，如"延钧袭位，仁达为楼船指挥

---

① 〔宋〕佚名：《五国故事》卷下，见傅璇琮、徐海荣、徐吉军主编：《五代史书汇编》六，杭州出版社，2004年，第3196页。
② 《十国春秋》卷九一《闽惠宗本纪》，第1324页。
③ 《资治通鉴》卷二八四，后晋齐王开运元年三月，第9268—9269页。
④ 《九国志》卷一〇《黄仁讽传》，第3338页。

使"，①楼船便是闽国的水军军号。此外，石刻资料还有一些有关闽国兵制的记载，如刻于闽景宗永隆三年（941）的《坚牢塔名碑侧》题名中有："永隆三年，岁在辛丑十一月八日建，监临扈圣指挥使、仪仗使、检校司空、开国男、食邑三百户臣刘怀进，勾当捧圣军将、检校右散骑常侍、兼御史大夫臣郑可端、吴逢泰"云云。②所提到的"扈圣""捧圣"等，均应为其禁军军号。刻于永隆六年正月的《坚牢塔题名八段》中有：

> 输忠竭节效顺匡济功臣、左军使、……韩国公、食邑二千户张禹荣妻太原郡君王氏，输忠竭节效顺匡济功臣、右军使、……蔡国公、食邑二千户程宏纬妻太原郡君王氏，定乱威勇效列忠节功臣、左龙虎统军、……滕国公、食邑二千户黄绍颇妻梁国柔德夫人张氏，推诚叶力保定竭节翊佐功臣、右龙虎统军、……充国公、食邑二千户连重遇妻宋国□□夫人朱氏，推诚叶力保定竭节翊佐功臣、左龙武统军、威烈效节都指挥使、……邓国公、食邑二千户朱文进妻楚国贞范夫人王氏，输忠竭节效顺匡济功臣、左神武统军、监左金吾使、……徐国公、食邑二千户尚保殷妻□国夫人孙氏，忠勇扬威竭节功臣、左龙武统军、右金吾使、……虞国公、食邑二千户许宏钦妻平阳县君贾氏，忠勇扬威竭节功臣、右神武统军、监左扈从都、……开国侯、食邑二千户林守谅妻武昌县君殷氏，威烈效节内扈驾小牌都指挥使、……开国男、食邑五百户刘怀遂妻太原郡君王氏，……内外弓箭指挥使、……济南县开国子、食邑五百户林宏直妻弘农郡君杨氏……。③

---

① 《九国志》卷一〇《王仁达传》，第3339页。
② 〔清〕陈荣仁：《闽中金石略》卷二，民国十六年菽庄丛书本。见于中国东方文化协会历史文化分会编：《历代碑志丛书》，江苏古籍出版社，1998年，第22册，第510—511页。
③ 《闽中金石略》卷二，第511—512页。

·459·

据此可知，闽国的禁军还有威烈效节、左右扈从都、扈驾小牌、内外弓箭、左右龙武、左右神武等军，从"威烈效节内扈驾小牌都指挥使"一语看，扈驾小牌军似乎隶属于威烈效节军。闽自从称帝以来，便有了判六军诸卫事的职官，但是却不见有关六军军号的详细记载，文献中能见到的只有左右羽林军，如朱文进杀其主王延羲后，自立为主，又"以羽林统军使黄绍颇为泉州刺史"①。从上面所引的题名来看，其中左右龙武、左右神武军在唐朝都属于六军之列，再加上左右羽林军，可以断定闽仍沿袭唐制，也是以这6支军队作为六军的。至于上面题名中提到的左、右军使，其排名在其余诸军军官之前，说明其地位要高于这些军官，故很可能是六军统军之上的一级军官。唐朝将六军分为左三军、右三军，闽既然沿袭唐制，当亦是如此，故左军使应为左三军、右军使应为右三军的统兵军官。

此外，闽国还置有金吾卫，负责其都城的治安与巡警。如《九国志》卷一〇《许文稹传》载："昶袭位，迁文思院使。延羲立，改金吾使，率兵屯临汀。"可见金吾使也可以领兵征战或屯戍。判六军诸卫事一职是闽国禁军统帅，非功臣或皇子不能充任，如王昶即位后，"以李仿判六军诸卫事。仿有弑君罪，心常自疑，多养死士。帝患之，与拱宸指挥使林延皓阴图仿"。②李仿因为拥立王昶即位，自然是大功臣了，王昶不敢贸然处置他，根本原因就在于其手握兵权。王延羲即位后，则以其子王亚澄判六军诸卫事，③以便把兵权控制在皇室之手。

（五）北汉、荆南兵制

北汉刘崇本为后汉的太原节度使，后汉被后周取代后，他遂于周太祖广顺元年在太原即皇帝位，国号仍为汉，史称北汉。在北汉建国前，由于其只是一个藩镇，所以在军事体制上仍维持了藩镇军的体制，称帝建国后，刘崇遂沿袭后汉的军事体制，建立了侍卫亲军系统，以其次子

---

① 《资治通鉴》卷二八四，后晋齐王开运元年三月，第9269页。
② 《十国春秋》卷九一《闽康宗本纪》，第1329页。
③ 《资治通鉴》卷二八二，后晋高祖天福六年四月，第9221页。

刘承钧为侍卫亲军都指挥使。史载："刘崇即皇帝位于晋阳，仍用乾祐年号，所有者并、汾、忻、代、岚、宪、隆、蔚、沁、辽、麟、石十二州之地。以节度判官郑珙为中书侍郎，观察判官荥阳赵华为户部侍郎，并同平章事。以次子承钧为侍卫亲军都指挥使、太原尹，以节度副使李存瓌为代州防御使，裨将武安张元徽为马步军都指挥使，陈光裕为宣徽使。"①可以看出北汉的军事体制只是在原藩镇体制的基础上升格而已。引文中说张元徽任马步军都指挥使，却未说明是什么军队的都指挥使，另据《九国志》卷八《张元徽传》载："及崇建号，领侍卫亲军，迁武宁军节度使。"可见其担任的是侍卫亲军马步军都指挥使。按照中原王朝的侍卫亲军系统的军官职级，马步军都指挥使为其最高统帅，刘崇之所以还要在张元徽之上再设置一个侍卫亲军都指挥使，可能是因为刘崇刚刚建国，汲取了郭威夺取后汉统治的教训，不敢贸然将兵权交给异姓之人，遂设置了这样一个职务，以互相牵制，但是从上引《张元徽传》的"领侍卫亲军"一句看，侍卫亲军的实际统领权还是在张元徽手中，刘承钧只不过是挂名的统帅而已。见之于记载的北汉侍卫马步军都指挥使还有郑进。②

北汉的侍卫亲军与中原王朝一样，也分为侍卫马军与侍卫步军，各以都指挥使为帅。侍卫亲军下辖的军队可考的有：拱卫、散指挥、殿直、捉生等军。③此外，五代时期河东境内分布着不少吐浑部族，他们自唐代迁入以来，一直受到当地统治者的役使，北汉建立后，遂将境内吐浑部落编成一军，其统兵将领通常都由吐浑首领担任。如卫俦，"吐浑族人。少事（刘）钧为蕃落小底。……钧袭位，迁如京使令，专掌吐浑一军，以从征讨，所向多克捷。虏援兵每至，即遣俦居前锋。……继元立，为阉人卫德贵所嫉，出为辽州刺史。吐浑数千人遮道请留，继元

---

① 《资治通鉴》卷二九〇，后周太祖广顺元年正月，第9453—9454页。
② 《九国志》卷八《郑进传》，第3325页。
③ 《十国春秋》卷一〇五《北汉睿宗本纪》，第1492页；《宋史》卷四八二《北汉世家》，第13935页。

不许，自是一军失帅，不复可用矣"。①可见北汉的吐浑军实际仍是部族军性质，且只接受本族首领的指挥，一旦其首领去职，其军便处于涣散状态。

近年在山西太原出土了一些五代碑志，其中《刘珣墓志铭》记载了一些有关北汉禁军的资料，录之如下："至（乾祐元年）四月，内御署兼授鹰扬军使。至二年八月中，蒙恩赐以国姓，兼改本名。至三年十月，内御署授厅直第二指挥使。……（乾祐四年）当年三月，内宣授护卫第一指挥使，权都指挥使。至七年十月，内宣授保卫右厢都指挥使，……至乾祐八年九月内，蒙圣上宣授保卫左厢都指挥使、□□金紫光禄大夫、检校司徒。"②墓主刘珣所任鹰扬军使，为北汉建国前的军职，所谓"厅直""护卫""保卫"等军号，皆为北汉称帝建国后的军号，当为禁军军号。又保卫军分为左、右厢，每厢各置有都指军使一职，可知兵力雄厚，当为北汉禁军中的主力部队。

荆南是十国中最小的一个政权，其主虽然有时也与中原王朝有摩擦，但却始终保持着一个藩镇的政治地位，未敢称帝。正因为如此，荆南的军事体制实际上与当时的其他藩镇并没有什么两样，其王最亲信的部队也是牙兵，所属各军皆各自有军号，如云猛、毅勇、制胜等。由于荆南靠近长江，所以其组建有水军，如"李景威，荆州长阳人也。文献王时，未知名，及仕贞懿王，擢水手都指挥使。"③由于荆南地狭国小，且不产良马，故未见其有独立的马军部队组建，且其军队的规模也很有限，就此点而言，连中原王朝下辖的某些强镇也不如，只是由于中原政局始终动荡不稳，无力南顾，才使其政权维持了下来。

---

① 《九国志》卷八《卫俦传》，第3325—3326页。
② 阎煦：《大汉故保安宣力功臣前汾州防御使金紫光禄大夫检校□□□御史大夫□□彭城县开国男食邑三百户刘（珣）公墓志铭并序》，见梁传福：《太原五代墓志释考》，见山西省考古学会、山西省考古研究所编：《山西省考古学会论文集（四）》，山西人民出版社，2006年，第275页。
③ 《十国春秋》卷一〇三《李景威传》，第1468页。

表13 吴越、楚、南汉、闽、北汉、荆南等国军号一览表

国号	诸军军号
吴越	八都、武勇、上直、中直、右直、镇武、镇国、向明、上右厅、伙飞、匡武、亲从、亲卫、殿直都、当直都、天龙、金马都、拱御、理胜都
楚	牙内、决胜、长直、衡山、强弩、战棹（水军）、义胜、归义、银枪都、静江、土团、银枪
南汉	龙虎、左右卫、巨象、巨舰（水军）、神弩、雄勇、静波、管吕、管甲、防拓
闽	拱宸、控鹤、宸卫、飞捷、亲从、楼船（水军）、龙武、神武、羽林、金吾、扈圣、扈从、捧圣、威烈效节、扈驾小牌、弓箭
北汉	拱卫、散指挥、殿直、捉生、鹰扬、厅直、护卫、保卫、吐浑
荆南	云猛、毅勇、制胜、水手（水军）

九、结语

五代十国时期的军事制度与唐代相比，发生了巨大的变化，并且深远地影响着宋代的军事制度。

自唐朝府兵制崩溃以来，无论是中央禁军，还是地方的藩镇军队，均实行募兵制，五代十国时期仍然沿袭了这一制度，这一点并无根本的改变，至宋代仍然如此，军队主要是通过招募而来。这一变化是从唐朝后期开始的，与五代十国时期并无关系。五代十国时期军事制度的变化主要体现在军事体制上，其对后世的影响也主要体现在这个方面。

首先是禁军体制的变化。唐前期是六军与十二卫之制，军队改为募兵制后，表面上六军与十二卫仍然保留，但却失去了作战实力，成为维持皇帝门面的空架子，宦官控制的神策军成了朝廷掌握的唯一军事力量。唐朝神策军作为禁军具有双重性质，一是守卫京师，拱卫皇帝；二是作为野战部队，负有征讨叛乱的责任。黄巢起义击溃了神策军，从而使唐朝中央政府失去了军事支撑力量，改朝换代走向灭亡已是不可避免了。

五代时期的禁军体制也处在不断变化之中，前期虽然保持了六军体制，由于其战力下降，已无多大的军事意义，后期的禁军主要指侍卫亲

军。侍卫亲军是从藩镇亲军的基础上发展而来的，至后周时期发展为侍卫亲军司与殿前司两大系统，北宋时又分为侍卫亲军马军司、侍卫亲军步军司与殿前司三大禁军系统，其长官统称为禁军三帅。五代侍卫亲军与以前王朝的禁军不同的是，其不仅驻扎在京师，而且分驻于全国各军事要地，实际是朝廷掌控的重要军队，与藩镇军队一起构成了这一历史时期的国家军事力量。唐代的禁军神策军驻扎在京与京西北诸镇，其余地区并不驻扎。由于侍卫亲军与殿前军兵力雄厚，战斗力强，与藩镇军相比具有压倒性的实力，所以在这一历史时期虽亦有藩镇叛乱存在，然均被迅速镇压，与唐后期面对藩镇割据，朝廷无力镇压，以至于不得不对其妥协的局面形成鲜明对照。

这一时期南方诸国的军事体制与中原王朝大同小异，相同之处表现在亦分为中央禁军、藩镇军与乡兵上，不同之处在于各国军制各行其是，显得颇为杂乱，这主要是由于政治上的分裂割据局面所导致的。有一点需要指出，即南方诸国对藩镇的控制颇为成功，极少出现地方藩镇反对朝廷的情况出现，尤其是吴、南唐、吴越、前后蜀的情况最有代表性。由于这一时期各国的政治体制不同，有王朝体制，亦有藩镇体制，表现在军事体制上并不整齐划一。

五代十国时期的禁军皆有军号，如后周时侍卫马军军号为龙捷，侍卫步军军号为虎捷，且在其统率下的诸军也皆有军号，殿前军亦是如此。而唐代禁军却与此不同，如神策军就只有一个军号，并分为左右军，其下所辖诸军只有编制名称，而不再有军号。这是五代与唐代军制的又一个不同特点，并且被宋代继承下来了。此外，这一时期的藩镇军队亦各有军号，包括南方各国的军队亦是如此，甚至乡兵也有军号，如南唐之制就是如此。

第十章

立法成就与司法制度的变化

由于五代时期是所谓乱世，所以自古以来大都对其立法成就视而不见，如王夫之就认为自唐宣宗以后，"天下之无法"，将近百年，直到后周建立后，"始有制法之令焉"。①清人赵翼则采取了更为彻底的态度，认为"五代乱世，本无刑章"②。现代有些论著也多忽视此点，认为后周颁行《刑统》之前，基本是"无法可循"的状态。③此外，学界对五代司法制度的研究也很不够，忽视了其在唐制基础上的发展变化以及其对宋代的影响。对于五代刑法变化的研究，还存在不少错误的观点，甚至将这些观点写入高校教材，影响颇大，因此不能不加以澄清，以促进中国法制史的发展与研究。

一、立法成就及其特点

（一）法书的整理与编纂

五代各朝基本仍沿用唐朝法典，并在此基础上有所增减。宋人费衮说："五季承唐以后，虽兵革相寻，然去唐未远，制度典章，人犹得以持循。"④其中沿用最广的有《大中刑法总要格后敕》《大中刑法统类》《开成格》等。至后梁太祖开平三年十月，才令太常卿李燕等6人，共同删定唐朝的律令格式，于次年十二月完成。"新删定令三十卷、式二十卷、格一十卷、律并目录一十三卷、律疏三十卷，共一百三卷。"定名

---

① 〔清〕王夫之著，舒士彦整理：《读通鉴论》卷三〇《五代下》，中华书局，1975年，第930—931页。
② 〔清〕赵翼撰，王树民校证：《廿二史札记校证》卷二二《五代滥刑》，中华书局，1984年，第478页。
③ 《五代史略》，第325页。
④ 〔宋〕费衮：《梁溪漫志》卷五《五代典章》，上海古籍出版社，1985年，第56页。

为《大梁新定格式律令》，并颁下施行。①接着遂下令各道追取唐朝原法书焚毁。与此同时，大理卿李保殷还编撰完成了《刑律总要》12卷，并上表进献。②另据《崇文总目》卷四《刑法类》载：后梁编纂的法书还有《梁令》30卷、《梁格》10卷、《梁式》20卷等。这些法书的卷数与开平三年颁行的《大梁新定格式律令》中的令、格、式的卷数完全相同，故它们很可能就是这部法书中的部分内容，只是在宋代又分拆而单独成书了。

后唐时期多行用唐代法典，但有所增减。这时因长期战争，加上梁有意焚毁，其他地方已没有唐朝法书的存留，《旧五代史·刑法志》载："只定州敕库有本朝法书具在"，庄宗同光元年，令定州进纳唐朝格式律令，共286卷。次年，"废伪梁新格，行本朝旧章"。这里所说的本朝，即指唐朝。同时由于唐朝的《开元格》多条流公事，而《开成格》关于刑狱，令只用《开成格》。③这年二月，又新纂集《同光刑律统类》13卷，并行用之。④此后不久，所用的法书一度比较庞杂，除了唐朝的《开元格》《开成格》《太和格》《刑法要录》《格式律令事类》《大中刑法格后敕》等法书外，连"后梁格"也同时行用。于是在唐明宗时，以《梁格》与《开成格》"微有差舛"为由，于天成元年再度废去《梁格》。又以唐朝的其他法书"久不检举"，经御史台、刑部、大理寺详定后，再次规定只使用《开成格》。⑤长兴四年六月，又命御史中丞龙敏等5人详定《大中刑法统类》，至于完成情况如何，史籍缺载，不得而知。末帝清泰二年四月，"御史中丞卢损等进清泰元年已前十一年内制敕，可久远施行者凡三百九十四道，编为三十卷；其中不中选者，各令本司封闭，不得行用"。⑥此即《清泰编敕》，为后唐一朝之敕条。另据《宋史》卷二〇四《艺文志三》载：后唐编纂的法书还有《天成长

---

① 《五代会要》卷九《定格令》，第146页。
② 《旧五代史》卷一四七《刑法志》，第1961页。
③ 《文献通考》卷一六六《刑考五》，第4971页。
④ 《旧五代史》卷一四七《刑法志》，第1962页。
⑤ 《册府元龟》卷六一三《刑法部·定律令五》，第7358、7357、7358页。
⑥ 《五代会要》卷九《定格令》，第148页。

定格》1卷、《天成杂敕》3卷等书。

后晋初年主要沿用后唐法书。高祖天福二年，大理寺奏："见管《统类》一十三卷、编敕三卷、散敕七十六道。"这部统类当指《同光刑律统类》13卷。从当月敕文看，只要改正国号、庙讳等文字，便可行用，若要改动格条，则"别具奏闻"。①天福三年，"中书门下奏：'伏睹天福元年十一月敕节文，唐明宗朝敕命法制，仰所在遵行，不得改易。今诸司每有公事，见执清泰元年十月十四日编敕施行，称明宗朝敕，除编集外，并已封锁不行。臣等商量，望差官将编集及封锁前后敕文，并再详定。其经久可行条件，别录奏闻。'从之"。②唐末帝于清泰元年四月即皇帝位，故上面引文中所说的"今诸司每有公事，见执清泰元年十月十四日编敕施行"，实际上多为唐明宗朝的敕条，而将清泰时期颁布的敕条排除于行用范围之外，故称之为"明宗朝敕"。此次经中书门下奏请，欲将此明宗朝前后已封锁的敕文，重新详定，编集成书。另据记载：这年七月，差左谏议大夫薛融等5人，"同共详定唐明宗朝编敕"，③这次行动便是中书门下奏请的结果。次年七月，"御史中丞薛融等上详定编敕三百六十八道，分为三十一卷"。④后晋此次颁行的这31卷编敕，其内容以唐明宗朝敕条为主，包括了明宗朝前后各朝的敕条在内，由于是在天福时编定的，故称为《天福编敕》。

后汉享国太短，编集法书较少，加之汉末，"因兵乱，法书亡失"严重，详情已不得知。在后周世宗显德四年五月中书门下的奏章中，曾提到后周仍行用"后唐以来至汉末编敕三十二卷"。⑤可断定后汉曾编集过法书，最起码其敕条在后周时仍存并行用。因此，那种认为后周以前无法可循的看法，是不符合历史事实的。

五代各朝中以周世宗朝编纂法书成果最大。周初主要行用前朝

---

① 《册府元龟》卷六一三《刑法部·定律令五》，第7361页。
② 《五代会要》卷九《定格令》，第148页。
③ 《旧五代史》卷七七《晋高祖纪三》，第1016页。
④ 《旧五代史》卷七八《晋高祖纪四》，第1030页。
⑤ 《五代会要》卷九《定格令》，第149页。

法书，如太祖广顺元年正月就曾规定："并依晋天福元年已前条制施行。"①同年六月，才命侍御史卢亿等共同议定并重写法书148卷。关于此次重写法书的原因，史籍中也有详细记载："先是，汉隐帝末，因兵乱法书亡失，至是大理奏重写律令格式、统类编敕，凡改点画及义理之误字凡二百一十四。"据此可知，此次重写的法书经过了认真的校勘，其内容包括后晋以前各朝包括唐朝的法书在内，因为后晋以来的敕条另行编集了。所谓"以晋、汉及国初事关刑法敕条，凡二十六件，分为二卷，附于编敕，目为《大周续编敕》，命省、寺行用焉"。②至显德四年五月，中书门下奏："法书行用多时，文意古质，条目繁细，使人难会，兼前后敕格，互换重叠，亦难详定。宜令中书门下并重删定，务从节要，所贵天下易为详究者。"侍御史知杂事张湜等10人依据当时行用的律12卷、律疏30卷、式20卷、令30卷、《开成格》10卷、《大中统类》12卷，后唐以来至汉末编敕32卷及后周制敕等，编成《大周刑统》1部，连同目录共21卷。次年七月，由兵部尚书张昭等"参详旨要，更加损益"并奏上，宰相范质、王溥"据文评议"，然后颁行天下，"与律疏令式通行"。书成后号称是"备见精审"，"纲目无遗，究本讨源，刑政咸在"。③是五代时期的重要立法成果。

此外，吴国编纂过《删定格令》50卷，南唐也编纂并颁行了《昇元格》、《昇元删定条》30卷，④另外还编纂过《江南刑律统类》10卷、《江南格令条》80卷，西蜀编有《蜀杂制敕》3卷。⑤

表14 五代十国法书编纂一览表

国号	编成时间	法书名
梁	开平三年	《大梁新定格式律令》103卷

---

① 《册府元龟》卷六一三《刑法部·定律令五》，第7363页。
② 《旧五代史》卷一四七《刑法志》，第1962页。
③ 《旧五代史》卷一四七《刑法志》，第1964—1965页。
④ 据陆游：《南唐书》卷一《烈祖本纪》载：《昇元格》颁行于昇元三年，《昇元删定条》颁行于昇元六年。第5468、5470页。
⑤ 《宋史》卷二〇四《艺文志三》，第5138页。

续表

国号	编成时间	法书名
唐	同光二年 天成中 天成中 清泰二年	《同光刑律统类》13卷 《天成长定格》1卷 《天成杂敕》3卷 《清泰编敕》30卷
晋	天福四年	《天福编敕》31卷
周	广顺元年 显德五年	《大周续编敕》2卷 《大周刑统》21卷
吴	不详	《删定格令》50卷
南唐	昇元三年 昇元六年 不详 不详	《昇元格》 《昇元删定条》30卷 《江南刑律统类》10卷 《江南格令条》80卷
西蜀	不详	《蜀杂制敕》3卷

（二）五代立法的特点

五代各朝虽然在立法方面取得了一定的成就，但是除了后周外，其余各朝均未编定过完整系统的法典，只是将本朝所颁敕条汇编成书。造成这种现象的原因，是由于各朝立国短暂，兵革相寻。但由于各朝多行用唐朝法典，因此在断案定刑时仍有系统的法律可依。其中行用最多的是《大中刑法总要格后敕》60卷、《大中刑法统类》12卷，这两部书分别修成于唐宣宗大中五年（851）与大中七年（853），前者的内容"起贞观二年六月二十八日，至大中五年四月十三日，凡二百二十四年杂敕，都计六百四十六门，二千一百六十五条"。正因为此书基本包括了大中五年以前唐朝有关刑法的全部敕条，内容全面而系统，所以才为五代各朝所重视，并行用之。后者的内容则包括律令格式，以"条件相类者，一千二百五十条，分为一百二十一门"。① 前一书的内容为这200

---

① 《唐会要》卷三九《定格令》，第824页。此书在《旧唐书》卷一八下《唐宣宗纪下》将《大中刑法总要格后敕》的书名记为《大中刑法统类》，而《新唐书》卷五八《艺文志二》、《册府元龟》卷六一三《刑法部·定律令五》、《旧唐书》卷五〇《刑法志》等书，则记此书为《大中刑法总要格后敕》，其实《大中刑法统类》晚前一书两年颁行，且只有12卷，故应以《新唐书·艺文志二》等书所记为是。

第十章　立法成就与司法制度的变化

多年的杂敕，而后者则包括律令格式。因此这两部法典在五代的继续行用，意义非常重大。唯后梁焚弃唐朝法典，是不明智的行为，使本朝法制受到较大影响。

五代时期在立法方面所做的贡献虽然不是非常突出，但仍对后世产生了一定的影响，其所编法书直至宋初仍然行用，主要有《同光刑律统类》《清泰编敕》《天福编敕》《大周续编敕》《大周刑统》等法典，其中《大周刑统》影响最大。我国刑事法典自从西汉的《九章律》以来，各代均称为"律"，唐代虽还有律、令、格、式之别，但都是分别编纂的，直到唐宣宗大中年间，汇集律、令、格、式，以刑律分类为门，附以格敕编成《大中刑法统类》，成为一种综合性的刑事法典，这是对刑律体例和命名变革的开始。《大周刑统》在此基础上，以刑律为主，把有关刑名的敕、令、格式按律分类，统一编入，以便于稽查，对于文理深古、难以明了的条文，则加以训释，以朱字附之于后。这种综合性的刑事法典，在中国法制史上具有重要的意义，成为宋朝编纂刑律法典的准则，《宋刑统》一书就是以《大周刑统》为蓝本编纂的，其命名亦源于此。《宋刑统》的律文主要录自《唐律》，另外也从《大周刑统》中采录了不少条文。《宋史》卷二〇一《刑法志三》说宋朝"沿五代之制"，也是从这个意义出发的。由于《大周刑统》在刑律法典编纂体例方面的贡献，因此后人对其评价甚高。胡三省认为"《刑统》一书，终宋之世行之"，①其本意亦是如此。因为自宋太祖乾德元年（963）《宋刑统》颁行后，《大周刑统》就停止行用了。这些可以看作五代立法的第一个特点。

唐朝从武德元年（618）到大中五年（851），200多年间共编订了30部法典，到唐末五代时，已是条文繁多，汗牛充栋，检用非常不便。因此，五代各朝建立后，均对唐代和前朝法书进行删削和筛选，除去烦冗，注重条文的经久适用。一般来说，五代各朝所用法书和唐宋两朝比较起来，卷帙较少，条文简洁，检用方便，这是和其动乱的社会状况相

---

① 《资治通鉴》卷二九三，周世宗显德四年五月胡注，第9569页。

适应的。而条例浩繁，意苛文晦的法书，在动乱的时代是不便行用的。这是其立法的第二个特点。

第三个特点主要表现在编敕这种体例方面。五代颁行的法书除了《大梁新定格式律令》《同光刑律统类》《大周刑统》外，其余法书均为编敕形式，这种情况的出现也不是偶然的。众所周知，唐后期的主要立法就是编纂格后敕和刑律统类，所谓格后敕就是制敕的编集，即编敕，并出现了敕的地位越来越重要的趋势，从而使编敕成为法律的最主要成分。格后敕可以破律，已经成为唐后期的普遍现象。五代时期出现大量的编敕，正是唐后期这种趋势的继续发展，而宋代出现的以编敕为主的立法现象，却是受五代这种法书形式影响的直接结果。

第四个特点表现在立法内容上。统观五代立法之内容，主要发生两大变化：其一，后周法律针对封建社会后期社会经济的变动和民事法律纠纷的复杂性，制定了有关所有权取得的时效、典权、债权方面的具体条款。这是一个很大的进步。其二，科刑有所加重。五代时期的科刑与唐前期比较起来，确实要重得多，有些早已废除的古代刑名又有所恢复，如刺面之刑、附加刑以及死罪杖决等。[①]需要说明的是，五代科刑加重的现象，只不过是唐后期科刑加重之趋势的继续，除了刺面之外，附加刑、杖决等刑名都是继承唐代而来的，并非五代新创。关于这些后面还要详论，就不再多说了。

二、司法制度的变化及特点

五代的司法制度主要沿袭唐朝后期的制度，但也有所发展与变化，产生这些变化的原因与当时动荡的社会政治状况是分不开的，而这种政治状况又决定了五代司法制度不同于其他历史时期的特点。

（一）司法制度的变化情况

（1）司法机关。五代中央司法机关沿袭唐制，仍然是刑部、大理

---

① 张晋藩编著：《中国法制史》，群众出版社，1982年，第236—238页。

寺、御史台，即所谓"三法司"，然亦有所变化。欧阳修说："汉有侍卫司狱，凡朝廷大事皆决侍卫狱。"①说明侍卫亲军司亦置有司法机关，并获得了较大的司法权。唐朝的神策军也置有监狱，称之为北军狱，主要是审理违反军纪者，虽然也干预民事，但范围毕竟有限。五代的情况已经有很大的变化，如后汉乾祐中，"贡院尝录一学科于省门叫噪，申中书门下，宰相苏逢吉令送侍卫司，请痛笞刺面"。②苏逢吉不将违法考生送交三法司或开封府治罪，而是送侍卫司狱，可见其已经掌握了较大的司法权。在后汉时期大臣犯罪，往往也交侍卫司狱关押或审理，如苏逢吉欲夺旧相李崧家财，"因召崧至第，收送侍卫狱"。胡三省注："侍卫狱，即侍卫司狱，所谓军狱也。"③不过这种军狱并不是后汉始置，从现有史料看，最迟后晋时就已经有了。如后晋齐王开运三年十二月，"有军吏于马前揖维翰赴侍卫司"。胡三省说："揖赴侍卫司，示将囚系之也。"④桑维翰时任中书令，可见后晋时亦置侍卫狱了，并且可以羁押重要大臣。五代时期的这种军狱，直接由侍卫亲军都指挥使掌管，史载："汉法既严，而侍卫都指挥使史弘肇尤残忍，宠任孔目官解晖，凡入军狱者，使之随意锻炼，无不自诬。……得罪人，不问轻重，于法何如，皆专杀不请，或决口、斫筋、折胫，无虚日；虽奸盗屏迹，而冤死者甚众，莫敢辩诉。"⑤可见侍卫司狱的权力一度非常膨胀。

此外，五代时期在京师还置有左右军巡院，也有一定的司法权，以至于朝廷每颁布有关司法方面的诏敕时，往往都要提到这一机构。如唐庄宗同光二年六月敕："应御史台河南府行台马步司左右军巡院，见禁囚徒，据罪轻重，限十日内并须决遣申奏。"⑥有关军巡院的详细情况，在第四章中已有较详的考述，就不再重复了。

---

① 《新五代史》卷二七《康义诚传》，第298页。
② 《旧五代史》卷一〇七《史弘肇传》，第1407页。
③ 《资治通鉴》卷二八八，后汉高祖乾祐元年十月，第9402页。
④ 《资治通鉴》卷二八五，第9321页。
⑤ 《资治通鉴》卷二八八，后汉高祖乾祐元年十月，第9402页。
⑥ 《旧五代史》卷一四七《刑法志》，第1965页。

五代的地方司法机关比较复杂，除了州署、县署外，县以下的乡官、里正、村正等也都负有检举违法活动的职责，对一些案情较轻的婚姻、财产等民事案也有一定的调解或审判权。与唐制不同的是，五代还出现了一些新设置的机构和职官掌管地方司法之权，如诸州之马步院、子城司、巡检司等，其中马步院掌管司法的官员有马步都虞候、马步判官等，子城司则是子城使。马步院本来是负责军法的机构，其任务是逮捕和处决违犯军法以及反抗作乱的军民，由于马步都虞候多由节帅亲信担任，有恃无恐，逐渐扩张其职权，进而把一般民事刑狱也以触犯军法的借口收归其裁决，使州署的部分司法权为其控制。子城使也由藩帅亲信充任，其任务是保卫子城，巡警捕盗，和马步院一样逐渐扩大了职权，干预地方司法工作。关于这两个机构的详情，参见第四章相关内容。至于巡检司，在五代时期设置较为广泛，京师、诸镇、州县均有设置，这类机构的设置除了具有军事、经济意义外，通常都负有维持治安、缉捕盗贼的职责，因而也具有一定的司法权。①

（2）起诉制度。这个方面仍基本沿袭唐制，分为告诉、告发、举劾等3种，不同的是在举劾时，五代加强了军巡院、巡检司的纠举力度。此外，五代在地方基层除了沿袭唐代的里正、坊正负责纠举非违外，在后周时期则出现了耆长负责地方基层纠举的制度，并为北宋所沿袭。在诉讼程序方面，五代规定可以越级上诉，并制定了相关条款，唐庄宗还在朝堂设置了投诉状的匦函，可以直接向皇帝投诉。也可以赴御史台申冤，如"勘问不虚，其元推官典并当责罚，其逐处观察使、刺史，别议朝典"②。周太祖时规定：今后百姓诉讼，须依县、州、观察使逐级投诉，如其不受理，即可赴台省申诉。③我国历代大都不允许越诉，五代乱世反倒允许越诉，反映了当时的统治者急于加强法制、改变吏治的心态。

（3）证据制度。五代的证据制度仍是分为物证、书证、勘验和检查等，不同的是在检勘方面更加重视作案现场与实物证据的勘验。在勘验

---

① 参见刘琴丽：《五代巡检研究》，《史学月刊》2003年第6期，第34—41页。
② 《旧五代史》卷一四七《刑法志》，第1967页。
③ 《五代会要》卷一七《御史台》，第286页。

程序方面，五代规定凡军人百姓之家有人口正常死亡者，允许"四邻看验"，如果非正常死亡，本户与看验的邻人妄有保明，经官府复核发现后，"各量罪科断"。①当然规定邻人看验是有条件的，主要是指夏季炎热，尸体不易保存的季节。五代还开创了使用验状的先例，即将鉴定结论作为重要证据使用。②敦煌文书P·3257号《后晋开运二年寡妇阿龙地产诉讼案》的内容，也能在一定程度上反映五代时期的证据制度。"其调查取证的方式与现代审理民事案件的方式有相似之处，即主要通过询问当事人调查取证。此案中不仅有书证（租佃契约），而且有当事人陈述。每位当事人陈述完毕后都要签字画押，按男画左手中指节，女画右手中指节的规定进行，构成了完整的证据体系。"③

（4）审判制度。五代时期与唐代比较，这方面最大的变化便是逐渐确立了长官亲审的制度，各朝均强调地方长官要亲决刑狱，即使在刑法残酷的后汉时期，也仍然强调了这个规定。④虽然五代时期执行此制并不彻底，但仍对宋制产生了较大的影响，并形成了地方长官坐堂审案的固定制度。在推按过程中，五代还制定了限刑的规定，即限制审讯过程中的拷掠。如后唐天成三年规定，审讯时"如未明事理，不得行责情杖"。⑤如有拷掠致死的情况，长兴二年规定："若推勘因而致死者，有故以故杀论，无故减一等。如拷次因增疾患，候验分明，如无他故，虽辜内致死，亦以减一等论。"⑥后晋天福中，再一次强调了此条规定。后周显德五年则进一步明确为："量情状轻重用，不得过臀十五杖。"⑦后

---

① 《五代会要》卷八《丧葬上》，第135页。
② 〔宋〕郑克：《折狱龟鉴》卷四《议罪·高防》，见文渊阁《四库全书》，台湾商务印书馆，1983年，第729册，第901页。
③ 陈永胜：《〈后晋开运二年（1945）寡妇阿龙地产诉讼案〉若干法律问题析论》，《兰州大学学报》2003年第2期，第54页。
④ 《全唐文》卷一二一，后汉隐帝《委长吏亲虑囚敕》，第1219页。
⑤ 《五代会要》卷一〇《刑法杂录》，第160页。
⑥ 《五代会要》卷九《议刑轻重》，第152页。
⑦ 《五代会要》卷一〇《刑法杂录》，第164页，疑此处文字有颠倒，"臀"字似应在"十五"之后。

晋开运三年规定：凡准敕决笞杖者，"差一员公干清强官监视"。①

（5）执行制度。关于五代新出现的刑名问题，下一小节要专门论述，这里只就死刑的执行问题稍做论述。我国古代通常在秋冬季节执行死刑，而立春以后，秋分之前，是不许处决死囚的。五代时期却突破了这一定制，如后唐同光三年诏曰："其诸司囚徒，罪无轻重，并宜各委本司据罪详断。轻者即时疏理，重者候过立春，至秋分然后行法。如系军机，须行严令，或谋为逆恶，或蕴蓄奸邪，或行劫杀人，难于留滞，并不在此限。"②可见对于犯行劫、杀人等重罪者，可立即处决，不受旧制的束缚。此后各朝也都对这一制度或多或少地进行过一些改革，从而使这一制度逐渐确立下来。在实际执行中，春夏期间行刑的记载也是不绝于史书。

（6）死刑覆核制度。唐朝规定凡决死刑，应3覆奏，唐太宗规定2日内5覆奏。五代的这个制度与唐制略有不同。后唐天成二年，"大理少卿王郁上言：'凡决极刑，合三覆奏，近年以来，全不守此。伏乞今后前一日令各一覆奏。'奉敕宜依"，③也就是改成了2覆奏。同时还规定："诸死罪因不待覆奏报下而决者，流二千里；即奏执应决者，听三日仍行刑，若限未满而行刑者徒一年。"④后晋天福中重新颁布这个规定，并补充了一点，"即过限，违一日杖一百，二日加一等"。⑤后周广顺三年则规定：各地死刑案断讫后，必须录原案并审判官姓名上报朝廷，以及"其检用法条朱书，不得漏落"。⑥如果发现断案有疑问，则由刑部覆勘。对于"有凶逆犯军令者"，后唐规定"亦许临时一覆奏"。⑦五代各朝中只有后汉不执行死刑覆核制度，而是规定犯赃不计多少，立决杀。

---

① 《五代会要》卷一〇《刑法杂录》，第163页。
② 《五代会要》卷一〇《刑法杂录》，第159页。
③ 《旧五代史》卷一四七《刑法志》，第1966页。
④ 《五代会要》卷一〇《刑法杂录》，第160页。
⑤ 〔宋〕窦仪等撰，吴翊如点校：《宋刑统》卷三〇《断狱律》，中华书局，1984年，第495页。
⑥ 《五代会要》卷一〇《刑法杂录》，第164页。
⑦ 《五代会要》卷一〇《刑法杂录》，第160页。

综上所述，可以看出五代的死刑覆核制度与唐制相比，是有所倒退的。

（7）监狱管理制度。这方面最大的变化便是设置了病囚院，具体时间是在后唐长兴二年，敕命"诸道州府各置病囚院，仍委随处长吏，专切经心。或有病囚，当时差人诊候，疗理后据所犯轻重决断。如敢故违，致本囚负屈身死，本官吏并加严断"。①这是中国法制史上的一大进步，并为历代王朝所沿袭，其影响是非常深远的。后晋时明确规定囚犯患病治疗所需费用由官府量支，候病愈后科决，应受杖责者也须待病愈后施行。②但是至后周时期却有所倒退，改为病囚有主者，由主家看顾，无主者才由官府遣医工医治。③五代创置的病囚院制度也为宋代所沿袭，并在监狱中建立了病囚登记册，说明其管理制度更加完善。此外，五代还制定了囚犯饮食供给的相关规定，要求按时供给饮水，"无令饥渴"。④从后周显德二年的敕节文看，囚犯的饮食有家人者自供，无家人由官府每日按2升米的标准供给，并严禁狱子、节级克扣囚犯口粮。在监狱的卫生方面，五代自后唐以来，各朝均制定了一些相应的规定。如后唐长兴二年规定：每年从夏初至八月末，每5日差人洗刷枷匣一次。⑤周太祖甚至还规定："仍令狱吏洒扫牢狱，常令虚歇。涤洗枷械，无令蚤虱。"⑥囚犯死于狱中时，如无亲戚，由官府提供棺木，在官地埋葬，甚至要求"置砖铭于圹内，立碑于冢上，书其姓名。"⑦所有这一切都是我国古代监狱管理制度的一个很大进步。⑧

（二）司法制度的特点

首先，五代时期司法制度最大的特点，便是具有浓烈的军事色彩。

---

① 《五代会要》卷一〇《刑法杂录》，第161页。
② 《旧五代史》卷七六《晋高祖纪二》，第1007页。
③ 《全唐文》卷一二二，后周太祖《命诸州恤刑诏》，第1231页。
④ 《全唐文》卷一二四，后周太祖《虑囚敕》，第1243页。
⑤ 以上均见《宋刑统》卷二九《断狱律》，第472页。
⑥ 《全唐文》卷一二四，后周太祖《虑囚敕》，第1243页。
⑦ 《五代会要》卷一〇《刑法杂录》，第162页。
⑧ 参见杜文玉：《论唐宋监狱中的医疗系统——兼论病囚院的设置》，《江汉论坛》2007年第5期，第90—97页。

众所周知，五代各朝实行重武轻文的政策，不仅各朝的开国皇帝均是军人出身，其部下重要大臣也多是军人身份，至于地方官员，上至节度使、刺史，下至镇将、巡检等，无不多由武人充任。统治阶级的这种结构，使得当时各朝均不约而同地实行武人政治，武人专权。因此五代时期的司法机构经常受到军事部门的干扰，司法权也部分地被其侵削或遭到剥夺。以京师地区为例，司法权便受侍卫司狱、军巡院的干扰，地方的司法权则受到马步院、子城司、巡检司、军镇等的分割和侵削，同时也使得司法机构数量大为增长，互相干扰，影响了法制的统一。五代司法制度的这种浓厚的军事色彩，是其他历史时期所没有的，因而具有鲜明的时代特点。

其次，五代司法机构的增多，司法权的分割，尤其是大量军事执法机构的出现，使得执法官员的人数也随之增长，而武人执法更使得执法官员的素质难以保证。为了满足需要，五代虽然也恢复了明法科的考试，试图选拔更多的明习法律的人才，但是由于及第人数有限，加之军事执法机构仍由武人掌管，使得整个五代时期执法官员的素质较为低下的状况难以改变。《旧五代史·安重荣传》载："自梁、唐已来，藩侯郡牧，多以勋授，不明治道，……卖官鬻狱，割剥蒸民。"宋人也指出五代"州郡掌狱吏不明习律令，守牧多武人，率恣意用法"，[①]便是这种情况的真实写照。由于这种情况的存在，尽管五代各朝大都努力改善执法状况，但效果并不明显，直到宋代推行重文轻武的政策，情况才有所改变。此外，吴国还置有辞状司，南唐烈祖昇元元年（937）改为清讼院，[②]专门掌管刑狱审断。据宋人赵彦卫的《云麓漫钞》卷一载，常州宜兴县善拳寺有一碑记载说：该寺墙内原有九斗坛，建隆元年被县令欧阳度奏改为道士主持，善拳寺僧冲伟论诉，要求改判为本寺掌管。清讼院申奏：请求大僚置制院再详加推覆。南唐皇帝批复说：此是小事，何劳大僚详定，令将九斗坛仍归善拳寺管辖。据此可知，一般的案件由清讼

---

① 《续资治通鉴长编》卷二，宋太祖建隆二年五月，第46页。
② 〔宋〕陆游：《南唐书》卷一《烈祖本纪》，第5465页。

院审理，重大案件则由重要大臣组成的置制院推覆。清讼院的设置也是其不同于唐制的一个表现。

再次，五代对司法制度的改革，对后世司法制度产生了一定的积极影响。如皇帝亲录制度、长吏亲自审案的制度[①]、使用验状的规定、病囚院的设置、推问过程限刑的规定等，都对宋代的司法制度产生较大的影响，有的被其直接沿袭，有的则是在继承的基础上有了更进一步的发展和完善。比如病囚院，宋代除了统一建立病囚登记册，用以记录病囚病情外，还专门规定"每县各选差曹司一名、医人一名，专掌医疗病囚，不得更充他役"，[②]这样就保证了囚犯患病时的及时医治。再如皇帝亲录制度，虽然早在唐朝以前就已存在，但在五代时期，皇帝进一步加强了这方面权力，并制定了一些相关的规定，要求各地官吏及时上报案件的审理情况，所谓"四方刑狱，动皆上闻"[③]，初步形成了皇帝在司法方面的权力集中。宋代延续了这一发展趋势，使得御笔断罪的现象更加盛行。[④]

三、有关刑名的几个问题

由于五代是一个分裂动乱的历史时期，战争频繁，杀人如麻，故自宋以来的历代学者，乃至现代的一些学者，多对其法制成就采取否定的态度，在论到五代刑法时往往冠以"残酷""刻毒""视人命如草芥"等字眼，贬得一无是处。[⑤]有关五代刑法残酷的说法，长期以来影响很大，故对这个话题不能不认真进行分析。

---

① 据《〈后晋开运二年（945）寡妇阿龙地产诉讼案〉若干法律问题析论》，载：这件案件先由左马步都押衙王文通仔细审问，然后报节度使曹元忠最后做出判决。这是长吏亲自审案的实例。第52—53页。
② 〔宋〕苏轼著，孔凡礼点校：《苏轼文集》卷二六《乞医疗病囚状》，中华书局，1986年，第765页。
③ 《全唐文》卷八四八，萧希甫《请条流县令刺史得专断狱奏》，第8912页。
④ 马小红：《礼与法》，经济管理出版社，1997年，第266页。
⑤ 范文澜：《中国通史》第3册，人民出版社，1978年，第510页；韩国磐：《隋唐五代史纲》，人民出版社，1979年，第441页。

（一）关于五代刑法残酷说的看法

通观五代各朝刑法，唯后汉一朝残酷，其他各朝刑法还算持平。而后汉统治只有短暂的3年，仅占整个五代统治时间的5.7%，因此不能笼统地说整个五代时期刑法残酷。史载："汉法深刻，蕃方奏刑杀，不问端倪，即顺其情。"①故此期间，种种残酷杀人之事屡有发生。持五代刑法残酷说者，多列举后汉种种酷刑为据。其实，五代各朝除后汉外，莫不主张轻刑。后梁太祖朱温以好杀而受到史家的鞭挞，对于这个问题也要具体分析。他的好杀主要表现在政治斗争和军事斗争中，为了巩固统治和取得战争的胜利，古今中外的统治者莫不采取残酷手段对付政敌，非独朱温如此。但在治理民众方面，朱温却能坚持轻徭薄赋，省刑除暴的政策。如开平三年诏曰："凡关庶狱，每尚轻刑。"②乾化二年再次下诏强调："其所在长吏不得因缘差役，分外诛求，律令所施，典刑具在，宁容残忍，合务哀矜。宜令所在长吏不得淫刑酷法，须臻有道，免致无辜。"③不仅如此说，在实际执行中也基本能予以贯彻。例如，后梁左金吾卫大将军、金吾街仗使寇彦卿在开封大街执行巡查任务时，百姓梁现不避道，被其前驱推到天津桥石栏上摔死。寇彦卿诣朝自首，论法将寇彦卿贬官。④部下犯法，主管官受罚，可见梁法之严。

后唐时期更为注意慎刑恤狱。庄宗为晋王时，"尝有疑狱，法司以状具闻，帝犹虑狱吏榜笞诬枉，覆讯曰：'非狱吏榜笞乎？非势门排陷乎？'"⑤即皇帝位后，亦关心刑狱，亲决疑案，曾下诏曰："议狱恤刑，比求冤滥，……自今后法司如有疑狱，予自据格令以决之。"⑥明宗统治期间，继续执行这个政策，多次强调"法亦宜轻"的原则，"每于

---

① 《册府元龟》卷四四九《将帅部·专杀》，第5328页。
② 《册府元龟》卷一九一《闰位部·政令》，第2314页。
③ 《册府元龟》卷一九六《闰位部·诫励》，第2369页。
④ 《新五代史》卷二一《寇彦卿传》，第220页。
⑤ 《册府元龟》卷一八《帝王部·帝德》，第202页。
⑥ 《全唐文》卷一○三，后唐庄宗《亲决疑狱令》，第1052页。

刑狱之间，倍轸忧勤之念"。①明宗之婿石敬瑭的亲戚史彦弼犯法，有人代为求情，"帝曰：'王法无亲，岂可私徇。'乃皆就戮。"②由于明宗执法不徇私情，使天下枉滥之狱大为减少，"政平讼理，人安岁稔"，③为五代中的小康时期。

有人将石敬瑭杀两个用竹竿作战斗游戏的小儿，作为明宗"性果"好杀的论据，④其实是不能成立的。史载：天成三年，京师巡检使浑公儿上奏说有两个百姓以竹竿练习战斗，明宗命石敬瑭调查处理，石敬瑭未加深究而杀之。事后方知乃是小孩游戏，于是下诏自咎，"以为失刑，减常膳十日，以谢幽冤；罚敬瑭一月俸；浑公儿削官、杖脊，配流登州；小儿骨肉，赐绢五十匹，粟麦各百硕，便令如法埋葬"。并以此为鉴戒，下诏诸道州府："凡有极刑，并须子细裁遣。"⑤明宗如此处理此事，可谓合情合法，至公至明，非但不是好杀，恰恰证明明宗严于律己，慎杀恤刑，而论者断章取义，任意删裁史料，却是不足取的。

后晋一朝，二世而终，无论高祖或出帝执法均以省刑为要。在他们颁布的诏令中也多次强调轻刑。如后晋高祖在《宽窃盗赃罪诏》中说："凡于狱讼，常切哀矜，况时渐兴文，民皆知禁，宜伸轻典，用缓峻刑。"⑥后晋出帝也强调："人之命无以复生，国之刑不可滥举，虽一成之典，务在公平，而三覆其词，所宜详审，凡居法吏，合究狱情。"⑦据《全唐文》卷九七四《请量留太谷令李殷状》载，在后晋统治的一些地区竟出现"狱无囚系，刑无鞭扑"的局面。

后周为五代中的大治时期，各种制度渐趋完备，其法制也最为突出。后周太祖郭威在即位前，曾和王处讷议论后汉国祚短暂的原因，王

---

① 《册府元龟》卷一五一《帝王部·慎罚》，第1829页。
② 《册府元龟》卷五八《帝王部·守法》，第654页。
③ 《册府元龟》卷一〇四《帝王部·访问》，第1247页。
④ 《中国通史》第3册，第510页。
⑤ 《容斋三笔》卷七《五代滥刑》，第511页。
⑥ 《全唐文》卷一一五，第1170页。
⑦ 《全唐文》卷一一九，后晋出帝《答边珝请五日一录囚敕》，第1202页。

处讷认为后汉高祖动辄杀人，夷人之族，"结怨天下"，故其很快灭亡。①郭威吸取这个历史教训，即位之后，不敢滥杀，连杀其全家的刘铢，也只诛本人，不连坐家属。对于乱杀狱囚的官吏，则必杀不贷。后周世宗即位后，继续了周太祖的政策，每遣使视民田，"按狱讼"，由宰相亲自延见，"为述天子忧勤之意，然后遣之"。②对违法贪赃、滥刑杀人、虐待民众的官员，世宗每每严刑杀戮，因而旧史称其"用法太严"。其实世宗严刑主要针对不法官吏，如他杀樊爱能、何徽，是因其临阵脱逃；杀孙延希，是因其督修的永福殿的役夫在瓦中吃饭；杀孟汉卿，是因其"以监纳取耗"；杀侯希进，是因其不奉命检视夏苗；杀张顺，是因其贪污税钱。③对于民众则没有施以严刑。世宗本意在于通过严惩不法官吏来整顿纲纪，改变吏风，后来官吏比较守法，他用刑也就宽松了一些，这种用意还是可取的。

现在谈谈法外之刑的问题。五代的一些官员确有种种残酷行为，这一点多被用来作为五代法酷的证据。但是这些只是局部时间、个别地区出现的现象，不能说明整个五代的情况，而且多为法外之刑，是政府严令禁止的行为。五代各朝除后汉外，均颁有敕令，严加禁断，并对滥刑的官吏也能予以惩处。如青州节度使王建立，"恶生好杀"，被赐药而死。④莱州刺史叶仁鲁，"贪暴特甚"，下狱治罪。⑤隰州刺史许迁因钉磔、脔割贼人，被下狱罢官。⑥其余如杨瑛、华温琪、尹训、刘震、王延诲、李从温等，莫不受到惩处。其中不乏皇亲、节度使这样的高官贵戚。其实法外之刑历代皆有，非独五代才有，因此以法外之刑为依据，评价一个时代法律是否残酷，绝非科学的态度。

此外，五代时期还出现了我国较早的断案治狱的专门著作——《疑

---

① 《宋史》卷四六一《王处讷传》，第13497页。
② 《宋史》卷二四九《范质传》，第8796页。
③ 《容斋三笔》卷九《周世宗好杀》，第535页。
④ 《册府元龟》卷四五〇《将帅部·谴让》，第5341—5342页。
⑤ 《册府元龟》卷七〇〇《牧守部·贪黩》，第8355页。
⑥ 《旧五代史》卷一二九《许迁传》，第1703页。

狱集》，这部书由五代人和凝父子共同修撰而成，今本为4卷。和凝历仕于梁、唐、晋、汉、周五朝，直到周世宗显德二年才亡故，历官翰林学士、左仆射、太子太傅，封鲁国公，因此对五代执法情况是非常熟悉的，所举案例除了前代之外，也有不少五代案例。据《四库全书总目提要》载：其著书的目的是："俾司宪者，触类旁通，以资启发。"也就是说想通过此书的编撰，为当时的执法者提供一些审案断狱的借鉴。如果没有比较丰富的社会实践和较高的办案水平，以及避免冤滥的良好愿望，是断不会出现这样一部治狱专著的。因此从《疑狱集》的成书，再加上当时众多法典的颁行可知，五代的司法实践应该是在比较正常的轨道上运行的。近些年来，我国司法界对此书已经进行了校注、翻译，并进行了比较深入的研究，给予了较高的评价。[①]

综上所述，五代法酷只是个别时期存在的情况，应该具体情况具体分析，区别对待，切不可以偏概全，以便使我们对五代的执法情况能有一个全面准确的结论。

（二）五代新出现的刑名分析

为了证明五代时期刑法残酷，有些法制史著作将古代一些刑名，如族诛、凌迟、刺面、附加刑等，均强加在五代时期，[②]作为五代刑重的论据。然仔细分析史料，便可发现情况并不完全如论者所说的那样。具体情况分析如下：

（1）族诛。族诛之刑并非始于五代，早在商鞅变法时，已有全家全族连坐的法律，汉代也继承了这个刑名。唐律虽废除了族诛，但在武则天时期又加以恢复。史载武后除官过滥，"每除一官，户婢窃相谓曰：'鬼朴又来矣。'不旬月，辄遭掩捕、族诛"。[③]《旧唐书》卷八八《韦思谦传附韦嗣立传》载：武则天时，韦嗣立曾上疏曰："扬、豫之后，

---

① 古代案狱文献校注译析课题组：《〈疑狱集〉校注译析选篇》，《江苏公安专科学校学报》1995年第3期，第76—80页。
② 张晋藩：《中国法制简史》，法律出版社，1983年，第137页；张晋藩：《中国法制史》，第235—238页。凡本章不注出处的观点及引文均见于此。
③ 《资治通鉴》卷二〇五，则天后长寿元年八月，第6485页。

刑狱渐兴，用法之伍，务于穷竟，连坐相牵，数年不绝。……于是小乃身诛，大则族灭，相缘共坐者，不可胜言。"都可证明当时的确已恢复了族诛刑名。具体实例也不少，如"阎知微自突厥叛归，族诛之"。①有人诬告舒王李元名与裴贞谋反，"周兴按之，并族灭"。②自此以后，有关族诛的记载便频频见于史籍，如唐代宗大历八年（773），岭南将哥舒晃反叛，朝廷命路嗣恭为岭南节度使，率军平叛，"俚洞之宿恶者皆族诛之，五岭削平"。③唐文宗太和九年，发生了甘露之变，"新除太原节度王璠、郭行余、郑注、罗立言、李孝本、韩约等十余家，皆族诛"。④因此族诛这个刑名既非五代所创，也非五代首先恢复。五代时期虽有族诛之刑，但曾一度废去，后来也只限于攻掠城镇的"贼人"和反逆等重罪，劫掠乡村和其他罪则明令禁用族诛之刑。后汉苏逢吉曾想滥用此刑，由于不合刑法，遭到众人反对，"不得已，但去族诛而已"。⑤

　　（2）凌迟。关于这个刑名，多认为始创于五代，其实是不正确的。唐朝在武则天时，刑法残酷，大将张虔勖就曾遭到乱刃斫之，然后枭首的酷刑。⑥《新唐书·杨思勖传》载：唐玄宗统治期间，"内给事牛仙童纳张守珪赂，诏付思勖杀之。思勖缚于格，棰惨不可胜，乃探心，截手足，剐肉以食，肉尽乃得死"，就行刑手法看，类似凌迟。提出五代创凌迟之刑的观点，主要依据是后晋开运三年窦俨上疏中的一句话："盖缘外地，不守通规，肆率情性，……或以短刀脔割人肌肤，乃至累朝半生半死。"然而，此种行为正是政府所要"严加禁断者"，是非法的行为，并非法律所规定的刑名。⑦如何能据此确认五代时就出现了凌迟的刑名呢？遍查五代史籍，也未发现此时有"凌迟"之刑名。要说此种行刑手法早在唐代已经有之，要说这个刑名则最早见于辽代。⑧

---

① 《旧唐书》卷六《则天皇后纪》，第128页。
② 《旧唐书》卷一八六上《酷吏传上》，第4844页。
③ 《旧唐书》卷一二二《路嗣恭传》，第3500页。
④ 《旧唐书》卷一七下《文宗纪下》，第562页。
⑤ 《新五代史》卷三〇《苏逢吉传》，第328页。
⑥ 《资治通鉴》卷二〇四，则天后天授二年八月，第6473页。
⑦ 以上均见《旧五代史》卷一四七《刑法志》，第1971页。
⑧ 〔元〕脱脱：《辽史》卷六一《刑法志上》，中华书局，1974年，第936页。

（3）刺面。此刑古来就有之，称之为黥刑，为五刑之一。《唐律》废除黥刑，但到武则天时已有所恢复。《旧唐书·后妃传》载："则天时，婉儿忤旨当诛，则天惜其才不杀，但黥其面而已。"后梁太祖朱温曾在军士脸上刺字，作为防止军士逃跑的一种措施，然并未列入刑法。后唐庄宗同光二年大赦天下：赦文中有"应有百姓妇女，曾经俘掳他处为婢妾者，一任骨肉识认。男子曾被刺面者，给与凭据，放逐营生"等语。①此时庄宗刚刚灭亡后梁，尚未修撰过法书，故这里提到的"刺面"并非后唐法律的规定，也非后梁法律的规定，只是针对后梁存在的在军士中刺面现象而言的，故不具备法律意义。《旧五代史·赵思绾传》云："思绾等比是赵在礼御士，本不刺面，景崇、齐藏珍既至京兆，欲令文面，以防逋逸。景崇微露风旨，思绾厉声先请自刺，以率其下，景崇壮之。"此事发生在后汉乾祐元年三月，可见直到这时仍然存在在军士中刺面的做法。马端临《文献通考》卷一六八《刑考七》载："流配，旧制止于远徙，不刺面。晋天福中始创刺面之法，遂为戢奸重典，宋因其法。"有的学者据此断定后晋已将刺面之刑列入法律。但是后晋定刺面流配之刑，还算不上重刑，据《五代会要》卷二〇《县令下》载：天福八年三月敕："如乡村妄创户，及坐家破逃亡者，许人纠告，勘责不虚，其本府与乡村所由，各决脊杖八十，刺面配本处牢城执役。"这是配于本处服役的例子。再如天福三年，左街使韩延嗣因斗杀人而被刺配于华州，②华州也不是远恶去处。五代从后汉起，才开始将犯人流配于沙门岛。后周太祖广顺二年，前北海令李元懿上书说："见刘铢擅弃国章，便行决配，凡罪人或刺面填都，或决配沙门岛。"③可见流配远恶之处始于后汉，而且受到了人们的谴责。但是自此以来，流配沙门岛却成为后周及宋代的普遍做法，不过后周送于沙门岛者多为流配罪犯，刺配者多在牢城服役并收管，称为刺面配军。④宋代继续沿袭了这

---

① 《旧五代史》卷三一《唐庄宗纪五》，第428页。
② 《五代会要》卷九《议刑轻重》，第153页。
③ 《册府元龟》卷五四七《谏诤部·直谏一四》，第6575页。
④ 《册府元龟》卷九六《帝王部·赦宥一五》，第1144页。

个刑名，并有越来越重的发展趋势，至宋仁宗庆历中事涉刺配的敕令已达200条，淳熙年间又增到570条，以至于"配法既多，犯者日众，黥配之人，所至充斥"。①甚至"服役终身，其配远恶州军者，无复地里之限"。②可见宋代的刺配之刑比五代严酷多了。

（4）附加刑。五代的确已有附加刑，但并非五代时期所创，而是早在唐代就已存在，至其后期已经相当普遍了，因此不能作为五代刑重的论据。如开元十年（722），武强县令裴景仙犯赃事发，"遂决杖一百，配流"。③天宝九载（750）九月敕："选人冒名接脚，……量决六十，长流岭南恶处。"④此为流刑附加杖刑。唐朝在德宗以前，"死罪皆先决杖，其数或百或六十"，⑤此为死刑附加杖刑。宋代的刺配之法，既杖其人，又配流其身，再刺其面，是一事之犯而兼受三刑，比之唐五代有过之而无不及。

（5）科刑加重。通常认为五代科刑大为加重，论据有二：其一，以杖决代替绞斩。其实此法也始于唐代，早在武则天长安年间，"时奉宸令张易之尝纵其家奴凌暴百姓，元忠笞杀之，权豪莫不敬惮"。⑥魏元忠的行为虽属弹压豪强的正义之举，但行刑手法却是违反《唐律》的。玄宗开元二十五年，监察御史周子谅上书忤旨，"朝堂决杖死之"。天宝八载（749），"咸宁太守赵奉璋决杖而死"。⑦史载唐肃宗喜用重刑，曾决重杖死者21人。⑧其实按照唐律，"杂犯死罪，无杖刑，奏报三覆，然后行决"。⑨可见唐代出现的以杖决代替绞斩的变化，是其刑法逐渐加重的表现。五代不过是沿用了唐代的这条成法，如后晋天福三年的

---

① 《宋史》卷二〇一《刑法志三》，第5020页。
② 〔明〕杨士奇等：《历代名臣奏议》卷二一〇，张方平《请减刺配刑名札子》，见文渊阁《四库全书》，台湾商务印书馆，1983年，第439册，第77页。
③ 《唐会要》卷四〇《臣下守法》，第848页。
④ 《宋刑统》卷二五《诈伪律》，第392页。
⑤ 《新唐书》卷五六《刑法志》，第1417页。
⑥ 《旧唐书》卷九二《魏元忠传》，第2952页。
⑦ 《旧唐书》卷九《玄宗纪下》，第208、223页。
⑧ 《新唐书》卷五六《刑法志》，第1416页。
⑨ 《旧唐书》卷九八《裴耀卿传》，第3082页。

第十章 立法成就与司法制度的变化

"绞刑决重杖一顿处死"之规定，就是依据唐朝的《大中刑法统类》节文。① 其二，盗赃之法比之唐代更加严酷，这种说法也是不符合历史事实的。唐建中三年（782）曾规定窃盗赃满3匹以上者死罪，到了唐元和十年（815）改为无论有赃无赃；"并集众决杀"。② 五代时期多采用建中年间的规定，后晋时期甚至放宽到赃满5匹的程度，只有后唐清泰二年和后汉时期采用了唐元和十年的规定，施用时间总计不到四五年。这样看来，五代的规定非但没有加重，总的来看反倒有所减轻，如何能认为五代科刑变重呢？退一步讲，即使五代科刑和唐代比没有减轻，也不能认为有加重的趋势，只不过是延续了唐代的科刑标准罢了。

十国的刑法大体上同于中原王朝，总体上看仍沿用了唐朝的五刑制度，即笞、杖、徒、流、死等五刑，但是也发生了一些变化，笞刑的施用不再广泛，而杖刑以下往往与其他刑联系在一起。如杖刑与流配结合起来施用，甚至有决杖至死的情况出现，至于刺配之刑也不时出现。此外，十国中法外之刑也时有出现，如脔割、族诛、连坐、腰斩等。③ 总的来看，十国中除了南汉等个别政权刑法比较残酷外，其他诸国的刑法从程度上看，并不比唐后期更为严酷，甚至比中原王朝还要和缓一些，法外之刑也要少于中原王朝。这种情况的出现，与十国中的绝大部分政权社会相对稳定、经济相对繁荣、社会矛盾不十分激化有着直接的关系。还有一个原因，就是这些政权多实行重视文教、抑制武人势力的膨胀、削弱藩镇的发展等政策，使得文臣得以执掌国政，而文人执法总要比武人轻缓得多。

综上所述，可以看出所谓五代十国时期刑法残酷的说法是站不住脚的。之所以会产生这种观点，一是因为对这一时期法律缺乏深入全面的考察，只看到一些表面现象，占有资料不够丰富。二是因为总把这时的法律和唐初制定的《唐律》比较，没有看到唐代的法律也在变化之中，故难免会得出五代十国刑法变重的错误结论。

---

① 《五代会要》卷九《议刑轻重》，第153页。
② 《宋刑统》卷一九《贼盗律》，第303、301页。
③ 《十国典制考》，第103—116页。

四、结语

在中国中古法制史上量刑有一个明显倒退，就是从武则天统治时期开始的，而不是从五代开始的。武则天为了巩固其统治地位，任用酷吏，实行罗织之法，手段残酷，破坏了《唐律》用刑持平的原则，所谓"今推鞫者犹行酷法，不依律文"。[①]到开元、天宝时期这种情况已大有好转，但安史之乱以后，社会经济受到破坏，政治日趋腐败，社会矛盾十分尖锐。反映在法律上，便是科刑日益加重。从前面所论到的唐代中后期情况看，这种变化是非常明显的。唐初所确立的科条简要，刑罚适中的立法原则已遭到破坏。宋人欧阳修在论到唐代法律的变化时说："故自肃宗以来，所可书者几稀矣；懿宗以后，无所称焉。"[②]就是针对这种变化而发的感叹。宋人文彦博也说："唐末、五代，用重典以救时弊，故法律之外，徒、流或加至于死。"也认为重典非自五代始，不同的是，他认为重典是自唐后期以来才发生变化的。五代法律不过是唐后期的继续，是沿袭而来的，并未发生重大变化，因而要说倒退变重，无论如何也算不到五代时期。由于五代时期分裂割据、军阀混战的历史条件，决定了当时只能继续唐后期以来的法律，想要恢复初唐的中典也是不可能的。倒是宋代，国家承平百数十年，"当用中典，然犹因循，有重于旧律者"。[③]确是应当引起重视的社会现象。宋在唐律的五刑之外，正式列入刺配之刑，死刑又增入凌迟一法，附加刑更是泛滥。对于危害国家统治的严重罪行，可以不受刑律约束，"皆支解剐割，断截手足，坐钉立钉，悬背烙筋，及诸杂受刑者，身具白骨，而口眼之具犹动；四体分落，而呻痛之声未息。置之阛阓，以图示众"。[④]要说科刑加重，宋代可以当之无愧，影响到元、明、清，更是达到登峰造极的程度。

---

① 《全唐文》卷一六三，徐有功《论天官秋官及理匦怼失表》，第1664页。
② 《新唐书》卷五六《刑法志》，第1419页。
③ 以上均见《宋史》卷二〇一《刑法志三》，第5009页。
④ 《宋文鉴》卷四二，钱易《请除非法之刑》，第630页。

第十一章

助礼钱与诸司礼钱

五代时期中央机构中的尚书省、门下省、中书省、御史台、国子监与翰林院等部门，均对担任这些部门的职官或学生收取礼钱，其中三省收取的称光省钱，唐代称光署钱，御史台则称光台钱，国子监称光学钱，翰林院称光院钱。皇帝举行重大祭祀活动时，也向各地藩镇征收助礼钱，或者称为大礼钱，并且成为一种常设的制度。这一制度影响颇大，并为宋朝所沿袭。关于这一问题目前极少有人研究，[1]有必要对其做进一步的研究。

一、助礼钱及其渊源

五代的这一制度沿袭了唐制，如唐哀帝天祐二年（905）七月"辛酉，赐（朱）全忠《迎銮记功碑文》，立于都内。全忠进助郊礼钱三万贯"。[2]这种钱便是藩镇向中央进贡的协助皇帝举行南郊大典的经费，至于其始于何时，史籍缺载，不好论定，但早于天祐时期则是毋庸置疑的。五代时期凡皇帝举行南郊祭祀，均向各地藩镇征收助礼钱，这种钱通常由各地藩镇主动进献，但有时皇帝也派人赴各地催征，据《新五代史·李仁矩传》载："明宗祀天南郊，东、西川当进助礼钱。"助礼钱的数额通常没有统一的规定，通常视各地藩镇的经济实力而定，有时皇帝也规定数额，如"（天成）四年，明宗将有事于南郊，遣李仁矩责（孟）知祥助礼钱一百万缗，知祥觉唐谋欲困己，辞不肯出。久之，请献五十万而已"。[3]东川节度使此次则进献了10万缗钱。[4]可见这种助

---

[1] 唯有张国刚的《唐代政治制度研究论集》一书中的第261—265页涉及过光署钱与光台钱，认为唐代的光署钱就是五代的光省钱和光台钱，本文观点与其颇有不同。文津出版社，1994年。

[2] 《旧唐书》卷二〇下《哀帝纪》，第797页。

[3] 《新五代史》卷六四《后蜀世家》，第799页。

[4] 《册府元龟》卷一六九《帝王部·纳贡献》，第2037页。

礼钱的数额还是不小的。不过这只是一种特例，因为当时西川节度使孟知祥与东川节度使董璋均有割据跋扈之心，后唐朝廷已经有所觉察，因此才在南郊祭祀时向其催征巨额钱款，借以削弱其经济实力，在通常情况下不过是数千贯至数万贯不等，如天成三年，"西川进助大礼钱五千万、白熟布十万匹"。所记的五千万，即5万贯钱。其他官员也可以进献这种助礼钱，如这一年"前北京皇城使李继中弟侄三人进马二百五匹、金器八百两、银万两、家机锦百匹、白罗三百匹、绫三千匹、绢三千匹。继中者，故昭义帅嗣昭之子。少有心疾，其母杨夫人自潞州积聚百万，辇于荆州私第。继韬之叛，没之于官。庄宗南郊，助太平赏给"。①李继韬为李继忠（中）之兄，在唐庄宗时任昭义留后，因为反叛，其家产被没收入官，其母杨氏贿赂宦官及皇后，遂释而未治罪。事见《旧五代史·李嗣昭传附继韬传》。从"庄宗南郊，助太平赏给"一句看，当是李继韬及其母在庄宗南郊时，以助礼钱的名义进献过钱财，遂得以发还家产。次年十月，"福建王延钧进贺郊礼毕银七千两及蕉牙、香药、金器百两"。②割据于福建的闽国不同于后唐直接管辖下的藩镇，大约明宗举行南郊大典时并未知会，所以才导致礼毕后才来进献贺礼钱。

诸侯助天子祭礼为自古以来的通例，并非始于唐五代，如"周公相成王，王道大洽，制礼作乐，……郊祀后稷以配天，宗祀文王于明堂以配上帝。四海之内各以其职来助祭"。③西周实行宗法制，天子为大宗，即宗子，诸侯为小宗，即支子。宗子虽然具有至高无上的地位，"然宗子欲统一族众，无如祭法"。④因此诸侯助祭不仅是掏一点儿费用的问题，而是体现了高下尊卑的宗法关系，关系到维护和巩固天子统治地位的大问题。《史记正义》引杜预语曰："郑桓公友，周宣王之母弟，

---

① 以上见《册府元龟》卷一六九《帝王部·纳贡献》，第2036页。
② 《册府元龟》卷一六九《帝王部·纳贡献》，第2037页。
③ 《汉书》卷二五上《郊祀志上》，第1193页。
④ 《日知录集释》卷一四《祭礼》，第859页。

封郑，有助祭泰山汤沐邑在祊。"①这是诸侯助祭的一个实例。汉武帝元鼎五年（前112）九月，"列侯坐献黄金酎祭宗庙不如法夺爵者百六人"。服虔曰："因八月献酎祭宗庙时使诸侯各献金来助祭也。"如淳曰："《汉仪注》诸侯王岁以户口酎黄金于汉庙，皇帝临受献金，金少不如斤两，色恶，王削县，侯免国。"②这是诸侯没有很好履行助祭职责而受到处罚的一个典型事例。唐朝前期没有实行藩镇制，国家统一，中央政府财力丰厚，故未实行此制。后期尤其是统治末期，藩镇纷纷割据，朝廷财力匮乏，然必要的祭祀活动又不能中止，于是便只好沿袭古制，借助于藩镇的资助了。五代因袭唐制，遂使这一做法更加制度化。需要指出的是，由于后世不再实行宗法制度，因此五代的这项制度表面上看体现的是一种经济关系，但实质上更多地则体现了君臣之间的政治关系。

二、诸司礼钱之名目

五代中央诸司所收取的各种礼钱，并非空穴来风，而是有故事依据的。早在东汉时就有这种先例存在。汉灵帝中平六年（189），"灵帝欲以（羊）续为太尉。时拜三公者，皆输东园礼钱千万，令中使督之，名为'左骖'。其所之往，辄迎致礼敬，厚加赠赂。续乃坐使人于单席，举缊袍以示之，曰：'臣之所资，唯斯而已。'左骖白之，帝不悦，以此故不登公位"。③东汉时期出现的这种现象，被后世视为一种卖官现象，如桓范说："灵帝置西园之邸，卖爵号，曰礼钱。钱积如屋，封涂漆书。"④灵帝卖官之事并不仅此一例，据杜佑记载："灵帝悬鸿都之榜，开卖官之路，公卿以降，悉有等差。廷尉崔烈入钱五百万，以买司

---

① 〔汉〕司马迁：《史记》卷四《周本纪》，中华书局，1959年，第150页。
② 《汉书》卷六《武帝纪》，第187页。
③ 〔南朝〕范晔：《后汉书》卷三一《羊续传》，中华书局，1965年，第1111页。
④ 〔宋〕李昉：《太平御览》卷八三六《资产部一六·钱下》，中华书局，1960年，第3734页。

徒。其子钧曰：'大人不当为三公，论者嫌其铜臭。'则刺史二千石迁除，皆责助理宫室钱，大都至二三千万。钱不毕，至自杀。"[①]

唐五代时期的这一制度却与卖官鬻爵无关，最初只是官员升迁后宴请同僚的一种费用，至五代时才成为中央诸司的一项经常性收入。据《旧唐书·陆扆传》载："（乾宁）三年正月，宣授学士承旨，寻改左丞。其年七月，改户部侍郎、同平章事。故事，三署除拜，有光署钱以宴旧僚，内署即无斯例。扆拜辅相之月，送学士光院钱五百贯，特举新例，内署荣之。"可见光署钱是陆扆用来宴请三省新同僚的，而光院钱却是其用来宴请翰林学士院旧同僚的费用。从"故事，三署除拜，有光署钱以宴旧僚"一句看，这种做法并非始于乾宁三年（896），至于始于何时，史无记载，不得而知。自从翰林学士院收取光院钱后，其他机构也纷纷仿效，皆设定例，所谓"仍定例，将相各二百千，使相五百千，观察使三百千，度支三百千，盐铁二百千，户部一百千"。[②]文中所提到的度支、盐铁、户部，均指新任这3个部门使职的官员。

五代时期未见到有光院钱的记载，但光署（省）钱在五代时期却仍然收取，称之为台省礼钱，如唐庄宗同光三年诏曰："起今后特恩授官及侍卫诸军将校、内诸司等官，其告身官给，旧例朱胶钱、台省礼钱并停，其余合征台省礼钱，比旧数五分中许征一分，特恩者不征。"[③]这一段记载颇有矛盾之处，既曰台省礼钱不征，又说其余台省礼钱只按旧例的1/5收取，至于不再收取的原因也没有说清楚。另据记载："（同光）三年正月戊戌敕：兵、吏部以台省礼钱为名，所司妄有留滞，在京者遽难应付，外来者固是淹延，须至条流，冀绝讹弊。自此后特恩授官，侍卫军功改转，内廷诸司带职，外来进奉阙廷，绫纸并宜官给，无令收买。旧例朱胶一切停废，礼钱亦不征取。……至于台省礼钱宜特蠲减，比旧数五分许征一分，其特恩已下，并不得征纳礼钱。"[④]可见此次停

[①] 《通典》卷一一《食货十一·鬻爵》，第243页。
[②] 《唐会要》卷五七《翰林院》，第1153页。
[③] 《旧五代史》卷三二《唐庄宗纪六》，第444—445页。
[④] 《册府元龟》卷六一《帝王部·立制度二》，第682页。

收的只是以上几类官员的礼钱，至于其他官员的台省礼钱仍旧要收取，只是比之以前有所减少而已。众所周知，吏部掌文官铨选，兵部掌武官铨选，而且是负责中级以下文武官员的铨选，高级官员的选授则不在其掌管范围之内。从"在京者遽难应付，外来者固是淹延"一句看，五代时期收取这种钱的范围已经大大地扩展了，致使一些中下级官员无力应付，留滞京师，从而成为一种弊政。唐庄宗此次只是免除了一小部分官员的礼钱，大部分官员尤其是中下级官员的礼钱并未免除，只是有所减少而已，应该说力度还是不大。至于引文中所提到的朱胶钱，又称绫纸钱，详见第四章第五小节，兹不赘述。

同光三年颁布的这道诏书没有规定台省礼钱的具体数额，唐明宗即位之初，曾颁布一道敕书，比较重要，录之如下：

> 后唐天成元年七月二十七日，尚书省准堂帖："应内外带职除官，自三公至郎官，合纳礼钱送尚书省，都司具旧例如左：检校太师、太尉旧例各合纳钱四十千，准敕减外，今各合纳钱二十千。检校太傅、太保旧例各纳钱三十千，减外今纳十五千。检校司徒、司空旧例各纳钱二十千，减外今纳一十千。检校仆射、尚书，旧例各纳钱一十五千，减外今纳七千。检校郎中、员外郎旧例各纳钱一十千，减外今纳三千四百。"敕："会府华资，皇朝宠秩，凡霑新命，合纳礼钱。爰自近年，全骧旧例，方当提举，宜振规绳。其间除翊卫勋庸、藩垣将佐自军功迁陟外，其余自不带平章事节度使及防御、团练、刺史、诸道副使、判官已下，三司职掌监院官、县令、录事参军、判官等，凡关此例，并可征纳。其检校官，自员外郎至左仆射，只取初转一任纳钱，若未改呼，不更征纳。仍委尚书省都司逐月具数，申中书门下。"[①]

---

① 《五代会要》卷一四《尚书省》，第231页。

以上所载只是新任检校尚书省官员应纳的台省礼钱，至于其他地方官员，虽然有交纳礼钱的规定，但却未记应纳的数额。此外，史籍中也未说明上面所记的旧例合纳礼钱的数额，是指同光三年减少后的数额，还是减少前的数额。据笔者所见，很可能是指减少后的数额，理由是唐朝收取的此类钱数额较大，大都在百余贯至数百贯不等，而五代多者也只有数十贯，另外唐明宗作为异姓，刚刚取得帝位，不可能比唐庄宗时收取更多的钱，只能比其少，否则将如何收买人心，取得内外官员的支持呢？

唐明宗的上述规定由于只涉及检校三公及尚书省官职，对地方官员任其他检校官者只是说"凡关此例，并可征纳"，但却未见减免，所以后唐朝廷又于同年九月针对地方官检校左右散骑常侍者应交的台省礼钱做了详细规定，具体情况如下：

> 门下中书两省状："准旧例，检校官合纳光省礼钱。伏见尚书省检校官礼钱，近降敕命，除翊卫勋庸、藩垣将佐外，其余不带平章事节度使，及防御、团练、刺史、诸道副使、郎中已下，并三司职掌监院官、县令、录事参军、判官等，凡关此例，并可征收者。伏缘省司旧例，别无钱物，只征礼钱，以充公廨破使。盖值离乱，致失规绳，即日纵有检校官，未奉敕命许令依旧征理，其检校左右散骑常侍，乞依尚书省。除翊卫勋庸、藩垣将佐外，并许征收。所冀朝廷故事，免失于根源；省阁旧仪，长存于规制。谨具本朝元征旧例钱数，乞奏闻者。中书约本省旧征礼钱及蠲减钱数如左：防御、团练、刺史、诸道郎官、三司职掌，检校左右散骑常侍，旧例各纳钱一十五千，今减外各纳钱五千。两府及次府少尹、左右司马、别驾、长史，旧例各纳钱一十千，今减外各纳钱四千。诸道将校，旧例纳钱五千，今减外各纳钱三千。都押衙至大将军，各纳钱五千，今减外各纳钱二千五百。进奏官各纳钱二千。其余都

头、指挥使已下，并与免放。"右奉敕："宜令门下中书两省准此，逐月具数申中书门下。"①

从以上的引文可以看出，五代时期实际上是将内外官员应收取的礼钱作了分配，尚书、中书、门下三省根据检校官职的不同，各有自己的征收范围。那么，对于带平章事的节度使、观察使，即所谓使相，又要交纳多少礼钱呢？据《旧五代史·唐明宗纪三》载：天成元年十二月"丙午，中书门下奏：'故事，藩镇节度、观察使带平章事，于都堂上事刊石记壁，合纳礼钱三千贯，以充中书及两省公使。今欲各纳礼钱五百千，于中书立石亭子，镌勒宰臣使相官氏、授上年月，余充修葺中书及两省公署部堂什物。'从之"。②可见使相所纳的礼钱则主要归政事堂及中书、门下两省所有，而且所纳之钱的数额大大高于其他诸司官员，这就说明五代时期确定征收礼钱的数额时，除了依据官员官职的高低外，还考虑到了不同官员经济实力的差异，这是确定任使相者交纳礼钱较多的一个重要因素。

御史台官员交纳光台钱虽然始见于唐代，不过并非国家制度的规定，而是官员之间的个人行为。《御史台记》记有一事，原文如下："唐有监察御史不工文，而好作不已。既居权要，多为人所诶，不之觉也。每篇辄为宋务先书以光台，月俸几尽，其妻谓曰：'公经生，素非文笔，所称篇咏，不为外人所传。此必台中玩公，折俸助厨耳。奈何受人嗤玩？'自后虽吟咏不辍，不复出光台钱矣。或问之，以妻言对。诸御史退相谓曰：'彼有人焉，未可玩也。'乃止。"③可见监察御史宋务先拿出月俸作为光台钱，完全是个人行为，当其发觉同僚对他的愚弄

---

① 《五代会要》卷一三《门下省》，第218—219页。
② 《五代会要》卷一三《中书省》（第220页）有与此大致相同的记载，唯有两点不同：其一，《会要》记使相原纳钱数为1000贯，而不是3000贯。其二，《会要》所记带平章事者只提到节度使，而未涉及观察使。
③ 〔宋〕李昉：《太平广记》卷二五五《嘲诮三·宋务先》引《御史台记》，中华书局，1961年，第1982—1983页。

第十一章 助礼钱与诸司礼钱

后,便不愿再拿出钱了,而御史台对其行为则完全没有约束力。至五代时期,光台钱的交纳已经制度化了,目前尚未见到对新任御史台职官者收取光台钱的史料,很可能是这方面的相关史料已经亡佚之故,所能见到的多为他官兼宪官衔时应交纳的数额规定。

后唐同光二年三月三十日,"御史台奏:'所除诸道节度观察防御经略等使、刺史、县令及诸道幕府,兼诸司带宪衔兼官,合纳光台钱,谨具本朝元纳及减落钱数如后:兼御史大夫元纳三十千,减外纳一十五千。兼御史中丞元纳二十千,减外纳一十千。兼侍御史元纳八千三百,减外纳四千一百五十。兼殿中侍御史元纳一十一千三百,减外纳五千六百五十。兼监察御史元纳一十三千三百,减外纳六千六百五十'。"为了保证这项钱款能如数交到御史台,御史台还提出了收取的具体办法,即"应有诸道节度观察使、刺史、经略防御等使及诸道幕府上佐官,并诸司班行新受兼官者,并合送纳前件光台宪衔礼钱,今欲准例勒辞谢枢使官申报,兼牒兵部,勒告身案,除准宣取外,准例候送纳光台礼钱毕,朱钞到方可给付。仍转帖诸道进奏及诸州使院等,准前事例申报催征,无致有赎旧规"。[1]即有关部门只有收到御史台的朱钞,证明光台钱已交后,方可给兼任宪官者发给告身。对于此前已经领取了告身的官员,则通过诸道进奏院和诸州使院进行催征。

至周世宗显德五年时,又再次对光台钱的数额进行了压缩,这年闰七月一日,"御史台申见行事件如后:'应新除节度、防御、团练、刺史、宾幕、州县官兼带五院宪衔,合征光台礼钱,如是已曾纳过,准旧例不征。兼御史大夫元征三十千,今征六千。兼御史中丞元征二十千,今征四千。兼侍御史元征八千三百,今征一千六百六十。兼殿中侍御史元征一十一千三百,今征二千二百六十。兼监察御史元征一十三千三百,今征二千六百六十'。"[2]与后唐同光二年规定的光台钱数额比较,可以明显地看出,后周规定的数额已经大为降低了。后周经过周世宗的改革,

---

[1] 以上见《五代会要》卷一七《御史台》,第283页。
[2] 《五代会要》卷一七《御史台》,第283—284页。

社会经济有所发展，国家财力有所增强，所以有条件较大幅度地压缩此项钱款。此外，周世宗曾大力整顿过吏治，为了进一步加强对地方官员的监察，提高监察官员的工作积极性，减轻其经济负担便不失为一种有效的办法，否则谁还愿意兼任此类官职呢？

光学钱也始置于唐代，《新唐书·刘伯刍传附刘允章传》载：刘伯刍"子允章，字蕴中，咸通中为礼部侍郎。……改国子祭酒，又建言：'群臣输光学钱治庠序，宰相五万，节度使四万，刺史万。'诏可"。可见唐代的这种光学钱只是群臣出资改善国子监办学条件的一个举措，并非经常性的制度，而五代时期的光学钱则与唐代不同，已经发展成为一种经常性的收费制度。此外，五代光学钱的征收对象也与唐代不同，不是群臣而是学生。现将后唐天成五年的规定转述如下：

> 国子监又奏："当监旧例，初补监生，有束修钱两贯文，及第后光学钱一贯文。切缘当监诸色举人及第后，近日多不于监司出给光学文抄，及不纳光学文钱，只守选限年满，便赴南曹参选。南曹近年选人，并不收置监司光学文抄为凭。请自后欲准例，应诸色举人及第后，并却于监司出给光学文抄，并纳光学钱等，各有所业次第，以备当逐年修葺公使。"奉敕："宜准往例指挥。"①

从上面的记载看，五代国子监向科举及第的学生收取光学钱并非始于天成五年，只是由于这些学生及第后多不主动交纳光学钱，选限满后，直接赴吏部南曹参选，而南曹也不验收国子监发给的光学文抄，便允许其参加铨选，所以才提出按旧例办事，即要求学生及第后，先到国子监交纳光学钱，领取光学文抄，凭此文抄才可以参加铨选。

---

① 《册府元龟》卷六二〇《卿监部·举职》，第7461—7462页。

三、诸司礼钱之用途

唐五代时期中央诸司所征收的这些名目繁多的钱款，时期不同用途也不相同。在唐代其用途无非两个，即宴请同僚与修缮学舍，前者如光署钱、光台钱、光院钱等，类似今天某人有了好事、喜事，出钱设宴请大家吃一顿，以示庆贺。这只是一种定例，虽然长期施行，却并非定制，也就是说它不具有强制性的约束力。后者如光学钱，也只是一种临时性的举措，并没有长期施行。这种情况历代皆有，虽然没有光学钱的名目，但均属于捐资助学的性质。

五代的情况与唐代不同，首先，五代时期所有的这些礼钱的缴纳都是具有强制性的规定，已经形成了固定的制度。其次，这些礼钱的性质已经变为相关部门的一种收费，成为补充政府机构经费的一项收入。再次，这些礼钱主要是作为公使钱使用。其用途大体上可以分为以下几种情况：其一，办公钱，用于笔墨纸张及铺陈什物等方面的开支。五代时期虽然很少将礼钱作为办公钱使用，但也不能排除少量使用的可能，如天成元年中书门下在奏请中就提到欲将收入的礼钱，除了用于立石亭子，"镌纪宰臣使相爵位姓名，授上年月"外，其余部分"请充中书修建公署，及添置都堂内铺陈什物"。[1]其二，用于相关部门官吏的食直粮课开支，即所谓食料。食料本来属于官吏俸禄的构成部分，发放范围比较广泛，上至部门长官，下止胥吏，皆给之。这部分费用本来应由朝廷负担，五代时期由于财力不足，遂以各部门收入的礼钱开支。如同光三年，当唐庄宗颁敕减免了吏、兵二部的部分礼钱后，"又虑所司人吏，不办食直粮课，逐月两司各支钱四十千"。[2]可见礼钱收入的减少直接影响了这两个部门食料的发放，所以皇帝才不得不另外拨款进行补充。其三，用于公廨的修葺。如唐明宗长兴元年正月，"国子监请以监学生束修及光学钱备监中修葺公用"。[3]其四，其他方面的开支。五代时期凡

---

[1]《五代会要》卷一三《中书省》，第220页。
[2]《五代会要》卷一四《吏部》，第234页。
[3]《旧五代史》卷四一《唐明宗纪七》，第559页。

一些临时出现的开支，往往动用礼钱支出，如周广顺三年六月，尚书左丞、兼判国子监事田敏进献板印的《五经文字》《五经字样》两书。周太祖颁敕："乃分政事堂厨钱及诸司公用钱，又纳及第举人礼钱，以给工人。"①这是动用光学钱给雕版印刷工人支付工钱的一个例子，可能由于光学钱数额不足以支付工钱，这才将政事堂厨钱，即食料钱，以及诸司公用钱分出一部分用于这方面的开支。

五代时期向官员征收礼钱用于弥补国家经费的不足，但是对禁军将校及藩镇军队中的军官格外关照，不向他们收取这类钱物。如同光三年就规定："起今后特恩授官及侍卫诸军将校、内诸司等官，其告身官给，旧例朱胶钱、台省礼钱并停。"②特恩授官的对象不是功臣便是皇帝的宠臣，自然不收取礼钱。当时唐庄宗正宠信宦官，所以也不向内诸司等官收取礼钱。至于侍卫亲军将校，是皇帝赖以维持统治的军事支柱，因此也不能向其征收礼钱。五代的其他皇帝虽不都宠信宦官，但对禁军将校却是优宠有加，如唐明宗在天成元年七月确定征收礼钱的范围时规定："但缘其间，翊卫勋庸，藩宣将佐，自军功而迁陟，示恩泽以奖酬，须议从权，不在其例。"③即他们不在征收范围之内。这年九月确定地方官员检校左右散骑常侍者征收礼钱的数额时，也规定"其余都头、指挥使已下，并与免放"。④出现这种现象，是五代时期实行的重武轻文政策的必然结果。

五代时期在较大的范围内征收各种礼钱的根本原因，与其社会动荡，生产衰退，国家财力紧张的现状是分不开的，因为朝廷拿不出充足的经费满足中央诸司的需求，只好向官员自身开刀。所谓"伏缘省司旧例，别无钱物，只征礼钱，以充公廨破使"⑤便是这种现状的真实反映。五代的这些弊政，引起了后世史家的抨击，马端临曾经指出："五代弊

---

① 《册府元龟》卷六〇八《学校部·刊校》，第7305页。
② 《旧五代史》卷三二《唐庄宗纪六》，第444—445页。
③ 《旧五代史》卷三六《唐明宗纪二》，第503页。
④ 《五代会要》卷一三《门下省》，第219页。
⑤ 《五代会要》卷一三《门下省》，第218页。

法，凡官府公使钱，多令居官者自出其费，宰相则有光省钱，御史则有光台钱，至于监生亦令其出光学钱，则贫士何所从出？既征其钱，复不蠲其役，待士之意，亦太薄矣。"①由于官吏负担过重，尤其是一些出身贫寒的官吏，更是难以承受，在这种情况下欲要五代的官员清廉自律，无疑是缘木求鱼了。正因为这样，五代时期吏治的败坏，社会风气的糜烂便不难理解了。

下面谈谈唐代的光署钱是否就是五代的光省钱与光台钱的问题。前引《旧唐书·陆扆传》记有"故事，三署除拜，有光署钱以宴旧僚"一句，有人据《旧五代史·职官志》引后晋殷鹏上言"而况北省为陛下侍从之臣，南宫掌陛下经纶之务，宪台执陛下纪纲之司，……"认为所谓三署，应是指中书、门下、尚书三省及御史台，所以光署钱应包括光省钱、光台钱在内，进而认为五代的台省礼钱，就是光省钱与光台钱的合称。②但是《新唐书·陆扆传》却说："自三省得宰相，有光署钱，留为宴资。"可以看出《旧唐书》所说的"三署"，就是《新唐书》所记的"三省"，两者为同一个意思。殷鹏所说"三署"一词，只是对北省（中书、门下）、南宫（尚书省）、宪台（御史台）等部门的合称，并不能证明"三署"一词专指以上机构。如《新唐书·百官志四上》"太子家令寺"条载："凡三署出纳，皆刺于詹事。"这里的"三署"，显然是指太子家令寺所属的食官、典仓、司藏等3个部门。这样的例子还很多，限于篇幅，就不一一列举了。这就说明唐代所谓的"三署"并非是殷鹏所说的那些机构，有时也是一种泛称。不过在通常情况下，如果没有前提条件而单提三署，则专指三省，如唐文宗大和二年（828）六月，"诏宰臣集三署四品已上常参官，议讨王廷凑可否"。③这里所说的"三署"，也是指三省，即皇帝要求宰相召集三省四品以上高官讨论是否出兵讨伐王廷凑反叛的问题。另据《新唐书·回鹘传下》载："或谓黠戛斯小种，不足与唐抗，诏宰相与台省四品以上官议。""台省"即指三

---

① 《文献通考》卷四一《学校考二·太学》，第1215页。
② 《唐代政治制度研究论集》，第261—265页。
③ 《旧唐书》卷一七上《文宗纪上》，第529页。

省,这个问题下面还要详论。可见宰相召集三省四品以上商议军国大事是唐朝的一项重要制度,根本与御史台无涉。

至于台省礼钱是否就是光省钱与光台钱的合称问题,关键在于对"台省"一词如何理解,它是否就是御史台与三省的合称?笔者认为"台省"也称"台阁",在唐代就是专指尚书、门下、中书三省。如《新唐书·元载传》载:"籍其家,钟乳五百两,诏分赐中书、门下台省官。"这是称中书、门下两省为台省的例子。再如李巽,"拔萃登科,授鄂县尉。周历台省,由左司郎中出为常州刺史"。①这是称尚书省为台省的例子。再如张文瓘,"累迁水部员外郎。时兄文琮为户部侍郎,旧制兄弟不许并居台阁,遂出为云阳令"。②张九龄开元中任中书令时,曾对唐玄宗说:"然陛下擢臣践台阁,掌纶诰。"③这些事例均说明"台省"绝不是御史台与三省的合称。以"台省""台阁"称三省,与历史上尚书省前身为尚书台,中书省别称凤凰池,简称凤阁有关,相沿成习,在唐代遂以台省、台阁作为三省的称呼。既然三署并不包括御史台在内,那么以此为依据而认为光署钱包括光省钱与光台钱的说法便不能成立,笔者认为唐代光署钱就是五代的光省钱,即台省礼钱,在上引的《文献通考》中,著名史家马端临也是将光省钱与光台钱分列的,可见其也没有将台省视为御史台与三省的合称。

四、结语

唐五代时期的这种制度对后世有较大的影响,尤其是对两宋时期有直接影响。早在北宋建立之初,中书门下就于宋太祖建隆三年上奏说:"'准唐天成元年诏,故事,藩镇带平章事,合于都堂视事,刊石以记官族,输礼钱三千贯。近年颇隳曩制。自今藩镇带平章事者,输礼钱

---

① 《旧唐书》卷一二三《李巽传》,第3521页。
② 《旧唐书》卷八五《张文瓘传》,第2815页。
③ 《旧唐书》卷一〇六《李林甫传》,第3237页。

五百千，刻石记岁月。其钱以给两省公用，望举行之。'诏：'自今宰相及枢密使兼平章事、侍中、中书令者，输礼钱三百千，藩镇五百千，刻石以记如旧制。增秩者不再输，旧相复入者输如其数'。"①关于此事，《续资治通鉴长编》卷三亦有大体相同的记载，所不同的是后一书说："自今宰相、枢密使带平章事，兼侍中、中书令、节度使者，依故事纳礼钱，宰相、枢密使三百千，藩镇五百千。"②如是这样则宰相、枢密使兼节度使也要交纳礼钱，没有提到节度使兼任宰相之事，却又说其也要纳钱500贯，显然后一书在行文上存在讹误，故应以前一书的记载为准。可以看出北宋的这一规定便是直接沿袭了后唐的制度，所不同的是北宋还规定了宰相兼侍中、中书令，枢密使兼平章事、侍中、中书令时，也要交纳礼钱。

此外，宋代仍然有兼任宪官者交纳礼钱的规定，宋人石介就有一首《御史台牒督光台钱牒云以凭石柱镌名因戏书呈通判寺丞景元》的诗，其中有两句云："幕中久次无他术，衔内兼官带宪司。"③可见这里指的是幕职官带宪官衔。这就与五代的制度完全相同，说明宋代的光台钱仍是沿袭五代而来的。

宋代还继承了唐代的光院钱。宋人苏耆的《次续翰林志》说："唐制，学士每有除拜他职，必纳光院钱，以为公用，自丞相而下，各有差等。五代以还，其仪久阙。公振举而复之。自是院中费用，及待诏而下伏腊之资告足。公入参之日，首纳百千，上恩诏特令回赐。"④文中所云的"公"，指苏耆之父，所谓"入参"，是指其充任参知政事，按照当时制度应纳光院钱100贯。

宋代不仅沿袭了唐五代的这一制度，而且还有所发展，出现了光馆

---

① 《宋史》卷一二〇《礼志二三》，第2820页。
② 《续资治通鉴长编》卷三，宋太祖建隆三年二月，第62页。
③ 〔宋〕石介：《徂徕集》卷四，见文渊阁《四库全书》，台湾商务印书馆，1983年，第1090册，第212页。
④ 〔宋〕洪遵：《翰苑群书》卷九引《苏耆次续翰林志》，见文渊阁《四库全书》，台湾商务印书馆，1983年，第595册，第387页。

钱这一种类。这种钱是南宋时期在光院钱的基础上新创设的，据《南宋馆阁录》卷六《故实》载：

> 光馆钱：乾道五年，秘书少监周必大仿翰林旧规光院钱参立。监修、提举初至一百二十千，迁转一百千。提举秘书省初至一百千，迁转七十千。初入馆十千，他官再兼史职同。侍从修史初至二十千，迁职转官二十千，迁二府一百千。本省迁职，若转官十千，选人改官倍之。本省迁他职十五千，迁侍从倍之。本省别加兼职十千，迁官别加兼职同。史馆迁职，若转官十千，修史侍从倍之。祖父母、父母封叙二十千，封至夫人者三十千。以下三馆通用：亲族同官十五千，异姓有服亲十千；知贡举五十千，考试二十分之一；奉使视职任轻重而定多寡之数，止于一百千；锡赉二十分之一，止于一百千；生子三十千；荫补十五千；子弟登科二十千，一月之内两遇以上者，止从一多。①

文中所说的"初入馆"，是指初入三馆任职，即昭文馆、史馆、集贤院等三馆的合称；所说的"本省"，指秘省，宋代自元丰改制后，遂将三馆改隶秘书省；所说"二府"，指政事堂与枢密院。从上面的引文可以看出，南宋不仅将官员的祖父母、父母的叙封纳入征收礼钱的范围，甚至将亲族同官、异姓有服亲、知贡举、奉使差遣等情况的发生，都纳入进来，最可笑的是，竟然把获得赏赐、生子、荫补得官、子弟登科等类情况，都纳入征收光馆钱的范围。这样不仅大大扩展了征钱的范围，而且极大地增加了官员的经济负担。

宋代也向新及第进士收取礼钱，宋庠《元宪集》卷八《庚午春观新进士赐宴琼林苑因书所见》诗云："饰喜优坊伎，均恩醵礼钱。"诗

---

① 〔宋〕陈骙撰，张富祥点校：《南宋馆阁录、续录》卷六《故实》，中华书局，1998年，第71页。

中所说的礼钱，原注云："诸君子合钱以劳供帐优伶之费。"也就是说新及第进士要出礼钱，作为宴会中雇请优伶的费用。此外，宋代皇帝举行南郊、明堂、封禅、祭太庙等重大祭祀时，仍要征收大礼钱，又称大礼银绢。不过这种钱征收的对象与唐五代不同，不是官员而是普通百姓，据南宋官员蔡幼学的说法，"自大观、宣和而始有大礼进奉银绢"[①]。这种大礼银绢给地方州县造成了极大的经济负担，据《建炎以来系年要录》卷一八六载：湖南道州"地不过六百里，民不满四万户，舟车不至，商贾不通"，百姓困苦，"衣食之余，质钱输税，仅足者无几"。以前每年交大礼钱29000余缗，"绍兴十年以后，增至五万三千余缗。……渔夺民财，莫不嗟怨"。该书还说衡州每年交大礼钱35000余缗、郴州9600余缗。由于百姓负担太重，所以本州知州季南寿奏请减少大礼钱数额。陆游《入蜀记》卷二亦有"以提刑司檄，来督大礼钱帛"的记载。反映宋代大礼银绢过重的相关记载，在宋人文集中还有不少。为什么会发生这种变化呢？原因是宋代没有实行藩镇制，自然无法向其征收礼钱，而朝廷的祭祀费用却有越来越多的趋势，据《续资治通鉴长编》卷三一〇，神宗元丰三年十一月载："景德郊费六百万（缗），皇祐一千二百万，治平一千三百万。"巨额的费用终于使政府财政无力负担，于是便在宋徽宗时期出现了大礼银绢，名为进奉，实为加赋。至南宋时，加上其他各种赋税，百姓负担"较之祖宗无虑数十倍，民困极矣"。[②]因此著名史家马端临批评说：郊赉之费，"尤为无名"。[③]

宋代的社会经济要比唐五代时期更加繁荣，政府的财政收入也大大高于唐五代，本应革除唐末五代以来的这些弊政，为什么非但没有革除，反而有进一步发展呢？宋代始终存在着严重的"三冗"现象，使得其财政负担十分沉重，为了维持国家机器的运转，便不得不把一些负担转嫁到官员与百姓身上，这就是宋朝政府明知这些都是弊政，而不愿革

---

① 《宋史》卷四三四《蔡幼学传》，第12897页。
② 《宋史》卷四三四《蔡幼学传》，第12897页。
③ 《文献通考》卷二四《国用考二》，第704页。

除的原因之所在。这也是宋代官员尽管俸禄丰厚，然而不时有人提出如何"养廉"问题的原因之一，也是不少有识之士不断呼吁减轻百姓赋税的重要原因。

参考文献

[1] 司马迁. 史记[M]. 北京：中华书局，1959.

[2] 班固. 汉书[M]. 北京：中华书局，1962.

[3] 刘晔. 后汉书[M]. 北京：中华书局，1965.

[4] 沈约. 宋书[M]. 北京：中华书局，1974.

[5] 张鷟.《龙筋凤髓判》校注[M]. 田涛，郭程伟，校注. 北京：中国政法大学出版社，1996.

[6] 李林甫. 唐六典[M]. 北京：中华书局，1992.

[7] 杜佑. 通典[M]. 北京：中华书局，1988.

[8] 李吉甫. 元和郡县图志[M]. 贺次君，点校. 北京：中华书局，1983.

[9] 阙名. 玉泉子[M]//上海古籍出版社. 唐五代笔记小说大观. 上海：上海古籍出版社，2000.

[10] 罗隐. 罗隐集校注[M]. 杭州：浙江人民出版社，1995.

[11] 徐铉. 徐铉集校注[M]. 李振中，校注. 北京：中华书局，2016.

[12] 孙光宪. 北梦琐言[M]. 北京：中华书局，2002.

[13] 杜光庭. 广成集[M]. 北京：中华书局，2011.

[14] 刘昫. 旧唐书[M]. 北京：中华书局，1975.

[15] 窦仪. 宋刑统[M]. 北京：中华书局，1984.

[16] 李昉. 太平御览[M]. 北京：中华书局，1960.

[17] 李昉. 太平广记[M]. 北京：中华书局，1961.

[18] 王钦若. 册府元龟[M]. 北京：中华书局，1960.

[19]薛居正.旧五代史[M].北京：中华书局，1976.

[20]王溥.唐会要[M].上海：上海古籍出版社，2006.

[21]王溥.五代会要[M].上海：上海古籍出版社，1978.

[22]沈括.梦溪笔谈[M].北京：中华书局，2015.

[23]张齐贤.洛阳搢绅旧闻记[M]//傅璇琮，徐海荣，徐吉军.五代史书汇编.杭州：杭州出版社，2004.

[24]苏轼.苏轼文集[M].北京：中华书局，1986.

[25]孟元老.东京梦华录[M].北京：中华书局，1982.

[26]欧阳修，宋祁.新唐书[M].中华书局，1975.

[27]欧阳修.新五代史[M].中华书局，1974.

[28]欧阳修.欧阳修集编年笺注[M].李之亮，笺注.成都：巴蜀书社，2007.

[29]欧阳修.归田录[M].北京：中华书局，1981.

[30]司马光.资治通鉴[M].北京：中华书局，1956.

[31]司马光.司马温公集编年笺注[M].李之亮，笺注.成都：巴蜀书社，2009.

[32]司马光.涑水记闻[M].北京：中华书局，1989.

[33]文莹.玉壶清话[M].北京：中华书局，1984.

[34]石介.徂徕集[M]//文渊阁四库全书.台北：台湾商务印书馆，1983.

[35]路振.九国志[M]//傅璇琮，徐海荣，徐吉军.五代史书汇编.杭州：杭州出版社，2004.

[36]佚名.五国故事[M]//傅璇琮，徐海荣，徐吉军.五代史书汇编.杭州：杭州出版社，2004.

[37]龙衮.江南野史[M]//傅璇琮，徐海荣，徐吉军.五代史书汇编.杭州：杭州出版社，2004.

[38]王谠.唐语林校证[M].周勋初，校证.北京：中华书局，2008.

[39]郑文宝.江表志[M]//傅璇琮，徐海荣，徐吉军.五代史书汇编.杭

州：杭州出版社，2004．

［40］王偁．东都事略［M］//文渊阁四库全书．台北：台湾商务印书馆，1983．

［41］钱俨．吴越备史［M］//傅璇琮，徐海荣，徐吉军．五代史书汇编．杭州：杭州出版社，2004．

［42］朱彧．萍洲可谈［M］．上海：上海古籍出版社，1989．

［43］吴处厚．青箱杂记［M］．北京：中华书局，1985．

［44］胡宿．文恭集［M］//文渊阁四库全书．台北：台湾商务印书馆，1983．

［45］史温．钓矶立谈［M］//傅璇琮，徐海荣，徐吉军．五代史书汇编．杭州：杭州出版社，2004．

［46］张唐英．蜀梼杌校笺［M］．王文才，王炎，校笺．成都：巴蜀书社，1999．

［47］句延庆．锦里耆旧传［M］//傅璇琮，徐海荣，徐吉军．五代史书汇编．杭州：杭州出版社，2004．

［48］魏泰．东轩笔录［M］．北京：中华书局，1983．

［49］李上交．近事会元［M］//朱易安，傅璇琮．全宋笔记．郑州：大象出版社，2003．

［50］袁褧．枫窗小牍［M］．上海：上海古籍出版社，2012．

［51］王栐．燕翼诒谋录［M］．北京：中华书局，1981．

［52］蔡絛．铁围山丛谈［M］．北京：中华书局，1983．

［53］陈彭年．江南别录［M］//傅璇琮，徐海荣，徐吉军．五代史书汇编．杭州：杭州出版社，2004．

［54］彭龟年．止堂集［M］//文渊阁四库全书．台北：台湾商务印书馆，1983．

［55］孙逢吉．职官分纪［M］．北京：中华书局，1988．

［56］高承．事物纪原［M］．北京：中华书局，1989．

［57］费衮．梁溪漫志［M］．上海：上海古籍出版社，1985．

［58］马令．南唐书［M］//傅璇琮，徐海荣，徐吉军．五代史书汇编．杭州：杭州出版社，2004．

[59] 郑克. 折狱龟鉴[M]//文渊阁四库全书. 台北：台湾商务印书馆，1983.

[60] 江少虞. 宋朝事实类苑[M]. 上海：上海古籍出版社，1981.

[61] 叶梦得. 石林燕语[M]. 北京：中华书局，1984.

[62] 周必大. 文忠集[M]//文渊阁四库全书. 台北：台湾商务印书馆，1983.

[63] 吕祖谦. 宋文鉴[M]. 北京：中华书局，1992.

[64] 李攸. 宋朝事实[M]. 上海：商务印书馆，1935.

[65] 赵彦卫. 云麓漫钞[M]. 北京：中华书局，1996.

[66] 曾慥. 类说[M]. 北京：文学古籍刊行社，1955.

[67] 陶宗仪. 说郛[M]. 郑州：大象出版社，2019.

[68] 李心传. 建炎以来系年要录[M]. 北京：中华书局，1988.

[69] 洪迈. 容斋续笔[M]. 北京：中华书局，2005.

[70] 李焘. 续资治通鉴长编[M]. 北京：中华书局，1992.

[71] 佚名. 宋大诏令集[M]. 北京：中华书局，1962.

[72] 程大昌. 雍录[M]. 北京：中华书局，2002.

[73] 陆游. 南唐书[M]//傅璇琮，徐海荣，徐吉军. 五代史书汇编. 杭州：杭州出版社，2004.

[74] 赵汝愚. 宋名臣奏议[M]//文渊阁四库全书. 台北：台湾商务印书馆，1983.

[75] 陈振孙. 直斋书录解题[M]. 上海：上海古籍出版社，2015.

[76] 祝穆. 古今事文类聚[M]//文渊阁四库全书. 台北：台湾商务印书馆，1983.

[77] 洪遵. 翰苑群书[M]//文渊阁四库全书. 台北：台湾商务印书馆，2004.

[78] 陈骙. 南宋馆阁录、续录[M]. 北京：中华书局，1998.

[79] 马端临. 文献通考[M]. 北京：中华书局，2011.

[80] 方回. 续古今考[M]//文渊阁四库全书. 台北：台湾商务印书馆，1983.

[81]富大用.古今事文类聚新集[M]//文渊阁四库全书.台北：台湾商务印书馆，1983.

[82]苏天爵.元文类[M]//文渊阁四库全书.台北：台湾商务印书馆，1983.

[83]脱脱.宋史[M].北京：中华书局，1977.

[84]脱脱.辽史[M].北京：中华书局，1974.

[85]曹学佺.蜀中广记[M]//文渊阁四库全书.台北：台湾商务印书馆，1983.

[86]杨士奇，等.历代名臣奏议[M]//文渊阁四库全书.台北：台湾商务印书馆，1983.

[87]顾炎武.日知录集释[M].黄汝成，集释.上海：上海古籍出版社，2006.

[88]王夫之.读通鉴论[M].北京：中华书局，1975.

[89]董诰.全唐文[M].北京：中华书局，1983.

[90]王鸣盛.十七史商榷[M].北京：中华书局，2010.

[91]赵翼.廿二史札记校证[M].王树民，校证.北京：中华书局，1984.

[92]吴任臣.十国春秋[M].北京：中华书局，1983.

[93]徐松.唐两京城坊考[M].北京：中华书局，1985.

[94]徐松.宋会要辑稿[M].北京：中华书局，2014.

[95]徐松.登科记考补正[M].孟二冬，补正.北京：燕山出版社，2003.

[96]纪昀，等.续文献通考[M]//文渊阁四库全书.台北：台湾商务印书馆，1983.

[97]孙星衍.汉官六种[M].北京：中华书局，1990.

[98]吴兰修.南汉纪[M]//傅璇琮，徐海荣，徐吉军.五代史书汇编.杭州：杭州出版社，2004.

[99] 易绍德,王永贞.光绪容县志[M].光绪二十三年刻本.

[100] 钱文选.钱氏家乘[M].上海:上海书店出版社,1996.

[101] 王昶.金石萃编[M].北京:中国书店影印扫叶山房本.

[102] 陆耀遹.金石续编[M].北京:中国书店影印扫叶山房本.

[103] 陆增祥.八琼室金石补正[M].上海:上海古籍出版社,2020.

[104] 阮元.两浙金石志[M].杭州:浙江古籍出版社,2012.

[105] 陈棨仁.闽中金石略[M].民国十六年菽庄丛书本.

[106] 吴兰修.南汉金石志补征:金石补遗[M].陈鸿钧,黄兆辉,补征.广州:广东人民出版社,2010.

[107] 河南省文物研究所,河南省洛阳地区文管处.千唐志斋藏志[M].北京:文物出版社,1984.

[108] 北京图书馆金石组.北京图书馆藏中国历代石刻拓本汇编[M].郑州:中州古籍出版社,1989.

[109] 陈长安.隋唐五代墓志汇编:江苏山东卷[M].天津:天津古籍出版社,1991.

[110] 陈长安.隋唐五代墓志汇编:洛阳卷[M].天津:天津古籍出版社,1991.

[111] 陈长安.隋唐五代墓志汇编:北大卷[M].天津:天津古籍出版社,1992.

[112] 周绍良,赵超.唐代墓志汇编[M].上海:上海古籍出版社,1992.

[113] 吴钢.全唐文补遗第三辑[M].西安:三秦出版社,1996.

[114] 吴钢.全唐文补遗第四辑[M].西安:三秦出版社,1997.

[115] 吴钢.全唐文补遗第六辑[M].西安:三秦出版社,1999.

[116] 吴钢.全唐文补遗第七辑[M].西安:三秦出版社,1997.

[117] 陈尚君.全唐文补编[M].北京:中华书局,2005.

[118] 杜文玉.大明宫研究[M].北京:中国社会科学出版社,2015.

[119] 周阿根.五代墓志汇考[M].合肥:黄山书社,2012.

[120] 章国庆. 宁波历代碑碣墓志汇编 [M]. 上海：上海世纪出版股份有限公司，2012.

[121] 章红梅. 五代石刻校注 [M]. 南京：凤凰出版社，2017.

[122] 马克思，恩格斯. 马克思恩格斯全集 [M]. 北京：人民出版社，1956.

[123] 严耕望. 唐史研究丛稿 [M]. 香港：新亚研究所，1969.

[124] 范文澜. 中国通史 [M]. 北京：人民出版社，1978.

[125] 辞海：语词分册 [M]. 修订本. 上海辞书出版社，1979.

[126] 辞源 [M]. 修订本. 北京：商务印书馆，1983.

[127] 张晋藩. 中国法制史 [M]. 北京：群众出版社，1982.

[128] 张晋藩. 中国法制简史 [M]. 北京：群众出版社，1983.

[129] 王曾瑜. 宋朝兵制初探 [M]. 北京：中华书局，1983.

[130] 韩国磐. 隋唐五代史纲 [M]. 北京：人民出版社，1983.

[131] 陶懋炳. 五代史略 [M]. 北京：人民出版社，1985.

[132] 张国刚. 唐代官制 [M]. 西安：三秦出版社，1987.

[133] 唐长孺. 山居存稿 [M]. 北京：中华书局，1989.

[134] 郑学檬. 五代十国史研究 [M]. 上海：上海人民出版社，1991.

[135] 张其凡. 五代禁军初探 [M]. 广州：暨南大学出版社，1993.

[136] 赵雨乐. 唐宋变革期之军政制度：官僚机构与等级之编成 [M]. 台北：文史哲出版社，1994.

[137] 张国刚. 唐代政治制度研究论集 [M]. 台北：文津出版社，1994.

[138] 黄惠贤，陈锋. 中国俸禄制度史 [M]. 武汉：武汉大学出版社，1996.

[139] 陈国灿，刘健明. 全唐文职官丛考 [M]. 武汉：武汉大学出版社，1997.

[140] 马小红. 礼与法 [M]. 北京：经济管理出版社，1997.

[141] 高明士. 隋唐贡举制度 [M]. 台北：文津出版社，1999.

[142] 牛润珍. 汉至唐初史官制度的演变 [M]. 石家庄：河北教育出版社，1999.

[143] 樊文礼. 唐末五代的代北集团 [M]. 北京：中国文联出版社，2000.

［144］孙继民.敦煌吐鲁番所出唐代军事文书初探［M］.北京：中国社会科学出版社，2000.

［145］杜文玉.南唐史略［M］.西安：陕西人民教育出版社，2001.

［146］王勋成.唐代铨选与文学［M］.北京：中华书局，2001.

［147］李锦绣.唐代财政史稿［M］.北京：北京大学出版社，2001.

［148］任爽.十国典制考［M］.北京：中华书局，2004.

［149］陈飞.唐代试策考述［M］.北京：中华书局，2002.

［150］何勇强.钱氏吴越国史论稿［M］.杭州：浙江大学出版社，2002.

［151］西嶋定生.中国古代帝国的形成与结构：二十等爵制研究［M］.北京：中华书局，2004.

［152］菊池英夫.后周世宗的禁军改革与宋初三衙的成立［M］//东洋史学：卷23，1960.

［153］曾我部静雄.中国的选举、贡举与科举［M］//史林：53卷，1970（4）.

［154］渠传福.太原五代墓志释考［J］.山西省考古学会论文集，2006.

［155］钱汝平.新见吴越国宗室钱义光墓志考释［J］.台州学院学报，2018，40(4).

［156］谷霁光.泛论唐末五代的私兵和亲军、义儿［J］.历史研究，1984(2).

［157］刘海峰.论唐代官员俸料钱的变动［J］.中国社会经济史研究，1985(2).

［158］董恩林.五代中央财政体制考述［J］.湖北大学学报(哲学社会科学版)，1986(2).

［159］齐勇锋.五代禁军初探［C］//唐史论丛：第3辑.西安：陕西人民出版社，1987.

［160］王育民.论唐末五代的牙兵［J］.北京师院学报(社会科学版)，1987(2).

［161］杜文玉.论五代枢密使［J］.中国史研究，1988(1).

[162]王仲荦,田昌五,郑佩欣,等.中晚唐五代兵制探索[J].文献,1988(3).

[163]刘海峰.唐代的教育与选举制度[J].文献,1990(1).

[164]贾大泉,周原孙.前后蜀的枢密使[J].社会科学研究,1990(1).

[165]谢保成.谈五代十国的史学发展[J].河南大学学报(哲学社会科学版),1990(4).

[166]商慧明.史馆制度初探[J].人大复印报刊资料(历史学),1990(6).

[167]成都博物馆考古队.成都无缝钢管厂发现五代后蜀墓[J].四川文物,1991(3).

[168]崛敏一.藩镇亲卫军的权力结构[M]//日本学者研究中国史论著选译:第4卷.北京:中华书局,1992.

[169]日野开三郎.五代镇将考[M]//日本学者研究中国史论著选译:第5卷.北京:中华书局,1993.

[170]胡沧泽.唐代御史大夫考论[C]//中国唐史学会.中国唐史学会论文集.西安:三秦出版社,1993.

[171]荣新江.唐五代归义军武职军将考[C]//中国唐史学会.中国唐史学会论文集.西安:三秦出版社,1993.

[172]齐勇锋.五代藩镇兵制和五代宋初的削藩措施[J].河北学刊,1993(4).

[173]杜文玉.晚唐五代都指挥使考[J].学术界,1995(1).

[174]古代案狱文献校注译析课题组.《疑狱集》校注译析选篇[J].江苏公安专科学校学报,1995(3).

[175]来可泓.五代十国牙兵制度初探[J].学术月刊,1995(11).

[176]冯培红.唐五代归义军政权中队职问题辨析[J].敦煌学辑刊,1996(2).

[177]冯培红.晚唐五代宋初归义军外职军将研究[J].敦煌学辑刊,1997(1).

[178] 魏峰. 论衙前在北宋的转化 [J]. 宁夏社会科学, 2002(6).

[179] 孙立忠. 唐代监察制度探析 [J]. 河南社会科学, 2003(1).

[180] 陈永胜.《后晋开运二年(945)寡妇阿龙地产诉讼案》若干法律问题析论 [J]. 兰州大学学报, 2003(2).

[181] 马文彬. 五代前蜀李氏墓志铭考释 [J]. 四川文物, 2003(3).

[182] 樊文礼. 五代的枢密直学士 [J]. 烟台师范学院学报(哲学社会科学版), 2003(4).

[183] 李军. 五代三司使考述 [J]. 人文杂志, 2003(5).

[184] 刘琴丽. 五代巡检研究 [J]. 史学月刊, 2003(6).

[185] 王凤翔. 五代十国时期的中门使 [J]. 史学月刊, 2003(12).

[186] 蓝武. 五代十国时期岭南科举考试研究 [J]. 社会科学家, 2004(5).

[187] 金滢坤. 试论唐五代科举考试的锁院制度 [J]. 西北师大学报(社会科学版), 2005(1).

[188] 邵磊. 五代马楚史料的一则重要发现: 马光赞墓志考释 [J]. 南方文物, 2007(3).

[189] 杜文玉. 论唐宋监狱中的医疗系统: 兼论病囚院的设置 [J]. 江汉论坛, 2007(5).

[190] 成都文物考古研究所, 龙泉驿区文物保护管理所. 成都市龙泉驿五代前蜀王宗侃夫妇墓 [J]. 考古, 2011(6).

[191] 胡耀飞. 唐末五代虔州军政史: 割据政权边州研究的个案考察 [C]//唐史论丛: 第20辑. 西安: 三秦出版社, 2015.

[192] 杜文玉. 论唐五代时期的延资库与延资库使 [C]//唐史论丛: 第23辑. 西安: 三秦出版社, 2016.

[193] 杜文玉. 论唐宋时期阁门与阁门司的变化及特点 [C]//唐史论丛: 第27辑. 西安: 三秦出版社, 2018.

[194] 杜文玉. 唐至五代时期阁门使的性质及其职能变化 [J]. 陕西师范大学学报(哲学社会科学版), 2018, 47(4).

后　记

本书于2006年由人民出版社出版了第1版，当时黄永年先生尚在，他不仅审阅了稿件，还热情地撰写了序言。此次由陕西师范大学出版总社再版此书，而黄老师已离世十多年了，使人不胜唏嘘。为了表示对先生的怀念，此次再版仍然保留先生所撰的序言，而没有另外撰写新序言。需要说明的是，此次出版所附的参考文献已有大幅增加，此为这些年来学术研究的真实反映。在那个时期，我与黄老师同住在陕师大雁塔校区专家二号楼，先生住一单元二层，我住二单元三层，由于相距甚近，所以往来甚多。黄老师每有著作出版，或派哲嗣寿成送来，或打电话请我去取。我有学术方面的问题，也时常登门向老师请教，本书的选题与写作就是在先生的关照下进行的。本书采取了专题研究的方式，之所以这样做，是因为有关这一历史时期制度的史料并不系统，难以写成全面系统的制度史之类的著作，只能就已有史料分成若干专题进行研究，这也是没有办法的办法。黄老师也同意这种做法，并叮嘱我待以后资料搜集多了，可再写出续集。如今十九年过来了，我却没有写出续集来，实在愧对老师的殷切期望，不过此次再版也不是照搬原文，而是做了一些增补工作。由于此次增补较多，故对书名也进行了修改，以示区别。

本书主要进行了以下几方面的修订：其一，对五代十国军事制度尤其是十国军制增补了一些内容，这主要得益于近些年来全国各地陆续发现的新碑志，为这一方面的研究提供了不少新资料。其二，增补了一些有关职官制度的内容，如牢城使、东西上閤门使及閤门司、延资库与延资库使、金銮殿学士等。其三，修订了个别观点及一些提法，当然这只是微调。此外，补充了一些新资料，从而使原来的论述更加充实，更能自圆其说。其四，进行了一些文字方面的调整，改正了一些明显的错别字。

在格式方面也做了一些调整，需要加以说明：在仍然坚持页下注的同时，全书首次出现的引书（文）注明了全部信息，同一书（文）再次出现时，省去朝代名、撰者名、出版地点、出版单位、出版时间等信息。这样做既便于读者查对引书信息，又不至于浪费更多的文字。由于时间紧迫，我的博士生赵水静付出了很多精力，核查了全部引文。此外，陕西师范大学出版总社编辑王森先生也为本书的顺利出版做了大量的工作，社长刘东风先生对此事也非常关注，多次叮嘱一定要做好设计与印刷工作。所有这些深情厚谊，都使我十分感动，在此一并表示衷心的感谢。

杜文玉

2022 年 8 月 10 日